THE FRENCH REVOLUTION
AND THE CREATION
OF MODERN POLITICAL CULTURE

Volume 2

The Political Culture of the French Revolution

THE FRENCH REVOLUTION
AND THE CREATION
OF MODERN POLITICAL CULTURE

Volume 2

The Political Culture of the French Revolution

Edited by

COLIN LUCAS

BALLIOL COLLEGE, OXFORD

PERGAMON PRESS
OXFORD · NEW YORK · BEIJING · FRANKFURT
SÃO PAULO · SYDNEY · TOKYO · TORONTO

U.K.	Pergamon Press plc, Headington Hill Hall, Oxford OX3 0BW, England
U.S.A.	Pergamon Press, Inc., Maxwell House, Fairview Park, Elmsford, New York 10523, U.S.A.
PEOPLE'S REPUBLIC OF CHINA	Pergamon Press, Room 4037, Qianmen Hotel, Beijing, People's Republic of China
FEDERAL REPUBLIC OF GERMANY	Pergamon Press GmbH, Hammerweg 6, D-6242 Kronberg, Federal Republic of Germany
BRAZIL	Pergamon Editora Ltda, Rua Eça de Queiros, 346, CEP 04011, Paraiso, São Paulo, Brazil
AUSTRALIA	Pergamon Press Australia Pty Ltd., P.O. Box 544, Potts Point, N.S.W. 2011, Australia
JAPAN	Pergamon Press, 5th Floor, Matsuoka Central Building, 1-7-1 Nishishinjuku, Shinjuku-ku, Tokyo 160, Japan
CANADA	Pergamon Press Canada Ltd., Suite No. 271, 252 College Street, Toronto, Ontario, Canada M5T 1R5

First edition 1988

Library of Congress Cataloging-in-Publication Data

(revised for vol. 2)

The French Revolution and the creation of modern political culture. English and French.

The second colloquium, Conference on the Political Culture of the French Revolution, was held in Oxford on Sept. 5–9, 1987.

Papers presented at a series of three colloquia. The first colloquium, Conference on the Political Culture of the Old Regime was held in Chicago, Sept. 11–15, 1986.

Includes bibliographies and index.

Contents: v. 1. The political culture of the old regime — v. 2. The political culture of the French Revolution / edited by Colin Lucas.

1. Political culture—France—History—Congresses.
2. France—History—Revolution, 1789–1799—Influence—Congresses.   3. France—Politics and government—18th century—Congresses.   4. Europe—Politics and government—1789–1900—Congresses.   5. France—Intellectual life—18th century—Congresses.
6. France—History—Revolution, 1789–1799— Anniversaries, etc.—Congresses.   I. Baker, Keith Michael.
II. Lucas, Colin.   III. Conference on the Political Culture of the Old Regime (1986 : Chicago, Ill.)
IV. Conference on the Political Culture of the French Revolution (1987 : Oxford, Oxfordshire)
DC155.F74   19787   944.04   87–16080

British Library Cataloguing in Publication Data

The French Revolution and the creation of modern political culture.
Vol. 2 : The political culture of the French Revolution
1. France. Political events, 1789–1799
I. Lucas, Colin
944.04
ISBN 0-08-034259-0

Typeset, printed and bound in Great Britain by Hazell Watson & Viney Limited
Member of BPCC plc
Aylesbury, Bucks, England

Preface

1989 will mark the bicentennial of the French Revolution. As that date nears, scholars find themselves still confronted, after two hundred years, by the challenge of understanding the extraordinary event that gave birth to modern political culture. To further that endeavour, an international committee of scholars planned a series of three colloquia to explore the general topic of "The French Revolution in the Creation of Modern Political Culture." Papers presented to each colloquium form the volumes of the present series.

The first colloquium, held in Chicago in September 1986, investigated the nature of French political culture under the Old Regime, and the processes by which revolutionary principles and practices were invented within the context of absolute monarchy. These papers, edited by Keith Michael Baker under the title *The Political Culture of the Old Regime*, were published by Pergamon Books in 1987 as the first volume in the series. The second colloquim, held in Oxford in September 1987, analysed the political culture of the French Revolution itself, from the declaration of the principle of national sovereignty by the National Assembly until the creation of the Consulate. These papers form the present volume. In this volume, we have decided to include the text of the formal commentary by a scholar which introduced the discussion of each group of papers at the conference. The third colloquium, to be held in Paris in September 1988, will explore the transformation of European political culture in response to the French Revolution in the period up to 1850.

The colloquia were planned by an organizing committee comprised of Bronislaw Baczko (Université de Genève), Keith Baker (University of Chicago), David Bien (University of Michigan), François Furet (Institut Raymond Aron, Paris), Reinhart Koselleck (Universität Bielefeld), Colin Lucas (Oxford University), Mona Ozouf (Centre National de la Recherche Scientifique, Paris), Jean Starobinski (Université de Genève), Franco Venturi (Università di Torino).

The Conference on the Political Culture of the French Revolution, held in Oxford on September 5–9, 1987, was made possible by the institutional support of the Ecole des Hautes Etudes en Sciences Sociales and Balliol College, Oxford, and by grants from the British Academy, the Ambassade de France at London and the Maison Française at Oxford, Oxford University and its Faculty of Modern

History, the Royal Historical Society, Mr. Azad Shivdasani, and the Voltaire Foundation. On behalf of the organizing committee, and of all the participants in the conference, we wish to thank them for their generous support. We also wish to express our appreciation to Pergamon Press for its commitment to publishing the substantial volumes that are the result of the three conferences. Finally, particular thanks are due to Geraldine Billingham for seeing the work through the Press.

KEITH BAKER
FRANÇOIS FURET
COLIN LUCAS

Contents

Introduction   xi
COLIN LUCAS

Part I   The Old Regime and the Revolution

Presentation
WILLIAM DOYLE

1. La naissance de l'"Ancien Régime"   11
   DIEGO VENTURINO

2. "Revolution"   41
   KEITH MICHAEL BAKER

3. L'esprit de la constitution, 1789–1791   63
   DENIS RICHET

4. La révolution constituante: les ambiguités politiques   69
   RAN HALÉVI

Part II   The New Symbolism

Presentation
BRONISLAW BACZKO

5. The Sovereignty of the Nation   97
   MAURICE CRANSTON

6. Le citoyen/la citoyenne: Activity, Passivity and the
   Revolutionary Concept of Citizenship   105
   WILLIAM H. SEWELL, JR

7. La patrie   125
   NORMAN HAMPSON

8. La déclaration des droits de l'homme   139
   PHILIPPE RAYNAUD

Part III   The Revolution and the Monarchy
Presentation
COLIN JONES

9. Louis XVI, King of the French   161
   PETER R. CAMPBELL

10. The King's Trial and the Political Culture of the Revolution 183
    MICHAEL WALZER

11. Le roi de la contre-révolution: de la chevauchée répressive au
    providentialisme réactionnaire   193
    ROGER DUPUY

Part IV   Political Forms of Revolutionary Democracy—1
Presentation
RETER JONES

12. La Révolution française et l'idée de l'homme nouveau   213
    MONA OZOUF

13. Les assemblées et la représentation   233
    PATRICE GUENIFFEY

14. The Crowd and Politics   259
    COLIN LUCAS

Part V   Political Forms of Revolutionary Democracy—2

Presentation
GWYNNE LEWIS

15. La démocratie directe sous la Révolution française—le cas
    des districts et sections de Paris   295
    KÅRE TØNNESSON

16. Federalism   309
    ALAN FORREST

17. Révolution française et tradition jacobine   329
    FRANÇOIS FURET

18. L'expérience thermidorienne   339
    BRONISLAW BACZKO

19. "Republican Institutions," 1797–1799   371
    ISSER WOLOCH

Part VI   The Revolution and the State

Presentation
DAVID D. BIEN

20. French Revolutionary Local Government, 1789–1792   399
    ALISON PATRICK

21. L'administration de la guerre sous la Révolution   421
    JEAN-PAUL BERTAUD

22. Les finances et l'état   429
    MICHEL BRUGUIÈRE

23. Napoléon ou l'état post-révolutionnaire   437
    LOUIS BERGERON

    Abstracts   445

    Index   457

Introduction

COLIN LUCAS*

THIS volume represents the second step in a three-phase reflection upon the place of the French Revolution in the creation of modern political culture. The first step was taken with a conference at Chicago in September 1986 whose papers, devoted to the Old Regime, were edited by Keith Baker as the first volume of this series.[1] This second volume contains the papers discussed at the conference held at Oxford in September 1987, which looked at the Revolution itself. We should consider for a moment how the papers in this volume carry on the themes elaborated in the first volume.

The Chicago conference concluded that the Revolution was rooted in the political culture that took shape during the last four decades of the Old Regime as the inherent tensions of the old monarchy became increasingly evident. The Revolution was not, of course, simply the direct product of the contestation and practices of the new politics of Enlightenment. Yet, in the crisis of the monarchy in the late 1780s, the premises, strategies and language of that political culture furnished the makings of a revolutionary discourse. The absolute monarchy's vision of itself, of the society within which it functioned and of its relationship to that society was revealed to be in stark contradiction to the enlightened and progressive society which preoccupied that "tribunal de l'opinion publique" at the heart of the new political culture. The implicit contradiction between absolutism and the politics of Enlightenment was actualized in the crisis. In this sense, as Keith Baker put it in his Introduction to the first volume of this series, the Revolution must be seen "not simply as the repudiation of the Old Regime but as its creation."[2]

We must understand Baker to mean by this that the Revolution's repudiation of the Old Regime was the logical extension of the discourse of this late Old Regime political culture and that it had indeed already been achieved conceptually in the crisis of the old monarchy, before the meeting of the Estates General. Yet, this was no straightforward transition into the Revolution and thence into modern political culture. Many of the principles, whose elaboration in the late Old Regime was charted at Chicago, proved immensely ambiguous when tested in the revolutionary environment. The papers in this volume demonstrate that the revolutionaries took almost nothing intact from the Old Regime; they modified, transformed

---

* Superscript numbers refer to Notes at end of chapter.

and at times turned inside-out the inheritance which the Chicago conference had so confidently left on the cusp of the new world of 1789.

In terms of fundamental concepts, the basic rupture with the Old Regime came very early. Patrice Gueniffey, Ran Halévi and Denis Richet all make the point that the resolution voted on 17 June 1789 by the Third Estate to constitute itself the National Assembly was the first and in many ways the most profound revolutionary act. Against a divine right monarchy and a society of orders was erected the sovereignty of the nation; against the monarchy "une et divisible" stood the nation "une et indivisible." Yet, however much this notion of sovereignty might stand at the head of the traditions of modern political culture, it bore many contradictory implications, many ambiguities. A substantial number of the papers in this volume address themselves either directly or indirectly to these implications.

The heart of the revolutionary problem of sovereignty was the issue of indivisibility. This lay behind the crucial debates of 1789 concerning binding mandates (no part of the sovereign could constrain the whole), the bicameral legislature (a division of the indivisible) and the royal veto (what part could the king play in the legislative expression of the sovereign's will?). More important, it informed the whole issue of representation, that device for reconciling the sovereignty of the nation with the impracticality (or inadvisability) of its direct exercise by all the members of the nation. Sieyès' great popularity derived from his ability to supply a solution to the tension in sovereignty between the need for institutions and the claims of democracy.

The strategy espoused by Sieyès (but expressed also by others such as Thouret) was double: on the one hand, sovereignty was inalienable, but the right to represent it was not; on the other, each section of the nation delegated on behalf of the whole sovereign nation rather than of itself alone. Thus, the delegates had the power to will for the nation; the Assembly became the only place where the general will could appear. At the same time, each section of the nation, when assembled as an electoral body, did not possess any sovereign power in its own right. Such a thesis protected, indeed emphasized, the unity of the sovereign nation whilst lacing the exercise of its sovereignty into the corset of institutions. Representation is a keystone of modern political culture; but in contrast to the imprecisions of our contemporary usage, Sieyès repeated time and again that "représentation" was the antithesis of "démocratie."

Both Patrice Gueniffey and Philippe Raynaud point out that in practice such definitions led directly towards a kind of "absolutism" of the National Assembly in place of the absolutism of the monarchy. Raynaud argues that the consequence was the importance accorded to the law, itself the expression of the general will, as the regulator of the unchecked power of the legislators (a fear, incidentally, expressed by Mirabeau who saw 1200 sovereigns replacing one). Gueniffey sees the consequence to have been the necessity for a qualified franchise. Certainly, the distinction between active and passive citizens, which William Sewell examines, was adopted on the initiative of Sieyès who sought to restrict citizenship to its meaning of political participation and to restrict political participation to the socially responsible defined as those who contributed to the costs of society by taxpaying. Whatever subtleties Sieyès himself may have introduced into the relationship between civic responsibility, taxpaying and ownership of property, there can be little doubt that his audience saw the franchise in straightforward terms of property.

In the context of the political culture of the late Old Regime, there is nothing very surprising in this restriction of effective citizenship: the *Encyclopédie* held as axiomatic that "c'est la propriété qui fait le citoyen." [3] Yet, within the political culture of the Revolution, the restriction was immensely controversial—"one of the most politically explosive features of the Constitution of 1791," says Sewell. For Pétion, Robespierre and other radicals, it was tantamount to dividing the sovereign nation. As early as September 1789, Pétion was close to reformulating a concept of binding mandate when he argued that the deputies were subordinate to their electors. The radical anger over the *marc d'argent* was essentially a statement about sovereignty. Thus, the notion of the sovereign nation and the repudiation of the past, both of which were the product of the Old Regime political culture, proved intensely ambigious, capable of bearing quite contradictory statements about political rights and practice within a single assertion of the unity and indivisibility of the sovereign nation.

Indeed, the representative system of the Constituent was never unchallenged nor indeed self-sufficient. Political clubs, district and section assemblies, correspondence committees, electoral assemblies, the public gallery in the chamber, the crowd and so on, whose encroachment on the exercise of sovereign power the Constituent and Legislative Assemblies struggled in vain to repress, testified to the competition of other concepts of politics, however imperfectly articulated.

François Furet singles out the Jacobin Club in this context: it developed from an antechamber, where the tactics of deputies were discussed, into an antichamber, an alternative Assembly for the debate of great issues, an alternative forum of legitimation set in a democratic conception of sovereignty. Yet, the most striking aspect of the Jacobin Club and its network of provincial affiliates was how, as Furet remarks, it changed in 1793 from being an organ of contestation or a site of political conflict into being "une machine à produire de l'unanimité." Certainly, it conceived of itself as a guardian of democracy and inalienable popular sovereignty, but it was more precisely a substitute for popular sovereignty. In Furet's eyes, we discover here that part of the political culture of the Revolution whose heirs were the militant revolutionary groups of the nineteenth century and ultimately Lenin (in particular, presumably, the Lenin of the 10th Party Congress).

What seems most fertile in this is the sense of the Jacobins as a mechanism for unanimity, the sense that the substitution of the Jacobins for the people was a device to confer reality upon the fiction of "un peuple unanime." Neither the Girondin constitution nor the Jacobin constitution (and the latter even less than the former) admitted of any significant diminution of the unity and paramountcy of the National Assembly as the visible sign of the indivisibility of the sovereign nation. Equally significant, as Alan Forrest reveals, were the terms in which Federalism was criminalized: the invention of the word itself focused the principal accusation on Federalism's alleged division of the nation one and indivisible—a striking departure from earlier years when the *fêtes de la fédération* symbolized the indivisibility of the nation by the fusion of its component parts. The Montagnards, no more than the Constituents, did not envisage sovereignty debouching on direct democracy (Colin Lucas makes the point over their attitude to the crowd and Kåre Tønnesson does the same over their relationship to that peculiar form of representation that was militant sans-culottism in the Paris sections).

This quest for unity, for unanimity, seems to lie at the centre of the Revolution's political culture whichever of its modes one examines. The Constituent Assembly's perceptions were shot through with the notion that the Revolution would make whole that which the Old Regime had divided and rendered incoherent. The Revolution involved a regeneration, a re-creation of France. As Mona Ozouf shows us, the re-creation of France implied self-evidently the re-creation of French men. The pursuit of the new man was the pursuit of a new innocence and hence the pursuit of a new harmony, of the unity of a re-created society. If some saw the new man as a simple product of liberation, revolutionaries were in general more concerned to provide the pervasive context of newness that would create the new man (from education through new topography to a new structure of time).

Ozouf is careful to emphasize that the distinction between faith in the galvanizing power of revolution to regenerate and fear of the corrupting influences that needed to be constrained does not correlate with particular political opinions. Nonetheless, there is little doubt that jacobinism was in the pessimistic mould. The characteristic feature of jacobinism's quest for the unity of the sovereign nation was that it sought to achieve unanimity by the exclusion of those defined as hidden enemies. Norman Hampson's study of "la patrie" comes to reinforce the sketch drawn by Furet. *Patrie* was the word of 1792–94, replacing the earlier reference to nation. In the hands of a Robespierre or a Saint-Just, *Patrie* was specifically a moral imperative: only those who had *vertu* belonged. Thus, the once indivisible nation was divided into the good and the bad; and former were the citizens ("citoyens actifs" in a new sense) and they constituted the *patrie* which was both object and product of their solicitude; the incorrigibly bad were excluded and in this way the indivisibility of the nation was reconstituted in the *patrie*. Exclusion became the handmaiden of unanimity, a theme explored several years ago by Patrice Higonnet.[4]

The Thermidorians failed to reconstruct unity, which they might have achieved through reconciliation based on a distinction between mistakes and crimes, as Bronislaw Baczko notes; instead, they presided over the perpetuation of the strategy of exclusion. Indeed, it was the Thermidorians who, in their pursuit of a stable system of representation, were the first to abandon unicameralism as the necessary device for producing the general will within a representative system. This step introduced a further element into the Revolution's fashioning of modern political culture—not simply in terms of the institutions of representation, but above all by what the division of the legislature symbolized in the way of drastic modification in the relationship between inequality of fact and equality of rights. It implied that citizenship was to be viewed in the narrower of the two senses which Lanjuinais had given to it in 1793: that is to say as "ceux qui sont admis à exercer les droits politiques, à voter dans les assemblées du peuple, ceux qui peuvent élire et être élus aux emplois publics; en un mot, les *membres du souverain*."[5] Here, the device of exclusion as the key to the unity of the sovereign nation has almost come full circle, for the restriction of sovereignty to those qualified to elect is difficult to elude. Nineteenth-century European liberalism was not so much the product of 1789 as it was of the Thermidorian and Directorial gloss on 1789.

Such a stark revision was not, however, immediately explicit. Isser Woloch demonstrates that, however futile and therefore absurd these efforts may appear, the Directory placed great emphasis on continuing the task of creating the new man through the imposition of republican institutions whose function was essentially educative and regenerative. In an important sense, it was the only strategy left which could enable the Directory to overcome the de facto division of the sovereign nation by emphasizing its unanimity as a people reborn. In reality, the unfranchised rest of the nation was left with the *patrie* which had become, Norman Hampson tells us, patriotism in the sense of loyalty to the nation. Napoleon gave this a whole new dimension, which perhaps helps to explain the enduring loyalty that he enjoyed in the nineteenth century among the popular classes.

An approach which concentrates on seeking out the conceptual discourse by which the Revolution laid down fundamental elements of modern political culture runs the risk of becoming unjustifiably coherent. There is a danger that the real complexity of the revolutionary experience can vanish. On the one hand, one can appear to give an unreal autonomy to the realm of ideas and to endow concepts with a creative power over events which ignores the complex relationship between the practice of politics and the definition of concepts in revolution. On the other, there is a risk that, by seeking the origins of modern political culture, one may diminish and distort the true texture of the political culture of the Revolution itself through neglecting all those other conflicting ideas, experiments and forms which failed the test of practice, aberrations perhaps in a longer perspective, or else which ran into the sands of irrelevance in the early nineteenth century. Thus, for instance, in this volume Roger Dupuy has to bear the whole burden of allusion to the political counter-culture of resistance to the Revolution.

This problem, already foreshadowed in the debates at Chicago, was the subject of exchanges of some vigour at Oxford. It is certainly true that, for example, what the resolution of June 17, 1789 implied for the monarchy remains exceptionally difficult to seize. Did the unity and indivisibility of the sovereignty of the nation in effect mean that constitutional monarchy was a conceptual nonsense? In other words, was Sénac de Meilhan right to conclude the regime of 1789 was republican in all but name;[6] or was the fall of the monarchy the product of a compound of purely contingent political incidents? Was it *dérapage* or the implacable logic of concepts?

Nonetheless, a reading of the papers in this volume suggests that most of the authors do not make unqualified claims for the coherence of the phenomena they describe. It is striking how often the words "ambiguity," "complexity" and "contradiction" occur in these pages. Furthermore, the sharpness of the initial conceptual rupture in 1789 is hedged around with many practical limitations. The abbé Sieyès may have had the rupture well charted months before it took place but, in the event, it was a practical response to the practical problem of the deadlock in the Estates. Indeed, Ran Halévi shows us that many deputies simply did not understand for a long time the implications of what had been done. The debate

on the royal veto exposed the principles clearly enough, but the majority of deputies were ready to ignore the theoretically compelling logic of concepts in order to
construct a compromise closer to their real desires. The account of the proceedings
in the Third Estate in May-June 1789 shows how reluctant the great majority of
deputies were to break with the other two orders and how the behaviour of the
other orders allowed a small group of men increasingly to "drive" this chamber.[7]
If some papers in the first volume of our series argued that the decisive break with
the past had already been achieved conceptually before the meeting of the Estates-
General, here we discover that the break needed the very tangible processes of
revolution in order to occur.

Indeed, the whole problem of rupture with the Old Regime is less clear than it
might seem. Diego Venturino reveals the very piecemeal way in which the perception of the rupture percolated into the consciousness of the revolutionaries themselves. Even though a man like Clermont-Tonnerre was able to proclaim as early
as June 1789 the need to start entirely afresh rather than repair abuse, it is clear
that, if language does articulate perception, a perception of a complete repudiation
of a total past was not really current until 1792. Similarly, Keith Baker demonstrates that the Revolution as an evolving, creative experience acted over time was
only progressively perceived by those who were caught in it.

Thus, collectively, these papers may be said to raise the issue of when the Revolution ceased to be the Old Regime. To what extent does the idea expressed at
Chicago that the Revolution was rooted in the political culture of the late Old
Regime mean that the Revolution was in its earlier stages organically part of the
Old Regime, a logical elaboration of Old Regime political culture rather than a
new foundation? This approach presumably lies behind Peter Campbell's view
that "it is not the transition to a constitutional monarchy which is surprising, it is
the foundation of a republic." If this is the case, then what degree of transformation
is required for the old to become the new? How do we accommodate the very
sharp perception by some contemporaries of the instantaneousness of the revolutionary re-creation with the very slow realization among others that a rupture had
occurred rather than an evolution of the past into the present? And by when had
the new self-evidently displaced the old? Should we select 1792 as the time when
both the practices and the concepts of revolution coincided in a new political
form and consciousness? Or should we date modern political culture from the
Thermidorian Reaction when, as Bronislaw Baczko tells us, the Revolution had
become old, had become history, had its own reference of time?

There appears to be no clear answer to this interrogation. In some areas, forms
and discourse drawn from the Old Regime modified within the Revolution but
seem never to have been completely displaced, as in Colin Lucas' presentation of
the crowd. In others, the Revolution appears an interlude whose inadequacies led
straight back to the Old Regime, as in the matter of finance analysed by Michel
Bruguière. Indeed, at some points, the sovereign nation really failed in practice to
assert its sovereignty over its own creations, as Jean-Paul Bertaud shows in the
case of the Directorial army. And that leads to the unresolved question posed by
Louis Bergeron: whether Napoleon's specialist state marked an interruption of the
Revolution's creation of modern political culture or a necessary pause for the
clarification of that culture.

The nature of revolutionary change and the importance of conceptual discourse in helping it to come about are complex questions. Certainly, in terms of political culture, what is transmitted from one generation to another is above all concepts, without which inherited forms have little meaning. Yet, each generation adapts the concepts to its own needs, which is precisely what the revolutionaries did with the political culture of the Old Regime. More specifically, however, a revolution's dynamic power is always immensely innovative. In some moments, conceptual discourse clearly does command revolutionary change because its decisive clarity moulds the occasion: one need only think of *What is the Third Estate?*. Elsewhere, it is evident that the shape of revolutionary change is the product of pragmatic activity within a given situation: Alison Patrick's study of local government in this volume is a good example. For the most part, revolution is a process in which concept and practice encounter, merge and transform each other in often unpredictable and unstable forms of synthesis which, together, add up to revolutionary political culture.

Notes

1. K. M. Baker (ed.), *The Political Culture of the Old Regime* (Oxford, 1987). See the comment by J. R. Censer, "The Coming of a New Interpretation of the French Revolution," *Journal of Social History* 21 (1987), pp. 295–309.
2. Baker, *op. cit.*, p. xi.
3. *Encyclopédie, ou Dictionnaire raisonné des sciences, des arts et des métiers*, 17 vols. (Paris, 1751–68), 14:145.
4. P. Higonnet, *Class, Ideology and the Rights of Nobles during the French Revolution* (Oxford, 1981).
5. Below, p. 105.
6. G. Sénac de Meilhan, *Du gouvernemement, des moeurs, et des conditions en France avant la Révolution* (Hambourg, 1795), p. 20. "Les monarchies mixtes ou tempérées ne sont au fond que des modifications du régime Républicain."
7. F–A. Aulard (ed.), *Récit des séances des députés des communes depuis le 5 mai jusqu'au 12 juin suivant* (Paris, 1895).

Part I

The Old Regime and the Revolution

Presentation

WILLIAM DOYLE

NOTHING happens in a vacuum. And people who think that they can start anything again from the beginning are deluding themselves. Few events, it seems to me, illustrate these truths about human affairs better than the great Revolution whose political culture we have gathered to discuss this week. Many of the men of 1789 thought they were starting again from the beginning. They actually thought they could start again from the beginning—and that very conviction, as Mona Ozouf shows in her paper,[1] is a powerful ingredient in the political culture of the Revolution and affected the way men thought about it profoundly, both at the time and subsequently. But of course they did not bring empty minds, Lockean *tabulae rasae*, to the task of reconstruction. Inevitably they began it heavily encumbered with a whole range of ideas, assumptions, attitudes and habits of acting and thinking which they could not jettison, and which had a persistent influence on all they did. And at no time were these prior influences stronger than in the first stages of the Revolution, before the increasingly deep overlay of revolutionary experience began to modulate, add to, and ultimately transform political culture. The papers in this first session all relate to these early stages, when the revolutionaries were groping and struggling to define what they were doing, and get to grips with its sheer enormity. They fall, I think, into two neat pairs. Those by Keith Baker and Denis Richet deal with ideas that existed *before* the revolutionary experience, which were then applied to that experience, and were transmuted by it. Those by Diego Venturino and Ran Halévi, on the other hand, deal with concepts that had either no existence, no meaning, or no relevance before the events of 1789; but which those events either called forth as a matter of indispensable necessity—as in the case of the concept of the Ancien Régime—or forced men to confront as a matter of urgency, as in the case of the whole issue of mandates.

The most obvious place to start, therefore, is not with the concept of the Ancien Régime, even though it comes first on our programme, and the historical entity which the term describes came first in time. The Ancien Régime was what the Revolution destroyed, certainly; but it was also, as I have argued in another place,[2] and as Diego Venturino corroborates in impressive detail, created by the Revolution, something that had no meaning until the Revolution had begun. Revolution, on the other hand, as Keith Baker demonstrates, was a term which had a whole

3

range of meanings before 1789. In that sense it was by far the best established of
the ideas we are looking at in the minds of those who were to participate in and
mould the events of 1789. And yet none of these meanings were adequate, or even
felt to be adequate at the time, to describe what happened in France. None of them
took in the comprehensive, ongoing quality of what was to be remembered as the
French Revolution—although, as the paper shows, a blend of the word's various
eighteenth century meanings came somewhere close to proving adequate.

In fascinating detail, Keith Baker in the fifth section of his paper examines how
one influential journalist, Prud'homme, moved from chronicling the revolutions
of France (meaning upheavals and vicissitudes, the oldest sense identified earlier)
in July 1789, to looking back on these events from 1790 as the beginning of a
continuum still developing, and therefore part of a revolution-as-process, the sense
first adumbrated by the Enlightenment. But Prud'homme was only one man: he
may be typical, or he may not. What would be interesting to locate is the precise
moment when Frenchmen at large began to apprehend, and speak of, what was
happening to them as the Revolution. Had men begun to talk in this sense before
1789 dawned? Or if they only began to do so during that year, when? Was it
before the Estates-General met, or when (what seems to me, and I think to Ran
Halévi, the first overtly, truly revolutionary act) the Third Estate "cut the cable"
and began to verify credentials as a national body? Once the king confirmed the
blending of the orders on June 27, Arthur Young (no Frenchman, it is true)
remarked that "the whole business now seems over, and the revolution complete."[3] Did Frenchmen think and talk in those terms, or did it take the fall of the
Bastille to accustom them to doing so?

I am not of course suggesting that if we did manage to locate more or less when
the Frenchmen came to think of themselves as experiencing a revolution of such
magnitude and significance as to dwarf all previous ones and warrant redefining
the world itself, we should then see the idea of the French Revolution emerging
full grown in all its manifold connotations. Revolutionaries liked to think of it
happening that way—it was part of the myth to which they subscribed and which
the quotations Keith Baker gives from Prud'homme exemplify. In reality the meaning of the Revolution emerged piecemeal, over a number of years, in the crucible
of events; and it was continually being redefined by participants. So, incidentally,
did the concept of the Ancien Régime. They were, after all, as Diego Venturino
notes, antitheses, in a sense constantly redefining each other. But however fluid
their content, however wide-ranging, what really counted was peoples' perception
of the momentous quality, different in scale and significance from anything that
had ever happened before. That was the quintessence of the new, transmuted idea
of Revolution that emerged in France at the beginning of the 1790s from the
diverse sources pinpointed for us by Keith Baker.

The value of the term was its vagueness. Although it now meant something
altogether more momentous than in earlier times, there was nothing except the
perceptions of the beholder to define what made it momentous. It had, so to speak,
no inner definition. That was why the men of the 1790s could argue endlessly
about what was and what was not revolutionary, or in the spirit of the Revolution.
A Constitution, on the other hand, was all about definitions. As Denis Richet
notes, whether or not we as historians regard the customary procedure by which

prerevolutionary France was governed as amounting in practice to a constitution, the men of 1789 certainly did not. Until now, most of them believed, France had had no constitution; and the fundamental purpose of the National Assembly was to give it one. And what they meant by a Constitution was a body of written rules for the conduct of public affairs. Their model was surely not, therefore, as Denis Richet seems to imply, either Great Britain or America. It was America alone; because the British Constitution, as Tom Paine was soon to be claiming, was in fact a mere body of customs fixed by no ground rules except for the sovereignty of an all too corruptible parliament. The French constitution-makers no doubt admired Britain's political viability, but most of them (apart from the ill-fated *Monarchiens*) had no respect for the means by which it was achieved. Rousseau had taught them that the British were only free once every seven years; Sieyès had argued that to copy British institutions was servile; and they had only to listen to the British Whigs to learn how corrupt the government of George III was. No: a true constitution had to be written, as in America. And not only that. Any set of written rules would not do. A constitution must embody certain principles. It must recognize the sovereignty of the Nation—a principle that, as I shall argue later, was in many ways fatal to the whole enterprise. And it must also, as the Declaration of the Rights of Man and the Citizen explicitly states (Art. 16), guarantee human rights and ensure the separation of powers. No nation where these guarantees do not exist has a constitution. Once again that admitted the Americans but ruled out the British. In these circumstances it is hardly surprising that Mounier and the *Monarchiens*, with their endless open advocacy of British models in support of a second chamber and a royal veto, should be doomed to failure. Their model was too obviously what could already be recognized as an Ancien Régime state; not to mention one which aroused such a complex set of reactions, a volatile blend of admiration, mistrust, and dislike, in every Frenchman. America offered an altogether more attractive pattern. The Americans, too, were self-confessed revolutionaries, and they, too had rejected British ways. And yet their new constitution (still in the course of being ratified as the Constitutional Assembly met) proved no more of a viable model for the French than the British one could. They were unimpressed by its second chamber, for all the reasons explored by Denis Richet; and although, in the suspensive veto, they did adopt something like that enjoyed by the American president, there was a crucial difference. Their veto was exercised by a king, with all the legacy of despotism that that implied; a king, moreover, who could not be changed like an American president if he used his powers in an objectionable way; and a king, finally, whom his subjects mistrusted personally on account of his record, and whose subsequent actions would give them even more grounds for mistrusting. In other words, neither a second chamber nor a complete royal veto seemed possibilities under the new constitution. Neither could be suitable to French conditions, for historical reasons. We are back to the burden of the past. As Denis Richet says, French society offered no convincing basis for a second chamber; and French political tradition offered no grounds for optimism about the way a royal veto would be used. In these ways, certain avenues the constitution might have taken were closed off in advance by legacies of the Ancien Régime.

Which brings us to that concept. Neither Revolution nor Constitution were

new terms when the French Revolution came along—although it invested both
(however unevenly) with new significance. With Ancien Régime, however, we
come to the Revolution's first brand new creation. The words were not new, but
their combination to give specific meaning to a particular, identifiable phenomenon, was. There had been revolutions and constitutions before 1789, even if less
momentous or innovatory than those which appeared then. But, if I might put it
this way, there had been no anciens régimes under the Ancien Régime. The Ancien
Régime was what the Revolution had broken with, what had preceded it and what
it had renounced. It was something that was over, finished, surgically amputated
by revolutionary action; a deplorable past lacking all value for the new, regenerated present. And yet, as Diego Venturino shows, that past was, for much of the
Revolution, not conceived of as a totality. Until quite far on into the Revolution,
the Ancien Régime meant only certain aspects of the past. Until 1792, above all, it
does not appear to have included the idea of monarchy. Only when the Revolution
became antimonarchical did monarchy, of whatever sort, come to seem an essential feature of the Ancien Régime. Only then, Diego Venturino seems to imply, did
the term reach the fullness of its meaning.

Now, it is certainly important to remind us that it is not enough to locate the
first use of a term in searching for the time when it acquired real significance. Keith
Baker makes the same point in discussing the way Hannah Arendt seizes over-
eagerly on La Rochefoucauld's supposed distinction between revolt and revolution. A newborn baby bears little discernible resemblance to the adult it will
become. On the other hand, is it really satisfactory to regard the idea of Ancien
Régime as somehow conceptually incomplete until it takes in monarchy? Surely
what made this term so valuable to contemporaries (and in this it had much in
common with Révolution) was that from the earliest stage it could mean anything
they wanted it to mean about the French past. Just because there was a sense of a
new age having dawned with the arrival of an unprecedented Revolution, anything
could be termed Ancien Régime so long as it seemed rooted before 1789. And is
it even right, again as Diego Venturino seems to be arguing, that until the fall of
the monarchy, the term Ancien Régime referred only to certain political practices
current before 1789? His sources for saying so, after all, are political; and if
you use political sources you are likely to get political definitions. But surely, for
example, the term régime féodal, which he touches on but does not pursue at any
length, refers to something much wider than political or even economic practice,
but yet something that was incorporated into the idea of the Ancien Régime from
August 4, 1789? And if one looks at the preamble to the Constitution of 1791,
that great list of things that the Constituent Assembly has "abolished irrevocably,"
it all adds up, and surely must have added up even in the minds of contemporaries,
to a description of a form of society—one dominated by the privileged orders.
(That term, incidentally, "Privileged Orders," is one that we should perhaps also
have had a paper on: when was it first used, how did it develop? One could argue
that its use marked the ideology and the historiography of the Revolution quite as
much as some of the others we shall be discussing.) It seems to me that the term
Ancien Régime was used far more loosely, right from the start, than Diego Venturino implies; and that its ambiguity (which he recognizes) was its strength and lent
it its continuing appeal. Far from incomplete in some sense before the fall of the

monarchy, in not excluding kingship from revolutionary possibilities it was already serving its full purpose as a descriptive term, and was being used in the way later historians and scholars have continued to find convenient. In this perspective, its ideological use between 1792 and the late 1790s, in tying its meaning down too precisely to contemporary polemics, was a retrograde step, an interruption in its natural development, a terminological *dérapage*.

Ambiguity, then, was the strength of the concept of the Ancien Régime as of that of Revolution. But in other circumstances, as Ran Halévi shows, ambiguity was a weakness. His paper is devoted to exploring the ambiguities among the deputies of the Constituent Assembly about whom they represented, by what right, to what degree their authority to do so might be changed, and how. All that was not ambiguous, seemingly, was that they did represent somebody; and that majorities ought to have some sort of preponderant weight. Beyond that all was confusion and uncertainty. Only the outcome of power struggles, once the Estates-General met, resolved some of the ambiguities; and then by no means to everybody's satisfaction. I have often been struck by the way the ground rules chosen, often without much careful forethought, at the beginning of the French Revolution, conditioned the way things developed. The most obvious example is that of the term "forms of 1614" launched by the parlement of Paris in September 1788.[4] Ran Halévi pinpoints another example for us—the half-measure represented by the doubling of the third yet the continued denial of vote by head. It was a positive guarantee of future conflict in that it recognized that weight of numbers was important yet refused to acknowledge that they ought to be decisive. It was not even a compromise, since nobody thought it could or should last. It was an invitation to struggle, rapidly enough taken up once the Estates actually met; although it is always worth remembering, as Ran Halévi reminds us, that the great rupture between the orders only happened after the failure of a series of *conférences de conciliation*.

Eventually, the ambiguity was resolved when the deputies of the Third Estate, in the name of the other two orders though certainly not with the consent of a majority in either, assumed national sovereignty during the second and third weeks in June, and when the king accepted the *fait accompli* during the fourth week. From then on the Estates-General became a National Constituent Assembly representing and speaking for the French Nation. But that produced further ambiguities. The question now was whom did the deputies represent, and what freedom did they have, as representatives, to make up their own minds? How far were they bound, or mandated, by the wishes of those who had elected them? The idea of the constituents, Ran Halévi tells us, was to free each deputy from answerability to his own electors. Once elected, a deputy represented the whole of France. This is, of course, a fundamental notion of modern political culture, which marks it off from the bound and circumscribed mandates characteristic of medieval forms of representation. It was, he tells us, a new conception of sovereignty and of political representation. But was it? To France it might have been, as national representative institutions were resurrected after a 175 year absence and national representative government was set up for the first time ever. But the doctrine was not new to the Americans, who had debated such questions exhaustively throughout their own Revolution.[5] How much did the constituents know of those debates? And it was not new to the British either. Burke's speech to the electors of Bristol of November 3, 1774 laid down what subsequently became classic British constitutional doctrine, that an MP cannot be mandated, and that he represents the whole political community and not just that part which elects him. I wonder if any of the French deputies in 1789 had heard of this? Burke, after all, did not besmirch himself for ever in their eyes until 1790, and could still seem in the Summer of 1789 like an eminent foreign statesman.

What is interesting is that the deputies did not feel safe in their national, representative capacity until they had formally and explicitly renounced binding mandates—even though by consenting to the merging of the orders many of them had already openly defied mandates in their *cahiers* forbidding them to agree to or participate in any such thing. Nor did they—except for those noble or clerical deputies who only agreed to implement the merger of the orders when the king explicitly annulled their mandates on June 27—nor did they think that a royal decision on this was enough. Naturally, as self-proclaimed representatives of the sovereign Nation, they had to take that decision for themselves, as they proceeded to do on 7 July. Yet, with mandates renounced and suppressed, the deputies nevertheless felt they still owed something to the *cahiers*, those contracts of mandation. That is why they spent a good deal of time assembling a digest of the *cahiers* to guide them in their reforming efforts. Mandation they could not accept, much less the veto of minorities, or individual deputies. But there remained the feeling that deputies ought to be guided in their deliberations by what their electors, the Nation's citizens, thought. And there remained too the uneasy feeling, well expressed by Pétion in the passages quoted by Ran Halévi, that wherever possible or practical the Nation should be able to pronounce on matters not through representatives at all, but directly. This conviction, however impractical, was one that would continue to haunt the whole Revolution, and indeed from time to time the whole of subsequent French history. We first find it recurring in the Constitution of 1793, and in the plebiscite which preceded its adoption. We find it again down to our own times in repeated recourses at crucial junctures to plebiscites and referendums. The Burkean British, at least down to the 1970s, never seem to have felt that need: their representatives could be trusted to make whatever decisions might be necessary. But then their form of political representation emerged and developed slowly, far more gradually than that of France had any possibility of doing in the explosive, cataclysmic atmosphere of Versailles in the Spring and Summer of 1789. And in the British Constitution, sovereignty formally resided, and still does reside, in the monarch in parliament—a formula, as Denis Richet reminds us, explicitly rejected by the Constituent Assembly when Mounier proposed it in 1789. The French insisted on locating sovereignty explicitly in the Nation, and the effect of that was to bequeath endless problems about identifying a true expression of the national will. That seems to me part at least of the answer to Denis Richet's question about why France has had so many constitutions. In practice in Great Britain, of course, the national will also prevails, or is assumed to prevail, in the results of elections. Presumably then, in Great Britain too the nation is practically sovereign. But all that is somebody else's ambiguity.

Notes

1. See below, Chapter 12.
2. W. Doyle, *The Ancien Régime* (London, 1986), p. 1.
3. Arthur Young, *Travels in France during the years 1787, 1788, and 1789*, ed. C. Maxwell (Cambridge, 1929), p. 159.
4. See W. Doyle, *Origins of the French Revolution* (Oxford, 1980), pp. 140–47.
5. See G. S. Wood, *The Creation of the American Republic, 1776–1787* (Chapel Hill, 1969), Chapter 5.

CHAPTER 1

La naissance de l'"Ancien Régime"

DIEGO VENTURINO

Les historiens du XIXème siècle nous ont habitués à la formule "ancien régime." Si aujourd'hui certains remettent en cause le bien fondé de l'expression en tant que notion historiographique, en revanche l'étendue de son usage et la netteté de sa signification chronologique résistent à toute attaque.[1] Cependant, l'objet de ce travail ne sera pas l'"ancien régime" des historiens, mais celui des révolutionnaires eux-mêmes, à qui nous devons la naissance de l'expression.

Les occurrences dans les cahiers de dolléances et celles qui apparaissent de 1789 à 1790–91, nous ont mis face à une ambiguite fondamentale de l'expression à ses origines. En mars 1789, Dupont de Nemours se demande

> pourquoi on a rétabli les jurandes, et pourquoi on les a rétablies avec le nouveau régime qu'on leur a donné, dans lequel on a supprimé de l'ancien tout ce qui pouvait avoir une apparence d'utilité.[2]

Au printemps 1789, que pouvait signifier "ancien" ou "nouveau régime"? En fait, recherchant la genèse de l'expression nous avons trouvé d'abord le slogan politique. En conséquence, notre analyse visera à préciser la naissance politique du concept historiographique.

De 1789 jusqu'en 1791, on n'utilisera pas "ancien régime" pour désigner le passé dans son intégralité. L'émergence contemporaine de l'"ancien régime" et de la "révolution," en tant qu'expressions toutes faites, ne doit pas tromper: l'opposition comme nous l'entendons aujourd'hui existait peut-être dans les faits, elle n'était pas encore dans les mots. On peut accepter l'idée qu'une rupture radicale du point de vue des fondements de la légitimité politique avait été effectivement consommée dès l'été 1789 et que le cap de la *modernité* avait été franchi. Mais les positions radicales de rupture avec l'ancienne forme de monarchie ne furent pas véhiculées par l'expression "ancien régime."[3] Jusqu'à présent, les historiens ont décrit l'événement révolutionnaire comme producteur à la fois du concept et de l'expression, sortis du travail de l'histoire déjà associés. Cette démarche, relevant d'un effort de conceptualisation *a posteriori*, est en soi légitime et féconde, mais elle est parallèle à la nôtre. Celle-ci nous a conduit, au contraire, à ne pas sortir des idées et des usages linguistiques de l'époque, afin d'éviter le péché majeur de toute étude génétique, c'est-à-dire l'anachronisme de lexique.[4]

Par ce biais nous croyons possible de sonder la dialectique entre le "nouveau" et l'"ancien", mise en place à partir de 1789. En nous situant exclusivement du point de vue du discours idéologico-politique nous pourrons peut-être verser une autre pièce au dossier de la *vexata quaestio* "continuité-rupture."[5] Nous nous limiterons, en fait, à définir la conception du passé et de la transition chez les premières élites révolutionnaires à partir d'un indicateur lexical: la dialectique entre l'"ancien" et le "nouveau" sera considérée uniquement du point de vue de la phénoménologie de l'expression "ancien régime" dans sa dérive de la politique vers l'histoire.

L'hypothèse

De quelle façon les protagonistes de la Révolution construisirent-ils une image idéologique du passé apte à justifier la nécessité et le bien-fondé du changement? Cette question nous conduit au coeur de l'énigme qui, après Tocqueville, n'a cessé de retenir les historiens: l'énigme d'une nation millénaire quittant soudainement l'exemple de ses pères et la culture politique qui, pendant des siècles, avait considéré la tradition historique comme source du droit et paradigme de l'action politique.

Une fois de plus, la convocation des Etats généraux en 1789 avait été l'occasion d'une abondante littérature analysant les précédentes convocations et essayant par ce biais d'en fixer les droits.[6] Mais l'Assemblée nationale, une fois constituée, se montra l'héritière active d'une tradition de doléances, en l'occurrence récentes et lointaines, et de critique radicale du présent et du passé. Cette critique était nourrie d'une part par les omniprésentes jérémiades nobiliaires sur le bon vieux temps— qui marquent en profondeur la culture politique moderne en France—et d'autre part par l'arsenal jusnaturaliste élaboré au cours du siècle des Lumières. Dès les premiers mois, elle exprima une volonté réformatrice radicale largement fondée sur un principe que Sieyès avait déjà formulé avec force et clarté, et que personne, hormis les monarchiens comme Lally-Tollendal ou Mounier, ne contestera: le passé en tant que tel ne fonde pas la légitimité politique.

En fait, celui-ci devint dès l'été 1789 une sorte de menace à exorciser, de danger à combattre. Chez les révolutionnaires, la référence au passé donna lieu à un va-et-vient rhétorique autour de l'opposition "ancien"-"nouveau" (ordre, état, préjugé, etc.). Soulignant la rupture temporelle, cette opposition suggérait l'idée d'un passé sans perspective et sans nuances, d'une situation reculée et lointaine et donc obscure et dangereuse. Ainsi se fait jour la volonté audacieuse des révolutionnaires de définir le passé—même le plus proche—comme une sorte de préhistoire qui précède le règne de la liberté et de la raison.[7] C'est cette volonté qui semble faire la particularité du temps révolutionnaire, comme s'il était indispensable d'en accélérer le rythme et d'en intensifier la course, pour mettre à distance la source de tout mal en neutralisant l'influence du passé.[8] Significativement, le passé continua à légitimer le présent sous la forme nouvelle de l'antithèse.

Toutefois, le refus radical du passé n'alla pas jusqu'à remettre en cause l'ancienne forme de gouvernement. La rupture sur ce point fut minimisée, cachée, escamotée. La présence de l'arrière-petit fils de Louis XIV sur le trône de la Révolution fut source d'embarras et d'ambiguïté, mais il n'en fut pas moins pour un temps préservé:

L'Assemblée nationale avoit ce désavantage terrible, et qui l'a longtemps contrariée, de constituer une monarchie en ayant déjà le monarque . . . La vérité était que le pouvoir du roi étoit suspendu dans le temps où les représentans du peuple faisoient une nouvelle constitution. Mais l'Assemblée n'osa jamais prononcer ce mot; et selon l'expression de plusieurs membres, elle jeta un voile religieux sur cette grande et dangeureuse vérité.[9]

Nous croyons qu'une partie de ce voile fut tissée avec l'expression "ancien régime." En fait, la culture du XVIIIème siècle avait élaboré une autre formule pour désigner un passé définitivement perdu et dans lequel était en vigueur un autre droit public: *ancien gouvernement*.[10] Comment expliquer la fortune du terme "régime" par rapport à "gouvernement?" Régime s'imposa dans les faits puisque ses caractères sémantiques permirent un refus du passé national (sinon du passé tout-court, on pense à l'attitude envers le passé classique ou envers le passé de la Révolution même) sans pour autant que cela fût en contradiction avec certaines persistances sur le plan juridique, notamment avec l'héritage de la monarchie. Dans un premier moment et dans certains milieux politiques, "ancien" et "nouveau régime" furent un moyen de décrire les changements radicaux en cours sans forcément mettre en question la forme de gouvernement monarchique. Et cela jusqu'à l'été 1791 où le problème du choix entre monarchie et république passa au premier plan et où le mot "gouvernement" (forme de gouvernement) vint au centre du débat politique.

En somme, jusqu'à la Terreur, 'ancien régime," sera uniquement un anathème lancé contre quatorze siècles de pouvoir "arbitraire," d'ailleurs à peine défini dans ses contenus concrets. C'est plus tard qu'on pourra apercevoir son déplacement vers l'historiographie. L'analyse de la pensée et de la production historique à l'époque de la Constituante ne laisse pas de doutes. En général, on distinguait trois moments dans l'histoire de la monarchie. Dans le premier, on trouvait les siècles les plus reculés, ceux de l'ignorance et de la barbarie; peu précisés chronologiquement, on peut les considérer en gros comme les siècles qui précèdent Charlemagne. L'opinion de Mably sur le gouvernement par assemblée propre à l'Empereur pesera lourdement sur celle des publicistes et historiens de l'époque révolutionnaire. Charlemagne, Louis XII et Henri IV seront les seuls rois à recevoir un avis favorable et unanime. C'est, à quelques années près, avec les derniers Carolingiens que l'on situe le début du "régime féodal" considéré comme un système politique éminemment anarchique du fait de l'usurpation de la souveraineté par les Seigneurs. Cette période de l'histoire de France est considérée comme la plus décadente et la plus pernicieuse (et en cela les révolutionnaires suivent la pente des Lumières qui avaient fait de la critique des abus de la féodalité et de l'anarchie féodale de véritables lieux communs). Dans l'année qui précède la convocation des Etats généraux de 1789, on accuse les nostalgiques du régime féodal de vouloir revenir aux modalités de 1614, et ceci nous éclaire sur la période concernée par ce régime. De celle-ci, l'épisode le plus décrit est le massacre de la Saint-Barthélemy, véritable modèle de tout désastre produit par le fanatisme religieux et politique et promesse de la contre-révolution menaçante.[11] Le troisième moment est celui du despotisme ministériel, ou du despotisme tout-court (le cas de Louis XIV, véritable "tête de turc" de Mirabeau, est exemplaire); il se poursuit jusqu'à Louis XVI et à la décision de convoquer les Etats généraux.[12] Comment a donc été gouvernée la France quatorze siècles durant? Un dictionnaire-pamphlet nous l'explique: "par les armes sous la première race; sous la seconde par les superstitions; et par le despotisme sous la troisième."[13]

Les livres d'histoire et les brochures de l'époque révolutionnaire, conçus entre autres pour montrer qu'il faut renier, à quelques exceptions près comme l'âge des Lumières, l'héritage du passé, ne désignent guère la réalité décrite par l'expression "ancien régime." C'est le schéma qu'on retrouve aussi dans les discours parlementaires lorsqu'ils se rèférent au passé. Ainsi, le sens que l'expression avait à l'origine ne saurait se réduire à celui qui nous est devenu aujourd'hui familier. Qu'entendait-on donc en parlant d' "ancien régime?"

Qu'est-ce qu'un "regime?"

L'étymologie du mot régime fait l'unanimité des dictionnaires, du XVIIème siècle jusqu'à aujourd'hui A l'origine se trouve le sanscrit "rag" (proprement "mouvoir en ligne droite") d'où le latin *regimen* qui indiquait en général l'action de diriger, sans nécessairement être liée au gouvernement politique, ce qui permettra au mot d'être utilisé dans des sens multiples. Le dépouillement systématique des dictionnaires de l'époque nous le confirme et nous fournit des indications précises quant aux significations qui nous intéressent.

Au XIVème et XVème siècle, régime est synonyme d'une part de "royaume," et, d'autre part, de gouvernement personnel, mais aussi de "règlement" dans un sens général. On le retrouve aussi dans l'expression "baston de régime," c'est à dire sceptre de l'archidiacre. Au début du XVIème siècle, il apparaît dans la traduction de l'expression "de regimine principis," titre très commun des *miroirs des princes* d'époque pré-érasmienne.[14] En général au XVIème siècle, par "régime" on entendait la fonction de celui qui gouverne, ou le "gouvernement" dans un sens institutionnel ou encore le "gouvernement" dans un sens divin comme chez Calvin. Il prend aussi le sens de "façon d'administrer un établissement ou certaines parties de la vie publique (douanes, finances, commerce, eaux et forêts, etc.)."[15] Acception fondamentale pour les siècles à venir et qui relève d'un univers sémantique propre à ce qu'on appelait "police" plutôt que "gouvernement."[16] Au XVIIème siècle la connotation politique se perd presque complètement au profit d'une signification plutôt liée à la vie individuelle et qui récupère le sens pédagogique de jadis. Régime devient la règle, la direction de vie dans un sens moral et physique (chez Retz et Bossuet), et reste tel jusqu'à la moitié du XVIIIème siècle, sans jamais toutefois perdre le sens de règle administrative ni celui qui concerne la gestion des "biens saisis": transfert intéressant sur le plan de ce langage juridique si familier aux futurs Constituants.

Les dictionnaires de la fin du XVIIème siècle de du XVIIIème siècle (Furetière, les éditions du *Dictionnaire de Trévoux* et du *Dictionnaire de l'Académie*, etc.[17]) n'enregistrent le terme que dans les sens de diète, de règle monastique, de règle grammaticale ou juridique, sans aucune référence "au système séculaire de gouvernement" que Brunot considère comme une des utilisations du terme les plus naturelles au siècle des Lumières, mais, contrairement à son habitude, sans en fournir de preuves quelconques.[18] Un sondage à grande échelle parmi les auteurs classiques du XVIIIème siècle semble montrer que ni Montesquieu, ni Rousseau, ni Voltaire, etc., n'utiliseront "régime" dans le sens de forme de gouvernement. Chez eux, les significations principales resteront celles de diète et de règle grammaticale ou administrative.[19] Un dictionnaire très important comme celui de Féraud, publié en 1787–1788, confirme en tout point les tendances du siècle.[20] Au seuil de la Révolution, rien ne laissait présager la fortune extraordinaire qui attendait le terme et l'expression.

Incontestablement la signification du mot régime s'enrichit pendant les premières trois ou quatre années de la Révolution, époque éminemment néologique. Cependant cet enrichissement releva aussi d'une pratique linguistique héritée des physiocrates et qui n'avait pas encore été enregistrée par les dictionnaires. Dans les ouvrages de Mirabeau père ou de Dupont de Nemours, il signifie les règles qui président à la gestion de certains secteurs de l'administration de l'Etat ou l'ensemble des lois politiques et civiles, ou enfin, le régime domestique et des colonies. Régime remplace dans certains contextes le terme "ordre" et cela nous éclaire sur les caractères sémantiques dont il commence à s'enrichir. Puisque le problème des physiocrates était de revenir à "l'ordre naturel" des relations sociales, politiques et économiques que le temps avait perverties, leur réformisme visait à la modification ou à l'abolition de certains régimes, du régime des grains à tout régime contraire à la liberté économique jusqu'au régime général de l'Etat, en passant par le régime féodal, véritable épouvantail, synonyme de barbarie, antonyme de raison.[21] Les exemples les plus clairs de ce que le courant physiocratique entendait par régime nous viennent de Mirabeau père qui, dans *L'Ami des hommes*, affirme que ses propositions de réforme visent à constituer un autre "ordre de choses," c'est-à-dire un autre régime; ordre des choses et régime: équivalence que nous retrouverons bientôt.[22]

La même inspiration se fait jour pendant la "pré-révolution." Dans les années 1787–1788, au cours des assemblées des notables, le mot régime est souvent utilisé dans les rapports du Contrôleur des Finances dont on doit la rédaction à Dupont de Nemours. Calonne, dans l'assemblée de 1787, parle de "perfectionner le régime de l'Etat," s'arrête à "la disparité des régimes" qui caractérise la monarchie, à l'abominable régime féodal et surtout à la nécessité "de songer à réformer ce qu'il y a de vicieux dans la constitution, et de travailler à rendre le régime général plus uniforme."[23] Les conséquences sur le plan du langage d'une poussée réformatrice définie en termes de changement de régimes sont facilement prévisibles. S'agissant de l'établissement d'assemblées provinciales, nous trouverons les expressions "régime précédent" et "nouveau régime," alors qu'on affirmera vouloir éviter "les inconvénients d'un régime variable" des forêts royales. Dans presque tous les projets de réforme présentés, on trouve des expressions semblables, et principalement "nouveau régime." Loménie de Brienne fixera le principe général des réformes: "Le Roi n'a pas cru qu'un régime dicté par les circonstances dût subsister lorsque ces circonstances n'existoient plus."[24]

Ce tour d'horizon nous amène à un premier résultat: régime n'apparaît jamais seul, mais toujours lié à une spécification (régime féodal, des eaux, etc.). Même constat pour la période révolutionnaire: Mirabeau parlera de régime aristocratique, social; Sieyès de régime monarchique; Robespierre de régime constitutionnel, etc. A cause de ses caractéristiques, "régime" ne pouvait être utilisé que dans un syntagme. Ceci nous impose la nécessité de trouver une définition aussi claire et distincte que possible de la notion de "régime" pendant la Révolution, seule clef efficace pour comprendre le sens de l'expression qui nous intéresse. Bien sûr, le choix d'un corpus documentaire aussi multiforme que le nôtre ne va pas sans risques. Ce corpus nous oblige à ne pas considérer l'expression telle qu'elle peut apparaître chez un auteur, c'est-à-dire encadrée dans une trame générale de concepts cohérents, construite avec une seule inspiration, mais, au contraire, il nous met en présence d'utilisateurs différents, qui ont des inspirations et des buts différents. Nous ne pourrons donc saisir qu'une signification moyenne en nous fondant sur les dictionnaires de l'époque.

L'analyse comparée de ceux-ci nous permet de dire qu'en général un régime est l'ensemble cohérent des règles concrètes qui organisent une activité, qui peut aller d'une branche administrative spécifique jusqu'au système politique. L'élargissement sémantique qui conduira à la deuxième acception sera achevé —comme nous le verrons—seulement à partir de 1792–1793.[25] Dans ce sens, régime s'apparente à système et méthode, termes avec lesquels il décrira, au début de la Révolution, la situation pré-révolutionnaire.[26]

Les synonymes nous permettent de préciser ultérieurement le sens du mot. Un dictionnaire très important publié en 1796 nous donne la possibilité de repérer une nuance fondamentale qui distingue "gouvernement," "régime" et "administration" et qui ne figurait pas dans la première édition de 1785. Le régime est défini comme

> l'ordre, la règle, la norme politique à laquelle le gouvernement soumet. Le régime est doux ou dur, selon les principes . . . C'est un mot générique qui est souvent modifié, mais il garde toujours le sens de son origine; ici c'est la règle établie par le gouvernement, dans le jeu de la machine politique.

Autrement dit: "Le gouvernement ordonne, le régime règle, l'administration exécute."[27] Ce qui est important dans cette définition est la connotation extra-juridique du terme: un régime peut être dur mais non illégitime. Il a donc une valeur éminemment politico-idéologique et peut désigner la pratique politique concrète d'un gouvernement sans forcément se référer à ses fondements juridiques. Bref, "régime" était apte à représenter l'ensemble des règles à travers lesquelles on exerce la souveraineté sans aucune indication sur son titulaire; en ce sens nous nous trouverons face au problème de ses relations avec le concept de constitution. Dans une signification plus restreinte, "régime" décrit le passage entre l'universalité abstraite de la loi et la particularité concrète de l'exécution.

La logique interne du mot régime se prêtait parfaitement à la description de la rupture révolutionnaire par rapport à la mauvaise administration des courtisans et des ministres ("la réforme des abus") et en même temps permettait de préserver la forme de gouvernement monarchique et la possibilité d'un nouveau pacte entre la nation et le vieux monarque (Louis XVI "restaurateur de la liberté française"). La rencontre avec l'adjectif "ancien" ne changera pas le sens du mot, même quand cette rencontre cessera d'être occasionnelle pour faire place à l'expression toute faite.

Qu'est-ce qu'un "régime" quand il est "ancien"?

On trouve déjà "ancien régime" en parcourant les cahiers de doléances, mais on ne peut pas vraiment attribuer à ces occurrences une quelconque valeur prémonitoire. Si on passe de la simple recherche des premières occurrences à une analyse des contextes dans lesquels elles reviennent, il devient clair que celles mises en évidence par Littré, Ranft ou Brunot ne représentent que des connexions dues au hasard entre ce terme et cet adjectif: elles ne préfigurent aucunement la notion du XIXème siècle et n'ont pas pour nous plus d'importance que la découverte d'expressions comme "ancienne administration," "anciens usages," "institutions antiques," *et similia*.[28] En d'autres termes, on a souvent compris l'expression "ancien régime" dans les textes des premiers moments de la Révolution avec le sens qu'un Michelet et un Tocqueville ne lui ont donné que beaucoup plus tard. Les exemples sont nombreux. Il suffit d'ouvrir le cahier de la noblesse de la sénéchaussée de Carcassonne rédigé au mois de mars 1789:

L'ancien régime de voter par ordre est donc le plus avantageux, puisqu'il établit un équilibre parfait, et qu'aucun ordre ne peut être sacrifié aux prétentions, aux rivalités d'un autre.[29]

L'inspiration physiocratique est confirmée par plusieurs autres occurrences dans les cahiers ainsi que dans la presse, par exemple celle qui apparaît dans le *Journal de Paris* du 17 mars 1789 et dont le contexte est naturellement fiscal.[30]

Nous disons "naturellement" car, au cours de l'année 1789 et parfois même en 1790 et 1791, la présence de l'expression est liée à un contexte spécifique, plus ou moins étendu. Elle n'exprime pas encore d'une manière synthétique le passé dans son ensemble, mais certains de ses aspects particuliers. Ce sens de l'expression s'affirme dans le climat réformateur qui caractérise la pré-révolution, les cahiers et le travail de l'Assemblée constituante. C'est le moment de la "régénération" politique (institutionnelle et constitutionnelle) et de l'obsession de réforme des abus de l'ancienne administration. Par abus il faut entendre le "dérèglement, ce qui est fait contre la raison et le bon ordre" nous dit Furetière à la fin du XVIIème siècle, mais la définition est encore valable un siècle plus tard.[31] L'abus suppose la corruption d'un ordre et la nécessité de le restaurer, et le mot se prête à la description d'une dynamique réformatrice plutôt que révolutionnaire. Toute réforme donne lieu à un nouveau régime: la réforme fiscale voulue par Louis XVI et Necker n'aurait-elle pas créé un nouveau régime à son tour?[32] En général, le nouveau se présentait sur le plan du langage comme la réforme des abus de l'ancien, la réforme de ses différents régimes.

Tout cela est déjà évident à partir des mois de septembre et octobre 1789, période pendant laquelle l'expression commence à être utilisée dans les journaux et à l'Assemblée Nationale.[33] "Ancien régime" désignera d'abord les différentes parties de l'administration qui, semaine après semaine, furent démantelées. Le *Point du Jour* du 26 novembre en commentant l'article 2 du Décret sur les Municipalités ("Les officiers et membres des municipalités actuelles seront remplacés par voie d'élection") montre exactement les limites à l'intérieur desquelles l'expression était conçue:

n'auroit-il mieux valu mettre le mot créer, au lieu de remplacer, pour ne pas laisser dans un article constitutionnel des traces de l'ancien régime?[34]

Le régime dont on se défait, que l'on refuse radicalement, est celui des municipalités, et non le passé en général. Lally-Tollendal utilise l'expression dans un sens analogue lorsqu'il explique les raisons qui ont poussé la Constituante à choisir un régime d'assemblée à une seule chambre:

> L'opinion des deux chambres a encore eu une autre espèce d'adversaires; ceux qui regrettant l'ancien régime, ont voulu rendre le nouveau si mauvais qu'il ne pût subsister.[35]

L'ancien régime dont il s'agit ici est évidemment le régime spécifique des anciennes assemblées nationales, des Etats généraux, c'est-à-dire le système de la division par ordre. Mirabeau s'est aussi prêté à l'équivoque dans un texte fameux consacré par une citation de Tocqueville. Dans une de ses notes secrètes adressée au Roi le 3 juillet 1790 il écrit: "Comparez maintenant le nouvel état de choses, avec l'ancien régime."[36] L'ancien régime auquel Mirabeau se réfère est celui de l' "autorité royale" dans le cadre de l'ancienne constitution et non pas le passé en général. Bref, une nouvelle fois il s'agit ici d'un des anciens régimes parmi d'autres, et les exemples pourraient être multipliés, que ce soit pour 1789 ou pour les deux années suivantes.[37]

De la même façon, les nouveaux régimes entraient dans le langage politique et administratif en tant que résultat de l'oeuvre de réforme: le Baron d'Allarde propose le 2 octobre 1789 une motion "sur un nouveau régime des finances."[38]

Le cas de l'abolition du régime féodal, constitué justement par un ensemble de régimes, du droit de colombier au régime des capitaineries,[39] nous permet de voir, en filigrane, les particularités du contenu idéologique, non antimonarchique, que l'expression recèle dès le début de son utilisation. Mis à part les restes des anciennes juridictions, les régimes abolis concernaient les conventions de droit privé, jamais le droit public. Ils n'ont donc rien à voir avec le sens que le XVIIIème siècle prête aux termes "régime" ou "gouvernement féodal" et qui se rapporte à l'ancienne anarchie des seigneurs. L'abolition de la forme spécifique de relations sociales désignée dans son ensemble "régime féodal" par les révolutionnaires est un acte radical sur le plan social, mais qui ne concerne pas la monarchie, visant uniquement la destruction du principe du privilège. Celui-ci en fait formait un écran entre la nation et le monarque, constitué justement par ceux qui en jouissaient, les aristocrates, c'est-à-dire tout le vieux personnel politique et administratif, corrompu par définition. Dans ce cas "l'idéologie de la césure" est bien sûr en place, même si elle comporte des limites qu'on ne saurait négliger.[40] La *tabula rasa* est là, mais exclusivement dans le sens qu'on vient de préciser. Contrairement à d'autres réformes celle du 4 aôut ne crée pas un "nouveau régime," mais seulement un "ancien," bien entendu un parmi d'autres: c'est ainsi qu'en 1790 les textes officiels préciseront encore "ancien régime féodal." D'ailleurs il faudra attendre jusqu'en 1794 pour trouver "régime féodal nobiliaire" lié à "royauté."[41]

Parallèlement à cette utilisation—qui apparaît dès décembre 1789—mûrissait la notion moderne d'"ancien régime," qui se caractérise surtout par le fait qu'elle n'a pas besoin de précisions et se suffit à elle-même, visant le passé dans son ensemble. Le thème de la réforme des abus commença probablement à cristalliser la première idée synthétique de l'"ancien régime," si ce que Rabaut Saint-Etienne écrit à propos de la progressive transformation de l'originaire inspiration réformatrice est vrai: "Elle [la révolution] n'avait qu'un seul principe: c'était de réformer les abus. Mais comme tout était abus dans cet empire, il en résulta que tout fut changé."[42] On peut émettre l'hypothèse que de même que le *complexum feodale* aboli par un seul acte de volonté souveraine donnait naissance à l'"ancien régime féodal," de même au fur et mesure qu'on réformait les abus, on commençait à penser et à décrire le passé en général en termes de régime unitaire et "ancien" (mais on trouvera ensuite "vieux" et "défunt" également).[43] La définition qu'en donne le jacobin P. N. Chantreau dans un important dictionnaire-pamphlet, écrit entre janvier et juin 1790, fait le point sur la signification du terme à ce moment. Remarquons préalablement que Chantreau ne perd pas l'occasion de chanter les louanges du restaurateur Louis XVI:

> Régime: en politique, il équivaut à administration, à gouvernement. L'ancien régime, c'est l'ancienne administration, celle qui avait lieu avant la révolution; et le nouveau régime, celle qui a été adoptée depuis cette époque; celle dont les vrais patriotes attendent leur bonheur; mais qui désespère les insectes frelons qui ne s'alimentoient que des abus que l'ancien régime autorisoit.[44]

Au mois de février de la même année le *Dictionnaire* de Tenneson confirmait la connexion sémantique et rhétorique entre le terme "régime" et le terme "administration."[45] Il faut souligner que les sphères du pouvoir auxquelles renvoie très précisément ce dernier terme, au moins jusqu' à la formation de la notion moderne autour de 1794, concernent les ministres, et non pas le monarque. C'est ainsi que dans le *Dictionnaire de l'Académie* de 1694 à l'article "Administrateur, Administration, Administrer" nous trouvons tout simplement un renvoi: "Voy. Ministre."[46]

L'acception d'"ancien régime" au singulier est déjà constituée dès le premier semestre 1790, mais elle conserve deux caractères fondamentaux de l'expression originelle: elle exprime une rupture radicale par rapport au passé politique et administratif; elle permet d'éviter que la forme de gouvernement monarchique entre dans la polémique et que soit jeté le "voile religieux" sur les effectifs pouvoirs du roi, dont nous parle Rabaut Saint-Etienne. Bref, elle permet l'ambiguïté.

Si la notion d' "ancien régime" renvoie à une image unitaire du passé, comme d'ailleurs celle, analogue, d'"ordre de choses,"[47] cela ne veut pas dire qu'elle manque d'articulations internes dues à la superposition de différents régimes, et la chose n'est pas faite pour nous surprendre. Au mois de juin 1792 Boissy d'Anglas nous en fournit un cadre synoptique très utile parce qu'il reprend la *vulgata* de la signification de l'expression jusqu'en 1791:

> Qu'est-ce je craindrois le plus de voir renaître si l'ancien régime pouvoit revenir, le despotisme des Ministres, les lettres de cachet, la Bastille? . . . Non, non, très certainement non; les parlemens, la venalité des charges, les arrêts sur requête, l'ordonnance de 1670, la féodalité, la noblesse et les subdélégués des Intendans.[48]

L'"ancien régime" qu'on rejette est donc surtout le temps des ministres et des courtisans et non celui du roi qui en est pudiquement exclu. Sur le plan idéologique, l'expression permet de résoudre, en gardant le monarque à l'abri de toute attaque, le problème constitué par le fait que lui-même a signé, pendant des siècles, des lettres de cachet. Partout on retrouve l'argument selon lequel ses ministres corrompus et corrupteurs, et ses courtisans, se sont rendus coupables d'un péché impardonnable: avoir trompé le roi, exception faite de Louis XII, Henri IV et Louis XVI. Le dernier acte de cette fiction étant la version de l'enlèvement du roi par les ennemis du bien public accréditée au moment de Varennes.[49] "Ancien régime" se trouve ainsi toujours lié à la description des relations sociales et de l'organisation administrative; description à laquelle bien entendu il est inutile de demander rigueur analytique ou d'argumentation: l'invective utilise par définition un code linguistique et conceptuel simplifié.[50] Ainsi se crée l'image d'une société fondée sur le privilège et sur l'inégalité juridique, minée moralement par le fait qu'en elle l'intérêt privé prime forcément sur l'intérêt public. A l'absence de liberté de produire et commercer s'ajoute un amoncellement d'impôts injustes et vexatoires. On déplore l'absence d'un véritable droit de propriété aussi bien que le manque d'uniformité administrative (vestige de la féodalité), le fanatisme religieux et la superstition, la corruption des prélats, les injustices dans les tribunaux: chaque fois que l'expression revient, elle est liée à une de ces rubriques.

Au cours des années 1790–1791, "ancien régime" indiquera enfin le changement, survenu dans les divers régimes administratifs, et fondé sur les principes de la raison: une polémique violente contre celui-ci pourra cohabiter dans le même texte avec une position nettement philo-monarchique et exaltatrice du restaurateur Louis XVI. "Les abus de l'ancien régime," formule usitée à droite comme à gauche, concernait exclusivement les pratiques politiques et administratives que l'opinion révolutionnaire considérait comme ayant été toujours dans les mains de courtisans et favoris; "ancien régime" était d'ailleurs l'expression favorite de Marat en 1790 pour désigner le vieux personnel politique et administratif.[51] Ces limites précisées, tout montre, pour l'instant, que l'expression est encore loin de porter l'idée de régénération et les thèmes millénaristes de l'"homme nouveau."

A côté de cette image du passé conçu comme un ensemble d'éléments disparates, l'expression "ancien régime" renvoie à une autre dimension du discours idéologique révolutionnaire, liée cette fois aux délicats problèmes de la souveraineté et de la séparation des pouvoirs. Ici se greffe l'important débat sur la constitution, point névralgique qui permet de comprendre ce que les premières élites révolutionnaires entendaient par changement de régime dans son sens le plus ample: le passage d'un ordre de choses constitutionnel, fondé sur l'histoire, à un ordre fondé sur la nature. Il faut souligner que la technique rhétorique du parallèle entre "ancien" et "nouveau régime," si universellement répandue en 1790–1791, ne pourrait s'expliquer s'ils n'étaient comparables, si on ne leur avait reconnu un dénominateur commun, si l'"ancien" n'était pas considéré comme un ordre politique—bien sûr à rejeter—et non exclusivement un chaos. Fixant notre attention surtout sur les partisans du veto absolu à l'Assemblée nationale, c'est-à-dire sur ceux qui soutenaient la nécessité d'une participation du roi au pouvoir législatif, nous découvrons une utilisation précise du mot "régime" et de l'expression "ancien régime."

En général, ils conçurent la constitution comme délimitant l' "ancien" et le "nouvel ordre de choses," les anciennes pratiques arbitraires des nouvelles règles d'exercice du pouvoir. Une règle bien déterminée dans l'administration et une nouvelle organisation des pouvoirs, c'est-à-dire une constitution, auraient donné naissance à un "nouveau régime": c'est en juillet 1789 la position d'un intellectuel très influencé par la physiocratie comme Mounier, et tel sera le principe inspirateur des constituants dans leur ensemble, ou tout au moins ce qu'ils exprimèrent pendant les premiers mois de la Révolution.[52] Un an après, à l'Assemblée, Lafayette exaltera encore la valeur régénératrice "de cette déclaration des droits, de cette organisation de l'ordre social, de cette distribution de l'exercice de la souveraineté, qui forment essentiellement une constitution."[53]

Ainsi, le changement de régime serait radical sur le plan social mais, sur le plan du droit public, il se limiterait à une réorganisation des pouvoirs dans laquelle les anciennes fonctions du Roi seraient préservées.[54] La constitution écrite, unanimement demandée, visait, pour le groupe que nous avons pris particulièrement en considération, une modification du fonctionnement du corps politique, une nouvelle détermination des règles d'exercice de la souveraineté; elle ne devait donner lieu qu'à un nouveau régime de gouvernement et ne devait faire autre chose que refonder, selon les critères du droit naturel, les relations entre la nation et le monarque que l'histoire avait obscurcies.[55] Le "nouveau régime" fut considéré comme une nouvelle entente entre la nation et le Roi qui s'opposait à une pratique de gouvernement (despotisme ministériel) et à un groupe social (les privilégiés, les aristocrates). "Louis, qui veut le bien, n'est plus entouré de gens qui veulent le mal et le trompent, mais il se fie, il s'abandonne au zèle et aux bonnes intentions de l'Assemblée nationale."[56]

Naturellement un tel discours contredit le transfert réel de souveraineté que la Révolution produisit dès le 17 juin, mais il n'en est pas moins présent pour autant. Il fut fondé sur la considération éminemment idéologique (et due à l'impossibilité d'avouer que la légitimité du nouveau pouvoir venait de la force), que la souveraineté a, en droit, toujours été nationale. Nous trouvons cette idée dès le début de la Révolution aussi bien chez les partisans du veto absolu que chez les radicaux comme Marat.[57] En conséquence d'un processus qui nous apparaît comme un refoulement de la pratique séculaire de la monarchie de droit divin—entériné d'ailleurs par la convocation royale des Etats généraux—on ne cessa de répéter, surtout pendant les premiers mois de la Révolution, que dans le nouveau régime, dans le nouvel ordre de choses, la nation ne faisait que se réapproprier la souveraineté qu'elle avait tacitement déléguée au monarque. L'idée circulait à l'Assemblée:

> Dans ces derniers temps, Messieurs, le Monarque a fait seul les lois: la nation a tacitement reconnu que l'autorité royale était suffisante pour établir des lois . . . Aujourd'hui, Messieurs, commence un nouvel ordre de choses; elle a établi comme un principe fondamental qu'en elle seule réside la souveraineté.[58]

A l'Assemblée personne ne pensait que le roi détenait des pouvoirs constituants: il est défini très vite par Mirabeau comme le premier des fonctionnaires. Mais tous prétendaient qu'en réalité, il en a toujours été ainsi et que seules les corruptions dues à l'histoire ont produit un mauvais régime de gouvernement:

> La première association des fondateurs de la monarchie fut faite dans les mêmes intentions qui animent ses régénérateurs. Les premiers rois de France et leurs successeurs avaient les mêmes leçons, les mêmes intérêts, les mêmes devoirs que la Constitution écrite présentera à Louis XVI et à ses descendants. Cependant ces leçons n'ont pas toujours été suivies, ces intérêts ont été longtemps confondus.[59]

Le caractère complètement fantaisiste de la reconstruction de l'histoire de France et des origines de la monarchie que propose ce texte en souligne la nature idéologique. Le débat séculaire sur ces problèmes est liquidé par l'affirmation d'un contrat originel postulant que la nation a toujours été la titulaire de la souveraineté.

Ceci expliquerait pourquoi l'idée d'une réappropriation par la nation de ses droits a pu s'imposer dans les débats de la Constituante à travers des termes comme "restaurer," "rétablir," "rendre." Même Sieyès parle d'une "restauration nationale" et promet "de rétablir le peuple français dans ses droits."[60]

Les partisans du veto absolu affirmaient donc la nécessité d'un nouveau régime de gouvernement, mais nullement un transfert réel de souveraineté; bien que ce dernier fût visible de tous, on s'abstint de l'exprimer. Une telle position s'explicite clairement chez les monarchiens. Le 15 juin 1789 Lally-Tollendal s'adresse à ses collègues de l'Assemblée nationale:

> Enfin, vous n'avez pas une Loi générale, positive, écrite, un diplôme national et royal tout à la fois, une grande charte, sur lequel repose un ordre fixe et invariable, . . . qui assure tous les droits, qui définisse tous les pouvoirs. Au contraire le *régime de votre gouvernement* a varié de règne en règne, souvent de ministère en ministère; il a dépendu de l'âge, du caractère d'un homme.[61]

Autrement dit, l'"ancien" se caractérisait surtout par le fait qu'il était un mauvais régime de la forme de gouvernement monarchique, un régime que la nouvelle constitution aurait dû corriger. Un défenseur de ce régime, lui aussi favorable au veto absolu, illustre à son tour l'utilisation de l'expression "ancien régime":

> Il faut convenir d'une grande vérité; le royaume de France a toujours eu pour gouvernement le gouvernement monarchique, et même avant le temps où les Rois avaient secoué le joug de l'usage qui leur imposait la nécessité de consulter le peuple sur la formation des lois. Si les représentants de la nation ont reçu d'elle le pouvoir d'abolir cet ancien régime, l'Assemblée Nationale peut sans doute l'anéantir; mais si nos mandats ne nous donnent la faculté que de le régénérer, ce serait le violer que de croire que nous avons le pouvoir de le détruire.[62]

La Revellière-Lépeaux, qui adopte une position favorable au veto suspensif, lui fait écho au cours du même débat en soutenant que l'acceptation du veto absolu signifierait "renoncer à changer le régime du gouvernement."[63]

Même les contre-révolutionnaires ne niaient pas la souveraineté nationale, leur problème étant celui du régime de la représentation. Ainsi on trouve dans *l'Ami du Roi* l'affirmation suivante:

> Dans notre ancien régime la nation étoit représentée par le Roi. Par un serment inviolable elle lui avait remis tous ses pouvoirs, et ne s'étoit réservée que le droit de consentir à l'impôt . . . Quoique tous les pouvoirs résidassent dans la personne du Roi, il n'exerçoit véritablement que le pouvoir exécutif soumis aux lois fondamentales de la monarchie, aux antiques usages; il ne faisoit que des réglemens, et point d'articles constitutionnels, parce que la Constitution d'un Etat ne doit jamais changer.[64]

D'ailleurs si on admettait un déplacement de souveraineté, et pas seulement un nouveau régime de celle-ci, comment aurait-on pu justifier idéologiquement la présence de Louis Capet à la tête de l'exécutif, avec ce que cela représentait inévitablement sur le plan de la continuité historique? Il n'était pas suffisant de l'appeler "roi des Français" pour changer les données de base du problème.[65]

Ceci permet de mieux comprendre les raisons pour lesquelles le terme "régime" s'imposa graduellement à la place de "gouvernement," au moins du point de vue de l'expression canonique désignant le passé dans son ensemble. En fait, gouvernement désignait le pouvoir politique en général, le législatif et l'exécutif réunis (par exemple chez Barnave et Lally-Tollendal), mais aussi, pour les lecteurs de Rousseau, le seul pouvoir exécutif; Mirabeau, lui aussi, l'utilise de façon ambiguë.

En tout état de cause, "ancien gouvernement" aurait supposé une référence à la personne et à l'action du roi alors que tous essayaient de l'éviter, à l'exception des républicains déclarés.[66] L'embarras d'une partie importante des premières élites révolutionnaires à penser la transformation de l'ordre politico-constitutionnel sous le signe de la légalité et du compromis, trouva dans l'expression son issue. En parlant d' "ancien" et de "nouveau" il devenait possible de sous-entendre que le dépositaire de la souveraineté, c'est-à-dire, la nation, n'avait pas changé. "Ancien régime" permettait aux hommes de la Révolution de refuser le passé proche tout en s'enracinant dans le passé le plus reculé des droits originels de la nation, ou, surtout, dans l'atemporalité du droit naturel des communautés naissantes. Au mois de février 1791, Marat nous montre encore une fois qu'alors "forme de gouvernement" et "régime" renvoyaient à deux choses différentes.[67] Quelques mois plus tard, au cours des débats qui suivirent la trahison du monarque, le problème de la forme de gouvernement revint au premier plan: il ne s'agissait plus de modifier seulement le régime de gouvernement mais de décider du sort de la monarchie. A l'Assemblée et dans la presse, le problème du changement n'était plus exprimé en terme de régime, mais de gouvernement. Après la chute de la monarchie, "régime" et "gouvernement" seront de plus en plus utilisés comme synonymes, le cas exemplaire restant celui de Robespierre.[68]

Dans la synthèse que nous venons de tenter, nous avons considéré principalement les propos émanant d'intellectuels favorables à la Révolution. On ne saurait comprendre les transformations intervenues dans l'histoire de l'expression entre la génération de la Constituante et celle de la Convention, entre ce que Marat et Robespierre écrivaient en 1790 et ce qu'ils écriront en 1792,[69] si on ne dirigeait pas son attention du côté des adversaires de la Révolution. Paradoxalement l'expression "ancien régime" leur doit d'avoir subi une transformation fondamentale de perspective qui, lorsqu'elle sera reprise à l'époque jacobine, donnera naissance à l'acception moderne.

Chez les contre-révolutionnaires, c'est-à-dire ceux qui soutenaient que le monarque était le seul représentant de la souveraineté nationale, la description du passé dans les années 1790–1791 se présente dans les formes habituelles de l'époque: le dictionnaire-pamphlet, dont le modèle est, entre autres, le *Dictionnaire* patriote de Chantreau, ou l'écrit articulé autour du parallèle entre l'ancien et le nouveau. Ils s'approprient les formules polémiques utilisées pour dénoncer les abus de l'"ancien régime" afin de souligner les abus du nouveau; "ayant toujours imaginé qu'on avait le droit de se plaindre des abus, je ne crois pas devoir plus ménager ceux de la nouvelle administration que ceux de l'ancienne."[70] La forme même du début de la Révolution, dû à l'initiative royale, fait que l'on trouve rarement la proposition d'un véritable retour vers la situation précédente. Tous reconnaissent la nécessité de réformer les abus de l'"ancien régime," mais le point de repère fondamental de ce réformisme est toujours le discours du monarque du 23 juin.[71]

L'image de l' "ancien régime" dans ces textes est naturellement apologétique et rappelle celle du "nouveau régime" que les révolutionnaires élaboraient. Si les uns s'indignaient de l'ancienne anarchie féodale, du "colosse gothique" qui structurait par le passé les relations sociales, les autres concentraient leurs critiques sur la nouvelle anarchie de l'organisation administrative et sur le chaos produit par le nouveau régime de la représentation. La réhabilitation concerna en premier lieu le système social et surtout ses privilèges, puisque "sous l'ancien régime, depuis le privilège du clergé, jusqu'aux privilèges des boues, tout étoit privilège"; de même, les lettres de cachet étaient considérées comme un abus puisque les principes de l'ancien gouvernement n'étaient nullement despotiques (on donnait pour preuve l'échec de Louis XIV lorsqu'il essaya de légitimer ses bâtards). En outre, la propriété était garantie, le commerce florissant, la loi respectée, et ainsi de suite.[72] Cette époque heureuse était surtout celle de l'harmonie entre l'intérêt particulier et l'intérêt général: le regard paternel du souverain garantissait l'harmonie entre les ordres.

Chez les contre-révolutionnaires, "ancien régime" s'enrichit donc dès 1790 d'un sens étranger à celui qu'on a décrit jusqu'à présent. Et ceci parce qu'ils avaient une conception différente de la constitution du royaume: s'il est évident qu'eux aussi considéraient que les termes "constitution" et "régime" étaient équivalents, il est également vrai qu'ils croyaient l'ancienne constitution essentiellement caractérisée par l'unicité de la représentation nationale confiée au Roi.[73] La polémique contre le nouveau régime ne pouvait donc se concentrer qu'autour de l'éviction de la souveraineté effectuée par l'Assemblée. L'expression, commune aux deux camps, se chargea ici d'un sens propre à certaines tendances contre-révolutionnaires. Ce qui arriva très rapidement: dès décembre 1789 ils déclaraient que les nouvelles fonctions attribuées au Roi avaient provoqué une rupture profonde avec le passé millénaire de la France. La France n'était plus une monarchie:

la révolution est consommée: votre constitution est achevée; et à cette antique monarchie des Francs a succédé le gouvernement populaire.[74]

Ce sentiment aigu de la rupture fut transféré de manière polémique dans le parallèle entre l'"ancien" et le "nouveau."[75] Alors que les révolutionnaires parlant de l'"ancien régime" pratiquaient une politique du silence par rapport au Roi, l'élément fondamental étant pour eux la continuité de la souveraineté nationale entre l'"ancien" et le "nouveau régime", les adversaires furent en fait les premiers à associer strictement "ancien régime" à la figure du monarque. Avant le 10 août, seuls ceux qui refusent la Révolution et s'en défendent insistent sur l'idée de rupture. C'est seulement dans leurs textes qu'"ancien régime" commence à prendre le sens d'"ancien gouvernement": ils considéraient que le but de la Constituante était de promouvoir une nouvelle forme de gouvernement.[76]

En outre, les contre-révolutionnaires adoptèrent "ancien régime" parce que l'expression leur permettait de décrire la situation précédente en termes d'ordre et non de chaos. L'"ancien" comme le "nouveau régime" étaient considérés de part et d'autre comme des ordres de choses possibles et réversibles: ni à gauche ni à droite, "ancien régime" n'était synonyme de mal absolu. Sinon, comment Mirabeau, monarchiste mais pas contre-révolutionnaire, aurait-il pu s'adresser au Roi et évoquer l'"ancien régime" alors qu'il tentait de capter sa confiance? Et cependant la situation changeait rapidement. La prophétie de Boissy d'Anglas ne péchait que par une appréciation chronologique défectueuse: "encore quarante années, cinquante, soixante tout au plus, et on ne se souviendra de l'ancien régime que pour le mépriser et la haïr."[77]

L'"ancien régime"

D'importantes transformations survinrent vers la fin de 1791. Après Varennes il fut chaque jour plus difficile de dissocier le monarque—soudain devenu "tyran"—des aristocrates, que seul Sieyès, au début de 1789, avait osé confondre. "Ancien régime" commence à décrire le passé pré-révolutionnaire—devenu règne du chaos et du désordre—d'une façon toujours plus globale et plus négative. On en arriva même à dénier au passé les caractères d'un régime. Le père Duchesne donna le ton en affirmant que "royauté et régime s'excluaient" puisque régime signifie ordre, et il ajoutait:

> Partout on cherche à déraciner tout ce qui tient encore . . . à l'ancien désordre, je ne veux, foutre, plus dire 'ancien régime', car le mot est impropre, et n'annonce pas bien le chaos dans lequel nous vivions.[78]

Mais la polémique contre le chaos de l'"ancien régime" s'étendit rapidement au "nouveau." Le 13 septembre, Louis XVI avait accepté la Constitution; le 30, la Constituante laissa la place à la Législative. Le 15, Marat publia, dans *L'ami du peuple*, un *Parallèle de l'ancien et du nouveau régime* dans lequel il récupérait à la fois la technique rhétorique du parallèle et certains points de vue des contre-révolutionnaires pour les renverser à son tour. Il y commentait la nouvelle constitution et le rôle qu'elle garantissait au Roi, en soutenant paradoxalement qu'après tout l'"ancien régime" était préférable au "nouveau": les Parlements et toutes les entraves à l'exercice du pouvoir monarchique préservaient mieux alors d'un éventuel dérapage vers le despotisme. En revanche, le "nouveau régime" permettait au Roi d'exercer tout le pouvoir en s'abritant derrière la volonté de l'Assemblée.[79] Etablir une relation explicite entre le monarque et l'"ancien régime" signifiait faire sienne la vision des contre-révolutionnaires, mais selon les nouvelles finalités de l'extrémisme révolutionnaire, désormais clairement républicaines. A partir de ce moment, chaque fois que Marat voudra décrire les insuffisances et les retards de la Révolution, il utilisera systèmatiquement "ancien" et "nouveau régime," le nouveau n'étant selon lui que la continuation imparfaite de l'ancien. Sur ce point, Robespierre sera d'accord. Le 29 juillet 1792 il définit le gouvernement (le pouvoir exécutif) comme un "mélange monstrueux de l'ancien et du nouveau régime," où il est clair que la monstruosité tient à la conservation de la royauté, inévitable source de corruption: "Est-ce bien Louis XVI qui règne? Ce sont tous les intriguants qui s'emparent de lui tour-à-tour . . . La royauté n'est plus aujourd'hui que la proie de tous les ambitieux qui en ont partagé les dépouilles."[80] Une telle utilisation aurait été impossible si l'expression avait comporté réellement le sens de rupture globale. En fait, où, mieux que chez les partisans de l'aile radicale, aurait-on pu chercher cette signification? En réalité, quand les radicaux commencent, à partir de 1791, à utiliser l'expression dans leurs "parallèles," ils entendent souligner qu'au fond le "nouveau régime" n'est pas révolutionnaire. L'exaltation paradoxale de l'"ancien régime" chez un auteur comme Marat nous paraît clore l'histoire de la génèse de l'expression dans sa première acception.

A l'approche de la crise ultime de la monarchie, on assiste à la disparition progressive du parallèle entre "l'ancien" et le "nouveau régime" sous les formes que nous lui connaissons.[81] En se radicalisant, le mouvement révolutionnaire distinguera de moins en moins l'"ancien régime" pré-révolutionnaire du "nouveau régime" mis en place par la Constitution de 1791 : les deux phases, bien que formellement distinctes, sont confondues (à gauche) dans un même jugement négatif.[82] En d'autres termes, le "nouveau régime" est phagocyté par l'"ancien," et le mécanisme rhétorique centré sur le parallèle "ancien"-"nouveau" prend une nouvelle signification: la comparaison n'est plus possible que d'un point de vue manichéen. Le moment décisif de ce saut sémantique est la chute de la monarchie qui, rejetant le Roi dans un passé honni, produit la cassure définitive du point de vue du droit public. "Destinés par la nature, engagés par notre monarque lui-même à faire voile vers la liberté . . . ," s'ecriait plein d'espoir Rabaut Saint-Etienne en mai 1789. Quatre ans plus tard la mort de Louis XVI concluait ce voyage: "Nous venons enfin d'aborder dans l'île de la liberté, et nous avons brûlé le vaisseau qui nous y a conduits."[83] Cet *incendie* qui faisait passer le Roi dans le camp de l'"ancien régime" donnera naissance à l'acception jacobine de l'expression, au moins jusqu'à l'émergence de celle, historiographique, qui parût à la fin du XVIIIème siècle. Un modéré comme C. F. Reinhard écrivait en 1796 dans *Le Néologiste français* sous l'article "régime": "L'ancien régime et le nouveau régime, c.à.d. la Monarchie et la République."[84] En somme, avec la république, on façonne une nouvelle chronologie liée aux expressions "ancien" et "nouveau régime" qui désignent désormais sans ambiguïté—et pour cause— deux moments antithétiques et irréductibles.

Le réajustement chronologique n'est pas la seule nouveauté. Une nouvelle pratique de l'expression apparaît et nous renseigne sur la façon dont le passé commence à être vécu et pensé dans cette nouvelle phase républicaine. N'était le stéréotype du "tyran" qui vient prendre place parmi les ministres et les courtisans, la description des éléments constitutifs de l'"ancien régime" n'a pas changé: le chaos, l'arbitraire, le despotisme sont encore là. La modification réside principalement dans les objectifs de ceux qui utilisent l'expression. S'il est vrai que les dimensions du temps qui s'affirment alors sont le présent et le passé (l'historiographie est complètement absorbée par le récit du présent révolutionnaire), l'unique forme sous laquelle le passé est admis est celle du résidu, du reste, de la survivance en tant qu'elle représente un danger concret pour le présent. C'est-à-dire qu'"ancien régime" exprime plus nettement qu'auparavant la menace de la contre-révolution. Elle véhicule l'idée du danger interne constitué d'une part par les hommes de l'"ancien régime" (les aristocrates), et d'autre part par les préjugés de l'"ancien régime" qui empêchaient la réalisation de cet objectif majeur de la mythologie jacobine: la formation de l'homme nouveau.

Certes, les résidus qu'il fallait éliminer étaient d'ordre juridique et concernaient même les réformes faites par la Constituante, comme dans le cas du régime féodal.[85] Toutefois, dans le discours politique, "ancien régime" sera plutôt associé à un autre type de résidu: ce sont les héritages de l'"ancien régime," les résistances dans les mentalités et dans les moeurs, qui expliquent les retards et les difficultés de la Révolution. Une fois les nouvelles lois décrétées, les moeurs deviennent l'adversaire, ce qui rend plus dramatique encore la menace que le passé faisait peser sur le présent. Dès la fin de 1791, le problème était clairement posé:

> Si une Révolution dans nos loix nous a rendu nos droits, il faut pour les conserver, en opérer une dans nos moeurs; en secouant les fers de l'esclavage nous n'en avons pas secoué toutes les habitudes;

notre condition a changé, notre caractère est demeuré le même; hâtons-nous de dépouiller tout ce qui, dans ce caractère, tient encore à notre ancienne servitude.[86]

En janvier 1792, Buée, en suggérant l'inanité de l'effort révolutionnaire, retournait le fer dans la plaie qui se formait à cause des discordances entre l'initiative législative réformatrice et les résistances des moeurs: "Sous l'ancien régime on avoit des lois, des usages, 'plus nos moeurs'. Sous le nouveau régime nous avons d'autres lois, d'autres usages, 'plus nos moeurs' ."[87] Le problème réapparaissait de manière obsessionnelle dans les journaux comme dans les débats parlementaires. L'expression "ancien régime" devint un outil idéologique commode pour désigner tout ce qu'il fallait éviter et/ou éliminer sur le plan des moeurs comme des hommes. Les exemples abondent: "La Convention Nationale qui doit balayer ces misérables restes de l'ancien régime [c'est-à-dire les titres de Monsieur, Sieur, le nommé, etc.], . . ."; "que l'on commence donc par balayer toutes les autorités constituées, que l'on fasse sortir le restant des immondices de l'ancien régime," etc.[88] On comprend bien par quelles voies l'expression "ancien régime" put assumer un de ses traits les plus caractéristiques, la personnalisation: on commença à l'utiliser exactement comme on utilisait le terme Révolution. Dans le "drame sublime de la Révolution" (Robespierre), l'"ancien régime" devint un personnage, un acteur avec une personnalité, une volonté, un rôle à tenir, le pôle négatif de tous les événements en cours; en d'autres termes l'ennemi.[89]

Dans la période radicale de la Révolution la valeur descriptive de l'expression perdit toute consistance: on n'en retrouve plus que l'aspect idéologique (sa présence augmenta nettement dans les publications destinées à un public populaire: chansons, almanach, etc).[90] Elle s'enrichit en revanche d'une signification générale de véritable stade de la civilisation que le XIXème siècle n'oubliera pas.[91] Après Thermidor on parlera du "régime du tyran" et par "ancien régime" on entendra la Terreur, le gouvernement de Robespierre.[92] Ainsi, toutes les mutations seront considérées comme des changements de régime (régime du Directoire, régime consulaire, etc.). Il s'en suit, pour des raisons évidentes, qu'après la République l'expression "nouveau régime" ne put pas entrer dans l'usage comme expression toute faite.

L'expression dont nous nous sommes occupés a donc représenté le passé de deux manières: au moment de la réforme des régimes elle permet de concilier la rupture par rapport aux anciennes pratiques politiques avec la sauvegarde de la forme de gouvernement monarchique; dans un second temps, après avoir réformé les régimes et éliminé le Roi, elle cristallise autour d'elle l'obscure présence du passé. On passe de la réforme des régimes à l'abolition des restes de l'"ancien régime": à travers ce passage l'expression perd son sens originel et s'affirme seulement parce que son caractère synthétique la rend utile.

Dans une troisième phase, la définition moderne de l'"ancien régime" commence à émerger chez B. Constant, Mme de Staël, Chateaubriand. Elle figure dans le *Dictionnaire de l'Académie* de 1789 où l'on définit l'"ancien régime" comme l'"ancien gouvernement" en situant le tournant en 1789 et non en 1792. La notion historiographique se forge: "ancien régime" commence à désigner une phase historique précise, considérée sous tous ses aspects et précédant la Révolution. Au début du XIXème siècle, à l'époque consulaire, la monarchie capétienne paraît si lointaine qu'on en vient à la considérer comme un objet d'intérêt archéologique. En 1802 Gueroult écrit:

> Les habitans des plus belles villes d'Italie aiment à descendre dans les décombres d'Herculanum. Les Français quelques soient les avantages du gouvernement consulaire, ne parcoureront pas sans intérêt les ruines de la monarchie.[93]

En 1803, dans l'*Histoire de la Révolution* de Molleville, l'expression "ancien régime" est couramment utilisée pour désigner la situation précédant les Etats généraux de 1789.[94] Quelques années plus tard, un tableau comparatif fixe visuellement le lieu commun fondamental de la catégorie historiographique "ancien régime" en présentant d'une part le chaos de l'autre l'ordre, lieu commun qui sera repris dans les manuels scolaires.[95] Un tel parallèle reprenait un usage rhétorique propre à l'époque de la Constituante sans tenir compte des vicissitudes qui s'ensuivirent. Parvenu à ce point, "ancien régime" ne porte plus un contenu idéologique et sort définitivement du débat politique.

En nous rapprochant du XXème siècle, nous retrouvons une transformation ultérieure. Chez les grands historiens de la Révolution du XIXème siècle l'"ancien régime" est en substance la période qui précède immédiatement la Révolution, en d'autres termes le XVIIIème siècle. Au XXème siècle l'"ancien régime," c'est-à-dire la période qui—comme l'explique Pierre Goubert—va du premier Valois au dernier Bourbon, est le fruit d'une nouvelle élaboration sur laquelle le débat est encore ouvert.[96]

Notes

1. Voir, par exemple, la définition canonique rapportée par l'Encyclopédie Larousse: "Ancien régime, nom sous lequel on désigne les institutions qui ont régi la France depuis la disparition du régime féodal (XVème siècle) jusqu'à la Révolution de 1789," (*Grand Larousse de la langue française*, (Paris, 1977), 6:4995).
2. Dupont de Nemours, *Remontrances. Moyens et avis que le tiers Etat du bailliage de Nemours charge ses députés de porter aux Etats généraux* du 16 mars 1789 dans *Archives parlementaires de 1787 à 1870. 1° Série 1787–1799*, ed. J. Madival-M. E. Laurent, (Paris, 1904–1908), 4:213.
3. Le cas de Sieyès, auteur si sensible à la nécessité de constituer "une nouvelle langue politique" est révélateur. Il préfère parler de "système gothique" pour désigner le passé: "ancien régime" n'entra pas dans ses grands ouvrages du début de la Révolution. Il en va de même pour Burke.
4. Les discours à l'Assemblée constituante seront notre guide; une grande place sera accordée aussi aux journaux, aux pamphlets, aux almanachs et surtout aux dictionnaires. Afin de réduire le plus possible le caractère inévitablement arbitraire de tout choix de sources, une attention particulière sera prêtée aux débats autour de certaines dates significatives, ruptures, moments importants de la crise révolutionnaire. En attendant un travail que seule la lexicographie informatisée pourra accomplir, la méthode suivie sera celle, artisanale, du sondage raisonné. Toutefois, il m'a été possible d'avoir utilement accès aux matériaux lexicographiques informatisés de l'"Institut National de la Langue français" (URL 1, "Trésor de la langue française" de Nancy et URL 3, "Léxicologie et textes politiques" chez l'ENS de Saint-Cloud). Je remercie Mme H. Gerner de Nancy et Mme A. Geffroy de l'équipe "XVIIIe siècle et Révolution" de Saint-Cloud pour leur aimable collaboration.
5. Une mise au point importante de ce problème dans Rolf Reichardt-Eberhard Schmitt, «Umbruch oder Kontinuität?», *Zeitschrift für Historische Forschung*, (1980), 257–320; voir aussi Jan Baszkiewicz, «La Révolution française aux yeux des révolutionnaires» dans *Acta Poloniae Historica*, 37, (1978), 71–93.
6. Aux mois de mai-juin 1789, lors du débat sur la vérification des pouvoirs, le recours à l'histoire est constant. Voir *Archives parlementaires*, 4 juin 1789: "La discussion est reprise et continuée sur les faits historiques. Plusieurs membres de la noblesse cherchent de nouveau dans les actes des anciens Etats des inductions favorables à leur système" (8:65). Le comte d'Antraigues, notamment,

intervint plusieurs fois en se referant aux "anciens usages." Parmi les nombreuses publications concernant les Etats généraux prochains on peut signaler l'énorme recueil d'ouvrages historiques rassemblé par Ch. J. Mayer, *Des Etats généraux et autres assemblées nationales*, 18 vols, (La Haye et Paris, 1788–1789), et la synthèse de Jean Beaugeard, *Résumé général des principaux écrits qui ont paru à l'occasion de la prochaine convocation des Etats Généraux*, (s.l., 1789).

7. En effet, dans l'utilisation révolutionnaire de l'épithète "ancien" réside une indéniable audace verbale: en général, l'âge moderne avait vénéré l'ancien ou l'antique. En cela "ancien régime" se distingue des autres expressions analogues qui marquent la civilisation occidentale: "Ancien" et "Nouveau Testament," d'une part, et "Ancien" et "Nouveau Monde" de l'autre. Elle n'a rien de la sacralité et de la majesté de l'"Ancien Testament"; elle ne porte pas non plus l'équivoque axiologique de l'"Ancien Monde" par rapport au "Nouveau." En réalité "ancien régime" exprimera, principalement à l'époque jacobine, une des nouveautés essentielles de la Révolution, c'est-à-dire l'idée qu'une phase inédite de l'histoire commence avec elle. Dès l'été 1789 Mirabeau écrit: "L'histoire n'a trop souvent raconté les actions que des bêtes féroces, parmi lesquelles on distingue de loin en loin des héros; il nous est permis d'espérer que nous commençons l'histoire des hommes, l'histoire des frères . .," (*Archives parlementaires*, 8:168).

8. Garat le jeune s'écrie à l'Assemblée au mois de juillet 1789: "nos progrès sont si rapides, nous nous sommes avancés avec tant de célérité vers le terme de la liberté, qu'on dirait que, depuis le moment d'où nous sommes partis, il s'est écoulé des siècles" (*Ibid.*, 8:312).

9. Rabaut Saint-Etienne, *Précis de l'histoire de la Révolution française*, (ed. Paris, 1827, p. 212; 1º ed. 1792).

10. Voir par exemple Henri De Boulainvilliers, *Histoire de l'ancien gouvernement de la France avec quatorze lettres historiques sur les Parlemens ou Etats généraux*, (La Haye et Amsterdam), 1727 (réimprimé plusieurs fois jusqu'en 1789) et L. G. Du Buat Nançay, *Les origines ou l'ancien gouvernement de la France, de l'Allemagne et de l'Italie, ouvrage historique où l'on voit dans leur origine la royauté et ses attributs*, (La Haye-Paris, 1789), (1º ed., Paris, 1754).

11. La référence à cet épisode est obsessionelle, des débats parlementaires aux pamphlets les plus obscurs, chaque courant politique accusant l'autre de vouloir préparer une Saint Barthélemy. Voir par d'exemple la liste des pièces consacrées, rien qu'en 1790, à la Saint Barthélemy dans Eugène Jauffret, *Le théâtre révolutionnaire (1788–1799)*, (Paris, 1869 (ed., Genève, 1970, p. 47).

12. Nous avons considéré la production historiographique suivante, [Jacques Antoine Dulaure], *Introduction à La Révolution française de 1789*, (Paris, 1792), il s'inspire de Mably; C. J. B. Dagneaux ci-devant Dom Devienne, *Histoire générale de France, écrite d'après les principes qui ont opéré la Révolution*, (Paris, 1791), il n'arrive que jusqu'à la moitié du XIVème siècle; Wiriot de Courbiere, *Apologie de la constitution française, ou tableau historique et politique des abus de pouvoir des rois, de la noblesse, du clergé et de la magistrature, depuis l'établissement de la monarchie jusqu'à l'époque de la Révolution*, (Angers-Paris, 1791); Edmé E. Morizot, *Appel au Roi . . . Contenant un essai historique des troubles excités dans tous les empires par les Avocats*, (Paris, 1790); J. B. Britard dit Brizard, *Discours historique sur le caractère et la politique de Louis XI*, (Paris, an II de la liberté); Charles Peyssonnel, *Politique des deux cabinets de l'Europe pendant les règnes de Louis XV et Louis XVI*, (Paris, 1793); M. A. Moithey, *Histoire nationale ou Annales de l'empire français, depuis Clovis jusqu'à nos jours*. (Paris, 1791–1792); Antoine Dinge, *Discours sur l'histoire de France*, (Paris, 1790). Il faut souligner qu'à partir de 1793 le nombre d'ouvrages d'histoire consacrés à la période pré-révolutionnaire se réduit de façon draconienne jusqu'à disparaître l'année suivante; de 1795 à 1799 il reste très limité (Voir André Monglond, *La France révolutionnaire et impériale*, (Grenoble, 1930–1978).

13. Jean Pierre Gallais, *Extrait d'un dictionnaire inutile, composé par une société en commandite, et rédigé par un homme seul*, (s.l. [Paris], 1790), p. 76.

14. Symphorien Champier, *Le gouvernement et régime d'ung jeune prince* dans Robert Balsac, *La nef des Princes et des batailles de noblesse*, (Lyon, 1502). Cette signification n'a pas été enregistrée par les dictionnaires consultés. L'ouvrage de référence est J. Krinen, *Idéal du prince et pouvoir royal en France à la fin du Moyen Age*, (Paris, 1981).

15. Walter von Wartburg, *Französisches Etymologisches Wörterbuch*, (Basel, 1972), 10:209.

16. Voir Mirabeau père qui écrit vers le milieu du XVIIIe siècle: "Or je mets en principe qui, je crois ne me sera pas contesté, que si la Population est la force d'un Etat, la Police en est le régime" dans *L'ami des hommes ou Traité de la Population*, (Avignon, 1756), 1:317.

17. Voir entre autres: P. Richelet, *Dictionnaire français* (Genève, 1680–88); A. Furetière, *Dictionnaire universel* (Paris, 1694–1718–1740–1778–1798); *Dictionnaire de Trévoux* (Trévoux-Paris, 1704–1732–1740–1752–1771).

18. Ferdinand Brunot, *Histoire de la langue française des origines à nos jours. T.IX. La Révolution et l'Empire*, (Paris, 1967), p. 621. Voir aussi Max Frey, *Les transformations du vocabulaire français à l'époque de la Révolution*, (Paris, 1925), pp. 123–124.

19. Le sondage informatique a été effectué sur l'imposant répertoire de textes du XVIIIe siècle contenu dans la banque de données de l'"Institut national de la langue française" de Nancy (471 titres de 161 auteurs. Le mot régime apparaît 464 fois chez 77 auteurs). Quelques exemples: Diderot utilise régime presque exclusivement dans le sens de diète; Condillac, à son tour, comme règle grammaticale, etc. Voir aussi l'utilisation chez Rousseau: "J'expliquerai ci-après le *régime d'administration qui, sans presque toucher au fond de vos lois*, me paraît porter le patriotisme et les vertus qui en sont inséparables au plus haut degré d'intensité qu'ils puissent avoir," dans *Considérations sur le Gouvernement de Pologne*, ed. B. Gagnebin, M. Reymond (Paris, 1970), 3:961. Nous soulignons.

20. Sur l'oeuvre lexicographique de Féraud voir les actes du colloque *Autour de Féraud*, (Paris, 1986). Dans le langage ecclésiastique de l'époque on ne trouve pas non plus de traces significatives du mot régime: voir A. E. N. Fantin Desodoards, *Dictionnaire raisonné du gouvernement, des lois, des usages et de la discipline de l'Eglise*, (Paris, 1788) et, après la Révolution, Abbé Bouvet, *A, B, C, des prêtres ou Instruction en forme alphabétique pour les Ecclésiastiques qui ont oublié leurs devoirs et qu'on doit remettre à l'A, B, C, de leur état*, Lille, s.d.).

21. Pierre Poivre dans son *Voyage d'un philosophe ou observation sur les moeurs et les arts des peuples de l'Afrique, de l'Asie et de l'Amerique*, (Yverdon, 1768) retrouve les lois féodales chez les lointains Malais (p. 53). Les textes qui s'opposent au régime féodal sont nombreux et connus; voir les *Ephémerides du citoyen*, (Paris, 1767), livre II,3, sur le caractère "contre nature" de la "constitution féodale." Sur le problème de l'"ordre naturel" voir Dupont de Nemours, *Discours de l'éditeur* en tête de certains écrits de F. Quesnay publiés par Eugène Daire, *Physiocrates*, (Paris, 1846), pp. 19–49.

22. Dans le chapitre *Age de la France* du deuxième tome de l'*Ami des hommes*, Mirabeau utilise la métaphore des âges de la vie et soutient que la France a atteint "l'âge mûr; et il ne tient qu'à nous de montrer que c'est celui de la prospérité, et d'établir un ordre de choses, qui suivi constamment le feroit durer à l'infini. Cet ordre admirable dans ses effets, . . tient à un petit nombre de principes que je répète tels que je les ai établis: 'Aimez et honorez l'agriculture. Repoussez du centre aux extrémités tous ceux que vous attirez des extrémités au centre. Méprisez le luxe ou l'indécence dans la dépense. Honorez les vertus et les talens, et ne les payez point'. Tel est le résumé de tout le système, dont j'ai détaillé l'importance et les moyens; et si par ce régime nous ne devenons dans le vrai ce que nous avons paru être en nous forçant dans le siècle passé . ." (p. 400). Après avoir ainsi déterminé "la nature de notre tempérament" et "l'âge de l'Etat" il conclut: "Je viens de marquer en peu de mots ici la nature du régime qui lui [à l'Etat] est propre" (p. 401). Sur la nécessité de revenir aux régimes "conformes au droit naturel" voir *Ibid.*, p. 235.

23. *Procès-verbal de l'assemblée de notables, tenue à Versailles en l'année M.DCCLXXXVII*, (Paris, 1788), pp. 73–75. Ce langage n'était pas nouveau dans les textes officiels de la monarchie: voir au mois de février 1776 l'*Edit portant suppression des jurandes et communautés de commerce, arts et métier* où, s'agissant de ces communautés, on critique "les caprices de leur régime arbitraire," *Recueil général des anciennes lois françaises depuis l'an 420 jusqu'à la Révolution de 1789*, ed. Jourdan, Decrusy, Isambert, (Paris, 1821–1833), 23:372. Pareillement pour les rémontrances du Parlement: *Rémontrances du Parlement de Paris au XVIII siècle*, ed. J. Flammermont, (Paris, 1898), 3:315 où, toujours par rapport à l'édit précédent on se réfère au "régime qui se prépare." Un sondage dans la presse provinciale qui précède immédiatement la Révolution donne les mêmes résultats. J. B. Milcent dans le *Journal de Normandie* de la Veuve Machuel du 4 mars 1789 écrit que "la Nation, conduite jusqu'à ce jour par un régime arbitraire et asservie aux caprices de la routine et ses préjugés, est encore neuve et sans expérience dans des matières d'administration" (cité par A. Dubuc, *Le Journal de Normandie avant et durant les Etats généraux* dans *Actes du 89° Congrès des sociétés savantes*, (Paris, 1964), 1:401).

24. *Procès-verbal de l'assemblée de Notables tenue à Versailles en l'année M.DCCLXXXVII*, pp. 103, 115 et 298. On trouve beaucoup d'expressions analogues dans le *Procès-verbal de l'Assemblée des Notables. Tenues à Versailles en l'année M.DCCLXXXVIII*, (Paris, 1789): la description de ce qu'il faut conserver ou réformer passe déjà à travers les termes "régime" et "ordre de choses": "Ce droit de veto [d'un Ordre sur les autres] assure tous les autres, et il semble juste de ne pas changer cet ordre de choses, avant que la Nation légalement assemblée, ait examiné elle-même ses véritables intérêts" (p. 224).

25. Un dictionnaire de 1795 enregistre l'élargissement sémantique, mais dans une forme confuse. Régime "signifie aujourd'hui tout gouvernement politique le plus éminent," voir Léonard Snetlage, *Nouveau dictionnaire français contenant les expressions de nouvelle Création du Peuple Français. Ouvrage additionnel au Dictionnaire de l'Académie française et à tout autre Vocabulaire*, (Gottingue, 1795), p. 185. On peut interpréter cette définition dans ce sens que régime désignerait la sphère supérieure de l'administration politique, celle qui informe tout le reste (régime républicain, de la terreur, etc.).

26. Voir le modéré [Alexandre de] Segur, *Essai sur l'opinion, considerée comme une des principales causes de la Révolution de 1789*, (s.l., 1790): "il faut que les gens qui tiennent à l'ancien système, se disent bien que la révolution est faite; il faut que les partisans du nouveau, se disent et conviennent que l'on a été trop loin" (p. 44).

27. Pierre Joseph André Roubaud, *Synonymes français*, (Paris, an IV–1796), p. 271, (1er ed. Liège, 1785). Les dictionnaires des synonymes du début du XIXe siècle suivent Roubaud: "Le régime est la règle établie par le gouvernement pour régler l'action de l'administration. L'administration est l'action qui résulte du régime" ou: "Le gouvernement peut être sage et l'administration mauvaise: c'est-à-dire que les règles peuvent être très bien conçues et l'application mal dirigée" voir J. C. Laveaux, *Dictionnaire synonymique de la langue française*, (Paris, 1826), p. 40.

28. Voir F. Brunot, *Histoire de la langue française*, 621; Emile Littré, *Dictionnaire de la langue française*, (Paris-Londres, 1873–1883), article "régime" 4:1558; Theodor Ranft, *Der Einfluss der französischen Revolution auf den Wortschatz der französischen Sprache*, (Darmstadt, 1908), p. 87. Dans le premier chapitre de l'*Ancien Régime*, (Paris, 1974), consacré à la naissance et à la définition de l'expression, Pierre Goubert en a signalé la présence dans une brochure nobiliaire et beaujolaise du 1788, en opposition au "nouveau régime" qui se préparait. Le catalogue général de la B. N. de Paris ne présente que deux brochures cumulant les trois caractéristiques dont on vient de parler; mais elles ne contiennent pas l'expression: Anonyme, *Des Etats Généraux et de leur convocation*, (Villefranche, 1788); *Discours prononcé par M. le Marquis de M*** Président l'Ordre de la noblesse de Beaujolois le 16 mars 1789*, (s.l.,s.d.). Voir aussi d'autres occurrences dans *Materiaux pour l'histoire du vocabulaire français—Datations et documents lexicographiques—Vocabulaire socio-politique (1770–1814)*, ed. B. Quemada, (Paris, 1977), 2° série, fasc. 11, p. 20. Un exemple très clair des équivoques qu'une lecture hors contexte peut produire, est un passage du *Voyage du jeune Anarchasis en Grèce dans le milieu du IV siècle avant l'ère vulgaire*, (Paris, 1788) de Jean Jacques Barthélemy, un ouvrage très connu à l'époque: 'Il [Diodore] eut des partisans, et l'on distingua dans l'Ordre [des Pythagoriciens] ceux de l'ancien régime et ceux du nouveau" (p. 189). Le régime dont il est question ici est celui de l'hygiène personnelle.

29. *Cahiers de doléances de l'Ordre de la noblesse de la sénéchaussée de Carcassonne*, mars 1789 dans *Archives parlementaires*, 2:527. Le *Cahier* de la noblesse du Bailliage d'Alençon oppose, au même sujet, "un ordre ancien" et "un ordre nouveau," après avoir précisé qu'il appartient à la nation de statuer autour de la "convocation des Etats généraux, leur composition, leur régime intérieur, leur police, et leurs fonctions" (*Ibidem*, 1:711). Le vote par ordre ou par tête, et tout ce qui concernait le fonctionnement de l'Assemblée nationale, fut décrit comme un problème de "régime," déjà à l'époque des Assemblées des notables.

30. Voir *Cahier de doléances* du tiers état du Bailliage de Nemours du 16 mars 1789 rédigé par Dupont de Nemours dans *Archives parlementaires*, 4. L'expression apparaît dans le paragraphe 2: "Des règlements et des manufactures," l'ancien régime étant celui des règlements qui prescrivaient les modalités pour la production des marchandises" (p. 209); le contexte de l'autre occurrence est le paragraphe 4: "Des jurandes": il y avait un "nouveau régime" et un "ancien régime" de celles-ci: "L'ancien régime avait pour prétexte d'assurer la perfection des arts, en ne permettant l'entrée dans les corporations qu'à ceux qui avait fait un apprentissage" (p. 213). Voir en outre *Journal de Paris*, Supplément au n°76 17 mars 1789. Il s'agit du compte rendu d'un livre consacré à la réforme fiscale: "Au moment où toutes les Communes du Royaume sont assemblées, au moment où elles s'occupent à rédiger leurs cahiers . . . il étoit plus difficile de présenter un ouvrage plus intéressant qu'un projet d'abonnement général des Impôts, tendant à détruire sans aucun effort, les abus de l'ancien régime, et à procurer cette précieuse et désirable répartition qui, jusqu'à ce jour, a été l'objet de nos voeux et de nos réclamations" (p. 351).

31. Voir le républicain [P. N. Gautier], *Dictionnaire de la Constitution et du gouvernement français*, (Paris, an III de la liberté [fin 1791]), article "abus": "On appelle abus tout ce qui est contre la raison et la justice" (p. 2).

32. L'auteur anonyme du *Règne de Louis XVI jusqu'en 1788. Règne des mandataires de la nation depuis 1789*, (Paris, s.d. [fin 1791]) discutant de l'établissement des Assemblées provinciales par Louis XVI s'y réfère comme d'un "nouveau régime" (p. 6). Dans le cahier du tiers état de Marseille la proposition de modifier le système des impôts est ainsi exprimée: "Cette manière d'imposer à toujours été tyrannique. Elle doit être réprouvée à jamais; et il est de la justice de prendre au plus tôt les voies convenables pour en changer le régime" (*Archives parlementaires*, 3:716).

33. A vrai dire, on trouve plusieurs occurrences dès le mois d'août 1789: voir *Réimpression de l'Ancien Moniteur seule histoire authentique et inaltérée de la Révolution française depuis la réunion des Etats généraux jusqu'au Consulat (mai 1789–novembre 1799)*, (Paris, 1847). Elles reviennent toujours dans la chronique journalistique qui précède les compte-rendus du débat. Le 8 août: "Ceux en qui la révolution n'avait pu déraciner les préjugés de l'ancien régime vouaient faire du Maire une espèce de lieutenant de police . ." (1:306). Cette acception est tout à fait étrangère à

celle des premières années de la Révolution. En effet, il s'agit d'une chronique qui n'apparait que lors de l'édition de l'an IV du Moniteur (*Ibid.*, p. 1). Voir aussi F. A. Aulard, *Introduction* à *Les Orateurs de l'Assemblée Constituante*, (Paris, 1882), p. 15 et ss. A la date du 8 août ni le *Bulletin de l'Assemblée Nationale*, (Paris, 1789), ni *Assemblée Nationale*, journal de comptes-rendus parlementaires paru du 21/7 au 9/8/1789, ne mentionnent le commentaire cité. Il en va ainsi pour l'occurrence "régime nouveau" du 4 août 1789, toujours dans la *Réimpression de l'Ancien Moniteur*.

34. *Le Point du Jour, ou Résultat de ce qu'il s'est passé la veille à l'Assemblée Nationale*, n° CXLIV, 26 nov. 1789, p. 276. Voir aussi l'art. 9 du décret du 22/12/1789 sur les municipalités: "Dans les provinces qui ont eu jusqu'à présent une administration commune, et qui sont divisées en plusieurs départemens, chaque administration de départemens nommera deux commissaires qui se réuniront pour faire ensemble la liquidation des dettes contractées sous le régime précédent . . pour mettre fin à cette ancienne affaire" dans *Collection complète des lois, décrets, ordonnances, réglemens et avis du conseil d'Etat . . de 1788 à 1824 inclusivement*, ed. Jean-Baptiste Duvergier, (Paris, 1824–1878), 1: 77–78. On trouve une utilisation analogue de "régime ancien" dans *Archives parlementaires*, 11:195, 15/1/1790, M. le professeur Pierre Retat travaille, à l'aide de moyens informatiques, au dépouillement systématique des journaux de 1789. Sur l'expression "ancien régime" il fait état, dans une lettre personnelle, d'une intéressante découverte: "D'une façon générale, j'ai remarqué que "ancien régime" n'apparaît qu'en octobre, semble gagner en novembre et décembre, mais n'apparaît que dans certains journaux, que je classerais parmi les journaux patriotes et engagés"; en général l'expression est rarement employée. Je remercie M. le professeur Retat pour les précieuses occurrences qu'il a bien voulu me signaler.

35. Trophime-Gérard de Lally-Tollendal, *Mémoire de M. le comte de Lally-Tollendal ou seconde lettre à ses Commettans*, (Paris, 1790–jan), p. 141. Voir du même auteur aussi *Lettre écrite au très honorable Edmund Burke, Membre du Parlement d'Angleterre* (s.l., 1791), p. 21. Analoguement le système des impôts est le contexte indispensable pour éviter tout équivoque sur un fameux passage de Mirabeau: "Un (sic) grande révolution, dont le projet nous eût paru chimérique il y a peu de mois, s'est opérée au milieu de nous. Accélérée par des circonstances incalculables, elle a entraîné la subversion totale de l'ancien système; mais sans nous donner le temps d'étayer ce qu'il faut conserver encore, de remplacer ce qu'il fallait détruire, elle nous a tout à coup environnés de ruines" (Mirabeau dans *Archives Parlementaires*, 9:352, 6/X/1789).

36. *Mirabeau entre le Roi et la Révolution*, ed. G. Chaussinand-Nogaret, (Paris, 1986), p. 58. Alexis de Tocqueville, *L'ancien régime et la Révolution* dans *Oeuvres complètes*, ed. Jean Meyer, (Paris, 1980), chap. 2.

37. Les exemples possibles sont nombreux: Démeunier le 4 septembre 1789 parle de l'"ancien régime" de la périodicité des états généraux en se déclarant favorable au fait que l'Assemblée soit toujours en activité afin de contrôler l'exécutif (*Archives parlementaires*, 8:565). Mounier utilise "ancien régime" le 26 août 1789. Au mois de juin 1791 on utilisera encore "ancien régime des finances" (*Ibid.*, 27:430). Au 16 du même mois dans le *Patriote français* on peut lire: "Il faut avouer que sur cet article [les finances] l'Assemblée nationale s'est montrée loin du caractère et des lumières qu'elle a déployées dans les autres points de la constitution. Beaucoup d'anciens abus ont été conservés dans nouveau régime."

38. *Archives parlementaires*, 9:274. Dans le texte on oppose un "nouveau régime" au "régime actuel" (p. 286), l'"ancien" n'étant pas encore là. Au mois de juillet 1789, Camus, se référant au réglèment interne de l'assemblée nationale, avait protesté contre le "nouveau régime" de celle-ci (*Ibid.*, 8:198, 6/7/1789).

39. Sur les divers régimes abolis voir le décret du 11 août 1789 dans *Ibid.*, 8:352.

40. Dans l'*Annexe* de la séance du 27 août 1798 nous trouvons un *Mémoire de M. l'Abbé de Sieyès sur le rachat des droits féodaux* dans lequel le véritable auteur (Montesquiou) veut convaincre l'Assemblée du bien fondé de ses décisions, en situant l'oeuvre de celle-ci dans la droite ligne du despotisme éclairé: "En 1771 et 1773, le roi de Sardaigne ordonna que tous les droits féodaux seraient abolis; . . . Je crois que l'afranchissement des terres en Savoie . ., peut, dans ses détails, offrir des moyens d'exécution dont il serait possible que l'Assemblée Nationale profitât, et qu'elle perfectionnât encore cet ouvrage; car il est hors de doute que l'esprit de justice réuni à celui de la liberté, ajoutera à la perfection d'un ouvrage entrepris et achevé par le pouvoir absolu" (*Archives parlementaires*, 8:502).

41. Voir le *Patriote français* du 1 juillet 1790, n° 327: "Que l'Assemblée nationale ait anéanti tous les titres et les noms qui annonçaient des distinctions qu'on ne devait qu'au hasard et à la naissance, ou à l'ancien régime féodal, cette destruction était une suite naturelle de l'égalité naturelle des droits . ." (p. 3). Voir aussi *Circulaire des administrateurs généraux des Domaines* du 31 août 1790: "Comme le Domaine est en général le dernier chaînon de l'ancien régime féodal, vous concevez que votre attention . .' dans *Le droits féodaux. Instructions, recueil de textes et notes*,

ed. Pierre Caron, (Paris, 1924), p. 73, et *Décret sur la confection d'un grand livre des propriétés territoriales. Du 8 pluviôse an II (27 jan. 1794)* dans lequel on interdit aux notaires d'utiliser certaines clauses ou expressions qui puissent rappeler "le régime féodal nobiliaire ou la royauté" (*Ibid.*, p. 209). Quelques occurrences du syntagme "régime féodal" out été relevés par Claude Mauzauric, "Note sur l'emploi de 'régime féodal' et de 'féodalité' pendant la Révolution française" dans *Sur la Révolution française. Contributions à l'histoire de la révolution bourgeoise*, (Paris, 1970), pp. 119–134.

42. Rabaut Saint-Etienne, *Précis d'histoire de la Révolution*, p. 266.

43. Voir le philo-monarchique *Le spectateur et moderateur*, n° 39 du 8 janvier 1792: "La police active et ombrageuse du défunt régime . ." (p. 157).

44. [P. N. Chantreau], *Dictionnaire national*, p. 159.

45. Q. V. Tennesson, *Vocabulaire des municipalités et des corps administratifs, ouvrage utile et commode à tous ceux qui voudront apprendre ce qu'ils sont aujourd'hui et connoître les fonctions des places auxquelles ils peuvent parvenir, suivant le nouvel ordre des choses, soit dans les Municipalités, soit dans les Administrations de Département et de District*, (Paris, 1790 [fév.]). Présentant sous forme de dictionnaire les décrets du mois de décembre 1789 sur la réorganisation du territoire, il écrit que cette méthode lui a paru la plus facile et la plus simple afin "de mettre en état de connoître le régime actuel de la France dans tout ce qui concerne les Municipalités et l'administration" (p. 2). Nous trouvons une utilisation analogue dans le langage des décrets et des lois (*Collection complète des lois*, 1:77: "les objets qui intéresseront le régime de l'administration générale du royaume . . ." D'autre part de quel genre de mandat se sentaient investis les Constituants? Le 31 juillet 1789 le président de l'Assemblée, le duc de Liancourt, affirme: "Chargée de régénérer toutes les branches de l'administration du royaume, l'assemblée nationale . . portera des soins sur la liberté, la sûreté et l'extension du commerce" (*Archives parlementaires*, 8:317, 1/8/1789).

46. *Le Dictionnaire de l'Académie française*, (Paris, 1694). Les autres dictionnaires du XVIIIème siècle associent l'"administration" à l'action concrète de ses agents, sans aucune considération sur la source juridique du pouvoir de ceux-ci. Louis XVI lui-même dans sa lettre de convocation des Etats généraux du 24/1/1789 se propose d'envisager "les besoins de l'Etat, la réforme des abus, l'établissement d'un ordre fixe et durable dans toutes les parties de l'administration." L'année suivante, le polémiste Casaux voyait encore le but de la Révolution dans l'adoption d'un unique "système d'administration qui puisse mériter à la France le titre de nation" contre l'ancienne "collection bizarre de parties qui devoient leur agrégation qu'au hasard et leur liaison qu'au despotisme," voir Charles de Casaux, *Simplicité de l'idée d'une Constitution et de quelques autres*, (Paris, 1789), p. 197. Bailly s'écrie à l'Assemblée le 5 juin 1790: "Un nouvel ordre des choses s'élève et va régénérer toutes les parties du royaume, comme toutes les branches de l'administration" (*Archives parlementaires*, 16:117).

47. L'expression "ordre de choses" peut être considérée comme synonyme de régime, mais plus que ceci elle revient dans les écrits et les discours de l'époque. On pourrait suivre en parallèle la présence des deux termes aussi bien dans les écrits pré-révolutionnaires que dans les débats parlementaires, de mai '89 jusqu'à Saint-Just et à l'an II, et dans les brochures, dans les journaux et même dans les chansons. Dès 1789, les développements sémantiques de l'un seront les mêmes que les développements de l'autre terme. Dans le numéro du 5 mai 1789, le journal de Mirabeau *Etats Généraux* commente la procession du 4 et le discours de l'évêque de Nancy: "Il a paru long et tissu de pièces de rapports, sans plan, sans idée, sans style, sans effets. C'est un autre mouvement, une autre inspiration, un autre ordre de choses, en un mot, qu'on attendait dans cette auguste assemblée" (n° 1, p. 9). Rétrospectivement Stanislas de Clermont-Tonnerre écrit dans l' *Avant propos* du *Recueil des opinions de Stanislas de Clermont-Tonnerre*, (Paris, 1791): "Au moment où la convocation des états généraux fut certaine, j'en attendis avec toute la France la destruction des abus et l'établissement d'un ordre de choses dans lequel la liberté et la propriété seroient défendues de toutes les attaques arbitraires" (p. VII). Le 2 janvier 1790 une députation de Nancy à l'Assemblée nationale affirme: "Le nouveau régime qu'établit l'Assemblée nationale peut faire éprouver quelques pertes à la ville de Nancy; elle est assurée que vous les diminuerez autant que le permettra l'intérêt général, et que votre sollicitude . . est bien loin d'oublier ceux des villes et principalement de celles qui, privilégiées sous l'ancien ordre des choses, ont fait de plus grands sacrifices à la patrie" (*Archives parlementaires*, 11:59). En 1796 Snetlage rapportera en guise d'exemple à l'article "régime": "La Cour décidée de renverser le nouveau régime empêchait l'établissement du nouvel ordre des choses" (L. Snetlage, *Nouveau dictionnaire français*,). Pour une utilisation réactionnaire voir Pierre G. Parisau dans *Feuille du jour*, 22 déc. 1790: "Qu'entend-on par une contrerévolution? Le rétablissement de l'ancien ordre des choses" (n° 22, p. 170).

48. François A. Boissy D. Anglas, *Quelques idées sur la liberté, la Révolution, le Gouvernement républicain et la Constitution françoise*, (s.l., juin 1792). Il se réfère à la grande Ordonnance criminelle de Louis XIV qui autorisait, entre autres, la torture. Quelques mois avant une chanson

avait vulgarisé les mêmes images et les mêmes idées:
"Trop malheureux aristocrate,
. . . .
Veux-tu de ton ancien régime
Voir le portrait?
Regarde l'affreuse injustice
Des Magistrats,
L'ambition et l'avantage
De nos prélats:
Considère de vils ministres,
Souillés d'excès,
Couronnant tous leurs plans sinistres
Par cent forfaits!"
Un ton identique est utilisé contre les nobles et leurs complots anti-patriotiques (Anonyme, *Idée de l'ancien régime* dans *Almanach de la Mére Gérard pour l'année bissextile 1792*, (Paris, an III de la liberté [1791]). L'*Almanach* est du genre patriote. Ecrivant après Varennes, Boissy lui-même exprimera ailleurs la nouvelle signification de l'expression "ancien régime": "Louis XVI peut regretter l'ancien régime et donner de fréquens soupirs à l'authorité qu'il n'a plus; mais Louis XVIII et Louis XX trouveront leurs prérogatives assez belles, pour bénir une constitution qui leur en maintient l'exercice" (Boissy D'Anglas, *Quelques idées*, p. 38).

49. Le thème du roi trompé par son entourage est l'un des plus communs de l'idéologie révolutionnaire avant la république. Les textes sont nombreux et on ne peut plus explicites. On va de l'anonyme, qui après avoir polémiqué contre les ministres, s'écrie: "le jour est enfin venu où le Monarque lui-même s'est déclaré le père de son peuple, après avoir été si malheureusement trompé," (voir *Le Tombeau du despotisme ministériel ou l'Aurore du bonheur*, Paris, s.d. [1789]), p. 4), jusqu'à Lally-Tollendal qui explique le discours du 23 juin par le fait que "le roi se trompa, parce qu'il fut trompé" (*Mémoire*, p. 42); Le Chapelier, élu président de l'assemblée le 3 août 1789, affirme vouloir rendre hommage à la province dont il est député puisqu' "elle a conservé, dans un temps où la France n'avait plus que le souvenir de ses droits, des restes précieux de liberté; elle a souvent eu l'avantage d'éclairer les rois et de lutter avec succès contre le despotisme des ministres qui trompaient leur bonté et compromettaient leur pouvoir" (*Archives parlementaires*, 8:335). A la fin de 1791, dans une brochure du républicain Dantalle, le lieu commun par rapport au passé est projeté dans le futur: "pauvre Louis XVI, ne vois-tu donc pas que si les aristocrates ne respirent que l'ancien régime, s'ils veulent rétablir la noblesse et les monastères, ce ne serait que pour te détrôner et te confiner dans un cloître?," voir *Description de la ménagerie royale d'animaux vivans*, ([Paris], s.d. [1791]), p. 7.

50. Mercier définira ainsi l'ancien régime: "Tout le monde sait ce que c'était" dans L. S. Mercier, *Néologie ou vocabulaire des mots nouveau à renouveler ou pris dans des acceptions nouvelles*, (Paris, an IX [1801]), 2:382.

51. P. N. Chantreau, *Dictionnaire national*, pp. 5–6: "Abus: il n'est point de mot auquel la Révolution ait fait subir une plus étrange métamorphose; et ce que les Français libres appellent aujourd'hui abus l'ancien régime le nommoit droit." Il se réfère évidemment aux privilèges. Il conclut d'autre part: "Ce que le nouveau régime appelle abus de pouvoir, l'ancien le nommoit usage de pouvoir." Le même auteur écrit à l'article "despotisme": "avant la Révolution ce mot ne se trouvoit que dans les relations de voyage; après la Révolution il a été plus usité, mais il a toujours eu comme adjectif le mot ministériel" (p. 64). Marat dans *L'Ami du peuple* du 18 déc. 1790 accuse Lafayette d'avoir "rempli de jadis nobles, de robins, de courtisans, d'escrocs, de banqueroutiers, de chenapans, d'espions, tous les états'-majors et toutes les places d'officiers supérieurs des gardes nationales du royaume entier, et qu'il a tout employé pour composer les légions de la patrie de satellites de l'ancien régime, pour asservir par la vanité les soldats citoyens." Dans un très mauvais exercice littéraire, Collot d'Herbois met en scène au mois de novembre 1790 une pièce intitulée *Le procès de Socrate et le régime des anciens temps*, ensuite publiée en 1791, dans laquelle il décrit l'Athène socratique comme le régime des aristocrates "qui à la faveur d'une contre-révolution . . avoient tout nouvellement dépouillé la nation de ses droits et fait massacrer tous les amis de la liberté" (p. III). On retrouve tous ces thèmes aussi chez A. R. C. Bertolio, *Discours prononcé dans l'église metropolitaine de Paris le 13 juillet 1790*, (Paris, 1790).

52. Voir Jean J. Mounier, *Archives parlementaires*, 8: 214–216. Mirabeau le 15 juin 1789 se réfère aux circonstances "où le Roi lui-même a senti qu'il fallait donner à la France une manière fixe d'être gouverné, c'est-à-dire une Constitution" (*Ibid.*, 8:110); A. de Lameth le 4 sept. précisera que "la Constitution n'est donc autre chose que l'organisation et la distribution des pouvoirs" (*Ibid.*, 8:572). Dans la presse comme dans les pamphlets, les échos de ce débat sont nombreux. Dans le numéro du 13 oct. 1789 le *Fouet national. Marat des honnêtes gens* se montre convaincu

que des grands maux arriveront à la France "tant que l'Etat n'aura pas un régime fixe et irrévocable," c'est-à-dire une nouvelle constitution (n°4, p. 13); C. Casaux, *Simplicité,* est persuadé, lui aussi, de la nécéssité de fixer une nouvelle constitution, c'est-à-dire 'une manière de gouverner tout-à-fait différente de l'ancienne" (p. 183).

53. *Archives parlementaires,* 16:136, 7/6/1790.

54. Le refus radical du passé chez le philo-monarchique Mirabeau est à ce sens très significatif. A la fin du mois de juillet 1789 il s'interroge sur la situation de la France révolutionnaire "où tout est à créer, à combiner, à méditer même . . où une longue série d'abus de tout genre, et des siècles d'esclavage, en couvrant la surface entière de la constitution et de l'administration dans toutes ses parties, ne montre pas une seule loi à établir qu'au travers d'une croûte épaisse de préjugés ou des désordres à corriger" (*Ibid.,* 8:299, 29/7/1789). Toujours Mirabeau commentant, le 17 août, le texte de la "Déclaration des droits", déclare: "Vous allez établir un régime social qui se trouvait, il y a peu d'années, au-dessus de nos espérances" (*Ibid.,* 8:439). Quelques jours plus tard Treilhard, favorable lui-aussi au veto absolu, a le même ton lorsqu'il s'écrie: "Et qu'on ne cherche pas dans le passé des motifs d'inquiétude pour l'avenir; rien ne ressemble moins à l'état passé que l'état actuel; tout est changé: nous n'avions pas de constitution fixe et nous allons en avoir une; nous vivions sous le despotisme ministériel et nous vivrons désormais sous la seule autorité de la loi que nous nous serons nous-mêmes donnée" (*Ibid.,* 9:91). Voir aussi Clermont-Tonnerre, *Ibid.,* 8:283, 27/7/1789.

55. Pierre V. Malouet, *Ibidem.,* 8:41, 18/5/1789; voir Champion de Cicé, *Ibid.,* 8: 281, 27/6/1789: "Jusqu'à ces derniers temps, et je pourrais dire jusqu'à ces derniers moments, ce vaste empire n'a cessé d'être la victime de la confusion et de l'indétermination des pouvoirs. L'ambition et l'intrigue ont fait valoir à leur gré les droits incertains des rois et ceux des peuples. Notre histoire n'est qu'une suite de tristes combats de ce genre." Voir aussi [Guffroy] Rougyf, *Sanction royale examinée par un Franc,* (Paris, 1789): s'inspirant de Mably, il refuse le modèle parlementaire anglais.

56. Anonyme, *La France, ce qu'elle a été, ce qu'elle est et ce qu'elle sera,* (s.l., s.d. [1790]), p. 96. Le thème revient constamment: voir J. A. J. Cerutti, *Mémoire pour le peuple français,* (Paris, 1788) (réimp. dans *La Révolution française,* 15 (1888), 61-85, p. 60); Anonyme, *Procès du clergé, de la noblesse et du ministère de France,* (s.l., 1789 oct): "Dans tous les siècles de la Monarchie les guerriers et les prélats ont été les plus cruels ennemis de nos rois et de la nation" (p. 1), etc.

57. Voir Jean P. Marat, *Offrande à la patrie, ou discours au Tiers Etat de France,* (s.l. [Paris], 1789): "qui ignore qu'à l'origine de la Monarchie, la souveraine puissance résidoit dans l'Assemblée Nationale; qui ignore que le Roi n'étoit que le chef de l'armée et de la justice? Si par de longs abus de l'autorité qui lui fut confiée pour faire respecter les loix, des Ministres audacieux l'ont enfin élevé au-dessus de leur empire, ce n'est qu'à force d'attentats et de crimes; comment donc le pouvoir arbitraire seroit-il un titre sacré? Ce n'est donc rien retrancher des prérogatives augustes de la Couronne, que de ne pas lui attribuer les moyens de ruiner la Nation, et d'opprimer les sujets" (p. 55).

58. Voir le discours de Goupilleau du 21/9/1789 dans *Archives parlementaires,* 9:63. Malouet lui-même déclare le 3 août: "C'est travailler à la constitution c'est en assurer le succès, que de fixer un moment votre attention sur le nouvel ordre de choses qu'elle va opérer et sur la transition subite de l'état ancien de la nation à un état nouveau" (*Ibid.,* 8:337).

59. Voir le discours de Gaultier de Biauzat du 21/9/1789 dans *Ibid.,* 8:61; un député anonyme insiste sur le même thème le 28 août "Louis XVI n'est plus sur le trône par le hasard de la naissance; il y est par le choix de la nation, elle l'y a elevé, comme autrefois nos braves aîeux ont élevé Pharamond sur le bouclier" (*Ibid.,* 8:505).

60. *Ibid.,* 8:109 et 147, 15 juin et 23 juin 1789.

61. Lally-Tollendal, *Mémoire,* p. 49. Enfin, il s'agissait de passer du pouvoir monarchique tempéré par les moeurs, au pouvoir monarchique réglé pas les lois (*Ibid,* p. 70). Avant la Révolution Marat avait affirmé dans son *Offrande à la Patrie,* (s.l., 1789): "nous ne voulons pas renverser le Trône; mais rappeller le Gouvernement à son institution primitive, et corriger les vices radicaux" (p. 54).

62. Voir le discours du Duc de Liancourt le 1 sept. 1789 au cours du débat sur le veto (*Archives parlementaires,* 8:529). Au mois de septembre 1790 le modéré Morizot, visant les travaux de l'Assemblée, écrira: "La constitution monarchique, sous laquelle l'empire françois subsiste depuis quatorze siècles, sans avoir éprouvé d'autres convulsions que celles des novateurs imprudents et criminels, qui de temps à autre, ont tenté d'introduire des innovations dans son régime, démontre assez que c'est la seule qui lui convienne" (Morizot, *Appel au Roi,* p. 47).

63. *Archives parlementaires,* 9:65, 21/9/1789.

64. Voir *L'Ami du Roi* du 24 sept. 1790, n°CXVI, p. 1.

65. Une affirmation dans ce sens avait été d'ailleurs prononcée dans les *Remontrances du clergé présentées au roi le 15 juin 1788:* "Les maux sont grands, mais les remèdes le sont encore plus, car la gloire de Votre Majesté n'est pas d'être roi de France, mais d'être roi des Français; et le coeur de

Vos sujets est le plus beau de Vos domaines" dans *Archives parlementaires*, 1:377. Rivarol rapporte scandalisé qu'à l'occasion du 14 juillet 1790 "de vils mortels avoient osé proposer que . . notre roi, notre bon roi, fût proclamé empereur" dans *Petit Dictionnaire*, (Paris, 1790), entrée "Empereur," p. 37.

66. Voir [P. B. Gautier], *Dictionnaire de la constitution*, p. 35; F. Robert, *Avantage de la fuite de Louis XVI et avantage d'un nouveau gouvernement*, (Paris, 1791).

67. Marat écrit dans l'*Ami du peuple* du 17/2/1791: "J'ignore si les contre-révolutionnaires nous forceront à changer la forme du gouvernement; mais je sais bien que la monarchie très limitée est celle qui nous convient le mieux aujourd'hui, vu la dépravation et la bassesse des suppôts de l'ancien régime, tous si portés à abuser des pouvoirs qui leur sont confiés. Avec de pareils hommes une république fédérée dégénérerait bientôt en oligarchie." La Révolution avait donc liquidé l'"ancien régime" (mais pas ses hommes), ne changeant pas la forme de gouvernement. Marat précise: "nous serions encore esclaves si nous avions eu un Louis XI ou un Louis XIV" (*Ibidem*).

68. Voir la synthèse de Carl Hamilton Pegg, "Sentiments républicains dans la presse parisienne à partir du retour de Louis XVI jusqu'au rapport des sept comités" dans *Annales historiques de la Révolution française*, 13 (1936), 342–356; Maximilien Robespierre, *Discours sur les principes du gouvernement révolutionnaire* du 25 déc. 1793 dans *Oeuvres complètes*, 10: 273–282.

69. En 1790 ils utilisent l'expression dans un sens qui est proche de celui défini jusqu'à présent. Marat: "Aujourd'hui même il [Necker] sollicite l'assemblée de lui accorder de prompts secours, sous prétexte d'empêcher la dissolution de l'Etat, de régénérer les finances, mais uniquement pour affermir l'administration, pour le mettre en état de perpétuer l'ancien régime" dans *Dénonciation contre Necker* (1790) dans J. P. Marat, *Les pamphlets*, ed. C. Vellay, (Paris, 1911), p. 92; Robespierre: "Ce n'est pas sans doute parce que l'assemblée comtadine change son ancien régime despotique contre une constitution aristocratique, et que les avignonnois ont secoué le joug du despotisme, pour adopter la constitution française" dans *Oeuvres complètes*, 6:590.

70. Anonyme, *Considérations historiques et politiques sur la noblesse et le clergé français, qui prouvent que l'assemblée n'avoit pas le droit de détruire leurs titres et leurs propriétés; suivies d'observations sur l'avantage de l'ancien régime, dégagé de ses abus; sur l'impôt, sur le déficit et sur les clubs*, (s.l., s.d. [1790]), p. 4. Il faut remarquer que la plupart des dictionnaires politiques de l'époque sont contre-révolutionnaires, la néologie étant une de formes les plus radicales de la pratique politico-idéologique des révolutionnaires.

71. Jacques Godechot, *La contre-révolution: doctrine et action: 1789–1804*, (Paris, 1984 2° ed.); Jean-Paul Bertaud, *Les amis du roi*, (Paris, 1983).

72. Voir [Gallais], *Extrait d'un dictionnaire inutile*, p. 248; Anonyme, *Considérations historiques*, p. 47 et seq.; Chaillon de Joinville, *La Révolution de France prophétisée*, (Paris, 1791), 2:269.

73. Voir l'abbé Royau dans *L'ami du Roi* du 28/29 juin 1791 prendre la défense de la fuite du Roi. Si elle avait réussi, "les peuples . . auraient senti combien il serait plus avantageux pour eux d'accepter une constitution qui aurait également écarté et les abus de l'ancien régime, et les vices plus grands encore de la constitution présente"; et *ibid*, du 24 sept. 1790.

74. Anonyme, *La France est-elle une monarchie?*, (s.l., 1790). p. 13. Nous lisons d'ailleurs dans les *Actes des apôtres* du mois de déc. 1789, n° 1,: "Nous pouvons enfin annoncer que la grande oeuvre de la Constitution des Français est achevée."

75. Un exemple parmi d'autres est Anonyme, *Tableau comparatif de l'année 1788 avec l'année 1790, ou état de la France avant et après la révolution*, (s.l.n.d. [1790]). Dans celui-ci même la disposition graphique obéit à la logique argumentative du parallèle; cependant l'expression "ancien régime" n'est pas utilisée: à gauche le 1788; à droite le 1790. Nous avons ainsi à la page 1:

      "En 1788, un Dieu et un Roi"   "En 1790, peut-être un Dieu et douze cents rois."

    Etc.

76. Ceci est clair dès novembre 1789: "quoique le nouveau gouvernement ne soit pas encore établi, l'ancien régime est inévitablement détruit" (*Année littéraire*, 7:127); voir [Gallais], *Extrait d'un dictionnaire*, article "Convention"; Anonyme, *Considérations historiques*, p. 47 et pp. 66–67 dans lequel nous trouvons des références à l'"ancienne forme d'état" et à l'"ancien ordre politique"; Adrien Quentin Buée, *Nouveau dictionnaire pour servir à l'intelligence des termes mis en vogue par la Révolution; dédié aux amis de la religion, du roi et du sens commun*, (Paris, 1792 [janvier], 2° ed. Paris, 1821): "On a comparé l'ancien gouvernement à un bâtiment gothique" (p.1).

77. Boissy-D'Anglas, *Quelques idées*, p. 37.

78. Jaques R. Hébert, *Lettres bougrement patriotiques du véritable Père Duchesne*, (Paris, 1791), 69ème lettre, p. 1. L'affirmation que "monarchie et régime s'excluaient" est rapportée, sans plus de précisions, par F. Brunot, *Histoire de la langue*, p. 622: je n'ai pas pu la repérer dans les textes d'Hébert.

79. Voir *Ami du peuple* du 15 septembre 1791. Argumentation identique dans l'article *Sanction* du

Dictionnaire de la Constitution de P. N. Gautier, p. 555. Le 7 juillet 1792 *L'Ami du peuple* revient sur le problème dans les mêmes termes, mises à part les intempérences verbales qui, elles, sont nouvelles.

80. Voir le discours de Robespierre du 29/7/1792 chez les jacobins dans *Oeuvres complètes*, 8:418. La polémique contre le "nouveau régime" ne cessait pas d'ailleurs d'être alimentée par les contre-révolutionnaires. Voir les *Couplets nationaux* de l'auteur anonyme de *Les grands Sabats pour servir de suite aux Sabats Jacobites*, (Paris, 1792):
"Vive le nouveau régime!
Il rend tout le monde heureux.
Le meurtre n'est plus un crime,
et l'on massacre en tous lieux" (p. 47).

81. A. Q. Buée, *Nouveau dictionnaire*, qui organise l'entrée "veto" selon la technique graphique du parallèle fait exception:

"*Sous l'ancien régime*"   "*Sous le nouveau régime*"
Le roi faisait une loi   Sept cent quarante cinq
                            rois font une loi"

il conclut:
"Après cela il en commandoit l'exécution,   Après cela, commande qui veut l'exécution, et
et elle s'executoit.   l'exécute qui ne peut pas faire autrement"

82. Le 10 mars 1793 à l'Assemblée, Robespierre déclare à propos des défaites militaires et des nouvelles qui en arrivent à Paris: "le contraste de ce que vous a dit Lacroix, avec ce qui a été annoncé par le ministre de la guerre, ressemble parfaitement à ce que nous avons vu sous l'ancien régime, quand Lafayette commandait nos armées et quand une entreprise militaire étoit dirigée par une Cour perfide qui armoit l'Europe contre nous" (*Oeuvres complètes*, 9:311).

83. Voir *Archives parlementaires*, 8:39, 15/5/1789; voir discours de Cambon du 21 janvier 1793 à la Convention cité par *Journal de la République française*, n° 105 du 23 janvier 1793, p. 4.

84. C. F. Reinhard, *Le Néologiste français ou vocabulaire portatif des mots les plus nouveaux de la langue française avec l'explication en allemand et l'ethimologie historique d'un grand nombre*, (Nürnberg, 1796), p. 280; L. S. Mercier, *Néologie*, entrée "ancien régime" confirme la nouvelle chronologie (2:382).

85. Voir le *Décret relatif à la suppression sans indemnité de tous des droits féodaux ou censuel et de toutes redevances seigneuriales* du 25/8/1792: "L'Assemblée Nationale, considérant que le régime féodal est aboli, que néanmoins il subsiste dans ses effets, et que rien n'est plus instant que de faire disparaître du territoire français des décombres de la servitude qui couvrent et dévorent les propriétés, décrète qu'il a urgence . ." dans *Les droits féodaux*, P. Caron ed., pp. 178–179.

86. [P. N. Gautier], *Dictionnaire de la constitution*, p. 214.

87. A. Q. Buée, *Nouveau dictionnaire*, p. 55.

88. Voir Brissot dans *Patriote français*, n° 1140 du 23 sept. 1792, p. 337; Hébert dans *Père Duchesne*, n° 345, 1794. D'autres exemples: Durand-Maillane écrit sur les instituteurs: "Eh! d'ailleurs, qu'attendre des ci-devant régents, élevés dans l'ancien régime et pétris de vieilles routines de collèges?" (*Archives parlementaires*, 55:28, 12/12/1792); un député anonyme le 8 oct. 1792 déclare sur un décret concernant le renouvellement des corps administratif: "Je propose que tous les citoyens de 21 ans soient éligibles; c'est parmi les jeunes citoyens que l'on trouve le patriotisme le plus ferme. Plus rapprochés de la nature que ceux dont la raison a été abrutie par les préjugés de l'ancien régime, ils ont . ." (*Ibid.*, 52: ; *Journal des hommes libres de tous les pays ou le Républicain* du 15 brumaire an II rapporte: "Si quelqu'un verse le sarcasme sur cet usage [le tutoiement], méfiez-vous en: c'est qu'il étoit corrompu sous l'ancien régime, . ." (n° 369, p. 1554); *Feuille du salut public* du 27 brumaire an II écrit sur la nécessité de mettre en place un théâtre révolutionnaire: "Si les spectateurs qui applaudissent par habitude à ces gentillesses de l'ancien régime, avaient le courage de les couvrir des huées qu'elles méritent, bientôt nos théâtres seraient la véritable école des moeurs."

89. Gaetano Salvemini dans la *Préface* de la désormais classique *Storia della rivoluzione francese*, (Bari, ed. 1954) prévenait – il y a quelques décennies et ayant sous les yeux l'histoire de Jaurès – des dangers d'une utilisation incontrôlée de l'expression *Révolution française*. Il ne contestait pas la généralisation historiographique, utile et légitime, mais l'attribution à l'événement d'une sorte de personnalité indépendante et mythologique: une Révolution qui décide, qui veut, qui agit. On peut faire les mêmes remarques par rapport à "ancien régime" devenu à l'époque jacobine la personnification du mal et de la contre-révolution mortelle. Au XIXème siècle cette utilisation sera chère à Michelet. Dans le récit de la prise de la Bastille il écrit: "C'étaient l'ancien régime et la Révolution qui venaient se voir face à face, et celle-ci laissait l'autre saisi de stupeur" (Jules Michelet, *Histoire de la Révolution française*, ed. Claude Mettra, (Paris, 1979), 1: 147).

90. Voir l'important répertoire de Constant Pierre, *Les Hymnes et chansons de la Révolution*, (Paris,

1904); et aussi John Grand-Carteret, *Les Almanachs français. Bibliographie. Iconographie des Almanachs, annuaires, chansonniers, états, étrennes, publiés à Paris (1600–1895)*, (Paris, 1896). Pour un exemple d'utilisation voir (*Chanson Républicaine* publiée dans *Almanach républicain*, (Paris, an III de la Rép.):

"Jadis sous l'ancien régime,
tout paraissait légitime,
Le vol, l'astuce et le crime
Etaient à l'ordre du jour" (p. 156).

91. Voir *Dictionnaire politique. Encyclopédie du langage et de la science politique . . . Avec une introduction de Garnier-Pagès*, (Paris, 1848 3° ed): "On dénomme par ancien et nouveau régime les deux grandes phases de l'histoire politique des peuples; 1° Celle où l'agrégation sociale, faite nation, était absorbée par un chef omnipotent . . ; 2° Celle où les nations comptent avec leurs chefs et deviennent parties contractantes dans l'acte synallagmatique où sont établies les conditions auxquelles elles donnent le droit de les gouverner" (p. 818).

92. F. Brunot. *Histoire de la langue*, p. 622. Cf. aussi une chanson du mois de février 1795, dont l'auteur est Piis, *Le voeu des citoyens paisibles*:

"Du triste nom de ci-devant
Cessons surtout de faire usage.
Car du régime précédent,
Lorsque le nouveau vous dégage,
Chacun, s'il fait bien
D'être citoyen,
Doit avoir le même avantage"
in P. Barbier-F. Vernillat, *Histoire de France par les chansons. IV La Révolution*, (Paris, 1957), p. 260.

93. *Dictionnaire abrégé de la France monarchique ou la France telle qu'elle était en janvier 1789*, (Paris, an X-1802), p. IV.

94. Bertrand de Molleville, *Histoire de la Révolution de France*, (Paris, 1801–1803).

95. Anonyme, *Réflexions sur le système représentatif et électoral en France, terminés par un tableau comparatif de l'ancien et du nouveau régime*, (Paris, 1819).

96. Sur l'expression "ancien régime" en tant que catégorie historiographique, il faut signaler: Pierre Goubert, *L'ancien régime*, chap. 1, p. 9–17; Michel Peronnet, *Le 50 mots-clefs de la Révolution*, (Toulouse, 1983), pp, 21–24; Robert Descimon, article *Ancien régime* dans André Burguière, *Dictionnaire des sciences historiques*, (Paris, 1986), pp. 35–37. On trouvera dans ces textes une discussion autour de la querelle sur le bien fondé de l'utilisation historiographique de l'expression entre Chaunu, Richet, Goubert, Régine Robin, etc.

Annexe

Dictionnaires Consultés (1786–1816)

Cette liste doit beaucoup à Annie Geoffroy, *Les dictionnaires socio-politiques, 1770–1820* dans A.A.V.V., *Autour de Féraud*, (Paris, 1986), pp. 206–210. Nous avons profité aussi d'autres renseignements précieux que le même auteur a bien voulu nous fournir. Qu'elle en soit vivement remerciée.

Nicolas-Toussaint Le Moyne Des Essarts, *Dictionnaire universel de police, contenant l'origine et les progrès de cette partie importante de l'administration civile en France*, Moutard, Paris, 1786–1790.

Philibert Joseph Leroux, *Dictionnaire comique, satyrique, critique, burlesque, libre et proverbial*, Pompelune, 1786, (1° ed. M. C. Le Cene, Amsterdam, 1718).

Jean Marie Bernard Clement, *Petit dictionnaire de la Cour et de la ville*, Briand, Londres-Paris, 1788.

Jean Francois Feraud. *Dictionnaire critique de la langue française*, J. Mossy, Marseille, 1787–1788.

Antoine Etienne Nicolas Fantin-Desodoards, *Dictionnaire raisonné du gouvernement, des lois, des usages et de la discipline de l'Eglise*, Moutard, Paris, 1788.

Gabriel Bourbon-Busset dit le Blanc, *Nouveaux synonymes françois*, Dijon, 1789.

Anonyme, *Synonymes nouveaux*, s.l., n.d. [1789–1790].

Abbe Bouvet, *A, B, C, des pretres ou instructions en forme alphatétique pour les ecclésiastiques qui ont oublié leurs devoirs, et qu'on doit remettre à l'A, B, C de leur état*, C. L. de Boubers, Lille, s.d. [1789–1790].

[Antoine Rivarol], *Petit dictionnaire des grands hommes et des grandes choses qui ont rapport à la Révolution, composé par une société d'aristocrates, dédié aux Etats-Généraux dits Assemblée Nationale, pour servir de suite à l'histoire du brigandage du nouveau royaume de France, adressé à ses douze cents tyrans*, de l'imprimerie de l'ordre judiciaire, Paris, 1790.

ANONYME, *Dictionnaire raisonné de plusieurs mots qui sont dans la bouche de tout le monde, et ne présentent pas des idées bien nettes*, A Paris et chez les marchands de nouveautés, Paris, 1790.

[JEAN PIERRE GALLAIS], *Extrait d'un Dictionnaire inutile, composé par une société en commandite, et rédigé par un homme seul*, A 500 lieues de l'Assemblée Nationale, [Paris], 1790. Voir le résumé ANONYME, *Lisez ceci, bons Français*, s.l.n.d.

ANONYME, *Nouveau dictionnaire françois à l'usage de toutes les municipalités, les milices nationales et de tous les patriotes, composé par un aristocrate, dédié à l'assemblée dite nationale, pour servir à l'histoire de la révolution de France*, En France d'une imprimerie aristocratique, Paris, 1790 (deux éditions: juin et août 1790).

Q. V. TENNESSON, *Vocabulaire des municipalités et des corps administratifs, ouvrage utile et commode à tous ceux qui voudront apprendre ce qu'ils sont aujourd'hui et connoître les fonctions des places auxquelles ils peuvent parvenir, suivant le nouvel ordre des choses, soit dans les Administrations de Département et de District*, chez la Veuve Vallat la Chapelle, Paris, 1790 [fév.].

PIERRE N. CHANTREAU, *Dictionnaire national et anecdotique pour servir à l'intelligence des mots dont notre langue s'est enrichie depuis la Révolution et à la nouvelle signification qu'ont reçue quelques anciens mots. Enrichi d'une notice exacte et raisonnée des Journaux, Gazettes et Feuilletons antérieurs à cette époque. Avec un appendice contenant les mots qui vont cesser d'être en usage, et qu'il est nécessaire d'inserer dans nos archives pour l'intelligence de nos Neveux. Dédié à MM. les Représentants de la commune de Ris. Par M. de l'Epithéte, éleve de feu M. Beauzée*, Chez les marchands de nouveautés, Politicopolis, 1790.

ANONYME, *Supplément au Nouveau dictionnaire français ou les bustes vivants du sieur Curtius distribués en appartements*, Motier et se trouve chez Mde Bailly, (Paris), 1790.

J.P.L. DE LA ROCHE DU MAINE LUCHET, *Les contemporains de 1789 et 1790, ou les opinions débattues pendant la première législature*, Paris, 1790.

ANONYME, *L'abus des mots*, s.l., 1791.

ANONYME, *Le porte feuille du bon-homme ou Petit Dictionnaire très utile pour l'intelligence des affaires présentes*, Londres, 1791.

ANONYME, *Dictionnaire laconique, véridique et impartial, ou étrennes aux démagogues sur la Révolution française par un citoyen inactif, ni enrôlé ni soldé mais ami de tout le monde pour de l'argent*, Patriopolis, an III de la prétendue liberté (1791).

[P.N. Gautier], *Dictionnaire de la constitution et du gouvernement français, contenant la dénomination de tous les nouveaux Officers . . . la Définition des nouveaux termes les plus usites, quelques-uns de ceux qui ne doivent plus être employés, etc.*, chez Guillaume junior, Paris, an III de la liberté française [1791].

P. SYLVAIN MARECHAL, *Dictionnaire des honnêtes gens . . . pour servir de correctif aux dictionnaires des grands hommes; précédé d'une nouvelle édition de l'Almanach des honnêtes gens*, Paris, 1791.

ADRIEN QUENTIN BUEE, *Nouveau dictionnaire pour servir à l'intelligence des termes mis en vogue par la Révolution; dédié aux amis de la religion, du roi et du sens commun*, de l'impr.de Crapart, Paris, 1792 [janvier] (2° édition Le Clère, Paris, 1821).

ANONYME, *Explication succincte de quelques mots*, s.l., 1792.

FRANCOIS DANTALLE, *Description de la Ménagerie royale d'animaux vivants, établie aux Thuileries, près de la Terrasse Nationale. Avec leurs noms, qualités, couleurs et propriétés*, de l'imprimerie des patriotes [Paris], s.d. [1792].

F.L.C. MONTJOIE, *Histoire de la Révolution de France et de l'Assemblée nationale*, Gattey, Paris, 1792, chap. LXXIII.

CHARLES F. LEFEVRE DE LA MAILLARDIERE, *Le vétéran, en civisme comme en service militaire . . . observations politico-morales sur l'étymologie et la définition des mots: Patrie, République, Citoyen, Liberté, Egalite, etc.,. . par un propriétaire-agriculteur, appellé philosophe, Philantrope, Patriote, Politique, etc, prôné, persécute, pillé, patient et parvenu à ne parvenir à rien sous l'ancien régime*, Impr. Quillau, s.l. [Paris], n.d.

[JEAN P. GALLAIS, *Dialogue des morts de la Révolution . . . par l'auteur du Club infernal*, les marchands de nouveautés, Paris, s.d. [fev. 1795].

LEONARD SNETLAGE, *Nouveau dictionnaire français contenant les expressions de nouvelle Création du Peuple Français. Ouvrage additionnel au Dictionnaire de l'Académie française et à tout autre Vocabulaire*, Jean Chrétien Dieterich, Göttingen, 1795.

GERLET, *La civilité républicaine, contenant les principes d'une saine morale, un abrégé de l'Histoire de la Révolution et différents traits historiques tirés de l'histoire romaine suivis d'un Vocabulaire de la langue française. Ouvrage essentiellement utile et agréable aux jeunes citoyens de l'un et de l'autre sexe, et propre à leur faire aimer et pratiquer les vertus*, Amiens, an III [1795].

[C. F. REINHARD], *Le néologiste français ou vocabulaire portatif des mots les plus nouveaux de la langue française avec l'explication en allemand et l'ethimologie historique d'un grand nombre. Ouvrage utile sutout à ceux qui lisent les papiers publics français et autres ouvrages modernes, dans cette langue*, s.l. [Nürnberg], 1796.

AUGUSTE C. GUICHARD, *Dictionnaire de la police administrative et judiciaire, et de la justice correctionnelle*, chez l'Auteur et Gouzy la Roche, Paris, an IV-1796.

PIERRE JOSEPH ANDRE ROUBAUD, *Nouveaux Synonymes français*, Paris, 1785 (Nouvelle édition *Synonymes français*, Paris, 1796 an IV).

CLAUDE M. GATTEL, *Nouveau dictionnaire portatif de la langue française*, Lyon, 1797.

J. F. DE LA HARPE, *Du fanatisme de la langue révolutionnaire ou de la persécution suscitée par les barbares du XVIIIe siècle contre la religion chrétienne et ses ministres*, Paris, 1797.

GIAN GIACOMO CASANOVA DE STEINGALT, *A Léonard Snetlage, Docteur en droit de l'Université de Göttingen. Jacques Casanova, Docteur en droit de L'Université de Padoue*, s.l. [Dresde], 1797 (réimp. Vve Thomas et Ch. Thomas, Paris, 1903).

JEAN. B. ARNAUD, *Calendrier républicain botanique et historique en forme de dictionnaire*, Avignon, 1798.

ANONYME, *Nuovo Vocabulario filosofico-democratico indispensabile per ognuno che brama intendere la nuova lingua rivoluzionaria*, Fr. Andreola, Venezia, 1799.

ANONYME, *Wörterbuch der französischen Revolutionssprache*, Nürnberg-Paris, 1799.

ANONYME, *Les Actes des Apôtres. Alphabet nouveau à l'usage de ceux qui savent lire*, Impr. de Philippe, s.d. [1799].

RODONI, *Dictionnaire républicain et révolutionnaire*, mss. Arch. Nat. Paris, (1799?).

ANONYME, *Dictionnaire des jacobins vivants, dans lequel on verra les hauts faits de ces messieurs . . . par Quelqu'un, citoyen français*, Impr. de Chartres, s.l. [Hambourg], an VIII-1799.

P.C.V. BOISTE, *Dictionnaire universel de la langue française*, Paris 1800-an IX.

DIDEROT, D'ALEMBERT, JANCOURT, *Synonymes français*, Paris, an IX [1800].

LOUIS SEBASTIEN MERCIER, *Néologie ou vocabulaire de mots nouveaux a renouveler ou pris dans des acceptions nouvelles*, Moussard et Maradan, Paris, an IX (1801).

LOUIS ABEL BEFFROY DE REIGNY DIT LE COUSIN JACQUES, *Dictionnaire néologique des hommes et des choses, ou Notice alphabétique des hommes de la Révolution qui ont paru à l'Auteur les plus dignes d'attention dans l'ordre militaire, Administratif et Judiciaire; des Savans, des Gens de Lettres, des Acteurs, Musiciens et Artistes de tout genre; . . . enfin, des événemens, époques et anecdotes les plus propres à donner aux lecteurs une juste idée des hommes et des choses*, Moutardier, Paris, 1800-1801. L'ouvrage s'arrête à la lettre C.

BENOIT MORIN, *Dictionnaire universel des synonymes de la langue française*, Paris, 1802-an XI.

LOUIS SEBASTIEN MERCIER, *Mon dictionnaire*, s.l.n.d. [1802?]. Il ne s'agit que des épreuves arrivant à la lettre A.

NOEL L. PISSOT, *Vocabulaire pour l'intelligence de l'histoire moderne*, Paris, 1803-an XI.

JEAN L. LAURENS, *Vocabulaire des Francs-maçons*, Paris, s.d. [1805].

FRANCOIS GUIZOT, *Nouveau dictionnaire universelle des synonymes de la langue française*, Paris, 1809.

CHARLES P. GIRAULT-DUVIVIER, *Grammaire des grammaires, ou analyse raisonnée de meilleurs traités sur la langue française*, Janet et Cotelle, Paris, 1814 (2° ed.). Elle contient: *Liste alphabétique et explication succinte de mots que nous appelons nouveaux, par la seule raison qu'ils ne sont pas compris dans le dictionnaire de l'Académie, édition de 1762, la dernière qu'elle ait authentiquement reconnue* (p. 1136–1210) et un *Supplément à la liste alphabétique des mots nouveaux* (p. 1211–1232).

[CESAR DE PROISY D'EPPES], *Dictionnaire des girouettes, ou nos contemporains peints d'après eux-mêmes. Ouvrage dans lequel sont rapportés les discours, proclamations, chansons, extraits d'ouvrages écrits sous les gouvernemens qui ont eu lieu en France depuis vingt-cinq ans; et les places, faveurs et titres qu'ont obtenus dans les différentes circonstances les hommes d'état, gens de lettres, généraux, artistes, sénateurs, chansonniers, évêques, préfets, journalistes, ministres, etc., etc.*, Alexis Eymery, Paris, 1815.

[A.J.Q. BEUCHOT], *Dictionnaire des Immobiles; par un homme qui jusqu'à présent n'a rien juré et n'ose jurer de rien*, Poulet Eymery, Paris, 1815.

ANONYME, *Dictionnaire des braves et des non-girouettes*, Lévêque, Paris, 1816.

CHAPTER 2

"Revolution"

KEITH MICHAEL BAKER

"MON cher philosophe, ce siècle ne vous paraît-il pas celui des révolutions . . . ?" Voltaire wrote to d'Alembert on 16 September 1772.[1] The sentiment is scarcely surprising, for the eighteenth century was indeed full of "révolutions"—at least semantically. Everywhere one looks, one finds the term invoked, generously and indiscriminately, to cover an ever broader variety of changes—remembered or anticipated, feared or hoped for—in human life and social existence. If "tout est révolution dans ce monde," as eighteenth-century writers liked to proclaim, this was at least in part the result of the popularity of a term that now came more readily from the lips and flowed more easily from the pen.[2] "Révolution" was far from being an unfamiliar term in 1789. But it was among the first to be reshaped by the linguistic and conceptual transformations that gave meaning to the events of that year.

I

It is hardly possible to offer a precise demonstration of the growth in the popularity of the term "révolution" throughout the entire eighteenth century.[3] But a case study carried out by Jean Marie Goulemot, the scholar who has most fully considered the meaning of the idea of revolution during this period, is at least suggestive in this respect. Goulemot looked carefully at the French translations of a single text—Machiavelli's *Discorsi sopra la prima decada de Tito Livio*—from the sixteenth to the eighteenth century. Eliminating mere repetitions of earlier translations, he identified four basic versions, first published in 1571, 1664, 1691 and 1782 respectively. The sixteenth-century translation did not use the term "révolution" at all, while the seventeenth-century versions used it only once (in 1664) or twice (in 1691). The 1782 translation, on the other hand, used the term no less than twenty-five times. Since Machiavelli's text remained stable, it is clear that the eighteenth-century translator found, in the constant text of the *Discorsi*, opportunities to use the term "révolution" that had simply not existed for his predecessors.[4] The phrases in Machiavelli's text for which the eighteenth-century translator substituted the term "révolution"—or, more frequently, "révolutions"—do not usually refer to the old idea of a cycle in human affairs which brings things back to their point of departure (in an analogy with the astronomical meaning of the term). Instead, they refer largely to changes in fortune, to accidental mutations in human affairs, to innovations and disorders erupting within the flow of human time. They refer, in short, to all the vicissitudes and instabilities of human existence that Machiavelli saw arising from the operation of human passions—and which he held it to be the function of political order to contain and stabilize.

This, indeed, is the figurative meaning of the term appearing alongside the astronomically related ones in the French dictionaries of the end of the seventeenth century, and it is the meaning that remained the basic one in relation to political matters throughout the eighteenth. In 1690, Furetière, having given the astronomical meaning of the term, added "REVOLUTION, se dit aussi des changements extraordinaires qui arrivent dans le monde," filling out this definition with such examples as "Il n'y a point d'Estats qui n'ayent été sujets à de grandes *revolutions, à des decadences. Les plus grands Princes ont eu des *revolutions* en leur fortune. La mort d'Alexandre causa une grande *revolution* dans ses Estats."[5] According to the *Dictionnaire* of the Académie française in 1694, this usage of the term signified "Vicissitude, grand changement dans la fortune, dans les choses du monde," and it offered *"Grande, prompte, subite, soudaine, estrange, merveilleuse, estonnante révolution"* among its illustrations.[6] Some twenty years later, in 1717, the Académie gave this definition a more explicitly political dimension by offering "changement qui arrive dans les affairs publiques, dans les choses du monde,"[7] a specification carried further by the *Encyclopédie*: "REVOLUTION . . . signifie *en terme de politique,* un changement considérable arrivé dans le gouvernement d'un état."[8] The *Dictionnaire de Trévoux* emphasized the negative connotations of the term in recording that it "se dit aussi des changemens extraordinaires qui arrivent dans le monde: des disgraces, des malheurs, des décadences" and offering the Latin equivalents *"Publicae rei commutatio, conversio, calamitas, infortunium, imperi occasus."* In the same mood of disquietude, it supplemented examples taken from Furetière with "Tous les esprits étoient inquiets, à la veille d'une si grande *révolution* qui se préparoit."[9] Richelet was more succinct in identifying the threatening connotations of this usage in an age that valued stability as the highest worldly good. From 1680 on, he gave: Revolution. Trouble, desordre & changement."[10]

Thus "revolution" was associated with change and disorder, frequently but by no means exclusively in the political order of states—in other words, with disruptions in the stability which all early modern governments aimed to impose on human affairs. As a result, the term had several characteristics in eighteenth-century usage which are worth underlining at this point.[11] First, its underlying meaning was in the plural, for if order was thought of as unitary, change and disorder—of which the term was the essential expression—were understood as having an infinity of different manifestations. Hence the tendency of the dictionaries to lapse into examples in the plural: "Il n'y a point d'Estats qui n'ayent été sujets à de grandes *revolutions"* (Furetière 1690), "Le temps fait d'estranges révolutions dans les affaires" (Ac. fr. 1694), "Les révolutions continuelles de notre esprit" (Furetière, 1727), "Révolutions dans les Etats (préparer des grandes)" (Alletz, 1770), "C'est ici un siècle de *révolutions"* (Féraud, 1787-88).[12] Similarly, when the term was used in the singular, the dictionaries preferred the indefinite to the definite article, offering "une révolution" as one instance among many to be characterized and particularized by an appropriate adjective—"grande," "prompte," "subite," "soudaine," "estrange," "merveilleuse," "estonnante" etc., as the *Dictionnaire* of the Académie française proposed.

Second, "révolution" was an *ex post facto* category of historical understanding. It was something that had already occurred, usually abruptly and without the conscious choice of human actors. It was an outcome of events rather than a project of human action, a phenomenon recognized for what it was only after it had happened. Hence the operative verb in the dictionary definitions is "arriver": "des changements extraordinaires qui *arrivent* dans le monde" (Furetière, 1690), "changement qui *arrive* dans les affaires publiques" (Ac. fr. 1718), "un changement considérable *arrivé* dans le gouvernement d'un état" (*Enc.* 1765). Revolutions occurred; they were not made.

Third, as an *ex post facto* category, an outcome of events rather than a logic of human action, revolution had no internal chronology or dynamic of its own. A revolution existed in time, but time did not exist within a revolution.

Finally, it follows from what has already been said that revolution was experienced as a fact rather than lived as an act. If it derived from human actions, it did so accidentally, as an outcome rather than as a project. Even when it was anticipated rather than observed as an already accomplished fact, "révolution" tended to be apprehended passively rather than lived actively: "Tous les esprits étoient inquiets, à la veille d'une si grande *révolution* qui se préparoit" (*Dict. de Trévoux*). Hence the absence in the dictionaries of such active forms of the term as "révolutionnaire" and "révolutionner," which simply did not exist before 1789.

II

There was, however, a notable exception to this prevailing usage of the term "révolution," with its connotations of a plurality of relatively unparticularized events. The 1727 edition of Furetière's *Dictionnaire* picked it up when it recorded that "Les Anglais appellent *la Révolution,* le changement arrivé par l'abdication de Jacques II, et l'etablissement de Guillaume III et ils en font une Epoque."[13] Among French writers, this "grande révolution . . . qui fait l'étonnement de l'Europe" (Jurieu) unleashed a war of pamphlets between the Huguenot exiles who praised the actions of William III in accepting the throne vacated by a tyrant, and the defenders of absolute monarchy who protested the illegal and rebellious deposition of James II. In fact, as Goulemot shows, it was the Huguenot exiles who gave currency in French to the singular, capitalized form of "révolution" to describe the events of 1688 as *"la Révolution d'Angleterre."* And they clearly did so as a means of exalting the importance of these events and distinguishing the salutary change they had brought about in English government from the "révolutions" that had gone before.[14] In their view, the Glorious Revolution was not merely another outcome—even a happy one—in the vicissitudes of political affairs. On the contrary, and more fundamentally, this "Révolution" was a true return— a "revolution" in the astronomical sense—to the fundamental laws of an earlier form of government that had been subverted by a succession of "révolutions" in the course of earlier reigns. It was, simultaneously, the dawn of a new era heralding the recovery of liberty elsewhere in Europe. From this perspective, the equation of "revolution" with "return' or "restoration" in the case of the English Revolution—which has often been seen as exemplifying the prevailing political sense of the term during this period—seems to be atypical of eighteenth-century usage. It was a way of setting the events of 1688 apart from the threatening disorder and change represented by other "revolutions."

In fact, absolutist writers were willing at times to single out "La Révolution d'Angleterre" in recognition of the enormity of the rebellion that had subverted the legitimate form of monarchical government in England. But they also found it useful to counter the Huguenot effort to privilege that Revolution by decapitalizing and desingularizing it, reducing it once again to the level of the long series of vicissitudes with which English history seemed so clearly afflicted in absolutist eyes. This, in effect, was the strategy adopted by père Joseph d'Orléans in his *Histoire des révolutions d'Angleterre depuis le commencement de la monarchie jusqu'à présent* completed in 1693. The Jesuit historian adapted to the history of English government the logic of Varillas's *Histoire des révolutions en matière de religion,* which in turn drew on the equation of Protestantism with instability that found its classic expression in Bossuet's *Histoire des variations des églises protestantes.* Transformed in the light of recent events, his history of England—initially undertaken before 1688—was now recast as an account of "cette alternative presque réglée, qui se trouve chez les Anglais, d'un régne heureux florissant, applaudi, et d'un règne malheureux, troublé, finissant par la catastrophe d'un Roi déposé, mis aux fers, souvent sacrifié à l'ambition d'un Usurpateur sanguinaire."[15]

D'Orléans' work, republished many times in the course of the following century, found constant echo in the representations of English history as an unstable succession of disorders and revolutions that became a commonplace of eighteenth-century French political discussion.[16] It found echo, too, in a genre of French historiography published and republished throughout the century, a genre in which the histories of a growing list of countries and governments were presented in terms of their "révolutions." D'Orléans himself added to the vogue by publishing an *Histoire des révolutions d'Espagne* in 1734. But the recognized master of the genre was the abbé René Aubert de Vertot.[17] His *Histoire des révolutions de Suède,* first published in 1695, was reprinted at least twenty times before the French Revolution; and his *Histoire des révolutions arrivées dans le gouvernement de la république romaine,* first published in 1719, no less than a dozen. So successful was the formula of his titles that his *Histoire de la conjuration de Portugal,* first published in 1689, was retitled *Histoire des révolutions de Portugal* in 1711 and enjoyed another dozen or so printings before 1789. While none matched Vertot's works in popularity, additional *Histoires des revolutions* flowed from other pens. By 1789, works bearing this title had been devoted to Spain (1724), the Low Countries (1727), Corsica (1738), Hungary (1739), Persia (1742), Constantinople (1749), Genoa (1750), the Moslem Empire (1750-52), Russia (1760), Scotland and Ireland (1761), the Roman Empire (1766, 1783), and Poland (1735, 1775). Indeed, all of European history seemed reducible to an *histoire des révolutions,* as in Gabriel de Massiac's *Faits mémorables des guerres et révolutions de l'Europe* (1721).

What, if anything, did these works share beyond their titles? What did the flood of revolutions they mapped out have in common? Certainly, the genre came to be stretched thinner and thinner as use of such titles became increasingly banal in the course of the eighteenth century. Certainly, too, the content of the term "révolutions" tended to lack specificity in this discourse. Yet Goulemot, the only historian to have considered this literature systematically, finds a consistent ideology at its core. At least at its inception, he argues, the ideal of political stability, and the judgment that absolute monarchy alone could achieve such stability, underlies this genre; the fear of disorder arising from political and religious change haunts it. Taken together, the "révolutions" portrayed in these histories represented the perennial threat of disorder in human affairs: a threat by which absolute monarchy was constantly haunted, and which it functioned to contain. Considered individually, they were judged according to whether they moved governments toward or away from that ideal, and only effective, form of government.[18] These accounts of the political vicissitudes afflicting so many states and nations found their implicit point of reference in the political continuity and order to which French absolutism aspired.

III

As a genre, then, the *Histoires des révolutions* took on their meaning only in comparison with the stability and order of absolute monarchy in France. From this perspective, it is striking—and entirely appropriate—that this historiography, which found revolutions in the history of so many parts of the world, produced no *Histoire des révolutions de France*. Yet there is, in effect, an *Histoire des révolutions de France*, though it goes by another name and it belongs to an entirely different tradition of historical writing. It was published in two parts, in 1765 and 1788, under the title *Observations sur l'histoire de France*, and its author was, of course, none other than the abbé Mably. Not only is this much neglected work the most profound and influential of Mably's political writings, but it is one of the great eighteenth-century histories. And its concept of revolution is most revealing.

Mably wrote as a classical republican, which is to say that he looked not to the authority of an absolute monarch but to the political virtue of the nation itself to contain the instability and vicissitudes constantly threatening human affairs.[19] From this perspective, the *Observations sur l'histoire de France* was a story of repeated failure. "Je me propose dans cet ouvrage de faire connoitre les différentes formes du gouvernement auxquelles les Français ont obéi depuis leur établissement dans les Gaules; et de découvrir les causes, qui, en empêchant que rien n'ait été stable chez eux, les ont livrées, pendant une longue suite de siècles, à de continuelles révolutions," Mably announced at the outset of this work.[20] His researches into French history revealed none of the continuity and stability others saw achieved through the benevolent authority of an absolute monarch; on the contrary, they disclosed a succession of revolutions and disorders, usurpations and conflicts, a domain of passions and contingency uncontained by any principle of political virtue. Reversing the perspective of absolutist historiography, Mably saw English history as the achievement of a sustained political order through the constant assertion of national political will, French history as a collapse into disorder and discontinuity.

In Mably's eyes nothing illustrated this difference between French and English history better than the responses of the two nations to the tyranny of King John. For while the French limited their opposition to the tyrant to demanding the suppression of particular abuses, "n'ayant pris aucune mesure pour que l'injustice faite à un simple particulier devînt, comme en Angleterre, l'affaire de la nation entière," the English seized the opportunity to establish a general order enshrined in Magna Carta, which became "une boussole qui servit à diriger le corps entier de la nation, dans les troubles que l'intérêt particulier et les factions suscitèrent quelquefois."[21] This constant recourse of the English to Magna Carta, Mably insisted, "a empêché que des révolutions souvent commencées ne fussent consommées," preserving their form of government even "au milieu des mouvemens convulsifs dont elle a été agitée." The French, on the other hand, were unable to establish any such fundamental law as the basis for a settled constitutional order. "C'est parce que la France n'avoit au contraire aucune loi fondamentale consacrée par l'estime et le respect de la nation, qu'elle a été condamnée à ne consulter dans chaque conjuncture que des intérêts momentanées; les Français obéissoient sans résistance aux événemens, les Anglais résistoient à leur impulsion: de-là, sur les ruines des fiefs s'élève chez les uns une monarchie, et chez les autres un gouvernement libre."[22]

This was a profoundly subversive claim. In equating the growth of monarchy in France with failure to achieve an established political order on the basis of a sustained national will, Mably was also denying the vision of the French monarchy as a settled constitutional order in which royal power was limited by fundamental laws. Where others saw the continuity of a judicially constituted order, he saw a play of political wills uncontained by any principle of stability. With the brief exception of Charlemagne's reign, he argued in concluding his work, the French had never attempted to discover and establish the true basis for political society. On the contrary, each order of citizens had sought to oppress the others; none had established a firm basis for the general welfare. "Delà les efforts toujours impuissans, une politique toujours incertaine, nul intérêt constant, nul caractère, nulles moeurs fixes; de là des révolutions continuelles dont notre histoire cependant ne parle jamais: et toujours gouvernés au hasard par les événemens et les passions, nous nous sommes accoutumés à n'avoir aucun respect pour les lois."[23] Behind the constitutional veil, there lay the true "secret de l'Empire"[24]—the monarchical despotism to which the French were succumbing through their inability to assert a sustained political will.

Could the French now seize control of their history, recover their national unity, and reverse the succession of revolutions that had brought them to the threshold of political annihilation? Mably certainly seems to have thought so in the 1750s, for his *Des droits et des devoirs du citoyen*, apparently written in 1758, offered nothing less than a script for such an endeavor. In that work, which took the form of a dialogue between a Frenchman and an English milord easily identified as a Commonwealthman, Mably was chiefly concerned to overcome the profound French fear of political conflict—the fear upon which absolute monarchy depended for its legitimacy. The dialogue begins as his Frenchman elevates that fear into a philosophical defense of political lethargy:

Tandis que vous [Anglais] vous tourmentez pour conservez votre liberté, n'y a-t-il pas une sorte de sagesse à s'étourdir sur sa situation, quand on ne peut pas la changer? Nous autres François, nous avons été libres comme vous l'êtes aujourd'huy en Angleterre . . ., nos pères ont vendu, donné ou laissé detruire leur liberté; à force de la regretter, nous ne la rappellerions pas. Le monde se conduit par des révolutions continuelles; nous sommes parvenus au point d'obéissance où vous parviendrez à votre tour. Nous nous laissons aller tout bonnement à la fatalité qui gouverne les choses humaines. Que nous serviroit de murmurer et de regimber contre le joug? Nous en sentirons davantage le poids; en effarouchant notre maître, nous rendrions son gouvernement plus dur.[25]

To the Commonwealthman, native of a land seen by the French as constantly thrown into disorder by its love of liberty, this defense of political quiescence is far from convincing. In his view, contestation is at the heart of healthy political life. Nor is civil war the greatest evil that could afflict a state. On the contrary, this latter is to be found in countries so long submissive to the arbitrary will of a despot that "il n'arrive et ne peut arriver aucune révolution": where minds are so dulled by ignorance, discontent is so stifled by fear, energy so sapped by the annihilation of civic status, that even the most dramatic events produce no change in the political order. But wherever this extreme point has yet to be reached, wherever sovereign power is still "exposée à recevoir des secousses, fruit des passions du citoyen, des magistrats ou du monarque, et des mesures plus ou moins efficaces que le gouvernement a prises pour perpetuer et affermir son autorité," liberty can still be recovered. If sovereign power can still extend its grasp, it can also meet with new obstacles; its growth can be hindered; it can be shaken and replaced. "Je crois alors les révolutions encore possibles; un bon citoyen doit donc esperer, et il est obligé, suivant son état, son pouvoir et ses talens, de travailler à rendre ces révolutions utiles à sa patrie."[26]

Mably's Commonwealthman therefore offered the French a dramatic alternative: "Choisissez entre une révolution et l'esclavage, il n'y a point de milieu."[27] But what did Mably mean by "révolution" in this context? In *Des droits et des devoirs du citoyen*, as elsewhere, he uses the term to describe the disorders and discontinuities, the agitations and shocks, that are the work of the passions in political life. But he also makes clear that these moments of disruption can be turned to various ends. If the nation is enlightened and determined to assert its political will—conscious, in other words, of its inalienable right to "interpréter son contrat, ou plutôt ses dons, d'en modifier les clauses, de les annuller, et d'établir un nouvel ordre des choses"[28]—it will seize the opportunity to advance the cause of liberty. If it is not, "le despotisme profitera toujours des révolutions pour appesantir son joug sur des sots et des ignorans."[29] From this perspective, then, a revolution is not merely—or not necessarily—the expression of passion, disorder, and contingency in human affairs. An enlightened and determined nation will not merely—or not necessarily—experience it as a fact. Instead, it will seek to transform it into an act.

The Commonwealthman sketched a dramatic scenario for the accomplishment of such a "révolution ménagée," to be prepared by a pattern of political contestation of the kind he saw already occurring in France in the 1750s, and to be accomplished at the point at which the monarch would be forced by sustained opposition to convoke the Estates General. This convocation once achieved—and the nation educated in its political rights in the process—the Estates General would insist upon a regular system of national representation before proceeding to a series of reforms that would eliminate abuses, curtail the royal prerogative, and institutionalize the rights of the nation. The resulting revolution, it need hardly be said, would not merely be "*a* revolution"—one of the many to which an impotent people had been subjected in the past. Like the English Revolution, it would be distinguished as "*the* revolution"—the moment at which the French recovered their government by an act of national will. "Pendant plusieurs années après *la révolution*" (my emphasis), Mably's Frenchman—now won over by the arguments of his English interlocutor—speculates in the conclusion of the work, the form of government would contain defects, irregularities and prejudices inherited from the earlier state of things. But "dès que notre nation retirée du néant, auroit repris le droit de s'assembler," commissions could be created to perfect the work of liberty, strengthen the political character of the nation, and prevent it from slipping back imperceptibly into its earlier *vomissement*.[30] The recovery of French political will would be complete.

It is possible that *Des droits et des devoirs du citoyen* was initially written with an audience of parlementary magistrates in mind, for it was on their sustained resistance to monarchical authority—and on their willingness to press this resistance in the service of the political interests of the nation as a whole—that the accomplishment of his script for a French Revolution critically depended.[31] Whether or not this was the case, the outcome of the constitutional contestations of the 1750s and 1760s was very different from the scenario he had imagined in *Des droits et devoirs du citoyen*. The revolution that occurred was not his "révolution ménagée" but the very different revolution effected by chancellor Maupeou:[32] the event that rent the constitutional veil of the French monarchy to reveal the despotism that lay behind.

> Le voile a été déchiré, par la révolution que la magistrature du royaume a éprouvée dans ces derniers temps. Le chancelier de Maupeou . . . nous a fait sentir une grande vérité; que tout ordre de citoyens qui favorise le despotisme, dans l'espérance de le partager avec le prince, creuse un abyme sous ses pas, et assemble un orage sur sa tête.[33]

Thus it was in a mood of bitter disenchantment occasioned by the events of 1771 that Mably added the concluding remarks to his *Observations sur l'histoire de France*. The second part of that work, largely completed before the Maupeou revolution, had already turned into a sustained indictment of the historical record of the parlements in seeking to establish their own pre-eminence at the expense of the Estates General. Mably now added a bitter attack on the refusal of the parlement of Paris to subordinate institutional self-interest to the common good by consistently supporting the doctrine of the "union des classes." If the parlements had effectively sustained that principle of political unity, he insisted, it would have been impossible for Maupeou to destroy them. They were suppressed not as a threat to arbitrary power, but as a personal annoyance to powerful ministers. And their suppression was greeted with half-hearted protest and general discouragement, rather than with vigorous attacks on despotism and demands for the immediate calling of the Estates General.[34]

The *Observations sur l'histoire de France* therefore concluded in despairing tones. Suspecting that the political virtue of the French had been eroded to such a point that "ayant encore assez de raison pour craindre le despotisme, ils n'ont assez de courage pour aimer la liberté," Mably had already come to fear before 1771 that the moment for revolution in France had passed.

> Nous avons vu, il n'y en a pas long-temps, une sorte de fermentation dans les esprits; nous avons vu qu'en se plaignant, on étoit alarmé de ses plaintes; on regardoit les murmures comme un désordre plus dangereux que le mal qui les occasionnoit, et on craignoit qu'ils n'indisposassent contre le gouvernement et n'en dérangeassent les ressorts. Plus cette crainte est vaine et puérile, plus il est sûr que nous avons un caractère conforme à notre gouvernement, et que nous ne portons en nous-mêmes aucun principe de révolution.[35]

The Maupeou coup—and the manner in which the French accepted it—simply confirmed these fears. A bitter note added to the *Observations* summed up the "humiliantes réflexions" to which Mably's investigation of the French past and his experience of the French present had brought him: "Ce que je dis dans le corps de mon ouvrage, que nous ne portons en nous-mêmes aucun principe de révolution, est une vérité dont on ne peut plus douter."[36]

Neither the second part of the *Observations sur l'histoire de France* nor *Des droits et des devoirs du citoyen* were published in Mably's lifetime. The first, with its challenge to the French to lay hold of their history, was published in the fall of 1788, just as they were presented with the opportunity to do so by the announcement of the calling of the Estates General. Its representation of French history as an essentially disordered domain found frequent echo in the prerevolutionary pamphlets. The second, with its script for the recovery of national sovereignty, was published in 1789, just as that body was meeting. In the event, the political transformation that was accomplished—and the conception of "révolution" that gave it meaning—went far beyond Mably's conception of what was possible or desirable. Yet if he never entirely broke out of the old meaning of "révolution" as the recurring expression of contingency and disorder, instability and change in human affairs, he stretched this traditional meaning to its conceptual limits in challenging the French to prepare for yet another revolution by pressing a program of political contestation, and readying themselves to seize upon it as an opportunity for the assertion of political will. As Mably saw it, the moment of revolution, when it occurred, could be opened up from within, and extended into a domain of political choice and historical possibility. It could be transformed from contingent fact to resolute act by a nation no less determined than it was enlightened.

Determination—which is to say political will—is here the essential point. Classical republican to the last, the austere author of the *Observations sur l'histoire de France* was more concerned with discerning any remaining vestiges of political virtue among a nation undermined by despotism than he was with celebrating its progress toward enlightenment. "Qui pourroit prédire le sort qui attend notre nation? Notre siècle se glorifie de ses lumières; la philosophie, dit-on, fait tous les jours des progrès considérables, et nous regardons avec dédain l'ignorance de nos pères; mais cette philosophie et ces lumières dont nous sommes si fiers, nous éclairent-elles sur nos devoirs d'hommes et de citoyens? . . . Les lumières viennent trop tard, quand les moeurs sont corrompus."[37] But others, less pessimistic, had elaborated upon the idea of "révolution" in the spirit of the Enlightenment, drawing upon it to express the dramatic progress of reason in history. The difference between Mably's conception of "révolution" and the conception that sprang into being in 1789 owed much to the spin the philosophes put on the term as they shifted the semantic register from political will to social reason.

IV

When Voltaire declared in the *Essai sur les moeurs* that "Je considère donc ici en général le sort des hommes plutôt que les révolutions du trône,"[38] he was announcing a very different historiographical program from that of the *Histoires des révolutions* or the *Observations sur l'histoire de France*. The displacement from the political to the social, from the vicissitudes of thrones and governments to the progress of civil society, lay at the heart of Enlightenment thinking. It also implied a shift in the connotations of the term "révolution." Alongside—or rather beneath—the traditional succession of "révolutions" introducing abrupt changes or political disruptions, usually negative in their effects, Enlightenment philosophy discerned other "révolutions" taking form as longer-term social and cultural trans-formations, at once more profound and more beneficent. "Révolutions" as the disorder of events in the flow of human time, expression of the instability of all things human, began to give way to "révolution" as dynamic transformational process, expression of the historical rhythm of the progress of the human mind.[39]

The *Essai sur les moeurs* is exemplary in this respect. "Mon principal but a été de suivre les révolutions de l'esprit humain dans celles des gouvernements. . . .," Voltaire argued in describing the *Abrégé de l'Histoire universelle* from which the *Essai* grew.[40] In his view, the most precious part of that sketch was devoted to the growth of science from the discovery of algebra by the Arabs to the "derniers miracles de nos jours," a history in which "les *révolutions* des Etats n'étaient qu'un accessoire à *celle* des arts et des sciences."[41] Of the sixty-three occurrences of the term "révolution" identified in the *Essai sur les moeurs*, G. Mailhos found it used forty-one times in a fairly traditional sense to designate revolutions as disruptive events—frequently qualified in such negative terms as "horribles," "bouleversan-tes," "sanguinaires," "sanglantes," "atroces." In twelve instances, however, it was used to designate a revolution understood as a more profound process of transformation, an advance of the human mind frequently qualified in such posi-tive terms as "juste," "sérieuse," "grande." And in ten instances, it was used in a way that linked these two conceptions by identifying a revolution as event with a revolution as underlying transformational process.[42]

Several aspects of this new Enlightenment inflection upon the term "révolution" deserve emphasis. First, it suggested a cultural transformation, a revolution in the human mind. Second, it linked that cultural transformation to a profound and irreversible change in civil society, a transformation prodigious in its scope and positive in its effects. Third, to the extent that Enlightenment historiography took as its object world history—the history of human civilization as a whole—the revolutions it identified as dynamic processes of transformation had universal implications: they were not merely local events but phenomena of world-historical significance. They were fundamental to the mechanism of human progress. Thus, for Voltaire, the revolution that was the rise of Islam was "le plus grand change-ment que l'opinion ait produit sur notre globe . . ."; and the enormity of its impli-cations was even enough to counterbalance the characteristic Voltairean deflation of human claims to significance in the face of an infinite universe. "Cette révolution, si grande pour nous, n'est, à la vérité, que comme un atome qui a changé de place dans l'immensité des choses, et dans le nombre innombrable des mondes qui remplissent l'espace; mais c'est au moins un événement qu'on doit regarder comme une des roues de la machine de l'univers."[43]

D'Alembert made similar claims of world-historical significance for the rebirth of intellect that began with the fall of Constantinople and the invention of printing: "ainsi fallut-il au genre humain, pour sortir de la barbarie, une de ces révolutions qui font prendre à la terre une face nouvelle."[44] And Condorcet, in turn, saw this same growth of enlightenment not only as universal but as irreversible in its transformation of the fate of nations: "par une révolution dont l'origine remonte à l'invention de l'imprimerie, et dont rien ne peut plus arrêter les progrès, la force, les richesses, la félicité des nations, sont devenues le prix des lumières."[45] His *Esquisse d'un tableau historique de l'esprit humain* was later to give canonical expression to this conception of human history as a succession of transformations in the human spirit.

Moreover, when Condorcet declared in the introduction to that work that "tout nous dit que nous touchons à l'époque d'une des grandes révolutions de l'espèce humaine,"[46] he was echoing a fourth critical feature of the Enlightenment notion of revolution. The philosophes not only expanded the concept of revolution to universal significance, but began to shift the chronological inflection of the term. The revolution that was the Enlightenment was no longer simply an *ex post facto* category applied to the outcome of past events, nor was it merely a momentary expression of contingency in the flow of historical time. Extended chronologically as process, it constituted a domain of lived experience and offered a new horizon of expectation. "Tout ce que je vois jette les semences d'une révolution qui arrivera immanquablement et dont je n'aurai pas le plaisir d'être témoin," Voltaire wrote to Chauvelin in 1764. "Les Français arrivent tard à tout, mais enfin ils arrivent; la lumière s'est tellement répandue de proche en proche qu'on éclatera à la première occasion et alors ce sera un beau tapage; les jeunes gens sont bien heureux, ils verront de belles choses."[47] In this sense, the Enlightenment itself was a profound revolution already underway: lived as a process of cultural transformation, it was already separating past from present and reorienting expectations toward the future. "Je vois avec plaisir qu'il se forme dans l'Europe une république immense d'esprits cultivés," Voltaire wrote to prince Golitsyn in 1767. "La lumière se communique de tous les côtés . . . Il s'est fait depuis environ quinze ans une révolution dans les esprits qui sera une grande époque. Les cris des pédants annoncent ce grand changement comme le croassements des corbeaux annoncent le bon temps . . ."[48] Frederick the Great was no less rhapsodic in anticipating the fruits of enlightenment in a letter to the philosophe the same year: "Quelle révolution! A quoi ne doit pas s'attendre le siècle qui suivra le nôtre! La cognée est mise à la racine de l'arbre [i.e. *l'infâme*] . . . Cet édifice sapé par les fondements va s'écrouler, et les nations transcriront dans leurs annales que Voltaire fut le promoteur de cette révolution qui se fit au dix-huitième siècle dans l'esprit humain."[49] And twenty years later, Grimm's *Correspondance littéraire* could still celebrate the patriarch's triumphal return to Paris in the same mood, rejoicing in "l'heureuse révolution qu'il a su faire et dans les moeurs et dans l'esprit de son siècle, en combattant les préjugés . . ., en donnant aux lettres plus de considération et plus de dignité, à l'opinion même un empire plus libre et plus indépendant . . ."[50]

Thus it was a fundamental claim of the Enlightenment that it represented a process of universal transformation, a world-historical revolution in human affairs. "Depuis trente ans seulement, il s'est fait une grande et importante révolution dans nos idées," Mercier declared in 1782. "L'opinion publique a aujourd'hui en Europe une force prépondérante, à laquelle on ne résiste pas: ainsi, en éstimant le progrès des lumières et le changement qu'elles doivent enfanter, il est permis d'espérer qu'elles apporteront au monde le plus grand bien, et que les tyrans de toute espèce frémiront devant ce cri universel qui retentit et se prolonge pour remplir et éveiller l'Europe." For Mercier, this transformation was above all the result of the courage of enlightened writers in laying claim to their "legitimate authority" to plead the interests of nations and the cause of humanity. "Il est à présumer que cette tendance générale produira une révolution heureuse."[51] In this new culture of intellectual expectation, as Mercier's remarks suggest, political events themselves began to take on new meaning. No longer simply the work of historical contingency, the mere play of the passions in human affairs, "révolutions" could give expression to the logic of that "révolution" that was the profound and irreversible transformation of society by enlightenment. From this perspective, no mutation in the course of human affairs, no dramatic transformation in a nation's government, seemed more profound and universal in its implications than the American assertion of independence. "L'indépendance des Anglo-Américains est l'événement le plus propre à accélérer la révolution qui doit ramener le bonheur sur la terre. C'est au sein de cette République naissante que sont déposés les vrais trésors qui enrichiront le monde" proclaimed the abbé Genty in response to the celebrated prize-essay question proposed by the abbé Raynal in 1783 on the subject: "la découverte de l'Amérique a-t-elle été utile ou nuisible au genre humain?"[52] As the War of Independence was transformed into the "Révolution de l'Amérique," there were quickened expectations of its effects on humanity, on Europe, and on France—the order of relative importance suggested by Condorcet in his own response to Raynal's question, De l'influence de la révolution d'Amerique en Europe. It was Raynal himself, one of the great European publicists of the events in America, who perhaps best expressed these apocalyptic sentiments. "Un jour a fait naître une révolution," he said of the outbreak of hostilities in America. "Un jour nous a transportés dans un siècle nouveau."[53]

In the 1770s and early 1780s, events in France still fell short of the drama unfolding in America. But the Old Regime did not lack its own "révolutions" in the service of human progress. In the years before 1789, beneficent "révolutions" seemed to flow from every enlightened pen. When in 1789 Peuchet, the editor of the section of the Encyclopédie méthodique devoted to Police et municipalités declared that "Le bon vieux temps est une chimère et le mot de ralliement de l'ignorance et de l'imbécilité,"[54] he summed up a mood increasingly pervasive in the last years of an enlightened, reforming monarchy. To those in such a mood, each of the cascade of legal, fiscal, and constitutional reforms initiated during these years promised yet another "heureuse révolution."[55] But none seemed to offer more than the provincial assemblies eventually introduced by Brienne in 1787. Brienne's reforms were greeted by many who heralded "cette révolution étonnante [qui] va s'opérer, non par la force des armes, la contrainte et la violence, mais par la conviction générale, sur le voeu unanime de tous les Ordres de l'Etat", this "Révolution la plus complette, et . . . la plus heureuse."[56] Peuchet, however, was particularly revealing in this respect. The preliminary discourse he wrote for his section of the *Encyclopédie méthodique* cast its entire history of the progress of civilization as a prolegomenon to the introduction of the new assemblies. In his euphoric view, "la révolution qu'elles doivent opérer et qu'elles ont déjà commencée,"[57] was the latest in a long series of beneficent revolutions in the evolution of modern civil society. Fruit of enlightenment, it sprang from that "révolution opérée dans les esprits, aux dix-septième et dix-huitième siècle," which above all had brought Europe to its "état présent de politesse et de lumières."[58] And prepared by enlightened writers—"car c'est par des écrits publics, des livres plus ou moins dogmatiques, que les plus importantes révolutions se sont faites"—its principles had been generalized and strengthened by public discussion, that exercise of public opinion from which "il en résulta de nouvelles lumières, de nouveaux moyens qui hâtèrent la révolution."[59] Peuchet epitomized the belief in human progress as a succession of beneficent revolutions in the human mind, culminating in that universal transformation of civil society that was the Enlightenment.

V

But there were other voices. Elsewhere, as Darline Levy has so strikingly put it, "a journalist rushing to the scene of an apocalypse was reporting on the shape of a future on the other side of doom."[60] Linguet's *Annales politiques*—perhaps the most compelling journal of the prerevolutionary period—offered Europe (and particularly France) a warning of an approaching revolution radically different from the peaceful transformation promised by the philosophes and administrative reformers. And with that warning, it offered a conception of revolution as crisis, as the decisive turning point at which a society, like a sick patient, will live or die. It offered a conception of revolution as the ultimate moment of truth for the body politic.

The opening issues of the *Annales politiques*, which began to appear in 1777, presented a diagnosis of the "révolution singulière dont l'Europe est menacée" that turned the Enlightenment theory of the progress of civil society on its head.[61] Beneath the appearances of cultural and social progress that seemed to make this age the happiest and most peaceful in the annals of European civilization, Linguet saw more destructive forces at work. On the one hand, he argued, "les villes reçoivent de toutes parts des embellissemens qu'une émulation soutenue promet encore de multiplier. Les communications sont faciles et sûres . . . Les campagnes sont peuplées de châteaux, où le luxe réunit aux recherches de l'art tout ce que la fécondité de la nature peut produire . . .; jamais les jouissances n'ont été plus générales, plus faciles et plus communes." But on the other, "jamais peut-être, au milieu de sa prospérité apparente, l'*Europe* n'a été plus près d'une subversion totale, d'autant plus terrible que le désespoir totale en sera la cause, ou une dépopulation d'autant plus effrayante que nous n'aurons pas pour la réparer les ressources qu'ont eues nos ancêtres dans des cas à-peu-près pareils."[62] While others were celebrating the emergence of modern commercial society from the collapse of feudalism, Linguet lamented the abolition of serfdom as a poisoned liberty freeing the masses only for the exploitation upon which European prosperity now depended. Europe had reached, by another route, the point at which Italy had found itself "quand la guerre des *Esclaves* l'inonda de sang, et porta le carnage avec l'incendie aux portes de la Maîtresse du Monde."[63] Between the desperation of an increasingly immiserated populace and the luxury of the propertied few, there stood only the bayonets and the gibbets that, in containing popular unrest, extinguished "ni la rage journellement renouvellée qui bouillonne au fond de leur coeur, ni le dénuement qui n'en modère les transports qu'en énervant la force qui les rendroit redoutables."[64] In such a situation, Linguet saw only two possibilities. Either the oppressed, contained by military force, would expire in silent misery, leaving European prosperity to extinction. Or they would throw up "quelque *Spartacus* nouveau, enhardi par le désépoir, éclairé par la nécessité, appelant les camarades de son infortune à la véritable *liberté*, brisant les loix meutrières et trompeuses qui la font méconnoître."[65]

One of the other of these two calamities was inevitable, Linguet insisted in closing this introduction to his journal, "et je ne manquerai pas, dans ce Journal, de faire observer les circonstances qui de jour en jour nous en rapprochent."[66] The actual content of his predictions was perhaps less important than the tone of urgency with which he endowed them. This menace of revolution as an impending crisis in which social life would hang in the balance between extinction and recovery—this sense that time itself was quickening as society lurched toward the moment of apocalypse—was one of the most recurrent and distinctive features of Linguet's journalism.[67] Horrendous alternative to the enlightened conception of "révolution" as advancing the steady march of human progress, it was the accelerating pulse that gave his writing much of its power. And it endowed every issue he touched with apocalyptic urgency. Not least that of the Bastille, which became in his writings the condensed image of all the evils of the Old Regime . . . [68]

VI

"C'est une révolte." "Non, Sire, c'est une révolution." This famous (and perhaps apocryphal) exchange between Louis XVI and the duc de la Rochefoucauld, following the fall of the Bastille, has often been cited in discussions of the history of the meaning of the term "revolution." Hannah Arendt, in her well-known book, *On Revolution*, sees it as exactly dating "when the word 'revolution' was used for the first time with an exclusive emphasis on irresistibility and without any connotation of a backward revolving movement." Indeed, she adds, "so important does this emphasis appear to our own understanding of revolutions that it has become common practice to date the new political significance of the old astronomic term from the moment of this new usage."[69] In the light of the previous discussion, however, this interpretation of what Liancourt might have said seems unlikely. We have seen that there are many earlier examples of the use of the term "révolution" to describe sudden changes in the political order of a state, without any connotation of a return to an earlier point; if these changes were understood as irresistible, this was only to the extent that "révolution" was essentially an *ex post facto* category describing a change that had already occurred, an already accomplished fact, something that could not be resisted because it had already and unexpectedly happened. Liancourt was perhaps telling Louis XIV that the form of French government had been transformed before his very eyes. But in this case, he was drawing on the conventional usage of the term "révolution" to do so.

Yet in the days and weeks following the fall of the Bastille, this conventional usage was indeed transformed—not by an abrupt shift from one meaning to another, but by a complex process of reordering and recombining existing meanings. The process can be seen nowhere more clearly than in the pages of what was to become the most widely-read revolutionary journal in Paris and throughout France, the *Révolutions de Paris*. Recently the subject of a fascinating study by Pierre Rétat, the evolution of this journal in the course of 1789 shows the discourse of the French Revolution upon itself—and with it the new understanding of the concept of "revolution"—at the very moment of its creation.[70]

It is important, to begin with, to note the use of the plural in the title of this journal. Why *Révolutions de Paris*, not *Révolution de Paris*? As Rétat makes clear, this was not originally intended to be a periodical publication: the brochure published on 18 July 1789 that subsequently became No. I of the new journal did not bear a number in its early editions. It simply offered a compilation of day-by-day accounts—the earliest actually first published on a daily basis—of the momentous events that had occurred in Paris during the week surrounding the fall of the Bastille. Thus the *Révolutions de Paris* was originally conceived as an account of a day's, then several days', then a week's remarkable events in Paris, without any thought of extended periodical publication. And like other publications inspired by the same idea—for example, the *Révolutions de Paris, ou récit exact de ce qui s'est passé dans la capitale, et particulièrement de la prise de la Bastille, depuis le 11 juillet jusqu'au 23 du même mois*[71]—it took its title from the conventional sense of "révolutions" as sudden occurrences and dramatic events bringing unanticipated changes in the affairs of a state.

However, as Rétat shows, the enormous success of this account of a week of "révolutions" in the capital, indicated by the demand for more editions, soon prompted the idea of transforming a single publication into a periodical one: the fifth edition of No. I contained, for the first time, the promise that "Tous les lundis on donnera des détails exacts de ce qui sera arrivé d'une semaine à l'autre." Speculating that the extraordinary events in French political life would continue, Prudhomme and his associates undertook to extend their account of "les révolutions de la capitale" indefinitely. After a few issues, these accounts of events on a daily basis were supplemented—and after the October Days they were replaced—with new rubrics intended not simply to chronicle a succession of events but to define more clearly their structure and meaning. Similarly, the journal as a whole was given a chronological organization articulating the new rhythm of revolutionary time and celebrating the rupture with the old order of things accomplished in this, the "première année de la liberté française.[72]

As the journal itself took form, so did the conception of revolution to which it was dedicated. In the process, a succession of "révolutions" became first "une révolution" and then "l'étonnante révolution qui vient de s'opérer"; "ces révolutions" became "cette révolution à jamais mémorable dans les fastes de notre histoire." This "Révolution française" was not to be simply an abrupt and unexpected change, recognized and understood as such only *ex post facto*. The revolutionary moment was opened up and extended from within to become a domain of lived experience with its own dynamic and its own chronology.

The conceptual order of this new domain was clearly mapped out in a long editorial essay, an "Introduction à la Révolution, servant de préliminaire aux Révolutions de Paris" published in January 1790 with the subtitle, "clef de la Révolution de 1789."[73] This account of the significance of the events occurring in France had been promised since September, when the journal had undertaken to respond to readers' demands for an "introduction aux Révolutions [i.e., the journal] qui contient un tableau historique et politique de tout ce qui s'est passé en France depuis la première assemblée des notables, et qui démontre les causes politiques de l'étonnante révolution qui vient de s'opérer." Most probably written by Elysée Loustalot, the former *avocat* turned journalist who produced most of the copy for the *Révolutions de Paris* until his death in September 1790,[74] it offers a fascinating illustration of the power of the new revolutionary press to frame public understanding of events, as of the process by which journalists—like others engaged in the competition to fix public meanings that lay at the heart of the French Revolution—recombined, reconstituted and redeployed elements of the political discourse of the Old Regime in a new political language.

What was the key to this "Révolution de 1789"? How were the French to understand the historical, metaphysical and existential meaning of the events through which they were now living? Clearly these events were to be seen as more than a momentary disruption in the flow of time. To the contrary, the French Revolution was an unprecedented event offering a new spectacle in the world. It was a radical rupture with the past, the work of a people overthrowing in an instant the chains they had borne for centuries. In thinking back to the period of the calling of the Estates General, argued the *Révolutions de Paris*, "on est étonné de voir combien la France diffère de ce qu'elle étoit, combien le Français libre diffère déjà du Français esclave, auquel il ne restoit plus de consolation que dans sa frivolité." Those who claimed that the French were already regretting the old order of things were answered with a passionate denunciation of the evils of an entirely different age in human history. "L'humanité regretteroit-elle cet âge de fer, pendant lequel le peuple gémissant et misérable, opprimé et bon, adoroit son roi, lors même qu'en son nom on lui arrachoit sa substance nourricière?"[75]

The Revolution was therefore a world-historical event, a phenomenon of universal significance. The French were carrying out a universal historical mission: "Punir les coupables d'une manière effrayante est un acte de sévérite qu'elle [la Révolution] se doit et à elle-même et à toutes les nations qui n'ont pas encore brisé les chaines de despotisme."[76] To comprehend the meaning of these acts required more than knowledge of the particular instances of despotism that had precipitated them. The event had to be placed within a global narrative: "Le despotisme a régné sur tous les peuples avant de s'attacher à cet empire. Ce monstre, aussi ancien que le monde, a toujours été le cruel ennemi du peuple; nous avons voulu apprendre à la classe qui en a été si long-temps victime, l'histoire complète de son tyran."[77] As eternal as the universe, and as old as human history, to which it gave its metaphysical significance, the story of despotism was a conflict universally inscribed within human nature itself, a conflict therefore to be resolved only by the complete transformation of humanity. "Depuis l'origine des sociétés le despotisme pèse sur l'univers. L'histoire des révolutions humaines est la récit des usurpations du pouvoir, des réclamations de la raison et des vengeances de la force. C'est l'histoire du despotisme. Il est né avec l'homme qui a été despote aussi-tôt qu'il a eu empire à exercer."[78]

This history was cast, moreover, in Enlightenment tones, in the tones of Voltaire's "écrasez l'infâme" amplified by the Holbachian chorus. It was structured by the metaphysical opposition between reason and superstition. 'C'est parce qu'on a fait descendre du ciel le despotisme, et qu'on lui a donné une sanction divine, qu'il s'est si puissament établi. Il y a longtemps que les droits de l'homme seroient réhabilités, sans l'épais tissue dont les prêtres de tous les Dieux ont voilé la raison, ou la stupeur dont ils l'ont frappée . . ."[79] Priests everywhere had been more or less odious, more or less despotic. But Europe had finally learned that it was not impiety to condemn "le despotisme sacré"; that if immorality and unreason go too far, "un peu de haine nous est peut-être permis pour l'antique auteur de nos maux. Ce ressentiment garantit la conquête de la raison."[80]

Thus the revolution of Enlightenment was being achieved by a bitter and oppressed people. Philosophy was being realized through the sheer force of misery. This juxtaposition of misery and enlightenment is a constant feature of the account of the genesis of the revolution offered by the *Révolutions de Paris*. But the emphasis constantly shifts between them. If Loustalot argues at one point that "il est donc incontestable que c'est l'excès de nos maux qui nous a donné le courage d'apporter remède. Les lumières de la raison en ont hâté le moment; elles n'ont pas tout fait. Des peuples ont recouvré leurs droits avant le règne de la philosophie . . .,"[81] he insists at another that the nation, tired of its tyrants, did not know its rights until "la révolution de la philosophie s'achevoit." Then "le mal étoit trop grand pour que nous tardassions à en éprouver les effets."[82] If he claims that "il ne faudra jamais que lasser la patience des opprimées," and that "le long supplice de l'injustice assuroit la révolution présente," it is only to express the hope that in this revolution "qui ne pouvoit-être qu'une sévère vengeance, ou la pacifique opération de la philosophie" the latter will henceforth prevail. "Ce qui doit rassurer, c'est qu'elle est la révolution des ames et des esprits, et que cette caution n'a été celle d'aucune autre révolution."[83] The only thing that seems entirely clear is that suffering and enlightenment together made the revolution: "L'excès de maux et le progrès des lumières peuvent seuls opérer une révolution chez un peuple qui a vieilli dans l'avilissement et la servitude . . ."[84]

Note the formula: "l'excès de maux et le progrès des lumières." Its interest lies less in the indeterminacy of the relationship between its elements than in the fact that it allowed for the combination of two quite antithetical themes: "révolution" as the progress of enlightenment, and "révolution" as a crisis of life and death in the social body. Loustalot offered an account of French history that was Mably rendered in the language of Linguet. "L'Empire français n'ayant jamais eu de constitution . . ., depuis l'origine de la monarchie, nous avons alternativement gémi sous le despotisme féodale et sous le despotisme ministériel."[85] Unnatural though it was, feudal despotism was preferable to ministerial despotism, which was "entirely odious": at least, the seigneur, unlike the predatory minister, fed his peasants like domestic animals. But Richelieu had destroyed seigneurial despotism to establish ministerial despotism. Arbitrariness had increased ad infinitum; usurpation and despotism had become principles of authority invading the entire social system as kings and courtiers, clergy, parlements, intendants, and corporate bodies "jusqu'aux sociétés littéraires" had "fractionné le despotisme." The moment marked by the ancient adage had finally come: "*Patiendo multa veniunt quae nequeas pati. C'est l'époque où nous nous trouvons.*"[86]

The French Revolution was therefore a crisis, a moment of life or death in the social body. "Tous les remèdes étant usés, il falloit une crise, et dans ces crises violentes, les fortes constitutions seules resistent."[87] And as a crisis, it was naturally to be experienced as a terrifying moment of violence and danger, a period of agitation and anguish. Throughout the early issues of the *Révolutions de Paris*, there is an emphasis on the horror of the events, necessary though they are in the eternal scheme of things. "Cette journée fut effrayante et terrible, elle signala la vengeance du peuple contre ses oppresseurs"; "Détournons nos regards de ces scènes d'horreurs qui nous ont affligés. Espérons que sans doute désormais [the phrase is revealing in its contradiction] aucun homme n'oubliera ce qu'il doit à des hommes."[88] As Rétat points out, the prevailing image is one of storm and tempest: "L'orage des révolutions vient-il à gronder dans un Etat, alors le caractère national disparaît et le peuple le plus aimable et le plus doux n'est bientôt que le plus féroce et le plus barbare . . ." The Revolution is one of "ces orages terribles qui détruisent dans un instant."[89]

Moreover, "dans une révolution *chaque jour* a ses orages et ses dangers"; "*chaque journée* est marquée par différents traits qui ne peuvent être les derniers de cette révolution à jamais mémorable dans les fastes de notre histoire, et par les motifs qui l'ont fait naître, et par les scènes terribles qui ont effrayé les ennemis de la nation."[90] Time itself is experienced as a succession of moments in which life and death hang in the balance. Each day offers a new combat between the Revolution and its enemies. Each day offers the possibility of "un choix fortement prononcé entre la mort et la liberté." Each day decides whether France will be "esclave ou libre," whether it will be "le plus heureux des peuples" or "le plus malheureux."[91] Each day, in short, is the turning point that decides the fate of France and of humanity. Projected indefinitely into the future, Revolution ceases to be a moment of crisis and becomes an extended present at once immediate and universal, a "mythic present" in which eternity and contingency meet.[92]

VI

The act of giving meaning to the events of 1789 by defining them as "La Révolution française"—so clearly occurring before our eyes in the pages of the *Révolutions de Paris*—was not carried out de novo. Nor did it occur solely in the pages of the Prudhomme's journal. Yet the example of that journal suggests that the new conception of revolution involved a transforming synthesis of many themes associated with prerevolutionary uses of the term. In the process, "révolution" as historical fact was irrevocably translated (as Mably had hoped) into "révolution" as political act, the will of a nation reclaiming its history. "Révolution" as sudden disruption in the political order of a state was endowed with the universal significance of the world-historical transformation anticipated by the philosophes.

"Révolution" as progress was experienced with all the urgency and travail of Linguet's terrifying "révolution" as ineluctable crisis, moment of life or death for a people brought to the depths of misery. From this conceptual synthesis, the Revolution emerged as a transcendental present in which eternity and contingency were conjoined, as an absolute value to be realized by immediate historical action, as a dynamic conflict between good and evil projected indefinitely into the future. But in imagining revolution as at once conscious act and universal process, the revolutionaries—for only now could this term come into existence—could no longer effectively think of it as historical outcome. They had created the insuperable problem of bringing the Revolution to a close.

Notes

1. Theodore Besterman, ed., *Voltaire's Correspondence*, 107 vols. (Geneva, 1953–65) [henceforth, Best.], 16851; cited in G. Mailhos, "Le mot 'révolution' dans l'*Essai sur les moeurs* et la Correspondance de Voltaire," *Cahiers de Lexicologie* 13 (1968): 89.
2. D'Argenson, *Considérations sur le gouvernement ancien et présent de la France* (1757), p. 14; Louis Sébastien Mercier, *L'an 2440*, ed. R. Trousson (Bordeaux, 1971), p. 330. Mercier is cited by Reinhart Koselleck in *Geschichtliche Grundbegriffe. Historisches Lexikon zur politisch-sozialen Sprache in Deutschland*, ed. Otto Brunner, Werner Conze, and Reinhart Koselleck, 5 vols. to date (Stuttgart, 1972–), 5:720 (s.v. "Revolution"), which offers the best discussion of the history of the term to date.
3. It is interesting to remark that a search of the French language data base at the project for American and French Research on the Treasury of the French Language (ARTFL) at the University of Chicago (a joint project with the Institut National de la Langue Française, Centre National de la Recherche Scientifique) yields a total of 152 occurrences of "révolution(s)" in a seventeenth-century corpus of 18,269,513 words (a frequency of .00083%) and a total of 2526 occurrences in an eighteenth-century corpus of 37,499,880 (a frequency of .00673%). Broken down further by period, the eighteenth-century occurrences are as follows:

	occurrences of "révolution(s)"	no. of words in corpus	frequency
1600–1699	152	18,269,513	.00083%
1700–1799	2526	37,499,880	.00673
1700–1750	392	12,805,037	.00306
1751–1770	782	10,879,911	.00718
1771–1789	504	10,651,996	.00473
1789–1799	848	3,162,936	.02681

It must be emphasized, however, that the ARTFL database is not, in any strict statistical sense, a representative sample of French works published during the period.
4. Jean Marie Goulemot, "Emploi du mot 'révolution' dans les traductions françaises du XVIIIe siècle des *Discours de Nicolas Machiavelli*," *Cahiers de lexicologie* 13 (1968): 75–83.
5. Antoine Furetière, *Dictionnaire universel*, 3 vols. (1690), 3 (s.v. "Revolution").
6. *Dictionnaire de l'Académie française, dedié au Roy*, 2 vols. (1694), 2:406.
7. Ibid., 2 vols. (1717), 2:512. This definition was repeated unchanged in the editions of 1740 and 1762.
8. *Encyclopédie, ou Dictionnaire raisonné des sciences, des arts et des métiers, par une société de gens de lettres . . .*, 17 vols. (Paris, 1751–65), 14:337.
9. *Dictionnaire universel françois et latin* (1704), 3 (s.v. "Révolution"). The definition and examples were repeated in the 1721, 1732 and 1752 editions.
10. Richelet, *Dictionnaire françois*, 2 vols. (1680), 2:316. The example taken from the *Mémoires* of La Rochefoucauld underlined the sense of menace: "Ils s'assurent contre tout ce qui pouvoit arriver dans une *révolution* comme celle qui les menaçoit."
11. The following discussion draws on Goulemot, "Le mot *révolution* et la formation du concept de révolution politique (fin XVII siècle)," *Annales historiques de la révolution française* 39 (1967): 417–44.
12. In addition to the dictionaries previously cited, see Pons Augustin Alletz, *Dictionnaire des*

richesses de la langue françoise, et du néologisme qui s'y est introduit: contenant les termes nouveaux et reçus (Paris, 1770); Jean-François Féraud, *Dictionnaire critique* (Marseille, 1787–88).

13. Furetière, *Dictionnaire universel* . . ., 4 vols. (1727), 4 (s.v. "Révolution"); cited in Goulemot, "Le mot *révolution*," pp. 430.

14. Goulemot, "Le mot *révolution*," pp. 428–9. See also Goulemot, *Discours, révolutions et histoire. Représentations de l'histoire et discours sur les révolutions de l'Age Classique aux Lumières* (Paris, 1975), pp. 81–122.

15. Père Joseph d'Orleans, *Histoire des révolutions d'Angleterre depuis le commencement de la monarchie jusqu'à présent*, 3 vols. (Amsterdam, 1714) 2:*avertissement*; cited in Goulemot, *Discours*, p. 186.

16. I have touched on this theme in a recent article, "Politics and Public Opinion under the Old Regime: Some Reflections," in Jack Censer and Jeremy Popkin, eds., *Press and Politics in Pre-Revolutionary France* (Berkeley, 1987), pp. 205–246.

17. The *Encyclopédie* made this clear in its brief entry on the political meaning of the term: "RÉVOLUTION, s.f. signifie *en terme de politique*, un changement considérable arrivé dans le gouvernement d'un état . . . L'abbé de Vertot nous a donné deux ou trois histoires excellentes des *révolutions de différens pays* . . ." (14:237). For a similar statement, with credit also given to père d'Orléans, see *Dictionnaire de Trévoux*, 8 vols. (1771), 8:366.

18. Goulemot, *Discours*, pp. 175–221.

19. The following paragraphs draw on my earlier articles, "A Script for a French Revolution: The Political Consciousness of the abbé Mably," *Eighteenth-Century Studies* 14 (1980–81), 235–263; "Memory and Practice: Politics and the Representation of the Past in Eighteenth-Century France," *Representations* 11 (1985), 134–164. On Mably's conception of revolution, see also Lutz Lehmann, *Mably und Rousseau: Eine studie über die Grenzen der Emanzipation im Ancien Régime* (Bern, 1975), pp. 111–115.

20. Mably, *Observations sur l'histoire de France*, in *Collection complète des oeuvres de l'abbé Mably*, 15 vols. (Paris, an III), 1:120.

21. *Ibid.*, 2:255–57.

22. *Ibid.*, 2:283.

23. *Ibid.*, 3:300.

24. *Ibid.*, 3:131.

25. Mably, *Des droits et des devoirs du citoyen*, ed. Jean-Louis Lecercle (Paris, 1972), pp. 6–7.

26. *Ibid.*, p. 40.

27. *Ibid.*, p. 160.

28. *Ibid.*, p. 76.

29. *Ibid.*, p. 43.

30. *Ibid.*, p. 222.

31. Throughout the dialogue, the Frenchman expresses distrust of the magistrates' motives, while the Englishman maintains that "malgré tout ce qu'on peut leur reprocher," they "composent la classe la plus estimable de votre nation" (167). As the dialogue proceeds, the Commonwealthman demonstrates that the parlementary magistrates will eventually be obliged to demand the calling of the Estates General, in self-defence if not for love of the public good. "Ah! Monsieur," his French interlocutor exclaims in concluding his reports of these conversations, "que Milord ne connoît il les magistrats de nos parlements! que ne peut il leur présenter les veritez importantes qu'il m'a apprises!" (223).

32. Maupeou's action against the parlements was widely denounced as a "révolution." See, for example, [Pidansat de Mairobert,] *Journal historique de la Révolution opérée dans la Constitution de la Monarchie Française, par M. Maupeou, Chancelier de France* . . ., 7 vols. (London[Amsterdam], 1774–1776).

33. Mably, *Observations sur l'histoire de France*, 3:425.

34. *Ibid.*, 3:542–55.

35. *Ibid.*, 3:305–6.

36. *Ibid.*, 3:542.

37. *Ibid.*, 3:301.

38. Voltaire, *Essai sur les moeurs et l'esprit des nations*, ed. René Pomeau, 2 vols. (Paris, 1963), 1:781.

39. See Goulemot, *Discours*, pp. 415–78; Mailhos, "le mot 'révolution'"; Rolf Reichardt, *Reform und Revolution bei Condorcet. Ein Beitrag zur späten Aufklärung in Frankreich* (Bonn, 1973), pp. 312–346.

40. *Ibid.*, 2:865.

41. *Ibid.*, 2:865. My emphasis.

42. Mailhos, "Le mot 'révolution'," pp. 86–88. Mailhos discovered a similar distinction between

revolutions as events and revolutions as process in Voltaire's correspondence, where there were substantially more references to the latter than to the former.

43. *Supplément à l'Essai sur les moeurs*, in *Essai*, 2:915.

44. D'Alembert, "Discours préliminaire," *Encyclopédie*, 1:20.

45. *Oeuvres de Condorcet*, ed. F. Arago and A. Condorcet-O'Connor, 12 vols. (Paris, 1847–9), 3:99.

46. *Ibid.*, 6:23.

47. Best. 10968 (2 April 1764).

48. *Ibid.*, Best. 13464 (11 April).

49. Best, 13266 (5 May 1767).

50. Grimm, et al., *Correspondance littéraire*, ed. M. Tourneux, 16 vols. (Paris, 1877–82), 12:73 (March 1778).

51. Louis-Sébastien Mercier, *Tableau de Paris. Nouvelle édition* . . ., 12 vols [Amsterdam, 1782–88], 4:289–91 (1782).

52. *Influence de la découverte de l'Amérique sur le bonheur du genre humain* (Paris, 1787), cited in Bernard Faÿ, *L'Esprit révolutionnaire en France et aux Etats-Unis à la fin du XVIIIe siècle* (Paris, 1925), p. 133.

53. Raynal, *Révolution de l'Amérique* (London, 1781), p. 85. It is interesting that Raynal here claims to be paraphrasing Paine's *Common Sense*. He presumably has in mind the following passages: "By referring the matter from argument to arms, a new era for politics is struck, a new method of thinking hath arisen. All plans, proposals, &c. prior to the nineteenth of April, i.e. to the commencement of hostilities, are like the almanacks of the last year, which, though proper then, are superseded and useless now . . ."; "We have it in our power to begin the world over again . . . The birth-day of a new world is at hand . . ." See *The Political and Miscellaneous Works of Thomas Paine*, 2 vols. (London, 1819), 1:19–20, 49.

54. Jacques Peuchet, "Discours préliminaire," in *Encyclopédie méthodique: Jurisprudence*, vol. 9, *Police et municipalités*, p. liv.

55. On this theme, see especially Reichardt, *Reform und Revolution*, pp. 335–343.

56. Quotations from Legrand de Boislandry, *Vues impartiales sur l'établissement des assemblées provinciales* . . ., and the comte de Virieu, *Dialogue sur l'établissement et la formation des assemblées* . . ., in Reichardt, *Reform und Revolution*, pp. 341–2.

57. Peuchet, "Discours préliminaire", p. lvi.

58. *Ibid.*, p. lxvi.

59. *Ibid.*, pp. l–li, lxii.

60. Darline Gay Levy, *The Ideas and Careers of Simon-Nicolas-Henri Linguet. A Study in Eighteenth-Century French Politics* (Urbana, 1980), p. 185.

61. *Annales politiques, civiles, et littéraires du dix-huitiéme siècle*, Slatkine reprint (Geneva, 1970), 1:83–103.

62. *Ibid.*, pp. 83–84.

63. *Ibid.*, p. 84.

64. *Ibid.*, p. 103.

65. *Ibid.* On Linguet's particular notion of what that liberty would involve—property for some, security for others—see Levy, *Linguet*, passim.

66. *Ibid.*

67. On Linguet's language of time, see Levy, *Linguet*, passim; and Jeremy Popkin, "The Prerevolutionary Origins of Political Journalism," in K. M. Baker, ed., *The French Revolution and the Creation of Modern Political Culture, vol. I. The Political Culture of the Old Regime* (Oxford, 1987), pp. 203–223.

68. See H.-J. Lüsebrink and R. Reichardt, "La 'Bastille' dans l'imaginaire social de la France à la fin du XVIIIe siècle (1774–1799), *Revue d'histoire moderne et contemporaine* 30 (1983): 196–234.

69. Hannah Arendt, *On Revolution* (London, 1963), p. 40.

70. Pierre Rétat, "Forme et discours d'un journal révolutionnaire: Les *Révolutions de Paris* en 1789," in Claude Labrosse, Pierre Rétat, Henri Duranton, *L'Instrument périodique. La fonction de la presse au XVIIIe siècle* (Lyon, 1986), pp. 139–178. The following discussion owes much to Rétat's excellent analysis. On the *Révolutions de Paris*, see also Jack R. Censer, *Prelude to Power. The Parisian Radical Press, 1789–1791* (Baltimore, 1976), passim.

71. Cited in Rétat, "Forme et discours," p. 141.

72. *Ibid.*, pp. 143–145.

73. *Ibid.*, p. 144.

74. On Loustalot, see Marcellin Pellet, *Elysée Loustalot et les Révolutions de Paris (juillet 1789–septembre 1790)* (Paris, 1872). I am grateful to Dr. Hugh Gough for bringing my attention to the importance of Loustalot's role in the writing of the *Révolutions de Paris*.

75. "Introduction," pp. 70, 13.

76. *Révolutions de Paris*, 4:3.
77. "Introduction," p. iii.
78. *Ibid.*, p. 1.
79. *Ibid.*, p. 3.
80. *Ibid.*, p. 4.
81. *Ibid.*, p. 17.
82. *Ibid.*, pp. 35–36.
83. *Ibid.*, p. 17.
84. *Révolutions de Paris*, 16:2.
85. "Introduction," pp. 5–6.
86. *Ibid.*, pp. 8–9.
87. *Ibid.*, p. 64.
88. *Révolutions de Paris*, 2:23, 31.
89. *Ibid.*, 2:13, 31. Rétat, "Forme et discours," p. 160.
90. *Révolutions de Paris*, 6:28; 3:15.
91. Rétat, "Forme et discours," p. 161.
92. On the Revolution as a "mythic present," see Lynn Hunt, *Politics, Culture, and Class in the French Revolution* (Berkeley, 1984). See also Reinhart Koselleck, "Historical Criteria of the Modern Concept of Revolution," in *Futures Past. On the Semantics of Historical Time*, trans. Keith Tribe (Cambridge, Mass., 1985), pp. 39–54.

CHAPTER 3

L'esprit de la constitution, 1789–1791

DENIS RICHET

LA CONSTITUTION: une idée neuve en France dans la deuxième moitié du XVIIIème siècle. Sans doute, comme l'a montré Elie Carcassonne, cette notion avait-elle des racines bien antérieures à *l'Esprit des Lois*.[1] Mais il a fallu un long combat mené par "philosophes" et parlementaires pour situer au premier plan deux termes de l'alternative. Ou bien accepter et justifier le régime monarchique tel qu'il existait depuis plusieurs siècles—et tel qu'il s'était modifié—ou bien lui substituer un texte et une pratique. En se proclamant Constituante, l'Assemblée Nationale issue des Etats-Généraux a affirmé, dès le 23 Juin 1789, son choix pour le second terme et sa volonté d'innover. On ne reviendra pas ici sur le concept de "constitution coutumière" qui est évoqué dans le premier volume de cette série. Je continue à penser que cette invention *in extremis* des tenants de l'absolutisme, qui n'apparaît que dans la seconde moitié du XVIIIème siècle, a été une riposte aux novateurs, à ceux qui se voulaient révolutionnaires. Ce n'est pas chez eux qu'il faut chercher l'idée d'une constitution.

Révolutionnaires? Pourquoi? La vieille France vivait, dans sa diversité et sa pluralité, selon des coutumes aussi nombreuses que ses provinces et ses "pays." Elle supportait, par en haut, le poids de pratiques que les circonstances historiques—surtout des crises—avaient imposé à la monarchie, et que ses légistes avaient, tant bien que mal, théorisées. Or le contact avec les institutions anglaises, puis la révolution des colonies américaines offraient une autre perspective: celle d'une véritable constitution, écrite et coutumière, où droits et devoirs seraient reconnus. C'est dans cet esprit qu'ont été élus les députés aux Etats-Généraux, c'est dans cette ambiance qu'ils ont oeuvré. Non sans désaccords ni débats rigoureux. Mais avec la volonté commune de remplacer un système jugé vermoulu—*l'Ancien Régime*—par un projet moderne.

On ne tentera pas ici, après tant de brillants historiens, de dire à nouveau ce que fut l'oeuvre constitutionnelle de l'Assemblée, ses principes de base et ses modalités institutionnelles, bientôt périmées. Dégageons simplement dans quel esprit se déroulèrent travaux et débats.

Dès le 26 Juin, le comte de Clermont-Tonnerre affirmait à l'Assemblée: "Messieurs, notre mandat contient comme mandat impératif l'ordre formel d'obtenir une Constitution, et l'énonciation des bases sur lesquelles elle doit être assise, exige que nous opinions par ordre et que nous soyons soumis à la majorité de notre ordre sur cette question. Mais il est ajouté, dans le même article du mandat, que les Etats-Généraux aviseront, dans leur sagesse, que le veto d'un des ordres ne s'oppose à la confection des Lois qui intéressent le bonheur public."[2] Double dessein: maintenir la composition en ordres et donner la priorité à l'élaboration d'une constitution. C'est ainsi que fut constitué, le 14 Juillet, un premier comité de constitution, dont la composition traduit le modérantisme des Etats. Deux membres du haut-clergé (Talleyrand et Champion de Cicé) deux nobles (Clermont Tonnerre et Lally Tollendal) quatre députés des "communes": l'avocat lyonnais Bergasse, l'avocat breton Le Chapelier, le grenoblois Mounier et l'abbé Sieyes. Mounier protesta contre le remplacement des bureaux de l'Assemblée par un comité réduit en nombre.[3]

Très rapidement ce comité se trouva en porte-à-faux par rapport à la majorité de l'Assemblée. Si bien que les véritables débats se retrouvent dans les *Archives parlementaires*, au fil des discours prononcès ou lus (certains députés n'avaient pas le temps de parler). Simplifions. Quatre problèmes, d'importance inégale, mobilisèrent les représentants de la nation: la distinction entre citoyens passifs et citoyens actifs, la barrière entre actifs (èlecteurs du premier degré) et électeurs (au second degré), la composition du corps législatif, le veto royal sur les décisions de ce corps. Ce furent ces deux derniers problèmes qui occupèrent précocement les débats. Eliminons rapidement les deux autres.

Pour être citoyen "actif," la discussion du 15 Janvier 1790 se fondait sur le prix de la journée de travail. A la suite d'une adresse de la municipalité de Troyes, concernant les difficultés éprouvées dans la fixation du prix de la journée de travail, Barnave intervint pour dire que, si certaines municipalités avaient fixé cinquante sous, cela lui semblait bien trop élevé: il proposait quinze sous. D'autres députés (Le Chapelier, Target) émirent des avis opposés. Finalement l'Assemblée décréta qu'on "ne pourrait dépasser vingt sous dans la fixation de la journée de travail en ce qui concerne l'acquisition du droit de citoyen actif."[4] C'était, en fait, un débat mineur. Tous les députés étaient d'accord pour exclure les fainéants, les vagabonds, les domestiques des maisons princières et seigneuriales. Ce n'était pas un cens qu'on fixait, mais une certaine garantie de stabilité.

Plus importante, la frontière entre citoyens actifs et électeurs: c'était l'entrée dans la vie politique et administrative qui était en jeu. Le décret du marc d'argent souleva la protestation de la presse démocratique. Et si Corneille avait vécu en 1789? L'argent et le mérite, l'argent ou le mérite, ce qui était en cause, c'était toute une conception de la notabilité bourgeoise, c'était l'exclusion de la vie politique d'intellectuels sans propriété, le signe avant-coureur d'une rupture entre une élite établie et une autre en voie d'établissement. La révolution du 10 Août 1792 se chargera de liquider ce problème.

II

Les deux débats fondamentaux—liés entre eux, comme le montre la chronologie—s'engagèrent précocement sur l'organisation des pouvoirs: fallait-il opter pour le bicamérisme ou maintenir l'unicité du corps législatif? Permettrait-on au roi d'exercer son veto sur les décisions de l'Assemblée? Et dans quelles conditions? Dès le 14 Août 1789 la question du veto fut posée.[5] Le député Duquesnoy, soucieux de permettre au comité de constitution de mieux fonctionner, proposait de fixer certains principes généraux, et, parmi les questions à élucider, il proposait celle-ci: "Quelle sera l'influence de l'autorité royale en matière de législation? Aura-t-elle le droit de veto? Ce droit sera-t-il limité ou illimité, absolu ou suspensif?" Question pertinente mais précoce, dans la mesure où n'était pas encore votée la "Déclaration des droits de l'homme" et où la nature et la durée du pouvoir législatif n'étaient pas encore fixées. L'Assemblée décida de ne pas délibérer pour le moment.[6] Il faut dire que le problème du veto, que la constitution coutumière n'ignorait pas en Grande-Bretagne, préoccupait surtout l'opinion française depuis la constitution américaine. Le 28 Août, une fois votée la "Déclaration des droits de l'homme" on décida d'aborder le problème de la constitution—Mounier donna lecture du projet du comité, qui comprenait six articles, mais se heurta à une foule d'amendements et de propositions diverses. Finalement le vicomte de Noailles présenta une motion en quatre points: 1/ décider ce qu'on entend par sanction royale. 2/ Si elle est nécessaire pour les actes législatifs. 3/ Dans quel cas et de quelle manière elle doit être employée. Enfin: "Je propose de joindre à ces questions celle de la permanence des Etats, de l'organisation de l'Assemblée en une ou deux chambres." On passa immédiatement à la discussion sur la sanction, qui fut vive et passionnée. Ainsi le travail sur la constitution s'engagea-t-il dès le début sur la question du veto. Pour pallier le désordre et la confusion, il fut décidé que l'Assemblée se partagerait entre droite et gauche: les partisans du veto à droite du président, les adversaires à sa gauche. Tradition que nous n'avons pas perdue!

Les discours prononcés au début de septembre soulignent le climat de pré-rupture à l'intérieur du parti patriote: entre Mounier et Malouet d'une part, Barnave et Sieyes de l'autre. Le 4 Septembre, dans un très clair exposé, Mounier présenta, au nom du comité de constitution, un rapport modéré dans sa forme; mais rigide sur le fond. Opposant la Constituante au(x) futur(s) corps législatif(s) il annonçait son choix du bicamérisme: "L'Assemblée présente, chargée de fixer l'organisation des Pouvoirs et d'élever l'édifice de la liberté, devoit être formée par un seul corps, afin d'avoir plus de force et de célérité; mais ce même degré de force, s'il étoit conservé après la Constitution, finiroit par tout détruire . . . Deux chambres, au contraire, délibérant séparément, assurent la sagesse de leurs résolutions respectives et rendent au corps législatif la marche lente et majestueuse dont il ne doit jamais s'écarter." La précaution était habile, car comment faire admettre à une Assemblée qui se voulait l'image d'une nation unanime, et qui avait lutté pour s'unifier en refusant les réunions d'ordres, l'idée d'une dualité qui était ressentie par la majorité comme un défi? Mounier présentait un plan très "américain": un chambre des *Représentants* et un *Sénat* (dont il ne précisait pas la composition); Ce projet ne pouvait que déplaire aux "aristocrates" pour qui leur prééminence s'imposait dans les Etats traditionnels et aux "patriotes" qui avaient lutté pour imposer l'unité de l'Assemblée Nationale. Et comment surtout était-ce compatible avec la nature de la société française. Depuis le XIIIème siècle, celle-ci avait évolué d'une façon radicalement différente de la société anglaise. Si la "gentry," à la différence des pairs, trouvait sa place à la chambre des communes, où aurait pu se nicher en France la piétaille nobiliaire, forte de ses privilèges, mais très faible par ses ressources? L'égalité—du moins une égalité inter-élitaire—tenait trop à coeur des bourgeoisies, celle de la richesse et celle du talent.

Restait, pour Mounier, le gros problème, celui du veto: "il reste maintenant à examiner quelle influence doit avoir le monarque sur la législation." Et là se produit un dérapage par rapport à la voie tracée par les députés issus de l'Ancienne France: "garantir le pouvoir exécutif de toutes les entreprises du pouvoir législatif." Comme si ses auditeurs ne craignaient pas l'inverse! "Le moyen qui se présente le plus naturellement est celui de rendre le Roi portion intégrante du corps législatif, et d'exiger que les décisions des Représentants, pour devenir des Lois, soient revêtues de la sanction Royale."

Mais quelle sanction? "Il paroît que les esprits sont maintenant divisés sur la nature du *veto* que doit produire la sanction Royale. Les uns veulent qu'il soit indéterminé, d'autres qu'il soit seulement suspensif. . . . On propose de laisser au Roi le pouvoir de suspendre jusqu'au moment où de nouveaux Députés viendroient pour connaître les intentions des Electeurs, et l'on soutient que la volonté du peuple, de qui la souveraineté dérive, étant une fois connue, ne devroit plus éprouver d'obstacles." Mounier, avec subtilité, oppose alors le système représentatif au mandat impératif: si les nouveaux législateurs étaient liés par le mandat de leurs électeurs (passer outre à la sanction royale) qu'adviendrait-il de leur représentativité. C'est tout le devenir de la Révolution qui se trouve en germe dans ce discours.[7] Malouet fut plus brutal, se plaignant des critiques venues des bancs démocrates, et défendant sans faillir le veto absolu et le bicamérisme. Il s'exprima le 6 Septembre en des termes qui montrent bien les pressions qui s'exerçaient sur les députés: "J'avais résolu de ne participer que par mon suffrage à la discussion actuelle, mais les menaces qu'on a osé me faire, relativement à mon avis sur la Sanction Royale, la terreur qu'on veut m'inspirer, et à plusieurs Membres de cette Assemblée, m'engagent à rependre la parole; car dans les dernières opinions qui vous ont été présentées sur l'organisation du corps législatif, j'adopte celle qui a le plus de défaveur, la composition de l'Assemblée Nationale en deux chambres; j'userai donc de mon droit de Représentant de la Nation pour la défendre librement; et si dans cette affluence de spectateurs qui nous entourent, il s'en trouvait qui attendent ici l'effet de leurs menaces, ils apprendront par ma voix à quoi se réduit la puissance des méchants sur les gens de bien." Résumant son avis sur le *veto* il proposait la formule suivante: Le Roi aura le droit de sanctionner les lois proposées par l'Assemblée Nationale, ou de les renvoyer à un nouvel examen."[8] Le lendemain Sieyes répondit en refusant au Roi tout veto. "Si donc l'exercice du Pouvoir exécutif donne une expérience, procure des lumières qui peuvent être utiles au législateur, on peut bien écouter ses conseils, l'inviter à donner son avis: mais cet avis est autre chose qu'une volonté. Il ne doit point, je le répète, entrer dans la formation de la Loi comme partie intégrante; en un mot, si le pouvoir exécutif peut *conseiller* la Loi, il ne doit point contribuer à la *faire*. Le droit *d'empêcher* n'est point, suivant moi, différent du droit de faire . . . Le *veto* suspensif ou absolu, peu importe, ne me paroît plus qu'un ordre arbitraire; je ne puis le voir que comme une lettre de cachet lancée contre la volonté nationale, contre la Nation entière."[9] Barère, qui ne put s'exprimer à la tribune, car l'Assemblée avait décidé le 7 de clore les débats, publia son "opinion"; "L'idée seule du *veto* absolu est odieuse. Ce ne serait pas le donner au roi, mais à toute la corruption qui l'environne."[10]

Il revenait à l'Assemblée de trancher. Le 9 Septembre elle vota la permanence de l'Assemblée, le 10 l'unicité du pouvoir législatif (une seule Assemblée), le 11 le veto suspensif (673 voix contre 325). Le 21 Septembre, après qu'on ait décidé que chaque assemblée législative durerait deux ans, on proposa la question suivante: "Le veto suspensif du Roi cesserait-il à la première législature qui suivra celle où aura été proposée la loi ou la seconde?" (224 députés votèrent pour la première législative, 728 pour la seconde"). Le décret du 14 Septembre 1791 qui proclamait la Constitution entérina ces votes successifs. L'article 1 du titre III sur les pouvoirs publics définissait la souveraineté: "La souveraineté est une, indivisible, inaliénable et imprescriptible; elle appartient à la Nation: aucune section du peuple, ni aucun individu, ne peut s'en attribuer l'exercice." L'article 2 posait les bases du régime représentatif. "La Nation, de qui seule émanent tous les pouvoirs, ne peut les exercer que par délégation. La Constitution française est représentative; les représentants sont le corps législatif et le roi." L'article 5 exclut toute possibilité de dissolution: "Le corps législatif ne pourra être dissous par le roi." Dans la section 1 du chapitre 2 est réaffirmée la supériorité de la Loi sur le Roi: "Il n'y a point en France d'autorité supérieure à celle de la loi; le roi ne règne que par elle, et ce n'est qu'au nom de la loi qu'il peut exiger l'obéissance." La section III précise les conditions du veto. Article 1: "Les décrets du corps législatif sont présentés au roi qui peut leur refuser son consentement." Article 2: 'Dans le cas où le roi refuse son consentement, ce refus n'est que suspensif. Lorsque les deux législatures qui suivront celle qui aura présenté le décret auront successivement représenté le même décret dans les mêmes termes, le roi sera censé avoir donné la sanction. Article 3: "Le refus suspensif est exprimé par la formule: *le Roi examinera.*"

Ainsi se dégageaient les voeux de la majorité issue des Etats-Généraux. Comme tout texte, cette Constitution dut subir l'épreuve des faits. On sait que Louis XVI usa de son droit de veto, et le maintint non sans courage lors de la manifestation des Tuileries le 20 Juin 1792. On sait aussi que "Monsieur Veto" devait, moins de deux mois plus tard, y perdre sa couronne.

III

Ces débats sur la Constitution votée en Septembre 1791 nous obligent à une investigation comparatiste et chronologique. Deux questions me semblent fondamentales: à court terme et à long terme, pourquoi cette constitution n'a-t-elle pas survécu? Pourquoi la Grande Bretagne et les Etats-Unis d'Amérique du Nord n'ont-elles pas vécu les fantastiques soubresauts institutionnels qu'a connus la France des XIXème et XXème siècles? Aucun historien ne peut être insensible à ces questions.

A court terme, on le sait, le grand édifice élaboré par la Constituante s'est d'abord effrité, puis s'est effondré après le 10 Août 1792. Il ne m'appartient pas d'en déceler les causes, que d'autres historiens ont soulignées. Rappelons cependant que la défense de la Constitution a été un mot d'ordre majeur du parti "patriote." Que la société logée dans l'ancien couvent des moines jacobins se fut appellée la "Société des Amis de la Constitution," que Robespierre ait intitulé— en mai 1792—son journal "Le Défenseur de la Constitution" c'est le signe que les adversaires du régime étaient les tenants de l'ancien système. Et par là, les constituants ont créé une tradition ineffaçable: on est pour la Constitution, ou on est contre, nostalgie encore présente dans la France de 1987.

Et, en même temps, la France, si l'on compare avec la Grande-Bretagne ou les Etats Unis, n'a jamais supporté durablement une Constitution. 1791, la pénible élaboration girondine, la pseudo-constitution montagnarde, celle de l'an III (la moins stupide), celle de Bonaparte, la Charte de Louis XVIII, celle de Louis-Philippe, celle de la République éphémère de 1848, les textes de Napoléon III, ceux de 1875–1878, de 1945, de 1958: personne en France n'y a cru, et le personnel politique a tout fait pour les dévier de leurs cours. Cela pose à l'historien une série de problèmes. J'entendais récemment un homme politique—fort heureusement à la retraite—qui conviait nos concitoyens à adopter les élections primaires et le bipartisme. Et je me demandais si ce politicien estimable avait réfléchi sur les conditions de notre histoire. Vouloir qu'il y ait en France—un peu ce qu'avait voulu Mounier en 1789—un parti républicain et un parti démocrate, ou un parti conservateur et un parti travailliste, c'est méconnaître une très longue histoire, faite de particularismes, idéologiques, sociaux. Particularismes qui ont la vie dure et qui ont des racines bien antérieures à 1789.

La Constitution de 1791 n'a pas fait la France: elle lui a donné une conscience.

Notes

1. E. Carcassonne, *Montesquieu et les débats sur la Constitution* (Paris, 1927).
2. *Procès-verbal des séances de l'Assemblée Nationale de France tenues en l'année 1789 et suivantes*, vol. 1. R. Delagrange, *Le Premier Comité de Constitution de la Constituante* (thèse de droit. Paris, 1899).
3. *Ibid.*
4. *Archives Parlementaires*, 2: 187 (15 janvier 1790). Document aimablement prêté par M. Yann Fauchois.
5. A. Viatte, *Le Veto Législatif dans la Constitution des Etats-Unis (1787) et dans la Constitution française de 1791* (thèse de droit. Paris, 1901).
6. *Archives Parlementaires*, 8:436.
7. J. J. Mounier, *Motifs présentés dans la séance de l'Assemblée Nationale du 4 septembre de 1789, au nom du Comité de Constitution* (texte à sa date dans les *Archives Parlementaires*).
8. *Opinion de M. Malouet dans la séance du 6 septembre 1789* (texte à sa date dans les *Archives Parlementaires*).
9. *Dire de l'abbé Sieyes sur la question du veto royal à la séance du 7 septembre 1789* (texte à sa date dans les *Archives Parlementaires*).
10. *Le Veto de la Loi. Opinion de M. Barère de Vieuzac* (Paris, 1789).
11. *Archives Parlementaires*, 9:55.

CHAPTER 4

La révolution constituante: les ambiguités politiques

RAN HALÉVI

AUSSITÔT ouverts par le roi, les Etats Généraux se trouvent entravés par le conflit entre les ordres. Pendant six longues semaines, noblesse et Tiers Etat vont de conférences en médiations, de compromis avortés en motions comminatoires, sous le regard d'un clergé plus conciliant, mais non moins divisé. "Les Communes," écrira plus tard Lally-Tallendal, "voulaient conquérir, la noblesse voulait conserver; le clergé attendait qu'il y eût un vainqueur pour se faire un allié."[1] L'effervescence née de cette paralysie pèse à son tour sur les rapports de force au sein des Etats: les menées du Palais-Royal, les rumeurs qui circulent à Versailles, l'inaction surtout de la Cour, interprétée par les uns comme une faiblesse, par les autres comme une manoeuvre font redouter une dissolution prochaine qui ruinerait tout espoir de réforme.

De fait, le caractère irréductible du désaccord est inscrit dans la nature de l'enjeu. Il tient aussi, on le dit moins, à l'absence, d'un côté comme de l'autre, d'une véritable marge de manoeuvre. L'enjeu a ceci de fondamental qu'il renvoie aux termes mêmes du contrat social et, au-delà, aux titres de propriété de la nation. Il oppose deux logiques incompatibles de la souveraineté, deux modes inconciliables de participation au pouvoir politique. Question capitale qui hante le débat public dès 1788 et qui n'est toujours pas réglée au moment où les députés des bailliages arrivent à Versailles. Le règlement électoral du 24 janvier n'a cessé de la poser sans jamais la résoudre.

En réalité ce texte ambigu, contradictoire, à mi-chemin de la tradition et de l'innovation juxtapose sans principe les usages anciens et l'esprit nouveau. D'un côté il reprend le cadre et la forme des convocations antérieures, prescrit la réunion des habitants des grandes villes par corps et communautés de métiers, maintient le mandat impératif et la procédure traditionnelle des doléances. Il multiplie exceptions et dérogations au nom des privilèges acquis. Il conserve surtout la séparation des ordres et reste muet sur la revendication principale du Tiers: délibération en commun et vote par tête.

Mais d'un autre côté, il accorde au Tiers une représentation double et consacre les principes de la représentation politique moderne: l'individu, la citoyenneté, la

69

proportionnalité. Si bien qu'il désigne les députés aux Etats à la fois comme délégués des communautés traditionnelles et comme représentants d'une nation d'individus souverains. Confusion qu'il institutionnalise, pour ainsi dire, et qu'il lègue à l'Assemblée des trois ordres, comme il abandonne à son verdict le problème de la délibération et du vote en commun.[2]

Or si le débat sur les modalités de la représentation est insurmontable, c'est qu'il n'offre à la vérité aucun compromis entre les inspirations antagonistes du réglement électoral. La tradition organique, l'innovation démocratique: cette alternative imparable donne des armes aux intransigeants des deux camps et les condamne dès l'origine à jouer leur va-tout.

En effet, le Tiers Etat ne peut se départir de la revendication capitale du vote par tête sous peine de perdre le bénéfice du doublement. Tout son avenir en dépend, et beaucoup de ses membres ont reçu sur ce point des mandats plus ou moins impératifs. Il refuse donc de commencer séparément la vérification des pouvoirs et ne dresse ni règlement, ni procès verbal, ce qui eût avalisé le vote par ordre.

La noblesse, elle, n'a d'autre moyen d'existence politique que ses privileges. Elle craint, non sans raison, que la vérification en commun ne préjuge, une fois constituée l'Assemblée, de la délibération en commun, et donc de la réunion de fait des trois ordres.[3] Il est vrai que les leaders du Tiers Etat ont levé à cet égard toute équivoque. Dès avant la publication du règlement électoral, Siéyès, dans son célèbre pamphlet, proscrit toute velléité d'accommodement avec les privilégiés. Le troisième ordre doit s'apercevoir "qu'il ne peut plus rien espérer que de ses lumières et de son courage. La raison et la justice sont pour lui, il faut au moins qu'il s'en assure toute la force. Non, il n'est plus temps de travailler à la conciliation des partis . . .."[4] Une fois dans la voie de la restauration nationale, et même s'il était vaincu, le Tiers ne sera jamais ce qu'il était. "Les circonstances ne souffrent point ce calcul de lâcheté. *Il s'agit d'avancer ou de reculer.*"[5] Autant dire que pour l'auteur de *Qu'est-ce que le Tiers Etat?* la rupture entre les ordres est consommée longtemps avant que le roi ne se soit résolu à réunir les Etats. Les privilégiés se sont trop identifiés à leurs prérogatives pour consentir à les abandonner et perdre, du même coup, leur identité politique, culturelle, symbolique. "Ils redoutent aujourd'hui les Etats généraux qu'ils invoquaient naguère avec tant de vivacité . . .."[6] Les voici qui découvrent la constitution dont ils s'étaient étourdiment improvisés dépositaires. Avant d'être constitués, prévient d'Antraigues, "vous êtes sans pouvoir pour rejeter les usages et les lois des précédents Etats généraux. Chacun de vos décrets est un hommage rendu à la loi . . .."[7] Or pour Siéyès, la "constitution" sous l'ancienne monarchie ne tient ni dans un texte canonique, ni dans une tradition établie, elle est dans un discours polémique, une série de fictions historiques sans cesse réaménagées pour instruire le procès de l'absolutisme. Mais à la veille des Etats Généraux, cet appel à la constitution est devenu l'ultime recours des revendications aristocratiques dans un débat perdu d'avance, puisqu'il a pour arbitre non plus le roi, mais la raison incarnée par l'opinion publique. Les privilégiés ont beau déclarer intangibles des conventions gravées par le temps, pour maintenir la division des ordres et l'égalité d'influence dans la formation de la volonté générale. Ces arguments, Siéyès les balaie d'un trait de plume: ni la tradition, ni les Etats Généraux, ni même le roi n'ont compétence à toucher à la constitution. Seule la nation, par une représentation extraordinaire et une procuration spéciale peut y porter la main, et "cette représentation constituante doit se former sans égard à la distinction des ordres."[8]

C'est dire que la régénération de la France suppose qu'on débarrasse d'abord la nation des Etats Généraux, en y substituant une assemblée extraordinaire ou, à défaut, en arrachant ce vieil organe représentatif à sa fonction primitive qui est de tendre au monarque un miroir où déchiffrer la supplique des corps et communautés. Rarement auteur politique a tracé avec autant d'acuité les scénarios possibles d'une révolution constituante. Rarement pamphlet donnait autant de résonance aux passions du jour. A l'heure où l'ancienne monarchie sollicite l'opinion sur ses traditions perdues, voici donc soumis au débat public les termes et les modalités de sa déposition.

Pour peu qu'elle tienne à ses prérogatives, la noblesse ne peut alors opposer aux communes que le refus opiniâtre de toute concession. "Ce n'est pas nous, aurait dit un de ses membres, qui avons besoin des Etats Généraux; nous les tenons pour le peuple, et s'il se rend difficile, nous y renoncerons volontiers."[9] Sentence à la fois ingénue et bornée, qui donne la mesure du gouffre ouvert entre les deux partis.

Les conférences de conciliation avec les représentants des communes (elles mériteraient, d'ailleurs, une lecture plus attentive) ont confirmé la noblesse dans son intransigeance. Au cours de ces réunions, Mounier, raide comme à l'habitude, aurait signifié à ses commissaires "qu'il s'agissait d'assurer, par une Constitution, la liberté politique; que la réunion de tous les députés était nécessaire pour un si grand objet; qu'elle était exigée par le voeu de la Nation; qu'on ne pouvait y résister non seulement sans une extrême injustice, mais sans une extrême imprudence."[10] Le Tiers n'a ni droit ni pouvoir à négocier avec une fraction du corps politique ce qui appartient à la nation tout entière. Pour Mounier, comme pour Siéyès, aucun moyen terme n'est concevable entre la paralysie des Etats et la reddition des privilégiés.

D'ailleurs, il suffit de lire les projets de conciliation échafaudés ici et là pour mesurer ce qu'ils avaient d'impraticable. Telle l'idée, défendue le 29 mai par Lally-Tollendal, d'une souveraineté partagée entre le roi et les Etats: les ordres—"collectivement" dit-il, c'est-à-dire dans leurs trois chambres—sont partie intégrante de la souveraineté. Mais comment traduire dans les faits le concours de corps distincts à une entité par définition indivisible? Lally ne propose que la poursuite d'une vérification des pouvoirs opérée séparément et n'offre pas de solution effective à la crise entre les ordres. La seule procédure d'entente qu'il imagine est la consultation mutuelle des trois chambres par l'intermédiaire de commissaires *ad hoc*: manière de piétiner un peu plus dans l'impasse.[11]

Ainsi, progressivement, l'idée gagne que seule un coup de force permettrait de dénouer la crise.[12] Certains l'attendent du côté des communes, d'autres du côte de la Cour, mais Necker se refuse à toute initiative intempestive, dont il expliquera plus tard les raisons.[13] Or ce coup de force, on l'oublie parfois, c'est la noblesse qui sera la première à le tenter, à deux reprises, avec les moyens du bord. Le 26 mai, elle arrête que pour la présente tenue des Etats Généraux au moins, la vérification des pouvoirs aura lieu séparément. Le Tiers réplique le lendemain, en proposant solennellement au Clergé, "au nom du Dieu de paix et de l'intérêt national . . .," la réunion des deux chambres. Devant l'impatience de leurs curés, les prélats recourent à la médiation du roi qui, par une lettre du 28, propose aux commissaires des trois ordres l'arbitrage de ses ministres. Cet expédient, accueilli avec soulagement par le clergé, provoque un débat tumultueux dans la chambre des communes qui finit, toutefois, par accepter les nouvelles conférences. Si la noblesse accède, elle aussi, à la proposition du roi, elle n'en balaie pas moins les derniers espoirs de compromis en déclarant que "la délibération par ordre et la faculté *d'empêcher* que les ordres ont tous divisément, sont constitutifs de la monarchie, et qu'elle presévérera constamment dans ces principes conservateurs du trône et de la liberté,"[14] C'est cette résolution, votée par 202 voix contre 16 qui ouvre la voie à la Révolution du Tiers.

La décision des communes, le 17 juin 1789, de se constituer en Assemblée Nationale, seule capable "d'interpréter et de présenter la volonté générale de la nation" est un saut dans le vide. L'immense retentissement de cet acte, sa dynamique irrésistible étaient aussi difficiles à prévoir que la pusillanimité de la Cour, les errements du ministère et même l'unité, qui se révèlera indéfectible, du Tiers Etat. Un mois auparavant, un modéré comme Duquesnoy comptait encore, comme Lally-Tollendal, sur "les gens froids et raisonnables qui veulent le bien [et qui] consentiront sans peine à renoncer à l'opinion par tête: 1) parce qu'il n'est pas démontré qu'elle est la meilleure; 2) parce qu'il faut faire du bien et sauver la France des horreurs d'une guerre intestine" (15 mai).[15] Les suites de l'événement ne doivent pas faire oublier tout ce qu'il avait d'aléatoire. Alors que la salle des menus plaisirs couvre Siéyès de ses ovations, Mirabeau, désemparé, confie à Etienne Dumont: "Quelle pitié! . . . ils s'imaginent donc que tout est fini; mais je ne serais pas surpris si la guerre civile était le fruit de leur beau décret."[16]

En réalité, la Révolution Constituante n'a tenu qu'à un fil. Le procès-verbal de son acte de baptême porte toujours les mêmes noms, une dizaine; encore la plupart d'entre eux récusent-ils la dénomination d'assemblée nationale qu'ils jugent à la fois téméraire et inadaptée.[17] On ne saura jamais comment finalement fut acquis le vote des communes. Quelques jours auparavant, Necker, confiant en son ascendant sur les députés du Tiers, assurait Malouet que leurs sommations resteraient sans effet.[18] La résolution du 17 juin le prend totalement par surprise, car "il était sûr de la majorité et nous l'avions effectivement alors."[19] Quel est le secret de ce brusque revirement? Quelle y est la part des menaces du Palais-Royal, du travail des coulisses, des conciliabules extra-parlementaires, de la capacité—notamment du club breton—à mobiliser des voix, à intimider des adversaires, à "fabriquer du consensus?" Le témoignage saisissant de Grégoire sur un autre épisode célebre— la séance royale du 23 juin, provoquée justement par la résolution du 17—est particulièrement éloquent même s'il ne peut tenir lieu d'explication. La vielle de la séance royale, écrit Grégoire dans ses mémoires, le club breton, instruit des intentions de la Cour, avait discuté sur le parti à prendre. "La première résolution fut celle de rester dans la salle malgrë la dèfense du roi. Il fut convenu qu'avant l'ouverture de la séance nous circulerions dans les groupes de nos collègues pour leur annoncer ce qui allait se passer sous leurs yeux et ce qu'il fallait y opposer. 'Mais, dit quelqu'un, le vote de douze à quinze personnes pourra-t-il déterminer la conduite de douze cents députés?'". Il lui fut répondu que la particule *on* a une force magique; nous dirons: voilà ce que doit faire la cour, et parmi les patriotes *on* est convenu de telles mesures. *On* signifie quatre cents comme il signifie dix. L'expédient réussit."[20]

Acte révolutionnaire au sens propre, la constitution de l'Assemblée Nationale bouleverse le principe même du droit public français: bien avant que ne tombe la Bastille, que les privilèges soient abolis et les droits de l'homme consacrés. Dorénavant la nation n'est plus un composé de corps, de communautés, de bailliages: c'est une entité indivisible qui exclut toute forme d'appropriation parteile. Le roi a cessé d'être le seul titulaire de la souveraineté, de même que l'Assemblée ne figure plus un simple organe délibérant, comme ce fut le cas depuis la première réunion des Etats Généraux en 1302. Jusque là simples négociateurs auprès de la cour, les députés deviennent un corps souverain, délibérant et décrétant pour le compte de la nation.

En détruisant l'ancien ordre politique, le Tiers fonde la liberté des individus sur des bases nouvelles, que va consacrer bientôt la Déclaration des droits de l'homme et du citoyen. "La loi est l'expression de la volonté générale. Tous les citoyens ont droit de concourir personnellement, ou par leurs représentants, à sa formation" (art. 6). Personnellement ou par leurs représentants? Directement ou par délégation? Le problème ne sera tranché que plus tard.

II

Mais la question fondamentale est celle de savoir dans quelle mesure la nouvelle liberté politique recouvre la définition qu'en donnera l'Europe au XIXème siècle. Si l'on entend par liberté politique le contrôle des gouvernés sur le travail des gouvernants, il est clair que 1789 marque un tournant: la Déclaration des droits et les premiers articles de la nouvelle Constitution en portent témoignage. Si, au contraire, l'on s'interroge sur la *manière* dont s'exerce ce contrôle à partir de 1789, sur ses modalités pratiques, son langage quotidien, les choses deviennent moins évidentes. La Révolution de juin donne naissance à un type d'engagement politique, à un système représentatif, à des rapports de pouvoir modernes dans leur forme, mais pas toujours dans leur contenu. C'est à cette ambiguité centrale de la Révolution Constituante qu'est consacrée ce travail.

A partir de juin 1789, chaque député représente donc la nation envisagée dans son universalité globale et indivisible: "il possède," comme l'écrit H. Carré de Malberg, "les mêmes pouvoirs comme s'il était personnellement souverain."[21] Ce n'est donc ni une parcelle de territoire, ni un groupe d'électeurs, ni même la totalité des citoyens pris individuellement qu'il représente, mais leur "collectivité extra individuelle."[22] L'idée des Constituants ne consiste pas à élargir la représentation, pour chaque député, de sa propre communauté à toutes les autres; mais plutôt de la placer hors de toute circonscription électorale, qu'il s'agisse du bailliage, de plusieurs bailliages ou même de l'ensemble des bailliages. Juridiquement, le mandat confié au député lui revient de la France toute entière. Thouret l'affirmera sans détour en 1791: "chacune des sections, en élisant immédiatement, n'élit pas pour elle-même, mais pour la France entière."[23]

Cette nouvelle conception de la souveraineté et de la représentation politique est, bien sûr, inséparable de l'égalité des droits, qui en est le fondement et la condition même. L'idée que le corps social est formé non d'ordres et de communautés mais d'individus entraîne logiquement une conception individualiste de la représentation. L'homme est représenté en tant que citoyen dégagé de tout intérêt particulier, puisque seuls les intérêts communs sont représentables. Il n'y a droit qu'à raison de ce qu'il a de commun avec les autres, par delà toute hiérarchie ou distinction. Mais il faut bien préciser que les citoyens ne sont représentés qu'indirectement, "par un effet réflexe,"[24] à la suite et par l'intermédiaire de la Nation.

En tout cas, même si le corps des citoyens est reconnu titulaire de la souveraineté, ses membres, eux, ne peuvent pas exercer cette souveraineté par eux-mêmes: c'est l'entité nationale qui l'exerce. Seulement, étant donné ses dimensions, elle le fait par délégation. D'où le recours nécessaire à une assemblée désignée par la voie du suffrage à être l'organe de la Nation. Précisons encore que l'élection, en l'occurrence, ne suppose nullement transmission de pouvoir des citoyens aux députés: ceux-ci sont effectivement institués par ceux-là; mais le pouvoir qu'ils acquièrent à la suite des élections ne leur vient que de la nation. C'est dire qu'en désignant leurs représentants, les électeurs "épuisent," pour ainsi dire, leur participation à l'exercice de la souveraineté. De la part des citoyens, écrit Carré de Malberg, "l'élection est un acte d'abandon plutôt que de maîtrise."[25]Ce qui est juridiquement vrai et politiquement discutable, si l'on songe au "vote sanction" qui est autant maîtrise qu'abandon.

Aux députés de la Nation, on délègue donc non pas la souveraineté mais seulement son exercice. L'Assemblée possède par délégation le pouvoir de vouloir pour la nation. "Le corps législatif, dira Barnave en 1791, est le représentant de la nation parce qu'il veut pour elle"; et ceci le distingue précisément du pouvoir exécutif, en l'occurrence le roi, dont les attributions, on le sait, seront âprement débattues par les Constituants. "Le législatif fait tout sauf ce que la Constitution lui interdit, l'exécutif ne fait rien que ce que la Constitution lui permet," ou, si l'on préfère, "le législatif fait oeuvre de souveraineté, l'exécutif fait oeuvre de magistrature."[26]

A partir de juin 1789, la volonté générale change donc de contenu, d'auteurs, de destinataires. Elle ne prend naissance qu'une fois réunie l'Assemblée et ses pouvoirs vérifiés. Ce qui est évidemment aux antipodes de la représentation d'ancien régime, où les volontés sont non seulement fragmentées à l'infini, mais encore antérieures à la réunion des Etats et tributaires de la seule prérogative des électeurs. En effet, représenter la nation devenue souveraine, ce n'est plus additionner, fondre, conformer les voeux particuliers, multiples, disparates et impératifs d'individus, de communautés et de circonscriptions;[27] c'est au contraire dessiner librement pour elle, en son nom, mais indépendamment de ses membres, "cet acte pur de l'entendement, qui raisonne dans le silence des passions sur ce que l'homme peut exiger de son semblable, et sur ce que son semblable peut exiger de lui."[28]

La Révolution de juin signe ainsi la disparition du mandat impératif, l'annulation de toute dépendance juridique du député envers ceux qui l'ont élu.[29] Non seulement il n'a plus à répondre de la manière dont il s'acquitte de sa mission, mais encore son mandat ne peut être révoqué ni par le monarque, ni par ses commettants, ni même par l'Assemblée, à moins que celle-ci s'en arroge arbitrairement le droit. Le plus surprenant est que cette rupture radicale avec le mandat impératif n'est inscrite ni dans l'air du temps, ni dans la grande majorité des cahiers à la veille de la Révolution.[30] Il est rare de rencontrer avant la convocation des Etats Généraux la demande de supprimer le mandat impératif. En fait, l'idée prend corps moins pour des raisons de principe que pour un motif d'opportunité: au lendemain du 17 juin l'annulation du mandat impératif devient le préalable *sine qua non* à la liquidation définitive des anciens Etats. En effet, même si l'article 45 du règlement électoral[31] demande que les députés aux prochains Etats soient suffisamment fondés, de nombreux représentants du clergé et de la noblesse se voient explicitement interdire de siéger avec le Tiers Etat.

Au vrai, l'attrait du mandat impératif, et surtout l'attachement des Français à cette très vieille tradition me paraissent en 1789 aussi forts qu'en 1614. Même pour les plus patriotes, ce qui pose problème, ce n'est pas tant le système, c'est seulement le contenu de certains mandats. Et très rares sont ceux, tels Mirabeau, Siéyès, Pétion, pour qui souveraineté, représentation, mandat, relèvent de la même logique politique, d'un seul et même système de gouvernement. Eux seuls comprennent que pour sortir de l'impasse il faut auparavant réaliser un changement d'ordre politique voire révolutionnaire: affirmer la souveraineté de la nation, qui elle seule permet d'arracher au Monarque ses vieilles prérogatives en matière de représentation politique.

Le conflit sur la vérification des pouvoirs est l'occasion historique et le prétexte juridique qui leur permettra d'opérer ce bouleversement.[32] C'est alors que la disparition du vieux système représentatif et l'élaboration d'une nouvelle théorie du mandat s'imposent comme deux tâches prioritaires de la nouvelle Assemblée Nationale. Mais comment les contemporains eux-mêmes ont-il perçu et interprété ces enjeux? Dans les pages qui suivent, je me limiterai essentiellement aux débats des Constituants.

C'est à deux occasions que le roi se prononce sur le problème du mandat. Dans l'introduction au règlement électoral du 24 janvier, Louis XVI se dit persuadé "que la confiance due à une assemblée représentative de la nation entière empêchera qu'on ne donne aux députés aucune instruction propre à arrêter ou à troubler le cours des délibérations." L'article 45 prescrit sans la moindre ambiguïté que "les pouvoirs dont les députés seront munis devront être généraux et suffisants pour proposer, remontrer, aviser et consentir . . . ."[33] Quelques mois plus tard, au cours de la séance royale du 23 juin, Louis XVI se fait encore plus explicite: il "casse et annule comme anticonstitutionnelles, contraires aux lettres de convocation et opposées aux intérêts de l'Etat, les restrictions de pouvoirs qui, en gênant la liberté des députés aux Etats généraux, les empêcheraient d'adopter les formes de délibération prises séparément par ordre ou en commun . . ." Aussi "Sa Majesté déclare que, dans les tenues suivantes d'Etats généraux, elle ne souffrira pas que les cahiers ou mandats puissent être que de simples instructions confiées à la conscience et à la libre opinion des députés . . . ."[34] C'est là un acte de rupture décisif avec la tradition représentative d'ancien régime. Il est clair, toutefois, qu'en l'occurrence le souci de Louis XVI n'a rien de "moderne"; le roi n'entend nullement réformer la représentation; il veut simplement obtenir des subsides en dépit des réserves expresses émises par certains bailliages. Son geste inouï prendra toute sa dimension quelques jours plus tard, le 27 juin, quand il invitera le clergé et la noblesse à se joindre au Tiers Etat. L'épisode est à la fois inévitable et incongru: il doit à l'Ancien Régime ce qu'il concède déjà à la Révolution. En effet, la suppression du mandat impératif se fonde sur l'idée qu'il incombe au roi, et à lui seul, de régler la Constitution et le mode de délibération. Autrement dit, même si la réunion des ordres, au lendemain du 17 juin, se fait au nom de la souveraineté nationale, elle reste en réalité tributaire du bon vouloir et de l'autorité monarchiques. Suprême ironie: le roi finit par réaliser ce que ses ancêtres n'ont jamais osé décréter ni rêvé d'obtenir—la neutralisation du mandat impératif—au moment où il ne peut plus en tirer partie: il en fait don à la Révolution, au nom de l'Ancien Régime, qu'il aide ainsi à achever sans fracas.

L'Assemblée, elle, va discuter du mandat impératif à plusieurs reprises, notamment le 7 juillet 1789, à l'initiative de Talleyrand, puis les 5 et 7 septembre, à l'occasion du grand débat sur la sanction royale. En attendant une étude exhaustive de ce débat, de ses enjeux, de ses implications à court et à long terme, je m'en tiendrai ici aux arguments et aux interventions qui me paraissent les plus directement liées aux questions posées plus haut.

C'est donc Talleyrand qui, le premier, met à l'ordre du jour la liquidation du vieux mandat. S'il y est résolument hostile, c'est plus pour des motifs d'ordre pratique que pour des raisons de principe:[35] les données profondes du problème n'entrent pas dans son argumentation qui est à la fois originale et intenable. Talleyrand est en effet favorable non au mandat représentatif, tel qu'on vient de le caractériser, mais au mandat dit "limitatif": limité par la durée de l'exercice; limité aussi quant au moment où il devient effectif. On peut, par exemple, prescrire à un député de ne voter l'impôt qu'une fois satisfaite telle ou telle revendication. Ici, l'ancien système côtoie le nouveau, confusion qui est constante, sinon consciente, chez Talleyrand. "Le mandat d'un député, observe-t-il, c'est l'ordre qui lui transmet les pouvoirs du bailliage, qui le constitue représentant de son bailliage, et par là représentant de toute la nation."[36] Pour l'évêque d'Autun, donc, chaque mandataire représente à la fois une parcelle de la nation et la nation tout entière, la nation non en tant qu'unité indivisible, mais comme un composé de bailliages. Etrange conception qui perd en cohérence ce qu'elle cherche à gagner en efficacité. Elle veut tout changer dans les rapports de la nation à son monarque, mais rien dans les rapports des représentants aux représentés.

Contre le mandat impératif, Talleyrand invoque plusieurs motifs. D'abord, le bailliage ne peut se prononcer en connaissance de cause sur des questions qui sont appelées à être longuement discutées par les représentants de tous les ressorts du royaume. Il ne peut former une opinion et donner des prescriptions sur des objets que les éclaircies et les approfondissements ultérieurs peuvant modifier, infléchir, contredire même. "Qu'est-ce que le député d'un bailliage? C'est l'homme que le bailliage charge de vouloir en son nom, mais de vouloir comme il voudrait lui-même, s'il pouvait se transporter au rendez-vous général, c'est-à-dire, après avoir mûrement délibéré et composé entre eux tous les motifs des différents bailliages (. . .): . . . le bailliage ne peut savoir avec certitude lui-même quelle serait son opinion après que la question aurait été librement discutée par tous les autres bailliages. Il ne peut donc l'arrêter d'avance . . ."[37]

Deuxième motif, pratique lui aussi: il est impensable qu'une assemblée ne puisse délibérer—ou, si l'on préfère, que la souveraineté ne puisse s'exercer, comme ce fut précisément le cas en mai-juin 1789—seulement parce que les mandats impératifs d'une minorité de bailliages y font obstruction. Comment admettre "que la volonté générale soit subordonnée à la volonté particulière d'un bailliage ou d'une province?"[38] Là aussi, l'archaïque se confond avec le moderne. Talleyrand ne dénie pas aux bailliages une part légitime dans la formation de la volonté générale. Seulement pour empêcher ce droit de se transformer en abus, cette liberté de devenir l'arme politique des intérêts égoïstes, il juge opportun d'en conjurer toute éventualité en supprimant une fois pour toutes le mandat impératif. Il ne fait, à cet égard, qu'adapter à une conjoncture inédite une idée puisée dans *L'Esprit des lois*. "Il n'est pas nécessaire," écrit Montesquieu, "que les représentants, qui ont reçu de ceux qui les ont choisis une instruction générale, en reçoivent une particulière sur chaque affaire (. . .). Il est vrai que, de cette manière, la parole des députés serait plus l'expression de la voix de la nation; mais cela jetterait dans des longueurs infinies, rendrait chaque député le maître de tous les autres, et dans les occasions les plus pressantes, toute la force de la nation pourrait être arrêtée par un caprice."[39]

Comme nombre de députés moins connus et moins éloquents, Talleyrand ne perçoit—ou ne veut percevoir—ce qu'il y a d'incompatible entre la nouvelle souveraineté et l'ancienne représentation politique. Drapant celle-ci dans les promesses de celle-là, il hasarde sans principe une combinaison de circonstance que domine en réalité un seul objectif: affranchir l'Assemblée de toute menace de paralysie. Barère, qui intervient juste après, pour défendre la même opinion, veut prévenir non seulement les obstructions de forme, mais encore toute velléité de révolte contre la législation au nom des voeux particuliers formés dans les bailliages au moment des élections. Pourtant, lui au moins a le souci de lier son objection au problème de principe. Tout doit partir de l'intérêt, observe-t-il, car c'est la nature de l'intérêt qui désigne le législateur: "les commettants particuliers ne peuvent être législateurs, parce que ce n'est pas de leur intérêt particulier *seulement* que l'Assemblée générale doit s'occuper, mais de l'intérêt général. Or, aucun des commettants particuliers ne peut être législateur en matière d'intérêt public. La puissance législative ne commence qu'au moment où l'Assemblée générale des représentants est formée . . . Si l'on admettait le système des pouvoirs impératifs et limités on empêcherait évidemment les résolutions de l'Assemblée en reconnaissant un *veto* effrayant dans chacun des cent soixante-dix-sept bailliages du royaume, ou plutôt dans les quatre cent trente et une divisions des ordres qui ont envoyé des députés à cette Assemblée."[40]

Barère proscrit ici, et le mandat impératif, et le mandat limitatif, au nom de l'intérêt général. Mais il n'exclut pas pour autant, pas totalement, les intérêts particuliers. Simplement il établit une hiérarchie entre les deux: à l'Assemblée, l'intérêt général prévaut sur les intérêts particuliers, qui ne peuvent l'entraver par un veto arbitraire.

Ces exégèses, en tout cas, sont loin d'emporter l'adhésion de tous. Nombre d'orateurs, moins téméraires, se croient toujours tenus de réciter leurs cahiers à la tribune de l'Assemblée, comme pour renouveler publiquement et solennellement leur contrat de dépendance avec leurs commettants, au moment même où ce contrat perd tout fondement juridique.[41] Quant aux "aristocrates," ils s'en accommodent, bien sûr, et s'y réfèrent en toute connaissance de cause pour exprimer leur opposition de principe et de fait à la Révolution. Mais il n'en va pas de même pour la masse des députés. Avocats et officiers, gens d'armes, de finance ou d'Eglise méconnaissent ou simplement refusent l'autonomie inespérée que leur confère la nouvelle souveraineté. Méconnaissance qu'ils partagent, au demeurant, avec beaucoup d'historiens de la Révolution. Avec une indulgence quelque peu sélective, Aulard, dans un passage consacré aux "moeurs parlementaires," réduit cette fidélité aux voeux des commettants surtout à un problème d'éloquence, que seul le patriotisme des élus est susceptible de racheter. "A ces premières heures de confiance et d'amour, qui eût songé à reprocher aux orateurs leurs cahiers toujours volumineux, souvent monotones, *si leur pensée était patriotique?*."[42] La ligne de partage passe donc, pour Aulard, non entre ceux qui comprennent ou pas la Révolution de juin, mais plutôt entre ceux qui l'acceptent et ceux qui la refusent.[43]

III

La véritable discussion de fond sur le mandat impératif se livre au mois de septembre. C'est le célèbre débat sur la sanction royale qui remet inévitablement la question à l'ordre du jour. De nombreux orateurs qui se succèdent alors à la tribune et qui se prononcent, directement ou incidemment, sur le problème de la représentation, les plus cohérents, les plus éloquents, mais aussi les plus irréductibles sont Pétion, qui parle le 5 septembre, et Siéyès qui intervient deux jours plus tard.[44]

L'analyse de Pétion part d'une interrogation qui est ces jours-là sur toutes les lèvres: si le roi oppose son veto aux arrêtés du corps législatif, quelles devraient être alors les attributions de la nation? "Aura-t-elle la liberté d'exprimer son voeu précis par l'organe de ses mandataires, ou bien son droit se bornera-t-il à choisir de nouveaux représentants auxquels elle sera tenue de confier des mandats illimités?"[45] Plus simplement, les représentants de la nation sont-ils libres d'instituer à leur guise la volonté générale, ou bien est-ce la nation qui en demeure l'arbitre ultime? En terme de représentation proprement dite, l'alternative revient à opposer le mandat illimité et sans contenu à un mandat impératif repensé à l'aune de la nouvelle souveraineté. C'est ce dernier que va défendre Pétion, contre le mandat illimité (ou représentatif) qu'il juge inconciliable avec la notion même de volonté générale et dont il dénonce les "abstractions," les "généralités," les avocats . . .

> Ils prétendent que, dans une société nombreuse, tous ne pouvant se réunir pour discuter les affaires publiques, ils se trouvent forcés de choisir des représentants pour les traiter et les régler.
> Ils ajoutent que cette représentation étant commandée par la loi impérieuse de la nécessité, les mandataires doivent jouir de la liberté la plus étendue; que leurs commettants doivent se soumettre à leurs décrets; qu'ils n'ont aucun ordre positif à leur donner; que leur pouvoir se borne à les élire; qu'il y aurait le plus grand danger et l'inconséquence la plus révoltante à autoriser chaque district à manifester un voeu particulier et isolé; que le représentant d'une province n'appartient pas à cette province; qu'il est l'homme de la nation, qu'il ne peut avoir qu'un mandat général et une opinion qui se forme au sein de l'Assemblée nationale.[46]

Que propose donc Pétion? Il distingue deux types de circonstances: les circonstances ordinaires, où il s'agit de légiférer, mais sans trancher par oui ou par non un objet constitutionnel bien déterminé; les circonstances exceptionnelles, où l'Assemblée, c'est-à-dire la nation, doit se prononcer sur une question particulière. Dans le premier cas de figure, tout mandat impératif est un inconvénient, un obstacle, un abus qui soumet la volonté générale aux caprices et à l'arbitraire des voeux particuliers, enfin à l'inexpérience politique. "Jamais les inconvénients des mandats impératifs ne se sont mieux fait sentir que dans cette Assemblée; lorsqu'il s'agissait de déraciner une foule d'abus et de préjugés; lorsqu'il s'agissait d'introduire un nouvel ordre de choses; lorsqu'il s'agissait pour ainsi dire de tout créer;

lorsque les membres épars et dispersés d'un vaste empire se réunissaient pour la première fois, après un siècle et demi d'isolement et d'oppression, comment était-il possible de dicter à chaque représentant des ordres particuliers?"[47] Mais dans le deuxième hypothèse, où les données du débat sont connues de tous à l'avance, un mandat illimité atteindrait à ce qui, pour Pétion, est un droit élémentaire des citoyens: celui de former les lois sous l'empire desquelles ils sont appelés à vivre.

Pétion, en l'occurrence très proche de Rousseau, préconise au fond la démocratie directe, mais sans nier pour autant les particularismes individuels, locaux, régionaux. En effet, pour lui la représentation, loin d'être un but en soi, n'est qu'un expédient auquel sont réduits les grandes nations.

> Pourquoi des peuples choisissent-ils des représentants? C'est que la difficulté d'agir par eux-mêmes est presque toujours insurmontable; car si ces grands corps pouvaient être constitués de manière à se mouvoir facilement et avec régularité, des délégués seraient inutiles et même dangereux.
> Il n'y a donc, je le répète, que la seule impossibilité, l'impossibilité la plus absolue où une nation nombreuse se trouve réduite d'agiter les grands objets politiques d'où dépend son bonheur, qui puisse autoriser à lui en ravir l'examen.
> Si cette vérité est claire et démontrée, il en résulte nécessairement qu'il faudrait prouver que lorsqu'un article de la loi est combattu et indécis, que les pouvoirs ne peuvent pas se concilier, il est impossible à la nation d'adopter un parti entre ces prétentions opposées; or je n'aperçois pas cette impossibilité.[48]

Mais, comment pratiquer, justement, cette démocratie directe lorsqu'une question impérieuse est mise à l'ordre du jour de la Nation? Pétion propose la formation d'"assemblées élémentaires," chargées d'éclairer la nation, qui est alors invitée à se prononcer par oui ou par non, exactement comme dans nos référendum actuels. Voilà qui prévient une des objections soulevées par Talleyrand, portant que le peuple ne peut trancher les grands objets politiques puisqu'il n'en est pas suffisamment éclairé. Les assemblées élémentaires d'instruction et de délibération permettent justement de lever cette objection. Et que l'on n'élève point de doutes, ajoute Pétion, sur la sagesse de ces délibérations, en invoquant l'ignorance, l'abrutissement, l'inaptitude du peuple à discuter des affaires publiques. L'héritage des Lumières rencontre ici l'enseignement de Rousseau, le principe de la souveraineté élargit l'idée—ou l'illusion—du progrès à la nation toute entière:

> il ne faut pas se laisser abuser par des mots; le peuple est la nation, et la nation est la collection de tous les individus; donc il n'est pas exact de dire en général et sans exception que le peuple est ignorant. Dans toutes les sociétés il est, je le sais, une portion des membres . . . qui n'a pas eu le temps de perfectionner son intelligence . . ., mais cette portion, il est plus facile qu'on ne croit de l'éclairer, de l'intéresser insensiblement aux affaires publiques et de lui inspirer le goût de l'instruction.
> Au moindre mouvement de la liberté vous voyez les hommes les plus abrutis sous le joug du despotisme jaloux de connaître leurs droits . . . Pourquoi (donc) retenir dans l'ignorance ceux qui ont le malheur d'y être plongés? Pourquoi profiter ensuite de cet état pour leur cacher leurs droits? Ils ne savent pas; donc il ne faut pas les instruire. Tel est le langage cruel que tiennent ceux qui ne veulent pas que le peuple délibère, parce qu'il n'est pas assez éclairé; certes, il ne le sera jamais, si on le prive des moyens de l'être.[49]

On le voit, Pétion a bien compris le sens profond du bouleversement de juin: il ne remet nullement en cause, consciemment ou sans le savoir, la souveraineté de la nation, mais cela ne l'empêche pas d'en refuser un des prolongements possibles, à savoir le mandat représentatif. Il lui préfère la démocratie directe qui est, effectivement et légitimement, tout aussi déductible de la souveraineté nationale. Le principe est le même, intact, c'est son exercice qui ne l'est pas.

Siéyès, lui, va emprunter résolument l'autre voie, celle du régime représentatif. Et d'entrée de jeu il s'efforce de prévenir contre les dangers d'une consultation directe et permanente des citoyens. Il y voit les risques d'une décomposition, d'un démembrement du corps national.

> Je sais qu'à force de distinctions d'une part, de confusion de l'autre, on en est parvenu à considérer le voeu national comme s'il pouvait être autre chose que le voeu des représentants de la nation, comme si la nation pouvait parler autrement que par ses représentants. Ici les faux principes deviennent extrêmement dangereux. Ils ne vont à rien moins qu'à couper, qu'à morceler, qu'à déchirer la France en une infinité de petites démocraties, qui ne s'uniraient ensuite que par les liens d'une confédération générale . . .
> . . . La France ne doit point être un assemblage de petites nations qui se gouverneraient séparément en démocraties; elle n'est point une collection d'Etats; elle est *un tout* unique, composée des parties intégrantes . . . [qui] . . . forment un seul tout.[50]

On reconnaît aisément ici l'interprète avisé et cohérent de la Révolution Constituante. Et c'est, en effet, des deux principes fondateurs du 17 juin—la souveraineté et l'égalité des droits—que part toute son interprétation. Siéyès reprend, en la développant, l'idée selon laquelle chaque mandataire représente la nation tout entière, perçus dans sa totalité indivisible. De là, il en arrive à interroger la notion de volonté générale, point de rencontre de l'individu et de la société, bien commun de la nation, dont il reste à définir le contenu. A cet égard, Siéyès est catégorique. "Ce n'est pas en compulsant des cahiers particuliers," prévient-il, "(que l'on) découvrira le voeu (des) commettants. Il ne s'agit pas ici de recenser un scrutin démocratique, mais de proposer, d'écouter, de se concerter, de modifier son avis, enfin de *former en commun une volonté commune.*"[51]

Or, qui sont les auteurs, les promoteurs de cette volonté commune? La discussion du principe d'égalité permet d'y apporter la réponse. Siéyès reconnait hautement l'égalité des droits,[52] mais il en déduit une conception inégalitaire de la représentation politique. Non que l'égalité puisse être aliénable à ses yeux. Ce qui est aliénable, c'est seulement le droit de la représenter. Tout citoyen qui doit obéir à la loi doit aussi concourir à la faire. Mais un tel concours, ajoute aussitôt Siéyès, peut s'exercer de deux manières.

> Les citoyens peuvent donner leur confiance à quelques-uns d'entre eux. Sans aliéner leurs droits, ils en commettent l'exercice. C'est pour l'utilité commune qu'ils se nomment des représentants bien plus capables qu'eux-mêmes de connaître l'intérêt général, et d'interpréter à cet égard leur propre volonté.
> L'autre manière d'exercer son droit à la formation de la loi est de concourir soi-même immédiatement à la faire. Ce concours immédiat est ce qui caractérise la véritable *démocratie*. Le concours médiat désigne le *gouvernement représentatif*. La différence entre ces deux systèmes politiques est énorme.[53]

Discuter cette différence revient pour Siéyès à commenter son choix du régime représentatif, le seul qui convienne au pays: non seulement parce qu'en optant pour la démocratie, la France signe à terme son propre éclatement, mais encore parce que la grande majorité des citoyens, cette "multitude" sans lumières, ces "machines de travail" ne possèdent ni assez d'instruction, ni assez de loisir pour s'occuper des lois qui doivent gouverner la France.[54]

Une telle argumentation est évidemment aux antipodes du voeu formé par

Pétion, de pouvoir arracher le peuple aux "ténèbres" de l'ignorance grâce à une participation plus active à la vie politique. Cet optimisme généreux laisse visiblement perplexe le brillant défenseur du Tiers Etat. "On a beau rêver au bien général de l'espèce humaine," observe-t-il dans un fragment inédit, "elle sera toujours divisée en deux parties essentiellement distinguées par la différence d'éducation et de travail."[55]

Les Lumières, les loisirs: voici établis en deux mots, les critères qui ouvrent l'accès aux affaires publiques. Siéyès les justifie au nom de la théorie de la division du travail, où la spécialisation des fonctions est un facteur déterminant du progrès. Se laisser représenter, aurait-il écrit dès 1770, est la seule source de la prospérité civile. Il en va de l'agriculture et de l'industrie comme de la politique.[56] A la formule jugée périlleuse de "citoyen législateur," Siéyès préfère donc celle de "citoyen électeur." C'est bien celle-ci qui va prévaloir en 1791.[57] Siéyès triomphe de Pétion, le mandat représentatif de la démocratie directe. Or justement que vaut ce triomphe?

IV

La question nous ramène inévitablement au point de départ, c'est-à-dire aux ambiguités de la Révolution de juin.

La première vise moins l'événement lui-même que ses promoteurs: les Constituants abolissent en juin 1789, du moins dans la lettre, le système représentatif qui les a érigés mandataires de la nation, celui là même qui leur a conféré leur légitimité juridique de députés. En "révolutionnant" la nature de la souveraineté, en fondant leur action sur un droit nouveau, ils annulent de leur propre chef le mandat qu'ils avaient reçu, tout en continuant à l'exercer. "Nous ne pouvons nous dissimuler," confessera Alexandre de Lameth dans son *Histoire de l'Assemblée Constituante*, "qu'emportés par l'amour de la liberté, nous avons dépassé les pouvoirs qui nous avaient été confiés. Le succès de nos opérations, le bonheur qui naîtra sans doute d'une Constitution égale et libre, seront notre excuse."[58] Argument puéril, embarrassé, qui assigne aux institutions futures de racheter les élans passés, de "fixer la Révolution" et surtout d'effacer une fois pour toutes ce qu'elle traîne encore d'inconciliable avec les principes, les figures, les emblèmes de sa légitimité.

La proclamation du 17 juin pose elle aussi problème. Il est évident que l'exercice de la souveraineté ne peut être effectif qu'une fois vérifiés les pouvoirs de tous les élus. Or les députés des communes bousculent une fois encore le droit, en se constituant Assemblée Nationale longtemps avant que ne soit achevée cette vérification. A ce moment précis le pouvoir qui les érige en interprètes de la nation n'a aucune légitimité politique effective. C'est un pouvoir moral, révolutionnaire si l'on veut, mais dénué de tout fondement juridique. Ainsi les auteurs de la Révolution Constituante devront-ils attendre quelques semaines encore, avant de se voir reconnaître de droit représentants légitimes de la nation. Ce droit qu'ils recouvrent et qu'ils exercent désormais pour liquider l'Ancien Régime est celui-là même qu'ils avaient violé pour faire leur révolution.

On l'a dit: pour achever la transformation des Etats Généraux en Assemblée Nationale, c'est à l'autorité du roi que les Constituants ont recours. Mais en reconnaissant à Louis XVI le pouvoir—et l'autorité—d'annuler les mandats impératifs, ils le désignent comme auteur en titre, ou du moins comme co-auteur de leur propre révolution.

Enfin l'ambiguité qui me paraît la plus importante, peut-être la moins bien connue et à coup sûr la moins facile à cerner: elle a trait aux prolongements, à la portée politique, à la potentialité explosive de la Révolution de juin.

Personne ne conteste que le contrôle des députés par leurs commettants n'a jamais été aussi étroit—de droit et de fait—que sous l'Ancien Régime. Mais il était circonscrit en même temps par des termes extrêmement précis: ceux du mandat. La proclamation du 17 juin, la déclaration royale du 23 (annulant les mandats impératifs) devaient affranchir les élus aux Etats Généraux de tout engagement juridique envers leurs électeurs. Voilà pour la théorie. Mais qu'en est-il réellement? Poser la question, c'est dire, au fond, la nécessité de tenter une relecture de la Révolution Constituante dans son ensemble (1789–1791). Je ne puis, dans ce cadre, qu'en indiquer quelques lignes de recherche.

Ce n'est pas un hasard si l'un des premiers à pressentir les dangers d'une emprise excessive du public sur l'Assemblée Nationale est un observateur anglais, rompu à la tradition—et au culte—du régime représentatif. Venu suivre les débats des Etats Généraux à Versailles, Arthur Young consigne ses premiers étonnements dans son journal daté du 15 juin 1789: "on permet aux spectateurs des galeries de battre des mains et de donner d'autres signes bruyants d'approbation. C'est grossièrement indécent et c'est dangereux aussi, car, s'il leur est permis d'exprimer leur approbation, la justice et la raison veulent qu'on les autorise à exprimer leur désapprobation: ils doivent pouvoir siffler aussi bien qu'applaudir et l'on dit qu'ils l'ont fait plusieurs fois; *ainsi, ils peuvent contrôler le débat et influencer les délibérations.*"[59]

Mais il y a plus: désormais les termes du "contrat" qui lie députés et commettants ne sont plus fixés à l'avance, par un cahier. A vrai dire ils ne sont inscrits nulle part. Ce sont les acteurs eux-mêmes qui les réinventent tous les jours au hasard des péripéties révolutionnaires. Et c'est précisément dans ce vide-là que s'installent le langage, les slogans, les figures de l'utopie révolutionnaire dont parle Tocqueville. Il se forme dès 1789 dans les bailliages des comités de correspondance qui croient jouer la démocratie directe "à la Rousseau" alors qu'en réalité ils en dénaturent le sens par une pratique d'ancien régime remodelée à leur guise. Comme plus tard les clubs et les sociétés populaires, ils s'improvisent gardiens de l'esprit révolutionnaire au nom d'une souveraineté qu'ils violent, et sur le mode d'un très vieux système qu'ils croient avoir aboli.

Et si nombre de mandataires s'y prêtent tant bien que mal, c'est qu'au fond ils partagent avec leurs commettants la même lecture mêlée, incohérente, superficielle, de la Révolution de juin: ils "réinventent" le mandat impératif au nom de la souveraineté nationale. D'où leur réticence, tout au long de la législature, à adhérer ou même à s'identifier à un "parti." L'inexpérience politique n'en est ni la seule, ni même la principale raison. L'espèce de convention tacite de refuser tout encadrement, fût-il le plus informel, tient avant tout au souci de ne prendre aucune initiative susceptible de rencontrer la désapprobation des commettants. Mirabeau, un des adversaires les plus conséquents du mandat impératif en fera l'amère expérience: ses tentatives répétées de former un grand "parti" constitutionnel n'emportent guère l'adhésion, même de ses admirateurs les plus fidèles à l'Assemblée.

"Ils répugnaient, notera Aulard, à s'enrégimenter et craignaient, en s'engageant d'avance à voter ensemble, d'aliéner leur liberté, *et surtout de manquer aux cahiers de leurs électeurs.*"[60]

Le plus surprenant, toutefois, est moins l'attachement obstiné au mandat impératif, que l'extraordinaire facilité avec laquelle il s'accommode du nouveau langage de la démocratie. Les tout premiers débats des Communes en témoignent déjà. "La pensée," écrit Aulard quelque peu agacé, "se noie à plaisir dans un déluge d'expressions abstraites, vagues, redondantes, de grand mots nouvellement forgés, des synonymes complaisamment accumulés . . . (Cette) prose triviale et si uniforme qu'elle semble émanée partout du même auteur," est pour les orateurs médiocres une sorte d'aubaine inespérée, une manière d'épouser leur temps: "d'infimes parleurs se tirent d'affaire, se font illusion, croient et font croire qu'ils ont prononcé un discours, parce qu'ils ont laissé tomber à la tribune une partie des mots du dictionnaire parlementaire."[61]

Quant au public, il aurait vite intériorisé sinon les nouveaux principes, du moins le nouveau langage: les débats pouvaient languir indéfiniment, les tribunes se lassaient rarement "de ces lieux communs et de ces dissertations un peu abstraites . . . Pendant deux années au moins, on fut sous le charme de cette éloquence politique dont la France lettrée avait si longtemps rêvé l'éclosion."[62]

Les figures du nouveau contrat social doivent leur séduction à leur efficacité illusoire, à leur extraordinaire élasticité qui tranche clairement avec les énumérations austères de la grande majorité des cahiers. C'est pourquoi elles peuvent servir les politiques, les factions, les stratagèmes les plus divers, tantôt un projet de constitution, tantôt une dénonciation, le triomphe du droit, ou celui de la guillotine. Leur seule légitimité tient, au fond, à leur capacité d'adaptation—rhétorique, polémique ou simplement démagogique—à la "souveraineté nationale" et à la "volonté du peuple": volonté écrasante et jamais définie, jamais fixée, toujours présente, et laissée entièrement à la discrétion de ceux qui s'en réclament, à condition qu'ils en possèdent les moyens.

Serait-il trop hardi de suggérer, en guise de conclusion provisoire, que le jacobinisme, comme système de légitimation du pouvoir est peut être déjà à l'oeuvre dès le lendemain du 17 juin? Une relecture plus systématique de la Révolution Constituante, au sein et en dehors de l'Assemblée proprement dite peut aider à y répondre. En étudiant les appropriations contradictoires, imaginaires, parfois meurtrières de cette nouvelle légitimité politique, on pourra mieux mesurer l'abîme qui sépare la liberté politique née en 1789 des apologies et des illusions auxquelles elle aura prêté son nom.

Notes

1. *Mémoire de M. le comte de Lally-Tollendal ou Seconde Lettre à ses Commetans* (Paris, janvier 1790), p. 23.
2. cf. F. Furet, "La monarchie et le règlement électoral de 1789," et R. Halévi, "La monarchie et les élections: position des problèmes," in ed. K. M. Baker, *The Political Culture of the Old Regime* (Oxford, 1987), pp. 375–386, 387–402.
3. Voir à ce propos notamment le discours prononcé par le comte d'Antraigues le 11 mai 1789 dans la chambre de la noblesse, in *Archives Parlementaires* (1ère série), 8:32–4.
4. E-J. Siéyès, *Qu'est-ce que le Tiers-état*, ed. R. Zapperi (Genève, 1970), p. 194.
5. *ibid.*, p. 195. C'est moi qui souligne.

6. *ibid.*, pp. 193–194.
7. Discours du 23 mai 1789, *Archives Parlementaires*, 8:52.
8. Siéyès, *op. cit.*, p. 189.
9. Propos rapportés par Malouet dans son intervention devant les communes le 8 juin 1789, *Archives Parlementaires*, 8:79.
10. *Biographie universelle*, art. Mounier par Lally-Tollendal.
11. *Archives Parlementaires*, 13:56–8.
12. Voir à ce propos l'étude de Lynn Hunt, "The National Assembly," in ed. Baker, *op. cit.*, pp. 403–415.
13. cf. notamment de Necker, *De la Révolution française*, 2 vols (Paris, 1797).
14. *Archives Parlementaires*, 8:54.
15. *Journal d'Adrien Duquesnoy, Député du Tiers de Bar-le-Duc, sur l'Assemblée constituante (3 mai 1789-avril 1790)* 2 vols. (Paris, 1894), cité par Hunt, *art. cit.*, p. 410.
16. Etienne Dumont, *Souvenirs sur Mirabeau et sur les deux premières Assemblées législatives*, (Paris, 1951), p. 73.
17. cf. *Archives Parlementaires*, 8:109–127 passim.
18. Malouet, *Mémoires* 2 vols (Paris, 1868), 1:318.
19. *Loc. cit.*
20. Grégoire, *Mémoires* 2 vols. (Paris, 1837), 1:380.
21. H. Carré de Malberg, *Contribution à la théorie générale de l'Etat* 2 vols. (Paris, 1920), 1:208. Sur l'interprétation que donne Carré de Malberg du concept de représentation voir J. Roels, "La notion de représentation chez Carré de Malberg," in *Anciens pays et Assemblées d'Etat*, (Louvain-Paris, 1963) 39:125–151; et du même auteur, 'Le concept de représentation politique au XVIIIème siècle', in *op. cit.*, 1969, vol. 45.
22. Carré de Malberg, *op. cit.*, p. 223.
23. Séance du 11 août 1791; voir *Archives Parlementaires*, 29:356.
24. Le mot est de Carré de Malberg, *op. cit.*, 2:242.
25. *ibid.*, 2:221.
26. *ibid.*, 2:263 sq; et Roels, *op. cit.* (1963), p. 131.
27. cf. à ce propos R. Chartier et D. Richet eds., *Représentation et vouloir politique, autour des Etats Généraux de 1614*, Paris 1982, notamment les contributions de R. Chartier; R. Halévi, "Modalités, participation et luttes électorales en France sous l'Ancien Régime," in ed. D. Gaxie, *Explication du vote, un bilan des études électorales en France* (Paris, 1986), pp. 85–105.
28. Cette célèbre phrase de Rousseau est tirée du *Contrat Social*.
29. cf. l'analyse de Carré de Malberg, *op. cit.*, 2:247–259; et le résumé de Roels, *op. cit.* (1963), pp. 127–130.
30. Seuls quelques pamphlets en traitent, ceux notamment de d'Antraigues, de Target, de Delandine.
31. ". . . les pouvoirs dont les députés seront munis devront être généraux et suffisants pour proposer, remonter, aviser et consentir, ainsi qu'il est porté aux lettres de convocation." A. Brette, *Recueil de documents relatifs à la convocation des Etats Généraux de 1798* (Paris, 1894), 1:85.
32. cf. l'article de J. P. Charnay, "Naissance et développement de la vérification des pouvoirs dans les anciennes assemblées françaises," in *Revue d'histoire de droit français et étranger* (n° 4, 1962), pp. 20–56.
33. Brette, *op. cit.*, 1:68, 85.
34. *Archives parlementaires*, 8:143 (art. 3 et 6).
35. Je reprends ici l'analyse de Carré de Malberg, *op. cit.*, pp. 249–253 résumée par Roels, "La notion de représentation chez les révolutionnaires français" in *Etudes présentées à la Commission internationale des Assemblées d'Etats (Dublin)* (Louvain-Paris, 1965), p. 157.
36. *Archives Parlementaires*, 8:201.
37. *loc. cit.*
38. *loc. cit.*
39. *De l'esprit des lois* (Bibl. de la Pleîade, 1951), liv. XI, chap. VI, p. 400.
40. *Archives Parlementaires*, 8:205. C'est moi qui souligne "seulement."
41. Ce sera le cas jusqu'à la fin de la législature. Je compte revenir prochainement sur la question.
42. A. Aulard, *Les Orateurs de l'Assemblée Constituante* (Paris, 1882), p. 54. C'est moi qui souligne
43. *ibid.*, pp. 54–55.
44. cf. notamment les interventions de Mounier, Lally Tollendal, l'abbé Maury etc . . .
45. *Archives Parlementaires*, 8:
46. *loc. cit.*
47. *ibid.*, p. 582
48. *loc. cit.*
49. *ibid.*, pp. 583–4.

50. *ibid.*, p. 593.
51. *ibid.*, p. 595 (C'est moi qui souligne). Une volonté, donc, qui s'élabore, comme chez Rousseau, non par le compromis ou l'addition d'intérêts particuliers, mais par la recherche du bien commun de la Nation.
52. "Deux hommes, étant également hommes, ont à un égal degré tous les droits qui découlent de la nature humaine," écrit Siéyès dans son projet de déclaration des droits; ". . . l'inégalité de droit est une chose impossible." "Reconnaissance et exposition raisonnée des droits de l'homme et du citoyen," in *Ecrits politiques*, ed. R. Zapperi (Paris, 1985), p. 19.
53. *Archives Parlementaires*, 8:594.
54. *loc. cit.* L'idée est déjà développée par le génevois De Lolme dans sa *Constitution d'Angleterre*, voir Roels, *op. cit.* (1969), p. 116, note. Montesquieu, sous une forme, il est vrai, moins abrupte, reconnaît les mêmes difficultés et les mêmes solutions. *op. cit.*, livre II, chap.II et liver XI, chap. VI.
55. "La Nation," in Zapperi, *op. cit.*, p. 89.
56. *ibid.*, p. 63. Sur le caractère "technocratique" du concept de représentation chez Siéyès, cf. Roels, *op. cit.* (1969), pp. 112–115.
57. La Constitution de 1791 dispose en effet que "Les représentants nommés dans les départements ne seront pas représentants d'un département particulier mais de la nation entière, et il ne pourra leur être donné aucun mandat." (titre III, chap. I, sec. III, art. 7). Voir aussi l'Instruction relative aux mandats impératifs votée le 8 janvier 1790. Sur les implications théoriques de ces dispositions et les "limites" du triomphe de Siéyès, voir Roels, *op. cit.*, pp. 127–138.
58. Lameth écrit ces lignes vers 1791.
59. A. Young, *Voyages en France, 1787, 1788, 1789* (Paris, 1976), 1:288–9. C'est moi qui souligne.
60. Aulard, *op. cit.*, p. 61. C'est moi qui souligne.
61. *ibid.*, p. 47.
62. *ibid.*, p. 53.

Part II

The New Symbolism

Presentation

BRONISLAW BACZKO

IL SERAIT assez difficile d'établir une frontière entre les problèmes abordés dans cette section et ceux qui nous sont proposés par la série de communications dans la section précédente. De toute façon, une telle frontière ne pourrait être que poreuse. Ainsi, pour ne prendre qu'un seul exemple, la remarquable communication de Keith Baker portait à la fois sur le *concept* de révolution ainsi que sur la *représentation symbolique* de celle-ci; du coup, elle peut servir de trait-d'union entre ces deux sections de ce volume. Il en est de même de la représentation de l'Ancien Régime: une formule synthétique, certes, dont le besoin s'impose au discours révolutionnaire pour mettre en évidence le caractère global du changement amorcé en '89, mais c'est aussi, sinon surtout, un symbole du caractère radical et irréversible de cette transformation ouvrant un *temps nouveau*. On pourrait prolonger cette énumération: en effet, les concepts clés du discours révolutionnaire sont autant d'idées-images: ils font partie de l'outillage intellectuel qui permet de penser la Révolution; mais ce sont aussi des représentations qui offrent des modèles de comportement individuel et collectif et, du coup, constituent autant *d'appels à l'action*.

Les communications dans cette seconde partie du volume se consacrent aux nouvelles représentations symboliques; l'accent est mis sur le terme *nouveau* mais c'est précisément leur *nouveauté* qui pose des problèmes assez complexes. D'une part, ses représentations symboliques, la Révolution les hérite des Lumières; d'autre part, sur ces représentations s'exerce pendant la Révolution tout un travail de transformation, de leur adaptation aux phénomènes nouveaux et aux situations politiques inédites. Remarquons enfin qu'au cours de la Révolution ces représentations perdent leur nouveauté et se banalisent, qu'elles souffrent de plus en plus de *l'usure* produite par le temps révolutionnaire, par la durée même de cette Révolution qui se prolonge à n'en plus finir. Autrement dit, nous retrouvons au centre des communications l'interrogation sur les rapports entre Lumières et Révolution, sur le rôle inspirateur des Lumières dans l'éclosion de la Révolution, problème classique, s'il en est, de l'historiographie révolutionnaire. Ce problème va pourtant de pair avec un autre, à savoir celui des rapports qui s'installent entre des représentations politiques *nouvelles* et leur *environnement mental* et *culturel* qui, au-delà des changements révolutionnaires, demeure largement traditionnel. Je ne me pro-

89

pose pas de résumer les communications mais uniquement d'en dégager quelques lignes de force ainsi que de soumettre au débat quelques réflexions qu'elles suscitent.

Lumières et révolution

Toutes les quatre communications soulignent que les hommes de la Révolution travaillent sur un terrain labouré par les Lumières. "Quand les hommes de la génération révolutionnaire pensaient la politique, ils le faisaient en termes qui étaient suggérés par Montesquieu et Rousseau," constate Norman Hampson. William H. Sewell ouvre sa communication par le rappel des formules devenues classiques, tirées du *Contrat social:* "Cette personne publique . . . prenait autrefois le nom de Cité, et prend maintenant celui de République ou de *corps politique* lequel est appelé par ses membres *Etat* quand il est passif, *Souverain* quand il est actif, *Puissance* en le comparant à ses semblables. A l'égard des associés ils prennent collectivement le nom de *peuple* et s'appellent en particulier *Citoyens* comme participans à l'autorité souveraine, et *Sujets* comme soumis aux loix de l'Etat." Sewell démontre que la Révolution avait à trouver une solution au problème que les contemporains se posent précisément en termes définis par Rousseau: transformer ceux qui n'étaient jusqu'alors que des *sujets* en *citoyens,* membres de la Nation souveraine; du coup, le *citoyen* est un des symboles clés de la Révolution, de Sieyès à Robespièrre (ou, si l'on veut, et pour respecter le cours des événements, de Sieyès à . . . Sieyès). Maurice Cranston souligne que la doctrine de la souveraineté de la nation est une des innovations fondamentales de la Révolution mais qu'elle était pourtant élaborée sur la base de l'héritage intellectuel et idéologique des Lumières, lui-même multiple et divisé. Certes, tous les "philosophes" partageaient l'exigence de la liberté, observe Cranston, mais cet accord ne pouvait se faire qu'en raison de l'ambiguïté notoire du terme même de *liberté.* Selon Cranston, les Lumières lèguent à la génération révolutionnaire trois modèles de souveraineté: le libéralisme constitutionnel élaboré par Montesquieu; l'absolutisme éclairé, où un individu, à savoir le prince éclairé, aurait le monopole du pouvoir qu'il mettrait pourtant au service des idées éclairées (modèle voltairien); finalement, le modèle rousseauiste dans lequel s'opère la transformation de la doctrine du pouvoir absolu du prince en celle du pouvoir absolu du peuple. Cranston trouve possible d'établir une sorte de corrélation entre ces modèles et des phases respectives de la Révolution: un libéralisme constitutionnel à la Montesquieu de 1789 jusqu'à 1792; la souveraineté absolue du peuple, d'inspiration rousseauiste, pendant la dictature jacobine; le régime napoléonien, enfin, correspondant au modèle d'absolutisme éclairé.

Philippe Raynaud se penche sur la doctrine des droits de l'homme, s'interroge sur sa cohérence ainsi que sur son originalité. Il n'est pas, peut-être, inutile de rappeler que la Déclaration des droits de l'homme qui à la fois exprime et codifie cette doctrine, est aussi, sinon surtout, une représentation symbolique. Figurée sous la forme d'une nouvelle table des lois, affichée dans tous les lieux publics, enseignée aux enfants qui l'apprenaient par coeur, la Déclaration est omniprésente, au moins jusqu'à la fin de la Convention, comme symbole de l'ère nouvelle. Philippe Raynaud insiste, lui aussi, sur l'heritage des Lumières qui fournissent les

bases à la doctrine et, partant, à la Declaration de 1789–1791; il souligne tout
particulièrement l'importance des idées rousseauistes qui ont marqué profondément la pensée révolutionnaire, ses origines ainsi que son évolution. Cela dit,
Philippe Raynaud met en évidence le rôle actif des constituants: ils procèdent à
une *sélection* dans l'heritage idéologique et intellectuel des Lumières en fonction
des problèmes *nouveaux* qui s'imposent en quatre-vingt-neuf et ils formulent leurs
propres réponses à ces problèmes. Je me limite à relever quelques points, particulièrement intéressants, de la communication de Philippe Raynaud, dense et stimulante. Ainsi il nous rappelle l'importance de Beccaria, un nom et une oeuvre trop
souvent oubliés dans les débats sur les antécédents intellectuels de la Révolution.
En effet, Beccaria visait une sorte de synthèse entre deux courants de la pensée
politique des Lumières: d'une part, le courant "libéral" qui met l'accent sur les
droits individuels et sur la libération de l'individu des contraintes extérieures;
d'autre part, le courant "absolutiste" qui insiste sur la puissance de l'Etat en
tant que garant des libertés et en tant que pouvoir à l'exercice duquel devraient
participer tous les individus, les citoyens. Le concept clé qui permet la synthèse de
ces doctrines, Beccaria le trouve dans la *loi* qu'il définie en s'inspirant de Rousseau.
La loi est à la fois l'expression de la volonté générale et de la volonté de chacun
des citoyens; d'autre part, la loi est universelle, elle s'impose à tous les citoyens,
sans aucune exception et ne tolère aucun privilège. Autre point que je tiens à
relever et qui fournit un excellent exemple d'adaptation par les constituants des
idées léguées par les Lumières à une nouvelle situation et à une nouvelle pratique
politique. Pour les "philosophes" le problème politique central consistait dans le
renforcement de l'autorité de l'Etat éclairé dont l'action s'efforcerait à *rationaliser*
la société, à la libérer des traditions désuètes, des privilèges, etc. Leur projet se
résume donc dans une *politique de la vérité,* réalisée par une série de réformes, ou
plutôt, par des réformes en série. Or, en '89, avec l'invention du concept de *pouvoir
constituant* qui se situe au centre du débat politique, la problématique change. La
question centrale porte désormais sur l'identité du souverain et, du coup, la politique de la vérité a comme condition de sa possibilité *une politique de la volonté:*
Ainsi dans le premier grand débat constitutionnel en été-automne '89, est rejetée
toute idée de pacte de soumission qui légitimerait le pouvoir royal existant. La
Déclaration des droits de l'homme est conçue comme renouvellement du *pacte de
fondation* dans des conditions spécifiques, celle d'une grande nation qui a, certes,
derrière elle une longue histoire et qui pourtant *n'a pas de constitution.* Les représentants de la nation reprennent ainsi l'exercice du *pouvoir constituant* et, du
coup, ils incarnent la *souveraineté de la Nation* ou, si l'on veut, ils identifient la
nation comme *pleinement souveraine.*

M'inspirant de ces communications, j'aimerais vous soumettre quelques
réflexions, autant d'interrogations, sur les rapports entre les nouvelles représentations symboliques et l'héritage des Lumières.

Retenons d'abord que ces nouvelles représentations et leurs symboles (la Déclaration des droits de l'homme mais aussi la cocarde tricolore, symbole de la nation
souveraine, etc) se propagent très rapidement et connaissent une très large acceptation. Cette assimilation rapide des symboles nouveaux constitue d'ailleurs, pour
reprendre notre débat d'hier, un bon indice du sentiment de vivre une situation
inédite et une rupture, qui s'installe dans l'opinion publique dès l'été-automne

1789. C'est aussi un indice important des attentes et des espoirs qui entourent l'expérience politique révolutionnaire, et cela dès ses débuts. Les Lumières n'ont pas seulement légué aux hommes de '89 un outillage conceptuel mais aussi un fonds d'attentes et d'espoirs portant sur un *ordre et un pouvoir politiques nouveaux*. L'ambiguïté notoire de l'outillage conceptuel, souvent relevée par les communications, favorisait la diffusion d'autant plus large des représentations symboliques nouvelles et, partant, des espoirs qu'elles véhiculaient.

Les représentations symboliques qui se confondent rapidement avec des événements qui eux-mêmes acquièrent une dimension symbolique, secrétent leurs propres illusions. N'en retenons que deux, d'importance capitale pour les acteurs révolutionnaires, et toutes les deux léguées d'ailleurs par les Lumières.

Je pense d'abord à la foi dans les *possibilités illimités de la politique,* du pouvoir politique et de l'Etat rationnel. Dans la deuxième moitié du XVIIIe siècle, grâce aux Lumières mais aussi grâce à l'expérience historique de la monarchie absolue, la dimension proprement politique de la vie collective connaît, pour ainsi dire, une incroyable promotion résumée le mieux, peut-être, par l'idée et l'idéal de *despotisme éclairé*. Les institutions et les hommes seraient quasi indéfiniment modifiables et, du coup, le pouvoir politique éclairé constituerait l'instance décisive de transformation de la société globale (Montesquieu partageait le moins cette illusion). Le pouvoir politique serait ainsi parfaitement apte à transcrire dans les faits les concepts et les valeurs élaborés par les Lumières; il disposerait des possibilités presque illimités de remodeler les institutions et les hommes. D'où sur l'horizon d'attentes de '89 la représentation symbolique de *l'homme nouveau* analysée par Mona Ozouf dans sa remarquable communication. D'où aussi, dans les cas d'échec politique dûs aux résistances au bouleversement politique, la tendance du pouvoir révolutionnaire à en rechercher les causes dans l'action des forces hostiles à la Révolution dont les intrigues, machinations et autres complots empêcheraient la marche victorieuse de nouvelles idées.

Autre illusion: les changements, les "révolutions" (qui fusionnent rapidement dans *la* Révolution, comme l'avait démontré Keith Baker) ne peuvent former qu'un phénomène historique de *courte durée*, aussi bref que rapide et, du coup, *contrôlable*. L'acceptation facile par l'opinion publique de nouvelles représentations politiques ne pouvait que conforter cette idée (n'oublions pas que, par exemple, la Déclaration des droits de l'homme a été élaborée très promptement, en une dizaine de jours, après un débat, certes, intense mais qui n'a connu, à vrai dire, qu'un seul véritable affrontement, à savoir sur les limites de la liberté religieuse et, partant, sur la reconnaissance du catholicisme comme religion d'Etat). Or, l'immense différence entre les "philosophes" et les acteurs politiques de '89 consistait, entre autre, dans le fait que les premiers travaillaient une matière intellectuelle, par contre ces derniers avaient affaire à un phénomène collectif particulièrement dense et complexe et qui devenait de moins en moins contrôlable et maîtrisable. C'était, peut-être, la plus grande surprise pour ceux qui en '89 étaient en train de devenir des "révolutionnaires." L'apprentissage politique le plus difficile qu'ils avaient à faire passait par la découverte du fait que la Révolution a sa propre durée, qu'elle engendre sa propre dynamique, qu'elle déchaîne des passions, bref, qu'elle ne se conforme pas au modèle offert par un changement purement intellectuel, celui d'évolution des idées, dont le coût social est relativement peu élevé. Les représentations symboliques héritées des Lumières occultaient plus qu'elles permettaient de comprendre le caractère inédit du phénomène révolutionnaire; plus la révolution durait, plus elles perdaient en transparence ce qu'elles gagnaient en historicité. Ainsi, devant les élites révolutionnaires se pose le problème de plus en plus urgent et complexe à savoir celui d'inventer *la gestion du temps révolutionnaire* ou, si l'on veut, de gérer cette Révolution qui n'en finissait pas, qui, ses victoires et échecs confondus, s'embourbait de plus en plus dans ses propres contradictions et impasses, dans les peurs et les espoirs qu'elle avait engendrés.

Erosion et usure

Analyser les nouvelles représentations symboliques, c'est donc les situer dans le temps révolutionnaire, et, du coup, examiner les contradictions qui les travaillent et qu'elles occultent par leur transparence illusoire. C'est aussi examiner leur évolution et les impasses sur lesquelles elles débouchent.

William Sewell analyse le concept de *citoyen passif* qu'il trouve à la fois logiquement contradictoire et contraire au projet politique de transformer les sujets en citoyens. Les constituants l'acceptent pourtant, sous l'influence décisive de Sieyès, et l'inscrivent dans la constitution de 1791, malgré les opposition du "côté gauche." En effet, selon la définition de Rousseau que nous avons citée, être citoyen, c'est participer à l'exercice du pouvoir souverain par le peuple; selon cette formule le citoyen, par définition, ne peut être qu'*actif*. L'Assemblée a emprunté à Rousseau le concept de souveraineté illimitée du peuple afin de définir son propre pouvoir constituant. Par contre, elle n'a pas suivi les principes du *Contrat social* en définissant la citoyenneté, de même qu'elle ne les a pas suivis en installant le système représentatif et non pas une démocratie directe. (Dans ce dernier cas on pouvait, au moins, se référer à l'autorité de Rousseau lui-même qui, dans ses *Considérations sur le gouvernement de Pologne*, se prononça pour la conservation du système représentatif dans une Pologne réformée et cela en raison de la grande taille du pays et de ses traditions politiques spécifiques.) Cela dit, la distinction entre citoyens actifs et citoyens passifs, tout en provoquant des débats passionnés sur les principes fondateurs de la démocratie, masquait le clivage réel qui se manifestait dans le pays lors de chaque élection, à savoir entre ceux qui participaient au vote et l'immense majorité composée de tous ceux qui s'abstenaient car ils n'avaient aucune habitude de faire usage des droits politiques qui leur ont eté concédés. Il est d'ailleurs frappant que la distinction entre les citoyens actifs et passifs provoque un débat parmi les "actifs" et trouve peu de résonance chez les "passifs" qui ne semblaient pas être trop préoccupés par leur exclusion de l'exercice de la souveraineté.

J'ai trouvé très stimulantes les observations de William Sewell sur les "citoyennes." En effet, à partir de 1792, le discours révolutionnaire accepte de plus en plus souvent la formule *Citoyens et citoyennes* pour désigner les destinataires de son message. Or, les femmes ne disposent d'aucun droit politique et, dans ce sens, les appeler *citoyennes* n'est qu'une formule rhétorique creuse, dépourvue de tout contenu politique réel. Les tentatives, d'ailleurs très restreintes, de quelques clubs féminins révendiquant des droits politiques pour les femmes, débouchent toutes sur une fin de non-recevoir et cela de la part de toutes les tendances politiques confondues, les jacobins en tête. Ainsi, la représentation symbolique nouvelle, celle du *citoyen*, ne remettait guère en cause les représentations collectives traditionnelles de la femme, de son rôle social limité aux fonctions domestiques et familiales. On se servait donc du terme *citoyenne* un peu à l'instar de l'expression familière *ma bourgeoise* . . . Exemple combien frappant d'un phénomène plus général: les nouvelles représentations symboliques ainsi que les nouvelles institutions, de nouvelles formes d'action collective etc, s'installent et fonctionnent dans un *environment culturel et mental* traditionnel, s'amalgament avec des comportements et attitudes "archaïques." Nous recontrons ainsi les questions capitales soulevées par Colin Lucas dans son analyse novatrice et stimulante des foules révolutionnaires, à la fois "modernes" et "archaïques."

Norman Hampson retrace l'histoire et l'évolution du terme *patrie*. De cette analyse, très riche, j'ai retenu tout particulièrement trois éléments: A) Le passage des *patries*, au pluriel, à la *patrie*, exaltée et glorifiée (cette évolution serait-elle à mettre en parallèle avec le passage des *révolutions* à la *révolution*, analysé par Keith Baker?). Il est frappant que la *patrie* est ainsi conçue d'une part comme une association contractuelle de personnes indépendantes, donc comme une *Gesellschaft*, et, d'autre part, comme une communauté assignant un rôle et un comportement à ses membres réunis par des liens affectifs, donc comme une *Gemeinschaft*. B) L'identification de la patrie à la République, dont le discours politique jacobin, notamment celui de Robespierre et de Saint-Just, fournit un exemple remarquable. Du coup, c'est la *vertu* (et non plus l'*honneur*) qui est exaltée comme valeur suprême des "patriotes"; cependant cette valeur est appropriée et monopolisée par les gouvernants. C) Finalement, après Thermidor, une disjonction s'opère entre *vertu* et *patrie*; du coup, le *nationalisme* conquérant s'impose comme valeur suprême appelée *à régir* la vie collective.

En examinant la propagation de la représentation de la *nation souveraine*, Maurice Cranston insiste toute particulièrement sur les contradictions qui marquent ce processus. A la représentation traditionnelle: "la France, oeuvre des rois," la Révolution substitue une représentation nouvelle où la nation est ontologiquement indépendante de la monarchie. Cela dit, lors de l'étape républicaine la distinction entre *souveraineté* et *gouvernement* s'efface trop facilement. La *nation souveraine* n'existe que dans le discours idéologique; la souveraineté n'est pas réellement exercée par le peuple car elle est confisquée par le pouvoir qui parle au nom du peuple. Ainsi, la Révolution ne marque qu'une étape dans le processus historique de l'enracinement de l'idée de nation souveraine dans les mentalités ainsi que dans les comportements politiques.

Philippe Raynaud analyse très pertinemment les ambiguïtés inhérentes à la Déclaration des droits de l'homme de 1789–1791. Elle s'inspire largement de la pensée rousseauiste mais l'empreinte de l'oeuvre de Sieyès montre à quel point cet héritage est repensé et remanié (d'où, par exemple, la présence des formules indécises, hésitantes entre la démocratie directe et le systéme représentatif). On a trop souvent lu la Déclaration dans la perspective et à la manière jacobine en mettant l'accent sur l'exaltation de la *volonté générale*. Or, dès ses origines la Déclaration se prête à des lectures multiples qui vont du quasi-anarchisme de Godwin au culte jacobin de l'Etat-législateur. En effet, la Déclaration s'efforce à apporter une solution au problème capital de la démocratie moderne: comment opérer la synthèse entre deux types de liberté résumés bien par la formule anglaise: liberty from/liberty for. Il s'agit, d'une part, de la liberté conçue surtout comme *protection* de l'individu contre les intrusions de l'Etat, et, d'autre part, de la liberté conçue surtout comme *participation* de chaque citoyen à la prise de décisions qui concernent le destin de la communauté, de l'Etat-nation, dont il fait partie. De même, la Déclaration pose un autre problème capital: comment concilier l'affirmation de la liberté individuelle avec l'exigence d'une certaine justice sociale (problème qui ressortira encore plus nettement de la Déclaration de '93). Quoi qu'il en soit des réponses à ces questions, souvent incertaines et hésitantes, Burke avait raison en affirmant que la Déclaration ouvre une période *d'artificialisme politique*, de l'ouverture permanente de l'espace politique sur un avenir indéterminé; du coup, elle ouvre aussi une période d'*instabilité politique*, de controverse portant sur le fondement même du corps politique. Or, le paradoxe consiste dans la conviction intime ainsi que dans la volonté ferme des acteurs politiques de '89 d'installer, certes, un régime nouveau mais qui se distinguerait précisément par sa stabilité. La Déclaration ne faisait que proclamer comme autant d'évidences les droits inaliénables, naturels et sacrés de l'homme; l'ordre public fondé sur de tels principes ne devrait-il nécessairement échapper aux vicissitudes de l'histoire?

En guise de conclusion à ce rapport, une observation: je trouve assez remarquable que toutes ces représentations symboliques soient sous-tendues par la représentation de la Nation *une*, composée de citoyens formant un tout moral indivisible, homogène et cohérent. L'analyse de la devise républicaine, de sa formation et de sa diffusion, qui devait compléter cette série de communications, confirmerait, il me semble, cette thèse.

Certes, la Révolution ne se faisait qu'au travers des déchirements et des conflits; inutile d'insister sur la diversité d'opinions qu'elle engendra, sur l'extraordinaire explosion de la presse, des clubs, sociétés patriotiques et populaires. Cela dit, l'imagination et la pensée politiques demeurent bloquées par la représentation de l'*unité*, de la Nation une et indivisible. Les scissions et les divisions sont considérées comme passagères, comme une sorte d'épiphénomène; au-delà devait s'affirmer l'unité fondamentale de la Nation, voire du peuple, union patriotique et fraternelle qui serait plus qu'un simple consensus sur quelques principes de base. A cette représentation est intimement liée une autre, à savoir celle de l'*exclusion* du corps politique de tous ceux qui ne sont que des diviseurs, des éléments nocifs à l'unité de la Nation, donc étrangers à celle-ci. L'appropriation et, à la limite, le monopole du discours exprimant l'*unité* représentait ainsi un enjeu politique et idéologique de la plus grande importance.

Autrement dit, on pourrait s'interroger si et dans quelle mesure les nouvelles représentations symboliques mettent aussi en évidence les limites de la pensée et de l'imagination révolutionnaires. La Révolution invente, certes, les modèles de démocratie moderne mais elle le fait à un stade encore assez rudimentaire de l'élaboration de celle-ci. L'espace politique est pensé en termes d'identité du souverain et d'exercice de la souveraineté, de modalités de représentation et de rapports entre celle-ci et la démocratie directe, etc. Il serait difficile de surestimer l'importance de tous ces problèmes pour l'élaboration de la culture politique moderne. Cela dit, les hommes politiques et les idéologues de la génération révolutionnaire n'arrivent ni à imaginer ni à penser ce même espace politique comme nécessaire-

ment divisé en tendances politiques opposées, donc comme un espace nécessairement *conflictuel et contradictoire*. D'où leur représentation de la politique comme
mode et lieu d'expression de l'unité fondamentale de la Nation souveraine; d'où
aussi la recherche permanente des mécanismes régulateurs, notamment constitutionnels, qui protégeraient la politique contre les "factions," les "associations
partisanes," etc. Je me demande si un des paradoxes de la Révolution et, du coup,
les difficultés à comprendre le caractère spécifique de sa culture politique ne viennent pas du fait que la politique révolutionnaire s'efforce à inventer un système
politique *moderne* qui n'aurait ni à assumer ni à gérer les conflits, les divergences,
les déchirements, etc qui lui sont pourtant inhérents. Autrement dit, les représentations symboliques nouvelles que nous analysons ne seraient-elles à situer dans une
durée plus longue que la période révolutionnaire, à savoir celle de l'*apprentissage
collectif de la démocratie* qui va se faire au-delà de la période révolutionnaire, tout
au long du XIXe siècle. Ce ne serait qu'un truisme que de constater que, par
définition, un tel apprentissage n'est jamais achevé ni définitivement acquis.

CHAPTER 5

The Sovereignty of the Nation

Maurice Cranston

THE doctrine of the sovereignty of the nation is one of the most conspicuous, and lasting, innovations of the French Revolution. The two concepts which it brings together are both modern, "sovereignty" having first come into prominence in the writings of Bodin, "nation" in those of Montesquieu and Rousseau. There is no exact equivalent of those two words in classical Latin or Greek, or of the concepts in the theories of Plato, Aristotle or Cicero. Yet in a certain sense, what we have in mind when we speak of the "sovereignty of the nation" is implicit in the Roman idea of a "republic" and the Greek idea of a "democratic city." And indeed the revival of interest in classical antiquity contributed something to the emergence of modern revolutionary ideologies in which the "sovereignty of the nation" is asserted.

The formulation of those ideologies of course preceded the events which we like to date from July 14, 1789. Tocqueville made the political theorists of the Enlightenment generally responsible for the ideological inspiration of the French Revolution, without however specifying which particular theorists were the progenitors of which particular notions. The *philosophes* of the Enlightenment were by no means agreed among themselves on the subject of politics. If they were unanimous in their demand for liberty, that is only because "liberty" is such a richly ambiguous word: they did not at all agree as to how liberty was to be understood, let alone as to how it was to be instituted and preserved.

They did not even seem to agree about sovereignty. We need do no more than consider how sovereignty is regarded in the three main streams of political thought of eighteenth-century France: enlightened absolutism, liberal constitutionalism and republicanism. The leading exponent of the first is Voltaire, of the second Montesquieu, and of the third, Rousseau. Their respective arguments may be summarized as follows:

(1) Enlightened absolutism invoked the principle of individual sovereignty, the monopoly of *la puissance absolue* by a single prince being seen as the necessary instrument for the imposition of a truly progressive *régime*. Voltaire owed much to the teaching of Francis Bacon; he was thrilled by Bacon's vision of a world in which science had banished superstition to impose the rule of reason and tech-

nology, a grand design, which could only be achieved by an efficient, centralized and all-powerful sovereign.

(2) Liberal constitutionalism demanded a division of sovereignty between the Crown and other constitutional bodies such as the *parlements*, the Church, and various provincial or seigneurial authorities. The division and separation of the powers was advocated by Montesquieu as a formula for preventing any one authority in the kingdom from becoming despotic. The secret of preserving liberty, he argued, was for the constitution to be so arranged "that power checks power." Where Voltaire looked to Francis Bacon, Montesquieu looked to John Locke for his political philosophy.

(3) Republicanism shared with absolutism a belief in unified sovereignty, and a contempt for divided sovereignty as something medieval. Rousseau's contribution was to transform the doctrine of the absolute sovereignty of Kings into a doctrine of the absolute sovereignty of the people.

If, then, we are to accept Tocqueville's argument that the *philosophes* of the French Enlightenment were the ideologues of the French Revolution, we should have to narrow the analysis, and suggest:

(1) That in the early phase of the French Revolution, led by such politicians, as Mirabeau, who sought to introduce a parliamentary monarchy, the guiding light was that of Montesquieu and liberal constitutionalism.

(2) That in the second phase of the Revolution, which brought to power such men as Robespierre, who abolished monarchy to institute a republic, the inspiration was that of Rousseau and republicanism.

(3) That the final phase of the Revolution, which witnessed the mutation of the Republic into an Empire under the domination of Napoleon, may be seen as the enactment of the programme of enlightened absolutism advocated by Voltaire and his friends.

Now although these three doctrines—liberal constitutionalism, republicanism and enlightened absolutism—are all part of the political theory of the Enlightenment, then can each be seen as a continuation of, or a revised formulation of, political doctrines that date from the seventeenth and even the sixteenth century. Montesquieu was not altogether unfairly considered by his critics to be the exponent of a new form of the old *thèse nobiliaire*, according to which the ancient constitution of France had established the King as the first peer of the realm, subject to the law as defined by the noble magistrates of the *parlements*. Voltaire was seen, with as much justice, as restating the old *thèse royale*, according to which the king was the source of the law, standing above all the other estates of the kingdom in order to rule for the good of his subjects as a whole.

Thus both the liberalism of Montesquieu and the absolutism of Voltaire were well rooted in French political experience; moreover both the *thèse royale* and the *thèse nobiliaire* had had prominent champions in the French political science of earlier generations. On the other hand, the *thèse republicaine*, before Rousseau expounded it in *The Social Contract*, was something altogether utopian, based on a certain yearning for the glories of the ancient world. The transformation of France from a kingdom into a republic was not contemplated as a realistic possibility before the later eighteenth century, whereas the remodelling of France according to the *thèse royale* actually took place in the seventeenth century, and the restoration of the old constitution, and the implementation of the *thèse nobi-liaire* was constantly demanded by the French *parlements*, once they had been re-animated by the Regent in 1715.

Nevertheless the myth of republican freedom had an undoubted charm for the French imagination. It came to France with many other elements of Renaissance humanism from Italy (where republican government was, in several places, part of modern experience); it was encouraged—perhaps not altogether deliberately—by the kind of classical education which Jesuits and other Catholic scholars gave to the sons of the French upper-classes. Even Montesquieu himself in his early writings proclaims the moral superiority of a republican system, and indeed seems to have had high hopes as a young man of finding such superiority in the republics of modern Europe. It was only when he was disillusioned by what he saw with his own eyes in Venice, Genoa, Lucca and Holland, and delighted by what he saw afterwards in the constitutional monarchy of England, that Montesquieu forsook his romantic adhesion to the republican ideal, and developed that Whiggish, Lockean system which his enemies called a revised version of the *thèse nobiliaire*.

Ironically perhaps, Voltaire, too, in producing what his enemies called a refor-mulation of the *thèse royale*, thought of himself as importing into France ideals derived from the political science of England: a place both Montesquieu and he agreed in calling a "mirror of liberty."

Where these two philosophers differ most categorically is on the subject of sovereignty: Voltaire demanding that it must be united in one *puissance absolue*; Montesquieu that it must be divided among separate powers. But Voltaire agrees with Montesquieu at least in holding that the sovereignty of the prince is, in some sense or other, vested in him by the people. Voltaire is not among those adherents of the *thèse royale* who claimed that the monarch's sovereignty derived from God; he was not a disciple of Boussuet or any other theorist of the Divine Right of Kings. Voltaire's absolutism was as secular as that of Bacon or Hobbes. And like them, he held that the prince, being once invested with sovereignty by the people, must exercise alone a monopoly of power in the kingdom.

No champion of the *thèse nobiliaire* had ever claimed divine right for the nobility, or could reasonably do so. The share of the sovereignty enjoyed by the intermediate estates was taken to derive from their representative character, rep-resentative, that is to say, of the people of the kingdom.

Only cynics such as Voltaire protested that the nobility represented the nobility and nobody except the nobility. The self-image of the feudal aristocracy was that of a body of heads of those "families" of which the population of France was composed: they believed that at the foundation of the kingdom their ancestors, on behalf of the French, had designated the dynasty to occupy the throne—and that alone was the source of such authority as the King possessed.

The *thèse republicaine* asserted, in contrast both to the *thèse royale* and the *thèse nobiliaire*, that the people itself should continue to participate in the sovereignty of the state. The regime of republican Rome was the Senatus Populusque Romanus. The Senators, and the first magistrates of the State, were the nominees of living citizens, and if not directly elected at any rate the chosen officers of the people. However, in traditional republican theory, it is not clear in what sense sovereignty can belong at the same time to the people *and* their officers. Rousseau clears up this uncertainty. In his formulation of the *thèse republicaine* sovereignty is always retained by the people themselves, while something distinct from this, which Rousseau calls "government," is exercised by the officers or magistrates. In *The Social Contract* Rousseau offers an outline of a republican constitution, which is designed to make popular sovereignty something more than an empty formality.

In a sense *The Social Contract* was Rousseau's answer to the political theory of Hobbes (itself intended to be, if not in the event proving to be, a novel defence of royal absolutism). As Hobbes envisaged the human predicament, men could escape the hazards and horrors of anarchy only by agreeing to transfer all their rights to a single ruler or sovereign who would use his *puissance absolue* to hold everyone in awe. Men exchanged the right to liberty for the rule of law, since they could not have both.

Rousseau suggested, on the contrary, that men could have both liberty and law if they set up a republic in which they ruled themselves. This sounds all very well. But how can men rule themselves? We can speak sensibly of one man ruling others by imposing his will on them. We can even speak sensibly of a man ruling himself by obeying the principles which his own mind, or will or conscience, imposes on his actions. But how can a plurality, or series or collectivity of men rule itself, when each man who is there has his own separate and distinctive will? We all know that men constantly disagree among themselves as to what each wants done and as to how what everyone desires is to be achieved. Human beings are individuals with separate wills and opinions, bound to conflict with one another. How could a series or plurality of men, thus composed of many differing wills, "rule itself?"

Rousseau's answer is seductively simple. If the members of the series transform themselves from a series of men with many wills into a group with a common will, they can cease to be a number of people and become "a people." This common will Rousseau calls "*la volonté générale*"—a will directed to the public good as distinct from private good; and its presence is necessary for the institution of— and the continued existence of—the kind of civil society in which men are at the same time free and subject to laws, that is to say, an authentic republic. A contract among individuals to form a society brings into being an entity which can "rule itself."

This, then, is how Rousseau develops the concept of sovereignty. Sovereignty is the enactment of the laws, and this, he argues, is something the people must do in person, gathered together in the flesh for the purpose of doing so. Government— that is, the execution of the laws, the administration of public affairs, and the management of policy—is the business of the magistrates. Democracy is not a realistic option. Only the laws, in the strictest sense of laws, come within the province of sovereignty. Political decisions, including such matters as the choice of the national religion, come within the province of government.

Rousseau's concept of a general will is often dismissed as a rather absurd notion, but it is a crucial element of his system. Without it, republican theory must lean heavily on a concept of representation: the senators and officers rule as representatives of the people. But Rousseau had no patience with representation—he saw that it could equally serve to justify a parliamentary monarchy of the sort favoured by Montesquieu, even a representative, or popular, despot. He needed his concept of a *volonté générale* to explain how, in a republic, a people could be ruled, not by its "representatives," but by itself.

Rousseau's formulation of the *thèse republicaine* has another singularity. Although it was inspired in part by his image of Sparta, it did not derive principally from dreams of the ancient world. It was based on the lived experience of an actual republic in the modern world—one Montesquieu did not study; the tiny city-state of Geneva where Rousseau was born and of which (until the age of 50) he was proud to proclaim himself a citizen. As Rousseau himself explained in the *Lettres écrites de la montagne*, he had not intended with *The Social Contract* to depict another abstract utopia, like Plato's *Republic*, but to present the constitution of Geneva as a concrete model to the world. He offered the republican system as something practicable. And although he insisted that such a constitution was not suited to large nations, his admirers in France ignored his warning (especially after the Americans had succeeded in setting up a republic in the vast expanses of the New World); and Rousseau's "model to the world" was read as a "model for France."

Rousseau had yet another idea on which the French revolutionists laid their hands: the idea of the nation, which he built around one adumbrated, if not fully expounded, by Montesquieu.

In conventional political thinking, France was a kingdom, and the existence of a kingdom depended on the continued presence of a King. The royalists, as is not surprising, put great emphasis on this. Voltaire himself had much to say about France being the creation of its kings. The French kings (especially the Bourbon monarchs) had "made" France by bringing together under their royal sovereignty people who had been divided by their feudal lords and religious leaders into warring packs and sects. Bound together under one supreme lord, and united in their common enjoyment of the King's peace, the French became "a people." The Kingdom, as a society of subjects produced in its turn, a society of patriots, a society of persons living willingly together under the same sort of laws and customs, that is to say, a nation.

Neither Montesquieu nor Rousseau could accept such a conception of the nation as a product of royal domination. Both the liberal constitutionalist and the republican needed to have society prior to the institution of civil government: the former, so that society should be there in order to vest the sovereignty in the several powers; the latter, so that society should be there in order to exercise sovereignty itself. Thus both Montesquieu and Rousseau assign to the nation an ontological status independent of that of the kingdom.

In the "Myth of the Troglodytes," which appears in Montesquieu's early *Lettres persanes*, he suggests that a republic is a sort of family, but he wanted to give no support to the royalist idea that the nation was a family writ large held together by a patriarchal figure of the king. In his later writings Montesquieu depicts the nation as what would nowadays be called a sociological group, held together by the shared experiences and shared volition of its members, their customs, language, tradition, and *esprit*. This "general spirit" or "national spirit" has been explained as "the way of behaving, thinking and feeling a particular collectivity" which enables that collectivity to constitute a civil society.

Montesquieu though it important to distinguish between the social and political.

His argument was that societies are natural, but political institutions conventional. His belief in man as a naturally social animal kept him close to Aristotle, and set him apart from such social-contract theorists as Hobbes before him and Rousseau after him. He dismissed as absurd the enquiry of philosophers into the origins of society; if men had fled from one another, he suggested, that phenomenon would have required explanation, but no explanation was needed as to why men lived together in communities. But while thus denying that societies were contractual in origin, Montesquieu subscribed to a contract theory of the origin of government, and was to that extent a follower of Locke; he rejected the concept of a *pacte d'association* but accepted that of a *pacte de soumission*. The *pacte de soumission* established the constitution, and the constitution, in turn, established the fundamental laws and then conferred their legitimacy on the different orders of the state. Different nations set up different institutions, under the influence of their particular climatic, geographical and historical circumstances, which governed to a large extent the particular *esprit général* of the people. The English had set up a constitution which divided the sovereignty between Crown, parliament and the courts. The French, having a somewhat different *esprit général*, had, when they constituted their kingdom, divided the sovereignty between Crown, Church and nobility. A correct equilibrium between these *puissances* was, for Montesquieu, the only protection against despotism and the only formula for liberty.

I have spoken of him as he was spoken of by his critics as an adherent of the *thèse nobiliaire*, and to a certain extent he was, since he argued that the national interest and the interest of the *noblesse de robe* were one, but he offers something very different from the old *thèse nobiliaire*, according to which the King was the first peer of France, and indebted to his fellow peers for his legitimacy; Montesquieu proclaims the more liberal—or Lockean—thesis that the King derives his share of the sovereignty from the people, or the nation, as do the "intermediary powers," which, as Montesquieu once expressed it, "constitute the nature of monarchical government."

Rousseau's conception of the nation is developed out of Montesquieu's; and even his notion of *la volonté générale* has certain marked affinities with Montesquieu's *l'esprit général*. But, as we have seen, he makes the nation a creature of will in a much more precise way than does Montesquieu. Since he does not share Montesquieu's belief that human societies are natural, he has to explain how they come to be formed by contracting individuals. Where Rousseau follows Montesquieu is in what might be called his political sociology, in what he has to say about the factors which lead men to will to live together as members of the same civil society.

Unlike some of his followers among the nationalists of the nineteenth century, Rousseau never associates the idea of the nation with race. He speaks, as does Montesquieu, of climate, but he puts more emphasis on shared language, customs, morals, as factors which give each nation its character. For Rousseau the boundaries of the nation are by no means necessarily political boundaries, or the boundaries of the state. In *La Nouvelle Héloïse*, we find St. Preux writing in one of his letters: "Plus j'approchais de la Suisse, plus je me sentais ému . . . La vue de mon pays, de ce pays si chéri . . . cette terre riche et fertile, ce paysage unique, le plus beau dont l'oeil humain fut jamais frappé . . . tout cela me jettait dans des transports que je ne puis décrire."

It hardly needs saying that Switzerland at that time was *not* a state, but the loosest of confederations, and that Saint-Preux's own *pays*—the Pays de Vaud—was not even a free canton but a province subject to Leurs Excellences de Berne.

The nation, for Rousseau, precedes the state; but once the state is instituted it does much to sharpen, among its members, their sense of being members of that nation, their material pride and their patriotism. "National institutions form the genius of a people." Here he stresses the importance of education and culture—particularly *folklorique* culture. "It's in the rural areas that the country is made; and it is the rural people who make the nation." In his later writings on politics—*The Project for a Constitution for Corsica* and *The Government of Poland* he insists again and again on the need to cultivate *l'amour de la patrie* or patriotic zeal: "Un enfant, en ouvrant les yeux, doit voir la patrie, et jusqu'à la mort ne doit voir qu'elle." This is something one does not find in Montesquieu, who is more typically a man of the Enlightenment in his cosmopolitan outlook, moderation and urbanity. In any case, from his perspective there is no need to whip the people up into patriotic fervour; to do so may indeed, in a kingdom, only serve to inflate the ambitions of the King. For Montesquieu, the people have already enacted their role in establishing the constitution; all that is afterwards required of them is mute assent to the correct exercise of the sovereignty by those empowered to exercise it.

But Rousseau, who wants the people to be active in perpetuity, needs to have them always alert to their duties as citizens of a republic. Renan once defined the nation as "a plebiscite repeated every day" and this is a very Rousseauesque thought with its emphasis on the will of the citizens as the origin of the nation's existence. Similar things are said in the Republican phase of the French Revolution: the rhetoric of patriotism had never been so loud under the Bourbon Kings; drums and flags and the emblems of national glory had never been so much in evidence. The Orators of the revolutionary republic could say to the people: "Love your country; because at last it is your own."

Had Rousseau lived long enough to witness the events of the 1790s he would have accused the revolutionists of cheating in the use they made of his doctrine. Robespierre, St. Just and other devoted readers of Rousseau among the republican leaders claimed that the sovereignty of the nation had been conferred on the people while they, the leaders, merely exercised the government; but in fact the people of France were given no opportunity to exercise sovereignty according to the procedures laid down by Rousseau, and the only law was what Robespierre and his colleagues commanded. However, the distinction between "sovereignty" and "government" is sufficiently subtle for abuse of this kind to occur very easily. Rousseau himself predicted that the holders of government office in a republic would trespass more and more on the province of sovereignty until they had taken it over completely. In the French Revolution, the republican leaders never conferred sovereignty on the people, but only pretended to do so. Even so, a taste of this somewhat bogus republican freedom was enough to give many Frenchmen a taste for the real thing. The ideology of republicanism, to which Rousseau made such a signal contribution, took root.

At the beginning of this paper I indicated some measure of assent to Tocqueville's assertion that the *philosophes* of the Enlightenment provided the ideological inspiration of the French Revolution; but that assent must be heavily qualified.

(1) The constitutionalist politicians of the early phase of the Revolution betrayed the principle of the "separation of the powers" as they struggled to monopolize power in their own hands. The suggestion that the *Tiers-État* was uniquely representative of the nation was wholly alien to Montesquieu's philosophy.

(2) The Jacobins of the republican phase invoked Rousseau's ideas of *la volonté générale* and popular sovereignty, but rejected the political structures and procedures which Rousseau held to be necessary to their realization.

(3) The regime of Napoleon I, if it had at the outset much in common with the enlightened absolutism favoured by Voltaire, forsook the cult of science for that of military conquest of a sort for which Voltaire had always expressed the most profound disapproval.

CHAPTER 6

Le citoyen/la citoyenne: Activity, Passivity, and the Revolutionary Concept of Citizenship

WILLIAM H. SEWELL, JR

> Cette personne publique . . . prenoit autrefois le nom de *Cité*, et prend maintenant celui de *République* ou de *corps politique*, lequel est appellé par ses membres *Etat* quand il est passif, *Souverain* quand il est actif, *Puissance* en le comparant à ses semblables. A l'égard des associés ils prennent collectivement le nom de *peuple* et s'appellent en particulier *Citoyens* comme participans à l'autorité souveraine, et *Sujets* comme soumis aux loix de l'Etat.[1]

This familiar passage from Rousseau's *Du contrat social* specified the core definition of the term "citoyen" in eighteenth-century discourse. As compared to the term "sujet," which implied subjection not only to the laws of the state but to the person of the monarch, "citoyen" implied an active participation in public affairs, and above all an active participation in the formation of laws. But the term was not always used so precisely as in Rousseau's definition. As Rousseau himself complained, "ces termes se confondent souvent et se prennent l'un pour l'autre."[2] Citoyen was commonly used much more broadly, to indicate any inhabitant of a state, a nation, or a city.

The distinction between a broad and a narrow definition of the term was recognized by Lanjuinais, reporting for the Committee on Legislation of the National Convention during its discussion of the Constitution of 1793.

> L'idée générale que réveille le mot de citoyen est celle de membre de la cité, de la société civile, de la nation.
>
> Dans un sens rigoureux il signifie seulement ceux qui sont admis à exercer les droits politiques, à voter dans les assemblées du peuple, ceux qui peuvent élire et être élus aux emplois publics; en un mot, les *membres du souverain*.
>
> Ainsi les enfants, les insensés, les mineurs, les femmes, les condamnés à peine afflictive ou infamante, jusqu'à leur réhabilitation, ne seraient pas des citoyens.
>
> Mais dans l'usage on applique cette expression à tous ceux qui sont du corps social, c'est-à-dire qui ne sont ni étrangers, ni morts civilement; soit qu'ils aient ou non des droits politiques; enfin à tous ceux qui jouissent de la plénitude des droits civils, dont la personne et les biens sont gouvernés en tout par les lois générales du pays. Voilà les citoyens dans le langage le plus ordinaire.

Les publicistes et même les législateurs confondent souvent ces deux significations très différentes; et de là l'obscurité, l'incohérence apparente de certaines propositions.[3]

The centrality of the term citoyen in the discourse of the French Revolution arose from what Lanjuinais called its "sens rigoureux"—that is to say, its core Rousseauian meaning. Indeed, one could characterize the aim of the revolutionaries, from Sieyès and Mirabeau to Robespierre and Saint-Just, as the transformation of "sujets" into "citoyens." Rather than passive subjects of an absolute monarch, the French were to become active participants in the public life of the nation. The law was no longer to result from the arbitrary will of the king, but, as the Declaration of the Rights of Man and Citizen put it, to be "l'expression de la volonté générale. Tous les citoyens ont droit de concourir personnellement, ou par leurs représentants à sa formation." From the very beginning of the Revolution, and even more prominently after the overthrow of the monarchy and the foundation of the republic, "citoyen" became a central symbol of the Revolution.[4]

As contemporary literary theorists have made us acutely aware, all of language is characterized by multiple meanings. But this common fate of all words is probably compounded for terms possessing extraordinary symbolic power. Because "citoyen" was a term to conjure with, there was no way it could be confined to its "sens rigoureux." The potency of the term, the powerful positive associations that it called up, meant that the orators, publicists, and politicians of the Revolution could not resist using it in an extended sense whenever such use would benefit their cause. The inevitable consequence was that the term "citoyen" was packed with multiple, ambiguous and contradictory meanings, and that it became a focus of passionate political struggles. In this paper I propose to explore some of the contradictions that beset this term during the French Revolution by examining two of its usages: the designation of certain inhabitants of France as "citoyens passifs" in the Constitution of 1791, and the adoption of "citoyen" and "citoyenne" as universal terms of address in 1792.

Le citoyen passif

The term "citoyen passif" is a curious usage. It is in fact an oxymoron, since the adjective "passif" openly contradicts the "sens rigoureux" of "citoyen." The term "citoyen passif" was, as far as I know, first used by the Abbé Sieyès in his *Reconnaissance et exposition raisonnée des Droits de l'Homme et du Citoyen*, composed at the request of the Comité de Constitution, presented to the committee on July 20 and 21, and published at its request immediately thereafter.[5] This text consists of a draft declaration in thirty-two articles, preceded by sixteen pages of "exposition raisonnée," which set forth the principles—derived from a social contract theory that is a mélange of Locke and Rousseau—on which the declaration was based.

In his *exposition raisonnée*, Sieyès distinguished two sorts of rights:

. . . les droits naturels et civils sont ceux *pour* le maintien desquels la société est formée; et les droits politiques, ceux *par* lesquels la société se forme. Il vaut mieux, pour la clarté du langage, appeler les premiers, droits *passifs*, et les seconds, droits *actifs*.[6]

From this distinction of active and passive rights flowed a distinction between active and passive citizens.

> Tous les habitants d'un pays doivent y jouir des droits de citoyen *passif*: tous ont droit à la protection de leur personne, de leur propriété, de leur liberté, etc; mais tous n'ont pas droit à prendre une part active dans la formation des pouvoirs publics; tous ne sont pas citoyens *actifs*. Les femmes, du moins dans l'état actuel, les enfans, les étrangers, ceux, encore, qui ne contribueroient en rien à fournir l'établissement public, ne doivent point influencer activement sur la chose publique. Tous peuvent jouir des avantages de la société, mais ceux-là seuls qui contribuent à l'établissement public, sont comme les vrais actionnaires de la grande entreprise social. Eux seuls sont les véritables citoyens actifs, les véritables membres de l'association.[7]

The distinction between active and passive citizens did not appear in Sieyès' draft of a declaration, but it is implied in his article XXVI:

> La loi ne peut être que l'expression de la volonté générale. Chez un grand peuple, elle doit être l'ouvrage d'un corps de représentans choisis pour un temps court, médiatement ou immédiatement par tous les citoyens qui ont à la chose publique, intérêt avec capacité. Ces deux qualités ont besoin d'être positivement et clairement déterminées par la constitution.[8]

In other words, the exact criteria for the distinction between "citoyens actifs" and "citoyens passifs" must be set by the Constituent Assembly.

What should these criteria be? Sieyès lists four criteria in his *exposition raisonnée*: to be "actifs," citizens must be male, adult, French nationals and must make some contribution to public expenses—that is, be taxpayers. He elaborates an overlapping but slightly different list in *Qu'est-ce que le Tiers état?*

> Dans tous les pays la loi a fixé des caractères certains, sans lesquels on ne peut être ni électeur ni éligible. Ainsi, par exemple, la loi doit déterminer un âge au-dessous duquel on sera inhabile à représenter ses concitoyens. Ainsi les femmes sont partout, bien ou mal, éloignées de ces sortes de procurations. Il est constant qu'un vagabond, un mendiant, ne peuvent être chargés de la confiance politique des peuples. Un domestique et tout ce qui est dans la dépendance d'un maître, un étranger non-naturalisé seroient-ils admis à figurer parmi les représentants de la nation?[9]

If we combine the criteria from the two texts, the characteristics barring one from active citizenship would be non-French nationality, female sex, insufficient age, employment as a domestic servant, lack of gainful employment, or lack of financial contribution to the state. The problem with foreigners is not so much that they are actually passive as that their loyalties to the nation are uncertain. Therefore their properties and persons are to be protected by the law, but they cannot be trusted to participate in its formation. But the remaining categories of passive citizens were regarded as in some sense genuinely *passive*. Women and children were, of course, coventionally judged to be passive by nature. Their weakness and natural deference to adult males made them dependents of the male head of the household, who alone could be said to possess an active and independent will. Domestic servants were comparable, except that they were passive not by nature but by contract. As Sieyès notes, they are "dépendants d'un maître"; as is the case with women and children, their wills are not their own. Domestics, women, and children were to be passive in the public sphere because they were already passive in the private domestic sphere. But the remaining cases—beggars, vagabonds, and those who made no financial contribution to the state—clearly were passive in a different sense; they were not to be made active citizens even if they were French adult male heads of families. Their passivity in the public sphere was also derived from an imputed passivity in the private sphere, but this passivity was neither natural nor familial: it was *economic*.

Beggars and vagabonds are, essentially, those without regular employment. Neither plays an active role in the production of wealth. Beggars receive their means of subsistence as passive supplicants, dependent on the productive activity of other categories of the population. Vagabonds are, of course, a less clearly definable category, but are also assumed to consume more than they produce—living by a combination of begging, crime, and fitful stints of desultory work. The passivity of those who do not pay taxes is not only economic in character. Sieyès likens taxpayers to "actionnaires de la grande enterprise sociale." Although the analogy is taken from the realm of economic activity ("actionnaires" are stockholders in a joint-stock company), it draws attention not to the role of taxpayers and nontaxpayers in production, but to their participation or nonparticipation in supporting the activities of the state. Only those should have a right to make laws who pay to support the state that guarantees the laws. But at the same time, both Sieyès and his readers are aware that payment of taxes is also a rough measure of income, so that the category of those who do not pay taxes is composed of those who produce so little that they are a net drain on society. Like beggars and vagabonds, non-taxpayers are the very poor, whose relation to the economy is passive rather than active.

Active citizens, Sieyès seems to be arguing, are those adult males who make an active contribution to the private and public maintenance of society and who are not disqualified by foreign nationality or voluntary servitude. On the face of it, this would imply a very broad, although certainly not universal, suffrage. But there are also significant indications that Sieyès is thinking of a rather more restricted body of active citizens. In the article of his draft declaration that deals with suffrage qualifications, he states that the legislature should be chosen "par tous les citoyens qui ont à la chose publique, intérêt avec capacité." This departs somewhat from the text of the *exposition raisonnée*. To have "interêt à la chose publique" implies that one be a taxpayer, that is, have a financial interest in the state, but it could also imply having a significant financial or proprietary stake in *society*. If so, it might imply a level of wealth considerably above that of the poorest taxpayers. To have "capacité à la chose publique" implies at a minimum having an active and independent will (ruling out women, children, and domestic servants), but it could imply considerably more—the intellectual capacity, education, and leisure necessary to ponder properly the public good.

Here Sieyès' intentions are not entirely clear. Although he believed passionately in equality of "droits passifs"—that is, in equality before the law—he was not a strong advocate of equal political rights and was actively hostile to any attempt to legislate economic equality. In his *exposition raisonnée*, he stresses the distinction between an equality of natural *rights* and a natural inequality of *means*.

Il existe, il est vrai, de grandes inégalités de moyens parmi les hommes. La nature fait des forts et des foibles; elle départit aux uns une intelligence qu'elle refuse aux autres. Il suit qu'il y aura entr'eux inégalité de travail, inégalité de produit, inégalité de consommation ou de jouissance; mais il ne suit pas qu'il puisse y avoir inégalité de droits.[10]

This distinction also finds its way into his draft declaration, where article XVI states:

> Si les hommes ne sont pas égaux en *moyens*, c'est-à-dire en richesses, en esprit, en force, etc. il ne suit pas qu'ils ne soient pas tous égaux en *droits*. Devant la loi, tout homme en vaut un autre, elle les protége tous sans distinctions.[11]

Inequality of means is in the nature of things, but equality of rights must be guaranteed.

This absolute equality of rights, however, extends only to the "droits passifs"—protection of the person, property, and liberty. These are natural rights, the rights "*pour* le maintien desquels la société est formée." But active or political rights are reserved to the "citoyens actifs." Natural inequalities in *moyens*, which give rise to inequalities in labor, product, consumption—and, of course, in property—have no influence on the distribution of the "droits passifs." But, although Sieyès does not explicitly make the connection, they are certainly reflected in the distribution of "droits actifs." The "foibles"—children, women, beggars, the poor more generally—are destined to be "citoyens passifs," whereas the "forts"—intelligent, hard-working, prosperous adult males—are destined to be "citoyens actifs." But where, precisely, should the line between "forts" and "foibles" be drawn? Which inhabitants of France have the necessary combination of "intérêt" and "capacité"? Is every French adult male taxpayer, no matter how poor and ignorant, qualified to exercise the rights of the "citoyen actif"?

It should be noted that Sieyès has a very low opinion of the intelligence and virtue of the poor. It was undoubtedly his distrust of the poor that induced him to specify in his draft declaration that equality extended only to rights and not to means, and that the choice of representatives should be restricted to those who combined "intérêt" and "capacité." But the full force of his disdain for the poor emerges most clearly in certain of his unpublished notes, dating from the 1770s and 1780s, which have recently been collected by Roberto Zapperi. In one of these Sieyès remarks

> . . . Une grande nation est nécessairement composée de *deux peuples*, les producteurs et les instruments humains de la production, les gens intelligents et les ouvriers qui n'ont que la force passive; les citoyens éduqués et les auxiliaires à qui on ne laisse ni le temps ni les moyens de recevoir l'éducation . . .[12]

Here it is the intelligent and educated who are producers, while the ignorant are a distinct people of passive auxiliaries, mere "instruments humains de la production" utilized by the active producers like any other tool. This text not only indicates the depth of his contempt, but suggests that the line between the active and the passive excludes from the adult male population not merely a fringe element of lazy or disabled persons, but a large proportion—perhaps all—of those ignorant but laborious peasants and workers who made up the mass of the population in eighteenth-century France.

Were the "citoyens actifs" in fact to be composed only of an educated, prosperous, propertied elite? More than this one obscure text points to such a conclusion. In *Qu'est-ce que le Tiers état?* Sieyès sketches out a portrait of what he calls the "classes disponibles," this time not to act as an electorate, but to serve as representatives.

> . . . j'appelle avec tout le monde classes disponibles celles où une sorte d'aisance permet aux hommes de recevoir une éducation libérale, de cultiver leur raison, enfin de s'intéresser aux affaires publiques. Ces classes-là n'ont pas d'autre intérêt que celui du reste du peuple. Voyez si elles ne contiennent pas assez de citoyens instruits, honnêtes, dignes à tous égards d'être de bons représentans de la nation.[13]

To be entrusted with making laws, a citizen must not just be a taxpayer, or even just perform what Sieyès would regard as an active part in production (that is, be the owner or manager of some enterprise). Rather, he should be sufficiently prosperous to have obtained a liberal education and to have interested himself in public affairs. A *full* citizen, this suggests, one capable of actually participating personally in the formation of the law, must be a person of considerable means.

What, then, did Sieyès intend by his distinction between "citoyens actifs" and "citoyens passifs?" Were the "citoyens actifs" to include all adult male citizens who were not a positive burden on the public and who paid even the smallest measure of taxes? Or were they to include only those who performed some sort of directing role in the process of production? Or were they to be made up only of the well-educated and well-to-do? Or was there to be some sort of sliding scale of citizenship, with more demanding criteria for representatives than for voters? Sieyès' text is in fact so ambiguous, open-ended, and occasionally contradictory that his intentions are unclear. The uncertainties are multiple. He denies that the natural (and therefore legitimate) inequality of means justifies any inequality in rights. But he states elsewhere in the same text that only passive rights are guaranteed to all, whereas only a portion of all citizens may exercise active rights. He then goes on to distinguish between active and passive citizens in ways that imply that active rights are based at least in part on superior means. Making things even more confused, he fails to mention active and passive rights or active and passive citizens in the text of the declaration, but introduces in its place two new terms— "intérêt" and "capacité"—that have implications neither defined nor discussed in the *exposition raisonnée*. Notions of activity and passivity are fundamental in Sieyès' conceptions of society. But their precise bearing on a proposed constitutional distinction between active and passive citizens remains unclear.

Yet one thing is clear in spite of all the terminological ambiguities: only "citoyens actifs" would be citizens in Rousseau's sense. Indeed, Sieyès himself comes very close to saying so when he remarks that

> ceux-là seuls qui contribuent à l'etablissement public, sont comme les vrais actionnaires de la grande entreprise sociale. Eux seuls sont les véritables citoyens actifs, les véritables membres de l'association.[14]

If only the "citoyens actifs" are "véritables membres de l'association," then what are "citoyens passifs?" In Rousseau's terms, the answer would be clear: "citoyens actifs" are "citoyens" *tout court*: "citoyens passifs" are not "citoyens" at all, but rather "*sujets*."

However, using the term "sujet" rather than "citoyen passif" would have been highly problematic for Sieyès, for both intellectual and political reasons. To begin with, "sujet" would not have been "le mot juste." No less than "citoyen," it had associations reaching far beyond its narrow Rousseauian definition. A "sujet" certainly was a person "soumis aux lois de l'Etat," but the term implied a sub-mission to the person of the monarch as well as to the laws. Moreover, "sujet" did not imply a *uniform* submission to the laws, but rather the highly variegated relations to the state, the law, and the person of the king that characterized the corporate order of the old regime. Surely part of the reason Sieyès chose the term "citoyen" and avoided "sujet" is that it implied a uniform relation to the state— a condition of equal submission to the law. Thus, from Sieyès' point of view, persons who had the full protection of the law but did not have the suffrage were more accurately designated "citoyens passifs" than "sujets."

But it is also true that designating such persons as "sujets" would have been a political disaster. Such a designation would have made it clear that they were to be subjected to a sovereign over whom they exercised no control—no longer a monarch, but a collective sovereign composed of "citoyens actifs." A revolution made on behalf of civil equality could not openly announce that a majority of the nation's inhabitants and at least a sizeable minority of its adult male inhabitants were in fact to become "sujets" of a restricted body of citoyens—in other words, of an *aristocracy*. The term "citoyen," by contrast, created a (literally) nominal equality; even when modified by the oxymoronic adjective "passif," it was much more serviceable than "sujet." This was because it tended to obscure the political subjection of the majority—probably not only from Sieyès' intended audience, but from Sieyès himself.

I believe that this extended analysis of the distinction between "citoyens actifs" and "citoyens passifs" in the writings of Sieyès is worth pondering for two reasons: first, because for all its ambiguities, the distinction was written into the Consti-tution of 1791; and, second, because I believe that Sieyès' reasoning—even his confusions and uncertainties—were symptomatic of a wide range of opinion in the National Assembly and in political society more generally. The definitions of active citizens in the Constitution of 1791 bear this out, since they reproduce very closely Sieyès' criteria. "Citoyens actifs" were males twenty-five or over who were not domestic servants, had been domiciled for a specified length of time in their commune (thus excluding vagabonds and plenty of perfectly solid migrants as well), had taken the civic oath, had paid a "contribution directe" equal to the value of at least three days of labor, and were neither bankrupts nor under accusation in the courts. Only "citoyens actifs" had the right to sit in primary assemblies, which chose electors who in turn elected representatives to the National Legislative Assembly.[15] The Constitution uses the term "citoyen actif," but avoids using the uncomfortable "citoyen passif." In spite of this silence, it was clear to all that those members of the French nation who did not qualify as "citoyens actifs" could only be "citoyens passifs," and the term was used abundantly in the debates of the National Assembly. The "citoyens passifs" were "citoyens" only in the sense that their rights and their property were given equal protection of the laws. In Rous-seau's terms they were not citoyens at all, but *sujets*; they were "soumis aux lois de l'Etat" but did not participate "à l'autorité souveraine."

The Constitution of 1791 not only distinguished between active and passive citizens, but also introduced distinctions among the active citizens. All active citi-zens had the right to vote for the electors who chose the representatives in the

National Legislative Assembly, but further qualifications were imposed on electors. To serve as an elector, a man had not only to be an active citizen, but also to be the proprietor or the usufructory of a sizeable property. The constitution, in short, erected a graduated scale of citizenship, with the extent of political rights dependent on personal wealth.

The distinction between active and passive citizens was one of the most politically explosive features of the Constitution of 1791. The distinction became an object of Sans-Culotte rage in 1792. But this distinction, and the graduated scale of citizenship with which it was associated, was already controversial during the debates on the constitution. The initial scheme of the National Assembly had envisaged not three but four stages of citizenship: passive citizens, who had protection of the laws but no political rights; active citizens, who could vote for electors; those active citizens who were capable of serving as electors; and those who were also eligible to serve in the legislature. A citizen's place in this hierarchy was to be determined by the amount of taxes paid: the equivalent of three days' labor to qualify as an active citizen, the equivalent of ten days' labor to qualify as an elector, and a "marc d'argent" to qualify as a legislator. This system was subjected to withering attacks from the left of the National Assembly, especially from Robespierre. In the end the requirement of the marc d'argent was suppressed so that any active citizen could in principle serve as a legislator. But this was accompanied by a raising of the property qualifications for electors. Although it modified the details, the Assembly opted for the graduated citizenship proposed by the constitutional committee rather than for the universal manhood citizenship advocated by Robespierre.

Robespierre's attack on the distinction between active and passive citizens is nevertheless important, because it exposed, with characteristic lucidity, the contradictions of the committee's scheme. The committee's proposal was, he maintained, contrary to the first, third, and sixth articles of the *Déclaration des Droits de l'Homme et du Citoyen*. The law could not be the expression of the general will "lorsque le plus grand nombre de ceux pour qui elle est faite ne peuvent concourir, en aucune manière à sa formation." Men were not equal in rights "lorsque les uns jouissant exclusivement de la faculté de pouvoir être élu membres du corps législatif, . . . les autres de celle de les nommer seulement, les autres restent privés en même tems de tous ces droits." Men were not admissible to all public employments with no distinctions other than their virtues and talents "lorsque l'impuissance d'acquitter la contribution exigée les écarte de tous les emplois publics, quels que soient leurs vertus et leurs talens." Finally,

> la nation est-elle souveraine, quand le plus grand nombre des individus qui la composent est dépouillé des droits politiques qui constituent la souveraineté? Non; et cependant vous venez de voir que ces mêmes décrets [those restricting citizenship rights] les ravissent à la plus grande partie des Français. Que seroit donc votre déclaration des droits, si ces décrets pouvoient subsister? Une vaine formule. Que seroit la nation? Esclave; car la liberté consiste à obéir aux loix qu'on s'est données, et la servitude à être contraint de se soumettre à une volonté étrangère. Que seroit votre constitution? Une véritable aristocratie! La plus insupportable de toutes; celle des Riches.[16]

In fact, passive citizens would not to be citizens at all, but *subjects* of an aristocracy of wealth. "Permettez même, que je puisse être fier quelquefois d'une honorable pauvreté, et ne cherchez point à m'humilier, par l'orgueilleuse prétention de vous réserver la qualité de souverain, pour ne me laisser que celle de sujet."[17] The majority of the Assembly was in fact stripping the poorer inhabitants of France of their citizenship rights.

Robespierre's recognition of the linguistic means by which this spoliation was being achieved was particularly acute. The majority of the Assembly, he intimated, was quite aware of what it was doing, but covered its designs with a subtle misuse of language. The terms "citoyen actif" and "citoyen passif," were invented to mask the Assembly's spoliation of the poor. But to the discerning and virtuous observer, the language in fact revealed the Assembly's designs.

> Les partisans du système que j'attaque ont eux-mêmes senti cette vérité, puisque, n'osant contester la qualité de citoyen à ceux qu'ils condamnoient à l'exhérédation politique, ils se sont bornés à éluder le principe de légalité qu'elle suppose nécessairement, par la distinction de citoyens actifs et de citoyens passifs. Comptant sur la facilité avec laquelle on gouverne les hommes par les mots, ils ont essayé de nous donner le change en publiant, par cette expression nouvelle, la violation la plus manifeste des droits de l'homme.
>
> Mais qui peut être assez stupide pour ne pas appercevoir que ce mot ne peut ni changer les principes, ni résoudre la difficulté; puisque déclarer que tels citoyens ne seront point actifs, ou dire qu'ils n'exerceront plus les droits politiques attachés au titre de citoyen, c'est exactement la même chose dans l'idiome de ces subtils politiques . . . je ne cesserai de réclamer contre cette locution insidieuse et barbare qui souillera à-la-fois notre code et notre langue, si nous ne nous hâtons de l'effacer de l'une et de l'autre . . .[18]

Robespierre lost the argument in the Constituent Assembly, but the events of the summer of 1792 in fact obliterated this "insidious and barbarous locution" from French political language. In the weeks preceding the revolution of August 10, many of the Parisian sections—which were of course primary electoral assemblies composed by definition only of active citizens—invited passive citizens to join their deliberations, thereby defying the Constitution's definitions. Soon the insurrection of August 10—largely the handiwork of these enlarged sections— overturned the Constitution of 1791 and thereby nullified the concept of "citoyen passif" once and for all.

Le citoyen/la citoyenne

One striking linguistic feature of the summer and autumn of 1792 was the rise of the terms "citoyen" and "citoyenne" as universal forms of address.[19] This usage arose out of the fevered political conjuncture of the time. The term "citoyen" called forth precisely the sort of obsessive patriotism that swept over Paris and parts of the provinces as the new revolutionary French state fought for its existence against the Austrian and Prussian armies and against its real and imagined domestic enemies. As distrust of the King and the "aristocratic conspiracy" mounted, and as the republican movement swelled, the egalitarian designation "citoyen" and "citoyenne" began to replace the "aristocratic" designations "monsieur" and "madame." By the time the insurrection of August 10 had overthrown the monarchy and the National Convention had declared the establishment of a republic, "citoyen" and "citoyenne" had become quasi-official terms of address.[20]

On September 23, 1792, two days after the declaration of the French Republic,

Charlier rose in the Convention to demand that "citoyen" become the official designation of all Frenchmen.

> Citoyens, lorsque la Révolution est complètement faite dans les choses, il faut aussi la faire dans les mots. Le titre de *citoyen* doit seul se trouver dans tous les actes émanés de vous. Le mot *Monsieur* et *Sieur*, dérivé de *monseigneur*, ne doit plus être une qualification en usage. J'en demande la suppression dans toutes les actes de l'état civil . . ."[21]

The Convention, which had been discussing another matter at the time of Charlier's intervention, ruled him out of order and continued with the interrupted debate. As far as I know, the term "citoyen" never received the imprimatur of the Convention as the only allowable form of address.[22] Nevertheless, its use became essentially universal in republican speech and in official documents.

Old regime society had recognized a hierarchy of forms of address—ranging downwards from "sire," "altesse," "excellence," and "monseigneur" to "monsieur" and "madame," to the plainer "le sieur" and "la dame," and finally to simple proper names with no distinguishing appelations (or, in legal documents, the bald designation 'le nommé"). Initially, revolutionary language tended toward the general use of "Monsieur" and "Madame."[23] But to the republican sensibility taking shape in 1792, these terms were tainted by their aristocratic derivation and associations. "Monsieur" and "Madame" not only implied the existence of social distinctions but also smacked of fawning and artificial courtly manners. "Monsieur," when used in public discourse, thus seemed to carry private vanities into public life. "Citoyen," by contrast, implied virtue and devotion to the public good. To use Althusser's terminology, it "interpellated" Frenchmen as active participants in the sovereign will. The term "citoyen" reminded them, as it designated them, that they were active and equal members of the sovereign and that as members of the sovereign they were always to place public duty above private satisfactions. The use of "citoyen" as a replacement for "Monsieur" was of course an extension of the term beyond its "sens rigoureux," since it was used not only to designate Frenchmen in their role as members of the sovereign, but also in their private roles in civil society. Indeed, this was one of its major attractions. Unlike "Monsieur," which threatened to contaminate public life with private vanities, "citoyen" was calculated to infuse even private life with salutory public virtues.

But the use of "citoyen" as a universal term of address also had its contradictions and ambiguities. The term "citoyen" clearly had been adopted with French *men* in mind. Yet precisely because the designation was to be universal, to substitute for quotidian usages of "Monsieur" and "Madame" and to apply to all inhabitants of France, it had to have both a masculine form—*le citoyen*—and a feminine form—*la citoyenne*. The term "citoyen" triumphed because it interpellated males as active members of the sovereign who were to think about the public good even in private life. By contrast, the term "citoyenne" was only an afterthought—a kind of unintentional consequence of the adoption of "citoyen." Like "citoyen passif," it was an oxymoron: citoyen implied activity and membership in the sovereign, but the feminine ending implied passivity and exclusion from the public sphere. And like "citoyen passif," it indicated a vulnerable point in the revolutionary project of its creators. The danger of the locution "citoyenne" was, of course, that day after day, in all the routines of social life, it unintentionally interpellated women as active members of the sovereign, as rightful coparticipants in the political life of the nation. It is therefore hardly surprising that some women answered the call.

By the spring of 1793, women were frequently admitted to the popular societies that were constituted by the Sans-Culottes. In July of 1793 the "Société de l'Harmonie Sociale des Sans-Culottes des deux sexes" stated explicitly that "'les citoyennes seront admises sans distinction à partager les travaux patriotiques de la Société."[24] But the most spectacular case was the "Société (or club) des citoyennes républicaines révolutionnaires," a popular society made up exclusively of women, whose career has been ably chronicled in several recent works.[25] The *Citoyennes républicaines révolutionnaires* took the universalist implication of the term "citoyenne" literally. Perhaps the most remarkable thing about them as a woman's club is that they did not particularly concern themselves with "women's issues," but discussed and acted on the issues that dominated (male) politics in the same way as men's political clubs did. Nor did they shy away from physical danger. They played a significant role in the insurrection of May 31 to June 2, which purged the Girondins from the Convention—among other things, standing guard at the doors of the Convention and refusing entry to Girondin deputies.[26] This commitment to militant political action was explicitly written into their *règlement*, whose first article stated that the Society's purpose was to join in the armed defense of "la Patrie."[27]

But even for these extraordinarily active and politicized women, the duties of the "citoyenne" were potentially contradictory. This can be seen with particular clarity in an address delivered at a meeting of the *Société des citoyennes républicaines révolutionnaires* by a member of a delegation of "citoyennes" from the Section des Droits de l'homme, which was presenting to the Society a standard to be carried in public demonstrations, ceremonies, and insurrections. In her address, the orator insisted that political activity is the proper duty of the "citoyenne".

> Vous avez rompu un des anneaux de la chaîne des préjugés, il n'éxiste plus pour vous celui qui, reléguant les femmes dans la sphere étroite de leurs ménages, faisoit de la moitié des individus des êtres passifs et isolés.
>   Vous voulez tenir votre place dans l'ordre social, la neutralité vous offense, vous humilie. C'est en vain que l'on prétendoit vous distraire des grands intérêts de la Patrie, ils ont remué vos âmes, et désormais vous concourerez à l'utilité commune.
>   . . . Et pourquoi les femmes douées de la faculté de sentir, et d'exprimer leurs pensées, verroient-elles prononcer leur exclusion aux affaires publiques? . . .
>   Que ce guidon dirige vos pas partout où l'égoisme et l'insouciance enlève des Citoyens à la Patrie, portez dans vos députations cet emblême expressif de l'Egalité; que l'oeil de ses ennemis en soit souvent frappé. Sous son ombre bienfaisante, venez toutes vous ranger dans les cérémonies publiques; qu'au premier signal du danger, cet étentard révolutionnaire se mêle aux drapeaux tricolores, qu'il mène à la victoire des républicaines dévouées, qui dépouillent la foiblesse de leur sexe devant les périls éminens de la Patrie . . .[28]

Republican "citoyennes" must not be passive or neutral; they must send deputations, participate in ceremonies, and join insurrectionary movements when the nation is in peril. "Citoyennes," in all these respects, apparently should be indistinguishable from "citoyens."

Yet even this call to vigilant activism casts women as the weaker sex. More surprisingly, this militant orator, elsewhere in her speech, seems to characterize

the differences between the sexes in a way that normally valorized women's
exclusion from political affairs.

> . . . La déclaration des droits est commune à l'un et à l'autre des sexes et la différence consiste dans
> les devoirs; il en est des publics, il en est de privés. Les hommes sont particulièrement appellés à
> remplir les premiers, la nature elle-même indiqua la préférence; elle a reparti chez eux une consti-
> tution robuste, la force des organes, tous les moyens capables de soutenir des travaux pénibles:
> qu'aux armées, qu'au sénat, que dans les assemblées publiques, ils occupent préférablement les
> places, la raison, les convenances le veulent, il faut y céder.
>   Les femmes au contraire ont pour premières obligations, des devoirs privés, les douces fonctions
> d'épouses et de mères leur sont confiées, mille objets de détails qu'elles entraînent consument une
> forte partie de leurs temps, leurs loisirs sont moins fréquens . . .[29]

Men and women differ by nature. Men are stronger and women bear children; as
a consequence, men are "particulièrement appellés" to fulfill "devoirs publics"
and women to fulfill "devoirs privés." All of this is a quite conventional reading
of the commands of nature—except that this female orator makes no claim that
men possess superior intellectual capacities or an exclusive claim to political rights.
  How is this relegation of women to the "douces fonctions d'épouses et de mères"
to be reconciled with women's active participation in the public sphere? The orator
goes on as follows:

> . . . néanmoins il est possible de concilier, ce qu'exige impérieusement la nature, ce que commande
> l'amour du bien public. Après avoir vaqué à des occupations indispensables, il est encore des instans,
> et les femmes citoyennes qui les consacrent dans les Sociétés fraternelles, à la surveillance, à l'instruc-
> tion ont la douce satisfaction de se voir doublement utiles.[30]

This is, of course, not entirely satisfactory. It implies that women who are also
wives and mothers will have precious little chance for political activity—the "mille
objets de détails" of their naturally decreed "douces fonctions" will leave them
only "des instans" and it is only these rare moments that can be consecrated "à
la surveillance, à l'instruction." Hence, only those rare women who remained
unmarried—like Claire Lacombe and Pauline Léon, the most prominent leaders
of the *Société des citoyennes républicaines révolutionnaires*—could hope to devote
themselves to public affairs with a zeal comparable to that of men. But avoiding
marriage and motherhood could hardly be the proper answer, since the functions
of wives and mothers are "exigences impérieuses" of nature. It follows that "citoyennes" could be at best part-time patriots, active in political life only on those
occasions when their "premiers obligations" as wives and mothers allowed them
sufficient leisure. The sacrifice of private duites and interests to the public good
that was implied by the term "citoyen" was impossible to the "citoyenne"—unless
she violated the commands of nature and remained unmarried.
  The orator from the Section des Droits de l'homme was thus in the uncomfortable position of at once accepting the conventional gender definitions that justified
women's exclusion from politics and urging women to continue their seemingly
"manly" activism—in other words, of attempting to hold together the passivity
and the activity that were simultaneously called forth when women were interpellated by the oxymoron "citoyennes." The orator struggled to avoid this contradiction—for example by characterizing the Society's members as "épouses des Sans-
Culottes" (thereby denying the implication that serious political activism would
be limited to unmarried women) and by advancing the dubious claim (in view of

her stated assumptions) that the Society's militant activism could be pursued purely in wives' and mothers' moments of leisure. She also developed an alternative characterization of the Society and its work in terms more consonant with existing gender-role definitions—as a school where mothers could gain the political knowledge necessary to raise their children as good republicans. ". . . La Liberté trouve ici une école nouvelle; mères, épouses, enfans y viennent s'instruire, s'exciter mutuellement à la pratique des vertus sociales."[31] But none of these devices could free her discourse from its fundamental trap: as long as "citoyennes" accepted "what nature imperiously requires" of females—as this was understood in the late eighteenth century—their claims to membership in the sovereign were bound to remain precarious.

Just how precarious was demonstrated in October of 1793, when the Convention moved to suppress the *Société des citoyennes républicaines révolutionnaires*. The pretext for the dissolution of the Society was a disturbance touched off when the *citoyennes républicaines révolutionnaires* attempted to force market women to wear the *bonnet rouge*. But the Convention went beyond the particular issue to consider the general question of whether "citoyennes" should be allowed to exercise political rights and to form political associations—that is, whether the "sens rigoureux" of "citoyen" had any application to women. Amar, reporting for the Committee of General Security, answered unhesitatingly in the negative. It is symptomatic of Amar's and the Jacobins' position that nowhere in his long disquisition about women's role in politics does he utter the term "citoyenne"; women are always referred to as "femmes." His arguments are based on conventional notions about the differences between the sexes—notions similar to those put forth by the orator from the Section des Droits de l'homme, although his version of conventional notions is far more misogynist and the conclusions he draws from them are radically different.

Amar declared that women lack "la force morale et physique" required to exercise political rights—that is to "faire prendre des résolutions relatives à l'intérêt de l'Etat." "Gouverner, c'est régir la chose publique par des lois dont la confection exige des connaissances étendues, une application et un dévouement sans bornes, une impassibilité sévère et l'abnégation de soi-même . . ." Women, he went on, are not "susceptible de ces soins et des qualités qu'ils exigent."[32] Not capable of governing, neither should they form political associations.

Le but des associations populaires est celui-ci: dévoiler les manoeuvres des ennemis de la chose publique, surveiller et les citoyens comme individus, et les fonctionnaires publics, même le corps législatif; exiter le zèle des uns et des autres par l'exemple des vertus républicaines; s'éclairer par des discussions publiques et approfondies sur le défaut ou la réformation des lois politiques. Les femmes peuvent-elles se dévouer à ces utiles et pénibles fonctions? Non, parce qu'elles seraient obligées d'y sacrifier des soins plus importants auxquels le nature les appelle. Les fonctions privées auxquelles sont destinées les femmes par la nature même tiennent à l'ordre général de la société; cet ordre social résulte de la différence qu'il y a entre l'homme et la femme. Chaque sexe est appelé à un genre d'occupation qui lui est propre; son action est circonscrite dans ce cercle qu'il ne peut franchir, car la nature, qui a posé ces limites à l'homme, commande imperieusement, et ne reçoit aucune loi.[33]

Here we have the familiar imperious commands of nature that assign women to the home and family—but with the difference that the limits commanded by nature are now absolute.

Amar also gives a much starker and more elaborate account of the difference between the sexes than that set forth by the female orator from the Section des Droits de l'homme.

> L'homme est fort, robuste, né avec une grande énergie, de l'audace et du courage; il brave les périls, l'intempérie des saisons par sa constitution; il résiste à tous les éléments, il est propre aux arts, aux travaux pénibles; et comme il est presque exclusivement destiné à l'agriculture, au commerce, à la navigation, aux voyages, à la guerre, à tout ce qui exige de la force, de l'intelligence, de la capacité, de même il paraît seul propre aux méditations profondes et sérieuses qui exigent une grand contention d'esprit et de longues études qu'il n'est pas donné aux femmes de suivre.[34]

For Amar, men are not only stronger, but more courageous, more intelligent, and more capable of profound and serious meditation than women. Hence, the domestic sphere is not only the "first duty" but the sole duty of women.

> Quel est le caractère propre à la femme? Les moeurs et la nature même lui ont assigné ses fonctions: commencer l'éducation des hommes, préparer l'esprit et le coeur des enfants aux vertus publiques, les diriger de bonne heure vers le bien, élever leur âme et les instruire dans le culte politique de la liberté: telles sont leurs fonctions, après les soins du ménage; la femme est naturellement destinée à faire aimer la vertu. Quand elles auront rempli tous ces devoirs, elles auront bien mérité de la patrie.[35]

Amar admits that in order for women to raise their children with a love of liberty, they must be allowed to instruct themselves about politics; for this reason

> . . . elles peuvent assister aux délibérations des Sociétés populaires; mais, faites pour adoucir les moeurs de l'homme, doivent-elles prendre une part active à des discussions dont la chaleur est incompatible avec la douceur et la modération qui font le charme de leur sexe?
> Nous devons dire que cette question tient essentiellement aux moeurs, et sans les moeurs point de république . . . Voulez-vous que, dans la république française on les voit venir au barreau, à la tribune, aux assemblées politiques comme les hommes, abandonnant et la retenue, source de toutes les vertus de ce sexe, et le soin de leur famille?
> Elles ont plus d'un autre moyen de rendre des services à la patrie; elles peuvent éclairer leurs époux, leur communiquer des réflexions précieuses, fruit du calme d'une vie sédentaire, employer à fortifier en eux l'amour de la patrie par tout ce que l'amour privé leur donne d'empire; et l'homme, éclairé par des discussions familières et paisibles au milieu de son ménage, rapportera dans la société les idées utiles que lui aura données une femme honnête.
> . . . Ajoutons que les femmes sont disposées, par leur organisation, à une exaltation qui serait funeste dans les affaires publiques, et que les intérêts de l'Etat seraient bientôt sacrifiés à tout ce que la vivacité des passions peut produire d'égarement et de désordre. Livrées à la chaleur des débats publics, elles enculqueraient à leurs enfants, non l'amour de la patrie, mais des haines et les préventions.[36]

The conclusion was clear to Amar: "Nous croyons donc qu'une femme ne doit pas sortir de sa famille pour s'immiscer dans les affaires du governement";[37] "il n'est pas possible que les femmes exercent les droits politiques."[38]

The rhetoric of Amar's speech is superheated—indeed, downright hysterical. Unquestionably, his (and the Jacobins') hostility to the *Société des citoyennes républicaines révolutionnaires* arose in part out of the threat that its existence posed to his own manhood. The spectacle of women successfully exercising the public virtues that the Jacobins regarded as innately masculine implicitly cast doubt on both the Jacobins' gender identities and their political ideologies. But however hysterical this text, it nevertheless contains a certain logic—a logic to which we must attend if we are to understand the Jacobins' denial of citizens' rights to women.

Amar's opposition to the participation of women in politics was partly based on a belief that such participation produced disorder in the public realm. Like most of his contemporaries, he assumed that women are by nature more emotional than men. This quality of women's "organisation" is beneficial so long as women remain within the domestic sphere, which they infuse with love and tenderness. But when they enter the public sphere, their emotions carry them away and produce "égarement" and "désordre." Hence, for the good of the republic, women must be denied the right to participate in politics. But the fact that the presence of women introduces disorder into the public sphere is not Amar's weightiest argument against women's political participation. Far more important, in Amar's eyes, is the nefarious effect of such participation on the *domestic* sphere. Although the disorders which the *Société des citoyennes républicaines révolutionnaires* had caused in the markets of Paris were regrettable, Amar's primary complaint against the Society was that its activities threatened "l'ordre général de la société."

To see what Amar meant by this threat to the general social order, we must consider the role of gender in the Jacobins' overall conception of politics and society.[39] Gender is hardly a trivial concern for the Jacobins. In this speech, Amar claims that sexual difference *constitutes* social order; that social order "résulte de la différence qu'il y a entre l'homme et la femme." Although Amar obviously regards males as superior to females, he sees social order and the stability of the republic as resulting not solely from the knowledge, the good judgment, and the strength of men, but from a proper balance between masculine and feminine virtues. There were reasons for this balance to seem precarious in the Year II. The "République une et indivisible" assumed and demanded of the "citoyen" a particularly intense and masculine form of virtue—what Amar characterizes as "une impassibilité sévère et l'abnégation de soi-même." The "citoyen" was to sacrifice all private satisfactions for public well-being; to be ready to risk his life in the wars or in popular insurrections; to be unbendingly stern with himself, his fellow citizens, and his governors; to suppress all sympathetic feelings for those who revealed themselves to be enemies of the republic—that is, systematically to value stern justice over tender mercy. This "virilization" of the citoyen was to characterize the republic at all times, but it was particularly—and necessarily—exaggerated in an era of revolution. Only this heroically virile form of citizenship could ward off the dangers that beset the republic during the Year II.

Yet the unrelenting sternness required of the "citoyen" was potentially dangerous and exhausting. It had to be balanced by the feminine virtues—mercy, gentleness, affection, intimacy, sweetness, charm, and love. In the eyes of Amar, the real danger represented by the *Société des citoyennes républicaines révolutionnaires* was that it would turn "citoyennes" into heartless and virilized caricatures of "citoyens," who would abandon the sweet feminine virtues of domestic life. Should this happen, "citoyens" would be deprived of the domestic tranquility, intimacy, and affection that are a condition of their ability to act virtuously in the public sphere. Women's part in a republic is to soften and educate the hearts of males, both of sons as they are growing up and of husbands when they are heads of households. "La femme," according to Amar, "est naturellement destinée à faire aimer la vertu"; women are "faite pour adoucir les moeurs de l'homme" and to "préparer l'esprit et le coeur des enfants aux vertus publiques." If women should abandon the feminine virtues of the home, men's morals would be hardened to the point of destructiveness and children's hearts would no longer be capable of virtuous feeling. If women take an active part in "des discussions dont la chaleur est incompatible avec la douceur et la moderation qui font le charme de leur sexe," the results will be catastrophic. Exposed to the heat of public debate, women's more emotional nature will be moved to "exaltation," "égarement," and "désordre," rather than the "douceur," "modération," and "paix" that result from confinement to the "calme d'une vie sédentaire" in the natural sphere of the home. Women who were active in political affairs would be incapable of calming and enlightening their husbands in "discussions familières et paisibles"; they would teach their children "non l'amour de la patrie, mais des haines et les préventions." Thus, the continued participation of women in politics threatened not merely occasional disorders such as those that had recently taken place in the Parisian markets, but a destruction of the moral balance of society and consequently of the republic as well.

This is what Amar meant when he said that the question of women's participation in politics "tient essentiellement aux moeurs, et sans les moeurs point de république." The woman, in Amar's vision, was the guardian and repository of "moeurs." Public virtue, which the Jacobins coded as masculine, was the essence of the republic, but public virtue was impossible to sustain without private "moeurs," which the Jacobins coded as feminine. In the Jacobins' eyes, women's participation in politics threatened to denature women, which would destroy private "moeurs," which in turn would undermine public virtue. Outlawing popular societies of women therefore was necessary to the preservation of the republic. Consequently, after brief debate, the Convention decreed that "Les clubs et les Sociétés populaires de femmes, sous quelque dénomination que ce soit, sont défendues."[40] After 9 Brumaire Year II, "citoyennes" of the most radically democratic republic the world had ever known were deprived of the last of their active political rights—the right to associate to discuss public affairs. The oxymoronic term "citoyenne" had been deprived of its "sens rigoureux" and reduced to a de facto synonym for "sujet."

Conclusion

The history of contradictory usages of the term "citoyen" in the French Revolution is also a history of the revolutionaries' hesitations in establishing a democratic state and society. From the beginning, the revolutionaries wished to establish a state in which subjects of the king would be transformed into true citizens—with the liberty to devote themselves to the public good and the power to enact public laws. It was the centrality of this goal that made the term "citoyen" such a powerful symbol in revolutionary discourse. But symbolic power breeds symbolic contradiction. In the political struggles of the revolution, the usage of "citoyen" was stretched to fit varying political ends—stretched so far that it came to be employed in self-contradictory locutions. These oxymoronic locutions—"le citoyen passif" and "la citoyenne"—are particularly interesting because they became points of political contention, both over the meaning of words and over the direction of the Revolution. Linguistic quarrels about the meaning of "citoyen" reveal the limits of the revolutionary visions, first of the patriot party of 1789 and then of the Jacobins of the Year II.

The notion of "le citoyen passif" epitomizes the limited democratic vision of the Revolution's first generation of leaders. Stirred by a Rousseuian passion for the public good and the wish to establish a just and rational constitution, Sieyès and his collaborators were only reluctant democrats. They envisaged a political order in which public service would be performed by an enlightened and public-spirited elite on behalf of the Nation. It was the intervention of the masses that brought them to power in the summer of 1789, but they distrusted the masses nonetheless. The constitution they wrote between the summer of 1789 and the summer of 1791 embodied precisely this contradiction between elitism and popular power—and nowhere more blatantly than in its consignment of most of the population to the ranks of "citoyens passifs." At one level, the employ-ment of the oxymoron "citoyen passif" was an attempt to cover the real status of "sujet" with the term "citoyen." At another level, the term was an attempt to wish away the potentially menacing activism of the rural and urban poor by designating them hopefully as passive. But the effect of the Constituent Assem-bly's oxymoron was to enflame rather than to "passify". The term's blatant self-contradiction made it seem an "insidious and barbarous locution" and the distinction between active and passive citizens provided a choice target for radically democratic republican activists in 1792.

With the republican victory in August 1792, "le citoyen" became a figure of mythic proportions. All were now to be citizens and all citizens were to be eternally vigilant. One means of signifying the emergence of a universally active citizenship was to impose the terminology of citizenship in the interactions of daily life, replacing "Monsieur" by "citoyen" and "Madame" by "citoyenne" as obligatory forms of address. But, as we have seen, this new democratic usage of "le citoyen/la citoyenne" had its own contradictions, contradictions that revealed the limits of the Jacobin concept of democracy. Interpellated as "cito-yennes," a minority of women began to act as if they too were expected to conform to the model of the republican "citoyen." But in Jacobin ideology, the stern and vigilant model of the citoyen was in fact predicated on a soft, loving, totally domestic model of the "citoyenne"—on a "citoyenne" that preserved nothing of the meaning of the term except the feminine ending. The Jacobin vision of radical democracy was tied to a conception of gender difference that relegated women more insistently than ever to a narrow domestic sphere. The Ninth Brumaire of the Jacobins removed the ambiguous linguistic promise of democratic participation that had been inadvertently encoded in "la citoyenne" from the republican tradition for a century and a half. In matters of citizenship, the constraints of patriarchy turned out to be far more durable than those of class, both during the Revolution itself and in the post-revolutionary republican tradition.

Notes

1. Jean-Jacques Rousseau, "Du contrat social," in *Oeuvres complètes* (Bibliothèque de la Pléiade: Paris, 1964), 3:361–2.
2. *Ibid.*, p. 362.
3. *Archives parlementaires de 1787 à 1799*, (1st ser., Paris, 1903), 63:562.
4. The career of the term *citoyen* during the revolution is well chronicled in Ferdinand Brunot, *Histoire de la langue française des origines à nos jours*, Vol. 9, *La Révolution et l'Empire*. Part 2, *Les événements, les institutions et la langue* (Paris, 1967), pp. 682–9.
5. Published as *Préliminaire de la constitution: Reconnaissance et exposition raisonnée des Droits de l'Homme et du Citoyen*. Par M. l'Abbé Siéyes (Versailles, July 1789). This work is included in Emmanuel-Joseph Sieyè, *Ecrits politiques*, ed. Roḅerto Zapperi, (Paris, 1985), pp. 189–206.
6. Sieyès, *Préliminaire*, p. 13.
7. *Ibid.*, pp. 13–14.
8. *Ibid.*, pp. 20–21.
9. Emmanuel-Joseph Sieyès, *Qu'est-ce que le Tiers état?*, ed. by Roberto Zapperi (Genève, 1970), p. 139.
10. Sieyès, *Préliminaire*, pp. 3–4.
11. *Ibid.*, p. 19.
12. Sieyès, *Ecrits politiques*, p. 75.
13. Sieyès, *Qu'est-ce que le Tiers état?*, pp. 143–4.
14. Sieyès, *Préliminaires*, p. 14.
15. *Les Constitutions de la France depuis 1789*, ed. Jacques Godechot (Paris, 1970), pp. 40–41.
16. Maximilien Robespierre, *Oeuvres*, vol. 7, *Discours (2e Partie) Janvier-Septembre 1791*, ed. Marc Bouloiseau, Georges Lefebvre, and Albert Soboul (Paris, 1952), pp. 161–2.
17. *Ibid.*, p. 165.
18. *Ibid.*, pp. 162–3.
19. Brunot cites a letter of May 24, 1792, by Pétion, the mayor of Paris, to the inhabitants of the city, as containing the first official usage of the term "citoyens" to address the generality of the population. *Histoire de la langue française*, 9(ii): 683.
20. *Ibid.*, pp. 682–4.
21. *Archives parlementaires*, 52:102.
22. Here I am relying on Brunot, *Histoire de la langue française*, vol. 9, part 2.
23. For example, until the session of September 24, 1792, the *procès verbal* of the Parisian Jacobin club used M. and MM. before the names of speakers whose contributions were being noted. At the beginning of that session, Chabot demanded that the *procès verbal* henceforth "ne serve plus que de la date l'an I de la République." He then went on to argue that the *procès verbal* should avoid not only "Monsieur," but even "le citoyen tel," and "n'employer à l'avenir que le nom seul de la personne." This practice—based on the concern that even "le citoyen" would become a term of distinction—was adopted by the club and conformed to thenceforth in the *procès verbal* (F.A. Aulard, *La Société des Jacobins: Receuil de documents pour l'histoire du Club des Jacobins de Paris*, (Paris, 1982), 4:328–9.
24. Paule-Marie Duhet, *Les femmes et la Révolution, 1789–1794* (Paris, 1971), p. 130.
25. Marie Cerati, *Le Club des citoyennes républicaines révolutionnairies* (Paris, 1966); Duhet, *Les Femmes*, pp. 127–60; and Darline Gay Levy, Harriet Branson Applewhite, Mary Durham Johnson, *Women in Revolutionary Paris, 1789–1795* (Urbana, Ill., 1979), pp. 144–220.
26. Levy, Applewhite, and Johnson, *Women in Revolutionary Paris*, p. 145.
27. *Ibid.*, p. 161.
28. *Discours prononcé à la société des citoyennes républicaines révolutionnaires par les citoyennes de la section des Droits de l'Homme* (Paris, n.d.: Bibl. Nat. Lb⁴⁰ 2411), pp. 3–6.
29. *Ibid.*, pp. 4–5.
30. *Ibid.*, p. 5. The locution "les femmes citoyennes" is intriguing. In principle, "les femmes" is redundant, since "les citoyennes" necessarily implies women. But because "les femmes" means "wives" as well as "women," "les femmes citoyennes" may be read either as "citizen women" or as "citizen wives." This double entendre (whether intentionally or inadvertently we cannot say) captures the orator's intended mix of private wifely and motherly duties supplemented by public duties.
31. *Ibid.*, p. 3. It is true that this *Société*, like most *sociétés populaires* of the era, engaged in much correspondence and political discussion that could be characterized as political education. But one suspects that the orator chose to highlight that aspect of its activities because it fit with the "natural" function of women as the educators of their children.
32. *Archives parlementaires*, 78:50.

33. *Ibid.*, p. 50.
34. *Ibid.*, p. 50.
35. *Ibid.*, p. 50.
36. *Ibid.*, p. 50–51.
37. *Ibid.*, p. 50.
38. *Ibid.*, p. 51.
39. A theoretical argument for the type of interpretive strategy used here may be found in Joan W. Scott, "Gender: A Useful Category of Historical Analysis," *American Historical Review* 91 (Dec. 1986), pp. 1053–75. Indeed, much of my substantive interpretation of Amar's speech grows out of conversations with Joan Scott.
40. *Archives parlementaires*, 78:49.

CHAPTER 7

La Patrie

NORMAN HAMPSON

WHEN the men of the revolutionary generation thought about politics they tended to do so in terms that had been suggested to them by Montesquieu and Rousseau. The starting-point for what Frenchmen understood by the *patrie* is therefore *De l'Esprit des Lois*. Montesquieu did not use the term very much. When he did, he was inclined to treat it as synonymous with a republic, especially a democratic one, which, in his terms, meant a system of government dependent on the *vertu*, or civic sense, of its citizens. He defined *vertu* as "l'amour des lois et de la patrie."[1] The *patrie* was therefore both the theatre in which the citizen exercised his *vertu* and the product of his doing so. Its values were real and universal, however local their manifestation, in contrast to the "honour" that sustained monarchies, which was purely a matter of social conventions, a code of behaviour based on the pursuit of personal distinction. The *patrie* involved the idea of the willing and total self-surrender of the individual citizen to the community; honour always remained conditional: one served the king on one's own terms and not on his.

For Rousseau, every legitimate government was a republic, in the sense that sovereignty rested with the general will.[2] Like Montesquieu, he was sparing in the use of *patrie* and he sometimes used it to express the same idea of a self-governing community. Rousseau, however, also employed it in a more traditional way, to describe the country to which one belonged and owed allegiance, especially when it had to be defended against foreigners. "Tous ont à combattre au besoin pour la patrie."[3] It was in this sense that he wrote, in terms that were to be repeated *ad nauseam* from 1788 onwards, of "traîtres à la patrie" and "L'amour de la patrie."[4] This involved a certain ambiguity in his attitude towards the *patrie*. In *Emile* he implied that it no longer existed, claiming that *patrie* and *citoyen* were words that had no place in a contemporary vocabulary. Since there was no *patrie* there could be no system of public education, which explained why he was writing a book about a tutor and his only pupil. On the other hand, in both his "fragments politiques" and in the first draft of *Du Contrat Social*, "amour de la patrie" was compared favourably with professions of "amour de l'humanité" and "amour pour le genre humain."[5] In both instances he clearly had the contemporary world in mind. The *patrie* therefore represented both an idealized community in whose service the citizen found his personal fulfilment, and also any existing state which,

125

irrespective of its imperfections, its subjects had to defend against foreign attack. The former clearly implied the latter but the converse was not necessarily true and patriotism was a duty even for those who did not feel themselves to be members of a meaningful *patrie*.

Despite Rousseau's pride in his Genevan citizenship, when he and Montesquieu wrote of republics, what they primarily had in mind were Sparta, Athens and Rome before the emperors. Throughout western Europe an education—even if it was for the Church—meant a classical education, and all but the antiquarians were more familiar with the affairs of Greece and Rome than with the history of their own countries. The French in particular saw themselves as the principal heirs of Roman culture, not without justification, in view of the international dissemination of the French language and of French literature. When Frenchmen wanted to challenge the encroachments of royal absolutism, they naturally turned to Roman history for examples and the parlements in particular were fond of Roman posturing and the use of a "republican" vocabulary in which the nation and its citizens replaced the kingdom and its subjects. Such attitudes were very unlikely to have owed anything to Rousseau, whom the Paris parlement had chased out of France. Montesquieu was another matter. He was himself a former parlementaire and the first ten books of *De l'Esprit des Lois* supplied the parlements with reassuring arguments about their constitutional rôle as the men who checked the deplorable tendency of the monarchy to degenerate into despotism. There was therefore nothing very radical or remarkable if the parlementaires saw themselves as Roman patricians defending the rights of the *patrie*.

There are some grounds for thinking that Roman virtues may have been more acceptable in France than elsewhere. Everyone knows Dr. Johnson's definition of patriotism as "the last refuge of a scoundrel." He also made aspersions on "factious men who consider a patriot only as an opposer of the measures of government," which may help to explain the attraction of the term for parlementaires. Goethe had not much use for it, but he was a government man: "Roman patriotism! Heaven preserve us from anything so monstrous."[6] British politicians had no need to imagine themselves in togas and the British public does not seem to have been particularly responsive to Roman attitudes. Two personifications of classical values, the atheist, Square, in *Tom Jones* and the republican doctor in *Peregrine Pickle*, are both presented as hypocrites whose professions of virtue were merely a disguise for their self-advancement. One could adduce evidence pointing in the opposite direction—Johnson himself wrote a pamphlet which he called *The Patriot*—and the question might merit further exploration, but, whatever the situation elsewhere, patriotism and the *patrie* were well established in the French political vocabulary, particularly that of the parlements.

Even in France, however, there were men who disliked the idea of a *patrie* because of its association with xenophobia and its denial of the cosmopolitanism of the Enlightenment. Mercier wrote in 1772, "Excepté deux ou trois républiques, il n'y a pas de patrie proprement dite . . . le patriotisme est un fanatisme inventé par les rois et funeste à l'univers."[7] He seems to have changed his mind by 1787 when he maintained that "L'amour de la patrie" took precedence over love of humanity, but Mercier was never consistent about anything and he makes a better barometer than a compass.[8] Brissot, in 1785, claimed that "Le patriotisme, comme les anciens l'entendaient, était l'inhumanité même. Le patriotisme, comme nous l'entendons, est une absurdité ou une bassesse; le vrai patriotisme est l'amour de soi, de son bien-être, des lois qui le protègent, des citoyens qui le partagent, de la liberté qui l'honore, de la réflexion qui l'étend. Dans ce sens, la patrie est l'univers."[9] Whatever that meant, it was a repudiation of both the Ancien Régime and of Sparta.

As France entered the revolutionary crisis the *patrie* had therefore an ambivalent ring. It was generally a term of approval when applied to communities of citizens and they did not have to be ancient Greeks. Mirabeau wrote to Brissot in 1783 that the British were corrupt but that they nevertheless had a *patrie* and that this had given them the first place in the world.[10] At the same time, there was some resistance to the emotional blackmail of "my country right or wrong" and a preference for humanity at large over the local loyalties of the classical world. *Patrie* could carry either meaning, or a confused awareness of both at once, and it has to be distinguished from *patriotisme* and *patriote*.

The "aristocratic revolution" of 1788 produced a great outburst of inflated rhetoric and theatrical posturing that in several respects anticipated the Year II. By the second half of 1788, *patriote* had been appropriated by those who were thinking in terms of a new constitution. *Patrie* was, on the whole, the slogan of the conservatives, and especially of the *parlementaires*. It was most frequently invoked when those who accepted office in Lamoignon's Grands Bailliages were damned as "infâmes et traîtres à la patrie."[11] This was the cry of the parlements of Grenoble, Nancy, Metz, Pau and Besançon, and no doubt of others as well. That of Rennes invented the new crime of *lèse-patrie*. Devotion to the *patrie* need not imply anything very radical. The archbishop of Reims, for example, wrote, "Je suis français, je suis gentilhomme, je suis évêque, je suis pair du royaume . . . j'aime le roi, j'aime ma patrie." The *avocat-général* of the parlement of Aix seems also to have been thinking along fairly conservative lines when he wrote, "We are the primary custodians of these laws, their conservators and defenders and we must not allow . . . anyone to injure the rights of our *patrie*. Not to immolate ourselves if need be for the *patrie* would be a crime of state."[12] In Arras, the *noblesse non-entrante*, which had traditionally been excluded from membership of the local Estates, campaigned stridently for a voice in the election of the deputies to the Estates General, declaring itself ready to accept "les plus grands sacrifices pour régénérer la patrie à la face de l'univers étonné." "Sommes-nous Français? Sommes-nous sujets de Louis XVI? . . . Qu'importe d'être noble si l'on n'est plus Citoyen?"[13] When they had won their point, and the *noblesse entrante* had walked out of the electoral assembly, these democratic sentiments did not deter them from drafting a particularly reactionary cahier.

The *patrie* already had its *enfants*, amongst whom one anonymous pamphleteer singled out for special mention the princes of the blood and the peers. The Dijon parlement was welcomed back from exile by a *jeune divinité* personifying *la patrie*, together with a whole troupe of *petites divinités* on a triumphal chariot. There were similar festivities at Grenoble. Those who still felt like celebrating in 1793 must have felt that the *fêtes de la raison* reminded them of something. The Dijonnais were not the only ones to anticipate the future: an essay addressed to the Grenoble academy predicted with reasonable accuracy that Louis XVI would earn himself the title of *Restaurateur de la Patrie*. A good deal of what happened after the meeting of the Estates General was a re-enactment of what had gone before.

There were occasional signs, especially in the second half of 1788, of the use of *patrie* in a more deliberately radical sense. A letter to the *"Baron de P . . ., Officier des Gardes Françaises"* informed him that "Nous naissons tous citoyens, nous sommes tous enfants de la patrie avant d'être sujets du Roi." "C'est cet être moral, la patrie, qui domine sur tous et chacun de ses enfants et au service duquel le Roi n'est pas moins assujetti que le dernier des sujets . . . S'il n'y avait pas de patrie il n'y aurait pas de Roi." Political allegiances took some time to sort themselves out. Until the summer of 1788 the parlements had been the spearhead of the combined forces opposed to "ministerial despotism." Their supporters, at that time, included men as different as Robespierre and Duval d'Eprémesnil. As the political situation evolved, new issues came to the fore, what had once seemed constitutional was denounced as aristocratic, and individuals changed partners, if not sides. Billaud-Varenne, in a book published just before the fall of Brienne, had lamented the fate of his "misérable patrie" and invoked the memory of Brutus—but Billaud's heroes were still the parlementaires.[14] Even in the following year he was still writing that common people never acquired "cette délicatesse de sentiments qui constitue l'honneur."[15] This was more than harmless snobbery. It read like a passage from Montesquieu's defence of the nobility's rôle in a monarchy, in the early part of *De l'Esprit des Lois*. The whole concept of honour, as the revolutionaries were eventually to realize, was the negation of the civic values associated with the *patrie*.[16] Montesquieu had seen clearly enough that honour and *vertu* belonged to incompatible systems of values but eighteenth-century gentlemen, however radical their political views, found it difficult to break with the code of behaviour that was part of their education.

Pétion was made of sterner stuff than Billaud and his opinion that "Il n'appartient qu'au citoyen vertueux de traiter dignement les intérêts de la patrie" had the ring of the future Saint-Just about it.[17] In its "republican" sense, the *patrie* had always implied a state of moral tension—Montesquieu had insisted that *vertu* did not come easily or naturally to men—and called for a certain amount of manipulation by whatever Solon or Lycurgus could provide the institutions necessary to school the citizenry in the ways of *vertu*. Montesquieu himself had recognized that Sparta was no advertisement for the kind of freedom that he believed to be the objective of politics and he had eventually opted for a more negative conception of liberty as the product of the balanced representation of interest.[18] Advocates of classical republicanism, while admitting the need for constraint, had seen it as something self-imposed. Pétion, probably unconsciously, was implying a situation in which the welfare of the *patrie* as a whole would be entrusted only to the *citoyens vertueux*. What this was only too likely to involve in practice was a claim to a monopoly of *vertu* by those in possession of political power, in other words, to a kind of theocracy in which the government claimed the right to impose on the governed, not merely laws, but the moral values that the citizenry were considered incapable of working out for themselves. Once again, the realities of the Year II were foreshadowed in some of the mental attitudes that were already visible before the revolution began.

The question of defining *what* the *patrie* was, was linked to the problem of deciding *where* it was. Both the parlement of Rennes and the Estates of Artois insisted that sovereignty, however one conceived it, was local and that no one, not even the Estates General, was entitled to legislate for Brittany or Artois without the concurrence of the local Estates. That was perhaps to be expected from the two bodies in question but they were not the only people to question the nature of the French state. A pamphlet attributed to Portalis observed that "Sans être, à proprement parler, *compatriotes*, nous sommes tous Français." In 1788, when Robespierre and Mirabeau referred to their "nations," they meant Artois and Provence. To improve his prospects of election to the Estates General, Robespierre produced a pamphlet, *Les Ennemis de la Patrie démasqués*, in which he expressed his concern at "la patrie en danger" and, in an extraordinary brooding over his own martyrdom, consoled himself with the thought of "la patrie triomphante." The entire pamphlet was devoted to local issues and the "enemies" all came from Artois, which was presumably their *patrie*. One of the main reasons why the revolt in Dauphiné was so important was its deliberate repudiation of this sort of outmoded provincialism. Although their immediate objective was the restoration of their own Estates, the Dauphinois, under the guidance of Mounier, insisted from the start that they were not interested in the defence of local privilege or the vindication of traditional rights. Their *patrie* was the country as a whole, conceived as a community of people rather than a geographical area. As the Assembly at Romans put it, "Ce ne sont pas les provinces qui doivent être représentées [in the Estates General], mais leurs habitants." This was to anticipate the transformation of Louis XVI from "king of France and of Navarre" into "king of the French." In 1793, Saint-Just was to define the two approaches to sovereignty as characteristic of monarchies and republics. When the Dauphinois talked of their *patrie*, they meant people, and the French people as a whole. After the night of August 4, so did everyone else. One at least of the ambiguities about the *patrie* had been resolved for good.

When the Estates General eventually met, the deputies were more inclined to speak of the nation and of the general will than of the *patrie*. When they thought of their constituents in a passive sense, they referred to them as the *peuple*; when they wanted to describe the sovereign people in action, they called them the *nation*. The more conservative, like Malouet, addressing his constituents at Riom, sometimes said *empire*. There were quite a few parallels between the actions of the parlements in 1788 and those of the Third Estate a year later and Mirabeau was using parlementaire language when, on June 23, he denounced those who might use force against the deputies as "infâmes et traîtres à la patrie." Three days earlier, Mounier had objected when Le Chapelier complained that "les ennemis de la patrie obsèdent sans cesse le trône." That was parlementaire talk too. It was the *procureur* of the Châtelet, congratulating the Assembly on the outcome of the July crisis, who called the deputies "sauveurs de la patrie."

Once that crisis had been surmounted and the Assembly moved from resistance to "ministerial despotism" to the actual government of the country, it discarded the language of the parlements, along with the parlements themselves. There was little talk of the *patrie* during the great constitutional debates of August and September 1789. When, in subsequent debates, its name was invoked, this was usually no more than a rhetorical cliché: the *patrie* had its *ennemis*, its *bonheur* and its *enfants.* Appropriately enough, it was the royalist, Cazalès, who provided the most striking exception to this general attitude. For him, the word had retained its old vibrant connotations, although in the sense of "native land" rather than "self-governing community." During the war and peace debates, on May 21, 1790, in what was perhaps a conscious paraphrase of *Emile*, he pronounced "La patrie doit être l'objet exclusif de notre amour. L'amour de la patrie fait plus que des hommes. Il a crée les Spartiates . . . Quant à moi, je déclare que ce ne sont pas les Russes, les Allemands, les Anglais que j'aime; ce sont les Français que je chéris; le sang d'un seul de mes concitoyens m'est plus précieux que celui de tous les peuples du monde." This manifesto of one kind of patriotism was not to the liking of the Assembly, which greeted it with a *murmure général*. Cazalès repeated much the same thing on October 19. "Tout peut excuser l'exagération de l'amour de la patrie; mais ces âmes froides sur lesquelles le patriotisme ne sauraient agir, qui les excuserait?" Cazalès may have sat on the Right, but he was anticipating the attitudes of the Year II, if not the marmoreal eloquence of Saint-Just.

Robespierre sounded rather like Cazalès when he said, on August 23, 1790, that "L'humanité consiste surtout à aimer la patrie." If circumstances had been different, they might have found themselves on the same side. It all depended on whether the *patrie* was France or a particular conception of France. Robespierre was, in fact, advancing an argument that he was going to develop in 1793–94: humanity was not a matter of general benevolence but total commitment to the victory of a particular cause. Even if one conceived of the *patrie* as encompassing the country as a whole, that still jarred, both with Enlightened cosmopolitanism and with the overriding demands of honour. If the *patrie* meant the choice of a particular political option, the coercion of opponents was not merely legitimate, but a moral imperative. Although Rousseau would probably have said that he had been misunderstood, his own ambivalent attitude towards the *patrie* had inspired both the royalist, Cazalès, and the future leader of the Montagnards.

Away from the floor of the Assembly, the significance of *patrie* depended on the speaker and the context. Despite the title of his newspaper, the *Ami des Patriotes*, it was not a word that Brissot used very much, except during the first months of the war, and then in the conventional way: "Les pauvres versent leur sang pour la patrie," "sauver la patrie," "nous n'appartenons qu'à la patrie." What he *did* do, on July 7, 1791, was to welcome the fact that the philosophes had helped to undermine the concept of honour and to replace it by *vertu*. This was to argue that, although France was, by general agreement, a constitutional monarchy, what Montesquieu would have called its *principe* was already republican, and not republican in the vague sense in which Rousseau had said that all legitimate governments were republican. The deputies, who were all the kind of people whom the British would have recognized as gentlemen, and therefore as men of honour, were in no hurry to follow Brissot down that particular road. When, on August 19, 1790, Robespierre had complained that, in the proposed naval penal code, officers and ratings did not receive the same punishment for the same offences, he was told by the spokesman for the *comité de marine* that "Les officiers sont punis par la perte de leur honneur et c'est ce qu'un Français peut avoir de plus cher." A rating might have a *patrie*, but he was being denied a nationality! Even a comparatively radical deputy like Barnave, on April 6, had argued for the use of juries in civil as well as criminal cases on the ground that a man's honour was as important to him as his life. When attempts were made to persuade the Assembly to put an end to duelling, that ultimate sanction of honour, they came to nothing. In that respect at least, things were to change in the Year II.

Invocations of the *patrie* were more in keeping with the style of Marat, who claimed to have told Robespierre that his influence as a journalist was not due so much to his arguments as to "l'effusion de mon âme, aux élans de mon coeur . . . à mes cris d'indignation, de fureur et de désespoir." One might perhaps distinguish another use of *patrie*: when it served essentially to raise the emotional temperature, without meaning anything in particular. Sentences that began with the *patrie* had a tendency to end with exclamation marks. Marat was rather prone to this. His *Ami du Peuple* contained frequent references to the *amis de la patrie*—and even more frequent ones to its *ennemis* and *traîtres*. He was fond of pointing out that he himself belonged to the *patrie*, that he loved it and that he had braved all kinds of unspecified perils in order to save it. One of the few things he did not do for it was to define it.

Saint-Just's reference to the *patrie*, in his *Esprit de la Révolution*, written in 1791, were a good deal more revealing. The whole essay illustrated his curious hesitation between near-anarchism and a hankering after a schoolmaster state. He believed that France was superior to the classical republics since "Les droits de l'homme auraient perdu Athènes et Sparte; là, on ne connaissait que sa chère patrie, on s'oubliait soi-même pour elle. Les droits de l'homme affermissent la France; ici la patrie s'oublie pour ses enfants."[19] This was to take his stand with Montesquieu, who had rejected classical patriotism on precisely these grounds. Saint-Just then went on to say exactly the opposite. 'L'indifférence pour la patrie et l'amour de soi-même est la source de tout mal; l'indifference pour soi-même et l'amour de la patrie est la source de tout bien."[20] He found it hard to resist an epigram but he was not merely being clever. At this stage of his development he was pulled both ways and it was only after his election to the Convention that he was to square the circle by convincing himself that the armoury of republican institutions that he devised for the moral education of the rest of the community, would not interfere with the freedom of the *vertueux*, who already agreed with them in principle and would be happy to see them imposed on the unregenerate.

To suggest that the use of *patrie* frequently had emotional rather than intellectual connotations is not to impugn the sincerity of those employing it. Only the most hardened cynic could fail to respond to the outburst of the marquis de Ferrières to his wife, when he described to her his feelings at the opening of the Estates General.

> Cette France, ma patrie, se montra en toute sa splendeur . . . J'ignorais jusqu'où peut s'étendre le lien mutuel qui nous unit au sol, à des hommes qui sont nos frères; je l'appris dans cet instant. Oui, j'en fais le serment: objet chéri, France où je suis né, où j'ai passé les jours heureux de ma jeunesse . . . jamais je ne trahirai l'honorable confiance que l'on m'a témoignée en me remettant entre les mains tes intérêts; jamais rien d'étranger au bien, à l'avantage de tous ne déterminera mon jugement ni ma volonté.[21]

This was exactly what the *patrie* was supposed to mean and the way in which one was meant to serve it, but all the disinterestedness of Ferrières and those like him was helpless when it came to resolving political conflicts. With the intensifying suspicion and the endless repetition of political clichés, invocations of the *patrie* tended to become rhetorical expedients at best, or insinuations that one's opponents were not genuinely concerned about the welfare of the community as a whole.

The declaration of war and the military crisis that followed, in the summer of 1792, fused the two meanings of *patrie*. The new France, in which citizens were supposed to identify themselves with the community whose legislators, administrators, judges and priests they elected, could only survive if it protected itself against foreign invasion. Despite the fact that it was the French government that declared war on everyone except the Prussians, the revolutionaries convinced themselves that they were the ones who had been attacked. They were certainly on the defensive for most of the first two years. So long as the war lasted—and it was to continue virtually without interruption for over twenty years—patriotism in the Cazalès sense of defending one's native land, was going to be necessary if France were to remain a *patrie* in the republican sense. The actual proclamation of a republic, in September 1793, meant much more than the deposition of a king. For men like Robespierre, it implied a qualitative change, government, not merely of the people, but of *vertu*. He spelled out the implications of this in his newspaper. "Ainsi a commencé la plus belle révolution qui ait honoré l'humanité; disons mieux, la seule qui ait eu un objet digne de l'homme, celui de fonder enfin les sociétés politiques sur les principes immortels de l'égalité de la justice et de la vertu."[22] [the French constitution] "vous élève déjà au-dessus de tous les peuples que les nations esclaves ont appelés libres." France, however, had put the cart before the horse: "Pour former nos institutions politiques, il nous faudrait les moeurs qu'elles doivent nous donner un jour."[23] A republican *patrie* would generate by its institutions the *vertueux* citizenry which it needed if it was to function as a non-coercive regime. The problem was to create the institutions that were to create their beneficiaries. For the time being, Robespierre put his trust in the incorruptibility of a mass electorate and hoped for the best. It was already clear, though, that if a choice had to be made between the idealized *patrie* and what most people actually wanted, it would be the latter who would have to change, or be changed.

How this situation developed can be demonstrated from the speeches of Robespierre and Saint-Just. In one of the earliest of these, on November 29, 1792, Saint-Just gave rein to his anti-authoritarian half. "Un peuple qui n'est pas heureux n'a pas de patrie." This made it incumbent on those responsible for the government of the *patrie* to supply what the mass of the population thought that it wanted since—whatever one might think about *vertu*—happiness was incorrigibly subjective. Unhappy people might perhaps be persuaded that they ought to be happy, but not that they actually were. By the spring of 1793 the picture was beginning to change. On April 24, Saint-Just hedged his bets. Government was "plutôt un ressort d'harmonie que d'autorité." "Rien n'est réglé que ce qui se meut par soi-même et obéit à sa propre harmonie . . . Les lois ne repoussent que le mal; l'innocence et la vertu sont indépendantes sur la terre." On the other hand, "C'est à lui [the legislator] de rendre les hommes ce qu'il veut qu'ils soient." Saint-Just, of course, had borrowed this last sentence almost word for word from Rousseau but he was no blind follower of Jean-Jacques and he only borrowed what he needed for his own use. During the summer of 1793 his conviction hardened that, if people who had been given a *patrie* were not "heureux," there must be something wrong with them. In his speech on revolutionary government, on October 10, he was still inclined to blame the ministers for anything that happened to be amiss, but *les indifférents mêmes* were added to the *minorité monarchique* that had to be *comprimée* and since selfishness and corruption were *les vices de la monarchie*, this "minority" was not confined to professed royalists but included egoists in general. He was already lamenting the lack of "institutions et des lois militaires conformes au système de la République qu'il s'agit de fonder." By February 26, 1794 he was arguing that France was "une société dont les rapports politiques ne sont point dans la nature." It was therefore not enough to leave the innocent to their own devices, since the times were out of joint. "Les ennemis de la patrie" were not "dans la nature" either and Saint-Just's emphasis now was all on the purging of the wicked and the re-education of the rest of the population. His perspective had changed since October. "Il s'est fait une révolution dans le gouvernement; elle n'a point pénétré l'état civil." What was needed was republican institutions, "soit pour comprimer les moeurs, soit pour arrêter la corruption des lois et des hommes." He took up this line again on March 13. "Nous ne connaissons qu'un moyen d'arrêter le mal, c'est de mettre enfin la révolution dans l'état civil et de faire la guerre à toute espèce de perversité." "Que le peuple réclame sa liberté quand il est opprimé . . . mais quand la liberté triomphe et quand la tyrannie expire, que l'on oublie le bien général pour tuer la patrie avec un mieux particulier, c'est une lâcheté, c'est une hyprocrisie punissable." By the time that he came to denounce the arrested Dantonists, on March 31, there was "quelque chose de terrible dans l'amour sacré de la patrie." "Un innocent, parle-t-il de se défendre? a-t-il des pressentiments de terreur avant qu'on ait parlé de lui?" To defend one's self against the government's accusation was now a confession of treason. After conceding, in a momentary aberration, that some of the Dantonists had previously "sauvé la patrie dans les crises," he recovered himself towards the end and pronounced that they had "jamais servi la patrie . . . La République est incompatible avec eux." The government had actually a good case against Fabre d'Eglantine and the other East India Company racketeers, but it was not one that Saint-Just chose to present. His appropriation of the *patrie* by the government provided him with a weapon that could be trained on anyone whom he felt it necessary to destroy, even on the majority of the Committee of Public Safety, whom he planned to accuse of "fâcheux desseins contre la patrie" in the speech that he was prevented from making on 9 thermidor. By now the *patrie* was whatever he wanted it to be and its enemies were all those with whom he disagreed.

Robespierre's thinking followed a similar trajectory. After the defeat of the Girondins his immediate concern seems to have been to preserve the Convention from those in the Cordelier Club and the Paris Commune who were hoping to seize power by a coup d'état, and then to prevent the Montagnards from destroying themselves by their internecine hatreds. There are some grounds for thinking that, towards the end of 1793, he may have been contemplating a gradual return to constitutional government. If so, he was frustrated by his inability to dominate the Montagnard factions, and perhaps also by a messianic sense of his own mission to make the French people worthy of its destiny. As early as July 29, he had introduced the Education Bill originally drafted by the murdered deputy, Michel Lepeletier, by saying "Je me suis convaincu de la nécessité d'opérér une entière régénération et, si je peux m'exprimer ainsi, de créer un nouveau peuple." He complained of the proposals of the Convention's Education Committee, according to which, "jusqu'à six ans l'enfant échappe à la vigilance du législateur, et que cette portion de la vie reste abandonnée aux préjugés subsistants et à la merci de vieilles erreurs." That was one way of looking at the relationship between the sovereign people and those to whom it had entrusted the government. All that would have to change. "A cinq ans, la patrie recevra donc l'enfant des mains de la nature; à douze ans elle le rendra à la société." The consequent regeneration of youth would double agricultural productivity, abolish poverty and almost put an end to crime. The citizens would at last become worthy of the republic that their legislators were creating for them. The prospect of having their children off their hands for seven years, at the public expense, would encourage the "utiles et malheureux citoyens" to "donner sans regret des enfants à la patrie." Even when the youngsters had completed their seven-year commando course, "la patrie ne peut pas cesser toute surveillance." Their weekends were to be organized in such a way that "le repos cessera d'être oisif et le plaisir lui-même présentera des instructions."

This excursion into social engineering remained for a long time something of an anomaly as Robespierre devoted himself to his short-term objective of protecting the Montagnards from each other. It was only towards the end of 1793 that he seemed to feel the need to try to hold them together by defining what he saw as their ideological objectives. This involved him in speculation about the *patrie*. He used the word nine times in his speech of December 25, on the principles of revolutionary government, mainly in conventional ways, which credited the *patrie* with its *ennemis* (twice), *défenseurs*, *amour* and *morts*. There were a good many similar examples in the most ideological of all his speeches, that of February 5, 1794, which contained nineteen *patries*. This time, however, he made a systematic attempt to relate the concepts of *patrie* and *république*.

> Dans la monarchie, je ne connais qu'un individu qui peut aimer la patrie, et qui, pour cela, n'a pas même besoin de vertu: c'est le monarque. La raison en est que de tous les habitants de ses états, le monarque est le seul qui ait une patrie . . . qu'est-ce que la patrie si ce n'est le pays où l'on est citoyen et membre du souverain?
> Par une conséquence du même principe, dans les états aristocratiques, le mot patrie ne signifie quelque chose que pour les familles patriciennes qui ont envahi le souverain.
> Il n'est que la démocratie où l'état est véritablement la patrie de tous les individus qui le composent.

He defined democracy as "un état où le peuple souverain, guidé par des lois qui sont son ouvrage, fait par lui-même tout ce qu'il peut bien faire et par des délégués tout ce qu'il ne peut faire lui-même."[24] This was to quote Montesquieu and sounded innocuous enough. Robespierre then went on, like Saint-Just, to equate democracy with the republic and republics with *vertu*. This allowed him to denounce "La faiblesse, les vices, les préjugés" as "le chemin de la royauté." He was somewhat ambiguous when it came to specifying who was to be responsible for diagnosing the presence of these pestilential qualities in others. On the one hand, *vertu* was natural to the people; on the other, any nation that had degenerated into a monarchy was *vraiment corrompue*. "C'est la mort du corps politique, par la décrépitude." This was the cue for him to quote, without acknowledgment, the only passage in *Du Contrat Social* where Rousseau envisaged the possible regeneration of an old and corrupt society which might "sort, en quelque sort, des bras de la mort pour reprendre toute la vigueur de la jeunesse."[25] If France had indeed regenerated herself, this seemed to suggest the conclusions that Saint-Just was in the process of abandoning: government should be, as Robespierre put it, "confiant dans le peuple et sévère envers lui-même." Unfortunately for the republic, its very virtues united against it the ambitious, the rapacious and the corrupt, whose machinations had to be defeated if the virtuous were to inherit the earth. Non-coercive government would have to wait until the republican regime was secure. That might sound like mere political common sense, but for Robespierre the republic would not be secure until it had become a community of saints. Until then, "qu'on conduit le peuple par la raison et les ennemis du peuple par la terreur." This was not a bad anticipation of the "democratic dictatorship of the proletariat." As Robespierre saw clearly enough, it got him into difficulties with Montesquieu, who had defined fear as characteristic of despotism. Robespierre warded off Banquo's ghost as best he could, by his old argument that injustice was not a matter of breaking rules, but a question of who was being unpleasant to whom. "La protection sociale n'est due qu'aux citoyens paisibles; il n'y a de citoyens dans la République que les républicains." "Punir les oppresseurs de l'humanité c'est clémence; leur pardonner, c'est barbarie." He therefore concluded, like Saint-Just, that it was for the government to separate the sheep from the goats and for the *citoyens paisibles* to believe what they were told. Where the two men differed was that Robespierre was probably more concerned to intimidate the unrighteous than to annihilate them. In the spring of 1794, Saint-Just's speeches tended to end with the demand for someone's proscription. All that Robespierre asked was that his speech should be distributed to the administration, the political clubs and the army, as an exhortation and a warning.

The last of Robespierre's ideological speeches, that of May 7 which inaugurated the cult of the Supreme Being, was his most emotional and it was appropriate that it should have beaten his previous record, with twenty-four *patries*. These were mostly of the conventional or invocational variety. "O ma Patrie! Si le destin m'avait fait naître dans une contrée étrangère et lointaine, j'aurais adressé au ciel des vœux continuels pour ta prospérité!" The old ideas were there: "la patrie a seule droit d'élever ses enfants"; wives devoted their husbands to the *patrie*. Since the government decided what everyone's duty was, there could be no argument about what devoting one's self to the *patrie* involved. The *patrie* itself had been domesticated and now received its orders from the Committee of Public Safety: "que la patrie s'enorgueillisse de t'avoir donné le jour!" (He was speaking of Viala, the young Provençal war hero). As Robespierre talked on, everything seemed to go stale. The emotion withered and the tired language of his peroration suggested the less inspired oratory of the Third Republic: "Vous y serez, braves défenseurs de la patrie, que décorent de glorieuses cicatrices. Vous y serez, vénérables veillards . . . Vous y serez, tendres enfants de la Patrie, qui croissez pour étendre sa gloire et pour recueillir le fruit de nos travaux. Vous y serez, jeunes citoyennes, à qui la victoire doit ramener bientôt des frères et des amants dignes de vous. Vous y serez, mères de famille . . ." It had all gone hollow. The marble was only stucco and the triumphal arches would be pulled down as soon as the spectacle was over. The *patrie* had been worked to death and what had been almost a mystical experience for Ferrières, five years before, had faded into the light of common day. There was a crack in the record and the gramophone could only go on repeating *patrie, patrie, patrie*, although no one was listening.

In one sense it *was* the end of the road. After thermidor, no one was interested in surpassing Sparta, all kinds of *vertu* were at a discount and the deputies were equally apprehensive about regeneration from above and from below. The republic jogged on, but as *politique* rather than as *mystique* and the *patrie* as the vehicle of *vertu* had had its day. The war, however, went on, although by now it was more a matter of conquest than of defending the homeland. The *patrie* had always had two strings to its bow and what remained was patriotism, in its modern sense of national loyalty. Mercier, who had lived through it all, clung to this as the only remaining plank in the shipwreck of his earlier hopes. "On a voulu faire de nous des hommes entièrement nouveaux et l'on n'en a presque fait que des sauvages." Long ago he had been a passionate *Anglomane*. Now, everything that had gone wrong had been England's fault: the death of the Girondins, treason in the navy, the abolition of slavery and the consequent loss of the colonies. "Guerre, guerre éternelle aux Anglais!"[26]

During the course of the revolution, the devotees of the *patrie* had tried to impose new attitudes towards the conduct of war. When Robespierre denounced the old conception of honour as out of place in a republic, this had been taken up by the War Office. Bouchotte, the War Minister, wrote to the general commanding in the Ardennes that "Le mot d'honneur militaire ne convient point dans les républiques; il faut y substituer celui de vertu, de courage, de patriotisme, de probité."[27] This was probably not taken too seriously by the officers in the field, who seem to have disregarded the "Spartan" decree of May 26 that all British and Hanoverian prisoners were to be executed.[28] Honour had always been particularly associated with military service; as an ingrained attitude, rather than a matter of political conviction, it was peculiarly resistant to change, and its rules seem, on the whole, to have been observed by both sides during the revolutionary and Napoleonic wars.

This did not mean that the wheel had come full circle and that everything was once more as it had been before the revolution. Napoleon might not have much use for a *patrie* as the repository of republican *vertu* but the self-made emperor could see the usefulness of one at least of the revolutionary conceptions of patriotism, as total devotion to a state whose presumed welfare took precedence over respect for diplomatic conventions, and might even authorize the violation of treaties. The kidnapping and judicial murder of the duc d'Enghien was the kind of panicky outrage of which any contemporary ruler might have been capable. Perhaps more serious in its implications, if less fatal in its consequences, was Napoleon's decision, after the breakdown of the Peace of Amiens, to intern all British civilians who found themselves stranded in France, together with his repeated breaches of the time-honoured conventions concerning parole.[28] The emperor, of course, might well have replied that the British had been the first to decide that the restraints of the code of war did not apply when one was fighting revolutionaries. They had tried to impose a blockade on foodstuffs, forged assignats and seized the frigate, *La Modeste*, in a neutral port. Napoleon, however, was not a revolutionary—except when it suited him—and his behaviour represented a victory for the new attitude that the immediate interests of one's country took precedence over the honour of individuals.[29] The *patrie* was dead but a new kind of patriotism had been born.

Notes

1. *De l'Esprit des Lois*, IV/5.
2. *Du Contrat Social*, II/6.
3. *Ibid.*, II/4.
4. *Ibid.*, II/5, III/15.
5. Pléiade edition (Paris, 1964), III/536, III/287.
6. Quoted in W. H. Bruford, *Germany in the Eighteenth Century* (London, 1935), p. 293.
7. *L'An 2440* (London, 1772), p. 267, note b.
8. *Notions claires sur les Gouvernements*, 2 vols. (2nd ed. Amsterdam, 1788), 1:241.
9. *Un Défenseur du Peuple à Joseph II.* (Dublin, 1785), p. 33.
10. *Mémoires*, ed. C. Perroud, 3 vols. (Paris, n.d.), 3:73.
11. Unless otherwise indicated, evidence relating to the pamphleteering of 1788 is taken from the *Recueil de Pièces intéressantes pour servir à l'Histoire de la Révolution en France* in the John Rylands Library in Manchester. The "revolution" in question was that of May 8, 1788.
12. Quoted in Bailey Stone, *The French Parlements and the Crisis of the Old Regime* (Chapel Hill, 1986), p. 159.
13. Archives Nationales, C12, Bᵃ15 liasse 14 fol. 72.
14. *Despotisme des Ministres de France*, 3 vols. (Amsterdam, 1789), 1:73, 3:108.
15. *Dernier Coup porté aux Préjugés et à la Superstition* (London, 1789), p. 119.
16. See N. Hampson, 'The French Revolution and the Nationalization of Honour' in *War and Society: Historical Essays in Honour and Memory of J. R. Western*, ed. M. D. R. Foot (London, 1973).
17. *Avis aux Français sur le Salut de la Patrie* (n.p. 1788), p. vii.
18. The implications of this choice between *vertu* and civil rights are examined in N. Hampson, *Will and Circumstance: Montesquieu, Rousseau and the French Revolution*, (London, 1983).
19. *Esprit de la Révolution et de la Constitution*, 2:2.
20. *Ibid.*, 3:12.
21. *Correspondance inédite*, ed. H. Carré (Paris, 1932), p. 43.
22. *Défenseur de la Constitution*, No. 12.
23. *Lettres à ses Commettants*, No. 1.
24. Cf. *De l'Esprit des Lois*, II/2.
25. *Du Contrat Social*, II/8.
26. *Le Nouveau Paris*, 6 vols. (Paris, n.d.), 1:20, 1:223–33.
27. Général Herlaut, *Le Colonel Bouchotte*, 2 vols. (Paris, 1942), 2:137.
28. It was applied, however, on at least one occasion by the navy, when the frigate, *La Boudeuse*, captured a British merchantman (Arch. Nat. BB⁴ 42 (Marine) fol. 215–18).
29. See Geoffrey Best, *Honour Among Men and Among Nations* (Toronto, 1982), *passim*.

CHAPTER 8

La déclaration des droits de l'homme

PHILIPPE RAYNAUD

"Il n'y a et il ne peut y avoir nulle espèce de loi fondamentale obligatoire pour le corps du peuple, pas même le contrat social."
J-J. Rousseau, *Du Contrat social*, Livre I, ch. VII.

"Un peuple a toujours le droit de revoir, de réformer et de changer sa constitution. Une génération ne peut assujettir à ses lois les générations futures."
Constitution de 1793, art. 28.

UN des paradoxes les plus célèbres de l'histoire constitutionelle française est sans doute que, alors que la Révolution française (qui reste à la source du droit public français) avait à ses débuts solennellement proclamé la supériorité des "Droits de l'Homme" sur le droit positif, les régimes issus de la Révolution ont longtemps refusé de protéger ces droits en leur donnant une valeur constitutionnelle et en instituant un *contrôle de constitutionnalité* des lois, qui passe, à tort ou à raison, pour une des meilleures garanties possibles contre l'arbitraire. Il faut rappeler en outre que le problème, particulièrement aigu sous la troisième République, n'était pas simplement politique: au delà d'un enjeu pratique (quelle valeur *juridique* pouvait avoir la Déclaration de 1789 dans une constitution qui ne s'y réfère pas explicitement?), la discussion portait en fait sur les *principes* mêmes de la doctrine révolutionnaire. Or, paradoxalement, chez les juristes, ceux-là mêmes (Duguit, Hauriou) qui affirmaient la supériorité *juridique* de la Déclaration sur les lois constitutionnelles de 1875 étaient les plus hostiles à la philosophie de la Révolution, alors que ceux qui (comme Hauriou ou Carré de Malberg) contestaient la possibilité, dans le régime de 1875, d'un contrôle de constitutionnalité, étaient beaucoup plus proches de l'esprit de la Révolution.[1]

Il me paraît donc aujourd'hui opportun, à un moment où l'autorité du Conseil constitutionnel semble d'autant mieux assise[2] que la légitimité des "Droits de l'Homme" est moins souvent mise en question, de rappeler que ces paradoxes traduisent d'abord une *équivoque* rélle de la doctrine révolutionnaire, qui se traduit par le rôle singulier que celle-ci attribue à la "loi," "expression de la volonté générale."

A première vue, en effet, les principes invoqués dans la Déclaration suggèrent une "hiérachie" stricte des "normes juridiques," et supposent la supériorité des "droits naturels, stricts et inaliénables de l'homme" sur l'ordre constitutionnel, qui détermine lui-même les rapports entre les différents pouvoirs. Tel est le sens, en particulier, de l'article 16: "toute société dans laquelle la garantie des droits n'est pas assurée, ni la séparation des pouvoirs déterminée, n'a point de constitution"; il ne s'agit nullement ici de subordonner la légitimité de l'ordre politique à l'adoption d'un système *particulier* de relations entre les pouvoirs législatif, éxécutif et judiciaire, mais simplement d'exiger qu'il existe *un* système de relations stable et transparent, dont l'objet est de garantir les "droits inaliénables" des hommes. Ainsi, malgré sa supériorité, le pouvoir législatif se voit attribuer des limites négatives et des obligations positives, qui découlent de la définition de la loi comme "expression de la volonté générale" (art. 6) et des nécessités de la "garantie des droits": "la loi ne peut défendre que les actions nuisibles à la société" (art. 5); elle "doit être la même pour tous, soit qu'elle protège, soit qu'elle punisse," (art. 6); elle ne "doit établir que des peines strictement et évidemment nécessaires" (art. 8); elle doit interdire et réprimer l'arbitraire (art. 9).

Cependant, même si les devoirs du législateur sont très vigoureusement affirmés, la portée de ces déclarations est en fait assez étroitement limitée, puisque, sur presque tous les cas importants, c'est à la loi elle-même qu'il convient de déterminer, de maniere quasi-souveraine, les conditions de la garantie des "droits inaliénables" et les *limites* dans lesquelles ils peuvent s'exercer.[3] Il y a, certes, quelques principes supra-législatifs, mais rien n'indique quelle autorité peut garantir que le législateur leur sera soumis, au point qu'il semble que le *règne de la loi* est bien la garantie suprême du respect des "droits de l'homme."

C'est de cette ambiguité qu'est née la controverse traditionnelle en France sur les conditions institutionnelles de la garantie des droits. La majorité des "républicains" se méfiaient des Cours suprêmes et du "gouvernement des juges," qui leur paraissaient conduire à une négation des droits du Parlement, et, au delà, à une limitation arbitraire de la capacité de la Nation à décider sur les affaires la concernant; inversement, les libéraux et les conservateurs qui souhaitaient l'institution en France d'un contrôle de constitutionnalité des lois dénonçaient, derrière le "légicentrisme" français, des tendances despotiques qui s'étaient à leurs yeux très largement manifestées dans l'activité législative de la Convention,[4] et, plus tard, dans les lois anti-cléricales de la IIIème République.

Ce débat peut paraître aujourd'hui largement dépassé, dans la mesure où il était étroitement lié aux lois constitutionnelles de 1875, et à l'interprétation assez étroite de la doctrine de la souveraineté nationale qui prévalait alors. Néanmoins, il conserve encore un intérêt majeur pour la compréhension de la pensée révolutionnaire française, qui associe indissolublement l'affirmation de la relativité des corps politiques constitués et la défense de la souveraineté de l'Etat rationnel. Plutôt, donc, que d'insister sur les difficultés formelles de la Déclaration des droits, je voudrais ici en premier lieu reconstituer les raisons de fond, héritées de la pensée du XVIIIe siècle, qui ont conduit les Constituants à confier à la Loi un rôle privilégié dans la garantie des droits, pour examiner ensuite les transformations qu'ils ont fait subir aux thèses des Lumières et de Rousseau.

La Souveraineté de la Loi, l'Etat et la Liberté

Si le but premier de la *Déclaration* de 1789 est de préserver les hommes contre le risque toujours présent de "l'ignorance, (de) l'oubli ou (du) mépris" de leurs droits inaliénables, cela ne doit pas faire oublier que ce projet est également légitimé, aux yeux des Constituants, par la nécessité de surmonter les divisions et l'impuissance politique qui sont le lot des gouvernements traditionnels, oublieux des droits de l'Homme. Le but n'est donc pas d'affaiblir l'Etat, mais au contraire de faire mieux respecter son autorité, en déterminant de manière incontestable les limites dans lesquelles celle-ci doit s'exercer; si la *Déclaration* rappelle "les droits naturels, inaliénables et sacrés de l'Homme," c'est aussi, nous dit-on:

> afin que les actes du pouvoir législatif et ceux du pouvoir exécutif pouvant être à chaque instant comparés avec le but de toute institution politique, en soient plus respectés; afin que les réclamations des citoyens, fondées désormais sur des principes incontestables, tournent toujours au maintien de la constitution.

La rationalisation de la politique recherchée par les révolutionnaires ne vise donc pas seulement à réduire les tendances despotiques de la Monarchie, mais aussi, indissolublement, à *renforcer* l'autorité de l'Etat, et surtout à mettre fin à des contestations, qui, énervant le corps social, affaiblissent à la fois les citoyens et le gouvernement. Il faut, certes, faire la part ici des nécessités de la polémique: les auteurs de la Déclaration pouvant s'attendre à être accusés de subvertir l'ordre politique traditionnel,[5] ils répondaient d'avance à ces critiques en montrant que le mépris des droits de l'Homme mettait en fait un frein au respect des pouvoirs en place. Mais l'argument a aussi des aspects plus profonds, qui marquent la fidélité des Constituants à deux idées majeures de la "Philosophie" française des Lumières: celle d'une *politique de la Raison* qui s'appuie sur l'*évidence*: celle de la solidarité, en dernière analyse, du *développement de la liberté individuelle* et de celui de la *puissance de l'Etat*.

Ce sont en effet ces idées qui, pour le courant dominant des Lumières, fondent la supériorité de la Loi et légitiment qu'on lui confie la fonction de garantir les libertés. L'auteur le plus significatif sur ce point est sans nul doute Beccaria, dont le traité *Des délits et des peines* vise précisément à opérer une synthèse entre les deux courants, "libéral" et "absolutiste," de la philosophie politique moderne. L'influence de Beccaria, décisive sur Voltaire, Turgot, et Condorcet, ne tient pas seulement à son plaidoyer éloquent pour l'humanisation et la rationalisation du droit pénal, mais aussi à la clarté avec laquelle il dégage les fondements d'une doctrine nouvelle de la *sécurité*. Dans le système de Beccaria, les hommes sont d'autant plus efficacement détournes d'agir contre les lois que celles-ci rendent plus claires, plus explicites et plus certaines les conséquences des délits, en évitant toute cruauté inutile, mais aussi *en limitant au minimum l'initiative des juges:*

> avec des lois pénales exécutées à la lettre, chaque citoyen peut calculer exactement les inconvénients d'une mauvaise action; ce qui est utile, puisque cette connaissance pourra le détourner du crime. Il

jouira avec sécurité de sa liberté et des biens; ce qui est juste, puisque c'est le but de la réunion des hommes en société.

Le sens de cette doctrine (dont la conséquence première est d'interdire toute interprétation des lois par le juge) est en fait que la supériorité de la loi sur les autres sources du droit est la vraie solution du problème de la conciliation entre la *Souveraineté* et la *liberté*: comme règle générale, la loi s'interdit toute intervention arbitraire, (et elle est ainsi la meilleure garantie contre l'arbitraire), mais elle est aussi une règle impérieuse, puisqu' elle échappe aux contestations qui naissent du "choc des intérêts particuliers"; le citoyen lui obéit donc d'autant plus facilement qu'elle garantit mieux la protection de ses intérêts. Le règne de la loi résoud au mieux, pourrait-on dire, le problème de Hobbes (établir l'autorité du Souverain, au delà des conflits d'intérêts et d'opinion entre les hommes) tout en donnant satisfaction aux exigences "libérales" de protection des individus, puisqu'elle montre que le Souverain (le législateur) s'affaiblit quand, sortant de ses limites propres (la règle générale), il se prive du soutien des citoyens, d'ou il tire l'essentiel de sa force.[6]

Certes, les idées de Beccaria présentent de nombreuses ressemblances avec d'autres doctrines antérieures ou contemporaines;[7] ce qui leur donne, néanmoins, une importance singulière pour les penseurs politiques du XVIIIeme siècle français, c'est que, tout en réalisant l'idéal quasi-"cartésien"[8] d'une soumission de la politique à l'évidence (qui entraîne la ruine de l'autorité de la tradition), elles affirment la solidarité entre la liberté, la rationalisation du droit, et la puissance de l'Etat. Telle est, en particulier, la leçon qu'en tire Condorcet; l'oeuvre de Beccaria confirme à ses yeux l'idée, qu'il partage avec Turgot, que la transformation de la société par l'action de l'Etat est compatible avec la liberté: la systématisation du droit, la codification et la réduction progressive du poids de la coutume et de la jurisprudence doivent en fait permettre de libérer l'initiative des individus, en les affranchissant des règles arbitraires héritées du passé féodal.

C'est un esprit analogue que nous rencontrons dans la *Déclaration*: de même que, pour Beccaria, la simplicité et la clarté des lois favorisaient l'obéissance, pour les révolutionnaires français, la légitimité de la constitution sera considérablement augmentée si elle est fondée sur des "principes simples et incontestables." En outre, la confiance dans la loi ne repose pas ici seulement sur l'idée que la supériorité de la loi est le signe qui distingue les régimes libres des régimes despotiques: elle suppose aussi la volonté de mettre fin aux controverses et aux disputes qui s'élèvent nécessairement dès lors que les "réclamations des citoyens" ne sont pas fondées sur des principes "simples et incontestables." C'est pourquoi le but de la *Déclaration* ne peut pas être, en matière constitutionnelle, de défendre des *arbitrages* entre les différents "pouvoirs," ni entre les citoyens et l'Etat, mais bien de prévenir leur nécessité par l'énoncé de principes "évidents"; il faut bien, cependant, dans les cas litigieux, qu'une instance décide de l'*interprétation* que l'on doit donner des principes: celle-ci ne peut être que la loi, puisque le juge et l'exécutif sont présumés porteurs de l'arbitraire dès qu'ils créent du droit hors du contrôle du législateur.

Le projet des Lumières, particulièrement clair chez Turgot ou Condorcet, était de promouvoir une *politique de la vérité,* dont le but était de reconstruire l'ordre social sur des bases rationnelles, en soumettant les lois, les traditions et les coutumes à l'épreuve de la critique rationnelle: c'est cet idéal de rationalisation qui inspire les grands projets réformateurs de la Constituante et de la Convention (unification du système des poids et des mesures; organisation du territoire en départements, réforme du droit pénal etc) et, qui entraîne déjà dans la *Déclaration*, le rejet de la société d'ordres.[9] Il faut ajouter, cependant, que les Constituants ont en fait d'emblée compris que cette politique elle-même ne pouvait manquer d'être, dans ses principes ultimes, *politique de la volonté*, en ce sens que c'était bien en dernière analyse, le pouvoir politique souverain qui devait juger de son bien fondé. De là deux conséquences, qui nous écartent d'emblée de la problématique des Lumières:

(1) Pour la plupart des penseurs du XVIIIème siècle français, le problème majeur n'est pas celui de l'identité du souverain, mais celui de la *rationalisation* de l'ordre social, qui peut très bien être effectuée par un régime qui reste formellement fidèle à la monarchie traditionnelle, du moment que celui-ci est guidé par la Raison et par le souci du bien public. Pour les révolutionnaires français, en revanche, le problème est de changer l'ordre politique lui-même, considéré comme incompatible avec la raison; la légitimité des gouvernants ne dépend donc plus seulement de leur activité, mais aussi et d'abord de la *source* de leur autorité, ce qui entraîne d'emblée la ruine des principes traditionnels de la monarchie, et fait passer au premier plan le problème de l'organisation des pouvoirs politiques: "Le principe de toute souveraineté réside essentiellement dans la nation. Nul corps, nul individu ne peut exerce d'autorité qui n'en émane expressément" (art. 3).

(2) Inversement, là où les "philosophes" tendaient à confier à un magistère *extérieur* (l'opinion publique "eclairée") la défense des droits de l'humanité, les révolutionnaires français s'en remettent pour cette tâche (en 1791) à la collectivité organisée, c'est-à-dire au législateur, porteur de la "volonte générale," sauf à admettre plus tard (en 1793) la légitimité de l'"insurrection," dans le cas où l'autorité politique cesserait d'exprimer la volonté de la nation.

S'il est vrai, que, dans leur critique de l'Etat absolutiste, les Lumières ont d'abord inversé la formule célèbre de Hobbes, pour poser que "c'est la vérité et non l'autorité qui fait la loi,"[10] il faut donc aussi ajouter que, dès lors que s'est posé le problème de l'organisation d'une collectivité politique autonome, il a fallu à nouveau revenir à la doctrine du *Léviathan*, pour affirmer ensuite le principe apparemment contraire du droit de résistance. C'est là, me semble-t-il que se pose le problème du rapport de la doctrine révolutionnaire avec celle de Rousseau, dont plusieurs formules reviennent dans les discussions de l'Assemblée, dans la *Déclaration* elle-même, et dans la Constitution de 1791.

Si la pensée de Rousseau est bien des sources de la *Déclaration*, le *Contrat social* contient aussi une remarquable analyse des *difficultés* de toutes les tentatives pour *subordonner* le Souverain à une "loi fondamentale," celle-ci fût-elle fondée sur les "droits naturels, imprescriptibles et sacrés de l'homme." Comme on le sait, l'objet du contrat social est, pour Rousseau, de constituer, à travers l'association, une *individualité politique*, qui intègre et préserve la liberté de chacun des particuliers dont elle est composée; or, malgré la réciprocité du "contrat" qui lie les particuliers au souverain, il existe une certaine asymétrie entre les parties contractantes, puisque, même si chaque individu contracte "pour ainsi dire avec lui-même," il reste tenu d'obéir au "tout" dont il a choisi de faire partie, alors que le souverain peut toujours modifier sa constitution interne:

Mais on ne peut appliquer ici la maxime du droit public que nul n'est tenu aux engagements pris avec soi-même; car il y a bien de la différence entre s'obliger envers soi, ou envers un tout dont on fait partie.

Il faut remarquer encore que la délibération publique, qui peut obliger tous les sujets envers le souverain, à cause des deux différents rapports sous lesquels chacun d'eux est envisagé, ne peut, par la raison contraire, obliger le Souverain envers lui-même, et que, par conséquent, il est contre la nature du corps politique que le Souverain s'impose une loi qu'il ne puisse enfreindre. Ne pouvant se considérer que sous un seul et même rapport il est alors dans le cas d'un particulier contractant avec soi-même: par là on voit qu'il n'y a et ne peut y avoir aucune loi fondamentale obligatoire pour le corps du peuple, pas même le Contrat social.[11]

De ce fait, si Rousseau admet bien une distinction entre les "devoirs qu'ont à remplir (les citoyens) en qualité de sujets" et le "droit naturel dont ils doivent jouir en qualité d'hommes," la portée de cette distinction ne peut être définie que par le souverain lui-même:

On convient que tout ce que chacun aliène par le pacte social de sa puissance, de ses biens, de sa liberté, c'est seulement la partie de tout cela dont l'usage importe à la communauté, mais il faut convenir aussi que le souverain est seul juge de cette importance.[12]

Pour nos contemporains, marqués par l'experience jacobine et par ses critiques libérales, cette doctrine passe souvent pour despotique, dans la mesure où elle interdit apparemment la limitation de la Souveraineté; pour ceux de Rousseau, elle était surtout subversive, parce qu'elle affirmait que toutes les lois constitution-nelles peuvent toujours être révoquéees. Elle s'oppose, en tout cas, à toutes les tentatives pour fonder les gouvernements sur un *contrat* (pacte de soumission) entre les gouvernants et les gouvernés, puisque son but est précisément de montrer qu'un tel contrat est impossible: si toutes les formes de gouvernement résultent d'une décision, toujours révisable, du Souverain, il est clair "que l'acte qui institue le Gouvernement n'est pas une Loi, que les dépositaires de la puissance exécutive ne sont point les maîtres du peuple mais ses officiers, qu'il peut les établir et les destituer quand il lui plait."[13] Ainsi, dans le *Contrat social*, si l'individu ne peut invoquer aucune "loi fondamentale" contre le Souverain, il reste toujours libre, comme citoyen et membre du Souverain, de changer de gouvernants et de régime politique; en outre, si le Souverain est toujours libre de modifier la constitution, cela signifie aussi que la liberté de la communauté politique se marque par le fait qu'elle n'est jamais enchaînée à la volonté des *générations passées*, et qu'elle garde toujours sa liberté à l'égard de sa *tradition*.

Or, malgré la différence des doctrines (qui tient essentiellement à l'introduction de la problématique de la *représentation*, que Rousseau refusait), les mêmes carac-tères se retrouvent dans la *Déclaration* de 1789. Trois idées indissolubles caractéri-sent en effet la théorie de Rousseau: la définition de la liberté par la *participation* au pouvoir, la subordination des *gouvernants* à l'*association*, considérée comme le seul véritable souverain, la priorité donnée à la *volonté* sur le *statut* dans l'orga-nisation des pouvoirs publics (qui entraîne la ruine de ce que Weber appellera la "légitimité traditionelle"). Or, ces trois idées sont reprises dans la *Déclaration*, et elles conduisent toutes à affirmer la prééminence de la loi, "expression de la volonté générale."

Tout d'abord, en effet, même si elle reprend les revendications libérales classi-ques, la *Déclaration* ne les présente pas comme de simples *limitations* imposées du dehors à l'Etat, mais comme liées au concours des citoyens à l'activité législatrice:[14]

"tous les citoyens ont droit de concourir personnellement, ou par leurs représentants, à (la) formation de (la loi)" (art. 6). Ce rôle politique des citoyens est lui-même lié à la souveraineté de la Nation, qui, pas plus que le Souverain de Rousseau, ne conclut de *contrat* avec les gouvernants: "Le principe de toute souveraineté réside essentiellement dans la nation. Nul corps, nul individu ne peut exercer d'autorite qui n'en émane expressément." Dans ces conditions, il est également clair que les institutions traditionnelles de la France, et en tout premier lieu la Monarchie, ne sont que le produit passager de l'Histoire nationale, et qu'elles ne peuvent en aucun cas passer pour la traduction d'une "loi fondamentale," qui limiterait la puissance instituante de la "Nation"; si l'activité réformatrice du Souverain doit ou non être limitée, c'est donc, en l'occurence, comme l'avait bien vu Rousseau, une affaire de *prudence politique* et non de *droit public*.[15]

Ce sont là, d'ailleurs, les aspects de la *Déclaration* qui ont été le plus âprement discutés au cours des polémiques qui ont opposé partisans et adversaires de la Révolution, en particulier dans la controverse entre Burke et Paine. Si l'argumentation de Burke joue sur les deux registres conservateur et liberal, c'est précisément parce qu'elle part de l'idée que les droits et libertés de l'Etat civil ne peuvent être garantis que dans un ordre *statutaire* (les lois fondamentales) qui n'est pas le produit de la *volonté*, mais au contraire celui d'une *tradition* qui transcende la délibération humaine; c'est pourquoi Burke attaque à la fois les aspects "anarchiques" de la Déclaration (qui rend incertaine la le légitimité des gouvernements établis en faisant de la "Nation" seule la source de la souveraineté) et les menaces qu'elles fait courir aux droits effectivement acquis par les hommes (qui ne peuvent être garantis que dans une communauté *déjà* constituée). Inversement, Paine voit très bien la portée révolutionnaire de l'idée de souveraineté de la Nation, dont il dégage les implications pour l'histoire et la politique anglaises: pour lui (à l'opposé exact des thèses de Burke), dans la "Glorieuse Révolution," c'est l'acte révolutionnaire du Parlement déposant Jacques II qui est pleinement légitime,[16] alors que la perpétuation de l'ordre monarchique traditionnel ne l'est pas, puisqu'elle assujettit les générations futures à la Volonté présente, passagère, du Parlement.

Volonté Générale et Représentation

Les difficultés de la *Déclaration* proviennent donc de ce qu'elle associe, à l'idée du caractère absolu et "imprescriptible" des droits de l'Homme, une confiance apparemment quasi illimitée dans les vertus du règne de la loi, qui semble limiter les garanties des "droits de l'Homme," en excluant l'idée d'une "loi fondamentale," supérieure à la volonté du législateur.[17]

Il faut d'ailleurs ajouter que, virtuellement du moins, la doctrine révolutionnaire élimine aussi les limites, matérielles et autres, que les grands auteurs antérieurs continuaient d'opposer aux pouvoirs du législateur.

Tout d'abord, c'est un point commun à Montesquieu, à Beccaria et à Rousseau, de lier étroitement la valeur de la loi à sa *généralité*, ce qui conduit à définir très rigoureusement les limites du pouvoir législatif, afin de l'empêcher de sortir de sa sphère propre, en même temps qu'est assurée sa prééminence sur les autres pouvoirs. C'est là, ce qui chez Rousseau lui-même définit les "bornes du pouvoir souverain" (et rend problématique le *Gouvernement* démocratique): le Souverain ne peut prétendre gouverner sans mettre en danger le Corps politique, et il ne peut légiférer que sur des matières générales. Or, dès la *Declaration des droits de l'homme*, les révolutionnaires s'écartent de cette idée, qu'ils abandonnent en fait totalement dans la Constitution de 1791; l'article 6 de la *Déclaration*, en effet, interdit simplement les discriminations et les privilèges,[18] mais il ne délimite pas les domaines respectifs du législatif et de l'exécutif; quant à la Constitution, comme l'a admirablement montré Carré de Malberg, elle introduit en fait une doctrine trés différente de celle de Rousseau, puisqu'elle reconnaît au législateur le pouvoir de définir lui-même les limites de sa sphère d'activité: la prééminence de la *loi* se reduit en fait à celle du *législateur*, puisque "tout ce qui a été décidé par le corps législatif, en forme législative, est loi et mérite le nom de loi."[19]

Cette inflexion de la doctrine classique s'explique évidemment d'abord par des intentions politiques (assurer la supériorité des "représentants" de la Nation sur les institutions héritées de l'"ancien régime"), mais elle a aussi une portée beaucoup plus générale. Tout d'abord, en effet, dans la Constitution de 1791, le Roi est lui-même "représentant" et participe à l'activité législatrice (ne serait-ce que par son droit de veto). En outre, la doctrine révolutionnaire a aussi l'avantage, alors même qu'elle affirme la souveraineté de la "représentation nationale," de laisser à celle-ci la faculté de déléguer une partie de ses attributions traditionnelles à des pouvoirs qui lui restent subordonnés: c'est, paradoxalement, la souveraineté du législateur qui permet d'accorder une sphère importante d'activité aux autres organes de l'Etat; c'est, notamment, cet aspect de la doctrine révolutionnaire qui a rendu logiquement concevable la redécouverte progressive (quoique très limitée) des avantages de la *jurisprudence* des tribunaux,[20] et qui a permis, dans divers contextes, de reconnaître une très large initiative au pouvoir exécutif. Théoriquement, enfin, elle marque pour ainsi dire un retour à l'inspiration de Hobbes qui, dégagée de ses aspects les plus polémiques, est ici mise au service de l'Etat représentatif. C'est sur cet aspect de la doctrine de la *Déclaration* que s'appuyait l'ancienne "orthodoxie" républicaine pour refuser tout contrôle juridictionnel sur l'activité du Parlement, sauf à voir dans le respect des "droits de l'Homme" une obligation morale, qui pouvait amener d'ailleurs à chercher à inscrire dans la loi elle-même les conditions d'une meilleure garantie juridique des libertés; inversement ce sont les mêmes thèses que la critique libérale, qu'elle s'exerçat sur l'action de la Convention ou sur celle de la IIIème République, a toujours denoncées comme potentiellement despotiques.

Ces difficultés sont d'ailleurs aggravées, par la disparition, dans un texte qui doit beacoup à Rousseau, de la deuxième série de "bornes" que le *Contrat social* met au pouvoir souverain, c'est-à-dire de la nécessité que la loi soit générale, dans sa *source*, grâce à l'absence de *représentation* et à l'exigence d'une quasi-unanimité dans la décision. Pour que le peuple soit libre et que le souverain ne soit limité que par lui-même, il faut évidemment, pour Rousseau, qu'il y ait une parfaite adéquation entre le Souverain et les individus associés, qui disparaît dès lors que les représentants ont le pouvoir de vouloir en lieu et place du peuple. Or, précisément, la *Déclaration* ouvre la voie à la doctrine de Sieyès quand elle exige simplement, pour que la loi soit l'"expression de la volonté générale," que les citoyens concourent "personnellement, ou par leurs représentants à sa formation"; du point de vue de Rousseau, semble-t-il, dès lors que l'on admet la représentation, la loi n'est plus l'expression de la volonté générale, et elle perd sa prééminence, qui ne serait fondée qu'à cette condition.

Ces considérations ne résument pourtant qu'un aspect de la doctrine de la *Déclaration*, qui n'est en général privilégié que parce que, historiquement, il s'est incarné dans une importante tradition politique. Rien ne permet, en particulier, d'affirmer que les révolutionnaires n'aient pas été conscients de ces difficultés, ni qu'ils n'aient pas cherché à leur apporter des solutions qui, si elles prenaient en compte la nouveauté des *problèmes* posés en 1789, restaient néanmoins fidèles, en partie du moins, à l'inspiration de Rousseau: il suffit pour cela que les variations infligées à la doctrine de ce dernier obéissent à une *loi* cohérente, et que celle-ci ne découle pas seulement des circonstances politiques.

Tel est bien, me semble-t-il, le cas de la réflexion de Sieyès.

On sait que, chez celui-ci, on rencontre à fois des idées qui viennent de la tradition libérale (la conception lockienne de la propriété, la distinction des "droits civils" et des "droits politiques," la défense de la représentation) et une doctrine de la *loi* et de la *volonté générale* qui transpose au niveau de l'*Assemblée nationale* l'interdiction rousseauiste des "associations partielles."[21] Or, malgré ses difficultés, la réflexion de Sieyès est guidée par une conscience très claire de ce qu'il y a d'inéliminable dans la problématique du *Contrat social*. Sieyès s'oppose à Rousseau en ce que, contrairement à ce dernier, il accepte le monde de la "liberté des modernes," fondé sur la division du travail, la production et l'échange des richesses, plus que sur l'exercice constant de la liberté politique;[22] il perçoit aussi à quel point la critique rousseauiste de la représentation est liée à la volonté de réduire l'indétermination de l'avenir qui caractérise la temporalité politique moderne. Mais c'est là, précisément, qu'il s'efforce aussi d'intégrer l'apport de Rousseau dans une problèmatique qui reste globalement libérale. Dans les doctrines classiques de la volonté générale, la supériorité de la *loi* sur les autres sources du droit a pour fonction d'assurer la domination de la volonté *présente* des citoyens, en affranchissant la collectivité du poids du *passé* et de la *tradition*;[23] pour Sieyès, le but est de préserver la possibilité d'une *adaptation* permanente du législateur aux conditions *futures*, tout en laissant la société développer elle-même sa propre activité. Or, la même idée se rencontre aussi dans d'autres thèses révolutionnaires, auxquelles elle confère une signification nouvelle (l'indétermination relative des compétences "matérielles" des différents pouvoirs, l'impossibilité de réduire l'activité du juge à la pure application des lois,[24] le refus de figer la constitution dans une formule définitive, qui lierait les générations ultérieures); s'il en est ainsi, c'est que les grands textes révolutionnaires (et, en tout premier lieu, la *Déclaration*) ne doivent pas être interprétés à partir de la seule tradition jacobine, mais aussi, surtout peut-être, comme des tentatives pour repenser, au-delà de Rousseau, les conditions de la liberté dans une société ouverte, temporalisées vers l'avenir.

Chez Sieyès lui-même, en tout cas, cette réflexion s'est traduite par un souci extrême, original chez les révolutionnaires, mais néanmoins significatif, de distinguer entre le pouvoir "constituant" et le pouvoir "législatif," qui l'a conduit à proposer à plusieurs reprises l'institution d'une juridiction constitutionnelle, dont une des fonctions aurait été de contrôler la constitutionnalité des lois. Contrairement à un préjugé courant, cette idée n'était nullement opposée à celle de la souveraineté de la Nation, qui se traduit seulement par une doctrine *négative*, et qui interdit précisément toute usurpation de la souveraineté par un des organes de l'Etat, fût-ce le Parlement; on peut ainsi considérer que la remise en cause actuelle de la soit-disant "orthodoxie républicaine" n'a fait finalement que développer des éléments jusqu'alors méconnus de la doctrine authentique des révolutionnaires.[25]

Il nous faut maintenant conclure, et risquer une évaluation de la cohérence interne de la doctrine française des *Droits de l'Homme*.

L'originalité de la *Déclaration* consiste d'abord à proposer une fondation nouvelle, ouvertement dirigée contre la tradition, de revendications qui, pour la plupart, sont déjà "classiques" en 1789. Elle est d'emblée susceptible de plusieurs interprétations, qui vont du quasi-anarchisme de Godwin au culte jacobin de l'Etat-législateur, et qui confirment toutes certains aspects du jugement de Burke: la doctrine des "droits de l'Homme" est étroitement liée à l'artificialisme politique moderne, et elle ouvre en Europe une période de controverse et d'instabilité politique. Si on en restitue la cohérence interne, cependant, il est clair qu'elle exprime aussi, avec la plus grande rigueur, le problème que tous les Etats européens ont eu à régler par la suite: celui de la synthése entre la *liberté libérale* et la *liberté-participation*, dans un monde qui ne jouit plus de la sécurité qui découlait de la prééminence de la *tradition* et du *statut* sur la volonté; quant à l'importance qu'elle attribue à la "loi, expression de la volonté générale," elle montre que les révolutionnaires n'ignoraient pas que la survie des libertés n'est possible que dans et par une collectivité politique organisée, dont la puissance seule peut garantir la liberté.[26]

En revanche, nous pouvons partiellement nous entendre avec Burke sur sa critique des illusions "artificialistes" qui animaient les Constituants; remarquons simplement, avec Hegel, la limite interne des critiques qui invoquent, contre le "constructivisme" moderne, l'autorité de la tradition ou de l'Histoire: pour que le mouvement spontané de l'Histoire puisse être dit rationnel, il faut bien aussi que sa signification soit rendue explicite, et qu'elle apparaisse comme *universelle*: c'est pourquoi, disait Hegel, s'il est sans doute vrai qu'on ne "fait" pas une constitution, il est néanmoins de "la plus grande importance" que les droits de l'Homme aient fait l'objet d'une *Déclaration*.

Notes

1. Je me permets, sur ce débat, de renvoyer à mon article: "Des droits de l'homme à l'Etat de Droit. Les droits de l'homme et leurs garanties chez les théoriciens français classiques du droit public." *Droits*, 2 (1985).
2. Certains hommes politiques ont bien pu contester telle ou telle décision, mais ils n'ont pas réussi à convaincre la majorité de leurs amis politiques de remettre en cause la légitimité du Conseil lui-même.
3. C'est à la loi de déterminer les "bornes" dans lesquelles l'exercice par chacun de ses droits naturels ne limite pas la liberté d'autrui (art. 4); "Nul ne peut être inquiété pour ses opinions, même religieuses, pourvu que leur manifestation ne trouble pas l'ordre public établi par la loi" (art. 10); "La libre communication des pensées et des opinions est un des droits les plus précieux de l'homme: tout citoyen peut donc parler, écrire, imprimer librement, sauf à répondre de l'abus de cette liberté dans les cas déterminés par la loi" (art. 11); c'est à la loi, enfin, de "constater" la "nécessité" qui peut permettre de priver quelqu'un de sa propriété.
4. Chez les grands libéraux du début du XIXème siècle, comme Benjamin Constant, l'expérience de

la Terreur conduit déjà à mettre en cause la confiance dans la loi comme garantie de la liberté, encore prédominante chez Montesquieu.

5. Ce sera là, d'ailleurs, le point de départ de la critique de Burke.

6. Un des successeurs les plus importants de Beccaria est ainsi J.G. Fichte, qui, dans sa *Doctrine du droit*, tente de ramener les problèmes du droit naturel moderne à une *antinomie* entre absolutisme et libéralisme, dont l'idée de la *souveraineté de la loi* doit donner la solution; cf. sur ce point les belles analyses d'Alain Renaut, dans sa thèse *Le système du droit* (Paris, 1985).

7. Par exemple: la théorie spinoziste de la *démocratie* comme régime le plus absolu, les idées de Montesquieu sur le lien entre *légalité* et *liberté* et, bien sûr, la conception rousseauiste de la *Volonté générale*.

8. Empiristes pour la physique et la théorie de la connaissance, les "philosophes" transposent le critère de l'"évidence" dans les questions pratiques (morales et politiques) où Descartes restait lui-même fidèle à des conceptions plus classiques.

9. Article 1: "Les hommes naissent libres et égaux en droits. Les distinctions sociales ne peuvent être fondées que sur l'utilité commune."; Article 6: "(. . .) Tous les citoyens, étant égaux aux yeux (de la loi), sont également admissibles à toutes dignités, places et emplois publics, selon leur capacité et sans autre distinction que celle de leurs vertus et de leurs talents."

10. Cf. J. Habermas, *L'espace public* (Paris, 1978).

11. J-J. Rousseau, *Du contrat social*, Livre I, ch. VII.

12. *Ibid.*, Livre II, ch. IV.

13. *Ibid.*, Livre III, ch. XVIII.

14. Sans que cette participation soit essentiellement liée au vote de l'impôt, qui fait l'objet d'un article distinct, (art. 14).

15. J-J. Rousseau, *Du Contrat social*, Livre III, ch. XVIII: "Il est vrai que (les) changements (de gouvernement) sont toujours dangereux, et qu'il ne faut jamais toucher au gouvernement établi que lorsqu'il devient incompatible avec le bien public; mais cette circonspection est une maxime de politique et non pas une régle de droit, et l'Etat n'est pas plus tenu de laisser l'autorité civile à ses chefs, que l'autorité politique à ses Généraux."

16. Pour Burke, au contraire, ce qui justifie la Révolution de 1688, c'est qu'elle *ne* découlait *pas* de la volonté du Parlement, mais d'une impérieuse nécessité qui *s'imposait* à lui (le salut public et la conservation des lois fondamentales du Royaume).

17. One peut considérer aussi que, même s'ils s'opposaient à eux sur l'*identité* du Souverain, les révolutionnaires avaient quelque affinité avec les grands réformateurs de la fin de la Monarchie, qui voulaient "enlever la Couronne au greffe," et récusaient les prétentions des Parlements et des juges à parler au nom des "lois fondamentales" du Royaume.

18. "La loi doit être la même pour tous, soit qu'elle protège, soit qu'elle punisse. Tous les citoyens, étant égaux à ses yeux, sont également admissibles à toutes dignités, places et emplois publics, selon leur capacité et sans autre distinction que celle de leurs vertus et de leurs talents."

19. R. Carré de Malberg, *La loi, expression de la volonté générale* (Paris, 1931), pp. 24 sq.

20. Sur le sens de cette évolution, je me permets de renvoyer à mon article "La loi et la jurisprudence, des lumières à la révolution française," *Archives de Philosophie du droit* 30 (1985), pp. 61–72.

21. Ce qui le conduit paradoxalement à exclure le mandat impératif (qui fractionne la volonté nationale), alors que Rousseau y voyait le moyen pour le peuple de contrôler les élus.

22. On sait que, sur ce point, Constant doit beaucoup à Sieyès, ainsi qu'aux thermidoriens.

23. Cf. par exemple, Beccaria, *op. cit.*, p. 4: "Les juges n'ont pas reçu les lois comme une tradition domestique, ou comme un testament de nos ancêtres qui ne laisserait à leurs descendants que le soin d'obéir. Ils les reçoivent de la société vivante, ou du souverain, comme dépositaire actuel de la volonté de tous."

24. Cf. Portalis, *Discours préliminaire du code civil*: "la communication des hommes est si active, et leurs rapports si étendus, qu'il est impossible au législateur de prévoir à tout . . . La prévoyance des législateurs est limitée . . . Ce serait donc une erreur de penser qu'il put exister un corps de lois, qui eût d'avance pourvu à tous les cas possibles . . . On ne peut pas plus se passer de jurisprudence que de lois." (cité in: R. Carré de Malberg, *Contribution à la théorie générale de l'Etat* (Paris, 1962), 1:735–736.

25. Cela ne signifie d'ailleurs pas que certains défenseurs du conseil constitutionnel en France (ou de la Cour suprême aux Etats-Unis) soient au-dessus de tout soupçon, lorsqu'ils mettent les acquis de l'histoire au dessus de la volonté du législateur.

26. C'est ce que méconnait Hannah Arendt, lorsqu'elle reprend les critiques de Burke contre la déclaration (dans *Les origines du totalitarisme* et dans *De la Révolution*).

Part III

The Revolution and the Monarchy

Presentation

COLIN JONES

LOUIS XVI held a key place at the heart of Revolutionary culture. That place—it need hardly be said—was almost entirely a negative one. From 1792—earlier for some—the king was invested with a kind of negative charisma which he has found hard to shake off. For many historians, Revolutionary culture defined itself in crucial ways by the act of personal liquidation it visited upon Louis Capet, and even the period of the constitutional monarchy was a Republic Which Dared Not Speak Its Name—save only to a few esoteric consenting adults.

Did this have to be so? Many revolutionaries thought not. In his paper in this volume, Diego Venturino highlights the linguistic jugglery which the Revolutionaries employed following 1789 as regards the term "Ancien Régime."[1] The main aim of that jugglery was to draw an ideological veil over a figure who had been the hardly unwitting mainspring of the former system of government, and to incorporate him into the burgeoning Revolutionary mythology. As it turned out, Louis XVI was to prove the Hamlet of the early years of the Revolution, forever indecisive whether to be, or not to be, a willing and accepting part of the new political and constitutional settlement. None of the three papers in the present section address themselves to the question of whether, in what circumstances, with what concessions, at what cost, and with what success, Louis XVI might have negotiated for the Bourbon dynasty a lasting niche within the constitutional arrangements ushered in by 1789. Perhaps such analysis veers off too far into the counterfactual. However, given the "revival in narrative" and a renewed concern with high politics right across the historiographical spectrum in the 1980s, and given earnest recent endeavours to rehabilitate the political acumen of a monarch often dismissed in the past as a simpleton, such issues are pertinent.[2] The extent, therefore, to which Revolutionary political culture could incorporate a monarchical element seems a more open question than many would allow.

Two of the three papers in this section—those of Michael Walzer and Roger Dupuy—concern themselves above all with the image of the king. It would be foolish to deny the immense symbolic significance attached to the act of killing Louis XVI, a Bourbon monarch in whose person resided the "political magic and divine right" evoked by Professor Walzer. "Killing No Murder"[3]: this was the title of a polemical piece written to justify tyrannicide following the execution of

153

Charles I of England in 1649. (In this as in doubtless other aspects of political culture the English had what one might call a head start over the French.) And the phrase might serve as epigraph to Professor Walzer's paper. For he seeks to defend the judges of Louis XVI in the Convention from the charge levelled against them by contemporaries as well as by numerous historians over the generations that this was above all a "show trial," a travesty of justice in which cold-eyed fanatics threw legality out of the window and put the Revolution irreversibly on the high road to political terrorism. Professor Walzer guides us around the parameters of choice within which the Conventionnels worked. Sidestepping arguments which link Louis XVI's trial in unilinear fashion to the Reign of Terror and even with twentieth-century totalitarianism, he invites us to view the trial not through the prism of the Gulag Archipelago[4] but rather in the light of the Nuremberg trials. Such a comparison may not achieve universal assent, but it deserves careful consideration. The trial of Louis XVI was not, for Professor Walzer, a sham trial, though it was—inevitably, given its political character—an imperfect trial. In it, the Conventionnels—much like the Allies after World War II—were determined to vindicate the rule of law over and against—even 'in spite of' (I am using Professor Walzer's own terms) 'the rules of pure procedural justice.'[5] As at Nuremberg, many participants viewed the trial as having the major educational purpose of impressing on a larger public the importance of respect for legality. The Robespierre–Saint-Just axis may ultimately have won out—in the Convention as in the history books. But the trial none the less showed that they were different ways of construing the term "political justice," not all of which were ignoble, nor necessarily consubstantial with political terrorism.

Perhaps it may be argued that Professor Walzer attaches too much importance to the legal status of the Constitution of 1791 in the deliberations of the Convention. "The French," he writes, "had their own constitution."[6] Yet in fact, that Constitution had already been deliberately breached on a number of occasions—the declaration of the Republic and the introduction of universal male suffrage are two examples that spring to mind—and the successor to the Legislative Assembly conceived of itself very precisely as a constitutional interregnum, as indeed was implicit in its status as constitutional convention. The rules were far from clear. It also needs stressing that in contrast with the postwar atmosphere in which the Nuremberg trials were conducted, Louis XVI was tried when war both foreign and civil was still raging. It is important not to forget that the Conventionnels saw themselves as trying not just a burnt-out political failure but rather—as the title of Professor Dupuy's paper has it—"the king of the Counter-Revolution."

If Louis XVI was the Hamlet of the Revolution, Professor Dupuy shows that he was also—inevitably perhaps—the Hamlet of Counter-Revolution. Louis's brothers, the future Louis XVIII and Charles X, nearly always seemed bluffly sure about their own decisions—which were pretty uniformly the wrong ones, as regards their own political future. But Louis XVI left everyone guessing. Professor Dupuy highlights, for example, the perplexity and anger produced among the provincial nobles who counted themselves the monarch's natural supporters by Louis's vacillations and compromises with the Revolutionary cause. It is this kind of psychological nuance in the multifaceted and forever shifting world of Counter-Revolution which comes out most strongly in Professor Dupuy's account. Seeing,

as he does, the Restoration of 1814 as above all a fluke—"une divine surprise"[7]—
he strives to chart the progress of the image of monarchy among those who
remained its partisans through the period in which Republican, then Napoleonic
political values held sway. He reminds us that if the period from 1789 to 1814
occasioned—to filch the title of a recent monograph—an "apprenticeship in citizenship,"[8] it also nudged the Bourbons towards an "apprenticeship in kingship."
Sovereignty was no longer a personal, dynastic attribute, but the defining
characteristic of the newly-constituted nation: this was the lesson the Bourbons
had to learn. They were not to prove good pupils.

Throughout his paper, Professor Dupuy draws a sharp line between revolutionaries and counter-revolutionaries. This kind of Manichean division was common
at the time, and may even be perceived as a defining characteristic of the Revolutionary *mentalité*.[9] But too marked a segregation between the two sides makes it
difficult to understand the position and the ideology of those good revolutionaries—most numerous in the period of the "First" Directory perhaps—who might
have gone along with a restoration of the monarchy, though not of the kind that
Louis XVIII had on offer. Perhaps mentioning this point in regard to Professor
Dupuy's paper is merely another way of inviting reflection on whether monarchy
had a place within, and not merely outside, Revolutionary political culture.

One of the most striking aspects of Professor Dupuy's paper is the distinction
he elucidates between "Counter-Revolution" and "Anti-Revolution." Counter-
Revolution, he argues, was noble and reactionary and prized the Ancien Régime
constitution. Anti-Revolution, on the other hand, was popular, and especially
peasant; its charter were the *cahiers* of 1789; and it viewed the king as its benevolent protector, the Nation as the rapacious urban bourgeoisie, the nobility as useful
military allies, and the non-juring priesthood as both the exegicists and the sacri-
ficial victims of the revolutionary process. Further studies are emerging,[10] not least
Professor Dupuy's own work, which nuance this perhaps overly-schematic model.
We need to be clear, for example, on the extent to which Counter-Revolution and
Anti-Revolution were "movements" in their own right, or merely strands within
the same movement. If the Counter-Revolution was highly diverse, as Professor
Dupuy shows, the same can be said for Anti-Revolution. It is important too to be
aware of the extent to which the sociological constituencies of each differed; the
extent to which each was rooted in prerevolutionary social and political patterns;
how each evolved within the tangled skein of counter-revolutionary developments;
and so on. Clearly, however, the distinction between Counter- and Anti-Revolution seems assured of a bright future as an heuristic tool for further research in
counter-revolutionary studies.

Professor Dupuy underlines the importance of religion in understanding the
Counter-Revolution. Religion is accorded considerable importance too in Peter
Campbell's study on "Louis XVI, King of the French." Dr Campbell's paper is
most urgently directed, it seems to me, toward the question of the ideological
origins of the Revolution, and in particular the emergence of an ideology of constitutionalism. He isolates the critical importance of the Jansenist faction attached
to the Paris parlement in the build-up of constitutional theory in the last decades
of the Ancien Régime. Perhaps we all tend to underestimate the importance of
religious writing and thinking in what was not yet a "dechristianized" society

(whatever that may mean). Perhaps also we react too often to problems associated with the ideological origins of the Revolution much as the Revolutionaries themselves did, by merely dusting down and parading about the busts of Rousseau and Montesquieu. In fact, as Dr Campbell notes, the important historical questions are what contemporaries made of such writers, not what we ascribe as their real meanings; and anyway the authors who seem important to us were often only part of a much richer spectrum of writing. It seems too that the study of the legal basis of absolutism and the theoretical presuppositions behind the political and institutional structures of the Ancien Régime have been much neglected. Nevertheless, Dr Campbell's imputation that the writings of medieval Conciliar theorists, relayed by eighteenth-century Jansensists, were of more moment in the evolution of constitutional ideas than the writings of the major philosophes will certainly raise a few eyebrows. The Jansenist component in the emergence of ideas about national sovereignty and constitutionalism has been squarely put on to the agenda.

Dr Campbell sees nothing novel in the theoretical underpinnings of pre-Revolutionary constitutional theory. He sees nothing new either in the terminal crisis of the Ancien Régime, which was essentially an Ancien Régime-style crisis, the product of traditional ideological, social and institutional factors well embedded in the fabric of pre-1789 society. What was surprising about the Ancien Régime was not that it fell when it did, but that it lasted as long. This is a notoriously tricky kind of view to hold—and an even trickier one to refute. But one does feel that it is incumbent on the holder of such a view to show that the kind of conflict which preconditioned the fall of the Ancien Régime in 1789 did not do the same thing for the previous, shall we say, 150 years. Clearly, Dr Campbell does not have the space to elaborate on the matter at such length in this paper. He does, however, evoke a number of important problems associated with the stability or instability of the Ancien Régime polity, and its potential for incorporation within the post-1789 constitutional settlement.

One of these relates to the popular basis and representative claims of absolutism. Clearly there was a strong religious element to divine right monarchy which should not be underestimated as a force for manufacturing social and political consent. But there was also, as Dr Campbell emphasizes, a strong tradition of representation implicit to the corporative nature of Ancien Régime society. Perhaps historians are too anxious to write off the representative potential and participatory practice of pays d'état, provincial assemblies, town and village local government, guilds and confraternities. To some extent, Dr Campbell seems to be suggesting, the language used in the debates in the Constituent Assembly analysed in the papers of Ran Halévi and Patrice Gueniffey has a social history requiring elucidation.[11] Though in general terms the Revolution offered a theory of national sovereignty and a representative system, it also introduced changes which in many specific instances reduced the incidence of participation and atrophied the practices of representation. The abolition of workers' associations is a case in point.[12] It would be relevant to know, in this respect, more about the implementation of changes in the franchise between 1789 and 1800. Was it only in the elections to the Estates General in 1789—to raise a question stimulated by Professor Sewell's paper[13]—that women had the chance to vote? Closer analyses are needed of the meanings and practices of representation in the late eighteenth century if we are to speak with any certainty about the issues evoked by Dr Campbell. It might even be possible to conjugate such analyses with the study of "Anti-Revolution" proposed by Professor Dupuy. For numerous studies have underlined how peasant support for the non-juring clergy was predicated upon the latter's pre-1789 role in representing the interests of local communities.[14]

Dr Campbell is surely right too to emphasize the neglect which historians have accorded the royal court. There is a tendency to see the court as a monolithic bloc. Studies of the emigration—as Professor Dupuy demonstrates—do not bear this out for the 1790s. It must have been even more wide of the mark under the Ancien Régime. The political significance of key court figures and the mechanics of their influence could do with further elaboration. Above all, a more careful analysis of court patronage is required.[15] Here is one of Dr Campbell's structural features of the Ancien Régime: it was found wanting in 1789; and even more so down to 1792. Why? Historians sometimes write rather glibly as if the rise of ballot-box politics and a rationalized bureaucracy was the inevitable kiss of death for court patronage. Something of this order used to be said about the English monarchy in the eighteenth century; but revisionist historians here have been stressing the continuing dynamism of the court and the complementary relationship between patronage and sharp ideological divisions.[16] There were ways around parliamentary scrutiny and control exploited by the Hanoverian dynasty which must have been open to the Bourbons after 1789. Nor should we imagine that patronage and clientage were the sole prerequisite of the royal court, and bit the dust with the eclipse of monarchy. They riddled local politics, as much Anglo-American scholarship has shown; they often provide a crisper analytical grid for understanding national politics than "party"; and their importance at the heart of the bureaucracy—witness Bouchotte at the War Ministry, to take an example evoked in Professor Bertaud's paper—is worth closer study.[17] For all the sound and fury about the "new politics" of the 1790s, perhaps patronage was in fact the monarchy's most underestimated gift to the political culture of the Revolutionary decade.

A final point. All three papers evoke international comparisons and influences in their accounts. When Revolutionaries and Counter-Revolutionaries alike viewed the monarchy—whether prior to 1789, in regard to the trial of 1792–93, in emigration, or wherever—they did so in international and historical contexts as well as in the person of the hapless Louis XVI. This seems to me an important point. Dr Leslie Mitchell, in the final session of the Oxford conference, remarked how "French" the French Revolution remained. This may be the case with much recent historiography, but it was far from true for the generation of 1789. Revolutionary figures evoking the "patrie" after 1789, for example, had in mind not only the autochthonous meanings sensitively explored in Norman Hampson's paper in this volume,[18] but also the very varied uses of the term "patriot" prior to 1789— in America and in Holland, as well as in the constitutional wranglings mentioned by Dr Campbell. To discuss the language of the Revolution with no reference outside itself is surely seriously to deform the character of French political experience after 1789. Perhaps precisely because there was a shortage of terms and concepts to describe new practices and relationships, the French were particularly alert to external example. To take a single example, it was necessary to fabricate new procedures for every stage and level of the political process. The Revolutionaries did this by a process which one might call *bricolage* but which in fact more resembles widespread looting and pillaging from other political cultures. The borrowings from classical Antiquity are relatively well-known. But pride of place in this respect, especially in the early years, seems in fact to have gone to England and America. *Franglais* was alive and well in the French Revolutionary assemblies. A host of neologisms and para-neologisms bear witness to the phenomenon— *amendement, adresse, barre, Convention, fédéralisme, législature, majorité, motion* and *ordre du jour* are a random scattering. Linguistic borrowing on the kind of scale the Revolutionaries engaged in bespeaks a high degree of openness to outside influences. While it is not my intention to try to revive the "Atlantic Revolution" thesis of Professors Palmer and Godechot,[19] it does seem to me that we have to find ways of talking about French political culture in the Revolution which respect and give full weight to the international matrix of influence and counter-influence in the Revolutionary decade. Of vital importance in the course of events within France in the 1790s, the execution of the king and the abolition of the monarchy were probably, in their multiple ramifications and cultural reverberations, the most genuinely international of the acts of the French Revolutionary assemblies.

Notes

1. See above, chapter 1.
2. Good examples of the rehabilitatory trend are: E. Lever, *Louis XVI* (Paris, 1985); P. Girault de Coursac, *L'Education d'un roi: Louis XVI* (Paris, 1972); P. & P. Girault de Coursac, *Enquête sur le procès du roi Louis XVI* (Paris, 1982); and, this side of the Channel, J. Hardman, *The French Revolution: from the Ancien Régime to the Thermidorian Reaction* (London, 1981).
3. [E. Sexby & S. Titus], *Killing No Murder* (1657).
4. Cf. the well-known remarks of F. Furet, *Penser la Révolution française* (Paris, 1978), pp. 25–6.
5. See below, p. 190.
6. See below, p. 185.
7. See below, p. 202.
8. M. Genty, *L'Apprentissage du citoyenneté* (Paris, 1986).
9. See esp. Furet, *Penser*, passim.
10. For example: R. Dupuy, *La Chouannerie* (Rennes, 1981); idem & F. Lebrun (eds.), *Les Résistances à la Révolution (Colloque de Rennes, 1985)* (Paris, 1987); D. Sutherland, *The Chouans: the social origins of popular counter-revolution in Upper Brittany, 1770–96* (Oxford, 1982); T. Le Goff, *Vannes and its region in the eighteenth century* (Oxford, 1981); T. Le Goff & D. Sutherland, "The social origins of counter-revolution in western France," *Past & Present*, 1983.
11. See chapters 4 and 13.
12. See, for example, the recent work of M. Sonenscher, notably his *The Hatters of eighteenth-century France* (Los Angeles, California, 1987).
13. See below, chapter 6.
14. T. Tackett, *Religion, revolution and regional culture: the ecclesiastical oath of 1791* (Princeton, New Jersey, 1986), for the most recent (as well as one of the best) studies highlighting the importance of the parish priest to the local community in many areas of eighteenth-century France.
15. Apart from occasional lucky dips, has anyone bothered to analyse the quantitative materials on royal patronage in the infamous *Livre Rouge*? See *Archives parlementaires* vols. xiii, xiv, xv.
16. See the ideologically bizarre, stylistically rococo, historiographically acidic yet often acute remarks of J.C.D. Clark, *Revolution and rebellion: state and society in England in the seventeenth and eighteenth centuries* (Cambridge, 1986), for a recent survey, citing work by, inter al., Jeremy Black, Edward Gregg and Stephen Baxter.
17. See below, p. 424. For problems implicit in the use of party analysis, see the still pertinent critique of M.J. Sydenham, *The Girondins* (London, 1961); for the provinces, see the numerous studies by Richard Cobb and his pupils; and for Bouchotte, see A. P. Herlaut, *Le Colonel Bouchotte, ministre*

de guerre de l'an II (Paris, 1946), and A. Soboul, *Les Sans-culottes parisiens de l'an II* (Paris, 1958), passim.

18. See above, chapter 7.
19. Classically in R.R. Palmer, *The Age of Democratic Revolution* 2 vols. (Princeton, New Jersey, 1959, 1964); J. Godechot, *Les Révolutions, 1770–99* (Paris, 1963).

CHAPTER 9

Louis XVI, King of the French

PETER R. CAMPBELL

"LOUIS XVI, King of the French"—this phrase conjures up a variety of fields of study and puts the accent upon some exceptionally thorny historical problems. It invites us to focus our attention upon several different but related areas. I intend to deal at great length with one of them, but first it may be helpful briefly to draw attention to those aspects which will be beyond the scope of this paper.

It would be possible to focus upon the personal role of the king from the moment he became king of the French and no longer king of France; that is, from the time when a new(?) theoretical basis was given to the monarchy in the summer of 1789. A good biography of Louis, based upon original sources and written in the light of recent studies of the Ancien Régime and the Revolution, is unfortunately still lacking. Louis has not generally had a good press from historians, few losers do, and his role has perhaps been unfairly evaluated. Anyone who has read his annotations to Brienne's memoirs on the Assembly of Notables knows that he clearly had a fairly acute mind capable of analysing political issues in a clear and cogent fashion.[1] His role in 1789 should not therefore be dismissed or underestimated merely on the grounds that he was weak-willed. And was he? It may be that his analysis of the political situation in the Revolution dictated actions which were characterized by others, who looked to him to play a strong role, as weak, but which were from his point of view rational steps. So little research has been done in this area that it is unfortunately impossible to deal with this subject in more detail here.

A second aspect is the transition from a political system based upon the court as a centre of power to one based upon a new relationship between the king and the chamber of deputies. Here I must make clear my disagreement, in the light of a good deal of new research, with those who still regard France as a bureaucratically governed "administrative monarchy." Some historians of the Ancien Régime are now taking seriously the view that the court was the centre of the political system, in a society and state in which patronage and clientage were extremely important. The absolute monarchy now appears to have been very different from the orthodox Tocquevillian portrait of a centralized bureaucratic state. This change in perception should in turn alter notions about the origins of the Revolution, and will eventually perhaps alter our concept of the nature of the Revolution itself. The whole structure of patronage, clientage, bluff, negotiation and compromise upon which Ancien Régime politics were based changed in 1789 and new techniques of control had to be found, with new men to operate them.

Not enough attention is paid to the court in the last years of the Ancien Régime and the early years of the Revolution. Consequently, very little is yet known about the role of court factions, and the conclusions of new work upon the nature of faction have yet to be applied to this period. Perhaps there has been an assumption that because the locus of power shifted from the court to the Assembly, such studies are irrelevant. But this is surely a false assumption, for in the early stages power lay both at court and in the assembly, and it would be useful to know more about their relationship. Such a study would need to pay close attention to the nature of power itself, and therefore should move away from the tradition of administrative history or juridical analysis which, according to Vicens Vives, has so distorted our view of the Ancien Régime state until recently.[2] It should attempt to reconstruct in the minutest detail the influences upon decision-making, evaluating the role of faction, Louis XVI himself, various courtiers, deputies, pressure groups or clubs, political factors, underlying assumptions and theoretical or ideological pleas. Needless to say, this too is beyond the scope of my paper . . .

Third, "Louis XVI, King of the French" implies a transition for the people of France from subjects of an absolute monarchy to citizens of a state. Theoretically, a citizen participated in the sovereign power, whereas a subject did not. At least, that was the situation in theory before the Revolution. Again though, there are problems in accepting such a notion entirely at face value for the Ancien Régime in practice. The continued existence of parish assemblies and local estates implied that the distinction between a subject and a citizen was nebulous, for even if the royal jurists insisted that such bodies were administrative, the fact that forms of consent were preserved blurred the distinction. Studies probing the nature of the society of orders, of corporatism and privilege, with their roots in feudalism or beyond, might lead us to wonder whether the royal insistence upon calling Frenchmen subjects was ever much more than legal form, one more blow in the propaganda war waged by the state to encourage obedience. Liberties and privileges safeguarded people from all but the most arbitrary acts by the monarchy, and according to the traditional theory of the absolute monarchy such acts transformed it into a despotism—with slaves, not subjects.

In practice, therefore, the step from subject to citizen was perhaps not such a great one. It is worth asking whether a member of a guild or any corps, with his consequent honour and dignity, had actually been aware of the theoretical implications of being a subject in the provinces of France—or did he feel that his irrefrangible rights protected him and assimilated him in some way to citizens of Rome he might have read about? The agents of the state were so few and far between, politics so little discussed and theories so irrelevant to everyday life in the localities, that the royal subjects were probably scarcely aware of the potential difference. The king was more of a legitimizer and an arbitrator than a real force in the localities. Thus, for most people, the transition from subject to citizen was probably more theoretical than real. Once the euphoria of Revolution and liberty had passed, it was a question of carrying on as best they could and, for those who cared to, of justifying the old way of life in new language. Theoretically, an important step had been taken, but the realms of theory were far removed from the everyday life of most citizens. However, for some the different designation was a starting point for new political attitudes and new demands, and a whole rapidly acquired language of patriotism, fraternity and egalitarianism. That too is beyond my brief.

The most important problem to which my title draws attention is of course the transition from absolute monarchy to constitutional monarchy. This transition is so bound up with the history of France in the second half of the eighteenth century that it is hard to define the parameters of the discussion. The monarchical regime was now to be based upon national sovereignty instead of the previous complex set of elements including notions of divine right, corporatism, hierarchy, precedence and a particular relationship between church and state. There are two facets to the development of a constitution. The first is the problem of how a constitution came to be enacted as a solution to the fiscal and political crisis of 1787–89. Partly it was a question of the circumstances, but since the constitution involved a new theoretical basis for the monarchy, this issue evidently raises the difficult question of the influence of ideology upon the actors in the drama. The second aspect is that Louis XVI became king, not according to a constitution in general (which might have been an aspiration until 1789), but according to a specific constitution elaborated between 1789 and 1791. The constitution originated from a highly specific political situation in combination with ideological elements and cannot therefore be regarded as simply the result of a shift to the concept of national sovereignty. The historical problem is a very much more complicated issue than the mere history of ideologies. In order to explain the specific form of the constitution itself it is necessary to explore the circumstances which led to certain options being chosen when others were abandoned. This approach avoids the distortion of assuming that the summer of 1789 saw simply an ideological quarrel between Americanists and proponents of the British system—or between the Rousseauists and Montesquieuans, for that matter.

The bulk of this paper consists of reflections upon the first of these two areas, although towards the end some attention will be paid to the development of the constitution of 1791. Far from being an attempt to present hard and fast conclusions about the two processes, this paper is intended merely to explore and discuss some of the premises, methods and approaches in the light of recent research.

The Origins of the Constitutional Monarchy

In order to formulate a response to this problem it is necessary to explore the premises upon which previous solutions have been based. Unfortunately, because the history of the emergence of a constitutional regime is so bound up with the history of the crisis of 1787–89 and the Revolution itself, this takes us far afield, into general debates upon the nature of the Revolution, its origins, the nature of the Ancien Régime and the role and definition of the Enlightenment. As we are all well aware, the study of history is a collective enterprise and the development of new research and approaches depends very much upon the state of studies at a given moment. At the risk of wearying the reader with familiar material, a brief recapitulation of recent views will permit a clearer development of the argument. A short statement of the present state of studies, as I see it, will make it possible for us to clear away some of the traditional explanations and focus debate upon the problem at hand.

Until the 1950s it might be argued that an orthodox view of the origins of the Revolution prevailed. It goes back to Augustin Thierry and Alexis de Tocqueville and in its structure was more elaborated upon than challenged until a generation ago. From the perspective of the Revolution and the sociologically influenced history of the twentieth century, it has been argued variously that the crisis of the 1780s was both social and political. The consensus is that there was a new mood and some increasingly visible changes in social and economic relations from the 1750s. Many still believe the Revolution was caused by the political emergence of a rising class of capitalist bourgeoisie. The idea of an aristocratic or seigneurial reaction still has many adherents. Such oversimplified notions have been severely attacked since the 1950s but no new consensus has yet emerged. Recently, there has been a swing by some historians towards emphasizing the validity of more directly political explanations, without however denying the links between society and politics. This has not simplified the debate but it has at least led to greater sophistication and subtlety of explanation.

The knowledge that the events of 1789 precipitated the world's first great modern revolution has sometimes led to confusion, as hindsight prompts inappropriate questions. Above all, it prompts an emphasis upon the new, the apparently "revolutionary," elements in society to explain 1789. The accent may be put upon the radical theories of the Enlightenment; or a seigneurial reaction postulated which, if one agrees with a rather mechanistic economic explanation of motivation, could explain peasant unrest in 1789. In fact, there are two, admittedly not wholly separate, issues to analyse. First is the collapse of the Ancien Régime, second is the Revolution, and they are far from identical in their causes. Unfortunately, they are often confused in historical debate on the assumption that the subsequent course of the upheaval is somehow inherent in the events of 1787–89. Indeed, part of the problem stems from the lack of a precise definition of the Revolution. Its extraordinary complexity defies simplification, and all of the general theories of revolution have been influenced by the historiography of this one which is rife with disagreements. As yet no theory, Marxist or sociological, can explain a necessary relationship between peasant revolts and bourgeois/aristocratic aspirations for a constitution. Certainly there was an historical connection between the two, but it was because of a fortuitous conjunction of bad weather and fiscal reform. To prove a necessary connection would require a far subtler and all embracing theory than we yet have.

To argue, like Edmund Burke, that developments subsequent to 1789 were all inherent in the ideas and events of that summer is therefore to devalue the history of events in France from 1789 to 1795. The anarchic course of the Revolution was not entirely predictable. A serious political crisis creates possibilities for action, in the surprise of an unexpected situation, which take the participants far off their intended course. A power struggle in which several groups, both moderate and radical, are attempting to impose their aims leads to the whole situation becoming subject to twists and turns of fate unpredicted by the actors. Radical solutions which could only be envisaged by the most extreme thinkers are sometimes adopted as the complexity of the political situation makes them more acceptable. The prospects for the success of radicals in May 1789 seemed slim; it was their own intrigues, the intrigues of the aristocrats and the inactivity of the ministry which together provided them with their opportunity in June. Out of this situation grew the constitutional monarchy, which might have been conservative. In many respects the revolutionary situation created the culture and ideology of what was to become the Great Revolution. That revolutionary situation was created by the collapse of the old regime.

Over the last two decades the orthodox interpretation of the Revolution has not fared well. Marxist historians have become far more subtle than a generation ago, but still believe that the Revolution was intrinsically the political manifestation of the development of capitalism in society, against the nobility and in the interests of the bourgeoisie. Modern research on both these groups has tended to undermine this view. No one denies that the Revolution was largely the work of bourgeoisie, but it remains to be seen what sort of bourgeoisie. Cobban pointed out that most revolutionaries were venal office-holders and lawyers and very few were "capitalists" of any sort. From an investigation of types of capitalism in the eighteenth century, Taylor concluded that a capitalist bourgeoisie in the nineteenth-century Marxist sense existed only in small numbers and that the predominant form of capitalist wealth was proprietary.[3] Hence any direct connection between the Revolution and nineteenth-century industrial or commercial capitalism seems difficult to accept. Bourgeois aspirations remained traditional: even in the 1780s, the "typical" bourgeois was a rentier aiming at a noble lifestyle unsullied by sordid commercialism. The stable or rising price of ennobling and venal offices is a reflection of their aspirations.[4] Little is left, therefore, of the orthodox theory to convince us of a revolution whose origins lay with a class of rising capitalists. However, it may be that later stages of the revolutionary process witnessed the emergence of other groups or sets of motives such as those of the commercial classes and the artisans. Interests were as complex as the social structure of the Ancien Régime whose institutions tended to mask fine differences of social class in our modern sense of the term. Thus, the notion of class struggle must not be ruled out in the 1790s.

It has been more difficult to assess the fall-back position of some Marxists, namely that in effect the Revolution was capitalist because it advanced the cause of capitalism both by ending privileged impediments to trade and by opening careers to talents.[5] In fact, this argument can only be evaluated in the light of an answer to the question of whether or not the natural progress of trade would have led to the abandoning of impediments at a later date and more peacefully, as in Germany in the 1830s. Objectively, the Revolution may have been capitalist in this sense (but was it therefore historically necessary?) although very few of the participants in the legislative processes seem to have been identifiable with such interests. Again we witness the temptation to deduce motives from results and to use the events of the period to validate a determinist view of history in which there is no apparent connection between so called objective forces and the conscious aims of the actors.

Instead of explaining the crisis of 1789 in the light of the subsequent revolution, it is therefore more appropriate to set it in the long term context not of the new order but of the old. So many of its separate constituent elements are typical of the procedures and structures of the regime that one almost wonders why it did not happen earlier. As early as the 1750s and 1760s the marquis d'Argenson and the philosopher Mably predicted, on the strength of their observations of politics, a major political crisis involving finance and the Paris parlement.[6] A long perspective helps us to avoid such obvious errors as regarding the nobility's defence of its privileges in 1787 as an aggressive "noble reaction" dating from earlier in the century. The fact is that nobles had never been effectively excluded from power even under Louis XIV and there was no need for an offensive to regain lost influence. Nor was the fiscal problem a new one. The state had tottered from one financial crisis to another since the Hundred Years War and had never succeeded in effecting adequate reform. Successive attempts at reform and the survival of devious fiscal practices had left a legacy of suspicion of governmental motives shared by all groups in society. Consequently, an antiquated system of unfairly assessed taxes, fiscal immunities, private financial offices and an inadequate credit system survived into an age when the everyday expenses of government normally required a large revenue, and the costs of war pushed the system beyond its limits. Yet traditional ideas upon the permissibility of peacetime taxation had scarcely changed since the time of the popular revolts in the seventeenth century.

Let us modify the orthodox view in another way. The absolute monarchy is usually regarded as an inherently stable structure which has stood the test of time. In fact, the Ancien Régime was a social and political system which like all regimes contained many tensions. Conflicts between social groups and particularly between institutions could become especially dangerous in the traditionally-minded society governed by precedent but not controlled by a clear constitutional framework. What to us appear minor issues of precedence and jurisdiction could, in the absence of forums for a political dialogue and in a system in which possession was nine-tenths of the law, escalate into major disputes raising "constitutional" issues. Numerous crises rehearsed the pattern of claim and counter-claim, until apparently irreconcilable conflict led to deadlock. There are examples at the time of the Fronde, during the reign of Louis XIV, and increasingly during the eighteenth century involving the Paris and provincial parlements. In each case the outcome depended upon ministerial pressure, covert negotiations and the specific political circumstances. A weak ministry might capitulate, or succumb to factional intrigue; a strong one would generally dupe the opposition with a show of force and then offer a face-saving compromise. It was always a delicate balancing act, however, because honour had to be maintained and the question of the limits to monarchical authority was best left vague. A show of force would lead, as in the 1760s and the "coup d'état" of 1771, to accusations of despotism. It must be emphasized that such conflicts were part and parcel of the very structure of the regime. From this perspective it is perhaps surprising that the regime survived for so long before an insurmountable crisis led to a questioning of the fundamental structure and a tearing aside of the veil of myth which protected state power. Such a crisis occurred in the 1780s.

In effect, in the light of this brief summary, it can be argued that the crisis of 1789, and therefore the emergence of a constitutional monarchy, was more the product of traditional tensions in state and society than it was of the development of new social and political conflicts. This enables one to argue that in dealing with the origins of the constitutional regime we are not dealing with the origins of the whole revolution. Clearly, this argument also applies in large part to the ideological origins of the constitutional monarchy.

The main thrust of this section is to put forward two arguments, which may be stated in a bald and unsophisticated fashion and modified in the course of the following pages. (A) The tradition of historiography in which the relationship between ideas and action is usually analysed, is methodologically and conceptually inadequate for the task before us. (B) The emphasis upon the Enlightenment which has until recently dominated and to some extent still does dominate, the debate over ideological origins, is misplaced—or, if correctly placed, requires that we redefine the political Enlightenment in a way which would probably be unacceptable to most scholars of that movement. This is because much recent research has shown that the development of political thought during the eighteenth century was far more complex, and far less exclusively centred upon the philosophes than was previously thought. On a more hopeful note, it can surely be maintained that recent historiography in a variety of fields has supplied suggestions and analytical tools which may facilitate approaches upon new or modified lines.

(A) The relationship between ideas and action has always been a stumbling block in the philosophy of history. Human motivation being so complex any historian trying to write about the influences of a particular doctrine upon a certain set of events is in the unfortunate situation of having to decide upon this issue. Clearly, human response is partly mechanical, a response to stimuli, economic, emotional, physical, etc; but it is also partly intellectual. On this level it is important not to assume that, even supposing that evidence left by individuals shows that they could articulate a body of ideas, these ideas were the "real" motives. In fact, the search for "real" motives is likely to be fruitless because the human mind works on several levels and the verbal expression of one of them need not exclude the operation of others at the same time. It would be dangerous to assume that most people work out what they think in detail, and adhere to their beliefs. Most of us have a sort of floating body of opinions, which may often be quite contradictory. From this assortment we tend to pull out one which seems appropriate to the moment, or to the form of discourse being employed. Perhaps academic history as we know it can only continue if it agrees to ignore these philosophical/psychological problems. In any case, to the complex issue of causation, we are obliged to add the equally difficult problem of disentangling "real" motives from others when there is no possible way of knowing how the individual's mind was working. Fortunately, some approach to a solution can be made by the history of *mentalités*, a history of those unspoken assumptions which govern so much of our daily lives. The historian of ideologies ignores this apparently more banal level of thought to his peril.

It is possible to illustrate the pertinence of these problems with reference to studies of eighteenth-century thought. It has often been argued that the reception of ideas is to be explained by the rise in social tensions. This rather crude notion presumably depends upon the assumption that ideologies merely serve a purpose for the individual or class. Thus grub street hacks could adopt more rational egalitarian ideas than those writers in an easier social situation. Georges Lefèbvre once argued that rationalism was adopted by the bourgeoisie in the eighteenth century because this was a crucial stage in the formation of the class: it needed the ideas.[8] Those who study the diffusion of the Enlightenment are familiar with the problem of measuring its impact, since the various methodologies have produced a critical literature. Measuring the sale of books of different types, and counting the frequency of copies to be found in library catalogues, are two approaches.[9] It need hardly be reiterated that any conclusion drawn from those methods also depends upon assumptions about the reception of a book by an individual reader— which raises a whole host of problems. However, it is fair to point out that had not such stimulating and sound work been done in this field in recent years, we would not now be confronted so urgently with the fundamental problem of reception.

The study of the reception of texts raises a further question of the definition of a text and how it is read and understood both by the contemporary reader and by the historian. The latter often devotes years of scholarship to the elucidation of the meaning of a work, dealing with the author's writings as a coherent body of thought in itself. Here it is important to remember that the true meaning of Rousseau or Montesquieu, for example, is not so significant as the meaning extracted from the texts by the contemporary reader and that, in respect of the problem under discussion, the readers were one or two generations removed from the authors. Thus, the crucial factor is not what is emitted, but what is received. Any study which uses what Rousseau really meant as a basis for interpreting the ideology of the revolutionary is liable to mislead us. Furthermore, it may be more helpful to put the accent upon the currents of thought in society which made it possible for contemporaries to receive and adapt Rousseau (classicism, for example), than upon the conclusions he is advocating. The task of the historian of ideas is not only to explain how the idea of national sovereignty was adapted by people in the late eighteenth century, but also to explain what notions in society enabled them to adopt these new formulae. Historians of the Reformation have confronted this difficulty and the emphasis in research has changed from the theology itself to the social factors in sixteenth-century society which lead to the success of the reformed ideas—which, like many "Enlightened" ideas, were rather older in origin. Having said this, it is obvious also that certain writers have the gift for expressing ideas in a striking and memorable manner, and thus appear to influence readers more than others with perhaps similar ideas but a less felicitous style. Rousseau was clearly one of these gifted authors, for his works abound with striking phrases.[10]

There is an historiographical tradition in the study of political thought which makes its conclusions less helpful to the political historian than might be wished. It has often been said that it is a mistake to study political theory in the light of a selection of great writers (Bodin to Hobbes to Locke to Montesquieu, for example) for to do so is to invent a tradition which is not historically valid and which has been anachronistically imposed upon the past. While the great theorist may have been influenced directly, on a particular doctrine, by single texts by previous authors, it is also true that for the most part he would have been aware of contemporary politics and religion, interested in the quarrels of his day and an avid reader of a host of pamphlets, *libelles*, and *livres de circonstance* which went a long way to create the climate of opinion at a given moment.

There has been a tendency to treat the development of political thought as a problem of theoretical development, when in fact it is often a question of the rediscovery of ideas and the reaffirmation of them, with the addition of some new elements or merely new language, in the light of events. It may be significant that Rousseau's *Discours sur l'origine de l'inégalité* was written at the time of the crisis over the introduction of the *vingtième* by Machault and the revival of the quarrel over the refusal of the sacraments—both of which were much discussed and which raised questions about jurisdiction, privileges and the royal prerogative. The *Contrat social* was written, probably, in the light of the Damiens affair, the expulsion of the Jesuits and the proliferation of Jansenist works on political theory published and circulated during the 1750s. Certainly, it must have been read in this light. Surely the fortunate coincidence of the publication of *De l'Esprit des lois* with the polemics generated by the refusal of the sacraments controversy has led to misapprehensions about its influence.[11]

The identification of the significant developments with the writings and influence of theorists has often led to errors in assigning and designating influences. There is a tendency to attribute to the influence of a great writer ideas which were indeed expressed by him but which had in fact quite a different origin and became influential by quite different channels. In many cases these ideas had been a part of the common stock. Every time the words *"volonté générale"* crop up it is not necessary to run for one's copy of Rousseau. The monumental work by Elie Carcassonne on *Montesquieu et la constitution française* provides many examples of this tendency, which continues to this day.[12] No historian who has studied the parlement and the politics of the 1750s and 1760s could now accept that "L'effervescence de 1771 suppose un état d'opinion préparé par L'Esprit des lois."[13]

In one way the general works of the philosophes are quite untypical of the true development of political theories: they are written as theoretical works and presented as divorced from particular circumstances. Thus, although for the most part their arguments originate as a set of traditions made familiar to people by other authors, they were by their very generality highly quotable compendiums. On the other hand, even vastly influential *livres de circonstance* ceased to be read shortly after the religious or political quarrel had died down, and were therefore less frequently republished. This simple fact helps us greatly to understand why it is so easy to mistake works of mediators for influences, and restatements for origins. Even by the time of the Revolution, when few were interested in Jansenist quarrels, it was possible to overestimate the contribution of Montesquieu and Rousseau to the development of political doctrines. We are victims of this myth to this day.

Furthermore, the orthodox methodology of the history of ideas has tended to obscure the revival and mingling of traditions of thought. Many histories tell a story of the development of modern political theory, attributing to each major author a place in the forward march of ideas. Thus currents which represent a regression or revival, or an aberration, however important, are dealt with in summary fashion. One theme is the secularisation of thought, and the Enlightenment is a significant stage. Until recently, many historians have either totally ignored the still fundamental importance of theological debate in that "secular" Enlightened age, or regarded it as significant only for understanding, for example, the reaction of the curés in 1789 and the civil constitution of the clergy.[14] In fact, as will be discussed below, the authors motivated by religious disputes revived conciliarist ideas, traditions of liberty and notions of despotism, and transferred to the secular domain doctrines previously more confined to theological quarrels— all in a more potent combination and in more modern language. What is important to note here, is that they quote extensively from authors who wrote several centuries before.

This brings us to the characteristics of the composition of political works during the eighteenth century. In the Ancien Régime political debate was not principally theoretical in nature: disputes were about jurisdiction, privileges and rights, and the usual form of discussion was to cull arguments from suitable texts and cobble together an argument, as a buttress to more practical claims. Precedence was an important issue, and it was not unusual to find quotations from a similar crisis several generations earlier. Indeed, any argument was strengthened if reference could be made to acknowledged authorities, such as the ancients or distinguished modern authors. Whether such references constitute influence or whether they are merely tools is hard to say. It is difficult to assess the extent to which such arguments are motives, or merely rationalisations.

(B) Since the time of the Revolution itself, ideologies have been regarded as an important element in the situation leading to the decline and overthrow of the absolute monarchy. It is often said that before the eighteenth century events preceded ideas, whereas the reverse was true later. It is widely thought that from the mid-eighteenth century the Enlightenment provided an ideology of resistance to the Ancien Régime and the basis for the reconstruction of a new order based upon the notables. The spirit of rational criticism undermined the religious basis of the monarchy and also exposed the injustices and shortcomings of royal policies. The essentially liberal and humanitarian theories of the Enlightenment are thought to have played a key role in sapping the foundations of the monarchy. A modern world view was replacing the antiquated traditionalism of the French political and social system. These new ideas were widely diffused among the upper echelons of society and they found their way down the social scale thanks to the influence of the gutter press and the indiscreet criticisms of the ministry, replete with Montesquieuan notions, contained in the remonstrances which the parlements had taken to publishing. The intellectual origins of the bourgeois revolution are therefore to be found in the Enlightenment: were not the leading philosophes idolised by the revolutionaries? Concepts of national sovereignty and the constitution are associated with Rousseau and Montesquieu, and these are key concepts during the Revolution, as are the ideas of progress and representation. Thus, the history of political thought accords well with standard views on the origins of the Revolution.

Nevertheless, such an argument is bedevilled by overlapping categories and confused methodology. In assessing it, it is well to remember three points. First, that the end of the old regime was not synonymous with the origins of the Revolution.[15] Second, the revolutionary mentality was not simply an extension of the doctrines invoked from 1787 to 1789, for what we might call a paradigmatic shift occurred in 1789, as the terms of the debate altered under the impact of events: the old political mould was broken and a new one was cast. The ideas and language of the Enlightenment were important in the work of reconstruction and in the ideological debates which took place during the later Revolution and above all they were important as a justification for courses of action deemed necessary by the revolutionaries: they were of much less significance in the development of a revolutionary situation before 1789. Third, when dealing with the impact of ideas upon events, we should remind ourselves that it is not so much the idea itself or the intention of the author which is significant, but the context in which it is used and the purpose to which it is put. The ideas of Mably and Rousseau were appealed to by both revolutionaries and counter-revolutionaries.

It could be argued that many of the concepts motivating the actors in the final drama of the Ancien Régime did not principally have their roots in the Enlightenment, even if their language sometimes concealed this. Only after the autumn of 1788 did radical Enlightened ideas become more general in pamphlets, and these had their main practical impact when the form of politics and debate had been transformed in 1789.

But this proposition depends to a large extent upon the definition of the Enlightenment. It may be that the intellectual traditions after 1770, which contemporaries and historians associate with the *lumières*, actually included ideas which did not originate with the previous traditions of the philosophes. In which case we retain the Enlightenment as a movement, but abandon it to some extent (and not entirely, of course) as anything more than a secularisation and generalisation of ideas developed by other writers in different traditions. Are the abbés Mey and Maultrot, or Le Paige to be regarded as enlightened simply because they made a vital contribution to the development of political theory? Clearly not. Most definitions of the Enlightenment are so vague as to be of little use to an historian in search of precise influences. If it is an "age of Enlightenment," then the definition presumably includes everything that was then done or thought, in which case we can discard it as a useful conceptual tool. If it is made into the basis of the modern world—but then so is the Renaissance—it ought to include all that is modern. Unfortunately, it is difficult to say what is modern, without the benefit of hindsight, and even then the problem is not entirely solved. The more I investigate the Ancien Régime, the more I find it difficult to draw distinctions between the modern state and the medieval or renaissance one even in the eighteenth century. Not only does the concept of the Enlightenment appear to have been exploited as a shorthand for all new ideas in the eighteenth century, but worse still it is often reduced in historical studies of the Revolution to an association with the ideas of Montesquieu, Mably and Rousseau.[16]

In our search for the origins of the constitutional monarchy, let us therefore return to the development of political thought in the eighteenth century. The obvious and well attested influence of the British constitution will be left aside here, although as the nearest model it certainly exerted an influence, especially given the anglomania of the eighteenth-century French.

In the light of a paper by Professor Mousnier in 1955, it is often argued that France already had a constitution during the Ancien Régime, "a customary constitution, derived from the vital necessities of the body politic, in which the king was the head and the subjects the members. This constitution was beyond the royal will."[17] Not all historians today agree with the school of juristic historians who have sought to identify an "unwritten constitution" in France. The efforts of such historians depend upon a questionable historical method, that of putting together all the statements of the various jurists, theorists, chancellors and magistrates and then calling attention to areas where these seem to agree. They deduce the existence of a vague monarchical constitution with wide areas of disagreement. Their method begs the question: it assumes that because there are constitutional arguments there must be a constitution. This is incorrect and it will be found that the crown never explicitly accepted even the existence of fundamental laws. There was not an unwritten constitution but only the recurring statement of opposing points of view, and no constitution. That is why the ministry had to avoid situations which would give rise to constitutional claims and why such arguments were potentially so dangerous. It is precisely because there was no constitution that precedent, privilege and liberties were so important. Thus, it is not because Frenchmen came to regard France as having a constitution from the 1750s that France had one. To suggest that it did is merely to accept the vision of the late eighteenth century and to succumb to a desire to make the Ancien Régime more intelligible to us today, living in a different constitutional tradition. Neither Turgot nor Madame de Staël agreed with this anachronistic vision.[18] Historians should take seriously the idea that the disputes were often about the extent of the royal prerogative to affect rights and jurisdiction.

One of the most important streams in French and European political thought relates to the notion of tyranny and despotism, in contrast to legitimate government. Its roots are to be found in the political theory of the ancients, with which every educated person was familiar, and had been elaborated upon in medieval times with the growth of feudalism and corporatism. The theocratic monarchies were held to wield legitimate power derived from God, which therefore had to be exercised in a Christian manner. If for Bossuet this implied that a subject could only remonstrate and pray, for another, less submissive, school of writers its implications went far deeper. By failing to act legitimately, with respect for the rights and privileges of his subjects, the latter could replace him as he was deemed to have abdicated. The theory was in the European tradition, and examples of this forfeiting of the kingship are to be found in the Revolt of the Netherlands in the late sixteenth century and in 1688 in England. Closely bound up with the theory of despotism was the idea that sovereignty ultimately lay with the people, for whom government existed, and that the monarchy was but a form of government. These arguments were first put forward by conciliarists and those in the Empire who wished to limit the pretentions of the papacy to temporal power. As Lord Acton wrote, "To that conflict of four hundred years we owe the rise of civil liberty."

Although theories of despotism, tyrannicide, and popular sovereignty were articulated during the religious wars of the sixteenth century, royal censorship and a desire to sink differences after the civil wars led to the ideas being only infrequently expressed before the 1680s in France. However, the exacting rule of Louis XIV did a great deal to encourage their revival. The revocation of the Edict of Nantes generated Protestant propaganda against despotism and a tyrant. Perhaps more serious for the monarchy was the more catholic criticism by the too rarely studied circle of the Duke of Burgundy, which included Fénelon, Boulainvilliers, Saint-Simon, Vauban and Boisguilbert. The writings of the first two in particular were published in the second quarter of the eighteenth century and read by almost every theorist. Their arguments had a remarkably traditional basis, but they were also innovative in several respects. The advocacy of provincial assemblies and frequent Estates General is to be noted above all.

The idea of despotism was widely held and must therefore be regarded as one of the most important doctrines leading to the desire for a constitutional regime in 1789. It should be remembered that the political disputes of the 1760s, 1771 and the whole crisis of 1787–89 were chiefly discussed in the light of ministerial and even royal despotism.

No group did more to revive and transform the notions of despotism and associated ideas than the Jansenists from 1727 until the 1760s. Having abandoned the hypothesis that Jansenism was a reflection of sublimated bourgeois opposition to Louis XIV's rule,[19] historians are now prepared to accept that Jansenists even in the 1720s and 1730s believed in the theology because it offered a way to salvation, and were genuinely and simply motivated by doctrinal issues. This may have led them into politics, but a political motive seems to have been absent in generating belief. Once this explanation is accepted, it can be maintained that the Jansenists contributed to political theory in order to save their sect from persecution. Failing to win their case against the Bull *Unigenitus* from 1713 to 1727, they exploited miracles and turned to the Paris parlement in order to exploit its powers of intervention in ecclesiastical jurisdiction by virtue of the system of appeals *comme d'abus*. The processes are too complex for lengthy exposition here; suffice it to say that there is considerable evidence that a *parti janséniste* of lawyers and magistrates came into existence and manipulated the parlementaires by putting forward arguments relating to the courts' jurisdictional interests.[20] These were threatened when the parlement adopted cases placed before it by the *parti*, because of a royal policy of evocations from the courts preventing the operation of the appeals.

The defeat of the Jansenist-inspired parlement in the 1730s led the Jansenists to search for better arguments to defend themselves in their quarrel against royal policy. From the time of *Unigenitus* in 1713 until the 1750s, but especially from the late 1730s, some lawyers began to revive older arguments on the origins and nature of royal power, in order to justify themselves more effectively. The reasoning of the Jansenist lawyers must have been along the following lines: "the *appel comme d'abus* is a good weapon, and of course we should exploit procedural and jurisdictional issues. But we have not been entirely successful—far from it in the 1730s, so we need more tools. Successful persecution must be despotism, since we are right, therefore let us demonstrate this theoretically." Louis-Adrien Le Paige might have added: "why not flatter the pretentions of the magistrates, increase their self-importance. Have these red-robed, proud judges, jealous of their powers, loving to regard themselves as Roman senators, exalted by pseudo-historical proofs of their vital role in the state and the carolingian origins of their *corps*." Le Paige's propagandist history of the parlement, published in 1753, argued that it had a constitutional role.[21] So had Aubry, an *avocat*, in 1727. These ideas, which have origins at least as early as the religious wars of the sixteenth century, certainly made a substantial contribution to the eighteenth-century debate when presented in a new context. With the help of these theories, and prompted by the alliance between monarchy and episcopate, the magistrates began to regard the monarchical authority as despotic, and free registration of the laws by the parlement as an essential check. It was at this stage that theories of social contract appeared in Jansenist and parlementaire discourse.

The process by which this came about has been studied in detail in several unpublished doctoral theses (Joynes, Campbell, and Swann) and in published works by Van Kley, and need not concern us here.[22] What is noteworthy is the existence of a coherent group of theorists who wrote most of the protests against royal policy. They either wrote or were involved in the writing of all the remonstrances of the Paris parlement on jurisdictional issues from 1730 until the 1760s. In many cases their writings inspired a large pamphlet literature which discussed and further publicised their ideas. The list of their productions includes the *Grande remontrance* of 1753, regarded as a landmark in the history of the parlements.[23]

As canon lawyers, these Jansenists theorists had a sound knowledge of conciliarism and all the theological debates of the medieval church. Thus they were able to transfer into the secular sphere, in a form suitable for parlementaire remonstrances and the eighteenth-century taste, doctrines originally developed for a different purpose. This is in essence the same process which Brian Tierney has discussed in *Religion, law and the growth of constitutional thought, 1150-1650*, but one which took place a good deal later than in England.[24] The whole phenomenon is an excellent illustration of the point made above that thought developed in a non-linear fashion but drew upon several different traditions. It was a question of old wine in new bottles, although a second fermentation seems to have taken place.

The disputes to which the Jansenists and parlementaire activities gave rise appear to have brought about a change in attitude to the monarchy itself. The political debate took place upon ground which was usually skilfully avoided by all parties to a dispute, namely the nature of royal authority (and not, since there was not one, on the constitution). In the absence of an agreed constitution, there were dangerous implications in pushing theoretical positions to their limits. The vehemence of the Jansenists ensured that arguments were pushed to their logical conclusions, and the very basis of the monarchy subjected to the closest scrutiny. In this situation it was hard for the crown to retain respect for its role, especially since its own propagandists were less effective and its ministers more interested in factional conflict than defences of the theocratic absolute monarchy. From being above discussion in the seventeenth century, the monarchy had gone on to provoke serious criticism of the way it operated under Louis XIV, and now was exposed to a fundamental challenge to its principles of operation. Mysteries of state were no longer hallowed, and by 1789 the political theory of the absolute monarchy simply ceased to convince.

There comes a point when ideas are divorced from their context, and take on a life of their own. This point appears to have been reached in the 1770s. After the expulsion of the Jesuits the *parti janséniste* lost its *raison d'être*, but in fact continued in alliance with *patriotes* averse to ministerial despotism after 1771. The Maupeou coup d'état of 1771 seems to have been sufficiently drastic and despotic to have ensured that the ideology of resistance was now put to an entirely different purpose. Men like Target became active "patriots" at this time, and it would be good to have a history of the post-Maupeou phase of patriotism. Nevertheless, the most important political theorists of the century were the Jansenists, mostly lawyers, and about whose order we know remarkably little. They were Duguet, Aubrey, Le Gros, Le Paige, Barral, Mey and Maultrot. The latter was still writing in 1789. It was these writers who revived and developed the doctrine of the sovereignty of the nation and the notion of a constitution limiting the powers of the monarch.[25] The adoption of their ideas by a patriot party after 1771 is of capital importance for the intellectual origins of the constitution of 1789-91. A whole new area of research has developed which can no longer be ignored.

Recent research on the Paris parlement has in the last decade provided quite a different assessment of its role in eighteenth-century France from earlier views. Jurisdiction is its key concern, and even its celebrated gallicanism should be related to the preservation of its jurisdiction over the ecclesiastical courts. It was entirely in the nature of law courts and the mentality of lawyers and magistrates to express their defences of particularist jurisdictional considerations in theoretical, impressive legal language—any other language would have been inadmissible in a law court. Notwithstanding, this should not continue to blind us to the fact that their real concerns were not constitutional or theoretical, however much this has been accepted by historians in the past. The role of the parlement is currently being reassessed by several historians.[26] The Jansenists and the Paris parlement were largely responsible for the development of the idea of a constitution in eighteenth-century France. This was one of the new bottles into which the old wine was poured. It was the only way to limit the exercise of the royal prerogative. The courts then claimed that the so-called fundamental laws of France were in effect elements of a constitution in which the courts themselves had a role to play. Thus, the notion of a constitution was not derived simply from John Locke or the Enlightenment, but had deeper French roots and quite a different pedigree. It was neither bourgeois nor especially aristocratic (though more the latter), but owed a great deal of its development to the religious disputes of the eighteenth century. The word "constitution" changed its meaning during that century—early on it appears to have meant no more than the way the state was made up, but finally, and quite when is not yet clear, came to mean a set of prescriptive rules and regulations defining the various powers of the body politic.[27]

It could also be argued that quite apart from the intellectual or theoretical influences upon minds in the late eighteenth century a range of unspoken assumptions and institutional rationales made their presence felt. Attitudes to taxation, the existence of representative assemblies and the ideology of corporatism all prepared people for an acceptance of constitutional forms.

The history of popular revolts in the seventeenth century reveals how widespread was the belief that the king should only increase taxes, with good reason, in wartime. There survived until the end of the regime the belief that the king should live of his own and that therefore direct taxation in peacetime was unjustified. Hence the recourse to ever heavier indirect taxes by the monarchy in times of stress. The crown never succeeded in introducing new taxes in peacetime between the Hundred Years War and 1749. Even the *vingtième* did not succeed in adequately taxing the wealth of the privileged orders, which was to say that its main aim was defeated. For this reason, a highly pragmatic one, it was necessary to gain consent for taxation through representative assemblies. Naturally money was granted in return for redress of grievances, and so whenever possible the crown allowed such institutions to lapse, and positively avoided recourse to the dangerous expedient of the Estates General. Given their dangerous potential, assemblies were as far as possible packed and managed by royal agents. Nevertheless, the general principles of representation and consent survived in all areas, detectable in the failure of the population to pay the *cinquantième* in 1725. Provincial assemblies kept alive such beliefs in a far more positive manner in the *pays d'états*. The granting of taxes to the crown never became a mere formality and money was promised only in return for the confirmation of privileges. This regularly renegotiated bargain was more significant to contemporaries than many institutional historians have recognised. It is no accident that men from the *pays d'états* were the most constitutionally-minded in 1788 and 1789. Furthermore, Necker had propagated representative ideas in his projects for provincial assemblies. The Berry assembly, with its double representation for the Third Estate, certainly influenced thinking about the Estates General of 1789.

Ideas of representation were a prerequisite for a constitution, and such ideas were widespread. Not only did they exist in provincial assemblies, but they were enshrined in the very structure of society. Corporatism and hierarchy were fundamental to the social order. While the sense of hierarchy created a state of mind in which it was virtually unthinkable to depose a king except for some act of extreme tyranny, corporatism implied a notion of representation.[28] The head of a corporation was granted authority by its members (and the king was head of corporate society) and was supposed to consult upon important matters. This was derived from Roman law, canon law and medieval reflections upon the two traditions. In negotiating with other corporations, or the crown, the head was granted either *plena potestas* or a more limited mandate, both of which were familiar concepts to the generation of 1789. Parish assemblies kept alive democratic notions and representative practices.

For the educated in society, a study of the classics was essential. The influence of antiquity was deeply rooted in the elite and ancient history often provided the basis for discussion of, and comparisons with, contemporary politics—as in the *Contrat social*. Eighteenth-century virtue was coloured with the classical example, Plutarch and Cicero being widely read on this subject. The ancient world provided examples of the career open to talents, of the rise of new men, and in the works of Polybius are to be found opinions on checks and balances in a constitution. The history of the Greeks must have introduced Frenchmen, as it no doubt did Americans, to experiments in federalism.[29] From this, though, it would be a mistake to trace a direct influence upon the men of 1789. As with any body of opinion, it is necessary to make some attempt to see how the classics were exploited during the Revolution. It seems that, as with the arguments of Mably, Rousseau and Montesquieu, the experience of the ancient world was evaluated in revolutionary speeches and writings according to the political stance of the revolutionary. H. Parker has argued that contemporary influences were stronger, and that the Right tended to condemn republican antiquity while the Left praised it.[30] Even the strong belief in the instructiveness of history did not modify opinions already held.

The final influence upon men's minds was the experience of contemporary revolutions, and of these the most important was obviously the American Revolution. It was principally in the context of a struggle for provincial privileges and legal rights against despotism in the form of new taxation, that the American War of Independence was interpreted by Frenchmen. The American struggle was greeted with sympathy in France because it was seen not as the emergence of modern bourgeois democracy but as the triumph of worthy provincial aristocrats and landowners over British tyranny and sordid commercialism.[31] A Breton, a Provençal or a Dauphinois could identify with these traditional values during the debate over administrative centralisation and the reorganisation of taxation which began in 1787. None of these ideas was yet associated with a revolutionary future in France and all were then employed in the age-old debate over the just limits of royal power in the Ancien Régime. And yet, in contrast to the teachings of a classical education, the American experience revealed that reform was possible in a large state in the eighteenth century.

At the time of the final crisis of the Ancien Régime there was thus a complex amalgam of influences at work. Yet, as was suggested earlier, it is to the events that we must turn in order to understand how it was that notions of a constitution with its associated ideas of representation, social contract and equality before the law came to have an effect. Circumstances created a climate favourable to the influences, indeed were responsible for their merging into a clearer ideology. It was therefore not simply the Enlightenment which created a revolutionary situation. Even if the ideas discussed in the *sociétés de pensée* cohered into a body of doctrine after the 1770s, they had a variety of sources. And notwithstanding this possible amalgam, my argument is the converse of those who suggest that there was already in existence a party which had revolutionary aims. Revolutionaries were very few in number even in May 1789, and before 1788 it is quite impossible to identify such a group. Men who reacted to 1789 as differently as D'Eprémesnil and Duport thought along almost exactly the same lines until September 1788, when circumstances led to a development and polarisation of their views.

The crisis was initially primarily about taxation and the right of the government to attack traditional liberties and immunities in order to increase its revenue. This raised the spectre of ministerial despotism which in turn provoked a worsening of the crisis as it became apparent that the continuation of royal credit was linked to public opinion on this issue. Fully aware of the dangers of a recourse to the Estates General in times of fiscal hardship, the monarchy was nevertheless unable to avoid the implications of representative theory inherent in its forms. The fiscal problem was so grave that it was bound to arouse demands for the Estates General. Before capitulating, the ministry succeeded in worsening the situation by various attempts to force alternative solutions upon provinces and parlements. Its defeat on this issue brought into the open a split between the Third Estate and the privileged orders on the questions of political power in the localities and fiscal equality. This was in many respects a typical quarrel between orders, evident earlier in the history of the monarchy. But this time it was coloured by patriot ideology.

The issue of the Estates General was a catalyst. It raised questions about representation, the extent of reform, and whether the Estates were to continue to play a part in government in the future. The debate over a constitutional limitation of royal power was thus implicit in the political situation, given the prevailing ideologies. Yet, in May 1789, there was amongst the deputies a tremendous feeling of patriotism, in its simple sense of love of France, and of loyalty to the monarchy. This is perhaps surprising when we remember the evident desacralisation of the monarchy and the decline in the prestige of its traditional ideological basis after the controversies of the 1760s and 1771. There was loyalty to the king, but distrust of his counsellors, including Marie Antoinette.

For most deputies eager to play a part in the reform and regeneration of the monarchy, yet with no precise plans, the first few weeks were the crucial phase. The conduct of the privileged orders forced them and liberal-minded curés and aristocrats into a position in which regeneration itself and fiscal equality were jeopardized. When the crown appeared to side with the privileged orders there was no option but to go it alone. Thus the mass of deputies supported those with more decisive policies. It will be important to focus attention upon the mental processes of these deputies, in an attempt to discover what ideas induced them to take the Tennis Court Oath.

Relatively few of the deputies had clear cut ideas and projects for the Estates General. The two most easily identified groups are the patriots and the state bond-holders. There is evidence that the latter could see that the best way to protect their past and future investment was to inaugurate a constitutional monarchy in which the restrictions upon royal power would preclude a bankruptcy, and the sovereignty of the nation would guarantee the debt nationally. For all of the reasons mentioned above, it is far more difficult to evaluate the influences upon the patriots, of whom we have no adequate history. Perhaps the best solution would be to have detailed biographies of them focussing attention upon their intellectual development and experience of politics and literature. Many that we have, like Michon's work on Duport, clearly exaggerate the revolutionary mentality before 1789, or merely focus on the influence of certain philosophes upon their opinions.[32] Unfortunately, few contemporaries left detailed records of their education and early life, and those who did, like Brissot or Madame Roland, were not only rather untypical but also tended to read later opinions back into their early career.

It is interesting to note the opinion of one prominent patriot, Mounier, writing long after the event: "The principles advocated by a few of the eighteenth-century writers and chiefly the example of the Long Parliament, assumed a disastrous importance. But the Revolution was not brought about by the influence of these principles. On the contrary, the Revolution made them influential. Even if they had not been already circulated, the circumstances in which France happened to be would have caused the creation and development of such deleterious systems."[33] Of course, he was speaking of the dominance of the Assembly over the monarchy and the later developments rather than of a constitution in which he became a fervent believer until his projects were rejected. But my point is that it was not surprising that a constitution was enacted in 1789, as it was inherent both in the circumstances and in the whole range of ideas discussed above. In the Revolution it is not the transition to a constitutional monarchy which is surprising, it is the transition to a republic. All the theorists of the eighteenth century were agreed that France was too large for republican institutions. This transition has no basis in the writings of the Enlightenment. In many ways, Jacobin republicanism parted company with Rousseau in 1792.[34]

The Form of the Constitution

This section refers to the form with respect only to the relationship between the king and the Assembly. As this paper is already lengthy, this section will be as brief as possible. Only the argument will be stated.

From the moment it was decreed that the National Assembly should draw up a constitution, several questions were posed. These were both theoretical and practical. Theoretical because it was a case of having to structure the state on a new basis; and practical because during the debate France was in turmoil and the situation could not but affect attitudes to the theoretical positions expressed. The interplay of ideas and other forces is highly complex and is even more difficult to evaluate in that we are dealing with more than a thousand individuals with widely differing views and interests. It may, however, be helpful to enumerate some of the considerations.

There were contemporary models for a new constitution: the British and American. According to many deputies these need not be adopted because a new French model could be created. Nationalism obviously affected attitudes to the British constitution, and to some extent there was a struggle between anglomania and anglophobia. It seems that the more Mirabeau and the group of *monarchiens* advocated a British model, the less chance it had of success. America was a republic and few favoured this solution for France, although many admired the balance of powers. The ancients were seen as having provided a model for inspiration in a general way, but it was thought that moderns could surpass their achievements, and that circumstances were now too different. It cannot be demonstrated that any of these influences induced the mass of deputies to vote in a certain way. Indeed, this is our historical problem. On the one hand, there were small groups of ideologists proposing detailed theoretical solutions—men like Sieyès or Mounier—and on the other hand were the thousand or more deputies who voted on their proposals. The latter held the sort of assumptions on representation and the constitution which have been discussed above, but as yet lacked the political education necessary for operating within the framework proposed by Sieyès. What happened during the summer months was that these deputies acquired a political education as a result of both discussion and force of circumstance. By October 1789 the terms of the debate had changed and the new revolutionary ideology to an extent dictated responses.

While the constitutional debates were being held, several sets of circumstances lent theories a more than theoretical colour. The night of 4 August 1789 was a landmark which changed the task before the deputies, extending it enormously, because it abolished the privileged corporate structure of the French state. This was to go far beyond equality of taxation. The impact of that night was great not only for what it achieved but also for the psychological boost it gave the deputies: it revealed to them the strength of their position and showed how far they could go. Conversely, it also made many fearful for the consequences of too much power being vested in the legislature.

From this point onwards, the theoretical merits of the form of the constitution took very much a second place to the great question of the survival and nature of the Revolution. Royal power had simply collapsed by then and the Assembly felt its duty keenly. Of course, its conception of its duty was coloured by assumptions of the bourgeoisie about order and property. It was basically these assumptions which dictated the extent of the franchise and the insistence upon property rights. There was a gut reaction here which involved several theorists in problems of contradictions in their theories. Usually no one noticed.

The heart of the debate was about whether in these circumstances the Revolution should continue, or should be stopped. This generated the split between Left and Right, and was focused in debate upon the two issues of the bicameral or unicameral legislature, and the extent of royal authority, which then was represented by the royal veto. By and large, those who wanted to continue the revolution, or at least be certain of defending the present gains, opted for a single chamber and a suspensive veto for the king. They realised that the force of the Revolution lay in the power of the people and were prepared to exploit popular disorder in order to ensure that the Revolution was defended. The conduct of royalists, nobles and the king himself over the last few months had given rise to the gravest of suspicions of royal intentions. That is why the October days were such a catastrophe for conservatives, for they ensured the victory of the Revolution. Even so, according to Barnave, the radical revolutionaries were in a small minority and their success must be attributed to general fears of reaction by most deputies.

Those who wanted a modest revolution, or not one at all, were at first for an absolute royal veto. A strong executive would enable the populace to be repressed, order restored, property duly defended and moderate gains preserved, all without there being a slide to democracy. The fears of most deputies for the revolution and their antipathy to aristocracy probably meant that this group led by the *monarchiens* never had a chance. Their failure was ensured by the use of the "politique du pire" by disenchanted aristocrats: even if there were to be a second chamber or senate to moderate the legislative, the reactionary aristocrats had little chance of being elected to it or of having their interests defended. France was thus already a divided society and this was reflected in the new constitution.

The question of ministerial responsibility to the chamber, and ministerial representation in the chamber was decided primarily in the light of the same criteria. The deputies did not trust the ministers of 13 July 1789, and for the first time insisted upon their being replaced. Later in the summer an experiment in choosing ministers from the Assembly failed because of the suspicion of betrayal of the Assembly by the ministers who, it was thought, would be corrupted by the court factions. The final demise of that project came when distrust of Mirabeau, who wanted to become a minister, led to a formal proposal that no deputy might become a minister while still a member of the Assembly.

Finally, it must surely be recognised that the actions and attitude of Louis XVI played a part in settling the form of the constitution. In brief, his mistake in allying himself not with the Third Estate but with the nobility prejudiced his position forever. His loyalty to his coronation oath affected his decisions and he never succeeded in coming to terms with the Revolution. Had his reluctance not been so obvious nor his choice of advisers so undiplomatic, he might have been able to improve his position. Timely concessions, as advocated by Necker, might have won him support and enabled him to consolidate his position. Here we are back to an unwritten biography of "Louis XVI, King of the French."

Only a detailed study of the politics and ideology of the summer of 1789 could provide the answers to the many questions which have been raised. It is not enough to study the ideologies alone, as if they somehow dominated the situation—events in Paris and in the provinces frequently determined the choices men made. Many of the theories and choices have a pre-history in the sets of assumptions created, modified and developed by the political and theological debates of the eighteenth century. A new formulation of the problems might stimulate further research in this fascinating area.

Notes

1. See *Journal de l'assemblée des notables de 1787*, ed, P. Chevallier (Paris, 1960).
2. See J. Vicens Vives, "The administrative structure of the state in the sixteenth and seventeenth centuries," in ed. H. J. Cohn, *Government in Reformation Europe, 1520–1560* (London, 1971). This article was originally presented in 1960 as a critique of R. Mousnier and F. Hartung, "Quelques problèmes concernant la monarchie absolue," *Relazioni del X Congresso Internazionale di Scienze Storiche, IV, Storia Moderna* (Florence, 1955), pp. 1–55.
3. A. Cobban, "The myth of the French Revolution," in Cobban, *Aspects of the French Revolution* (London, 1968), pp. 90–112, and also his *The Social Interpretation of the French Revolution* (Cambridge, 1964); G. V. Taylor, "Non-capitalist wealth and the origins of the French Revolution," *American Historical Review*, 72 (1967), pp. 469–96.
4. W. Doyle "The price of offices in pre-revolutionary France," *Historical Journal*, 27 (1984) pp. 831–60.
5. This is the position of C. Mazauric, in parts of *Jacobinisme et Révolution, autour de bicentenaire de Quatre-vingt-neuf* (Paris, 1984).
6. On Mably in this context, see K. M. Baker, "A script for a French Revolution: The political consciousness of the abbé Mably," *Eighteenth Century Studies*, 14 (1980–81) pp. 235–63.
7. P. R. Campbell, " 'Constitutional' crisis in France, from about 1630 to the 1760s," unpublished seminar paper presented to the early modern European history seminar, Institute of Historical Research, London, 1984.
8. "La Révolution française et le rationalisme," *Annales historiques de la Révolution française*, 18 (1936), pp. 4–34.
9. Particularly stimulating are the two collections of essays published by the livre et société group: *Livre et société dans la France du XVIIIe siècle*, 2 vols (The Hague, 1965 and 1970).
10. For an eloquent statement of this view, see Henri Peyre, "The influence of eighteenth-century ideas on the French Revolution," *Journal of the History of Ideas*, 10 (1949), pp. 63–87.
11. In effect, Montesquieu has been credited with expressing the political theory of the parlements and influencing greatly their attitudes. However, the parlement was chiefly influenced not by Montesquieu but by the Jansenists. If it is true that Montesquieu was prompted to his reflections and conclusions by the activities of the parlement, then these activities were often inspired by Jansenist magistrates and theorists.
12. E. Carcassonne, *Montesquieu et le problème de la constitution française au XVIIIe siècle* (Paris, 1927).
13. *Ibid.*, p. 463. On political thought at the time of the Maupeou coup, see D. Echeverria, *The Maupeou Revolution, A study in the history libertarianism, France 1770–1774* (Baton Rouge, 1985).
14. Norman Ravitch, when commenting upon papers by D. Van Kley and D. C. Joynes, pointed out the continued importance of theological debate in the eighteenth century: *Western Society for French History, Proceedings*, 8 (1980), pp. 239–41

15. See above, pp. 7–14.
16. A case in point is N. Hampson, *Will and circumstance. Montesquieu, Rousseau and the French Revolution* (London, 1983).
17. R. Mousnier and F. Hartung, *op. cit.*, p. 7.
18. Turgot wrote: "La cause du mal, Sire, vient de ce que Votre nation n'a point de Constitution."— "Mémoire sur les municipalités," in *Oeuvres de Turgot*, ed. G. Schelle, 5 vols (Paris, 1922), 4:578; Mme de Staël, *Considérations sur la Révolution française*, ed. J. Godechot, (Paris, 1983), chapter XI: "Y avait-il une constitution en France avant la révolution?" (pp. 116–26).
19. For such a view of sublimated political opposition, see L. Goldmann, *Le Dieu caché: Etude sur la vision tragique dans les Pensées de Pascal et dans le théâtre de Racine* (Paris, 1955). R. Taveneaux has convincingly refuted Goldmann's sociological interpretation of Jansenism in "Jansénisme et vie sociale en France au XVIIIe siècle," *Revue d'histoire de l'Eglise de France*, 54 (1968), pp. 27–46.
20. This is the argument of Part IV, ("The parlementaire crisis, 1730–32") of my doctoral thesis, "The conduct of politics in France in the time of the cardinal de Fleury 1723–1743," London University, 1985.
21. Louis-Adrien Le Paige, *Lettres historiques sur les fonctions essentielles du parlement, sur le droit des pairs, et sur les loix fondamentales du royaume*, 2 vols. (Amsterdam, 1753–54).
22. D. C. Joynes, "Jansenists and ideologues: opposition theory in the Parlement of Paris, 1750–75," PhD. thesis, University of Chicago (1981); Campbell thesis cited; J. Swann, "Politics and the Parlement of Paris, 1754–71," PhD. thesis, Cambridge, to be completed in 1988; D. K. Van Kley, *The Jansenists and the expulsion of the Jesuits from France, 1757–65*, (New Haven, 1975), and *The Damiens affair and the unravelling of the ancien régime, 1750–1770* (Princeton, 1984).
23. I am grateful to Julian Swann for information concerning the involvement of Durey de Mesnières, a noted Jansenist magistrate, in the drawing up of the remonstrances.
24. Tierney, *op. cit.*, (Cambridge, 1982).
25. See for example, R. Taveneaux, *Jansénisme et politique* (Paris, 1965) and A. Cocâtre-Zilgien, "Les doctrines politiques des milieux parlementaires dans la seconde moitié du XVIIIe siècle, ou les avocats dans la bataille idéologique pré-révolutionaire," *Annales de la Faculté de Droit et sciences économiques de Lille*, (1963), pp. 29–154.
26. W. Doyle, "The parlements of France and the breakdown of the Old Regime, 1771–1788," *French Historical Studies*, 6 (1970), pp. 415–58; *The parlement of Bordeaux and the end of the Old Regime 1771–1790* (London 1974); J. M. J. Rogister, "The state of research on French parlements in the eighteenth century," *Ancien pays et assemblées d'états. Standen en Landen*, 70 (1972), pp. 461–72; B. Stone, *The Parlement of Paris 1774–1789*, (Chapel Hill, 1981); and J. Swann, thesis in progress cited.
27. A history of the word and concept of constitution in eighteenth-century France has yet to be written. The assumption that France had an unwritten customary constitution only serves to obscure this issue and makes such a history apparently unnecessary, thus begging the important question of how it was that so many Frenchmen came to believe in a mythical constitution.
28. This no doubt largely explains the problem of 1789, which was that France made a constitution while still having a king in power. The constraints of this situation profoundly affected the terms of the debate.
29. See G. Chinard, "Polybius and the American constitution," *Journal of the History of Ideas*, I (1940), pp. 38–58.
30. H. T. Parker, *The cult of antiquity and the French revolutionaries. A study in the development of the revolutionary spirit* (New York, 1965).
31. See D. Jarrett, *The Begetters of Revolution. England's involvement with France 1759–1789* (London, 1973).
32. G. Michon, *Essai sur l'histoire du parti feuillant: Adrien Duport* (Paris, 1924).
33. J. J. Mounier, *De l'influence attribuée aux philosophes, aux francs-maçons et aux illuminés sur la Révolution de France*, (Paris, 1822): quotation cited and translated in Chinard, *op. cit.*, p. 57.
34. See A. Soboul, "Jean-Jacques Rousseau et le Jacobinisme," in *Etudes sur le Contrat Social de Jean-Jacques Rousseau. Actes des journées d'étude organisées à Dijon pour la commémoration du 200e anniversaire du Contrat Social*, (Paris, 1964) pp. 405–24.

CHAPTER 10

The King's Trial and the Political Culture of the Revolution

MICHAEL WALZER

I HAVE two aims in this paper: first, to say something (again) about the trial and execution of Louis XVI; and second, to say something more generally about revolutionary culture and political justice. My concerns in both these cases are more those of a theorist than a historian, though I find it more difficult to set history aside than most historians do to set theory aside. When I ask, What did it mean to kill the king?, I want to know what it meant then, to the men who made the political judgment and ordered the killing, but I also want to know what it might mean to us, how we should place the regicide in our own understanding of terrorism, revolution, justice, and responsibility. For king-killing, despite the relative absence of kings in the world today, is not of merely historical interest. To decide whether justice was done to Louis is to go some way towards deciding how we will treat our own political enemies, if they should ever fall into our hands.

I do not mean, however, to draw hard political lines. Ferenc Fehér, in his important new book, *The Frozen Revolution*, disagrees sharply with my own analysis of the trial and execution of the king, and yet the two of us would probably not disagree about the treatment of our common political enemies.[1] He might insist more rigorously than I on pure procedural justice; neither of us would countenance any form of judicial terror. The issue between us is whether or under what circumstances lapses from pure procedural justice open the way to terrorism. I will come back to this issue later on: Fehér's book gives me an opportunity to reconsider and restate the argument I made in 1974. But I want to look first, more narrowly, at the central circumstance in which "lapses" are to be expected: the trial of a head of state. The king is a special case, of course, but I start with the general category because we have in the Constitution of the United States a framework for just such a trial, designed only a few years before the French Revolution and reflecting, we can probably assume, advanced and enlightened opinion. The American president is, moreover, something like a king in that he represents and symbolizes the regime and also heads the government. The symbolism is secular, unelaborated, and perhaps not very powerful in its emotional effects, but the president is nonetheless something more than a political leader. By contrast, the British prime minister is a political leader simply. That is why, I suspect, there is only one way of removing him from office. When he is politically defeated, whether in parliament or in the country at large, he resigns and is gone. And we attach no very deep meaning to his departure, not even in the case of a great national leader like Churchill. In the case of the American president, there are two means of removal: first, electoral defeat and, second, "impeachment for, and conviction of, treason, bribery, or other high crimes and misdemeanors."[2] When the president loses an election, he departs exactly like a British prime minister; but impeachment has a larger significance. It does not represent a regime change, since the machinery for impeachment is constitutionally provided; but it does represent a crisis in the political life of the regime—as in the case of President Andrew Johnson after the Civil War and (though it never came to an actual trial) of Richard Nixon after Vietnam.

Consider now the constitutional machinery: a trial of the head of state, not by an ordinary court, not by the Supreme Court, but by the Senate (with the chief justice presiding). I assume that the Senate and not the Court sits in judgment because it represents the People (also the several states that constitute the Union): impeachment is not a normal judicial procedure but an act of sovereignty. At the same time, it is not a normal political act but a solemn judgment: the president is "tried" and "convicted" (or not) for "high crimes and misdemeanors." He cannot be impeached just because the senators disagree with his policies, though there can be little doubt that disagreements of that sort, if they go deep enough, will play a part in the impeachment process. This is political justice. It is not clear whether the framers of the Constitution meant to accord the impeached president the ordinary rights of a criminal defendent (codified a few years later in the sixth amendment), but one right they definitely did not accord him: he could not disqualify any of his judges, not even those whom he knew to be his political enemies. His enemies could charge him with this or that crime and then vote on their own charges; prosecution and jury are hopelessly confounded. We would not want ordinary citizens "judged" in this way.*

But impeachment is meant to have only limited legal effects. Presumably that is why pure procedural justice can be scanted in its design.

> Judgment in cases of impeachment shall not extend further than to removal from office, and disqualification to hold any office of honor, trust, or profit under the United States: but the party convicted shall nevertheless be liable and subject to indictment, trial, judgment, and punishment, according to law.[3]

There is a kind of double jeopardy for heads of state (and public officials generally), justified by the fact that the stakes are different in the impeachment and the subsequent trial. But is this a plausible procedure? Can we really imagine a president impeached and convicted of treason by the Senate, removed from office, and then tried for treason again, this time in an ordinary court? Would the standards of proof be the same in the two cases? What if the ex-president were found innocent

---

* Compare Hamilton's argument in *Federalist* 69: Impeachment, he writes, "can never be tied down by such strict rules, either in the delineation of the offense by the prosecutors, or in the construction of it by the judges, as in common cases serve to limit the discretion of courts in favor of personal security. There will be no jury to stand between the judges who are to pronounce the sentence of the law and the party who is to receive or suffer it."

in the second trial? How could senators, who believed the president to be a traitor (levying war against the country or adhering to its enemies), accept such a risk? It is much easier to imagine a lesser official removed from office and then brought to justice "according to law." The circumstances likely to attend the removal of a president, especially on grounds of treason, make any further trial highly unlikely. What then would the country do with a convicted ex-president? Perhaps he could return to private life, disgraced, ostracized, eventually forgotten. But if the war of which his treason was a part continued, and if the country was bitterly divided about the character of the war and about the ex-president's part in it, this too seems an unlikely prospect.

These questions and reflections cast some light, I think, on the situation in France in 1792 and 1793. The French had, of course, their own constitution, which also provided for the impeachment and removal of the head of state, in this case the king, simultaneously described as the "first functionary of the nation" and as a "sacred" figure. But the constitution of 1791 did not envisage the trial of the king for high crimes and misdemeanors. A king waging war "against the nation" or failing to oppose a war waged in his name, it declared (doubling the passive voice in a single predicate), "shall be held to have abdicated." The method of the "holding" was not described. Nor did the constitution provide for double jeopardy: a subsequent trial for the same offense. Because of the sacred character of kingship, the king, so long as he was king, was inviolable; and once removed from office and divested of his sacredness, he could only be tried for crimes committed in his new *persona*, "posterior to his abdication."[4] So the members of the Legislative Assembly, faithful in this to the constitution, could do no more than declare Louis a private person. Forced retirement was their only legal option; they could neither judge him a traitor nor hand him over for ordinary judgment (though they did order him held in custody—for what purpose?). The members of the Convention, presumably, could do nothing at all.

But now we do not have to imagine "the circumstances likely to attend" the consideration of such matters. We know the circumstances of 1792: a foreign invasion, a traitorous king who had given aid and comfort to the enemies of the state whose chief executive he ostensibly was (I will come back to the question of proof later on), a country deeply divided and on the brink of civil war, the Convention newly elected, its authority and legitimacy radically uncertain. Add to this that Louis, though now deposed, had been a *king*, not merely chief executive, head of state, "first functionary," and so on. No secular title could do him justice; all such titles were constitutionalist fictions (just as "citizen Louis Capet" was a republican fiction). Louis had a history from which he could not easily be dispossessed. His history, of course, was not his fault; he was neither legally nor morally responsible for the crime Saint-Just invented: the crime of having been king. But the members of the Convention could hardly disregard his kingship when they debated what was to be done with him. Nor could they disregard the possible (unpredictable) effects of his kingship—the awe in which he was still held by many of his people, the practical allegiance he might still command, the men who might leap to arms were he himself to give the word (the long history of Jacobite risings in Scotland was well known in France, where the risings had been planned, organized, and subsequently regretted).

What, then, were the real options? What was to be done, what could be done, with a traitorous king? I can think of only four possibilities that are consistent with the republican intentions of the Convention. The excluded, because inconsistent, possibility is the return of the king yet once more to his constitutional office—not, given what happened later, an entirely crazy idea, except that the king was Louis. These are the four real options:

1. To reiterate the deposition of the king and to order his retirement, "derided and humiliated, to the humble private life of a fully employed citizen."[5] This is Fehér's preferred outcome, as it was Tom Paine's, though Paine could imagine Louis repairing watches, or whatever, only in Philadelphia, not in Paris, and so urged his deportation to the new American republic.[6] A sensible and also politic idea, since it would have set the king at some distance, so to speak, from his charisma. We can call this option l(a): deposition plus exile. But exile is a form of punishment and can only be ordered after a trial—and the king, according to the constitution, could not be tried. The same problem arises, obviously, in the case of 1(b): deposition plus continued detention. Both these possibilities require a trial, and once there is a trial—a treason trial—they are no longer the only possibilities.

2. To reiterate the deposition of Louis XVI and then to order the trial of Louis Capet. This would, from the perspective of the constitution of 1791, be an illegal trial, but at least it would be an ordinary trial, with Louis in full possession of the rights of a citizen and a defendant. The sequence of deposition and trial follows the American model and has its attractions; it also has the built-in problem to which I have already pointed. Since the reasons for the deposition and the trial are the same, the second would also be a test of the first. Were the king acquitted of treason, the Legislative Assembly would be convicted of false arrest and unjust punishment. Robespierre made this point in his attack upon the actual trial of the king: "Louis was king and the republic is founded . . . he has already been condemned or else the republic is not cleared of guilt."[7] Since the Assembly and the Convention were together the founders of the republic and the judges of the king, there was in fact (whatever the legal difficulties) no political danger that the republic would not be "cleared." But how could an ordinary court have been allowed to judge the people's representatives, the republic's founders, the republic itself?

3. To bring the king simultaneously to impeachment and trial by the Convention (as if he had not yet been deposed). This is more or less what actually happened, and the process reflects all the problems associated with political justice. Nevertheless, I do want to insist that both the adjective and the noun in this phrase have something to tell us. I do not accept the claim that Fehér makes, quoting Reinhard, that "a trial of this kind could not be judicial, only a political act."[8] Some of the revolutionaries, indeed, held this view, but that does not make it right. Political justice is justice qualified by politics, and it is necessary to consider the nature and extent of the qualification before one can say whether and how justice has been done. It is clear from the American example that enlightened and liberal-minded men in the eighteenth century recognized the inevitability of political justice in the case of a criminal or possibly criminal head of state. The head was a political figure; his crimes were likely to be political crimes, his judges political enemies; there was no way to rescue him from politics. The American framers

sought to set limits to political justice, to leave room for an ordinary trial at a subsequent stage, but the limits do not look as if they could survive a crisis even in the case of a traitorous president—and a traitorous king, for reasons I have already rehearsed, could only make for a deeper crisis. At the same time, the impeachment and trial of the king by the legislature, though it gave Louis's enemies a legal role they could never have had in a court of law, also allowed him to be informed of the nature and cause of the charges against him, to be confronted with the witnesses against him, and to have the assistance of counsel for his defense. These are not small matters, especially if one is thinking, as the members of the Convention ought to have been thinking, about precedents for the future.

The third possibility can be distinguished further with reference to the king's punishment: 3(a) impeachment plus exile; 3(b) impeachment plus detention; 3(c) impeachment plus death. But if the king was impeached *for treason*, how could the last of these be avoided? Any other man convicted of treason would be sentenced to death: why not Louis Capet? Perhaps the standard of proof would be less high in an impeachment process than in a formal trial. One might well remove a high official from office if one were reasonably sure, but not sure beyond a reasonable doubt, that he was a traitor. But one would hesitate to send him to the guillotine. On the other hand, no one voting to remove a traitorous *king* could admit to less than certainty of his treason. And then republican principles demanded the death penalty. The "appeal to the people," proposed by the Gironde, was a way of escaping this demand: the sovereign people might still show mercy even if its representatives could only do justice. (Some members of the Convention thought that what *political* justice, prudence rather than principle, required was that the king be spared. They believed Louis a traitor, who certainly deserved to die, but nevertheless voted against killing him, even after the "appeal to the people" had failed.)

4. To proscribe or outlaw the king, and then to kill him, by a simple vote of the Convention, without any legal process at all: a pure political act. This is what the Jacobin leaders, Robespierre and Saint-Just, advocated. Of course, even proscription would have been preceded by a debate, and arguments would have been made, reasons given, for the act. But these would have been political not legal reasons, and the king would not have been allowed to respond. Not that there could have been any guarantee of the purity of the politics: some of the members of the Convention, contemplating the coming execution, would no doubt have sought a legal justification for it. Enjoined by Robespierre and Saint-Just to think of the king as an enemy, they would still have called him a traitor—and he would still have had no chance to answer the charge. It is easy to find in the later proscriptions of the Terror echoes of this not wholly imaginary debate.

Proscription need not, obviously, end in death; exile and detention would also have been possible. But the people who wanted to deny Louis his identity as a Frenchman and his rights as a citizen also wanted to kill him (whether he "deserved" to die or not). And not only him.

Given these four possibilities, what plausible and non-terrorist alternative was there to 3? To ask the question in this rhetorical manner is not to defend the actual trial of the king, for the actual trial took shape as a compromise between the advocates of 3 and the advocates of 4, and it is open to criticism from a number of directions. I only want to deny that the charge of "political justice" is the right criticism. The third alternative is indeed political justice, but it is preferable to the pure politics of the fourth. And yet critics of the trial seem almost persuaded, even if they are also repelled, by the harsh "realism" of pure politics. Robespierre and Saint-Just are admired because they tell the (ugly) truth: killing the king is just an expeditious way of dealing with a political enemy. Saint-Just, to be sure, searches for a larger theory to explain why the king is an enemy even if he is not a traitor. But Robespierre is equally certain, without so elaborate a theory, that the trial is a waste of time. There is something wonderfully businesslike about Robespierre: "You do not have a verdict to give for or against a man," he says, "but a measure to take for the public safety."[9] By contrast, the Girondin defenders of a trial, or of something as much like a trial as possible, appear uncertain and confused, struggling to make "the muddled principles of a pseudo-legal procedure" sound attractive and morally necessary.[10] How can pseudo-legality ever be morally necessary?

The king's trial was an act of political justice. It was political in that the king and his judges enacted, using the rituals of the law, the transition from the monarchy to the republic. That the king was no longer inviolable was demonstrated by the trial itself; that he was a citizen was attested by his judges, citizens themselves, representatives of the people, and now his peers; that he was bound by the law like any other citizen was proven by the examination, the verdict, and the sentence. At the same time, however, this political exploitation of the law was also a legal procedure—and could not have been successful except insofar as legality was upheld. The king was charged with a real crime, well known in the law, and he was invited to respond to the charge in a public setting that had the formal aspect of a trial. Legal formality served a political purpose, and politics, at least as conceived by someone like Condorcet, required legal formality. The course of the trial, Condorcet believed, was critical for the future of France: the more just the verdict and the sentence, the more securely would justice be established as the foundation of the republic. Adherence now to the forms of the law would strengthen the rule of law later.[11] It is a mistake to think that the Jacobins' objection to all this derived from their honesty, their tough-minded and outspoken realism—as if they were concerned only to preserve for future generations the essential meaning of the word "justice." In fact, they denigrated legal formality because they meant to dispense with it. They too wanted to set a precedent: Louis, in their eyes, was only the first of their enemies.

Kant, the foremost critic of the king's trial, comes close to the "honest" Jacobin view. Here is Fehér's summary of his argument (which is much clearer than the original):

> The murder of the monarch is a single act, with no principles involved. It is murder, for it cannot be legitimized by law. As murder, it is a crime. But this single crime does not comprise the claim to be elevated to the rank of a principle. Once the pseudo-legal garb in which the sham-trial of kings appears is introduced into the world as a principle, murdering our enemies can, and inevitably will become a regular, and seemingly justified, practice.[12]

But is this an accurate account even of what was admittedly a case of imperfect procedural justice? The imperfections followed from the fact that it was a head of state and, more particularly, a king to whom justice had to be done. There is no reason for insisting that the same imperfections must transfer to and contaminate the trials of ordinary citizens. It would seem relatively easy to draw the line at kingship: the head of state, after all, is a single person, while the "enemies of the people" can hardly be numbered. Moreover, it was precisely the purpose of the trial to demonstrate that Louis was a traitor, which is to say, *not an enemy* but a citizen who gives aid and comfort to the enemy. An important distinction, for treason has to be proven, while enmity does not. To be sure, legal proof is a matter of principle. Kings had been murdered in the past, assassinated by some private person or hustled off to a remote castle and killed in a corner, out of sight; and then no principle was involved, no legal precedent set. But the point here was to make a point—that the king was, like any other citizen, liable to the law. How could that be done without a trial? And how could the trial of the king be anything but an imperfect (which is not to say a "sham") trial?

Kant writes as if the trial of the king was the first act of the Terror, and contemporary Kantians (Camus among them), following his line, seem to regard the king's trial as the fatal precedent for every politically motivated use and misuse of the courtroom, from the judicial murder of the Girondins to Stalin's purge of the left and right oppositions.[13] One imperfection entails all the others. I would suggest a more differentiated understanding of political justice. It is indeed justice rendered imperfect for political reasons. But how imperfect? What is the degree and seriousness of the imperfection? That depends on the politics.

Consider another example, which was debated in terms remarkably similar to those of 1792: the Nuremberg trials of Germany's political and military leaders. Imperfect justice once again, for the acquittal of the Germans would have represented a condemnation of the Allied war effort—and the trials were organized and run by the Allies. Trials that follow wars are problematic in much the same way as trials that follow revolutions. It is no surprise, then, that there were "Jacobins" in the 1940s who argued that captured Nazis should simply be shot, without any judicial proceedings.[14] Victor's justice, they argued, only corrupts the law; better to do what must be done, quickly and quietly, and make no attempt to organize a courtroom show. It would still have been necessary, however, to draw up a list of the particular people to be killed, and there would have had to be reasons for putting someone on the list and leaving someone else off. Even proscription is a procedure, though not one in which the victims have any opportunity to defend themselves. The imperfect justice of a courtroom would have yielded here to the even more imperfect justice of a secret committee.

But it was not for this reason, or not for this reason alone, that the Nuremberg trials were held. They were indeed "show" trials: it was the purpose of their organizers to show the world what the Nazis had done *and to condemn the doing of what had been done*. The guilt of the defendants— not of each defendant for each and every crime with which he was charged, but of the bulk of the defendants for the bulk of the crimes—was simply assumed. The trials were meant to be an instrument of collective education. They could not be instrumental in this way, however, unless they were also just and were seen to be just. Hence the importance of formal charges, defense counsel, cross-examination, and so on. A legal purist could, no doubt, find much to object to in the charges and even in the proceedings, but what he would find most objectionable would be the political motive that lay behind the proceedings and that dictated their outcome. And yet the Nazis were certainly guilty, and what (non-terrorist) alternative was there to the trials? Imperfect, but necessarily imperfect, and no more imperfect than was necessary: that seems a plausible verdict on what happened at Nuremberg. Perhaps we should think of the trial of Louis as a precedent for the trial of Goering, say, rather than for the trial of Bukharin. At least, the issue in the first two cases was the same: how to vindicate the rule of law in spite of, or even against, the rules of pure procedural justice. The politics of the third case was entirely different.

There is one more objection to the trial of the king (and perhaps to Nuremberg too): the vindication, it is said, does not work; the show trial does not achieve what its organizers want to achieve. In the mid-nineteenth century, Edgar Quinet argued this point with regard to the execution of the king: "quand les Convention-nels mirent Louis XVI à mort, la monarchie leur échappa . . ." History should have taught them "que jamais une dynastie n'a été extirpée le supplice d'un seul de ses membres." It would have been necessary to kill all of Louis' family, "mais aucun terroriste de 1793 n'osa seulement approcher de cette idée."[15] That last point is certainly true; no one seems to have advocated killing Louis' children the way the Czar's children were killed in 1919. I would suggest that it was precisely the trial of the king that ruled out such a massacre. If Louis was killed only after he had been found guilty of treason, how could one kill his children, who were obviously innocent?

Quinet may also be right to suggest that the king's death did not serve even the immediate purposes of the revolutionaries. Exile, he thinks, would have been better:

> Je ne puis guère douter aujourd'hui que Louis XVI errant à l'étranger sous un nom emprunté, repoussé de lieu en lieu, sans cour, sans Etats, sans armée, vivant de la complaisance de la Convention, n'eût cent fois moins redoubtable que Louis XVI supplicié au Temple dans sa femme et ses enfants, les mains liées derrière le dos, guillotiné en face de son palais.[16]

Maybe so, but the real question has less to do with Louis and the guillotine than with monarchy and the trial. What effect did the trial of the king have on the character and attractive power of the monarchic idea? That is not a question that I can answer, but I do not think that the critics of the trial can answer it either. It does not help to point out that one-man rule was soon restored in France and the old monarchy itself restored only a little later—for what is at issue is the kind of one-man rule, the meaning of monarchy in the lives of its subjects. The magic of kingship was never restored. Napoleon's regime was, as Marx suggests, only a military and administrative variant of the Terror—as magic as the guillotine.[17] And the Restoration monarchy had an air of unreality about it from the beginning. Louis XVI had ruled by personal divine right; his heirs talked the same language but in fact ruled differently. He was the last sacred king; they were only ghosts.[18] It is not implausible to claim that the trial had something to do with that outcome, though it would require a study of collective consciousness far beyond anything I could undertake to vindicate the claim. But at least that is the right claim to try to vindicate (or to rebut), for the trial, as the best of its advocates conceived it, was precisely an exercise in demystification. It was in their eyes one moment, perhaps even the clinching moment, in the long "war of position" against political magic and divine right.

In the "war of maneuver," however, where victories (and defeats) are quicker and easier to recognize, it was the Jacobins who won—and went on to kill their enemies, much as they wanted to kill the king, without anything that even resembled a fair trial: justice more and more imperfect. Whatever the king's trial did to kingship, it did not succeed in imposing any constraints on the Manichean version of revolutionary ideology. The world was divided into friends and foes of the republic, the People and the enemies of the People, and once the enemies were identified, it was hardly necessary to prove their guilt. What was necessary was to kill them. The "innovative idea" of Saint-Just, writes Fehér, "that the king had never entered into the social contract, and that therefore neither legal sanctions nor legal protection could be applied to him, was extended to whole social clusters and developed into a fully-fledged system of mass proscription."[19] Yes, but this innovative idea did not shape the trial of the king, for the Convention's majority did not (yet) accept it. Condorcet, to take only the most notable example, argued powerfully against it. And it does seem a matter of justice (though no doubt imperfect justice) to record the fact that when Condorcet was killed, he was the victim of a doctrine he had fought against.

But perhaps the Jacobins won another victory, with effects long outlasting the Terror itself (hence, to continue my use of Gramscian terms, a "positional" victory): their version of the trial has dominated the history books. Their version makes the trial uninteresting; more important, it makes the law, and all the legal issues raised at the trial, irrelevant to an understanding of revolutionary politics. I suppose that is why, as Fehér notes, "there is almost no serious French discussion" of either the arguments or the proceedings. (Camus's *The Rebel* is a notable exception.) "We invoke forms because we lack principles," Robespierre told the Convention, excluding himself from the first-person plural, since he did everything on principle.[20] And this is the dominant view of the trial: it was a hypocritical exercise in legal formality opposed by Jacobins like Robespierre and Saint-Just who had a principled, if harsh, view of what revolutionary citizens owed to a deposed king. But that is not in fact what the debate in the Convention was all about. We can best understand it (abstracting from the factional interests) as an argument between those who thought that legal formality was itself a matter of principle and those whose principles required them to repudiate the law altogether. I can see no good reason why the second group should be accorded pride of place in the political culture of the revolution.

No doubt, revolutionary justice strains against the limits of the law—even of the new or reformed law of the revolution itself. "The Revolution has no legality," writes François Furet, "only a legitimacy." After Thermidor, he goes on, the revolution lost its democratic legitimacy, the only kind it could have; henceforth, "its existence was confined within the dead-end of republican legality."[21] I certainly agree that one cannot sustain a revolutionary politics merely by demonstrating (what the Thermidoreans in any case failed to demonstrate) commitment to the letter of the law. Commitment to the "People," in the conditions of the 1790s, is what counts. It seems to me, nevertheless, that it was in the course of the Terror, not at the moment of the Thermidorean *coup*, that the "People," or better, large numbers of them, lost their faith in the revolution. Terror, as Saint-Just wrote in his notebook, made the heart grow cold.[22] That is when legitimacy failed, and it failed in large part because of the collapse of republican legality. Yet Furet reflects a deep understanding of revolutionary culture, insofar as it is a culture of militants and would-be militants, when he writes of the "dead-end" of legality. My own intention is to criticize this culture, and to suggest an alternative version in which the forms of republican law constitute not a dead end but an open road. The king's trial is crucially important for this alternative—the decisive moment when legality, had it fully triumphed and had it been seen to triumph, might have made a difference.

Notes

1. Ferenc Fehér, *The Frozen Revolution: An Essay on Jacobinism* (Cambridge, 1987), chapter 5; *Regicide and Revolution: Speeches at the Trial of Louis XVI*, ed. Michael Walzer (Cambridge, 1974).
2. Article II, section 4.
3. Article I, section 3, paragraph 7.
4. I discuss these passages from the Constitution of 1791 in *Regicide and Revolution*, pp. 45f.
5. *The Frozen Revolution*, p. 104.
6. *Regicide and Revolution*, pp. 208ff.
7. *Regicide and Revolution*, p. 131.
8. *The Frozen Revolution*, p. 98.
9. *Regicide and Revolution*, p. 131.
10. *The Frozen Revolution*, p. 107.
11. *Regicide and Revolution*, pp. 139–158.
12. *The Frozen Revolution*, p. 171; this was also Camus's argument in *The Rebel*.
13. Not quite fair to Fehér, who points no further than the Terror itself; Camus is more faithful to Kantian universalization.
14. See Bradley F. Smith, *Reaching Judgment at Nuremberg* (New York, 1977), p. 23.
15. Edgar Quinet, *La Révolution* (Paris, 1987), p. 351.
16. *La Révolution*, p. 351.
17. K. Marx and F. Engels, *The Holy Family or Critique of Critical Critique* (Moscow, 1956), pp. 166–167.
18. Cf. Jean Jaurès, *La Convention* (Paris, n.d.), 2:962.
19. *The Frozen Revolution*, p. 109.
20. *Regicide and Revolution*, p. 133.
21. François Furet, *Interpreting the French Revolution* (Cambridge, 1981), p. 74.
22. "Fragments sur les institutions républicaines," in *Saint-Just: L'Esprit de la Révolution* (Paris, 1963), p. 148.

CHAPTER 11

Le roi de la contre-révolution: de la chevauchée répressive au providentialisme réactionnaire

ROGER DUPUY

PARLER du Roi de la Contre-Révolution, c'est évoquer l'intermède grandiose qui sépare l'absolutisme de 1788 de la Charte de 1814. Prise dans le tourbillon d'une mutation brutale qu'elle commente à sa manière, la Contre-Révolution contribue à l'évolution du système politique français, car le compromis de 1814 s'établit entre les intérêts des notables de l'Empire, les partisans d'un torysme à la française et un corpus de principes et de justes réparations proclamés et exaltés par les ennemis de la Révolution depuis le printemps 1789. Il s'agit donc ici, non pas d'énumérer et de classer tous les constats passionnés, tous les fantasmes générés par la protestation contre-révolutionnaire mais, plus prosaïquement, de se demander en quoi les pratiques contre-révolutionnaires ont pu contribuer à définir l'image de la Monarchie telle qu'elle finit par s'imposer en 1814. Il ne s'agit donc pas de s'en tenir à l'histoire des idées mais de repérer des phases caractéristiques dans le déroulement d'une politique contre-révolutionnaire qui a dû confronter ses espérances avec l'état réel de l'opinion car, finalement, la Restauration c'est d'abord une capacité à reprendre effectivement le pouvoir.

Le point de départ, c'est l'image du roi telle qu'on peut la saisir entre 1785 et 1788. Non pas une image, mais une superposition d'images, car dans une société inégalitaire, chaque ordre engendre un imaginaire particulier et, de plus, la fonction monarchique est multiple. Néanmoins certains traits fondamentaux s'imposent aux trois ordres avec une force particulière. Le roi l'est de droit divin, mais il est à la fois le premier gentilhomme de sa mouvance, suzerain suprême et Empereur en son royaume. Il est donc simultanément caution de la structure inégalitaire des ordres et la personnification d'un pouvoir, d'un impérium, par nature égalitaire car s'imposant, au nom de l'intérêt général, avec la même nécessité, à tous ses sujets. Ambiguïté fondamentale résolue par la nature même de l'absolutisme qui reconnaît spontanément ses limites c'est-à-dire les franchises et privilèges de ces mêmes sujets. L'équilibre est subtil et la pente naturelle de l'absolutisme ne peut que vouloir restreindre, toujours au nom de l'intérêt général, le nombre de ces franchises et privilèges et donc s'en prendre à ceux qui en sont les mieux pourvus, c'est-à-dire les nobles. C'est cette dérive autoritaire que la noblesse stigmatise, tout au long du XVIIIème siècle, sous le nom de despotisme ministériel. Ce que les historiens ont pris l'habitude de nommer pré-Révolution aristocratique est l'ultime épisode, victorieux, de ce combat. La convocation des Etats-Généraux doit consolider cette victoire aristocratique car elle permet à la noblesse provinciale d'espérer une double revanche en obligeant le roi à partager son pouvoir avec une assemblée qu'elle croit pouvoir dominer tout en écartant, lors des élections, une noblesse de cour qu'elle jalouse violemment. Car la noblesse n'est pas une et les bouleversements du printemps 1789 ne font pas disparaître pour autant les clivages qui la traversent. D'où l'ambiguité des premières manifestations contre-révolutionnaires qui n'impliquent pas une reconduction pure et simple du statu quo monarchique.

D'une part, depuis mai 89, il y a, globalement, une contre-révolution essentiellement nobiliaire, qui s'efforce de préserver les privilèges et prérogatives du second ordre et cherche même à les accroître en maintenant la structure traditionnelle des Etats Généraux et le vote par ordre. Cette politique n'est que la continuation de la pré-Révolution aristocratique. Au même moment, le roi est encore agacé par les péripéties de cette résistance aristocratique et le doublement de la représentation du Tiers est une façon de manifester sa mauvaise humeur et de faire entendre qu'il ne saurait tolérer une mainmise aristocratique sur les Etats Généraux. Et bientôt, les ambitions croissantes de la majeure partie du Tiers, le choix affiché par le bas clergé et le libéralisme d'une minorité de la noblesse menacent, plus directement encore, le principe absolutiste et incite le roi à changer de ton. Le refus par le Tiers de l'arbitrage du 23 juin incite l'entourage du souverain à le convaincre de renvoyer Necker et de préparer un coup de force militaire. Il s'agit donc d'une politique contre-révolutionnaire qui émane du pouvoir absolu et qui prétend le conserver intégralement. Mais, on le sait, ce sursaut ne dure pas et le 14 juillet arrête net cette politique intégriste imposée par la Reine et le clan Polignac farouchement hostile à Necker. Le roi, surpris par l'insurrection parisienne, inquiet du comportement de ses régiments, se résoud à écouter les partisans du compromis et donc à composer avec l'Assemblée Nationale et à pardonner aux insurgés. C'est ce nouveau recul qui entraîne l'émigration du comte d'Artois et des Condé, précédée par celle de l'équipe ministérielle désavouée. Le comte d'Espinchal, un familier des Condé, relate dans son journal les circonstances de cette décision.[1] Dès le 15 juillet le duc de Bourbon, fils du duc de Condé, impatient d'agir et persuadé qu'à Versailles on ne voulait rien faire, voulut aller à Lille et Valenciennes demander à ces garnisons "d'opérer un mouvement en faveur du roi." Le comte d'Artois félicite le duc pour son impatience mais le retient auprès du roi pour contrecarrer l'influence de conseillers trop timorés qui finissent par l'emporter. Le roi ira donc à Paris saluer la nouvelle municipalité et réitérer son pardon aux insurgés:

> Il était impossible à Monsieur le comte d'Artois et aux princes restant à Versailles de ne pas accompagner le Roi. C'était, en quelque manière, donner son approbation à un acte aussi solennel que d'y assister; ils étaient de plus avertis de toutes parts de pourvoir à leur sûreté personnelle. Il était donc très pressant de prendre un parti. Les nouveaux ministres, ayant déjà donné leur démission, avaient pris la fuite. L'armée devait, dès le lendemain se mettre en marche pour s'éloigner de Paris, ayant le maréchal de Broglie à sa tête. Bien des gens pensaient que le Roi prendrait enfin une résolution digne du sang qui coule dans ses veines, mais jamais il n'en eut le courage. Tout ce qu'il put faire fut d'approuver la fuite de M. le comte d'Artois et de ses enfants, ainsi que de toute la maison de Condé.

Ce départ fut donc arrêté dans l'intérieur de la famille royale . . . M. le comte d'Artois reçut de la main du Roi, un passeport pour avoir assistance de tous les commandants des places, où il serait dans le cas de la réclamer.

D'Espinchal est un témoin intéressant car il participe des deux noblesses: ancien page de la petite écurie sous Louis XV, il a servi douze ans dans l'armée avant d'hériter d'une assez jolie fortune qui lui permet de s'installer confortablement à Paris où il passe l'hiver; à la belle saison, il retourne dans son Auvergne natale où il possède la plupart de ses biens. En 1789, il est élu député suppléant par la noblesse de la sénéchaussée de Riom. Son texte est révélateur de la colère d'une partie de la noblesse devant ce qu'elle estime être la couardise du roi: indubitablement, pour notre auvergnat, celui qui se comporte en roi, c'est le comte d'Artois. S'esquisserait donc, avec l'assentiment du roi, un partage des rôles. Le comte d'Artois irait vers Turin, via les Pays-Bas autrichiens, muni d'une sorte de procuration morale pour continuer d'incarner un absolutisme intransigeant, tandis que le roi, en attendant des jours meilleurs, tiendrait le discours du compromis avec une bourgeoisie décidée à lui imposer un constitution. Mais, du coup, l'absolutisme ne se confond plus avec la personne même du roi. D'autant que le comte d'Artois, coqueluche de la Cour, affecte de se considérer avant tout comme un gentilhomme et incarne donc l'absolutisme selon les voeux d'une noblesse intimement persuadé que le second ordre est le soutien naturel de la monarchie, qu'il en est même le principe consubstantiel. Ce n'est pas dire autre chose que la pré-Révolution aristocratique dont il fut d'ailleurs un partisan déclaré. Mais il n'est que le troisième personnage du royaume et le second, Monsieur, comte de Provence, n'émigre pas et passe pour être favorable aux innovations depuis que son bureau, lors de la seconde assemblée des notables, en 1788, se prononça publiquement en faveur du doublement de la représentation du Tiers.

Les partisans de l'intégrisme monarchique ont donc du mal à se déterminer et sont les premières victimes du principe qu'ils veulent sauvegarder et qui les condamne à obéir au seul Louis XVI qui n'a, ni officiellement, ni officieusement, délégué aucun de ses pouvoirs à personne. Aussi l'émigration, en 1789 et 1790, ne s'étend guère et reste limitée aux grandes familles, liées à la cour, qui sont persuadées de la relative brièveté de leur absence. On part prendre, un peu plus longuement que d'habitude, les eaux en terre d'Empire pour se mettre hors de portée des insultes du Tiers et de possibles violences, surtout au lendemain de la Grande Peur. Mais une minorité seule s'en va; le gros de la noblesse provinciale se console avec les vitupérations et sarcasmes de la presse royaliste tout en se désespérant de sa propre inaction.[2] Dans une excellente communication, lors du colloque de Rennes consacré aux résistances à la Révolution (septembre 1985), Laurence Coudard révèle la profondeur de cette exaspération en étudiant, non plus les propos des rédacteurs de la presse royaliste mais ceux de ses lecteurs. Elle a pu disposer d'un corpus de 2.786 lettres envoyées par des abonnés, d'octobre 1789, à Du Rozoi, le rédacteur de la Gazette de Paris et elle a pu ainsi prendre le pouls d'une partie de l'opinion délibérément contre-révolutionnaire.[3] Ce qui domine dans ces lettres, d'octobre 89 à juin 91, c'est un sentiment d'impuissance et de colère devant l'énergie militante et les initiatives des jacobins; mais beaucoup s'en prennent aux acquiescements successifs du roi—la force des jacobins résiderait surtout dans la faiblesse de Louis XVI. Le 12 novembre 1790, un lecteur écrit à Du Rozoi:

> . . . depuis plus d'un an, j'entends toujours dire "attendons, attendons, il n'est pas encore temps"; et en attendant, les âmes se flétrissent d'autant, on finirait par contracter l'habitude du malheur et de l'humiliation et par perdre cette énergie si nécessaire pour en sortir. Nous touchons de très près à cet incurable état d'apathie.[4]

Le roi, en ne tenant pas son rôle, dégage la noblesse de toute obligation à son égard. On évoque, en soupirant et par contraste, la mémoire d'Henri IV montant à cheval pour conquérir son royaume. Bien mieux! Le roi va jusqu'à sanctionner le décret du 19 juin qui supprime la noblesse héréditaire. Il n'est donc plus maître des ses décisions, mais peut-être faut-il rester néanmoins pour le protéger? Or, le 21 février 1791, il désavoue ceux que les jacobins appellent les "chevaliers du poignard" et qui voulaient le protéger. Beaucoup de nobles s'interrogent ouvertement: "faut-il abandonner un roi qui nous abandonne?" Certains estiment qu'il y a lieu désormais d'émigrer:

> Qu'irait faire à Paris cette généreuse noblesse? Serait-ce pour se voir désarmer encore par les ordres et sous les yeux du premier gentilhomme? C'est trop d'une fois. Ce n'est plus à Paris, ce n'est plus à cette scélérate Babylone qu'il faut la convoquer, mais à Worms, mais à Mannheim.[5]

La tentative de fuite du roi le réhabilite aux yeux des lecteurs de la Gazette de Paris et son arrestation à le mérite de clarifier, momentanément, la situation. Le roi est désormais prisonnier et donc la légitimité monarchique se trouve bel et bien sur les bords du Rhin d'autant que Monsieur avait, lui, réussi son départ et rejoint le comte d'Artois qui avait quitté Turin pour Coblence. Il s'agit, pour le comte de Provence, de faire oublier ses déclarations en faveur du Tiers et sa peu reluisante visite à la Municipalité de Paris pour désavouer le marquis de Favras dont il prétendit ignorer tous les agissements. Il lui faut paraître désormais aussi déterminé, sinon plus, que son frère cadet: aussi proteste-t-il solennellement contre l'acceptation par le roi de la Constitution. Dès le 10 septembre 1791, il l'adjure de ne pas renoncer à la plénitude de ses pouvoirs, dont-il ne peut d'ailleurs disposer car l'absolutisme est devenu le patrimoine sacré de tous les Bourbon:

> . . . Dépositaire usufruitier du trône que vous avez hérité de vos aïeux, vous ne pouvez ni en aliéner les droits primordiaux, ni détruire la base constitutive sur laquelle il est assis. Défenseur né de la religion de vos Etats, vous ne pouvez pas consentir à ce qui tend à sa ruine, ni abandonner ses ministres à l'opprobre.
> Débiteur de la justice à vos sujets, vous ne pouvez renoncer à la fonction essentiellement royale de la leur faire rendre par des tribunaux légalement constitués et d'en surveiller vous-même l'administration.
> Protecteur des droits de tous les ordres et des possessions de tous les particuliers, vous ne pouvez pas les laisser violer et anéantir par la plus arbitraire des oppressions.
> Enfin, père des peuples, vous ne pouvez pas les livrer au désordre de l'anarchie. Si le crime qui vous obsède et la violence qui vous lie les mains ne vous permettent pas de remplir ces devoirs sacrés, ils n'en sont pas moins gravés dans votre coeur en traits ineffaçables: et nous accomplirons votre volonté réelle, en suppléant, autant qu'il est en nous, à l'impossibilité où vous serez de l'exercer.[6]

C'est tirer la conséquence logique de la captivité effective du roi et annoncer que Monsieur exerce une régence de fait. C'est refuser à Louis XVI de poursuivre sa stratégie du pire et affirmer la nécessité d'oeuvrer pour un retour pur et simple au passé. Or, au même moment, Marie-Antoinette avertit Léopold II que Louis XVI allait accepter la Constitution car le régime installé ne saurait être viable et que l'opinion, lassée et enfin éclairée sur ses intérêts véritables, reviendrai de ses funestes errements. Enfin on rappelait à l'Empereur que le seul représentant accrédité du roi était Breteuil, l'ancien ministre, et que les princes n'avaient aucun mandat. La mollesse de la déclaration de Pillnitz, que le comte d'Artois arrache à Léopold, résulte tout autant de cette pression des Tuileries que de la priorité accordée par Vienne aux affaires polonaises. Mais les princes veulent voir dans cette déclaration un engagement à terme de l'Autriche et de la Prusse et donc un encouragement à faire prévaloir une solution de force.

La déclaration de guerre de la France à l'Empire ne peut que les inciter à persévérer et pousse toute la noblesse à participer à la chevauchée punitive et réparatrice qui ne saurait tarder. Le mythe d'Henri IV est pris en compte par l'ordre tout entier. Le fameux point d'honneur qui oblige la noblesse de province à partir n'est que la manifestation d'une nécessaire mobilisation d'une couche sociale pour imposer enfin sa politique. Ceux qui refusent de rejoindre les princes sont frappés d'infâmie et l'on retrouve des pratiques utilisées en 1787 et 1788 pour résister aux séductions et pressions du ministère. C'est toujours la pré-Révolution qui continue car le diagnostic qu'elle supposait n'a fait que se confirmer. Les clivages intérieurs demeurent comme en témoignent les *Mémoires d'Outre-Tombe* et le *Journal* de d'Espinchal pourtant si favorable au comte d'Artois et aux Condé :

> Auprès de notre camp indigent et obscur, en existait un autre brillant et riche. A l'état-major, on ne voyait que des fourgons remplis de comestibles; on n'apercevait que cuisiniers, valets, aides-de-camp. Rien ne représentait mieux la cour et la province . . .[7]

> . . . On a fait revivre tous les droits de l'ancienne maison du roi, que S.M. a certainement eu tort de réformer en grande partie d'après les conseils du comte de Saint-Germain. Mais le Roi le fit lors de toute sa toute-puissance et en pleine liberté. Dans un moment où l'on ne doit s'occuper que de briser les fers de notre infortuné souverain, de lui rendre toute son autorité, de rétablir dans tous ses droits une noblesse qui, dans tous les temps, fut le plus solide appui du trône, n'eût-il pas été plus sage, même plus à sa place, de laisser au Roi la jouissance de recréer à sa volonté sa nouvelle maison, plutôt que de faire revivre toutes les prérogatives de ces anciens corps, au préjudice et à la grande mortification de la noblesse entière de toutes les parties de France, réunie en ce moment auprès des princes? . . .[8]

Mais on veut oublier les cabales et les prétentions perpétuelles de certains car on a le sentiment que la noblesse retrouve sa légitimation profonde et le pacte qui la liait à la royauté va être renouvelé. Le temps est comme remonté et l'on retrouve, avec une sorte d'allégresse, la monarchie à son printemps, quand elle devait s'en remettre à la vaillance et à la fidèlité de ses vassaux pour l'emporter :

> L'armée des Princes était composée de gentilshommes classés par provinces et servant en qualité de simples soldats; la noblesse remontait à ses origines et à l'origine de la monarchie, au moment même où cette noblesse et cette monarchie finissaient, comme un vieillard retourne à l'enfance.[9]

Le manifeste de Brunswick rédigé sous l'influence des princes et malgré les réticences manifestées par les Tuileries, où l'on craignait la violence des réactions parisiennes, prouve qu'à Coblence on est prêt à sacrifier le monarque à la restauration du principe monarchique et le 10 août n'émeut guère ceux qui sont à la veille de leur revanche.

La désillusion n'en sera que plus amère après Valmy et la retraite négociée de Brunswick. C'est l'effondrement brutal du mythe de la chevauchée réparatrice. Le grand vaincu de Valmy, ce n'est pas tant la Prusse, qui ne s'était engagée que mollement, que la noblesse française qui n'a pu inverser le cours des choses comme elle s'en flattait bruyamment.

Mais au moment même où la noblesse s'aperçoit qu'elle ne fait guère mieux que Louis XVI, deux évènements majeurs contribuent à donner à la contre-révolution une signification nouvelle et une assise plus large.

C'est d'abord le procès et l'éxécution du roi, sans oublier son testament qui amorce une transfiguration du personnage que le discours des princes ne prend que progressivement en compte.

Le 28 janvier 1793, dès que la nouvelle de la mise à mort du roi parvient à Hamm, petite bourgade de Westphalie où se sont installés les princes après la dispersion du gros de leur armée, le comte de Provence proclame Louis XVII roi de France, se déclare régent et nomme le Comte d'Artois Lieutenant-Général du Royaume. Dans la déclaration solennelle qui accompagne ces proclamations, il n'est toujours question que d'un simple retour en arrière dans les termes déjà utilisés en septembre 1791:

> Je m'emploierai premièrement à la liberté du Roi, de sa mère, de sa soeur et simultanément au rétablissement de la monarchie sur les bases inaltérables de sa Constitution, à la réformation des abus introduits dans le régime de l'administration publique, au rétablissement de la religion de nos pères dans la pureté de son culte et de la discipline canonique, à la réintégration de la magistrature pour le maintien de l'ordre public et la bonne disposition de la justice, à la réintégration des français de tous les ordres dans leurs droits légitimes et dans la jouissance de leurs propriétés envahies et usurpées, à la sévère et exemplaire punition des crimes, au rétablissement de l'autorité des lois et de la paix et enfin à l'accomplissement des engagements solennels que nous avons voulu prendre conjointement avec notre cher frère, Charles-Philippe de France, comte d'Artois, et auxquels se sont unis nos très chers neveux, petit-fils de France, Louis-Antoine d'Angoulême, et Charles-Ferdinand, duc de Berry, et nos cousins, princes de sang royal, Louis-Joseph de Bourbon, prince de Condé, Louis-Henri-Joseph de Bourbon, duc de Bourbon, et Louis-Antoine de Bourbon, duc d'Enghien, par nos déclarations adressées au feu Roi notre frère, le 10 septembre 1791, et autres actes émanés de nous.[10]

C'est rappeler à la Convention que le principe monarchique est supérieur aux individus qui l'incarnent et que la lignée demeure pour assurer la succession.

Quelques semaines plus tard éclatait dans les bocages de l'ouest du royaume la grande insurrection de mars 1793 provoquée par la levée des 300,000 hommes. La plupart des paysans d'une douzaine de départements dans les ci-devant provinces de la Bretagne, du Maine, de l'Anjou et d'une partie du Poitou, d'abord favorables à la Révolution, ont basculé progressivement dans la révolte armée. Irritées par les prétentions hégémoniques de la bourgeoisie urbaine, la brutale augmentation des impôts, la prolifération des assignats, la vente des biens de l'Eglise et surtout le remplacement des prêtres réfractaires et les levées d'hommes, les différentes strates du monde paysan se dressent contre la Nation. Au sud de la Loire, l'insurrection s'amplifie et les "attroupés" viennent chercher dans leurs châteaux les nobles et les obligent à se mettre à leur tête pour organiser militairement le soulèvement. L'Armée Catholique et Royale (l'ordre des termes est révélateur!) se forme pour défendre la bonne religion et la légitimité monarchique.

Depuis le Colloque de Rennes se précise l'idée qu'à côté de la Contre-Révolution, purement nobiliaire et obstinément réactionnaire, se manifesterait une "anti-Révolution" populaire, surtout paysanne, qui ne serait que le rejet brutal, non pas de toute la Révolution, mais de certains de ses aspects regardés comme intolérables.

Cette anti-Révolution considère que le roi est le souverain légitime et paternel de ses sujets et donc que la Nation, assimilée à une poignée de bourgeois de la ville voisine, ne saurait se substituer à lui. Quant à la noblesse, on ne la tolèrerait que pour autant qu'elle mette ses compétences militaires et politiques au service de la jacquerie paysanne.[11] En aucun cas, les insurgés ne se battent pour rétablir les droits féodaux. Ces paysans en restent aux Cahiers de doléances qui constituent la charte explicite de leurs exigences. L'anti-Révolution fournit à la restauration monarchique les effectifs et l'assentiment populaire qui semblaient lui faire défaut, encore faut-il que le roi, lui aussi, tienne son rôle.

La résistance des prêtres réfractaires, le martyre du roi, les soulèvements de l'Ouest aboutissent à faire de la religion, l'enjeu principal de la protestation contre-révolutionnaire. Les violences sanglantes d'une Terreur, qui finit par dévorer ceux qui l'avaient déchaînée, apparaissent comme les manifestations d'un châtiment divin à la mesure de la corruption des temps. Tout prend alors son sens: les humiliations successives de la monarchie et la mort même du roi, les échecs de la Contre-Révolution, les massacres terroristes, l'accumulation même de tous ces maux obéit à une terrible nécessité dont l'aboutissement ne peut être qu'une inéluctable Restauration.

La "Declaration de Vérone" que Monsieur, devenu enfin roi, rédige à la mort de Louis XVII, prouve que désormais la Providence est devenue le maître mot de la Contre-Révolution. On évoque toujours Henri IV, mais seulement pour imiter la générosité de son pardon; pour le reste, la Providence y pourvoira.

> Louis, par la grâce de Dieu, Roi de France et de Navarre, à tous nos sujets, salut:
> En nous privant d'un Roi qui n'a régné que dans les fers, mais dont l'enfance promettait le digne successeur du meilleur des Rois, les impénétrables décrets de la Providence nous ont transmis avec la couronne la nécessité de l'arracher des mains de la révolte, et le devoir de sauver la patrie, qu'une révolution désastreuse a placée sur le pendant de sa ruine.
> Cette funeste conformité entre les commencements de notre règne et le règne de Henri IV nous est un nouvel engagement de le prendre pour modèle; et, en imitant d'abord sa noble franchise, notre âme tout entière va se dévoiler à vos yeux. Assez et trop longtemps nous avons gémi des fatales conjonctures qui tenaient notre voix captive: écoutez-la lorsqu'enfin elle peut se faire entendre. Notre amour pour vous est le seul sentiment qui nous inspire. La clémence est pour notre coeur un besoin que nous nous hâtons de satisfaire.

Quant aux objectifs de la Restauration, on en reste au rétablissement des Ordres, mais il n'y aura pas de vengeance particulière et les nobles sauront faire preuve de leur magnanimité habituelle. Seuls les régicides seront effectivement punis. Il reste hors de question de composer avec une Révolution qui n'est plus seulement le fruit maléfique d'une vaste conspiration philosophico-maçonnique mais qui est devenue le mal politique absolu, voulu par la Providence et dont toutes les manifestations sont donc, a priori, condamnables. On ne peut donc que vouloir rétablir l'antique Constitution, non écrite, du royaume, mais dans toute sa pureté, c'est à dire sans les scories du despotisme ministériel.

> . . . Cette antique et sage constitution dont la chute a entraîné votre perte, nous voulons lui rendre toute sa pureté, que le temps avait corrompue, toute sa vigueur, que le temps avait affaiblie. Mais elle nous a mis elle-même dans l'heureuse impuissance de la changer; elle est pour nous l'arche sainte, il nous est défendu de lui porter une main téméraire. Votre bonheur et notre gloire, le voeu des Français et les Lumières que nous avions puisées à l'école de l'infortune, tout nous fait mieux sentir la nécessité de la rétablir intacte.[12]

C'était signifier aux Thermidoriens qu'il fallait, tôt ou tard, en venir à résipiscence et que le constitutionalisme ne saurait être viable. L'échec tragique de Quiberon (juillet 95) n'entraîne aucune remise en cause mais un raidissement des certitudes en fonction même du progrès du modérantisme dans l'opinion interprété comme un retour progressif aux vrais principes. Ce n'était donc pas le moment de faire des accomodements. Dans ses *Considérations sur la France* (Neufchâtel 1796, Londres 1797), Joseph de Maistre ne fait que reprendre, en les systématisant, les conséquences de ce primat de la Providence. Désormais la Restauration ne dépend plus que d'elle et n'a donc pas à rechercher une approbation populaire préalable ni même l'accord des coalisés et l'on connaît ce passage prémonitoire que son auteur aimait rappeler, au lendemain des évènements de mars et avril 1814:

> En formant des hypothèses sur la contre-révolution, on commet trop souvent la faute de raisonner comme si cette contre-révolution devait être et ne pouvait être que le résultat d'une délibération populaire: le peuple craint, dit-on; le peuple veut, le peuple ne consentira jamais; il ne convient pas au peuple, etc. Quelle pitié! le peuple n'est pour rien dans les révolutions, ou du moins il n'y entre que comme un instrument passif. Quatre ou cinq personnes, peut-être, donneront un roi à la France. Des lettres de Paris annonceront aux provinces que la France a un roi, et les provinces crieront: vive le Roi! à Paris même, tous les habitants, moins une vingtaine, peut-être, apprendront, en s'éveillant, qu'ils ont un roi. Est-il possible? s'écrieront-ils, voilà qui est d'une singularité rare! Qui sait par quelle porte il entrera? Il seroit bon, peut-être, de louer des fenêtres d'avance, car on s'étouffera. Le peuple, si la monarchie se rétablit, n'en décrétera pas plus le rétablissement qu'il n'en décréta la destruction, ou l'établissement du gouvernement révolutionnaire.[13]

Cet optimisme téléologique était assez désinvolte pour les souffrances des populations qui, dans l'Ouest notamment, continuaient de refuser les lois de la Nation. Mais l'acquiescement donné par Louis XVIII aux thèses de Joseph de Maistre qui devenaient la doctrine officielle de l'émigration, n'empêchait pas que l'on continuât d'encourager ces insurgés que l'on appelait désormais les chouans.

La chouannerie est une forme mixte de résistance à la Révolution associant la Contre-Révolution nobiliaire à des noyaux durs et résiduels de l'anti-Révolution paysanne. Elle surgit, aù printemps 1794, dans les bois où se sont réfugiées quelques poignées de vendéens, rescapés des massacres du Mans et de Savenay, des meneurs locaux du soulèvement de mars 93, des insoumis des différentes levées de 1793 et quelques nobles compromis dans les précédents soulèvements ou rentrés d'émigration pour enfin agir concrètement. Se constituent ainsi de petites bandes d'activistes, bien armés et n'ayant plus rein à perdre. Ces professionnels de la clandestinité et du terrorisme politique cherchent à éliminer les "bleus" des campagnes pour créer et surtout entretenir les conditions d'un vaste soulèvement que l'on déclenchera au moment voulu quand les victoires des coalisés auront ébranlé la Nation. C'est donc une autre forme de reconquête armée du pouvoir et l'on attend donc le roi, ou à défaut un autre prince Bourbon qui, chaussant les bottes d'Henri IV, exalterait l'enthousiasme de ses partisans et provoquerait le ralliement de tous les indécis.

Les princes ne viendront pas à cause de l'échec de Quiberon et de l'activité des troupes de Hoche qui incite le comte d'Artois à rester dans l'île d'Yeu où les Anglais l'ont débarqué puis à regagner la Grande Bretagne plutôt que de s'enfoncer dans la Vendée rebelle. Hoche, en 1796, impose progressivement sa pacification que les chefs insurgés acceptent, en espérant que les élections de 1797 leur donneront la victoire qu'ils ne peuvent obtenir par les armes. Victoire ambiguë qui associe des constitutionnalistes et des partisans invétérés de l'absolutisme; mais le coup d'état de fructidor épargne à Louis XVIII la nécessité de transiger et relance le cycle de la violence.

En 1799, les victoires des coalisés, en l'absence de Bonaparte, acculent les armées républicaines à la retraite tant en Italie, qu'en Hollande, en Allemagne et en Suisse. L'occasion tant attendue semble arrivée, les agences royalistes répondent de l'opinion; dans l'Ouest, les chefs, presque tous nobles, se concertent pour lancer des attaques simultanées sur les principales villes de la région, depuis Le Mans jusqu'à Nantes et Saint-Brieuc. Mais le retour de Bonaparte remet tout en cause et l'arrivée massive de renforts républicains tirés de l'armée de Hollande impose une reddition accélérée par la lassitude des paysans et la tolérance du nouveau pouvoir à l'égard des prêtres réfractaires. L'anti-Révolution se détache de la Contre-Révolution et préfère la paix civile immédiate plutôt que l'hypothétique retour d'un roi prétendument légitime. Marengo et Hohenlinden prouvent l'impuissance des coalisés et la vanité du discours providentialiste car Dieu semble plutôt du côté de Bonaparte.

C'est ce que pense une partie des évêques émigrés qui regagne la France, contribuant ainsi à accélérer la normalisation des rapports entre le nouveau régime et Rome. Le Vatican se persuade qu'il faut traiter avec le nouveau Constantin car les Bourbons ne sont plus rien et que Bonaparte a besoin de l'Eglise pour conforter la paix civile et sa propre légitimité. Les émigrés, eux-mêmes, succombant au mal du pays ou voulant échapper à une vie matérielle de plus en plus difficile, profitent des stipulations, largement interprétées, de la loi pour rentrer massivement dès octobre 1800 et surtout après l'amnistie de 1802. L'émigration perd ainsi la moitié de ses effectifs et la cause des Bourbons se "dénationalise" brutalement. La patrie, l'intérêt de la France, la prospérité de ses habitants sont désormais l'affaire du Premier Consul. Deux légitimités s'affrontent et la nouvelle, comme le Tiers Etat de Sieyes en 1789, prétend parler au nom de 90% des Français. Pour répondre à Napoléon qui s'approprie même l'onction d'un sacre dont il a été privé, du fait des circonstances, Louis XVIII lance une nouvelle proclamation datée du 2 décembre 1804. "Du sein même de la Mer," c'est-à-dire de la Baltique aux abords de Calmar, le roi dénonce les prétentions de l'usurpateur et précise les conditions de la restauration monarchique. Il en vient ainsi à promettre le maintien de toutes les situations acquises, le respect de tous les contrats publics ainsi que la défense des libertés publiques. Les concessions sont de taille; on veut visiblement rallier les modérés et tous ceux qui commencent à pressentir le despotisme militaire du nouvel Empereur. Mais personne ne prête plus attention à ce monarque impotent et abandonné par la plus grande partie de ses fidèles; aussi Louis XVIII rédige-t-il, avec l'aide de Joseph de Maistre, une lettre circulaire à tous les souverains européens pour leur rappeler que sa cause est la leur et qu'il faut, fermement, opposer la Légitimité à la Révolution. Il ne s'agit donc plus, seulement, de rétablir la Constitution non écrite du royaume de France mais de défendre un principe constitutif de l'ordre international, bafoué par la Révolution et par Napoléon, sa créature.

De 1804 à 1810, l'éclipse bourbonienne est totale; le roi de la Contre-Révolution disparaît de l'horizon politique de la plupart des Français. Mais la guerre s'amplifiant, surgissent à nouveau les conditions d'une reprise de la contestation monarchiste. Les levées massives de conscrits, l'augmentation des impôts indirects, les difficultés du grand commerce, le conflit avec le pape multiplient les mécontents et l'administration commence à s'inquiéter. A partir de 1813, les préfets de l'Ouest commencent à signaler "les menées du parti bourbonien."[14] Les travaux de Bertier de Sauvigny ont tiré de l'ombre les agissements de la Congrégation, cette franc-maçonnerie dévote dont les initiés devaient oeuvrer à la consolidation de la foi et au rétablissement des Bourbons. Une partie de la petite noblesse provinciale, jamais véritablement ralliée à l'usurpateur, et quelques grands noms de l'ancienne Cour, en militant dans les "bannières" de ces Chevaliers de la Foi, reprennent l'ambition de 1792 et de la Chouannerie. La monarchie sera restaurée par les efforts de sa noblesse qui désormais conjugue dévouement vassalique et mystique providentialiste.

La divine surprise de 1814 est due tout autant à l'agitation royaliste du sud-ouest, résurgence de l'anti-Révolution, et au ralliement de Bordeaux qu'à l'activisme remuant de Vitrolles et aux intrigues de Talleyrand. L'anti-Révolution méridionale réveillée, encadrée par la Congrégation et stimulée par la présence emblèmatique du Duc d'Angoulème qui réincarne, à son échelle, le mythe fondateur des Bourbons, la fameuse chevauchée tant attendue du nouvel Henri IV, parvient à convaincre le tsar Alexandre II que la France désirait le retour de sa dynastie légitime. En fait, Louis XVIII bénéficie, paradoxalement, d'un retournement complet de la conjoncture de 1802: la paix civile, la conservation des personnes et des biens et surtout la paix extérieure au meilleur prix, c'est désormais lui qui les garantit. Louis XVIII bénéficie de la situation que Louis XVI comptait exploiter en juin 1791, si sa fuite avait réussi.

La rapidité "maistrienne" de ce "come-back" dynastique ne peut que confirmer la conviction providentialiste du souverain et de ses partisans. Le roi de la Restauration ne peut que continuer celui de la Contre-Révolution pour ce qui est devenu l'essentiel, à savoir l'essence divine de la monarchie. Mais en rejetant la souveraineté nationale, Louis XVIII se refuse à être le roi des Français, le roi du Tiers constituant et se condamne volontairement à n'être que le roi des nobles et des prêtres ou plutôt le roi d'une France mythique que le bouleversement révolutionnaire a paradoxalement et temporairement suscitée. L'armée des princes de 1792 a ressuscité, un temps, l'ardent dévouement de toute une noblesse pour son roi, tout comme la Vendée de 93 et certains épisodes de la chouannerie ont concrétisé l'union idyllique des trois Ordres faisant sa place au mérite roturier et se consacrant au service de Dieu et du roi. La Contre-Révolution et l'anti-Révolution ont donc physiquement, charnellement, nourri le mythe d'une société agraire patriarcale et prête à mourir pour ses convictions. Pour les purs de l'intégrisme bourbonien, les concessions de Louis XVIII aux notables de l'Empire et à l'air du temps trahissent cet idéal et, dès 1815, ils s'en remettent au comte d'Artois pour le voir enfin réalisé.

Notes

1. E. d'Hauterive, *Journal d'émigration du comte d'Espinchal* (Paris, 1912), pp. 13–18.
2. J-P. Bertaud, *Les Amis du roi. Journaux et journalistes en France de 1789 a 1792* (Paris 1984), pp. 92-110.
3. L. Coudard, "Les lecteurs de la Gazette de Paris" in ed. F. Lebrun et R. Dupuy, *Les Résistances à la Révolution* (Paris 1987), pp. 211–221.
4. *Ibid*, p. 214.

5. *Ibid*, p. 217.
6. A. Antoine, *Histoire de Sa Majesté Louis XVIII, surnommé le Désiré, depuis sa naissance jusqu'au Traité de Paris de 1815* (Paris 1816), pp. 95–104.
7. François-René de Chateaubriand, *Mémoires d'Outre-Tombe*, livre 9, chapitre 2.
8. d'Hauterive, *op.cit.*, p. 349.
9. Chateaubriand, *op.cit.*, livre 9, chapitre 9.
10. Antoine, *op.cit.*, pp. 108–111.
11. *Les Résistances à la Révolution*, p. 473.
12. Antoine, *op.cit.*, p. 114–136.
13. Joseph de Maistre, *Considérations sur la France* (Paris, Garnier, 1980), pp. 81–2.
14. M. Denis, *Les royalistes de la Mayenne et le monde moderne* (Paris 1977), pp. 48–108.

Part IV

*Political Forms of Revolutionary
Democracy—1*

Presentation

PETER JONES

WITH this group of papers, we move on to what in my view must be the dominant theme of this volume: the political forms (that is the shapes, formulations, structures) of revolutionary democracy. This presentation is concerned simply to do three things. First, it will run through the papers one by one, summarising the main lines of argument where possible. Second, it will pick out the common denominators which can be found in the papers (as well as making some reference to the other papers in this volume). Third, it will venture some personal comments on the papers conceived from the perspective of the social historian.

Mona Ozouf's nicely balanced piece entitled *La Révolution française et l'idée de l'homme nouveau* is the obvious place to begin because it explores the central postulate of the revolutionaries: that they were (or had to become) new men if the promise of 1789 was to be fulfilled. Her paper starts by stressing how widespread was the intellectual preoccupation with utopia, with the idea of the "new man" in the eighteenth century. Not surprisingly, the future revolutionaries found that Rousseau offered the best guide for anyone thinking in terms of total renewal, but they also pondered long and hard over precedents: the Greek and Roman models and that of the American Revolution. Such precedents, she argues, offered clues as to the attributes or characteristics of a "new people", but above all they conveyed a gloomy message: that the French people, as constituted at the end of the Ancien Régime, were quite incapable of renewal along the lines indicated in the textbooks. Hence the decision of the revolutionaries to go for broke, to abandon the approved models and to take a massive leap in the dark. What France needed in 1789, many felt, was not so much a reformation as a regeneration. In Burke's phrase, the revolutionaries set about creating a "new political Adam." As Mona Ozouf makes plain, Burke was one of the first commentators to grasp the magnitude of the task that the revolutionaries had set themselves.

But how did they suppose a people could be regenerated, asks Mona Ozouf: in a flash, instantaneously . . . with unwavering will-power and total recklessness as to consequences? Or slowly, painfully and in the sober acknowledgement of the obstacles that lay in the way? The first formulation of regeneration she dubs the "miraculous," and this blind faith approach appeared to carry with it a number of advantages. First, no one could prejudge an act of creation, consequently it was no longer necessary to specify the attributes of the "new man." Second, it was no longer necessary to count the costs, compute the risks, or allow for setbacks: "miraculous" regeneration was unstoppable and irreversible.

The alternative was the "laborious" route to regeneration and it was based on a frank admission that French men and women *did* have a past in 1789; the "prison of history" *did* exist and could not be simply willed away. From this flowed the realisation that regeneration would take the form of a process, stretching over time. There would be a constant danger of backsliding, of degeneration; and the "new people in the making" would necessarily coexist with the "old people in the process of destruction."

Having neatly laid out these two, antithetical conceptions of regeneration, the author then asks the question: can these two approaches to the challenge presented by the revolution account for some of the forms of political behaviour that we observe after 1789? The answer is more negative than positive, it seems. The links between the differing visions of regeneration and rival cliques of politicians are tenuous. Nor is it possible to establish a satisfying fit between the various phases of the revolution and collective perceptions of regeneration. At most it can be said that the passing of time made the revolutionaries more and more aware of how bright visions could become tarnished, and how good laws could founder on the rocks of past practice.

Sovereignty of the people is the starting point of Patrice Gueniffey's paper entitled *Les Assemblées et la représentation*. His contribution explores the far from monolithic theory of representation as it was perceived by groups of revolutionaries inside and outside the Assemblies. The famous declaration of the existence of a National Assembly (June 17, 1789) launched into political practice the concept of the sovereignty of the people. But it also broke with the tradition of the binding or imperative mandate, taking thereby a decisive step in the evolution towards a modern theory of representation. Yet progress in this direction was by no means linear, as Patrice Gueniffey demonstrates. In a political power vacuum, the revolutionaries were faced with the task of conciliating all manner of alternative power formulations. Once again, none of the approved models seemed to apply to the French situation and the constitutional monarchists of the first two legislatures ended up cobbling together a hybrid form of liberal representation theory and practice which contained such obvious *non sequiturs* as the Declaration of the Rights of Man and the invidious distinction between "active" and "passive" citizens.

The main challenge to the liberal representative system came from below and took the form of constituent power, or what other speakers have termed direct democracy. Paradoxically, constituent power resembled the imperative mandate, at least in practice, and its protagonists demanded that deputies should be directly accountable to their constituents, not indirectly accountable to a remote and disembodied sovereign "nation" as the 1791 constitution decreed. At first the Patriots and then the Triumvirs succeeded in containing the emanations of constituent power (and several of the papers narrate the struggles over the government of Paris in 1789 and 1790 during which liberals and democrats first articulated their differing notions of representation). But the uprising of August 10, 1792 sounded the death knell of liberal constitutional theory: the "active"–"passive" distinction was swept away and the jacobin constitution of 1793 made obeisances in the direction of constituent power.

Yet, as Patrice Gueniffey is at pains to point out, the jacobins clung on to the liberal concept of representation almost as much as their predecessors. Despite his earlier attacks on the representative system enshrined in the 1791 constitution, Robespierre refused to endorse the slogan "All power to the primary assemblies." On the contrary, he denounced pure democracy. This is well known, of course, but if we place Montagnard equivocations on the subject of direct democracy in the intellectual context elaborated by Mona Ozouf, the result is interesting. As described by Gueniffey, Robespierre and several other leading personalities of the Committee of Public Safety were staunch realists whose instincts and experience rebelled at the notion of instantaneous regeneration of the French people. The Ancien Régime had *not* been abolished overnight and it was foolish to suppose that the primary assemblies had been "miraculously" inhabited by a new people. Regeneration was more likely to be a long drawn-out affair: hence the need for the Terror.

Colin Lucas's contribution shifts the focus to one section of the revolutionary people: the crowd. But despite the rather unassuming title of his paper—*The Crowd and Politics*—it is plain that he is posing the same sort of questions as the other paper-givers. How, he asks, does the crowd and its manifold collective actions fit into the political culture of the revolution? A hackneyed subject one might think, but in a rich and dense paper he succeeds in illuminating the behaviour of crowds from several new angles.

There is too much in this piece to summarise adequately in a short presentation and so I am going to pick out the highlights. Running counter to the grain of many of the papers discussed so far, Colin Lucas plays down the significance of the date 1789 in the history of the crowd. It is not that the crowd learned nothing from the revolution and did not adjust its behaviour and targets in accordance with what it learned, but rather that a tremendous amount was carried over from the Ancien Régime. Only in a superficial sense, I suspect, would Lucas's crowd have qualified for membership of Ozouf's "new people."

Of course, it requires a *longue durée* approach to bring this point out, and that is precisely what is lacking in the standard histories of the crowd. If there was a point of transition when the revolutionary crowd began behaving in an authentically revolutionary fashion, says Colin Lucas, it was not in the summer of 1789, but in the autumn—in October—when the Parisian populace grasped the idea that there was a connection between food shortages in the capital and the King and Assembly outside the capital, that is to say in Versailles. Somehow, the crowd perceived that *taxation populaire* would not restore abundance, but bringing "le boulanger, la boulangère et le petit mitron" back to Paris might just.

Thereafter, we witness the emergence of the organised crowd—the crowd used as a vehicle for specifically political protest—most dramatically in the spring and summer of 1792 and in 1793. But, again, Lucas warns that we should not be taken in by appearances and for two reasons. First, modernised (in the political sense) crowd behaviour was a flash in the pan. After the abortive risings of 1795, the Parisian crowd movement collapsed and reverted to type. Second, even those signs of apparently modern behaviour need to be scrutinised very carefully. What did words and slogans mean in the mouths of those who uttered them? When a Parisian workman hailed the "one and indivisible Republic," was he hailing anything other than the moral community of his workplace and *quartier*? It seems to me that the richness of Colin Lucas's analysis of the crowd derives in large part from his sensitivity to time and place; that is to say, from the significance which he attaches to locality, to the representative or emblematic quality of crowd behaviour, and to the ways in which the fusing or bonding of crowds took place.

One final point arising from Colin Lucas's paper deserves particular attention. Whether the revolutionaries liked it or not the doctrine of popular sovereignty legitimised the crowd, and Lucas, like Patrice Gueniffey, notes that this posed embarrassing problems for the jacobins. Robespierre, especially, liked nothing more than to invoke the crowd in rhetorical terms, but when the actual, spontaneous crowd tried to intervene in politics, he often saw it as an inconvenience. Indeed, he tended to ascribe inconvenient crowd actions to wreckers and disorganisers very much as an Ancien Régime administrator might have done. The solution, as Colin Lucas also points out, was the Terror: the substitution of finely tuned state violence for the blunt instrument of crowd violence.

So much for the papers, then. Some of the common threads have already been identified, but I propose, very quickly, to run through them in a more systematic fashion.

First, the birth of the new political culture is an obvious concern of many of our paper-givers, and not merely those in this Part IV of this volume. Was the political education of the "new man" to be evolutionary or revolutionary? If the former, how would the apprenticeship take place: by virtue of the circulation of elites which the representative process appeared to guarantee? Or, perhaps, by virtue of a steady learning process at the grass roots as Alison Patrick suggests? If the latter, would the end product of a totally politicised nation not obliterate freedom by destroying the distinction between public and private realms?

A second thread running through a number of the papers is the tension between continuity and discontinuity. The revolutionaries talked incessantly of the dawn of a new age, but was their break with the past not more imagined than real? In this respect, it is a pity that we do not have a paper assessing the reforms of the Constituent Assembly, or rather the genesis of those reforms.

A third and rather thorny issue which keeps surfacing in the papers and intermittently in the discussion is that of "representation." Various contributors have referred to liberal representative theory; to direct democracy; to constituent power; to the imperative mandate; to emblematic representation and to virtual representation. Deputies were representative, but so were crowds, and even the King at one stage during the revolution. I submit that our notions of representation still leave room for refinement; not least so that we can be sure about which particular forms of representation deserve inclusion as part of the "new political culture of the revolution," and which do not. One might conclude from the discussion thus far that there were no modern representative institutions in France prior to 1789. This seems a highly debatable proposition to me. What is modern and what is not?

A fourth thread uniting the papers which I detect instinctively, but cannot quite get to grips with is the tension between localism and universalism. It is implicit in the language or discourse of the revolution with its different levels of meaning; in the behaviour of the crowd, or that of the Federalists. And the tension is noticeable, too, in the functioning of local government as administrators struggled to make sense of grandiose and often quite inoperable decrees.

Let me conclude my review of these papers with several brief personal comments. They are drawn, in large part, from my experience as a historian of rural societies.

My initial reaction is that a number of the papers show insufficient awareness of continuities. A case could be made that the political culture of the Revolution, as defined by our paper-givers, already enjoyed an embryonic existence at the end of the Ancien Régime. I think that we should be prepared to take this possibility on board, even if it muddies the clear waters of the conference. In this connection I would return to the vexed issue of representation because we are in danger of conceiving of elections as the unique product of the revolution. It should not be forgotten that the Ancien Régime monarchy experimented with elective assemblies, and I find it surprising that nobody has acknowledged Calonne's reforms which endowed much of the kingdom with provincial, *élection* and municipal assemblies a full two years before the revolution. These were representative bodies chosen, in large part, by a process of election.

A final point I would address to Mona Ozouf whose paper I found admirable and richly stimulating. But, to paraphrase Burke's comment on the French constitutional experiment, I found the very symmetry of the piece to be its principal defect. Fruitful though the concept of "regeneration" is, I wonder whether the two modes of regeneration (the "miraculous" and the "laborious") are not too sharply drawn. And I would have been happier with this type of analysis if its application to real people and to groups of politicians could have been more convincingly demonstrated.

CHAPTER 12

La Révolution française et l'idée de l'homme nouveau

MONA OZOUF

"Je ne crois pas que j'aurais su vous raconter comme il sied ces jours éternellement premiers de toutes les révolutions, où les Desmoulins bondissent sur les tables et embrassent les passants en portant des toasts à l'air qui passe. J'en ai été le témoin. La réalité, telle une fille adultérine, s'est sauvée demi-nue de sa prison et s'est opposée tout entière à l'histoire légitime, de la tête aux pieds, illégitime et sans dot. J'ai vu sur terre un été qui ne semblait pas se reconnaître, naturel, préhistorique, comme en sa découverte."

Lettre de Pasternak à Rilke.[1]

Avec l'idée d'homme nouveau, on touche à un rêve central de la Révolution française, illustré par une foule de textes d'allure utopique, qui décrivent le territoire français comme désormais couvert de "marins intrépides, d'artisans ingénieux, de cultivateurs physiciens," de "laboureurs qui sauront consulter la nature et entendre ses réponses," avec un sol travaillé "par des mains qui viendront de déposer la foudre et la victoire."[2] Un rêve mais pas seulement un rêve. Vers lui ont convergé mille institutions et créations: écoles nouvelles, fêtes, espace nouveau des départements, temps nouveau du calendrier, noms de lieux rebaptisés. Sans compter ces dispositions plus modestes, à première vue plus indifférentes, comme le tutoiement ou le port de la cocarde, qui fournissent la matière de longs débats, lestés d'une forte charge symbolique. Ce qui prétend nouer ces institutions en une gerbe cohérente, c'est justement l'idée de l'homme nouveau.

Elle est, quand la Révolution éclate, loin d'être une idée neuve. Tout le siècle, habité par la mythique de l'originel, a rêvé autour des expériences de la seconde naissance. Le Huron posant le pied sur la terre civilisée, l'homme tiré du fond des bois, le naufragé qui aborde aux îles fortunées, l'aveugle-né rendu à la lumière: autant d'images fortes, portées par l'esprit du temps, pour illustrer le besoin de spéculer sur l'ingénuité ou l'innocence. Mais il s'agissait d'une innocence-fiction, hypothèse ou reconstitution, chargée surtout, comme dit Morelly, de faire sentir le "faux de la pratique ordinaire." Ni un voeu, ni une tâche. Du reste, si on excepte Rousseau, nul parmi les philosophes ne croit au renouveau, ni éthique, ni politique. Voltaire, Diderot, Holbach, D'Alembert, tous s'attachent à des aménagements ponctuels, concertés, lents. Tous sont retenus par l'idée que contre un ennemi multiforme, qui a pénétré trop avant, on ne peut mener—c'est D'Alembert qui

213

l'assure—qu'une guerre de chicane. Seul Rousseau rompt avec cette considération du possible.

C'est donc, accotée à la lecture de Rousseau, la Révolution qui ouvre une carrière à un souhait qui devient un travail: la reconstitution d'une nouvelle innocence, la recréation d'un nouvel Adam. Il est à la fois passionnant et énigmatique de voir les hommes de la Révolution poser cette extraordinaire tentative comme le coeur même de leur entreprise. Le projet de créer, comme l'avait dit Michel Lepeletier, un nouveau peuple, a continué d'unir des hommes que désunissaient les péripéties de la politique révolutionnaire et bien après Thermidor, c'est encore lui qui donne le ton de la Révolution. Tous ont accepté et même revendiqué d'être jugés là-dessus. Par là ils ont exprimé une ambition philosophique illimitée, défini le terrain où, à partir de Burke, vont s'installer leurs adversaires, donné l'étalon auquel on rapportera leurs essais et leurs erreurs et ouvert en leur sein même un interminable débat sur le possible et l'impossible.

Car chaque épisode de l'histoire révolutionnaire a fait surgir, face aux prudents arpenteurs du possible, des explorateurs hardis de l'impossible. Il est tentant de s'en tenir à ces deux catégories: dans l'une d'elles on trouverait Mirabeau, rappe- lant grondeusement à ses collègues qu'il ne leur est pas donné de faire éclore tout à coup une race nouvelle, dans l'autre Robespierre qui proclame avec superbe que c'est l'imagination timorée des hommes "qui pose à chaque pas les bornes du possible et de l'impossible."[3] Il serait pourtant un peu fruste d'opposer toujours les mêmes réalistes aux mêmes utopistes: car la ligne de partage a beaucoup bougé; la définition de l'homme nouveau ne s'est pas réduite à l'appréciation des chances de le voir surgir et a reçu des significations multiples, qu'un des propos de ce travail est précisément de démêler.

D'autant qu'aux complexes variations que font sur l'ancien et le nouveau des hommes qui viennent de créer l'expression de "l'Ancien Régime" s'ajoutent les ambiguïtés apportées par l'idée d'une "formation" de l'homme nouveau. Qui dit "formation" parie sur un façonnement évolutif, remet le nouveau dans le conti- nuum de la durée, fait de l'homme nouveau une tâche, et rencontre donc le pro- blème du temps: temps de la pédagogie, car il faut distribuer les efforts du pédagogue sur un axe temporel; et pédagogie du temps, car il faut faire du temps lui-même la matière d'une pédagogie. Or il n'est pas sûr que la réflexion sur l'em- ploi du temps soit la vocation de la Révolution. D'elle, Quinet a écrit que le génie était de "supprimer le temps": "elle ne remet rien au lendemain, à l'action des années; elle ne se donne même pas sept jours pour faire un monde." Volonté haletante qui peut, c'est selon, se dénigrer ou s'exalter, mais qui souligne une sortie du temps de l'Histoire, antinomique des lenteurs, des précautions, des anticipa- tions et des attentes que suppose la *formation* de l'homme nouveau.

Qu'il y ait eu dans l'esprit des hommes de la Révolution, au gré des tempéra- ments, des convictions, des circonstances, plusieurs manières de concevoir l'homme nouveau, et plusieurs manières d'envisager le temps de sa formation, voici qui peut contribuer à faire mieux comprendre quelques-uns des enjeux de la Révolution française. Mais voici aussi qui peut aider à enrichir et à nuancer la controverse qu'a fait naître le problème si sensible d'une filiation du totalitarisme à la Révolution française. Car pour ceux qui la suggèrent ou qui la soutiennent, c'est précisément l'ambition de créer un homme nouveau qui donne à la Révolution française son caractère prémonitoire, annonciateur des révolutions futures et des régimes qui en sont nés. Qui entreprend de créer un homme nouveau prétend s'emparer des moindres pensées, abolit la distinction entre le privé et le public, part en guerre contre l'intériorité, s'engouffre dans un projet de visibilité absolue où l'indétermination est insupportable, réfute donc la démocratie: et voilà pourquoi de la Révolution fille des Lumières au Goulag la conséquence a pu paraître bonne. Cette démonstration—qu'on ne peut se contenter d'écarter comme inopportune ou scandaleuse—n'a plus tout à fait la même pertinence et la même portée si on découvre que pour la Révolution française il y a homme nouveau et homme nouveau.

Du neuf, du nouveau, du renouveau

Pour des hommes si conscients d'avoir brisé avec l'ancien, qu'est-ce au juste qu'un "peuple neuf"? Où l'ont-ils rencontré? Quelques-uns ont pensé l'apercevoir dans ces pays perdus que sont alors en France les îles, les landes, les déserts, les régions où la langue est une énigme pour le voyageur (au pays basque par exemple, où Barère a cru voir, chez les marins et les bergers, un "peuple neuf quoique antique"):[4] là où on vit sans prêtres, sans administrateurs, sans lois et sans serrures; où il n'y a ni maîtres ni esclaves. Mais ceci se voit surtout dans les livres, et c'est donc entre leurs pages, chez les Lacédémoniens, les Crétois, les Grecs des lectures du collège que les hommes de la Révolution trouvent les enfants rêvés de la nature: les textes anciens font les peuples neufs. Ou "presque neufs," car un doute vient parfois moduler ces descriptions. Les Anciens, sans être neufs, étaient tout proches encore de l'origine, leur société "venait" de se former. Depuis quand au juste? Avec en eux quels germes, déjà, de décadence? On ne le dit jamais vraiment.

Mais en dépit de ces imprécisions, on sait très bien répertorier les caractères idéaux des peuplades neuves: elles sont éparses, séparées entre elles (îles, au moins dans l'imaginaire), de petites dimensions et de population modeste (vit ici la conviction de l'impossibilité d'acclimater la démocratie dans un grand pays, lieu commun du siècle). Les hommes de ces peuplades sont ensemble dans une société continuelle, où ils font en commun l'apprentissage des vertus. Sociabilité morale qui est leur seule caractérisation positive. Car pour le reste, on les définit mieux par ce qu'ils n'ont pas: ni industrie, ni commerce, ni luxe, ni grandes villes, ni sciences, ni besoins. Rudesse et dénuement qu'il faut bien se garder d'interpréter comme des manques: c'est précisément parce qu'ils sont dénués de tout que ces hommes sont emblématiques de l'humanité, et c'est donc en se rendant identiques à ces hommes neufs des anciens peuples que les révolutionnaires estiment avoir une chance de reconquérir l'humanité en eux. Le thème, traité par Marx, orchestré par Jaurès, connaîtra une fortune immense. Frédéric II l'avait déjà annoncé en prétendant, lui roi très illustre, n'être autre chose qu' "un homme nouveau." Entendons par là un homme qui renonce à ce qu'il a pour n'être que ce qu'il est: dépouillé de ses biens, mais rendu à sa plénitude.[5]

Mais on peut aussi être un peuple neuf sans être un peuple dépourvu, c'est le cas des Américains. Encore qu'on leur fasse l'hommage d'avoir pris "l'homme dans le sein de la nature"[6] et de l'avoir présenté "à l'univers dans sa souveraineté primitive," il est difficile de les définir par le dénuement et ici pointe une nouvelle caractérisation du peuple neuf, celle de l'égalité. Non pas l'égalité de la misère, mais l'égalité de la modération. La société américaine, dit Malouet, est composée "en totalité de propriétaires accoutumés à l'égalité, à mi-chemin du luxe comme de l'indigence." Il n'y a donc ici que des hommes semblables et c'est précisément cette égalité de fonctions (tous sont cultivateurs) et de possessions qui rendait possible une Déclaration des Droits. Ce sont les adversaires de la Déclaration des Droits qui montent en épingle cette particularité; elle paraît rendre du même coup une déclaration analogue impossible chez les Français, peuple ancien.

Car les deux définitions du peuple neuf peuvent se renverser point par point dès qu'on songe à la France. Ici, évidemment pas d'égalité: ni celle des conditions, ni celle des connaissances. Et pas de dénuement. Bien au contraire, une surcharge, à la fois géographique, démographique, économique, culturelle; un peuple apoplectique, "nombreux et serré," un "amas d'hommes actifs" sur un territoire vaste, riche de talents, d'industries, de denses relations commerciales avec les autres peuples industrieux qui l'entourent, avec derrière lui une longue histoire faite d'une extraordinaire sédimentation de vices et d'habitudes; bref un peuple vieilli, ankylosé, engourdi, "rouillé" comme le dit Marie-Joseph Chénier, avec lequel il serait fou d'espérer faire des Socrate et des Phocion.

Le parallélisme des définitions du neuf (égalité modeste, dénuement) et de l'ancien (inégalité scandaleuse, richesse) pourrait être poussé très loin. Car de même que le dénuement du peuple neuf n'est pas un manque, de même la richesse du peuple ancien n'est pas une chance. Il est frappant de voir présenter, dès les premiers débats de la Constituante, la longue accumulation de richesses des Français comme une malchance, voire une malédiction. Pour trois raisons au moins: c'est d'abord que ce riche passé porte les marques du despotisme, du sacerdoce et de la féodalité; c'est ensuite que cette richesse est forcément signe de discordance, elle fait coexister, scandale rationnel, des habitudes disparates; c'est enfin qu'il y a dans toute longue histoire une présomption de corruption et de dégénérescence. Triple soupçon qui explique assez que renouveler les Français, ce ne pourra être renouer. Aucune retrouvaille heureuse avec le passé national n'est à espérer. La radicalisation précoce de la Révolution française n'a besoin d'aucune autre explication que ce pessimisme originel sur l'histoire de France: il n'y a en elle rien à sauver, nul ancrage à retrouver, aucune aide à attendre dans l'aventure qui se prépare.

Peut-on du moins, tout en récusant le passé national, faire fond sur les images des peuples neufs fournies par les vieux livres? Il n'est pas sûr non plus qu'elles soient d'un grand secours. Rabaut Saint-Etienne avoue que lorsqu'il a voulu méditer sur les moyens de tirer quelque chose des institutions antiques, sa pensée s'est "allangourie et débilitée."[7] Pourquoi donc? C'est que "trop de différences avec ces peuples et avec leurs temps nous défendent de porter nos vues si haut." La conscience de ces différences et de cet intervalle est, comme on le verra, très inégale chez les hommes de la Révolution; mais chez tous elle fonde une conscience aiguë de la nécessité de s'avancer sans modèles et du caractère unique de l'expérience ainsi tentée. Entre mille déclarations de même sens, retenons celle de Chénier qui remarque entre les sociétés anciennes et les nôtres une inégalité si prodigieuse d'expérience, de moyens et de connaissances positives qu'autant proposer à un adulte en modèle "les proportions débiles de l'enfance."[8] Les révolutionnaires se résignent d'autant plus vite à n'être pas "les Athéniens de leur siècle" que leur Antiquité de référence était moins celle de l'histoire que celle de l'utopie.

Il est plus surprenant de voir ces hommes, dès les premiers jours de 1789, dans la discussion de la Déclaration des Droits, abandonner le modèle anglais et même le modèle américain. Dès le 23 août, Rabaut St Etienne concédait que si les Constituants voulaient "imiter à tout prix," le meilleur modèle était pennsylvanien, mais se corrigeait instantanément: "Nation française, vous n'êtes pas faite pour recevoir l'exemple, mais pour le donner."[9] Le thème de l'incompatibilité des deux révolutions avait du reste été très vite orchestré par Condorcet, prêtant ses idées et sa plume à un "citoyen des Etats-Unis" lancé dans un parallèle académique des deux aventures.[10] Pour les Américains il s'agissait de se délivrer d'une aristocratie étrangère et pour les Français d'une aristocratie domestique. Pour les Américains de refuser la taxation d'hommes vivant à 1500 lieues, et pour les Français de détruire le système fiscal par lequel certains d'entre eux écrasent les autres: ce que les Américains avaient à dénouer était un lien très lâche et ils avaient beaucoup à conserver (la procédure criminelle par exemple). Les Français en revanche avaient à défaire des liens très serrés (songeons seulement à l'intolérance religieuse) et rien à conserver. Aussi a-t-il fallu remonter, comme le dit Condorcet, à des principes plus purs, plus précis, plus profonds. Contrairement à la Révolution américaine la Révolution française doit être une refondation du corps politique et du corps social.[11]

Sans doute y-a-t'il des voix pour inverser le parallèle, et soutenir (Mounier, le 4 septembre 1789) que les Américains n'avaient rien à maintenir, quand les Français avaient leur roi, dispensateur et convocateur de l'Assemblée Nationale. Mounier ne s'en accorde pas moins avec Condorcet sur i'incomparabilité des deux Révolutions. Plus qu'aucun autre peut-être il est sensible—dès son discours des 4 et 5 septembre sur la sanction royale—à l'irrésistible radicalisation de la Révolution française et à la force avec laquelle elle découronne tous les précédents: "nous portons désormais," dit-il, "un regard de mépris sur la constitution d'Angleterre, alors qu'il n'y a pas une année nous parlions avec envie de la liberté des Anglais."[12]

Toutes références balayées, c'est donc une extraordinaire aventure que de faire un peuple neuf, d'emblée marquée par trois impossibilités. La première est qu'on ne pourra pas traiter les Français en peuple naissant, puisque, comme le dit Garnier aux Jacobins le 17 novembre 1792, il s'agit "d'une société qui se recrée, en quelque sorte, avec ses propres décombres."[13] La seconde est qu'on ne pourra pas retourner à un point antérieur de l'évolution historique. L'idée des retrouvailles avec une constitution ancienne des Français, si présente pourtant dans la pensée du dix-huitième siècle, est très tôt abandonnée: les droits de l'homme, dira Lénard Bourdon, sont la seule chose à retrouver dans les archives de la nation; curieuses archives donc, qui ne disent pas un mot d'histoire.

Enfin, troisième impossibilité, on ne pourra pas réformer: dès le 25 juillet 1789 Clermont-Tonnerre, tout en paraissant exposer avec impartialité leur point de vue, déconsidère ceux qui attendent la régénération de "la simple réforme des abus et du rétablissement d'une constitution existante depuis quatorze siècles et qui leur a paru pouvoir revivre encore si l'on réparait les outrages que lui ont fait le temps."[14] Le vocabulaire de Clermont-Tonnerre montre assez comme ce bricolage est jugé insignifiant. A qui souhaite régénérer, il ne suffira pas de ravauder. Mais il faudra ouvrir un cahier neuf, et y écrire, pour des Français non pas réformés mais complètement renouvelés, une Déclaration des Droits, puisque tel est alors l'enjeu de cette discussion.

Le succès fait au thème de la régénération[15] frappe par sa brusquerie. Sans doute est-il devenu familier dans les années qui précèdent immédiatement la Révolution, autour de la convocation des Etats généraux, et de la reconnaissance de Louis XVI comme "régénérateur de la France." Mais la rupture révolutionnaire lui donne un irrésistible entraînement. Non seulement les objections prudentes (celle de Mirabeau, par exemple, qui croit devoir rappeler qu' " un habile cultivateur ne prétend pas enfanter lui-même des fleurs et des fruits")[16] sont très vite balayées, mais les esprits réalistes eux-mêmes les assortissent de considérations qui en émoussent l'effet: le même Mirabeau maintient que si les revolutionnaires ne peuvent espérer opérer à eux seuls toutes les réformes, leur objectif final n'en est pas moins de tout réformer, comme si les divergences ne pouvaient porter que sur l'échelonnement de la régénération, non sur sa nécessité. Quant à son contenu, les textes les plus frustes lui donnent une signification de renaissance physique;[17] et de décrire les enfants désormais vigoureux, les adolescents préservés du spectacle de la débauche, les couples vertueux, les vieillards exempts d'infirmités: bref, une race nouvelle, énergique et frugale. Mais le discours plus élaboré prend au sérieux le vieux mot de théologie qui dans les dictionnaires du siècle désigne tantôt la naissance spirituelle du baptême, tantôt la nouvelle vie qui doit suivre la résurrection générale. Dans les milieux de l'Eglise constitutionnelle, où on souligne la parenté de la Révolution française et d'un christianisme qui a enseigné à chaque homme son identité avec tous les hommes, on a accueilli la Révolution comme l'avènement d'une société parfaite, la reconstitution de la communauté primitive de Jérusalem. Lamourette y salue "la régénération de Jésus-Christ," bien différente de celle de Lycurgue. Celle-ci, comme il convient à l'oeuvre d'un législateur humain, va des lois aux moeurs. En revanche Jésus-Christ change d'abord les coeurs, d'où il suit que l'Evangile est la vraie législation et la vraie philosophie. Or, cet enseignement de Jésus, c'est précisément lui que met en oeuvre la Révolution française. En 1791, devenu évêque constitutionnel de Lyon, Lamourette tient toujours que cette régénération est ouverte et comporte une promesse universelle. Il établit mieux qu'une parenté, presque une consubstantialité, entre la Révolution et le christianisme dans l'oeuvre de régénération; il témoigne pour l'ambition métaphysique et la dimension religieuse de l'entreprise révolutionnaire.

Tout ceci fait comprendre à quel point la critique de Burke prend à la traverse toute cette entreprise: Burke ne s'est pas trompé de cible, et les hommes de la Révolution ne se sont pas trompés non plus en le désignant comme leur principal adversaire. Car ce qui scandalise Burke dans la Révolution c'est précisément l'homme nouveau, à la fois dans la représentation qu'elle s'en fait et dans les conditions de possibilité qu'elle lui assigne. Dans sa représentation, car Burke se fait du dénuement humain une image qui inverse radicalement l'image révolutionnaire. L'homme nu pour lui, comme la reine Marie-Antoinette dépouillée au six octobre de ses bijoux et de ses brocarts, c'est l'individu rendu sans complaisance à ce qu'il est. Mais voilà: ce qu'il est, hors des adoucissements esthétiques et moraux apportés par les alluvions des siècles, ce n'est que "la nature nue et tremblante," si peu que rien. L'homme nu des revolutionnaires en revanche, c'est celui qu'admirait Condorcet, en notant que rares sont les hommes dont on peut dire ce qu'on disait d'Erasme: "Erasme est Erasme et ne sera jamais autre chose," c'est-à-dire un homme uniquement habité par lui-même.[18] Le dénuement de Burke est la plénitude de Condorcet; l'opération d'abstraction, si appauvrissante pour Burke, est une restitution à l'homme de ses droits: si la Liberté, la Raison, la Vérité, ces abstracions, sont si précieuses, c'est qu' "à proprement parler ce sont des parties de nous-mêmes."[19] Voilà ce qui les préserve de devenir des idoles: en leur obéissant, grand problème du rousseauisme ainsi résolu, on n'obéit qu'à soi-même.

Mais ce n'est pas seulement cet homme nu (à la Rousseau, qui se glorifie d'avoir osé montrer "la nature humaine nue") et souverain (à la Paine) que Burke abomine, lui qui ne suppose l'homme qu'entouré; c'est aussi l'idée d'une transformation volontaire de l'homme, sans le secours de la durée historique, dont les Révolutionnaires veulent précisément l'extraire. Pour Burke, seule la durée transforme légitimement et efficacement, seule elle consacre les sociétés humaines. Ce que Burke envisage comme une absurdité—reconstruire à neuf le système de l'éducation humaine, "en en tirant toutes les parties des purs conseils de la raison," est précisément ce que les révolutionnaires voient comme une chance insigne.

Voient, mais peut-être pas vivent. Car l'unanimité qui se fait sur la nécessité de la régénération se défait dès qu'il s'agit d'en concevoir les moyens et plus encore d'en fixer les étapes. Très vite apparaissent les clivages dans le camp révolutionnaire, souvent fort inattendus.

La régénération: c'était hier

Régénération, révolution: pour certains de ces hommes, les deux termes sont presque synonymes. Pas de régénération sans révolution, bien entendu. Mais au-delà de cet enchaînement causal, la révolution est elle-même la régénération. C'est la commotion d'une révolution disruptive, imprévisible, force irrésistible d'engendrement de l'inconnu qui seule a pu replacer les hommes au point de surgissement: c'est-à-dire *créer* l'homme nouveau. Il s'agit en effet ici de création, non de formation. A peine a-t-on à se préoccuper de moyens, de précautions et d'entraves. L'homme nouveau nait tout armé de l'élan révolutionnaire, auquel si on en croit Condorcet il suffit presque de s'abandonner: "un heureux événement a tout à coup ouvert une carrière immense aux espérances du genre humain; un seul instant a mis un siècle de distance entire l'homme du jour et celui du lendemain . . ."[20]

Un seul instant: c'est en effet le langage du prodige auquel recourt cette manière de concevoir la régénération. Nul besoin de la médiation du temps pour accoucher de l'homme nouveau. La Révolution n'a qu'à paraître, les Français qu'à vouloir. Rien ici qui ressemble à une tâche. Il s'agit d'une grâce: il suffisait simplement de regarder les institutions vieillies avec un regard neuf et libéré pour les voir s'évanouir, à peine avait-on à y porter la main. "Vous avez soufflé," dit Mirabeau, "sur ces restes qui paraissaient inanimés. Tout à coup une constitution s'organise, déjà ses ressorts déploient une force active; le cadavre qu'a touché la liberté se lève et reçoit une vie nouvelle."[21]

Une telle puissance est surhumaine: elle ne peut venir aux hommes que parce qu'ils la tiennent de la Révolution elle-même et de son "génie." Voici qui explique les accents triomphalistes qui percent les longs débats sur l'instruction publique.

Pourquoi redouter de ne pas la réussir? Les Français ont bien créé la poudre et le salpêtre. Il fallait tout créer, tout faire; "eh bien tout a été créé, tout a été fait" dit Ehrmann.[22] Songez, dit Boissy d'Anglas que "pour régler les destinées du monde, vous n'avez qu'à vouloir. Vous êtes les créateurs d'un monde nouveau, dites que la lumière soit et la lumière sera."[23] Pour retenir, dans l'esprit même de ces hommes, leurs propos de relever d'un délire mégalomane, il leur suffit de penser que cette puissance ils l'empruntent au lieu même d'où ils parlent, l'espace de l'Assemblée révolutionnaire (ce que soutient explicitement Lequinio: c'est "d'ici que s'opèrent les triomphes"),[24] à la dignité de représentant du peuple (dont la parole "anéantit d'elle-même le charlatanisme et l'erreur"), donc à ce qui ne leur appartient nullement et ne relève que du miracle opéré par la Révolution elle-même.

Cette façon de se représenter la Révolution est évidemment celle qui met la rupture révolutionnaire dans sa lumière la plus dramatique: on est ici très proche de l'interprétation que donnera Hannah Arendt de la Révolution, comme événement imprévisible, qui engendre l'inouï et le jamais vu, et dessine un avant et un après absolument incomparables et irréductibles l'un à l'autre. Avant la Révolution, dit Bouquier, "La nation française était indolente, apathique, insouciante"; après, "elle se lève, reprend sa puissance et, en une clin d'oeil, un peuple d'esclaves devient un peuple de héros."[25] Un tel coup de baguette magique ne s'explique et ne se contient pas non plus: il est irrésistible. "Quand un grand peuple s'élance par sa propre volonté et par son courage de la nuit des préjugés à la création des Lumières, c'est une étrange préoccupation de vouloir arrêter le développement de son énergie et d'entreprendre de faire reculer ses destinées."[26]

A l'intérieur de cette conception énergétique de la Révolution, on comprend que, lorsque celle-ci paraît s'essouffler, le seul remède adapté paraisse être de renouer avec le temps bénéfique où se déploya pour la première fois cette énergie, de retrouver la force et la fraîcheur des commencements: d'où la vertu particulière qu'entre toutes les fêtes de la Révolution française, on prête à la fête matinale du 14 juillet. On comprend aussi qu'une fois cette énergie lancée, captée, ou encore ressaisie, il y ait peu à faire pour créer l'homme nouveau puisque l'homme nouveau, précisément, est celui en qui vit cette énergie. Les fervents du prodige révolutionnaire estiment—ce prodige étant derrière eux—n'avoir plus guère qu'un travail de finition à accomplir. Comme ce qu'il y a de plus difficile c'est "l'audace d'ouvrir son âme aux grandes conceptions" et non pas l'exécution, et comme le spectacle de cette audace a déjà été donné, il suffit pour l'avenir de faire confiance à la liberté: "n'a t'elle donc pas déjà fait assez de miracles," dit Thibaudeau, "pour que l'on abandonne à son génie le soin d'instruire les hommes et de les rendre heureux?"[27]

Les conséquences de cette confiance, qui marque une superbe indifférence aux moyens, sont toutes négatives: ne pas trop décréter; ne pas réprimer; ne pas craindre de retour en arrière. Ne pas trop décréter, tel est, tout au long des discussions sur l'Instruction publique, le leit-motiv de tous les adversaires des dispositions méticuleuses, au nom du même argument toujours tiré de la force de la Révolution: si elle a pu pénétrer dans les entrailles de la terre pour en extraire le salpêtre, pourquoi ne pourrait-elle pénétrer dans les "antres de la déraison" que sont les anciens collèges? Elle le fera, du reste, sur sa propre lancée: "que de choses en cette vie vont d'elles-mêmes! Il suffit presque de n'y pas porter d'obstacle!" Et si cela est vrai, à fortiori il n'est nul besoin de réprimer. Les idées restrictives font naturellement horreur à ceux qui vivent dans l'éblouissement d'une Révolution accomplie, d'une régénération déjà faite: aux Français régénérés, on ne saurait conseiller que l'agrandissement des ambitions et des pensées, la multiplication des jouissances. Surabondance qui rend superflu, Boissy d'Anglas le dit fort bien, d'entrer dans les détails. Tant est fort le sentiment qu'il suffit de s'abandonner à la pente même du tempérament national qu'il ne s'agit jamais de rebrousser, mais de suivre. Si bien que s'il fallait absolument songer à des moyens de prêter des forces nouvelles à l'homme nouveau, il faudrait les prendre dans la Révolution elle-même: à quoi bon des écoles, quand il y a des sections, des clubs, des sociétés populaires? à quoi bon des sermons ou des leçons de morale quand il y a la Déclaration des Droits? à quoi bon des maîtres quand il y a des pères de famille amoureux de la Révolution? dans cette argumentation développée tour à tour par Cloots, par Bouquier, on peut ne pas entendre seulement des accents existentiellement anti-intellectualistes ou circonstanciellement démagogiques, mais aussi la parole vraie de ceux qui continuent de croire au miracle de la Révolution.

Cette croyance enfin entraîne l'idée fondamentale qu'il ne faut pas craindre un retour en arrière: l'homme régénéré ne dégénérera pas. Car celui qui a été l'objet d'une conversion aussi éclatante ne peut plus jamais oublier ce qui lui a été une fois révélé (c'est le sentiment de Thibaudeau, de Fourcroy, de Bouquier, contre lequel Portiez bataille),[28] et s'il était la proie d'une amnésie passagère, il retrouverait aisément en lui-même la source du miracle initial: "vous n'avez qu'à le vouloir, dit Daunou, et ces prodiges vont renaître."[29] L'homme nouveau une fois surgi, on n'a donc pas plus à se soucier de sa conservation qu'on n'a eu à se préoccuper de sa formation.

Rassemblons donc les traits de cette régénération: elle est spontanée, n'est ni le fruit d'un calcul, d'un labeur, à peine d'une voeu; elle a la force irrésistible de la nature; elle n'a pas besoin d'être une régénération totale ou, plus exactement elle est cette régénération totale sans avoir besoin de pourvoir aux détails ni de penser à tout, puisque l'homme régénéré est précisément celui qui trouve en lui les ressources suffisantes pour se régénérer encore. Se régénérer, c'est revenir à la source (on comprend mieux ainsi la manière dont ces hommes traitent l'Antiquité, moins comme une tradition que comme une inspiration), se remettre en mouvement, retrouver l'élan inaugural. Dans cette première conception enfin, les moeurs une fois régénérées dans et par la Révolution, de bonnes lois suivront: des moeurs aux lois la conséquence est bonne.

C'est dire qu'il n'y a nul besoin ici de définir l'homme nouveau, c'est à lui de le faire. Comme c'est à lui de définir ses droits. "Aucune loi constitutive, écrit Condorcet, ni même cette déclaration des droits ne sera jugée perpétuelle et fondamentale, mais il sera fixé une époque où l'une et l'autre seront examinées à nouveau." Le répertoire des droits n'est donc jamais clos, la Déclaration des Droits elle-même n'a pas à être enseignée comme un dogme et les traits de l'homme nouveau ne sont jamais complètement fixés. L'homme nouveau est renouvelable.

Ce ne peut être que dans une conception originale du temps. Le temps du prodige révolutionnaire n'est pas compromis par l'histoire, le privilège de l'instantanéité l'en a fait sortir. Il peut se reproduire, se renouveler et refleurir en mille autres prodiges discontinus, autres instants touchés par la grâce révolutionnaire et lui empruntant son inspiration. Ce qui se passe entre ces moments privilègiés est privé d'importance, le temps éblouissant du prodige fait pâlir et à limite presque annule la conscience de l'intervalle. Mais il suffira de considérer cet intervalle disgrâcié, d'y repérer non une simple éclipse mais les signes de l'altération et de la corruption pour voir surgir une autre idée de la régénération, une autre manière de se représenter l'homme nouveau, une autre conscience aussi de la Révolution.

La régénération: ce sera pour demain

Cette conscience est d'abord celle d'un passé qui n'a pas été, comme l'imaginent les tenants du miracle, totalement anéanti. Du régime détesté et ébranlé il reste, dit Grégoire, des "lambeaux"[30] qu'il faut secouer. Des "données," dit moins dramatiquement Mirabeau, avec lesquelles il faut compter. L'élan révolutionnaire ne peut donc pas se déployer librement. Il lui faut compter avec les obstacles extérieurs—les partisans du passé, presque oubliés dans la description précédente et pourtant toujours là, actifs, industrieux, tenaces—et avec les obstacles intérieurs, plus dangereux encore sans doute: souvenirs, habitudes, mauvais plis des consciences, moeurs froissées non encore corrigées par la rectitude des lois, et parmi tout cela ce trait décisif des "peuples anciens," que rapporte Talleyrand, la frayeur devant l'innovation. Car, dans cette vision nouvelle de la Révolution, on ne saurait croire que sa grâce ait également touché tous les Français. Coexistent dans le même peuple des hommes neufs et de vieux hommes. Ceux, par exemple, que le projet d'éducation de Michel Lepeletier scandalise et que stigmatise l'Anti-fédéraliste du 8 brumaire an II: "nous avons parmi nous, il est vrai, des hommes neufs que la Révolution n'a pas étonnés et qu'un heureux hasard avait formés pour le nouvel ordre de choses. Mais aussi de faux patriotes, corrompant au milieu de nous le germe des vertus."[31] Avec cette circonstance aggravante que parmi ces hommes rebelles à la régénération, il y a souvent les formateurs, ces "instituteurs dépositaires de la destinée nationale": il était fou, selon Chénier, d'imaginer "avoir imprimé à votre incohérent ouvrage une sagesse assez puissante, une force assez magique pour les changer en hommes nouveaux." L'abandon, ici explicite, du langage du prodige, remet la pensée et l'action dans le cercle dont elles paraissaient évadées: il va falloir procéder par étapes, former péniblement les formateurs, et il semble, comme le dit mélancoliquement Lakanal, que "pour les former il faudrait déjà les avoir."

La régénération, donc, n'a pas encore eu lieu, ou de façon sporadique, incomplète, menacée. Elle devient l'objet d'un voeu, celui que formulent, le 6 frimaire an II, par exemple, les enfants de la section de Mucius Scaevola, demandant à la Convention de ne pas "reculer l'époque heureuse de notre régénération." Entre le présent et l'avenir radieux où on l'espère, s'étend "un espace de temps," comme le dit Heurtaut-Lamerville, un vide affligeant "entre ce qui était et ce qui existe, entre la servitude et la liberté, les vieilles habitudes expirantes et les usages nouveaux, les anciennes superstitions et la morale simple de la république."[33] Et voilà pourquoi l'homme nouveau, loin de surgir dans le brusque éblouissement du prodige, doit être péniblement ouvré. Il s'agit même d'une tâche titanesque: "l'établissement de la démocratie dans une nation qui a longtemps langui dans les fers peut être comparé à l'effort de la nature dans la transition du néant à l'existence, effort plus grand sans doute que le passage de la vie à l'anéantissement."[34]

Reste que cet effort sera inégal selon les êtres auxquels on appliquera le programme. S'il s'agit de la "génération naissante," des enfants qui ont eu la bonne fortune de naître avec la Révolution, à peine évidemment faut-il parler de "régénération." Avec eux les révolutionnaires se replacent idéalement dans les conditions des faiseurs d'utopie, et c'est cette euphorie qu'on lit dans beaucoup des plans d'instruction publique, appliqués à retracer un apprentissage idéal jusque dans les détails des menus, du vêtement, des loisirs, des heures du lever et du coucher: même quand il feint de se calquer sur la nature, l'artificialisme s'en donne à coeur joie. Mais avec cet immense avantage qu'ici les partisans de la régénération comme tâche retrouvent presque les accents des partisans de la régénération comme grâce. Quand Léonard Bourdon dresse les plans de ses "maisons d'égalité," il les juge capables de "dégager *sur le champ* la génération naissante des superstitions et des préjugés, de la débarrasser, *dès son aurore,* de la multitude d'obstacles et d'entraves qui s'opposent à son développement."[35] Lorsqu'il s'agit de l'enfance, il semble aller de soi qu'une bonne éducation est capable "dans peu" de créer "une génération préférable à tous égards à celle des spartiates."

A deux réserves près cependant. D'une part, il s'agit seulement de "dans peu." Même avec d'innocentes créatures, des hommes et des citoyens ne se font pas en un jour: le temps réintroduit ici sa médiation. D'autre part, l'enfant ne vit pas seulement dans les écoles républicaines, encore que bien des dispositions dirigistes aient souhaité l'y enfermer, et l'isoler des influences délétères de l'extérieur: isolement que concrétise cette barrière qui entoure les écoles de Mars dans le projet de Barère et dont il souhaite qu'on ne puisse s'approcher à moins de dix pas, "même pour parler aux parents." Il vit aussi dans sa famille, qu'il faudrait donc éduquer elle-même, si bien que "les enfants ne sont ni les seuls ni probablement les véritables objets dont l'instruction publique doit s'occuper en ce moment." Michel-Edme Petit, avec son âpreté pessimiste soutient que l'éducation doit remonter plus haut: "elle doit aller chercher l'homme dans l'embryon de l'espèce, et ce n'est pas encore assez, les pères et les mères, les mères surtout doivent d'abord fixer son attention."[36] C'est donc vers la solidarité nécessaire de l'éducation et de l'instruction et sur le problème très épineux que pose un "homme fait" à refaire que dérivent les préoccupations.

De tout ceci résulte que la tâche de régénérer ces hommes d'âge mur, faits comme le dit Dulaure, d'une "substance durcie" et tout ankylosés d'habitudes, sera d'abord une tâche négative. Chaque révolutionnaire en a du reste expérimenté sur lui-même la nécessité: "Qui d'entre nous, citoyens, n'a pas été forcé, au sortir des écoles publiques, de recommencer son éducation, de devenir son propre instituteur, de défaire lentement l'ouvrage des prêtres et de se reconquérir lui-même?"[37] Défaire, ce peut vouloir dire "proscrire" (les spectacles frivoles), "anéantir" (les jeux superflus), "effacer" (les "jargons," comme "nous avons effacé les provinces"), "purger" (les bibliothèques), "épurer" (les pensées et jusqu'au "coeur" même, comme le dira Billaud-Varenne en floréal an III). Dans la lutte multiforme contre tout ce qui surcharge l'homme fait, rien n'est plus parlant, par les métaphores, que le rapport présenté au Comité d'Instruction Publique par Urbain Domergue, chef de bureau de la bibliographie: "portons le scalpel révolutionnaire dans les vastes dépôts de livres et coupons tous les membres gangrenés du corps biblio-graphique. Otons de nos bibliothèques la bouffissure qui présage la mort; ne leur laissons que l'embonpoint qui annonce la santé."[38]

On viendrait plus aisément à bout de démailloter l'homme fait s'il n'y avait des partisans de l'homme ancien. Défaire, en conséquence, ce sera combattre ces agents du passé et apprendre partout à les reconnaître. Assignation sociologique qui vise évidemment d'abord les prêtres, "joueurs de gobelets," "saltimbanques," semeurs d'illusion dont "l'art consiste à faire voir ce qui n'est pas," et—mais ce sont souvent les mêmes—, les instituteurs anciens, avec "leur esprit d'imitation," la routine de leurs livres, de leurs méthodes d'enseignement, de leurs passions, de leur fanatis-me"; assignation géographique qui vise, non sans quelque hésitation, les hommes des campagnes; assignation sexuelle enfin qui vise les femmes, et spécialement les vieilles femmes, rabâcheuses de sentences et de proverbes, semeuses de malédic-tion, porteuses de l'idée que seul l'ancien est le vrai. Une fois ces adversaires reconnus, désignés, combattus, expulsés (une société populaire "régénérée" est, ne l'oublions pas, une société purgée de ses membres douteux), il faudra encore combattre en soi les traces qu'ont laissées leurs enseignements, toujours plus pro-fondes qu'il n'y paraît. Et une fois ces traces lavées, se prémunir contre les altéra-tions renaissantes. Car l'idée d'une possible dégénérescence de l'homme régénéré, tout à fait absente de la vision miraculeuse de la Révolution est ici constamment présente. Le premier enseignement de la pédagogie révolutionnaire est donc de ne jamais oublier de combattre, de ne jamais s'oublier non plus: ce qui suppose une vigilance sans répit ni repos.

Car à la présence constante des ennemis, extérieurs et intérieurs, de l'homme nouveau, la seule parade positive est d'opposer une présence également constante, de reconstituer un emmaillotage aussi serré d'habitudes, un environnement aussi dense. Voilà pourquoi dans la constitution de cet environnement rien n'a paru insignifiant à des hommes qui avaient pourtant d'autres chats à fouetter: il n'était pas futile de donner aux rues et aux places des noms nouveaux (pour "qu'à chaque instant le peuple ait le nom d'une vertu dans la bouche et bientôt la morale dans le coeur"); de se préoccuper de nouveaux livres élémentaires (préalable indispensa-ble à toute instruction); d'imaginer de nouvelles scansions pour le temps public (un calendrier de fêtes) et même pour le temps privé (le livre de famille où consigner les événements quotidiens); de peupler les villes de nouveaux monuments, statues ou pyramides (qui comme à Athènes puissent constituer "un Cours complet de morale et d'instruction civique"); de dessiner des habits neufs pour les représen-tants du peuple et d'épingler des cocardes aux bonnets des plus méritants. Loin d'être frivole, cette minutie est indispensable à qui se représente l'homme comme un être impressionnable, tournant au vent des spectacles qu'on lui présente et des signes qu'on lui fait, dont les sens sont la seule voie d'accès à l'erreur et à la vérité, et toujours capable d'extravaguer. Voilà qui rend pleinement nécessaire l'invention d'un réseau. Réseau d'écoles assez nombreuses pour que leur présence même fasse aux enfants, comme le dit Portiez, "une sorte de violence pour apprendre"; réseau d'institutions républicaines assez rapprochées pour, Chénier le dit très bien, "pres-ser l'âme des enfants et l'environner d'un triple rempart de patriotisme";[39] réseau d'instituteurs enfin, pénétrés des vertus de la répétition, de ces "rapprochements réitérés" que préconise Billaud-Varenne, et surtout préoccupés, à l'instar du précepteur d'Emile, de disposer autour de leurs élèves ces exemples à l'éloquence silencieuse desquels ils ne pourront pas échapper. Moins des précepteurs qu'une providence: la providence de la République.

Au bout de tout ceci, une régénération bien différente de celle dont nous avions d'abord entrevu le visage. Celle-là était désinvolte et spontanée, celle-ci est méticuleuse et dirigiste, partout attachée à la figure d'un législateur invisible, ou à la main cachée d'un pédagogue, puisqu'ici la séquence dirigiste qui va des lois aux moeurs est la seule imaginable. Celle-là laissait au hasard les déterminations de l'homme nouveau et se souciait peu de les accorder entre elles. Celle-ci ne supporte aucune discordance. Celle-là, enfin et surtout, envisageait l'avenir sans méfiance. Celle-ci est habitée par la peur panique de l'accident (rencontre nouvelle, enseignement nouveau, lecture insolite) qui déferait son homme nouveau. Ce qui habite cette conception de la régénération, c'est à la fois la volonté de terminer l'entreprise et la peur sourde qu'elle soit interminable.

Deux régénérations, deux Révolutions?

Ces deux conceptions si antinomiques de la régénération, peut-on—nous touchons ici au coeur même de notre colloque—les rapporter à des hommes différents, à des équipes politiques différentes ou à des époques différentes de la Révolution?

Ce sont les besoins de l'analyse qui nous ont fait délimiter deux manières de concevoir la Révolution, qu'on ne trouve pas toujours dans les textes aussi rigoureusement séparées. Car il arrive que la conception miraculeuse et la conception laborieuse de la Révolution, la grâce et le travail, le prodige et la patience, soient tour à tour évoqués par les mêmes auteurs et dans les mêmes discours. Condorcet, qui parle de manière si éclatante le langage du prodige après 1789 est pourtant celui qui tient la nation française, entre toutes les nations, pour "celle qui est le plus attachée à ce qui est consacré par le temps et y renonce avec le plus de répugnance." Grégoire, auteur de tant de dispositions dirigistes, est pourtant celui qui soupire que "la nature est plus sage que nous"[40] et qu'il faut parfois la laisser faire. Entre les deux régénérations rares sont ceux qui ont délibérément et définitivement choisi.

Il ne serait donc pas pertinent de renvoyer les deux conceptions de l'homme nouveau à deux lignes politiques constantes. On serait sans doute spontanément tenté de faire passer ici la frontière entre girondins et montagnards. Mais c'est un girondin, Dulaure, adversaire décidé de la contrainte jacobine, qui attribue, en messidor an VII, l'échec déjà tristement constatable des institutions républicaines à l'absence de plan et de système; lui qui, persuadé que l'adversaire véritable de la République est non pas la mémoire monarchique mais l'immémorial populaire, se met à dresser un catalogue des erreurs et des superstitions à déraciner, paradoxalement converti au dirigisme par sa sensibilité ethnographique. Et c'est un montagnard, Duhem, qui répudie dans les termes les plus sévères l'utopie lacédémonienne, en stigmatisant Sparte comme "un couvent et une abbaye de moines."[41] C'est un girondin encore, Jean-François Ducos, plaidant pour l'obligation scolaire et l'instruction commune, qui juge qu'on "ne régénèrera pas "par de légers adoucissements les moeurs d'un peuple corrompu, mais par de vigoureuses et brusques institutions":[42] ici c'est le vocabulaire disruptif du prodige qui cautionne le dirigisme. Et c'est un montagnard, de l'espèce nuageuse il est vrai, Barère, qui fait le mieux comprendre comment on peut glisser d'une régénération à l'autre: car très conscient de "cet intervalle si délicat qui s'écoule entre le début d'une Révolution et son terme," il est sûr qu'on ne pourra plus compter sur l'élan initial et qu'il faudra prendre des "mesures intermédiaires."[43] Mais il est certain en même temps que ces mesures ne seront adaptées que dans l'inspiration du mouvement initial, si "elles participent à la rapidité de la Révolution et prennent le caractère impétueux qui lui appartient." Bref si dans intervalle disgrâcié, décourageant et traînard, on retrouve encore quelque chose de la fougue prodigieuse des commencements.

Il est donc difficile de rapporter les deux conceptions de la régénération à des équipes politiques distinctes. En revanche, on pourrait probablement les rapporter à une caractérologie. Il y a dans la Convention des tempéraments optimistes, comme Thibaudeau,[44] qui tiennent la régénération pour acquise et pensent que l'homme nouveau ne peut plus dégénérer, car on n'a pas encore découvert "la possibilité de faire désapprendre à l'homme ses connaissances, ou de faire rétrograder ses pensées." Il y a des tempéraments pessimistes, comme Portiez, qui rétorquent qu'une génération barbare peut succéder à une génération éclairée et que "les individus comme les peuples ont leur décrépitude."[45] Et il y a des tempéraments réalistes, sûrs qu'on ne façonne pas l'homme en particulier, et chez qui vacille la confiance en l'homme totalement régénéré. Parmi tous ces sceptiques, ces "pyrrhoniens" comme se définit lui-même Faure, toujours partisans de "laisser faire tout tranquillement"[46] et dont la voix salubre se fait entendre au milieu des déclarations empesées, retenous celle de Michel-Edme Petit, délibérément hostile à l'esprit d'utopie, rebelle à la manie qu'ont les gens d'esprit de croire que tout le monde en a, au mauvais génie qui veut tout changer "non pas pour être mieux mais pour être autrement,"[47] anti-dirigiste par haine du despotisme ("Le despotisme n'a jamais raisonné d'une autre manière"). De Lepeletier il ose dire 'qu'il ne suffit pas d'être mort assassiné pour être une grand homme."[48] Dans tous les débats c'est sa voix sarcastique qu'on entend pour maintenir, envers et contre tous, que le social n'est pas de bout en bout organisable.

Rapporter pourtant les conceptions de la régénération à une caractérologie, c'est les rendre aussi nombreuses que les individus eux-mêmes, Ne peut-on plus utilement se tourner vers la chronologie? On aurait spontanément tendance à isoler du reste de la Révolution un épisode jacobin, où triompherait la vision dirigiste et laborieuse de la régénération, et à le clore en thermidor. Mais ici encore il faut se garder de toute simplification. Car c'est en pleine Convention montagnarde que triomphe le projet de ce Bouquier qui juge presque inutile de donner des instituteurs à un peuple révolutionnaire qui s'est déjà institué lui-même. Et c'est bien après Thermidor que s'entendent à nouveau, à la faveur il est vrai de la poussée néo-jacobine mais pas seulement tenus par des jacobins, les accents dirigistes de la pédagogie de l'homme nouveau.

Faut-il conclure qu'affaire de tempérament individuel, ou de vision du monde, la conception de la régénération n'est soumise ni à l'appartenance politique ni à la chronologie? Celle-ci est loin d'être indifférente à la compréhension de ces variations, à condition de n'en pas découper les épisodes de façon aussi raide que dans l'historiographie politique de la Révolution. Car le temps révolutionnaire lui-même, si fertile en péripéties, apporte au thème de la régénération ses modulations propres: par son rythme immaîtrisable, la résistance qu'il offre à l'action humaine, sa monstrueuse fécondité enfin.

Son rythme, d'abord. Que reproche, par exemple, Boissy d'Anglas à la Constituante? C'est d'avoir été trop confiante et d'avoir voulu opérer une révolution par les seules lumières de l'esprit humain, d'avoir travaillé pour les générations futures en "laissant la génération qui allait naître sous la garde des tenants de la routine."[49] Que reproche Fourcroy à la Législative? d'avoir eu des plans d'éducation inaptes à former un seul républicain, parce qu'ils étaient déjà "*anciens* pour l'Etat de la République française."[50] Et Guyomar à la Convention? d'avoir cru qu' "on pouvait faire des savants en quatre mois et révolutionner jusqu'à la science."[51] Il y a donc eu des assemblées pour vouloir aller trop lentement, et des assemblées pour vouloir aller trop vite. L'erreur majeure des unes et des autres est de n'avoir pas compris la vraie nature du temps. Les hommes de la Révolution, dit Lakanal, ont voulu ignorer le temps, le "grand maître de l'homme," lui pourtant qui, "si fécond en leçons plus terribles et mieux écoutées, devait être le professeur unique et universel de la République."[52] C'est à cette ignorance qu'on doit imputer les difficultés de la régénération. Bref, la mise en oeuvre de la régénération n'est pas indifférente au moment, qu'il faut savoir reconnaître, saisir, épouser. C'est une découverte capitale, pour des hommes qui ont voulu sortir du temps, que cette idée qu'il y a un temps pour tout, un temps pour la démocratie directe et un autre pour le gouvernement représentatif, un temps pour la liberté et un temps pour la contrainte. La tyrannie du moment, la soumission obligée à la couleur des jours expliquent mieux que tout autre facteur qu'à quelques mois d'intervalle les mêmes hommes aient pu soutenir des points de vue aussi antinomiques.

A quoi il faut ajouter les variations qu'introduit dans l'idée de régénération la lenteur propre au temps, son épaisseur, la capacité qu'il a de prendre l'action humaine dans un filet de relations où les volontés s'empêtrent, n'accomplissent presque jamais leur destination originelle et sont détournées de leurs fins. Pour vaincre cette contingence désolante, celle même de l'histoire politique selon Kant, il faudrait pouvoir aller vite. Ecoutons là-dessus Thirion, le 29 nivôse an II: "Si nous ne réussissons pas d'abord, il nous sera impossible de réussir ensuite; le peuple aura conçu pour les innovations un dégoût qu'il ne pourra plus surmonter."[53] Il n'est guère original de découvrir que le temps ternit toute chose et pervertit l'idée du nouveau, mais pour des révolutionnaires il est bouleversant en revanche de découvrir que l'innovation elle-même peut devenir l'objet de la lassitude: beaucoup de leurs textes respirent une fatigue qui est du reste inséparable de la mobilisation permanente qu'on exige d'eux.

Car l'épuisant, dans ce temps révolutionnaire d'une nature si particulière, c'est aussi son extraordinaire fécondité en événements générateurs en désordres. Ils empêchent les hommes de la Révolution de se consacrer à la régénération, ils détournent l'attention et gaspillent les énergies. Entre mille textes qui illustrent cette obsession de l'événement dérangeant, en voici un très fruste. Il s'agit d'un obscur instituteur de village qui prononce dans une commune de l'Indre, en ventôse an III, un discours pour la fête de la souveraineté du peuple et explique pourquoi la régénération tarde à venir: "Il a fallu vaincre, d'abord un trône tyrannique à déraciner; de stupides adorateurs à proscrire et à punir; maintes conspirations contre notre sûreté à dévoiler; des projets liberticides à déjouer; un Robespierre et compagnie à faire tomber sous le glaive de la loi; des hommes immoraux à châtier; des princes coalisés à détrôner; des finances à régulariser; de vieilles habitudes à détruire."[54] Dans cette énumération essoufflée on sent bien que la fécondité maléfique de la Revolution est loin d'être épuisée.

S'il fallait donc retenir parmi les éléments d'explication celui qui pèse le plus lourd sur l'idée de régénération, ce serait la représentation du temps. Selon la confiance faite au temps, selon la capacité qu'on lui prête de décolorer, de saccager ou même simplement de retarder les accomplissements révolutionnaires, change l'idée de la régénération. Dira-t-on que c'est surtout ici la première régénération qui est atteinte? En réalité le doute sur la nature du temps révolutionnaire frappe à la fois les deux conceptions de la régénération. La conscience de la nécessaire lenteur de l'histoire atteint évidemment les partisans du prodige: car le temps de la formation du coeur et de l'intelligence ne peut être celui de l'exploit, il s'agit ici de bien autre chose que du salpêtre, exemple mille fois donné dans les discours de l'héroisme. Il faut laisser mûrir les idées, et voilà qui atteint ceux qui n'ont cessé de dire que faute d'aller vite, le goût et l'esprit de l'innovation se perdraient. Mais cette conscience atteint aussi les partisans de la réinstitution systématique et laborieuse de l'homme nouveau: car elle postule qu'on ne peut *tout* décréter: à Basire qui souhaite un décret pour imposer le tutoiement, Thuriot répond qu'une telle innovation est à laisser au temps: "*quand* la raison aura fait assez de progrès, *alors* rendons ce décret."[55] Dans cette séquence causale tient l'idée la plus insupportable à des révolutionnaires, celle même que va utiliser contre eux toute la pensée traditionaliste: qu'on ne peut faire l'oeuvre du temps à sa place.

Comme la religion, la Révolution française apporte la promesse inouie d'un monde neuf pour un homme renouvelé. Mais contrairement à la religion, elle accepte l'épreuve redoutable de l'expérience historique. Pour faire coïncider son annonciation et sa réalité, elle ne dispose que de deux croyances, entre lesquelles nous l'avons vue aller et venir: tantôt un pari sur une miraculeuse liberté qui, comme l'écrit Camille Desmoulins, dispense des biens "dont elle met sur le champ en possession ceux qui l'invoquent"; et tantôt un pari sur une laborieuse contrainte qui prétend dispenser des biens différés et renouveler les hommes malgré eux. Retrouver ces deux paris à l'intérieur des textes que les révolutionnaires consacrent à l'homme nouveau a d'abord l'intérêt de mettre dans un violent contraste les deux versants, libéral et non-libéral, de la Révolution française.

Mais resterait à comprendre comment on peut passer de l'un à l'autre, et comment l'expérience démocratique est grosse de sa dérive coercitive. D'un type de régénération à l'autre quel peut être le passage? Une des parentés secrètes entre les deux types de régénération c'est assurément l'absence de rapport dialectique entre l'ancien et le nouveau. Dans la première régénération, l'ancien est aboli d'un coup, le nouveau est un surgissement qui inaugure, pour toujours, une vie nouvelle. Dans la seconde, l'ancien est sans doute présent sous forme de traces à effacer ou d'obstacles à contourner. Mais il n'est jamais question de les utiliser. Dans les débats qui entourent la naissance du calendrier surgit, par exemple, la suggestion d'associer les deux manières, l'ancienne et la nouvelle, de dater. Idée intolérable à la majorité des orateurs: "vous ne souffrirez pas qu'on rappelle l'ère ancienne avec la nouvelle." Pour régénérer un peuple qui a vieilli sous le despotisme, inutile de considérer le despotisme. Ou bien il s'est tout bonnement évaporé (première régénération) ou bien c'est contre lui, mais sans un regard pour lui (seconde régénération) qu'il faut édifier un nouveau monde. Dans l'un et l'autre cas, le vieux monde n'accouche pas d'un monde nouveau. La vie nouvelle n'est pas une seconde vie. C'est une des raisons pour lesquelles, lorsque la Révolution doit, dans ses cérémonies par exemple, représenter l'ancien et le nouveau, elle utilise si rarement le répertoire carnavalesque: pas trace, ou si peu, de parodie ici. Le plus souvent elle a recours à la dramatique du pur surgissement. Le monde ancien s'évanouit à la seule irruption de la lumière: il suffit d'éclairer la scène et les châteaux s'écroulent, les habits d'esclaves tombent des épaules des figurants, pendant que se débande une troupe d'allégories hideuses. La seule dramatique que la Révolution parvient à imaginer—c'est une autre manière d'illustrer ses difficultés avec le temps—est une dramatique de l'instantanéité. Qu'il s'agisse de l'une ou de l'autre régénération, elles expriment le fait que la Révolution est rebelle à la pensée de la transformation.

Ce qui d'autre part lie souterrainement les deux régénérations, c'est un sensualisme qui privilègie l'hétéronomie sur l'autonomie et tend à considérer les hommes comme des êtres avant tout sensitifs et impressionnables. Il marque moins sans doute les partisans de la régénération-miracle, qui prennent en compte l'énergie humaine et sa capacité de relance individuelle. Reste que même dans ce cas, c'est au *spectacle* de l'irrésistible Révolution que l'homme cède, moins autonome donc qu'il ne paraît. Quant à l'homme qui fait l'objet de la régénération-tâche, il est supposé perméable non seulement au spectacle éblouissant de la Révolution, mais à tout ce qui vient de l'extérieur, bien ou mal, révolution ou contre-révolution, la première n'étant pas nécessairement plus entraînante que la seconde. Dès lors qu'on pense que les vertus entrent en l'homme par les sens on peut imaginer aussi, et certains le disent ingénument, que la même porte sert aux vices. De ce doute au coeur du sensualisme, qui inspire les dispositions dirigistes et entretient l'affolement de n'avoir pu penser à tout, c'est Mirabeau qui donne la formule la plus saisissante: avec des moyens appropriés, "on pourrait passionner les êtres sensitifs pour une organisation sociale entièrement absurde, injuste et même cruelle."[56]

Cette étude pourrait admettre de multiples conclusions. On peut penser qu'entre les deux philosophies de la Révolution française, la liberté et la contrainte, l'autonomie et l'hétéronomie, le cours des événements fait irrésistiblement pencher vers le second terme. Ou encore qu'au gré des péripéties révolutionnaires les deux termes se combinent sans principes. On encore que la Révolution donne corps à l'impossible problème de Rousseau, l'articulation de la liberté et de la docilité. Ce sera ma conclusion. Car le tourment du législateur de Rousseau c'est bien, tout en reconnaissant que le droit de l'individu est inaliénable, de l'arrimer à la collectivité. Pour cela, il doit recourir à une autorité d'un autre ordre que le raisonnement, capable de persuader les hommes et de les rendre dociles. D'où le but et les recettes des Considérations sur le gouvernement de Pologne. Le but? Réveiller et fortifier un esprit collectif assez puissant pour lui assujettir complètement l'esprit individuel. Les recettes? Occuper sans cesse les citoyens de la patrie, qu'on doit incessamment tenir sous leurs yeux et, dans la pente pessimiste du sensualisme, ne pas leur laisser une seconde pour penser à eux-mêmes. Fin et moyens sont placés sous la sentence d'une bannière qui convient aussi à la Révolution tout entière et illustre ses difficultés: "apprendre à l'homme à connaître ce qu'il veut." Ainsi met-on paradoxalement l'homme nouveau à la fois au principe et au terme de toute l'entreprise.

Notes

1. Rilke, Pasternak, Tsvétaïeva, *Correspondance à trois* (Paris, 1983) p. 290.
2. Circulaire de la Commission exécutive de l'Instruction publique aux directoires de districts' (28 brumaire an III) in *Procès-verbaux du Comité d'Instruction publique de la Convention*, ed. James Guillaume, 6 vols. (Paris, 1891-1907), 5: 243. Le texte ajoute: "Les épis croîtront plus chargés et plus riches de grains sous les mains des hommes qui sauront consulter la nature et entendre ses réponses." Cette source sera citée désormais comme *P.V. Convention.*
3. Maximilien Robespierre, intervention à la Convention, le 13 août 1793, *Réimpression de l'Ancien Moniteur* (Paris, 1858), 17: 393.
4. "Rapport et projet de décret présentés au nom du Comité de Salut public sur les idiomes étrangers et l'enseignement de la langue française' (8 pluviôse an II), *P.V. Convention.* 3: 351–352.
5. L'idée est d'autant plus forte que pour Frédéric II, renoncer à ce qu'il possède, c'est renoncer à l'auréole religieuse et ancestrale qui consacrait le pouvoir royal.
6. Malouet, Discours à la Constituante du 1er août 1789: le problème de Malouet est de savoir s'il faut présenter "les principes avec leur modification dans la constitution que nous allons faire." Malouet reconnaît que les Américains, précisément parce qu'ils ont pris l'homme naturel, n'ont pas eu à prendre cette précaution (*Réimpression de l'Ancien Moniteur*, 1: 263).
7. Rabaut-Saint-Etienne regrette de ne pouvoir revenir aux Crétois, ou aux Grecs, qui passaient leurs jours dans une société continuelle. Il conclut mélancoliquement: "On ne peut pas élever les Français comme ces enfants de la nature"(*Moniteur,* 14: 803).
8. Discours à la Convention nationale le 15 brumaire an II. La conclusion de Chénier est qu'il est nécessaire "de créer et non de compiler, d'inventer et non de se souvenir" (*Moniteur,* 18: 351–2).
9. Discours du 23 août 1789 (*Moniteur,* 1: 378).
10. Nicolas Caritat, marquis de Condorcet, *Lettres d'un citoyen des Etats-Unis à un Français* (Philadelphie, 1788), passim.
11. Il y a deux caractérisations des Américains dans ces débats: l'une se fait par l'égalité; et l'autre, par le dénuement d'histoire. Tom Paine dans *Le sens commun* le dit en des termes que reprendra la Révolution française: "nous voici en mesure de recommencer l'histoire du monde. Une situation semblable à celle que nous connaissons ne s'est pas présentée depuis l'époque de Noë jusqu'à nos jours. La naissance d'un nouveau monde est proche." Il renchérit dans les *Droits de l'Homme*: "par sa situation singulière l'Amérique se présente comme au début d'un monde. On y assiste à la naissance même du gouvernement, comme si on se trouvait au commencement du temps. Le volume réel, non de l'histoire, mais des faits, déroule directement ses pages sous nos yeux et celles-ci ne sont mutilées ni par l'artifice ni par les erreurs de la tradition." Liberté adamique, temps délesté de sa pesanteur, passé répudié: on retrouve tous ces thèmes dans la Révolution française.
12. J.J. Mounier, *Moniteur,* 1: 428.
13. Voir F.A. Aulard, *La société des Jacobins* (Paris, 1892), 4: 185.
14. S. de Clermont-Tonnerre, *Moniteur,* 1: 214.
15. Je dois à la gentillesse d'Henry Aureille d'avoir réuni des textes où l'on voit surgir avec une force extraordinaire le mot de "régénération." Il s'agit de la marée des libelles, pamphlets, brochures, souvent anonymes, qui entourent la réunion des Etats Généraux. Dans ces "*redo du Tiers-Etat*," ces "*Lettres du Tiers-Etat à M. Necker*," où l'on déclare croire "à la vie éternelle de la Monarchie française, régénérée par les Etats Généraux."La lettre du roi aux trois ordres sur la vérification des pouvoirs, le 28 mai 1789, consacre cette tâche: "l'Assemblée nationale, que j'ai convoquée pour s'occuper avec moi de la régénération du royaume." Employé d'abord, notamment dans les Cahiers de doléances, avec un génitif qui en alourdit la charge et en amortit le sens (régénération *de la* France, *du* royaume, *des* parties de l'administration, etc . . .) le substantif s'en affranchit bientôt. "*La* régénération" devient sans rivages, un programme tout à la fois politique, philosophique, physique et moral.
16. Honoré-Gabriel Riquetti, comte de Mirabeau, 'Premier Discours, De l'Instruction publique ou de l'organisation du Corps enseignant,' in B. Baczko, *Une Education pour la Démocratie* (Paris, 1982), p. 81.
17. Journaux et brochures patriotiques utilisent à l'envi les images des courtisans dégénérés, vieillis

dans la débauche et l'obscénité emblématiques de l'Ancien Régime pour les opposer aux hommes purgés par la Révolution. Sur ces thèmes, voir l'article de Antoine de Baecque, à paraître dans *XVIIIe siècle* en 1988: "L'homme nouveau est arrivé, l'image de la régénération des Français dans la presse patriotique des débuts de la Révolution."

18 Condorcet, *Sentiments d'un Républicain sur les Assemblées provinciales et les Etats Généraux* (Philadelphie, 1788). Au regard de ces hommes entièrement définis par eux-mêmes, les Français sont mesquins: "il semble qu'un Français ne puisse exister ni penser seul. Il tient à un corps ou il est d'une secte. Il a une telle opinion comme gentilhomme, une autre comme prêtre, etc."

19. A-F. Momoro, "Compte-rendu de la fête de la raison" in *P.V. Convention*, 2: 805.

20. Condorcet, "Mémoires sur l'Instruction publique" *Oeuvres* (Paris, 1847), 7: 433.

21. Mirabeau, "Premier Discours," in Baczko, *op. cit.,* p. 71.

22. Ehrmann, 'Discours du 9 brumaire an III à la Convention' in *P.V. Convention*, 5: 188.

23. F-A. Boissy d'Anglas, "Quelques idées sur les arts, sur la nécessité de les encourager, adressées à la Convention nationale et au Comité d'Instruction publique," in *P.V. Convention*, 3: 637–656.

24. Lequinio, "Discours sur l'Instruction publique," in *P.V. Convention*, 1: 183.

25. Bouquier, "Rapport et projet de décret formant un plan général d'Instruction publique" in *P.V. Convention*, 3: 57.

26. J. Fouché, "Réflexions sur l'Instruction publique," in *P.V. Convention*, 1: 617–18.

27. *P.V. Convention*, 3: 107

28. A Thibaudeau, qui pense qu'il est impossible de ramener les ténèbres de l'ignorance sur le sol de la République française, Portiez répond que "les individus comme les peuples ont leur décrépitude. Ils oublient. Aurais-je besoin d'invoquer le témoignage de l'histoire de la Grèce et de l'Italie pour prouver que des peuples entiers ont été tout à coup plongés dans les ténèbres de l'ignorance? A une génération éclairée a souvent succédé une génération sauvage, barbare," *P.V. Convention*, 3: 203.

29. P.C.F. Daunou, "Essai sur l'Instruction publique" in *P.V. Convention*, 1: 582–3.

30. H. Grégoire, *Rapport sur l'ouverture d'un concours pour les livres élémentaires*. Grégoire en profite pour traiter le problème, ici fondamental, de l'intervalle: "il reste un intervalle énorme entre ce que nous sommes et ce que nous pourrions être. Hâtons-nous de combler cet intervalle," (*P.V. Convention*, 3: 365).

31. *L'Anti-Fédéraliste*, organe officieux du Comité de Salut public, bataille, le 8 brumaire an II, contre l'abandon du projet Lepeletier.

32. Lakanal, "Rapport sur l'établissement des Ecoles Normales" in *P.V. Convention*, 5: 156.

33. Heurtault-Lamerville, député du Cher et membre de la Commission d'Instruction publique, *Opinion sur les fêtes décadaires* (Paris, an VI), p. 3.

34. Billaud-Varenne, *Réimpression de l'Ancien Moniteur*, 20: 263.

35. Bourdon, *P.V. Convention*, 2: 184.

36. Petit, *P.V. Convention*, 1: 176.

37. Chénier, "De l'Instruction publique" in *P.V. Convention*, 2: 755–6.

38. Domergue, *P.V. Convention*, 2: 798–9.

39. Chénier, *op. cit.* in *P.V. Convention*, 2: 755.

40. Grégoire, *P.V. Convention*, 2: 173.

41. Duhem, *P.V. Convention*, 2: 674.

42. Ducos, *Réimpression de l'Ancien Moniteur*, 14: 782.

43. Barère, "Rapport sur l'éducation révolutionnaire et républicaine, fait à la Convention dans la séance du 13 prairial an II," *Moniteur*, 20: 622.

44. Thibaudeau commente: "Quand une fois un objet quelconque a été aperçu, il est impossible que l'esprit retourne au même point où il était avant de l'avoir vu" (*P.V. Convention*, 3: 109).

45. *P.V. Convention*, 3: 203.

46. Faure, "Courtes réflexions sur l'Instruction publique" in *P.V. Convention*, 1: 628.

47. "Discours sur la révision du décret pour l'organisation des premières écoles faite par le Comité d'Instruction publique et sur quelques nouveaux systèmes d'éducation" in *P.V. Convention*, 3: 115.

48. "Opinion sur l'éducation publique" in *P.V. Convention*, 2: 553.

49. Boissy d'Anglas, "Discours préliminaire au projet de Constitution," (5 messidor an III) *Réimpression de l'Ancien Moniteur,* 25: 81. Très conscient du rythme particulier du temps révolutionnaire, Boissy d'Anglas commente: "Nous avons consommé six siècles en six années."

50. Fourcroy, "Opinion sur le projet d'éducation nationale de Michel Lepeletier," *P.V. Convention*, 2: 191.

51. Guyomar, *Discours sur la célébration de la fête du 14 juillet* (Paris, an VI).

52. Lakanal, "Rapport sur l'Etablissement des Ecoles Normales," *P.V. Convention*, 5:155.

53. *P.V. Convention*, 5: 438–9.

54. Arch, Nat., F^{IC}III Indre.

55. L'échange entre Basire et Thuriot sur le tutoiement a lieu à la Convention le 23 brumaire an II (*Moniteur*, 18: 402).
56. Mirabeau, "De l'Education publique, IIe Discours," in Baczko, *op. cit.*, p. 96.

CHAPTER 13

Les assemblées et la représentation

PATRICE GUENIFFEY

L'ARRÊTÉ du 17 juin 1789, par lequel les députés du Tiers et quelques transfuges des deux premiers ordres déclarent former l'Assemblée Nationale, contient l'essentiel de 1789: la souveraineté nationale et le rejet des ordres—"cette assemblée est déjà composée des représentants envoyés directement par les quatre-vingt-seize centièmes, au moins, de la nation"; la délibération, et non plus le mandat impératif—l'arrêté stipule qu'il "n'appartient qu'aux représentants vérifiés de concourir à *former* le voeu national, (. . .) *d'interpréter et de présenter* la volonté générale de la nation."[1]

En même temps, l'arrêté du 17 juin amalgame deux problèmes distincts: ceux du fondement (la nouvelle souveraineté) et des modalités (la prohibition du mandat impératif) de la représentation. Or, le second avait été posé, et en grande partie résolu, bien avant le 17 juin. La représentation par mandat impératif, qui fait du député un simple "porteur de votes," ne pouvait convenir qu'à une assemblée sans réel pouvoir de décision, comme en témoigne l'histoire des Etats-généraux français.[2] Montesquieu,[3] ou le parlementarisme anglais, qui depuis longtemps avait tranché en faveur du "full and sufficient power to do and consent,"[4] avaient nourri avant la Révolution une réflexion sur les conditions d'efficacité de la délibération. Même Condorcet contestait l'idée selon laquelle "les députés doivent voter, non d'après la raison et la justice, mais suivant l'intérêt de leurs commettants."[5] Le Règlement royal du 24 janvier 1789 rompait de façon décisive avec la tradition d'inexistence pratique des anciens Etats: le roi y souhaitait que "la confiance due à une assemblée représentative de la nation entière empêchera qu'on ne donne aux députés aucune instruction propre à arrêter ou troubler le cours des délibérations"; les mandats devraient être seulement "généraux et suffisants pour proposer, remontrer, aviser et consentir."[6] Le 23 juin encore, le roi "casse et annule, comme anticonstitutionnelles, contraires aux lettres de convocation et opposées à l'intérêt de l'Etat, les restrictions des pouvoirs," spécifiant qu'à l'avenir, les mandats seront "de simples instructions confiées à la conscience et à la libre opinion des députés."[7] En appliquant à la représentation de la nation ce qui vaut déjà pour celle des ordres, la Constituante n'innove pas en matière de mandat: comme la Déclaration royale du 23 juin, elle admettra même jusqu'en 1791 la possibilité de liens informels, par le biais de simples "instructions."[8]

Cependant, la révolution du 17 juin radicalise la marche progressive de la France vers le système représentatif, dont La Fayette, opposant l'organisation "orientale" de l'Etat à la "liberté générale" à l'oeuvre dans la société, constate en 1787 les progrès rapides: "tous ces ingrédients mêlés nous amèneront peu à peu sans grande convulsion à une représentation indépendante, et par conséquent à une diminution de l'autorité royale."[9] Le courant libéral, favorable à un partage de la souveraineté entre la nation et le roi, survécut quelques semaines seulement aux bouleversements du mois de juin. Il était acquis à la nécessité de "régénérer" les institutions; en même temps, il refusait de rompre avec la "loi fondamentale" du royaume, avec l'héritage du passé comme avec la société concrète. Rejetant l'individualisme abstrait de 89, Lally-Tolendal conjurait ses collègues (31 août 1789), d' "interroger l'expérience et se méfier de la théorie, si trompeuse en matière de gouvernement et d'administration," de procéder empiriquement, en partant des hommes réels, envisagés "moralement sous le rapport de leurs affections et de leurs passions," et non du citoyen désincarné. Le projet de division tripartite de la puissance législative entre le roi, les communes et le sénat,[10] défendu par les Monarchiens, devait d'un côté garantir la sûreté des individus, de l'autre permettre la représentation des éléments constitutifs de la société[11] et la fusion des trois formes classiques de gouvernement—monarchie, démocratie, aristocratie.[12] En juin 1789, la situation politique bascule et très vite, l'Angleterre comme l'Amérique cessent de constituer des modèles: de la première, on dénonce les "vices" de la constitution, de la seconde, on souligne l'originalité—la fondation récente, l'absence de distinctions sociales, la proximité des fortunes . . . Il y a bien des anglomanes dans l'Assemblée, mais jamais leur discours n'est en phase avec la réalité, et l'on peut souscrire au jugement sévère de Barnave sur les Monarchiens: "M. Mounier et ses partisans parurent ne s'être point aperçus qu'il y eut eu une révolution, ils voulurent construire avec des matériaux qui venaient d'être brisés."[13]

La Constituante a procédé de manière inverse à celle des libéraux. Les révolutionnaires étaient dans leur majorité acquis à une "régénération" totale des institutions, plutôt qu'à des retouches partielles et progressives. Boissy d'Anglas, dans un texte de 1791, exprime très bien ce mépris presque général pour l'esprit de réforme, en écrivant que "les perfectionnements partiels étaient les seuls avantages que les meilleurs Rois pussent procurer aux Nations, tandis que les Nations ellesmêmes devaient envisager la perfection la plus entière et la plus prompte, comme le terme de leurs espérances; et pouvaient y arriver, par cela seul qu'elles le voulaient."[14] L'arrêté du 17 juin témoigne d'une double rupture avec le passé: la première est la réinstitution dans le social de la souveraineté que le roi tenait jusque là d'un principe extérieur à la société—la volonté divine. La seconde rupture vise la représentation organique de la société: à la société des ordres, elle oppose la nation; à l'individu défini par son appartenance à une hiérarchie de corps dont il tire ses droits et ses privilèges, elle oppose le citoyen défini par l'égalitarisme et l'indépendance, possédant en lui la totalité de ses droits: "Deux hommes, étant également hommes, ont à un égal degré tous les droits qui découlent de la nature humaine."[15]

Fonder l'ordre politique nouveau sur le consentement d'individus pour ainsi dire "empereurs en leur royaume": les Monarchiens en soulignèrent les dangers. Pour Malouet par exemple, la déclaration solennelle des droits individuels rend précaires les limitations que le droit positif apporte nécessairement.[16] Deux ans plus tard, la ruine accélérée des institutions paraît en apporter la preuve flagrante: "vous avez voulu," dit Malouet, "par une marche rétrograde de vingt siècles, rapprocher intimement le peuple de la souveraineté, et vous lui en donnez continuellement la tentation sans lui en confier immédiatement l'exercice."[17] Problème réel, mais les Monarchiens font une alternative—la Déclaration des droits ou les institutions—d'un rapport constitutif de la démocratie, dont la Constituante cherchera au contraire à gérer la tension, par le moyen du gouvernement représentatif.

La représentation est pour les Constituants le seul mode de formation de la volonté commune convenant à une nation moderne: ils écartent ainsi l'hypothèse de l'exercice immédiat de la souveraineté par la nation. L'étendue territoriale et la population de la France s'y opposent. Surtout, le rejet de la démocratie s'appuie sur une comparaison entre l'*homo oeconomicus* des sociétés avancées et le citoyen de l'Antiquité: dans celle-là, la démocratie était possible "parce qu'il n'y avait de citoyens que les habitants disponibles en totalité, ou en grande partie, le reste étant esclave ou étranger à l'action sociale."[18] Au contraire, les individus modernes ne sont plus "disponibles en totalité" pour la chose publique; la liberté moderne, dans une société fondée sur le travail et l'échange, ne peut être une "liberté de participation": en 1787, Brissot et Clavière conjuraient ainsi les Américains de rester plutôt attachés à l'agriculture, afin de conserver le plus longtemps possible leurs moeurs républicaines.[19] Il convient au contraire de déléguer l'exercice de la souveraineté en appliquant aux affaires communes le principe de la division du travail.

Second argument: la volonté générale n'est pas la somme des volontés individuelles. Elle leur est extérieure, et les secondes n'entrent dans sa composition que par ce qu'elles ont de commun. Sieyès distingue dans chaque volonté trois objets: les deux premiers sont l'intérêt particulier et l'intérêt de corps, qui séparent et opposent les individus; le troisième est l'intérêt commun qui les rassemble: il s'exprime dans la loi, laquelle "en protégeant les droits communs de tout citoyen, protège chaque citoyen dans tout ce qu'il peut être, jusqu'au moment où ce qu'il veut être commencerait à nuire au commun intérêt."[20] Dans une société atomisée, appréhendée comme *marché*, la représentation est le seul mode d'exercice de la souveraineté indivisible. Dans le cas contraire, ce serait l'éclatement du corps politique, l'affrontement des intérêts particuliers et la dissolution du corps social.[21]

Sans doute "ce n'est plus la volonté commune *réelle* qui agit, c'est une volonté commune *représentative*."[22] Mais cette distinction a-t-elle quelque consistance? En effet, c'est par la représentation seule que la nation prononce sa volonté, et Mounier dit le 4 septembre: "le corps législatif étant institué par la Nation et étant chargé de vouloir pour elle, ce qu'on y décide est la volonté générale légalement présumée,"[23] et Sieyès ajoute le 7 septembre: "le peuple ou la nation ne peut avoir qu'une voix, celle de la législature nationale."[24] Il n'y a donc pas de volonté réelle distincte de la volonté représentative. Dans une note inédite, Sieyès devait revenir sur cet élément central: "la représentation nationale n'est pas précisément un *corps* choisi par la masse des associés pour faire des affaires communes. Le peuple ne peut pas *vouloir en commun*, donc il ne peut faire aucune loi; il ne peut rien en commun puisqu'il n'existe pas de cette manière. (. . .) Ainsi, strictement parlant, la représentation n'est pas nommée par le peuple, elle est nommée par les sections du peuple. Elle seule est le peuple réuni, puisque l'ensemble des associés ne peut pas se réunir autrement."[25] Pour ne pas être un simple "porteur de votes," représentant des seuls intérêts *locaux* de ses commettants, le député à l'Assemblée nationale doit être autorisé à statuer sur les intérêts de la nation entière. C'est ainsi que Sieyès écrit en 1788: "Tous les cantons s'autorisent et se commettent réciproquement pour faire cette élection partielle, qui, par cela même, est sensée l'ouvrage de la communauté entière"—et il ajoute en septembre 1789: "Le député d'un bailliage est immédiatement choisi par son bailliage; mais médiatement, il est élu par la totalité des bailliages."[26] Mais si chaque citoyen actif vote pour la nation entière, il demeure titulaire d'un droit propre, ce que Sieyès appelle le "civiciat," qui appartient à celui qui en remplit les conditions légales; en revanche, le "majorat" (ou éligibilité) est une fonction, commise par la société selon son intérêt.[27] Des principes énoncés par l'abbé, la Constituante tira des conséquences différentes quant à l'organisation du suffrage, séparant encore plus le corps législatif des citoyens: selon cette doctrine de l'électorat-fonction le corps électoral, qui institue les représentants et non la représentation, ne peut se prétendre le dépositaire de la souveraineté nationale ou son organe de transmission: il se borne à désigner ceux qui useront de pouvoirs que la nation, et non le corps électoral, délègue. Les électeurs exercent une fonction, et non un droit. La préférence accordée par la Constituante au scrutin indirect renforçait encore l'indépendance des représentants et Burke pouvait ainsi caractériser en 1790 le système représentatif français: "le membre de l'Assemblée Nationale n'est ni choisi par le peuple ni comptable au peuple." La doctrine de l'électorat-fonction était un puissant facteur d'unification de la volonté politique, en même temps que le moyen d'affranchir le député de la tutelle de ses commettants. On retrouve la même tendance à l'unité et à l'indépendance dans le domaine de l'organisation de la puissance législative, notamment à propos des conséquences du transfert de souveraineté du 17 juin.

Que faire du roi? Sans doute l'arrêté du 17 juin mentionne le trône, semblant ainsi associer le monarque à la nouvelle légitimité. Sans doute est-ce Louis XVI qui a convoqué les Etats-généraux, appelé la nation à "régénérer" le royaume. Sans doute, en s'inclinant le 27 juin, le roi est venu au secours des députés embarrassés qui, la nuit du 4 août, pourront le proclamer "restaurateur de la liberté française." Mais la capitulation ne pouvait effacer la tentative de résistance du 23 juin, et l'antagonisme restait entier entre la puissance dont l'Assemblée se juge investie, et celle dont le prince continue de se réclamer plus ou moins ouvertement.[28] La nation lui a repris ce qu'il détenait jusque-là sans partage; mais le changement de titulaire ne pouvait masquer la permanence du contenu: la nouvelle souveraineté était pareille à l'ancienne, et Mirabeau pouvait craindre avec raison que 1200 "despotes" ne succèdent à un seul!

Il y avait un trône à occuper, et deux prétendants: pour les Constituants, tout le problème est là. Bien peu sans doute songent à rompre avec la monarchie, et la Constitution de 1791 en reprendra les éléments principaux: le roi inviolable et *sacré*, la règle de succession . . . De même, les députés s'accordaient pour ne pas contester au monarque le pouvoir exécutif. Mais la question essentielle était la part éventuelle du roi dans la puissance législative. La question divise la Constituante, et provoquera en septembre la chute des Monarchiens. Deux thèses s'affrontent: les

Monarchiens, refusant la rupture artificielle avec la "Constitution" de la monarchie française, invoquent le passé pour démontrer la validité du contrat par lequel la nation a confié au roi le pouvoir législatif,[29] et plaident pour le partage de celui-ci: l'initiative et le vote des lois pour l'assemblée, un droit de veto absolu pour le monarque, qui occuperait ainsi une position prééminente dans l'édifice contitutionnel.[30] "Chef de la nation," "représentant perpétuel du peuple, comme les députés sont ses représentants élus à certaines époques," le roi exercerait par le veto un pouvoir modérateur de celui de l'assemblée, un pouvoir "protecteur du peuple," comme le dit Mirabeau dans son important discours du 1er septembre.[31]

Sieyès expose le système opposé le 7 septembre:[32] "Le droit d'empêcher n'est pas (. . .) différent du droit de faire," dit-il pour réfuter le distinguo subtil de ses adversaires. Accorder au roi un quelconque veto, c'est compter sa volonté unique pour 25 millions de volontés, de telle sorte que "la loi pourra être l'expression d'une seule volonté," et le roi "seul représentant de la nation." Peut-il l'être seulement? Comme individu, la volonté du roi est identique à celle de tout autre citoyen; comme "premier citoyen," il est censé concourir, partout et à chaque étape, au processus de formation de la loi; comme chef de l'exécutif, il représente la nation pour l'exécution de la loi: à côté de "la loi faite," il en est le "dépositaire"—ainsi la sanction peut seulement consister dans la promulgation, et non dans l'empêchement: "le roi promet de faire son devoir, de faire exécuter." Le roi n'est pas représentant dans l'ordre législatif, ou alors l'assemblée n'est "qu'un conseil royal chargé de préparer les lois."

L'analyse de Sieyès était la seule compatible avec le dogme de l'indivisibilité de la souveraineté. Pourtant la Constituante devait préférer le compromis en accordant au roi le veto suspensif. Mais contradictoirement, elle rejetait le 23 septembre la motion de Mounier pour que le roi fût déclaré représentant de la nation.[33] Contradictions qu'on retrouve dans l'organisation du pouvoir exécutif, sans protection face aux entreprises du législatif: le roi ne peut dissoudre l'assemblée, même sous la réserve d'élections immédiates, il ne prend aucune part à la convocation du corps électoral, qui a lieu de droit. L'exécutif est ainsi privé du moyen symétrique à celui dont dispose le législatif, à savoir la responsabilité (judiciaire et non-politique, individuelle et non-collective) des ministres. Pour ainsi dire, les deux principaux pouvoirs sont sans communications, étrangers l'un à l'autre. Pour les révolutionnaires, le pouvoir exécutif, même borné, est toujours trop indépendant: la question du droit de paix et de guerre est un exemple frappant de cette méfiance. Dans sa lettre à l'Assemblée (mai 1791), l'abbé Raynal dénoncera le sort fait au roi: "Vous avez conservé le nom de roi; mais dans votre constitution il n'est plus utile, et il est encore dangereux; vous avez réduit son influence à celle que la corruption peut usurper; vous l'avez, pour ainsi dire, invité à combattre une constitution qui lui montre sans cesse ce qu'il n'est pas et ce qu'il pourrait être."[34]

Ce débat montre d'une part l'embarras de la Constituante à l'égard d'un pouvoir dont elle a brisé la puissance, mais qu'elle doit conserver, d'autre part la fermeté avec laquelle elle rejette l'idée d'une partition de la souveraineté, ou même d'un contrôle de ses actes—dès lors que la volonté qu'elle exprime est la volonté générale. De la même façon, la Constituante rejette le système des deux Chambres, qui créerait deux volontés là où il ne doit y en avoir qu'une, s'apparenterait à la représentation séparée des ordres, et finalement constituerait une menace pour la paix civile. La volonté d'unité de la représentation va si loin qu'elle ne suit pas davantage Sieyès lorsque celui-ci propose de diviser, pour la délibération seulement et non pour le vote, le corps législatif unique en deux sections; en 1791, Sieyès sera même, à tort, violemment accusé de prêcher le bicamérisme.[35] Il ne s'agit pas seulement de craintes théoriques. Mounier lui-même admet le 12 août que son projet d'une chambre des pairs est impossible dans une situation marquée par la haine entre les ordres. Former une seconde chambre aurait été reconnaître en quelque sorte la légitimité du privilège; de même, il était pratiquement impossible d'accorder au roi, balançant entre l'acceptation de la Révolution et la résistance, un pouvoir de blocage aussi déterminant. Dans un article remarquable publié en 1857, Charles de Rémusat attribue en partie l'échec de l'établissement durable d'un régime représentatif aux préoccupations dominantes au début de la Révolution: les nouvelles institutions, explique-t-il, sont nées du "besoin négatif" de protéger la nation contre l'arbitraire et les abus. Immergée dans le conflit entre l'ancien pouvoir et le nouveau, la Révolution ne pouvait penser le concours indispensable qui seul permet "le jeu de la machine." Parlant ainsi du roi, il écrit: "Pourvu que l'autorité, jusque là illimitée, fût désarmée et entravée, on croyait tout en sûreté. En lui arrachant ses prérogatives, en l'entourant d'autorités rivales, on n'examinait pas si l'on ne séparait pas les pouvoirs constitutionnels d'une manière tellement absolue que l'action en commun leur deviendrait impossible, si leur inégalité engendrerait l'équilibre et si l'équilibre produirait le mouvement."[36] Seuls les Monarchiens et Sieyès avaient parmi les Constituants une vision claire du but à atteindre. Mais la souveraineté parlementaire, à laquelle conduisent le principe d'unité de la représentation et la doctrine de l'électorat-fonction, fut plutôt le résultat d'un entraînement. D'ailleurs, la Constituante paraît souvent vouloir reconstruire ce qu'elle vient de défaire: c'est manifeste pour le roi. Ainsi en août 1791, l'Assemblée procède à une révision des deux éléments fondamentaux du système représentatif: la fonction royale et le pouvoir constituant. Mesurant bien les conséquences de la fuite de Louis XVI, l'Assemblée d'un côté accorde à ce dernier ce qu'elle lui refusait depuis deux ans, la qualité de représentant,[37] de l'autre elle inclut dans la Constitution une procédure complexe de révision, ménageant ainsi la possibilité d'un changement de roi tout en pensant l'empêcher dans l'immédiat. Curieuse gymnastique d'un régime aux abois, par laquelle la Constituante avait incidemment mis en question le coeur même du système représentatif. Le 15 juillet 1791, Barnave reprenait à son compte un des arguments des Monarchiens en faveur d'un partage de la souveraineté: "Le peuple, qui ne peut lui-même exercer ses pouvoirs, les mettant entre les mains de ses représentants, se dépouille ainsi passagèrement de l'exercice de sa souveraineté, et s'oblige de le diviser entre eux; car il ne conserve sa souraineté qu'en en divisant l'exercice entre ses délégués: et s'il était possible qu'il la remît toute entière dans un individu ou dans un corps, dès lors il s'ensuivrait que son pouvoir serait aliéné. Tel est donc le principe du gouvernement représentatif et monarchique; les deux pouvoirs réunis se servent mutuellement de complément, et se servent aussi de limite."[38]

Rééquilibrage fictif et sans lendemain, mais qui soulignait l'omnipotence dont le corps législatif avait été investi par les principes d'unité de représentation et d'identification entre volonté générale et volonté représentative.

Le système institutionnel de 1789 n'est pas parlementaire, si l'on s'en rapporte à la définition suivante: "Il y a régime parlementaire dès lors qu'il y a collaboration des pouvoirs sanctionnée par des moyens d'action réciproques variés, au premier rang desquels toujours la responsabilité solidaire du Cabinet et en principe le droit de dissolution du Parlement (. . .) par l'exécutif, et dès lors que soit le jeu des techniques institutionnelles et de légitimités distinctes (. . .), soit le jeu du système partisan (et/ou) de procédures très diverses de rationalisation de l'activité du Parlement (. . .), permet à l'exécutif d'échapper à la subordination étroite qui caractérise le régime d'assemblée."[39]

Barnave a consacré des lignes d'une grande lucidité à cet échec: il rapporte avec raison le rejet du système bicaméral, préférable en lui-même, aux "préjugés de la nation" contre l'aristocratie. Mais "si l'instinct de l'égalité le repoussait aujourd'hui, l'expérience et l'amour de l'ordre l'établiraient quand l'égalité n'aurait plus à en concevoir les mêmes alarmes." S'il approuve sans réserves le veto suspensif, il déplore que le droit de dissolution ait été refusé au roi, tout en soulignant que cette mesure a été imposée à la Constituante "par l'admission de son système général," et il a cette formule qui à elle seule résume l'impasse dans laquelle se trouvait l'Assemblée: "la monarchie et la liberté devant se combattre quelque temps, avant de s'être bien associées, il fallait opter entre le péril de voir la liberté détruire la monarchie, ou la monarchie la liberté."[40] Mais quelle réconciliation pouvait-on espérer au terme d'une lutte qui devait se résoudre dans la disparition nécessaire de l'un des deux protagonistes?

En août 1789, Lally-Tolendal mettait ses collègues en garde contre cette "oppression du peuple pire que celle dont on avait prétendu le délivrer,"[41] s'ils rejetaient la nécessité d'une division. Le corps législatif, affranchi de toute dépendance comme de tout frein, ne pourrait-il pas se retourner contre les citoyens dont il tenait en principe son autorité? Mirabeau écartait cette hypothèse si l'on s'en tenait au "point de vue abstrait" qui prévalai dans l'Assemblée; mais si l'on considérait cette savante architecture du point de vue du fonctionnement *réel* des assemblées politiques, la transparence entre l'intérêt général et celui des représentants n'était plus tenable: "la nature des choses ne tournant pas nécessairement le choix des représentants vers les plus dignes, mais vers ceux que leur situation, leur fortune, et des circonstances particulières désignent comme pouvant faire le plus volontiers le sacrifice de leur temps à la chose publique, il résultera toujours du choix de ces représentants du peuple une espèce d'aristocratie de fait qui, tendant sans cesse à acquérir une consistance légale, deviendra également hostile pour le monarque à qui elle voudra s'égaler, et pour le peuple qu'elle cherchera toujours à tenir dans l'abaissement."[42]

Sans doute la chose publique est faite pour les individus et non l'inverse (Sieyès, an III), et les droits individuels, antérieurs et supérieurs aux droits positifs, forment la limite devant laquelle doit s'arrêter l'action législative. Le Titre I de la Constitution de 1791 stipule pieusement: "Le Corps législatif ne pourra faire aucunes lois qui portent atteinte et mettent obstacle à l'exercice des droits naturels et civils (. . .) garantis par la Constitution." Mais aussitôt, le texte précise que l'exercice de ces droits doit être réglé par la loi. Carré de Malberg peut à juste titre juger sévèrement cette garantie illusoire, "puisque cette constitution conférait au pouvoir législatif la puissante détermination de l'usage et des modalités, et par conséquent au fond la consistance même de ces droits."[43] Finalement, la loi s'imposait à la constitution dont elle devait en principe tirer les conséquences: par le biais de l'interprétation des principes généraux, et par celui d'un domaine réglementaire très étendu, la représentation était en fait affranchie de toute subordination à une norme supérieure. Fallait-il alors s'en remettre à la seule capacité d'auto-limitation des représentants, pour qu'ils ne dépassent pas les limites dont ils devaient eux-mêmes tracer le cercle? Le régime censitaire (1789–1792) avait justement pour objet de favoriser la sélection de représentants pourvus des qualités nécessaires à cette prudence: des "lumières," et un "intérêt à l'établissement public": il fallait assurer l'élection de ceux dont la conservation des intérêts personnels aurait à souffrir de mauvaises lois, et assurerait l'attachement à l'ordre social; on aurait en revanche tout à craindre de députés qui, ne possédant rien, ne tiendraient à rien.[44]

Le schématisme des principes et des conséquences va informer les attaques des adversaires du système représentatif. En réalité, par toute une série de contraintes et de canaux, il n'y a pas d'isolement de la représentation, celle-ci restant en contact avec la société: il y a d'abord les échéances électorales, qui contraignent les représentants à songer au moment où il leur faudra solliciter la reconduction de leurs pouvoirs; il y a ensuite la publicité des séances du corps législatif; il y a enfin le droit individuel de pétition, qui permet à tout citoyen de prendre part aux affaires publiques: le 9 mai 1791, Le Chapelier rappelle que le droit de pétition appartient à tout citoyen "soit pour demander des lois nouvelles, soit pour demander la réformation des anciennes," et qu'il ne peut être limité: c'est "une espèce d'initiative sur la loi, par laquelle le citoyen prend part au gouvernement de la société."[45] Il y a bien dialogue entre la société et l'Etat, encore enrichi par la circulation des élites que le renouvellement biennal du corps législatif doit accélérer. Les "constitutionnels" parlent ainsi de la "formation de l'esprit public" que les institutions perfectionneront par un fonctionnement régulier. Enfin, les conditions de l'action parlementaire forment également un frein: à la fin de 1789, le débat sur le cens montre qu'en l'absence de partis structurés, dotés d'un appareil capable d'imposer une discipline de vote, les majorités sont toujours précaires; ce sont plutôt des coalitions hétéroclites, qui se composent et se défont à chaque débat. Presque toujours, le projet initial des comités est âprement débattu, et finalement transformé par le vote de nombreux amendements: c'est ainsi la tractation et le compromis qui l'emportent dans la formation de la loi. On constate la même chose dans la question religieuse: après le vote du décret exigeant le serment (27 novembre 1790), la Constituante en limite la portée, par une série de décrets conciliateurs qui culmine avec la "loi de Tolérance" du 7 mai 1791.

Ces divers éléments de modération sont en fait très fragiles, comme en témoigne *l'exécution de la loi* comme "expression de la volonté générale," formée à partir des individus—par le moyen de l'institution de la représentation—mais qui "retombe ensuite avec tout le poids d'une force irrésistible sur les volontés elles-mêmes qui ont concouru à (la) former."[46] Que pèseront en effet des pétitions individuelles, dès lors que le vote de la loi annule la diversité des opinions, confond unanimité et pluralité, dès lors que la loi votée s'impose à chacun comme sa propre volonté. Sieyès propose en juin 1791 à chaque citoyen de jurer qu'il se soumettra à la loi "entièrement et en toute occasion," "quelque puisse être (son) opinion particulière sur quelques-uns des décrets de l'Assemblée Nationale," et ce "tant qu'ils ne seront pas révoqués ou modifiés par le Corps législatif constitutionnel."[47]

Toute résistance—c'est ce que montre la crise religieuse dès le printemps 1791[48]—
est alors rébellion; la minorité même doit s'incliner, abdiquer ses convictions.[49] Le
danger était réel de voir une majorité plus ou moins artificielle du corps législatif
imposer sa loi à la nation toute entière. Mais une telle dérive demeurait virtuelle,
sans caractère de fatalité: car la force de la loi dépend toujours en dernier ressort
de la manière dont elle est exécutée et du consensus qui se crée autour d'elle: la
fortune diverse des lois révolutionnaires montre que ce n'est pas leur élaboration
selon des formes légales qui confère aux lois leur légitimité, mais la sanction implicite et extra-institutionnelle, que leur donne une volonté populaire sans réalité
juridique, mais toujours active.

Le système représentatif restera comme une des conquêtes essentielles de la
Révolution; pourtant, à aucun moment il ne parvient à s'enraciner. Les déséquilib-
res, les ambiguïtés de la souveraineté parlementaire de 1789–1791, ont favorisé
l'essor des sociétés où se forge une volonté indépendante des institutions. Un autre
facteur d'échec mérite d'être souligné. A propos de la Constitution de l'an III,
Dupont de Nemours écrit à Sieyès: "J'espère que de fatigue et parce que la mode
de s'égorger et de se révolutionner est passée, cette constitution pourra subsister,
mais je n'oserais en répondre."[50] Mais cette "mode" était-elle seulement le fait
des adversaires de la représentation, ou un trait caratéristique du comportement
politique révolutionnaire? La Constituante, puis la Législative, ont été singulièrement impuissantes face aux attaques contre la représentation.

Chaque renforcement du dispositif représentatif correspond en effet à un nouvel
essor du courant anti-représentatif: le décret du 21 mai 1790, qui entend soumettre
la capitale au régime municipal commun,[51] loin de réduire les districts au silence,
provoque au contraire la multiplication des sociétés sectionnaires et des clubs,
devenus le "refuge" de la volonté populaire. Un an plus tard, le 10 mai, puis le 29
septembre 1791, l'Assemblée interdit les pétitions en nom collectif, ne reconnaissant ce droit qu'aux individus; le second de ces décrets précise que "nulle société,
club, association, ne peuvent avoir, sous aucune forme, une existence politique, ni
exercer aucune action sur les actes des pouvoirs constitués et des autorités légales,"
et que "sous aucun prétexte, ils ne peuvent paraitre sous un nom collectif."[52] Le
1er juillet 1792, la Législative décide elle aussi de prendre des mesures contre
les pétitions illégales mais elle n'en fera rien! La répétition de ces mesures, et la
multiplication des pressions exercées sur les Assemblées au nom de la volonté du
peuple, montrent à l'évidence l'impuissance à stabiliser la Révolution. Pourtant,
la promulgation de la Constitution de septembre 1791 était censée substituer le
temps des institutions à celui de la révolution. Rapporteur du décret du 29 septembre, Le Chapelier oppose ainsi les deux époques: tant que "la révolution a duré,
cet ordre de choses a presque toujours été plus utile que nuisible. Quand une
nation change la forme de son gouvernement, chaque citoyen est magistrat: tous
délibèrent (. . .) sur la chose publique (. . .). Mais lorsque la révolution est terminée, lorsque la constitution de l'empire est fixée, lorsqu'elle a délégué tous les
pouvoirs (. . .), alors, il faut, pour le salut de cette constitution, que tout rentre
dans l'ordre le plus parfait."

Mais l'Assemblée avait-elle les moyens de s'imposer comme le seul organe légitime de la volonté nationale? Etait-elle elle-même mûre pour le "temps des institutions?" C'est ici qu'on rencontre, en dehors de "l'absolutisme" de la

représentation, le second facteur d'échec. Dans son rapport, Le Chapelier condamne le réseau des sociétés jacobines affiliées, mais fait en même temps l'éloge implicite des Feuillants, "défenseurs zélés de la constitution" qu'il faut distinguer de ceux qui ne forment des clubs que pour "acquérir une sorte d'existence (. . .) qui favorise leurs projets." Moins audacieuse encore, la Constituante refusera d'inclure dans le décret une condamnation explicite des sociétés populaires, déclarant abandonner tout ce qui n'y figurait pas "à l'influence de la raison, et à la sollicitude du patriotisme." La fin proclamée de la Révolution pactisait ainsi avec les moyens les plus propres à la faire durer. Dès les mois de février 1791 pourtant, un député avait demandé l'interdiction pure et simple des clubs; en juin 1792, le député Delfaux réclamait la même mesure contre ces sociétés qui "présentent sinon un gouvernement dans l'Etat, du moins une corporation qui peut perdre l'Etat."[53] Mais la fermeté de Delfaux n'a-t'elle aucun lien avec son expulsion, le même jour, du club des Jacobins dont il était jusque-là membre?[54]

Dès le début de la Révolution, les clubs forment le cadre de toute action politique. Aucun groupe n'a pu dominer dans l'Assemblée sans appuis extérieurs aux institutions. C'est pour ne pas avoir compris la fragilité de la qualité de représentant que les Monarchiens sont battus dès le mois d'août 89. Car, si le suffrage reste la voie d'accès aux responsabilités, il donne seulement une légitimité partielle, pour ainsi dire "instrumentale"; c'est en revanche le soutien ou l'hostilité de l'opinion qui font et défont les équipes au pouvoir. Dès 1789, deux légitimités s'affrontent. La pratique parlementaire montre que personne n'a fait abstraction de cette double investiture en vérité incontournable, y compris ceux qui défendaient avec le plus d'acharnement le principe représentatif. A propos des Feuillants en 1791, comme des Girondins en 1792–93, qui tous paraissent découvrir les vertus de la représentation lorsqu'ils sont sur le point de disparaître,[55] on peut citer le jugement lucide que Mallet du Pan porte sur les efforts des Feuillants pour contenir la surenchère jacobine: "On avouait leur doctrine, et l'on en rejetait l'application; on faisait parade de popularité, en déclamant contre les moyens populaires. Ainsi, enchevêtrés dans une logomachie de principes et de conséquences, les Feuillants prêtaient le flanc de toutes parts."[56] Pendant la session de l'Assemblée Législative, le "parti constitutionnel" se montra incapable de défendre le principe représentatif, détruit de l'intérieur par la démagogie girondine avant de l'être formellement de l'extérieur par les insurgés du 10 août. Ne croyant pas dans les armes légales dont il pouvait disposer quand il en était encore temps, ce "parti" préféra s'en remettre lorsqu'il était trop tard aux ridicules prétentions d'un La Fayette, que Barnave approuva en ces termes: "mesures irrégulières mais légitimées par un état de choses où toutes les lois étant violées pour anéantir la constitution nationale, autorisaient sans doute à éluder aussi les lois pour la défendre . . ."[57]

Le débat politique n'emprunte jamais les voies que le système représentatif lui trace. Pour reprendre la distinction de Le Chapelier, la proclamation de la fin de la Révolution reste artificielle: on ne sort pas du temps de la révolution pour entrer dans celui des institutions. A aucun moment, la compétition légitime entre des opinions ou des groupes, sous l'égide d'institutions acceptées par tous, ne prend le relais de l'affrontement manichéen entre révolution et contre-révolution. Aussi, les défenseurs du système représentatif n'ont-ils fait autre chose que se défendre avec les armes employées contre eux par leurs adversaires.

II

Dans *L'Ancien Régime et la Révolution*, Tocqueville consacre une longue analyse à un *Avis aux Français sur le salut de la patrie*, publié par Pétion en 1788: dans les publications pré-révolutionnaires, écrit Tocqueville, "j'ai vu des livres où les passions révolutionnaires proprement dites ne se rencontrent point ou ne se rencontrent qu'à l'état d'aspiration vague et involontaire, ou du moins prenaient beaucoup de précautions avec les faits existants et surtout la royauté"; dans cette production, le libelle de Pétion, où Tocqueville "trouve l'esprit révolutionnaire proprement dit sans mélange ni contrainte et un système déjà tout formulé et ne reculant devant aucune conséquence,"[58] occupe une position singulière, mais tout-à-fait caractéristique. C'est ce discours—en dépit de ses ambiguïtés, puisqu'il soutient à la fois la prépondérance parlementaire et la souveraineté illimitée du peuple—qui, à partir d'un rousseauisme simplifié mêlé d'aspirations archaïques à l'auto-gouvernement, devient en quelques semaines le credo du mouvement populaire. Dès les mois de juin–juillet 1789, ce discours alimente les conflits entre les districts parisiens et l'assemblée des électeurs. Durant tout l'été, les premiers, devenus le cadre permanent de l'intervention politique des citoyens, multiplient les escarmouches contre les assemblées provisoires qui se succèdent à la tête de la capitale. Estimant représenter les citoyens, ces dernières tendent à cumuler pouvoir constituant (rédiger un plan de constitution municipale pour la capitale) et autorité administrative: usurpation, déclarent les districts; rappelant qu'ils composent la "vraie commune," ils accusent l'Assemblée des Représentants de la Commune de jouer sur le sens des mots commune/municipalité, pour s'approprier une autorité qui ne lui a pas été confiée, et ne pouvait l'être; ils accusent l'Assemblée municipale de s'être abusivement déclarée constituante alors qu'elle n'était que constituée. Jusqu'à la loi municipale de mai 1790, les districts s'efforceront, souvent en vain, de faire prévaloir un droit de contrôle sur leurs mandataires, par le moyen de la révocation et de la sanction de leurs actes.[59]

Pétion conclut le texte étudié par Tocqueville en soulignant la puissance sans limites du pouvoir constituant: "Apprenez à connaitre et à respecter les droits inaliénables des peuples; ils sont les maîtres des chefs qu'ils ont choisis; ils peuvent les destituer si bon leur semble, par la raison que celui qui a la puissance de créer, a celle de détruire; ils peuvent changer, anéantir les pouvoirs qu'ils ont remis; ils peuvent donner au gouvernement la forme qu'ils croient la plus avantageuse à leur bonheur et à leur sûreté."[60] On a ici, avant la Révolution, la réfutation de la représentation encore à venir. Aussi, ce sont les mêmes arguments qui seront invoqués contre le système mis en place par les Constituants: on les trouve dans les mouvements contre le veto et contre le cens, dans le débat de 1791 sur les conventions nationales,[61] et dès le 5 septembre 1789, dans le discours de Pétion, qui oppose au principe représentatif le pouvoir constituant résidant et demeurant dans le peuple. Les partisans de la représentation sont d'ailleurs singulièrement désarmés face à ce problème: on peut même penser qu'à l'instar de Mounier le 4 septembre, ils reconnaissent en dernier ressort l'existence d'une puissance irréductible aux institutions, dont, jusqu'à la malheureuse procédure de révision votée en août 1791, ils se refuseront à canaliser les manifestations.[62]

Le 5 septembre, Pétion revendique le principe dont se réclament justement ses adversaires—"la loi doit être l'expression de la volonté générale"—pour le détourner: la volonté générale résulte du concours de toutes les volontés individuelles. La représentation, expédient requis par l'impossibilité de former l'assemblée générale du peuple, doit seulement réunir les éléments préexistants de cette volonté. Il y a à la fois hétérogénéité de la volonté du peuple et de celle de ses représentants, et subordination de la seconde à la première: "les membres du corps législatif sont des mandataires; les citoyens qui les ont choisis sont des commettants: donc les représentants sont assujettis à la volonté de ceux de qui ils tiennent leur mission et leurs pouvoirs." Or, cette hiérarchie est inversée dans le système représentatif: "Dans le système que j'attaque, c'est le mandataire qui est le maître et le commettant le subordonné; la nation se trouve à la merci de ceux qui doivent lui obéir; (. . .) on a tourné contre (les commettants) les pouvoirs dont ils s'étaient dessaisis, et on les a subjugués avec les armes qu'ils avaient destinées pour leur propre défense."[63] La dénonciation de cette usurpation devient rapidement un lieu commun. "La source de tous nos maux," dit Robespierre le 29 juillet 1792, "c'est l'indépendance absolue où les représentants se sont mis eux-mêmes à l'égard de la nation sans la consulter. Ils ont reconnu la souveraineté de la nation, et ils l'ont anéantie. Ils n'étaient de leur aveu même que les mandataires du peuple, et ils se sont faits souverains, c'est-à-dire despotes; car le despotisme n'est autre chose que l'usurpation du pouvoir souverain."[64] En fait, comme le montrent ces phrases, défenseurs et adversaires de la représentation ne parlent pas de la même chose lorsqu'ils se réfèrent à la "nation" ou à la "volonté générale" . . .

Pour les Constituants, c'est le "travail de la représentation" qui doit, à partir de l'irréductible diversité des volontés individuelles, dégager l'intérêt commun. Pour les radicaux au contraire, la volonté unitaire du peuple est immédiatement présente; postulat plutôt obscur, qui ne s'interroge jamais sur la réalité sociale ou la modernité économique. Sans doute, Pétion admet une inégalité des "lumières," héritage des siècles de ténèbres dont la France vient de sortir par un prodigieux effort de volonté: mais ce dernier a suffi, comme un lever de soleil ou un coup de canon, pour dissiper les préjugés et restituer à chacun la capacité de reconnaître l'intérêt commun: "Au moindre mouvement de la liberté vous voyez les hommes les plus abrutis sous le joug du despotisme jaloux de connaître leurs droits; tout ce qui touche le gouvernement, tout ce qui peut influer sur leur sort, devient l'objet de leurs entretiens journaliers; ils lisent les papiers publics: ils veulent connaître ce qui se passe . . . ."[65] Rien ne saurait justifier une quelconque limitation des droits de la nation, telles la doctrine représentative, ou la distinction faite par Sieyès entre droits universels passifs appartenant à tout citoyen par cela seul qu'il est membre de l'association, et droits politiques actifs commis par la société d'après l'utilité commune.[66] Le "parti" anti-représentatif ignore complètement cette recherche des conditions de viabilité d'une démocratie politique. Comme les radicaux réduisent tout aux principes, le cens—caractéristique de cette recherche—leur apparaît comme une monstruosité révélatrice des vices du nouveau régime.

Aux yeux des détracteurs du système représentatif, le vote des décrets censitaires confirme leurs appréhensions: un pouvoir indépendant de ses commettants peut impunément violer les limites imposées à son autorité, édicter des règles contraires aux droits dont il doit au contraire organiser la garantie. En avril 1791, Robespierre accuse ainsi la Constituante d'avoir par le cens rétabli l'inégalité des ordres dans le règne de l'égalité. Aux décrets censitaires, il oppose la Déclaration des droits: "De semblables décrets n'ont pas besoin d'être révoqués; ils sont nuls," puisque "le pouvoir des représentants du peuple est déterminé par la nature de leur mandat. Or, quel est votre mandat? De faire des lois pour rétablir (. . .) les droits de vos commettants. Il ne vous est donc pas possible de les dépouiller de ces mêmes droits."[67] Si Robespierre demandait l'abrogation d'une loi contraire aux principes, Marat, plus expéditif encore, avait en juillet 1790 conseillé aux citoyens dits "passifs" d'ignorer ces textes sans valeur et de participer aux élections.[68]

Le fait que l'Assemblée ait pu, contre la volonté du peuple, imposer sa propre volonté comme celle de la nation pour rendre un décret contraire à la Déclaration, renforce la nécessité de rétablir la véritable hiérarchie des pouvoirs, en limitant l'autorité des représentants par la restitution au peuple de l'exercice de sa souveraineté. On est ici bien au-delà de la simple contestation d'une loi "injuste." Ainsi, explique un article des *Révolutions de Paris* paru en décembre 1789, l'indignation "générale" contre le marc d'argent, si elle est légitime, ce dernier blessant l'égalité, n'en est pas moins déplacée. Sans doute le cens crée un corps aristocratique de citoyens éligibles, mais il ne détruit pas pour autant la "liberté nationale," si cette aristocratie de mandataires se borne à faire des lois provisoires, pour soumettre celles-ci à la sanction de la nation souveraine. C'est au contraire le veto royal, et plus encore les décrets des 14 et 22 décembre 1789 limitant la compétence des assemblées primaires aux seules élections et leur interdisant de délibérer et de se réunir hors une convocation légale, qui constituent une véritable "spoliation" des droits de la nation; l'auteur de cet article, sans doute Loustalot, accuse la Constituante d'avoir créé une "représentation absolue," et d'avoir finalement rétabli le "despotisme" que les Français avaient cru abattre le 14 juillet.[69]

Critique radicale de la représentation, qui pose: l'antériorité et la supériorité du droit naturel (on parle alors indifféremment des droits du citoyen ou de ceux de la nation) sur le droit positif, le premier étant la mesure du second; la subordination de la représentation constituée à la nation constituante. Or, il y a une convergence très intéressante entre le discours radical tel qu'on le rencontre dans les districts, et la politique contestataire de la "droite" de l'Assemblée. Le 19 avril 1790, l'abbé Maury remet en question le caractère représentatif de l'Assemblée dans ces termes: "Dans quel sens sommes-nous représentants de la nation? Jusqu'où s'étendent nos pouvoirs et nos mandats? (. . .) Jusqu'à quel point pouvons-nous exercer nos pouvoirs sur la nation?" Avant lui, la Chambre des vacations du Parlement de Rennes en janvier, Cazalès en février, avaient accusé la Constituante de s'être arrogée une autorité qui ne lui avait pas été confiée, pour finalement voter des lois contraires aux droits de la nation, ici entendus comme les franchises et libertés contractées entre le roi et "ses peuples." Selon Cazalès, l'Assemblée devait reconnaître réellement la souveraineté de la nation, en lui soumettant les lois "provisoires" qu'elle avait faites. Et Maury jurait qu'il s'opposerait "à tout décret qui limiterait le droit du peuple sur ses représentants."[70] Ce discours, adapté à tous les extrémismes, sort bien d'un moule unique et archaïque: l'évolution des idées politiques d'un Billaud-Varenne en est une bonne illustration.[71] La portée de ce discours est d'abord tactique, comme en témoignent les appels à la nation souveraine de Mounier ou de Bergasse après leur défaite parlementaire:[72] de 1789 à 1792, le discours anti-représentatif constituera un instrument efficace de délégitimation des institutions. Mais cette convergence des extrêmes va plus loin, et a été récemment soulignée à propos des rapports étranges que la pensée de Rousseau entretient avec celle de penseurs de la Contre-Révolution comme Bonald.[73]

Le discours anti-représentatif a donc plusieurs caractères: 1—il constitue une arme dans les luttes pour le pouvoir; 2—maximaliste ou réactionnaire, il exprime par ses thèmes et ses origines une résistance à la modernité politique dont est porteur le système représentatif; 3—enfin, il se développe dans le *vide* que la Constitution de 1791 a créé autour des institutions, notamment en écartant la délicate question du pouvoir constituant, ainsi abandonné à l'appropriation des factions concurrentes.

III

Comme on l'a dit, le principe représentatif s'effondra à l'intérieur de l'Assemblée. Le décret du 11 juillet 1792 déclarant la patrie en danger, reconnaissait une norme supérieure au droit, le salut public, et une instance supérieure à la représentation: le peuple souverain.[74] En l'occurrence, il s'agissait de se passer de la procédure de révision, longue et excluant l'intervention populaire, définie par le titre VII de la Constitution, pour régler la crise de régime.

Dans l'*Instruction sur l'exercice du droit de souveraineté* (9 août 1792) motivée par l'arrêté Mauconseil, Condorcet examine les relations "légales" qui doivent s'établir entre les principes représentatif et démocratique. La souveraineté, dit-il, appartient "à l'universalité des citoyens," qui en délègue l'exercice, mais le peuple "conserve pour cette portion même, (le droit) de retirer les pouvoirs qu'il a donnés," comme il retient le pouvoir de changer la loi dont il avait délégué la formation à ses représentants. Ces principes de base étaient en contradiction totale avec ceux de 89, reconnaissant seulement une souveraineté illimitée du peuple antérieure à la Constitution. Pour Condorcet au contraire, comme pour Pétion en 1788, la puissance constituante demeure toute entière, et peut s'exercer contre la Constitution qu'elle s'est donnée. Comment constater la volonté du peuple? Condorcet distingue deux étapes: chaque section du peuple peut déclarer sa volonté de reprendre les pouvoirs qu'il a confiés, à la condition que ce voeu reste soumis à la loi tant que la volonté générale n'aura pas été constatée; c'est le corps législatif qui, alerté par les demandes partielles, doit y accéder en convoquant toutes les assemblées primaires pour un référendum. Rien sans doute n'oblige la représentation à répondre au voeu des citoyens, mais alors le peuple rentre dans tout son droit.[75]

En fait, l'Assemblée était obligée de se soumettre, sous peine d'insurrection, aux demandes des sections du peuple: "car tous les décrets de l'assemblée," dit Chabot en juillet 1792, "ne peuvent étouffer l'opinion publique; nous n'en sommes que les organes et non les maîtres."[76] D'ailleurs, lorsqu'il présente la version officielle du 10 août, Condorcet doit prétendre que la Législative était sur le point de se soumettre aux demandes des sections, lorsque le peuple avait brusquement devancé sa décision: "La patience du peuple était épuisée. Tout-à-coup il a paru tout entier réuni dans un même but et dans une même volonté."[77]

La Législative pourtant n'abdique pas. C'est une ambiguïté majeure dont la Convention héritera, que de vouloir fonder un système représentatif à partir des principes de la démocratie directe. Ainsi l'Assemblée déclare reconnaître la souveraineté du peuple, et l'invite à en confier l'exercice à une nouvelle représentation.[78] Et le 13 août, Condorcet dit que la seule solution "était de recourir à la volonté suprême du peuple, et de l'inviter à exercer immédiatement ce droit inaliénable de souveraineté (. . .). L'intérêt public exigeait que le peuple manifestât sa volonté par le voeu d'une Convention Nationale formée de représentants investis par lui de pouvoirs illimités." Le principe de salut public, qui avait servi en juillet à détruire le système représentatif, était employé en août pour le sauver.

En même temps, la Législative refuse de reconnaître l'existence d'un vide juridique entre le 10 août et la réunion de la Convention. Ainsi le 19 août, une *Adresse aux Français* met ceux-ci en garde: "Citoyens, l'Assemblée Nationale vous offre seule ce point de ralliement nécessaire au salut public; vous ne pouvez vous séparer d'elle, sans trahir la patrie; et lorsque par sa volonté même des pouvoirs que vous lui avez donnés vont cesser avant le terme fixé par vous, elle peut sans doute vous rappeler avec plus de force le devoir d'être soumis à son autorité constitutionnelle, qui subsiste encore toute entière."[79] Le préambule du décret du 11 août convoquant les élections montrait cependant très clairement l'impasse à laquelle conduisait cette double démarche: "l'Assemblée Nationale considérant qu'elle n'a pas le droit de soumettre à des règles impératives l'exercice de la souveraineté dans la formation d'une Convention Nationale, et que cependant il importe au salut public que les assemblées primaires et électorales se forment en même temps, agissent avec uniformité (. . .),—Invite les citoyens (. . .) à se conformer aux règles suivantes."[80]

Le mouvement électoral de septembre 1792 apporta à cette tentative de compromis un désaveu cinglant. De l'invitation, les assemblées retinrent surtout le sens permissif, et non l'appel à l'uniformité des procédures comme au respect des formes passées. Surtout, près de la moitié des assemblées du second degré refusèrent de se borner à l'objet de leur convocation, étendant leur action aux domaines administratif et politique. On voit ainsi des assemblées électorales faire table rase des autorités constituées, les destituer et les renouveler, ou encore se substituer aux corps administratifs pour prendre des mesures d'administration générale. Même dérapage au niveau national: la pratique du mandat se généralise en septembre 1792, contre la lettre des décrets de convocation du mois d'août. Dès le 10, Robespierre conjurait "le peuple de mettre ses mandataires dans l'impossibilité absolue de nuire à sa liberté."[81] Il ne s'agit pas d'un retour à la pratique des cahiers de doléances de 1789, mais plutôt de déclarations de principe affirmant que la Convention sera assujettie—au droit du peuple de sanctionner les lois constitutionnelles, ou même la totalité des lois et des décrets; au droit du peuple de révoquer les mandataires qui trahiraient sa confiance.[82]

La Convention, à peine réunie, parut se conformer aux prises de position démocratiques du corps électoral: le 23 septembre, elle légalise les renouvellements administratifs effectués par les électeurs;[83] dès le 21, elle déclare sur proposition de Chabot "qu'il ne peut y avoir de Constitution que celle qui est acceptée par le peuple."

Le projet de constitution présenté par Condorcet le 15 février 1793 est le plus démocratique de la décennie révolutionnaire. A l'inverse des Constituants, qui excluaient toute influence "démocratique" dans le gouvernement, Condorcet pose le problème dans la ligne de ses écrits antérieurs[84]: "combiner les parties de cette constitution de manière que la nécessité de l'obéissance aux lois, de la soumission

.

des volontés individuelles à la volonté générale, laisse subsister dans toute leur étendue et la souveraineté du peuple, et l'égalité entre les citoyens, et l'exercice de la liberté naturelle."[85] Pour prouver les avantages de son projet, Condorcet revient longuement sur les imperfections du système de 1791. Il rejette toutefois un éventuel partage de la souveraineté, et adopte le principe d'unité du corps législatif. En même temps, il reconnaît l'insuffisance des limites alors opposées au pouvoir des représentants, comme le "prompt changement des représentants à des époques réglées," ou les "lois constitutionnelles qu'ils ne peuvent changer," ou encore l'insurrection: moyen désastreux, devant lequel "on se trouve toujours conduit à cette question (. . .) de la résistance à une loi évidemment injuste, quoique régulièrement émanée d'un pouvoir légitime; car, si d'un côté on doit alors regarder une obéissance durable comme une véritable abnégation des droits de la nature, de l'autre on peut demander qui sera le juge de la réalité de cette injustice." C'est le peuple lui-même qui doit avoir un moyen de réclamation légal contre la loi qui violerait ses droits. Organiser l'exercice de la souveraineté du peuple, c'était également rétablir l'égalité des sections, que l'absence d'un moyen réglé de manifester leur volonté avait jusque-là détruite au seul bénéfice de la capitale.

Le projet de Constitution lui-même énumérait en détail les modalités de l'intervention populaire en matière législative: les assemblées primaires sont automatiquement convoquées pour sanctionner les lois constitutionnelles, ou encore à la demande du corps législatif pour statuer sur une question d'intérêt général; inversement, une demande revêtue de 50 signatures suffit pour déclencher le processus d'appel à une révision de la Constitution, ou celui de la censure d'une loi jugée contraire aux principes fondamentaux; enfin, les citoyens peuvent "requérir le corps législatif de prendre un objet en considération." Le peuple possède donc à la fois un droit de sanction et un droit d'initiative. On ne détaillera pas ici la procédure complexe de saisine, de convocation et de référendum, en se contentant de noter son impraticabilité: dans le meilleur des cas, la procédure s'étalait sur trois mois. D'autre part, il ne s'agit pas pour les sections de se substituer au gouvernement pour juger de l'opportunité de la loi, de contrarier la cohérence de la politique nationale, mais seulement de juger si cette loi ne contient rien de contraire aux droits des citoyens: "tous peuvent connaître leurs droits," écrit Condorcet en 1787, "et par conséquent ils ne doivent renoncer à celui de juger, si ces droits ont été violés ou non dans les conventions qui les obligent."[86] De plus, ce système n'était viable qu'en faisant abstraction des conditions réelles de la vie politique, et en acceptant les postulats rationalistes de Condorcet: la capacité de chacun de se prononcer selon la raison et d'acquérir des idées morales, l'indépendance et l'égalité de chacun avec tous;[87] Condorcet définit ainsi les conditions requises pour obtenir une décision conforme à la raison: "Pour cela, nous supposerons d'abord les assemblées composées de votants ayant une égale justesse d'esprit et des lumières égales: nous supposerons qu'aucun des votants n'a d'influence sur les voix des autres, et que tous opinent de bonne foi."[88]

Comme on l'en a souvent accusé, le projet de Condorcet visait à renforcer l'influence des départements au détriment de l'influence usurpée par la capitale; mais au-delà, il tentait de définir les modalités concrètes d'une "démocratie représentative." Ce projet fut enterré dès le lendemain de sa présentation.

Le texte finalement voté après la chute de la Gironde marque un très net recul par rapport à celui de février. Alors que Condorcet faisait du suffrage direct la règle de toutes les nominations, la Constitution de 1793 le conserve pour l'élection des députés, mais rétablit le scrutin indirect pour les fonctionnaires publics, et un scrutin à trois degrés pour le conseil exécutif. Recul identique dans le domaine de la sanction des lois: la procédure d'appel au référendum est beaucoup moins ouverte; si les projets de lois sont systématiquement envoyés aux assemblées primaires, celles-ci au minimum d'un dixième des assemblées de chacun de la moitié des départements plus un, ont 40 jours pour se pourvoir; surtout, il n'y a aucune allusion à un droit d'initiative: le peuple ne possède qu'un droit négatif de sanction. Enfin, le texte allait dans le sens d'une extension du domaine réglementaire non soumis à la sanction populaire: dans son rapport, Hérault de Séchelles condamnait la surabondance des lois, "cette manie de législation qui écrase la législation au lieu de la relever"[89]—faisant écho à une récente prise de position de Robespierre, qui allait dans le même sens.[90]

Contrairement à ce qu'on dit souvent, la Constitution de juin s'écartait sensiblement du projet déposé en avril par Saint-Just.[91] Ce dernier rejetait explicitement le principe d'indivisibilité: "la souveraineté de la nation réside dans les communes." Pour ce qui concerne la sanction des lois, il prévoyait que le voeu de la nation serait compté par communes et non par têtes. Sur ces deux points, Hérault l'avait suivi, substituant cependant les assemblées cantonales aux communes, afin d'atténuer le "fédéralisme" du texte de Saint-Just. La Convention réagit vivement: un amendement fit inclure la référence à l'indivisibilité de la souveraineté populaire, et Ducos fit adopter le recensement individuel des votes. C'est Robespierre en personne qui combattit le rapporteur lorsque celui-ci demanda pour les assemblées primaires une liberté de réunion presqu'entière: "L'article est si vague qu'il détruit toute espèce de gouvernement, et établit une espèce de démocratie qui renverse les droits du peuple. En effet, ces assemblées n'ayant pas un objet déterminé, elles pourront faire tout ce qu'elles voudront, et par là vous créez la démocratie pure (. . .)."[92]

Mais c'est dans la question du droit de révocation, qui avait été un des thèmes majeurs de la propagande jacobine, que s'exprime le mieux la méfiance des députés jacobins à l'égard des assemblées primaires. Saint-Just écrivait dans son projet: "Si un représentant du peuple ou un membre du conseil, ont trahi la nation et perdu sa confiance, les communes ont le droit de s'assembler et de le déclarer," ajoutant dans un autre article: "Un membre accusé par une seule commune est tenu d'expliquer sa conduite ou de se retirer. Un membre qui a perdu la confiance de la majorité des communes est renvoyé devant un tribunal." De son côté, Hérault proposait un "grand jury national" composé de juges élus, indépendant de tous les pouvoirs constitués, "destiné à venger le citoyen opprimé dans sa personne, des vexations du corps législatif et du conseil," et devant lequel tout citoyen pourrait se pourvoir.[93] Ce tribunal devait suppléer aux insurrections: pour reprendre une formule de François Robert, ce serait une "institution (. . .) qui tienne lieu du peuple."[94] Sous l'influence combinée de Chabot, de Thuriot et de Robespierre, la Convention rejeta en bloc le projet de grand jury, aussi bien qu'une formalisation du droit de révocation.

Pourtant, Robespierre en avait successivement épousé les diverses formules. Le 29 juillet 1792, il disait: "la nation sera donc (. . .) d'avis que, par une loi fondamentale de l'Etat, à des époques déterminées et assez rapprochées (. . .), les assemblées primaires puissent porter le jugement sur la conduite de leurs représentants, ou qu'elles puissent au moins révoquer (. . .) ceux qui auraient abusé de leur confiance."[95] Le 10 mai 1793, après avoir rappelé que le peuple peut révoquer les fonctionnaires qu'il a nommés, Robespierre prévoyait que ces derniers pourraient être poursuivis par le corps législatif, "pour les faits positifs de corruption ou de trahison," devant un "tribunal populaire" établi à cet effet; enfin, à l'expiration de leurs fonctions, les représentants, les ministres et les juges du tribunal populaire seraient déférés au jugement de leurs commettants.[96] Mais le 15 juin, lors du débat constitutionnel, après l'expulsion des Girondins, Robespierre effectue un virage brutal: contre le jugement par un tribunal spécial, il objecte la possibilité "que le tribunal soit aussi corrompu que l'homme qui lui serait livré"; contre le jugement direct par les assemblées primaires, il dit y avoir longuement réfléchi: ". . . j'ai vu que si dans tel endroit la justice du peuple prononçait, dans tel autre l'intrigue dominait et étouffait la vérité."[97] Et le lendemain, lorsqu'il combat le projet du comité, il admet qu'il faille un frein contre les abus des représentants, mais il s'oppose à toute institutionnalisation: "ce sera le peuple qui scrutera la conduite de ses mandataires." Jacobins et dantonistes s'étaient d'ailleurs relayés pour mettre en pièces l'idée d'un grand jury, comme le montre l'intervention de Thuriot le 24 juin: "Que l'opinion publique seule prononce sur les hommes, et ne provoquons pas, par un décret, des décisions funestes à la vertu."[98]

L'évolution sinueuse de Robespierre, et le rejet final de toute procédure réglée de révocation, prennent tout leur sens si l'on se reporte au projet de Déclaration du premier, repris presque mot pour mot dans la Déclaration de juin 1793 (art. 33–35). Après avoir rappelé le principe de la souveraineté illimitée du peuple, qui peut "quand il lui plaît, changer son gouvernement, et révoquer ses mandataires" (art. 18), Robespierre dit dans l'article 29: "Lorsque le gouvernement viole les droits du peuple, l'insurrection est pour le peuple *et pour chaque portion du peuple* le plus sacré des droits et le plus indispensable des devoirs." La Constitution de 1793 banalise, et pour ainsi dire inscrit en droit, le processus qui a permis de violer la représentation nationale dans la personne des Girondins: l'exercice spontané, incontrôlable, de la souveraineté d'un peuple indéfini, libre de toute règle dans la manifestation de sa volonté,—s'opposant à la régulation "arithmétique" de la souveraineté populaire telle que Condorcet s'était efforcé de la définir. Robespierre écrit dans l'article 31 de sa Déclaration: ". . . assujettir à des formes légales la résistance à l'oppression est le dernier raffinement de la tyrannie."[99]

Limitation de l'intervention législative des citoyens, restriction des attributions des assemblées primaires: les Jacobins refusent l'égalité des sections à laquelle conduit toute formalisation de l'exercice de la souveraineté du peuple. Dès 1792, dès leur élection à la Convention, ils s'étaient opposés aux prétentions des assemblées primaires, qui voulaient sanctionner les choix faits par l'assemblée électorale de la capitale. Ce brutal revirement avait ensuite été confirmé contre l'acharnement des Girondins à demander la convocation des assemblées primaires, soit pour en obtenir la révocation de Marat (décembre 1792), soit pour soumettre à leur jugement la totalité des députés, après qu'eux-mêmes eurent été dénoncés par la Commune (avril 1793), sans oublier la campagne girondine en faveur de l'appel au peuple lors du procès de Louis XVI. On avait vu alors les Girondins défendre le droit de sanction des assemblées primaires, et inversement Robespierre et Saint-Just défendre le verdict de culpabilité déjà rendu le 10 août par le peuple insurgé. Sanction méthodique des assemblées primaires composant le souverain assemblé, ou verdict brutal du peuple, on retrouve ici la curieuse distinction jacobine, faite d'un éloge absolu des droits du peuple et d'un refus de leur exercice dans les assemblées primaires.

Cet apparent non-sens participe d'abord d'un projet politique: maintenir la suprématie de la capitale pour assurer la domination jacobine sur la représentation nationale; d'un autre côté, par ce qu'il véhicule de méfiance à l'encontre de l'expression véritable de la volonté populaire, ce "non-sens" me semble être porteur de l'un des aspects les plus étranges de la Terreur, faisant de celle-ci un mode tout-à-fait particulier de représentation: du peuple, au nom du peuple, mais contre le peuple.

Dans un article publié à la fin de 1792, Robespierre souligne—après avoir célébré l'instauration de la République—qu'il s'agit seulement d'un "vain mot," auquel il manque encore son principe: "L'âme de la République c'est la vertu, c'est-à-dire l'amour de la patrie, le dévouement magnanime qui confond tous les intérêts privés dans l'intérêt général," et qu'on trouve plus souvent dans le peuple que chez ses gouvernants, comme il le dit le 10 mai.[100] Dans l'article précité, Robespierre ne détecte pas la corruption chez les seuls gouvernants: il y a en effet deux partis dans la République, ceux des bons et des mauvais citoyens. Sans doute, un grand pas a été accompli avec la proclamation de la République; mais avant d'être une réalité, celle-ci est une promesse: "Il faut le dire, l'austère vérité et l'énergie républicaine effarouchent encore notre pusillanimité. *Pour former nos institutions politiques, il nous faudrait les moeurs qu'elles doivent nous donner.* Nous avons élevé le temple de la liberté avec des mains encore flétries des fers du despotisme."[101] La République requiert la création d'un peuple-citoyen, "de la dégradation de l'espèce humaine à l'élévation la plus sublime de sa dignité"[102], ou, comme dit Robespierre: "élever sans cesse le peuple à la hauteur de ses droits et de ses destinées." Car on a créé la République sans républicains. Billaud-Varenne dit à ce propos le 1er floréal: "l'établissement de la démocratie chez une nation qui a longtemps langui dans les fers peut être comparé à l'effort de la nature dans la transition si étonnante du néant à l'existence," et il ajoute: "il faut, pour ainsi dire, recréer le peuple qu'on veut rendre à la liberté."

Sans doute la société civile restait massivement réfractaire à cette "liberté des Anciens" proposée pour modèle; désabusé, Saint-Just reconnaît l'invincibilité de l'intérêt particulier, et dans une énumération démentielle des catégories de suspects, Barère, le 6 nivôse, en vient à y comprendre la société toute entière: "Il n'est pas jusqu'à cette classe utile et malheureuse du peuple que les scélérats n'eussent corrompue. Il n'est pas jusqu'aux femmes qu'ils n'eussent attirées dans le parti suspect ou contre-révolutionnaire."[103] Dans le *Vieux Cordelier*, Camille Desmoulins laissait d'ailleurs entendre qu'il faudrait bien finir par condamner à mort le peuple tout entier, l'intérêt particulier étant toujours, dans chaque citoyen, en balance avec l'amour de la patrie. Dans un livre publié sous la Restauration, l'ancien conventionnel Bailleul, identifiant sans doute abusivement la Terreur à la seule personne de Robespierre, écrit: "Il concevait sous un seul point de vue la régénération de la société; il posait comme base de l'état social l'égalité et la démocratie (. . .). Or, le principe de la démocratie, telle qu'il voulait l'établir, est la vertu, mais la vertu dans l'acception la plus rigoureuse du terme, et comme la vertu avait, selon lui, pour ennemis tous ceux qui ont profité des abus d'un régime vicieux, tous les riches égoïstes, tous les pauvres avilis, tous les ambitieux, tous les ennemis du peuple et de l'égalité, etc., etc., la régénération sociale, ou la révolution, devait purger la société, non seulement de tous ces vices, mais de tous les individus qui en étaient infectés (. . .). En regardant comme ennemis de la révolution, non seulement les ennemis des principes consacrés, mais les ennemis de la vertu, comme il l'entendait, il donnait à l'action révolutionnaire une étendue indéfinie, qui frappait indistinctement sur toutes les classes de la société."[104]

C'est ce constat pessimiste sur la corruption du peuple, sur l'arriération du "caractère national" par rapport aux institutions, qui explique le refus des Jacobins de toute formalisation de l'intervention politique des citoyens, et qui, le 19 vendémiaire, détermine l'ajournement de la Constitution.[105] La Terreur est ainsi le moyen de "créer un caractère national qui identifie de plus en plus le peuple à sa constitution," par "une action forte (. . .), propre à développer les vertus civiques et à comprimer les passions de la cupidité et de l'intrigue" (Billaud-Varenne, 1er floréal). La Convention, et tous les organes qui en 1793–4 se greffent sur le gouvernement révolutionnaire (comités de salut public et de sûreté générale, Tribunal révolutionnaire, etc.), est investie du pouvoir de modeler le peuple. C'est bien en cela qu'on peut parler à propos de la Convention de représentation d'un peuple qui n'existe pas encore, contre le peuple qui existe. Ce dernier n'est pas lui-même, mais il s'est pourtant donné des institutions conformes à ce qu'il sera un jour; il a exprimé sa volonté, en donnant pour mandat à ses représentants de le recréer, de le rendre digne de sa propre volonté! Equation inquiétante: le peuple demandant lui-même à être comprimé, voire à disparaitre, voulant la Terreur dont il sera réellement la victime. Maître d'opérer le partage du crime et de la vertu par la terreur, la Convention—et en premier lieu le groupe robespierriste au pouvoir—n'était plus au sens strict ou figuré, représentative: elle s'identifiait au peuple, elle était le peuple. Et je crois qu'on peut dans ce sens interpréter l'intervention de Robespierre à la veille du 31 mai 1793, lorsqu'il disait, s'identifiant personnellement au peuple souverain: "j'invite le peuple à se mettre, dans la Convention nationale, en insurrection contre tous les députés corrompus."[106]

IV

On observe, dans la Constituante comme dans la Convention, la même dynamique centrifuge qui, pour des raisons diamétralement opposées, tend à concentrer toute autorité dans l'assemblée. Toutes deux mettent en oeuvre des rationnalisations diverses, par lesquelles la nation ou le peuple, reconnus pour titulaires de la souveraineté, sont finalement frappés de l'interdiction de l'exercer autrement que par l'élection de leurs représentants.

A un autre niveau, toutes deux se heurtent au problème majeur de la division et de l'équilibre des pouvoirs, ceux-ci ayant pourtant été reconnus indispensables à toute constitution par la Déclaration de 1789. (On remarquera que ce principe ne figure pas dans celle de 1793). On l'a vu pour la Constituante, dont tous les efforts, au détriment de la viabilité de la constitution, ont consisté à abaisser le pouvoir exécutif, à le soumettre à l'inspection du corps législatif. Sans doute, la conquête du ministère au printemps 1792 par les Girondins répond à un banal appétit de pouvoir, mais l'évènement est capital, en dehors même de ses conséquences sur la politique étrangère de la France: les ministres étant liés à la minorité girondine (et à cette date encore jacobine) qui domine la Législative, l'exécutif échappe au roi, passe sous la tutelle de l'Assemblée, soulignant ainsi une tendance qui va s'accentuer après la chute du trône.

Le projet de Condorcet, qui garantit une indépendance de fait entre les pouvoirs en réservant l'élection des députés et celle des membres du conseil exécutif au suffrage direct des assemblées primaires, fait exception, mais on ne peut le tenir pour représentatif des sentiments de la majorité des conventionnels. Ceux-ci au contraire ne manquent pas, comme Ducos le 17 avril, de critiquer l'article de "l'ancienne" Déclaration portant "qu'il n'y a pas de gouvernement libre que celui fondé sur la distinction des pouvoirs"; et Ducos ajoute: "Citoyens, vous adopterez sans doute des principes plus immuables que cette chimère."[107] Dans la Constitution de juin 1793, les vingt-quatre ministres, choisis par le corps législatif sur présentation par les assemblées *électorales*, devaient être isolés, séparés par le morcellement de leurs attributions, et étroitement inféodés à l'autorité de l'Assemblée.

La Constitution ayant été ajournée à des jours meilleurs, l'organisation ministérielle en place depuis le 11 août 1792 demeura en vigueur. Mais le mouvement de concentration "parlementaire" de l'autorité devait s'accentuer: le 4 décembre 1793, le décret sur l'organisation du gouvernement révolutionnaire subordonne les différentes branches de l'exécutif au Comité de Salut public. Comme au printemps 1792, une opération "politicienne" recoupe une tendance fondamentale du pouvoir révolutionnaire. C'est le 12 germinal (1er avril 1794), que la centralisation atteint son niveau optimum, avec la suppression du conseil exécutif, et son remplacement par 12 commissions exécutives soumises à l'autorité directe du Comité de Salut public. La "représentation nationale" avait cette fois rompu totalement avec les théories de la séparation des pouvoirs, dont jusqu'en 1793 on avait épousé les principes, mais sans jamais en tirer les conséquences pratiques.

Les expériences successives que la Constituante, puis la Convention, ont faites du système représentatif, ne peuvent se comparer, leurs présupposés, comme leur finalité avouée, étant par trop différents. Mais ces deux expériences ont permis de mettre en pleine lumière les ambiguïtés du concept de souveraineté indivisible et inaliénable du peuple. *Indivisible*, elle s'investit toute entière dans la représentation, qui se substitue au peuple ne pouvant exister—comme corps politique—de façon autonome: la volonté exprimée par les représentants du peuple est la volonté du peuple. Dénoncé dans la Constituante, le danger se matérialise sous la Convention. *Inaliénable*, la souveraineté du peuple est une force permanente de délégitimation de l'autorité du gouvernement. En thermidor, l'alternative paraît insurmontable, sauf à revenir sur le principe fondateur de 1789: l'omnipotence, ou l'impuissance du pouvoir politique. C'est ici, pour conclure, qu'on peut rendre hommage à la lucidité de Malouet, qui le 1 août 1789 mettait ses collègues en garde contre le danger de déclarer in abstracto la souveraineté du peuple, et qui deux ans plus tard, le 1 août 1791, s'élevait avec force contre le "despotisme" du corps législatif qui se prévalait d'une autorité sans limite pour étouffer toute voix discordante.

Rechercher une solution à cette alternative mortelle: ce sera tout l'intérêt du riche débat thermidorien.

Notes

1. B.-J. Buchez, P.-C. Roux, *Histoire parlementaire de la Révolution française*, 40 vol. (Paris, 1834–1838), 1:469–470.
2. Cf. Ran Halévi, "Modalités, participation et luttes électorales en France sous l'Ancien Régime," *Explication du vote*, éd. Daniel Gaxie (Paris, 1985), not. pp. 88–89.
3. Charles de Secondat, baron de Montesquieu, *De l'Esprit des Lois*, Livre XI, chapitre VI.
4. Cf. Pierre Avril, "Note sur les origines de la représentation," *La Représentation*, éd. François d'Arcy (Paris, 1985), pp. 100–101.
5. Nicolas Caritat, marquis de Condorcet, *Essai sur la constitution et la formation des Assemblées provinciales* (1788), *Sur les élections*, éd. Olivier de Bernon (Paris, 1986), p. 299.
6. Armand Brette, *Recueil de documents relatifs à la convocation des Etats-Généraux de 1789*, 4 vol. (Paris, 1894–1915), 1:66–68; 1:85.
7. *Réimpression du Moniteur Universel*, 32 vol. (Paris, 1863–1870), 1:113.
8. Pour ces "instructions," cf. le décret du 22 décembre 1789: J.-B. Duvergier, *Collection complète des lois, décrets, ordonnances, règlements et avis du Conseil d'Etat*, 24 vol. (Paris, 1825–1828), 1:84.
9. Gilbert Motier, marquis de La Fayette, *Mémoires, Correspondance et Manuscrits*, 6 vol. (Paris, 1837–1838), 2:208–209.
10. Mounier était favorable à l'établissement d'une Chambre des Pairs sur le modèle anglais. Mais dès le 12 août 1789, il reconnaissait que "les idées actuellement reçues s'y opposent tellement qu'il est inutile de s'en occuper davantage:" Jean-Joseph Mounier, *Considérations sur les Gouvernemens et principalement sur celui qui convient à la France* (Paris, août 1789). C'est sur le conseil de Lally-Tolendal qu'il se rallia finalement au principe d'un Sénat électif, dans son discours du 31 août: *Archives parlementaires de 1787 à 1860, Première série (de 1787 à 1799)*, 91 vol. (Paris, depuis 1862), 8:555–561.
11. ". . . les deux chambres qui doivent former avec le roi, le triple pouvoir, doivent avoir chacune un intérêt particulier, indépendamment de l'intérêt général qui leur est commun, et une composition différente, en même temps qu'elles font partie d'un même tout": *Moniteur*, 1:355–356.
12. "Ainsi, les trois formes de gouvernement se trouvant mêlées et confondues, en produiraient une qui présenterait les avantages de toutes sans avoir les inconvénients d'aucune": *Moniteur*, 1:356.
13. Antoine Barnave, *Introduction à la Révolution française, Oeuvres de Barnave*, éd. Bérenger de la Drôme, 4 vol. (Paris, 1843), 1:102–103.
14. François-Antoine Boissy d'Anglas, *A Guillaume-Thomas Raynal . . .* (5 juin 1791) (Paris, s.d.), pp. 12–13.
15. Emmanuel-Joseph Sieyès, *Préliminaire de la Constitution française. Reconnaissance et exposition raisonnée des droits de l'homme et du citoyen. Lu les 20 et 21 juillet 1789 au comité de constitution* (Paris, 1789), p. 22.
16. Sur ces critiques, cf. les discours de Mounier le 9 juillet 1789, Malouet le 1 août, et Lally-Tolendal le 31 août.
17. Le 8 août 1791: *Histoire parlementaire*, 11:239–240.
18. Archives Nationales, 284 AP 3, dossier 1.
19. Jacques-Pierre Brissot, Etienne Clavière, *De la France et des Etats-Unis . . .* (Londres, 1787), not. pp. 45–70.
20. Emmanuel-Joseph Sieyès, *Qu'est-ce que le Tiers-Etat?* (1789), éd. Roberto Zapperi (Genève, 1970), p. 209.
21. Cf. notamment Mounier, le 12 août (*Archives parlementaires*, 8:408–409), et le 4 septembre 1789 (*ibid.*, 8:559–560).
22. Sieyès, *Qu'est-ce que le Tiers-Etat?*, p. 179.
23. *Archives parlementaires*, 8:559.
24. *Ibid.*, 8:595.
25. Arch. Nat. 284 AP 5, dossier 1.
26. Emmanuel-Joseph Sieyès, *Vues sur les moyens d'exécution dont les représentans de la France pourront disposer en 1789* (Paris, 1788), pp. 23–24. *Archives parlementaires*, 8:593.

27. Emmanuel-Joseph Sieyès, *Observations sur le rapport du comité de constitution, concernant la nouvelle organisation de la France. Du 2 octobre 1789* (Versailles, 1789), p. 32.

28. Cf. le serment du Jeu de Paume et les réactions des députés après la séance royale du 23 juin. De son côté, le roi dit le même jour: "Réfléchissez, MM., qu'aucuns de vos projets, aucunes de vos dispositions, ne peuvent avoir force de loi sans mon approbation spéciale . . .": *Histoire parlementaire*, 2:21.

29. Cf. Lally-Tolendal, le 31 août: *Moniteur*, 1:354–355.

30. Cf. le projet constitutionnel présenté par Mounier le 27 juillet: *Histoire parlementaire*, 2:176ss.

31. Honoré-Gabriel Riquetti, comte de Mirabeau, *Discours*, éd. François Furet (Paris, 1973). pp. 107–109.

32. *Archives parlementaires*, 8:592–597. Cf. également un manuscrit inédit de Sieyès, daté du mois de décembre 1789, *Idée exacte et précise des pouvoirs publics dont l'ensemble forme la Royauté en France*: Arch. Nat. 284 AP 4, dossier 5.

33. Jean Egret, *La Révolution des notables. Mounier et les Monarchiens* (Paris, 1950), p. 166.

34. *Moniteur*, 8:555. D'après Malouet, cette lettre aurait été rédigée en réalité par Clermont-Tonnerre: Pierre-Victor Malouet, *Mémoires*, 2 vol. (Paris, 1874, 2e éd.), 2:35ss.

35. *Archives parlementaires*, 8:596–597; et *Déclaration volontaire proposée aux Patriotes des 83 départements, le 17 juin 1791* (Paris, 1791), pp. 9–11.

36. Charles de Rémusat, "Le gouvernement représentatif et la Révolution française," *Revue des Deux Mondes* (1857), pp. 67–68.

37. "La Constitution française est représentative: les représentants sont le Corps législatif et le roi" (Titre III, art. 2).

38. Barnave, *op. cit.*, 1:247.

39. Stéphane Rials, *Révolution et Contre-Révolution au XIXe siècle* (Paris, 1987), p. 89, note 2.

40. Barnave, *op. cit.*, pp. 113–4.

41. *Moniteur*, 1:354.

42. Mirabeau, *Discours*, pp. 108, 107.

43. R. Carré de Malberg, *Contribution à la théorie générale de l'Etat*, 2 vol. (Paris, 1920–1922). Cf. également Lucien Jaume. *Hobbes et l'Etat représentatif moderne* (Paris, 1986), pp. 168–172.

44. Cf. notamment Sieyès, *Exposition raisonnée . . .*; le discours prononcé par Desmeuniers le 22 octobre 1789: *Histoire parlementaire*, 3:214; et avant la Révolution, Condorcet, *Lettres d'un bourgeois de New Haven . . .* (1787), *Sur les élections*, p. 212.

45. *Moniteur*, 8:352.

46. *Archives parlementaires*, 8:593.

47. Sieyès, *Déclaration volontaire . . .*, p. 12.

48. Timothy Tackett, *L'Eglise, la Révolution et la France* (Paris, 1986); Roger Dupuy, *Aux origines de la Chouannerie en Bretagne, 1788–1794*, 2 vol. (Rennes, 1986).

49. Malouet protesta le 1 août 1791, distinguant entre les régimes despotiques, où l'obeissance à la loi résulte d'un rapport de force, et les peuples libres, chez lesquels "l'usage des protestations simples" préserve les citoyens "de l'erreur ou des passions des représentants." Dans une assemblée chargée de former la volonté générale, il importe d'autant plus de garantir ce droit à la minorité, contre une possible erreur de la majorité. Celle-ci, pour Malouet, exerce "les pouvoirs de cette volonté publique; mais si elle empêche la manifestation subséquente dans chaque individu, il suffit que la majorité de l'Assemblée législative puisse être corrompue, tyrannique ou ignorante, et se faisant appuyer par des gens du même caractère, pour que les lois d'une grande nation ne soient plus que des volontés particulières injustes et oppressives": *Archives parlementaires*, 29:97–98.

50. Arch. Nat. 284 AP 9, dossier 5.

51. Ernest Mellié, *Les Sections de Paris pendant la Révolution française* (Paris, 1898), pp. 9–22.

52. Duvergier, *Collection des lois*, 3:516–520.

53. *Moniteur*, 12:753.

54. Alphonse Aulard, *Recueil de documents pour l'histoire du Club des Jacobins de Paris*, 6 vols (Paris, 1889–1897), 4:44–45.

55. A la Bibliothèque Nationale (microfiche m.10441) est conservée une édition annotée par un lecteur anonyme du "testament" de Brissot (*J.-P. Brissot à ses commettants, sur la situation de la Convention nationale, sur l'influence des anarchistes, et les maux qu'elle a causés. 22 mai 1793*). Page 3, le leader girondin fait un éloge appuyé de l'ordre et du "respect religieux pour les lois." A quoi son lecteur réplique dans la marge: "Pourquoi M. Brissot voulez-vous exiger le respect pour les lois et les magistrats quand vous êtes magistrat, tandis que vous avez ordonné la désobéissance quand les places étaient occupées par d'autres que par vous?"

56. Jacques Mallet du Pan, *Considérations sur la nature de la Révolution en France et sur les causes qui en prolongent la durée* (Londres, 1793), pp. 13–14.

57. Barnave, *op. cit.*, 1:217.
58. Alexis de Tocqueville, *L'Ancien Régime et la Révolution*, 2 vol. (Paris, 1953), 2:164.
59. Sigismond Lacroix, *Actes de la Commune de Paris pendant la Révolution*, 16 vol. (Paris, 1894–1914), notamment la première série (tomes 1 à 7); Maurice Genty, *L'Apprentissage de la citoyenneté, Paris, 1789–1795* (Paris, 1987).
60. Tocqueville, *op. cit.*, 2:170.
61. Débat qui a lieu aux Jacobins au début du mois d'août 1791: cf. notamment les discours de Condorcet, Pétion et Salle.
62. Dans *Qu'est-ce que le Tiers-Etat?*, Sieyès rappelle qu'on constitue un gouvernement, mais jamais une nation: celle-ci "existe avant tout, elle est à l'origine de tout." Sa volonté se suffit à elle-même, indépendamment de toute forme, sa volonté "est la loi même" (*op. cit.*, p. 180). Ainsi, la nation ne peut s'engager "à ne plus vouloir que d'une manière déterminée," et "quelle que soit sa volonté, elle ne peut perdre le droit de la changer dès que son intérêt l'exige" (*ibid.*, p. 182). Le pouvoir constituant ne peut être limité d'aucune façon: "De quelque manière qu'une nation veuille, il suffit qu'elle veuille; toutes les formes sont bonnes, et sa volonté est toujours la loi suprême" (*ibid.*, p. 183), Dans *Quelques idées de constitution applicables à la ville de Paris en juillet 1789* (Paris, 1789), Sieyès note encore que la volonté nationale est "indépendante de toute forme" (p. 30). Mais dans l'un et l'autre textes, il avance, non sans contradiction, que la nation, bien qu'affranchie de tout respect pour les formes, ne pouvant "s'assembler elle-même en réalité," doit remettre ses pouvoirs constituants à une représentation extraordinaire, qui "supplée à l'assemblée de cette nation," et la "remplace (. . .) dans son indépendance de toutes formes constitutionnelles" (*Qu'est-ce que le Tiers-Etat?*, p. 185). Dans le second texte, le ton est moins assuré encore: "Il est donc vraisemblable que la nation, accoutumée à cette forme représentative, n'en voudra pas d'autre" pour exercer son pouvoir constituant (*Quelques idées. . .*, p. 31). En l'an III, avec la jurie constitutionnaire, puis en l'an VIII avec le Collège des Conservateurs, Sieyès cherchera à limiter cetter toute-puissance du pouvoir constituant.
63. *Archives parlementaires*, 8:582.
64. *Défenseur de la Constitution*, numéro 11, août 1792.
65. *Archives parlementaires*, 8:583.
66. Sieyès, *Préliminaire de la constitution . . .*, pp. 36–37.
67. Maximilien Robespierre, *Discours sur la nécessité de révoquer les décrets qui attachent l'exercice des droits de citoyen à la contribution du marc d'argent* (Paris, avril 1791).
68. *Histoire parlementaire*, 6:336–337.
69. *Ibid.*, 3:430–433.
70. Chambre des vacations (*ibid.*, 4:228–251); Cazalès (*ibid.*, 4:449–454); Maury (*ibid.*, 5:384–387).
71. Cf. notamment Jacques-Nicolas Billaud-Varenne, *Despotisme des ministres de France, combattu par les droits de la nation, les loix fondamentales*, 3 vol. (Amsterdam, 1789); *L'Acéphocratie, ou le Gouvernement fédératif démontré le meilleur de tous* (Paris, 1791).
72. Jean-Joseph Mounier, *Exposé de la conduite de M. Mounier dans l'Assemblée nationale et des Motifs de son retour en Dauphiné* (Paris, 1789), pp. 39–40; Nicolas Bergasse, *Discours sur la manière dont il convient de limiter le pouvoir législatif et le pouvoir exécutif dans une Monarchie* (Paris, 1789).
73. R. Barny, "Les aristocrates et J.-J. Rousseau dans la Révolution," *Annales Historiques de la Révolution française* (1978), pp. 534–568; David M. Klinck, "The strange relationship of Rousseau to the French Counter-Revolution as seen in the early works of Louis de Bonald," *The Consortium on Revolutionary Europe: 1750–1850. Proceedings 1980*, 2 vol. (Athens, 1980), 1:14–22.
74. Cf. les interventions de Delaunay d'Angers le 30 juin 1792, de Condorcet le 6 juillet et de Brissot le 9 juillet: *Moniteur*, 13:11, 97, 87.
75. *Archives parlementaires*, 47:615–616.
76. *Moniteur*, 13:240.
77. Condorcet, *Exposition des motifs d'après lesquels l'Assemblée nationale a proclamé la convocation d'une Convention nationale . . .* (13 août 1792): *Collection des lois . . .*, 4:304ss.
78. Décret du 10 août 1792: *ibid.*, 4:290–291.
79. *Ibid.*, 4:340.
80. *Ibid.*, 4:297.
81. *Histoire parlementaire*, 17:30.
82. Arch. Nat. C 178 à C 181.
83. *Archives parlementaires*, 52:88.
84. Cf. *Lettres d'un bourgeois de New Haven; Sur la nécessité de faire ratifier la constitution par les*

citoyens (août 1789) in *Oeuvres Complètes*, éd. Sophie de Condorcet, Barbier, Cabanis, Garat, 21 vol. (Paris, 1804), 15:199–224.

85. *Moniteur*, 15:456–472 (Rapport); Maurice Duverger, *Constitutions et Documents politiques* (Paris, 1978), pp. 36–70 (Projet).
86. Condorcet, *Lettres . . . de New Haven*, p. 234.
87. R. Rashed, *Condorcet, Mathématique et Société* (Paris, 1974), p. 67.
88. Condorcet, *Essai sur l'application de l'analyse à la probabilité des décisions rendues à la pluralité des voix. Discours préliminaire* (1785); *Sur les élections*, p. 27.
89. *Moniteur*, 16:617.
90. *Ibid.*, 16:363.
91. Louis-Antoine de Saint-Just, *Oeuvres Complètes*, éd. Michèle Duval (Paris, 1984), pp. 415–441.
92. *Moniteur*, 16:653,
93. *Ibid.*, 16:667.
94. Le 26 avril 1793: *ibid.*, 16:231.
95. *Défenseur de la Constitution*, numéro 11, pp. 519–548.
96. *Moniteur*, 16:363–364.
97. *Ibid.*, 16:656.
98. *Ibid.*, 16:739–740.
99. *Ibid.*, 16:295.
100. *Ibid.*, 16:358–359.
101. *Lettres de Maximilien Robespierre à ses commettans*, numéro 1.
102. Billaud-Varenne, discours du 1er floréal an II: *Moniteur*, 20:263–268.
103. *Moniteur*, 19:59–62.
104. Jacques-Charles Bailleul, *Examen critique des Considérations de Mme la baronne de Staël sur les principaux évènements de la Révolution française*, 2 vol. (Paris, 1818), 2:235–238.
105. Edgar Quinet a souligné cet écart entre le peuple réel et suspect (ou suspect parce que réel?) et le peuple des Jacobins, comme figure du discours idéologique. Voici par exemple ce qu'il écrit sur ces "hommes classiques" que furent les terroristes: "aucun tribun au monde n'a eu une langue moins populaire, plus savante, plus étudiée, que Robespierre et Saint-Just. Quiconque s'essaya à parler la langue du peuple leur fut promptement et naturellement odieux: cela leur semblait faire déchoir la République": Edgar Quinet, *La Révolution*, 2 vol. (Paris, 1865), 2:253.
106. *Histoire parlementaire*, 27:244.
107. *Moniteur*, 16:173.

CHAPTER 14

The Crowd and Politics

COLIN LUCAS

THERE is termerity in discussing a subject already burdened with the weight of several generations of historians, sociologists, and psychologists—"impudence" was the word that came to Richard Cobb's mind at the thought of reconsidering the riots and *journées* of revolutionary Paris.[1] More than temerity, it would be folly to pretend to encompass in one paper a phenomenon so diverse in its forms and manifestations. The purpose here is limited to a discussion of the political function of the crowd in the Revolution. The paper seeks first to emphasize some of the elements of continuity between the Ancien Régime and the Revolution. It is necessary, therefore, to examine with care the Ancien Régime crowd. On this basis, it may be possible to underscore some original characteristics of crowd behaviour fostered by the Revolution. Finally, the paper discusses some of the ways in which the revolutionaries tried to cope with the crowd. In sum, the intention here is to sketch how the crowd is part of the political culture of the Revolution.

There was not of course just one crowd, no more in the French Revolution than in any other period of history.[2] The simple aggregation of human beings in a single place—perhaps going about their business as in a market or gathered to stare at some incident—is only a crowd in the purely descriptive sense of a density of people. Even when a gathering of people ceases to be or from the outset is not a passive agglomerate of individuals, an active crowd takes distinct forms and behaves in distinct ways. It is common to distinguish between, for example, festive crowds, audience crowds, panic crowds, and aggressive crowds. Each is distinguished from the other partly by occasion and context and partly by behaviour. Possibly, what distinguishes most clearly the crowd from an aggregate of human beings is a shared sense of purpose in being assembled together with some sense that this purpose is achieved collectively, either by acting collectively or else simply by being gathered together. This is what we may term the "purposive" crowd. Certainly, individuals gathered at a market have for the most part the similar purpose of buying goods; but it is only when they become aware that such goods can only be obtained in a satisfactory manner by collective action that they become a purposive crowd. This is what distinguishes a market dispute watched by large numbers of people from a market riot. The participants in festive crowds, audience crowds and so on all share a common sense of why they are there and an under-

259

standing that their being there together collectively has a different meaning from accomplishing the same act individually.

It is a self-evidence to note that the purposive crowds of the Ancien Régime were equally present during the Revolution. No historian would question the essential continuity between the *émotions* and *séditions* of the Ancien Régime (albeit the relatively tranquil eighteenth century) and the turbulences of the decade 1789–99. It is evident in the market riots and *taxations populaires*; it is evident in the crowds' frequent recourse to rituals that differ little from those of the sixteenth or seventeenth centuries. There are strong echoes of earlier peasant wars in the rural disturbances of the Revolution, from the *jacqueries* of its earlier years to the endemic turbulence of its later years—we see the same methods of action, the same targets, often the same geography, and even frequently the same leading figures whom Yves-Marie Bercé identifies as "troublemakers" in earlier times (nobles, priests, mayors, veteran soldiers, and craftsmen).[3] Credulity, myth, rumour, panic fear, notions of hoarding, speculation and plot were as potent movers of popular wrath before 1789 as they were after. The tolling of the *tocsin* mobilizing a local population against the troops of counter-revolution or against the republican soldiery, against brigands or against *gendarmes*; the mobilizing capacity of supposed written documents, such as "les ordres du roi" invoked in peasant disturbances in 1789 or the "missive écrite en lettres d'or" alluded to in southern religious disturbances in 1795–96; the importance of women in food riots, the role of young unmarried men in collective disturbance, the habit of placing women and young children in the front line of an aggressive crowd—none of these characteristics (and many more) of crowd behaviour in the Revolution was new. This is not to suggest that patterns of crowd behaviour in the late eighteenth century merely reproduced those of the early modern period. But it is to stress that they were still strongly anchored in the habits of earlier times analysed by historians of both France and England.[4]

Those historians who have addressed the question of the crowd in the Revolution directly have not of course ignored some elements of continuity. Yet, whilst acknowledging the indispensable destructive power of the crowd and emphasizing the importance of quite traditional economic issues as mobilizers of the crowd, they have tended to concentrate on a single phenomenon—the "revolutionary crowd." Such an approach is epitomised by George Rudé who, under the title of *The Crowd in the French Revolution*, is in fact concerned only with the revolutionary crowd of the great Paris *journées*. Rudé, indeed, elsewhere explicitly rejects all forms of crowd other than the "aggressive" crowd as being significant in this context.[5] For Rudé, the aggressive crowd is coterminous with the political crowd. As far as the revolutionary crowd is concerned, the definition is largely that of a crowd aware of the political issues of the Revolution and consciously intervening to act upon them.

It does not diminish the importance of Rudé's work if we emphasize how fuzzy his definitions are in some respects. For one thing, they depend upon a particular definition (and a very modern definition at that) of what is political. Rudé accords only a cursory glance at pre-revolutionary eighteenth-century movements: he concedes only a kind of rudimentary political quality to Parisian disturbances around the Parlement and considers rural disturbances to be entirely marked by "political innocence."[6] Such an approach comes dangerously close to identifying "political" with an awareness of and commentary on high politics. Moreover, within the Revolution itself, Rudé's definition of the revolutionary crowd is confined in practice to popular collective action in the sense of radicalising the Revolution (despite a rather awkward chapter on Vendémiaire, concerned perhaps above all to show how popular opinion supported the Convention). This is curiously at once both an elastic and restrictive definition. On the one hand, it leads Rudé to include a discussion of the Champ-de-Mars which was not a crowd of the same order as the others he chooses: the report of the *commissaires* of the Municipality stated categorically that "il y avait des groupes de monde, mais sans foule décidée."[7] On the other hand, it leads him to exclude entirely (except for Vendémiaire) crowd actions which clearly display an awareness of the political issues of the Revolution and a conscious intervention to act upon it, but which do not operate in the sense of radicalising it—for example, the anti-jacobin crowds at Lyon and Marseille in 1793 or the various popular resistances to the Revolution such as *chouannerie*, some aspects of the White Terror, religious riots, etc. The assumption here is a value judgment about what is "revolutionary," which denies validity to any other form of crowd action even when it can be classed as "political" in Rudé's own usage of the word.

These premises betray a further ambiguity. It is axiomatic that the crowd as a collective actor in the Revolution antedated the appearance of the *sans-culotte* movement. Yet, while we should acknowledge that the Parisian popular movement was born out of the lessons learned by Parisian crowd action, its relationship with the crowd is in fact ambiguous, an ambiguity which Soboul's study does little to relieve.[8] Rudé tends to equate *sans-culottes* with the crowd.[9] Yet, it is perhaps too simple to propose that the political consciousness of these radical militants, revolutionary in the sense of propounding permanent change through action upon the structures of power, directly expressed in articulate form a consciousness possessed by the crowd. Clearly, there was a relationship between *sansculottisme* and the crowd; equally clearly, a new political consciousness, or at least a consciousness modified in its terms, came to inhabit the crowd during the events of the early Revolution. Yet, precisely what that relationship was and, indeed, just how revolutionary the crowd was are questions that bear much closer analysis—closer than this paper has space for.

If we turn back to Georges Lefebvre's earlier study of revolutionary crowds, we find a discussion that is in some ways more sophisticated.[10] Lefebvre is, for example, less restrictive in his definition of the crowd. He is ready to include a wider range of crowds as worthy of attention and he discusses different types of market riot and rural disturbance as well as the *journées*. Furthermore, he elaborates a concept of "la mutation brusque de l'agrégat en un rassemblement révolutionnaire," an idea recently reformulated by Jacques Beauchard as the transition from the "atomized crowd" via the "crowd in fusion" to the "organized crowd."[11] Furthermore, Lefebvre posits that this mutation is the product of some external event "qui réveille les sentiments affectifs." This is valuable because it stresses the importance of examining other types of crowd as actors in revolution as well as the classically defined political crowd. It is valuable also because it stresses that all crowds are potentially interveners in the process of revolution. It is valuable finally because it directs our attention to this moment of metamorphosis, in particular to the manner in which exterior events act upon "les sentiments affectifs" and to the degree of transformation involved. Does, as in Kafka's "Metamorphosis," the consciousness remain basically the same within the transformed exterior or does the consciousness change also?

The notion of "les sentiments affectifs" introduces a further stimulating point in Lefebvre's analysis. The existence of a crowd supposes, he argues, the prior existence of a collective mentality. On entering the "aggregate," the individual escapes from the pressure of the small social groups which provide the context of his daily life and becomes available "aux idées et sentiments qui sont le propre de collectivités plus étendues dont il fait également partie." It is clear that Lefebvre is in fact thinking of the availability to notions of "the nation" or to more general social interests such as those of the poor. As we shall see shortly, it is possible to read this in a different way.

However, at this point, Lefebvre's argument begins to deviate. At root, his definition of the revolutionary crowd is the same as that of Rudé—acting in the sense of protecting and radicalising the Revolution. By prior collective mentality Lefebvre essentially means the growth of political consciousness and even if, in an aside, he admits that it feeds off popular memory, "sur une tradition très ancienne," he discusses it in terms of the political education offered by the elections and the cahiers, the events of June–July 1789, and so on. For Lefebvre, as for Rudé, the purposive crowd in the Revolution is the one that assembles for a revolutionary purpose; its purest expression must be the Parisian section demonstrations of 1793. For Lefebvre also, 1789 is a rupture in the history of popular behaviour.

It is by taking another look at the pre-revolutionary crowd that we may redirect Lefebvre's analysis and understand the crowd's transposition into the revolutionary environment.

II

It is possible to argue that a prime feature of the Ancien Régime purposive crowd was its ability to act as a representative. I do not mean to advance that all crowds in all situations inescapably had a representative function. But, as an extension of its collective character, the crowd easily acquired the function of representing the community whose members composed it. It did not represent the community in a formal or direct way. This representation was more emblematic or virtual than direct. Not all the members of the community usually entered any particular crowd and it did not implement a policy debated and determined by the community, though some forms of rural contestation both before and during the Revolution could come close to that. Nonetheless, by its public and collective character, the crowd established and fed off a rapport with those members of the community who observed it without participating directly in it. One can cite many examples of this—the prevalence of youth groups in disturbances, exclusive by definition yet so clearly representative of collective community attitudes in practise; or else, market disturbances to which, as Steven Kaplan has noted,[12] local officials so frequently conceded some tacit legitimacy; or else, the recurrent presence of figures from outside the *menu peuple*. Indeed, spectators were not merely an inescapable but, rather, an indispensable part of crowd action. Spectators were an audience crowd alongside the acting crowd; indeed, it is frequently difficult to distinguish the two on the ground. Spectators were rarely indifferent to the actions of the crowd. At times, they verged on participation—the classic example is the scene at the Bastille on July 14 where, according to one observer, there was gathered "une foule innombrable de citoyens, la plupart par le seul mouvement de la curiosité" and when, as the victorious crowd surged back up the rue Saint-Antoine with its prisoners, a "nombre inconcevable des femmes, des enfants, des vieillards . . . semblaient s'élancer des fenêtres des maisons en criant: *Les voilà, les gueux! on les tient!.*"[13] More usually, they observed and commented. Of course, the crowd frequently overstepped at some point the limit of community acceptability. All that it did cannot, therefore, be deemed to be a community endorsed gesture. But, it is equally clear that the crowd frequently achieved and usually claimed a representative status, just as it is clear that spectators were usually aware of the claim to which they either acquiesced tacitly or openly or else which at some point they began to reject, often intervening either directly or indirectly to check or reprove actions.[14]

The characteristic localism of the eighteenth-century crowd also reinforced this representative quality. Localism is self-evident in disturbances in villages or small towns. But, even where geographically wider movements were involved, the separate identity of groups from different communities appears to have been maintained. To take examples from the Revolution itself, it is clear that in the anti-seigneurial attacks which could move crowds over a radius of ten or more miles groups from individual villages tended to remain distinct within the multitude. As the crowd passed each village, the inhabitants of that village were incited to join in with a cry addressed collectively "il faut que les gens de . . . se joignent à nous"; witnesses in subsequent judicial enquiries frequently described such crowds simply by listing the villages from which they were composed.[15] Similarly, the predominant localism is visible in the anti-jacobin disturbances in the Midi in 1795 and 1797 when a crowd from a particular village or small town travelled to murder someone from its own community whilst leaving other victims untouched for the crowds to come from their own particular community. Such a pattern was not confined to small localities. Urban disturbances in provincial towns during the Revolution frequently involved definable *quartiers*, whether as the locality of a riot or as an attack by one on another. One can cite among the many examples, the pattern of disturbances affecting La Carreterie and La Fusterie at Avignon, or the Plan d'Olivier and Le Boutonnet at Montpellier, or the different *quartier* identities of the *chiffonistes* and the *monnaidiers* at Arles. Even when one can attach socio-economic characteristics to such a pattern, they are far from being the only or indeed the dominant factor.[16]

As for Paris, despite the fluidity of the population both socially and geographically noted by Daniel Roche, one can still discern the same feature.[17] David Garrioch has recently demonstrated convincingly the primacy of neighbourhood in Parisian sociability.[18] Crowd action was remarkably limited topographially inside the city, even during the Revolution. Leaving aside market riots, one can see this for example in the riots over child kidnapping in 1750. Despite the multitude of disturbances and the wide diffusion of the rumour at their source, the incidents were localised and separate; the participants seem to have been people living close to each incident.[19] Similarly, the disturbances of August-September 1788 were closely confined to the area around the Parlement, principally the Place Dauphine and the Pont-Neuf. Only very late in the events was the crowd drawn out towards the Porte-Saint-Martin and the Faubourg Saint-Germain for purposes which will be discussed shortly. Although the evidence is scanty, it seems here again that the crowd was composed predominantly of people from the neighbourhood—the few arrested were from the vicinity or from just across the river; the best contemporary account gives it that character and describes a clear example of the rapport between the crowd and the spectators, between those in the street and those in the houses and shops giving out onto it.[20] Similarly, in the Réveillon riot in the Faubourg Saint-Antoine, few people from outside the immediate vicinity intervened.[21] Even the Bastille crowd was heavily localised: 70% of the "Vainqueurs de la Bastille" resided in the Faubourg Saint-Antoine.[22] Although this event did draw participants from a wider area, the inhabitants of the Faubourg Saint-Antoine and the Faubourg Saint-Marcel remained quite distinct entities, each providing itself with its own leader (the *brasseurs* Santerre and Acloque).[23] Indeed, it is significant that in the confusion of the early moments people from the Faubourg Saint-Antoine should have been able to recognize Elie and to know that, as an "officier de fortune" in the Régiment de la Reine, he would know what to do; it is equally significant that Elie, understanding that he would also have to direct people who did not know him, immediately returned home to put on his uniform.[24] These two faubourgs continued throughout the Revolution to have a separate crowd identity, Saint-Antoine even developing its own spokesman in the person of Gonchon. But, though less visible, one may reasonably expect other quarters to have retained at least elements of a similar identity. Certainly, the section demonstrations of 1793 were by their very essence quarter-based. The instinct to distinguish oneself by group appartenance was a prevalent one. For instance, when in July 1791 the Cordeliers Club tried to organize a mass demonstration-march from the Bastille to the Champ-de-Mars under one banner, the other clubs all insisted on marching each under its own banner; similarly, the works preparing the Champ-de-Mars for the Fête de la Fédération in 1790 was not a mass effort "toutes classes confondues" but rather one in which each trade remained distinct, each displaying its own banner.[25]

One can argue, therefore, that the eighteenth-century crowd enjoyed a particular, functional relationship with its community and that it remained characteristically rooted in locality and neighbourhood. Even in the urban context and even in the great events of the Revolution, a large crowd should probably be seen as characteristically an agglomeration of crowds rather than as a single mass.

It is important to define more closely this community which, we suggest, the eighteenth-century crowd represented and to which it related. Community must not be understood as merely a neighbourhood defined topographically, although this is an indispensable element. It contains also a notion of collective awareness, an awareness of belonging to a collectivity which provides the context for one's social existence or rather sociability. Social differentiation and individual ranking are not abolished but they are placed within the coherence of a wider collectivity. It is a constituent of identity and a referent of behaviour. The community represents a context of existence and a guide to living in society. Thus, if community has a physical sense of neighbourhood proximity, it also has a moral sense of collective norms of conduct, as it were a moral proximity of shared assumptions about the relationship between the individual and the group. It is well-known that the all-embracing form of community visible in the early modern period was subject to considerable stress and defections by the time of the later Ancien Régime.[26] Elite groups no longer participated in the festive manifestations of collective culture; elite culture and popular culture were diverging as were the value systems they articulated; it was much more rare to find people from outside the world of work-shop, street trade, and *menu peuple* in the crowd; property owners seem more uncomprehending and more quickly frightened of the crowd. The community, in the sense we have adopted, was far advanced in the process of becoming defined in terms of social structure, of becoming the popular community; in turn, the values it embodied were becoming what historians like to term "traditional" as opposed to "modern." However, if we take Paris as the place where traditional solidarities can be supposed to have decayed the most, the community remained at the end of the Ancien Régime of paramount importance to the mass of ordinary people, even if the quarters were less distinctively inward-looking and parochial than they had been a hundred years earlier. Arlette Farge and David Garrioch give multiple examples of the way in which the individual appealed to the community, measured his or her place and reputation by reference to it.[27] The community was a defence and a tribunal which, by regulating itself, perpetuated itself.

Nonetheless, the divorce between the popular community and elites was not complete. Before 1789, the bourgeois and professional man in Paris and other cities was still caught in the web of community and to some extent still acquiesced in it. As Daniel Roche emphasizes, fear and understanding, sympathy even, were perfectly compatible reactions in contemporary observers.[26] The elites were cap-able of virtually colluding in some sorts of disturbance, for example grain riots.[29] The crowd in turn called upon them to participate, for instance in the way in which crowds enrolled half-consenting local figures of standing in their action—partly, at least, in order to restate the community identity. Indeed, during the Revolution, elite groups were quite capable of speaking to the crowd in the language of the popular community, as they did in the religious disturbances or during the Ther-midorian Reaction. Yet, such figures could only manipulate the crowd if they adopted that language. The crowd was not moved by deference—not just any noble could lead peasants in the *chouannerie* simply by reflex of ancient super-iority.[30] The standard contemporary official interpretation of riot in terms of out-side agents and leaders from a higher social class was as unsound for the Revolution as it was for the Ancien Régime. The crowd tended to throw up its own leaders and these leaders could change as the direction of an event changed.[31] Maillard's leadership was born in the Bastille crowd; that of Hulin did not long survive his attempts to save victims of that crowd. Indeed, a classic example is provided by the attack on the Invalides: the governor "vint lui-même, fit ouvrir la grille et parla au peuple. On l'écoutait assez; un seul homme réclama, et dit que tout délai était un péril nouveau, et dans l'instant la foule se précipita dans l'Hôtel."[32]

It is not at all surprising, therefore, to find people from socially diverse back-grounds in the crowds analysed by George Rudé. This was natural enough. Yet, the social relationship across the indeterminate cleavage in the community was very ambiguous and well expressed around the crowd. Joseph Charron's contemporary articulation of collective behaviour in Paris at the end of the Ancien Régime into "peuple, public, populace, canaille" was an awkward contemporary attempt to render the complex reality of this evolving relationship.[33] What Charron's account of the events of August-September 1788 does show very clearly is the ambiguity surrounding the crowd. He notes that "la classe mitoyenne" enjoyed the noisy turbulence of ordinary street effervescence and was perfectly ready to flip a coin to a street urchin, knowing that it would be used to buy fireworks and bangers. He shows that many householders around the Place Dauphine were ready to set lights in their windows in some kind of complicity with the street crowd but that a few refused, "voulant se singulariser, ou ignorant les convenances." The crowd returned the next evening to break the windows of the recalcitrant. "Convenances" clearly implied a tacitly recognized legitimacy of the crowd and a proper colluding solidarity; yet, the outright refusal of some to collude was a symptom of the growing detachment of the "classe mitoyenne"; in turn, the reaction of the crowd reflected its instinct to enforce an inclusive community. However, once the festive aspect present in almost every Ancien Régime popular crowd got out of hand, the "classe mitoyenne" took fright and endorsed the intervention of the guet. However, the guet behaved in a heavy-handed manner, provoking pitched battles, the burning of guard houses, and finally government mobilization of the gardes françaises. At this point, the property owners ("le public" in Charron's terms) intervened to defuse the situation. "Le public sentit qu'il était important de ne pas se rassembler, et la populace . . . se retira sans murmurer." Thus, this "public" was clearly still able to assert its community membership and to persuade the crowd; yet, once again, it could only do so provided it did not cut across the crowd's own perceptions and values, for Charron points out that the crowd dispersed because it "respectait (la garde française) avec laquelle elle n'avait jamais en rien à démêler." Indeed, the "populace" continued its hostility to the guet, culminating in another pitched battle. This left "le public indigné . . . et les honnêtes gens dans l'inquiétude." When, finally, the guet assaulted a group engaged in perfectly innocent conversation, "au récit de ces actes d'inhumanité, tous les honnêtes gens se soulevèrent et demandèrent vengeance."

In sum, Charron portrays a complex relationship of both tension and collusion between the crowd and the social groups on the edge of the community that the crowd represented. More than that, he reveals how these social groups accorded the crowd a certain legitimacy which did not arise, in this case, out of some sense that the crowd was serving a grander political design of the elites. However, the ambiguity of this relationship was to be laid bare in the Revolution. We may argue that the Revolution hastened the process of separation of elites from the popular community, from its claims and its values. The crowd's action in the Revolution may been seen as instrumental in accelerating the alienation of the propertied classes.

The crowd was peculiarly fit to be the organ of popular representation precisely because, whilst retaining its local, rooted quality, it stood outside the formal structures of the community. It abolished the hierarchies and relationships in the society of the neighbourhood and asserted the commonality of the members of the community in their undifferentiated membership of the crowd. The crowd was in a sense the community temporarily reformed. It was perhaps as close as one could get to the philosophers' ideal of society in the state of nature. It released its members from their established condition, it granted them relative anonymity, and it assembled them in a new association outside, on the street and in the squares. In order to exist, the crowd necessarily had to be outside (or, on occasion, the space provided by some large public hall). But, this location was essential in another sense: it confirmed the crowd's character as the community reformed for it involved the voluntary occupation of public space, a space not confined and defined by a particular activity but, rather, neutral by its undefined and common occupancy by many different activities and individuals. Indeed, the crowd disliked being confined and thus defined: if it entered a closed space in pursuit of a victim, it nearly always took him outside to deal with him, even if this merely involved throwing him out of the window.[34] It is striking that the crowd at the Hôtel-de-Ville on July 14 took all its victims outside, none being killed inside; similarly, the prison massacres of 1795 (as distinct from murders by a few men) all involved extraction of the victims and their death outside.[35] On the contrary, the crowd was always suspicious of enclosed, hidden spaces: one need only remember the fears of the July 14 crowd about the cellars of the Bastille and hidden subterranean passages or else the origins of the September Massacres.

The crowd articulated what the members of the community had in common. It transcended the particular interests of corporate bodies, trades, workshops, and so on, let alone individuals, and it could thus express a value system that underpinned popular attitudes. The crowd simplified conscious attitudes, it emphasized the common ground of values and codes of conduct which formed the mental base of popular social attitudes. It put a premium on the assumed and culturally instinctive bases of conduct rather than on rationalized attitudes to complex facts of a changing world. The consciousness of the crowd was, therefore, always likely to be more "traditional" and more coherently simple than that of individuals. If we are looking for Lefebvre's "sentiments affectifs," for the "idées et sentiments qui sont le propre de collectivités plus étendues dont (l'individu) fait également partie," for the collective mentality which pre-exists the crowd, then it is here that we must look. It is this liberation of the traditional reflex that poses the principal problem in the crowd's transposition into the revolutionary environment and informs the whole question of its relationship to revolutionary politics.

The crowd, then, was the means through which the "peuple" expressed its collective identity and its values.[36] The crowd was the means through which it regulated its relationship with authority and the conduct of public affairs. The crowd was the means through which it asserted and defended its place in society. Finally, the crowd was also the means through which it was able to enforce its collective values upon deviant members within its own community. In a very direct sense, therefore, the representative and regulatory crowd was the natural organ of the people. Its members were too weak to have a significant action as individuals in regard to authority—whether state, social or economic authority—but collectively they could express their judgment and defend their interests. In this sense, the crowd invaded the public space not just physically, but also morally and politically.

The most direct and obvious expression of this function was the crowd's application of the moral economy in the market place, as defined by E. P. Thompson and demonstrated in the French context by Steven Kaplan and William Reddy among others.[37] For us here, the significant point is that the crowd represented the community for it stated and acted upon its right to enforce the moral economy and to reprove, call to order, and even punish authority which failed to fulfil its obligations. This was perceived as a legitimate act both by the crowd and many of those who observed it in the Ancien Régime. However, this pattern is also visible in a wide spectrum of other relationships with authority. The eighteenth-century crowd acted against agents of government on a whole range of issues in exactly the same terms. The people were not passive acceptors of authority nor were they in a state of permanent rejection and hostility to it. Both David Garrioch and Arlette Farge demonstrate how quick Parisians were to have recourse to the *commissaires de police* in matters as diverse as domestic dispute, commercial dishonesty or disorderly behaviour. Public authority had a function in ordering the community which its members recognized as necessary, even though there were compelling unstated rules governing an individual's appeal to public authority especially in smaller societies.[38] Yet, at the same time, people were equally quick to resist and reprove initiatives which stepped outside what was deemed to be legitimate and necessary action. The limits on authority were anchored in a popular system of values which authority could at times override by force, but which the community guarded through the crowd. Just as the community policed its own members by a savant dosage of derision, *charivari*, physical assault and even death, so it policed its policers by much the same methods. Rather than the law courts, it was the crowd which was the eighteenth-century answer to the ancient question *Quis custodet custodes?*. Accounts of eighteenth-century "émotions" make it clear time and again that it was the behaviour, real or suspected, of agents of authority which was the outside event which mobilized the crowd, the key to Lefebvre's "mutation brusque." We need refer only to the examples we have already used: in the 1750 kidnapping riots, it was the rumour that police agents were responsible that brought the crowds out and it was exclusively they who were attacked; similarly, the August–September 1788 gatherings only degenerated into riot when the *guet* attacked the crowd to which the crowd responded by attacking the guard posts, whereas it left the *garde française* alone because it had not thus misbehaved, at least until the very end of the events; on July 14, the sequence of events at the Bastille is important because the crowd did not attack until it was itself fired upon and the reproach levelled against those who were massacred was that "on les disait canonniers, on disait qu'ils avaient tiré sur le peuple."[39] For his part Charron, the chronicler of the August–September disturbances, was quite clear that there were rules about how to handle the crowd:

> Ce n'est pas le nombre d'hommes qui impose au public . . .; c'est la bonne contenance des soldats, c'est l'ordre, et surtout la modération de leurs mouvemens. . . . Les gardes françaises se sont trouvés dans la malheureuse nécessité d'employer la force; sans que cependant il en eût à serrer aussi ces malheureux, de manière à ce qu'ils ne puissent échapper; car la justice qui frappe doit être encore justice. Elle change de nom, lorsqu'elle ne laisse à ceux qu'elle châtie que le désespoir et la mort.

Clearly, there was more here than a simple tactical precept and, as we have seen, equally clearly the "public" agreed with him.

The crowd observed, commented, judged. It was inescapable, therefore, that the crowd's action should contain a discourse of justice. This was a function of its sense of the legitimacy of its action. The perception of the people exercising justice was profoundly anchored in Ancien Régime popular perceptions. This was why the crowd had recourse so frequently to acts which echoed or parodied state justice. Hence, the propensity of crowds to hang unpopular figures in effigy; hence, the habit of the Parisian crowd of going to the Place de Grève, not just as a necessary large open space but as the site of public executions. The crowd could make mistakes, but it does not appear that the eighteenth-century mob was characteristically blind.[40] Choice rather than accident is the answer to the question posed by any historian of eighteenth-century violence as to why this individual rather than another fell victim. The victim of a crowd was usually someone who was known to have infringed the rules or, more rarely, someone whose known previous behaviour made it likely that he had. It seems rare indeed that someone fell victim by mere virtue of his social position or public post. This feature is visible as much during the Revolution as before it. To cite at random, peasant crowds attacked only selected seigneurs and there were untouched châteaux in every troubled area; in 1791 and 1792, there were dozens of nobles in châteaux round Lyon and in the central Rhône valley indulging in unwise talk and maintaining unsavoury friendships, yet Guillin du Montet and the marquis de Bésignan were singled out for mass attack precisely because they had a long history of tyrannical abuse of the peasantry, compounded by intemperate behaviour at the moment of the riot; the disturbances of the 1795 White Terror in the south are simply incomprehensible without analysing the selective nature of the crowd action.[41]

Even if we limit our remarks to the Ancien Régime for the moment, the exercise of justice is an act of power, an attribute of majesty. By exercising justice, by deliberately endowing it in many cases with the forms of the execution of royal justice, by exercising it in public and often in the very site of royal justice, the crowd was in fact laying claim to some portion of public power and erecting its own codes alongside those of the state. This is of course to overstate the matter by developing unduly implications which were certainly unperceived by the Ancien Régime crowd. The relationship between the crowd and public power was more complex and, until the Revolution, amounted at the most to a kind of coexistence. In absolutist theory, the Crown alone occupied the public space and it ruled over individuals who owed it unquestioning obedience.[42] In practice, however, this public space was constantly invaded by the population in the shape of the crowd, which exercised definable functions of regulation and disapproval. In this sense, the crowd was political under the Ancien Régime, even if its action rarely surpassed a very localised and itemised reproach which did not constitute a direct threat to state power. Through the crowd, the people regulated, checked, and ultimately limited (albeit loosely) the exercise of state power in matters which affected directly the detail of their lives.

We may extend this notion of space a little further. Just as the royal state controlled the public space of power, so it controlled the physical public space of highways, streets, and squares. If the crowd invaded the public space, it was trespassing in both political and physical terms. This physical space was marked by a geography of public power: in Paris, the Place de Grève, the houses of the *commissaires*, the Hôtel de Ville, the hotel of the *commandant de guet* and that of the *prévôt des marchands*, the prisons, the *octroi* houses, the Palais, the Châtelet, the Bastille—and the pattern was repeated in any provincial centre. The crowd went out of its way to obey this geography, parading its effigies to the appropriate public building, dragging the broken bodies of *archers* and *mouches* to the house of a *commissaire*, carrying the debris of guard posts to the Place de Grève. At the same time, as the crowd receded from the public space, so the power of the state flowed back into this double physical and political space, epitomized by the reappearance of *archers* and police agents, by the judicial enquiries, the arrests, the trials and the public punishment. The relationship was fluctuating and to some extent ritualised, in which the crowd could establish no lasting hold on either physical or political space. This was partly because of the temporary, evanscent nature of the crowd itself; but it was also because the crowd, as representative of the community, sought only to regulate and not to substitute itself. It was a relationship recognised by both sides. The crowd did regulate itself both in the specificity of its choice of victim and by attempting to prevent actions which infringed its own codes.[43] For its part, the repression of the state, for all its spectacular quality, was measured and highly ritualised.[44] Both sides knew they had to respect and fear each other. And each side wrapped up the relationship in a mutual discourse of goodness: the popular assertion of the goodness of the king, on the one side, and the royal assertion of the goodness of the people, on the other.

In this context, the appearance of the Palais-Royal as a focus is significant. In 1780, the duc d'Orléans ceded the palace to his son (the future regicide), who opened the gardens to the general public. However, this was a privileged area which the police could not enter.[45] It became, therefore, for Parisians a public space outside the state, a space that could be entered and occupied permanently. At the same time, a host of cafés opened up under the arcades where the politically active elite critics of the regime met. The Palais-Royal became a junction point between the much newer political action of the educated speechifiers in the cafés round the edge and the much older political action of the crowd swarming in the central gardens. It was this fusion that Arthur Young described in 1789 in his portrayal of the coffee-houses which are "not only crowded within, but other expectant crowds are at the doors and windows, listening *à gorge déployée* to certain orators, who from chairs or tables harangue each his little audience."[46]

We must note one final incarnation of the crowd in the public space under the Ancien Régime. This is what Arlette Farge has recently termed the "crowd assembled" ("la foule conviée").[47] This was the crowd which assembled to witness the great public acts of state power—processions, *entrées*, public functions of officials from *gouverneurs* down to municipal councils and, above all, executions. Here, the crowd was invited into the public space, once again as a representative, to bear witness by its presence to the display of public power and, by its acquiescence, to restate the submission of the subjects. In practice, of course, the crowd was being solicited as much as convoked; it was a participant as well as a witness. Royal authority needed the stylised adherence of the crowd before which it paraded its majesty. The parade had no sense without its public and without the public's acquiescence. Yet, the line between acquiescence and approval was fine and both permitted their opposite—rejection and disapproval. The crowd, therefore, had the possibility of breaking out of the stylised role assigned to it and of commenting and hence regulating. The authorities were acutely aware of this potential and observed the reactions of the crowd attentively. The crowd did indeed comment. It could express approval by cheers and good humour: but even that could be a hostile act if the approval was for some person or institution of which the royal government disapproved. It could remain indifferent and silent, hostile therefore to the act it was called upon to approve. It could jeer and boo, resort to verbal and eventually physical violence. The crowd assembled was a necessary but dangerous public for the state.

Therefore, whether noisy or silent, the crowd was a definable actor in the play of Ancien Régime politics. It was a critical public that existed before the elite critics of the Ancien Régime broke out of the private world of salons and academies. Some authors have characterised this crowd as "prepolitical" or effecting "primitive political gestures."[48] This is really to use the politics of the Revolution as the touchstone. Yet, it does raise the question of how the politics of the crowd adapted to the revolutionary context and to what degree they were transformed. The contention here is that there is a direct continuity between the functions of the pre-revolutionary crowd and its functions in the Revolution, between the kind of value system the crowd articulated before 1789 and its development thereafter.

III

As far as Paris is concerned, the disturbances of August–September 1788 were the last to be framed almost exclusively in the classic terms we have described. This is true not only in their development as a reaction to repressive behaviour by agents of authority and in their recourse to the ritual execution of the effigies of authority figures held guilty; it is true also in their relationship to the Parlement, whose dismissal provided the original context of the gatherings and whose return in September amidst cheering crowds constituted the last act of these events. It is as well not to overemphasise the significance of the crowd's affection for the Parlement, to anticipate its meaning in the light of 1789. On the one hand, crowd support for the Parlement was an old phenomenon, dating from beyond the Jansenist controversy to the Fronde; on the other, the crowd's chants of "Vive le Parlement" on its return were accompanied by cries of "Le Procès à Dubois" (the *commandant du guet*), thereby revealing the centre of its preoccupations and, perhaps, the main sense that it now accorded to the return of the law court. Nonetheless, there was one other note. Charron emphasizes the wide unanimity in the reaction to the news of Necker's recall: "c'est le Peuple qui conçut d'heureuses espérances du retour de M. NECKER; c'est le Public qui par ses témoignages de confiance fit remonter les effets à la bourse; c'est la Populace qui portait son portrait en triomphe au bout des longs bâtons qu'elle avait pris sur les ports; et c'est la Canaille qui faisait crier aux passans: *Vive M. Necker.*" Beneath the accustomed rituals, the crowd was displaying not merely a knowledge of the broad lines of high politics (normal enough in Paris) but also a sense that one particular policy in government was in its interests.

Quite how popular consciousness developed to this point must be a matter for more extensive discussion than space allows here. As far as the Revolution is concerned, George Rudé is certainly correct to identify the process as an interplay of "inherent" and "derived" ideas, although his sense of "inherent" ideas is quite different from the one here.[49] In terms of background, one of the most stimulating suggestions is that of Steven Kaplan who sees the effect of the free grain trade experiments of the 1760s and 1770s and the decade of grain riots that accompanied them to have been to instil the notion that, beyond the traditionally identified hoarders and speculators, it was the government—indeed, the King himself—which was deliberately acting against the people and violating its fundamental responsibilities.[50] Certainly, in 1788, Charron found quite absurd the notion that people did not know what was going on; in his view, even if they had not been instructed by elite debates, they clearly understood that economic conditions were the consequence of government policy—"qu'on ne croye pas que des intelligences grossières soient sans énergie quand elles se communiquent. . . . Si (la populace) a raisonné son mécontentement, si ses inquiétudes étaient fondées, elle a donc dû prendre part aux événemens."

We can see here one way at least in which a profound shift in consciousness was being prepared. It was a shift towards identifying popular interests as being in opposition not simply to acts of individual authority figures infringing the community's rules, but to the government itself. It prepared popular consciousness to make choices about government and to identify itself with the Tiers-Etat. It was in this ground that were rooted those agencies of revolutionary education normally cited by historians—pamphlets, orators, the elections, the cahiers, the assemblies for petitioning in June and July 1789, and so on. Yet, the impact of elections and assemblies in 1789 on popular opinion is not straightforward. If it is true that the Crown was inviting the population into the public space of politics, it was trying to do so in a restrictive and controlled manner. Above all, an electoral assembly was not well-suited in form or content to popular reflexes, while the poorer sections were excluded from much of the process and, in the towns, at best atomized into corporative assemblies which emphasised sectional rather community interest. In 1789, and beyond, the crowd provided a far more potent education as it acted out its traditional functions of expressing a sense of injustice and of providing the instrument for regulation and for obtaining redress. Certainly, even in the earliest moments of the Revolution, the crowd revealed a remarkably rapid evolution. In September 1788, it still personalised its comment in the cry of *Vive M. Necker*; in the Réveillon riot (April 1789) it added to that shout the abstract slogan of *Vive le Tiers Etat*. Yet, the very traditionalism of the Réveillon riot both in its conduct and in its central meaning (after all, Réveillon and Henriot were being reproached for infringing community norms) pose the probably unresolvable question of what the crowd meant by the Third Estate. To what extent did it then, or indeed ever, mean to represent by this term (and subsequently "the nation") anything more than the community and its values—a predominantly traditional perception vaguely informed by a sense of its wider applicability culled from and invested in language supplied by the elite revolutionaries? Even for the sans-culottes, Bill Sewell's suggestive pages reveal that the important changes wrought by the Revolution in their attitude to labour and trade identity served to emphasise "their collective loyalty to a moral community" and to leave untouched "the moral collectivism of the prerevolutionary corporate mentality."[51] If, as Sewell says, that moral community had by 1793 become the one and indivisible republic, how substantively different were the perceived attributes of that republic from those that popular assumptions deemed necessary to good order and fair dealing in the pre-revolutionary society?

The events of July 1789 illustrate many of these themes. Even leaving aside the question of prices which were such a powerful mobiliser, there was much about these events that was entirely traditional.[52] The response to the dismissal of Necker was the predictable one of parading his bust and that of Orléans (thought to have been exiled also) and forcing people to doff their hats. It was the Royal-Allemand's firing on this crowd which began the disturbances just as, as we have noted, it was firing from the Bastille that sparked the assault. Certainly, the power of Necker's dismissal to produce the crowd reaction is further evidence of the evolution of consciousness which we have discussed, whilst the similar effect of the troop movements shows the actualisation of the latent sense that the royal government was hostile to the popular interest. Yet, the crowd's punitive action was in the traditional mode of attacks on specified individuals in retribution for specific conduct. We have already mentioned the deaths of de Launay and soldiers taken at the Bastille. It is equally clear in the case of de Flesselles, who had promised weapons but produced a chest full of old linen, who wrote a damagingly sybilline note to de Launay, and whose whole public conduct during the troubles was visibly suspect. Both Foulon and his son-in-law Berthier were accused in classic terms of starving the people—Foulon was ritually decorated with a necklace of nettles and a bunch of thistles "pour le punir d'avoir voulu faire manger du foin au peuple" and, as for Bertheir, "on apportait du mauvais pain, et le peuple attribuait à M. Berthier tous ses malheurs." Furthermore, the deaths of Foulon and Berthier in particular were very carefully presented as acts of justice: in Foulon's case, the crowd in the Hôtel-de-Ville insisted on having an ad hoc court of lawyers set up there and then to try him and he was placed on a low stool before the council table—obviously, the *sellette* of a regular court—until the crowd got impatient. And, as we have said, they (like de Flesselles) were taken out of the Hôtel-de-Ville to the Place de Grève just as were the condemned criminals of the Ancien Régime.

The crowd action in July was essentially reactive. It was engendered by panic fear and its motive was fundamentally self-defence. One cannot discern in the crowd, as distinct from the electors and their allies in the National Assembly, any demand for the withdrawal of the troops or any programmatic statements about sovereignty and the relationship between National Assembly power and royal power. If we mean by "revolutionary" the design of effecting a permanent change through the reorganisation of power as distinct from remedying an immediate grievance perceived in isolation or punishing an individual in authority, then the July crowd does not appear revolutionary. The consequences of its action were, of course, profoundly revolutionary. By acting in the sense of the National Assembly, it brought to fruition a permanent reorganisation of power. But that is not the same thing as having that end in mind. By reacting against the royal troops in a more extended but nonetheless essentially similar version of a time-honoured gesture, it helped to expel an already retreating royal power from the public space.

But that does not mean that the crowd did not assume that royal power would flow back into that space in the normal course of events.

However, beneath the conventional quality of these gestures, there did lie important new implications in the crowd's action in July. The crowd invaded public space in the double sense which we defined earlier. But it did not encounter constituted royal power as in earlier times: royal power was in dissolution and, with the defection of the *gardes françaises*, the crowd encountered only the physical geography of Ancien Régime power and isolated agents of a dying authority. Instead, it encountered the electors, emerging and claiming power within these very events. The interplay between the crowd and the electors around the remnants of Ancien Régime officialdom and the constitution of a new authority was extremely complex, a phenomenon of simultaneous fusion and separation. Early in these events, de Flesselles "ne voulut exercer d'autorité que celle qui lui serait donnée par les habitans de la capitale; et par acclamation tout ce qui était là le nomma président (du bureau de ville)." It is debatable exactly which "peuple" he had in mind: most likely the electors, but the scene took place at the Hôtel-de-Ville in front of "la multitude qui s'y trouvait assemblée" and it was the crowd which had demanded that de Flesselles be called to the Hôtel-de-Ville. The nomination of Bailly as mayor and Lafayette as commander of the *milice* on July 15 was even more visibly a mass affair involving both electors and the crowd. Part of the legitimacy of the new authority in the capital therefore undoubtedly derived from its acceptability to the crowd. This was an important step.

This mixture of fusion and separation is even more evident in the other events at the Hôtel-de-Ville. Throughout the crisis (including the murders of Foulon and Berthier on July 22), the crowd was the compelling presence in the Hôtel-de-Ville. For a time, the crowd abolished the distinction between its occupation of the public space of power, outside in the square, and the interior seat of government authority. It had rendered the hidden area of power permeable, for the crowd inside was but the extension of the crowd gathered outside. Indeed, it demonstrated its fury when the committee withdrew to another room behind closed doors, saying that "ils travaillaient là en secret, et hors de la présence des citoyens, pour les trahir." Furthermore, the extraordinary popular triumph accorded to Elie after the fall of the Bastille (he was brought to the Hôtel-de-Ville, put up on the council table, crowned like some Roman Emperor surrounded by prisoners and by the silver, flag and great register of the Bastille) was a direct statement of popular power within the very seat of constituted authority.

Yet, at the same time, occupying the interior seat of power clearly constrained the crowd's behaviour. It retained a sense of limits on its ability to act, an indefinable sense that within the Hôtel-de-Ville a legitimacy other than that of the crowd held sway. This is visible in the events surrounding the death of Foulon. The crowd in the Hôtel-de-Ville demanded justice. However, it was persuaded by Bailly's argument, based in the assumptions of the elites' revolution, that Foulon had to be judged by due legal process which it was essential to maintain in order to protect the innocent even though, he conceded, there was a prima facie case against Foulon. The crowd refused to wait for referral to the ordinary courts and tried to force the electors to appoint a court. Yet, it was still ready to accept the electors' legalistic point that they had no power to appoint judges. At this juncture, the crowd tried to constitute a court itself. However, it did not choose men from its own ranks, but rather elite figures with a public function: two curés, an *échevin* and a former *échevin*, a *juge-auditeur* and even, under the pressure of the electors, a *procureur du roi* and a *greffier*. It was only with the procrastination of these figures that the crowd reverted to its traditional behaviour and above all to its traditional space of action by taking Foulon outside onto the Place de Grève.

The Foulon incident clearly demonstrated the limits on the revolutionary nature of the July crowd. However strong the discourse of justice in its action, it could not escape the notion that justice was normally a function of state, properly exercised in its forms and by the social elites. The function of the crowd was still to enforce that responsibility upon them and, if they failed or refused to assume it in a particular case, to substitute its own justice in its own forms for that case. There was not here any attempt to effect a permanent substitution, nor indeed any real consciousness that the fount of justice lay in the people. Notwithstanding this argument, however, the experience of July 14 was undoubtedly significant in actualising shifts in popular perceptions. For one thing, if justice is an attribute of majesty, so too is pardon. Whereas the Ancien Régime crowd had often shouted for pardon on the Place de Grève, it had never obtained it; here, in the famous scene where Elie pleaded for the lives of prisoners at the Hôtel-de-Ville, it exercised that right. The revolutionary notion of the majesty of the people was given here a popular connotation which elite revolutionaries probably did not mean by the phrase. More important, no one reflecting later upon July could fail to understand that the crowd's action had effected permanent change. Bailly, who basically thought that these great changes had already been achieved by the National Assembly, nonetheless acknowledged that this was only understood by the legislators and "les esprits éclairés"—"La Bastille, prise et rasée, parlait à tout le monde."

To what extent did crowd behaviour in the subsequent few years continue to display these same patterns? To what extent did it develop the transformations and resolve the ambiguities we have noted in the July crisis? It is of course easy to emphasize the continuities. Some of the examples we have used in our discussion of the Ancien Régime crowd already make the point. Even in Paris, the sugar riots of January 1792 and the soap riots of 1793 did not transcend at all the character and discourse of the most traditional price disturbances.[53] Moreover, the nature of the punitive reaction and the rituals of popular justice remained much the same. One has only to think of the September Massacres with their deliberate institution of popular tribunals, although these massacres do point to other features as we shall see. One principal source of the crowd's attack in September 1792 was still the perception that constituted authority was failing in its obligation. Exactly the same pattern can be seen in the contemporaneous murder of Gérard at Lorient— murdered only after the crowd had failed to persuade the municipality to deal with him and then murdered in the classic fashion on the town square followed by a ritual parade of his dismembered parts.[54]

One of the major problems in evaluating the development and transformation of crowd action is the appearance of organised crowds, assembled for some purpose of revolutionary politics under the direction of militants. As Michel Vovelle has emphasised, the organised crowd of this nature was a phenomenon distinct from the spontaneous crowd of the early Revolution.[55] The political education of the popular militants who directed and focused such crowds took place in the clubs and sections even more than in the street. In practice, it is extremely difficult to identify the authentic voice of the crowd behind the spokesmen and the petitions claiming to present its case.[47] We have posited that the crowd liberated the traditional reflex; it is likely therefore that the crowd was always less precise in its perception of the meaning of its actions and of the words of its spokesmen. Yet, this does not preclude important transformations in its action and above all in its political function.

It is clear, in the first place, that the crowd swiftly articulated a perception that the "peuple" in the social sense of the popular classes was coterminous with the "peuple"/"nation." Even in a provincial town like Nogent-le-Rotrou a price-fixing crowd could cry "Vive la Nation! Le blé va diminuer!"[57] Equally, crowds were very quickly able to identify as enemies categories of people defined in terms of the politics of the Revolution, especially émigrés and non-juror priests. To cite at random, a crowd stopping grain at Choisy-au-Bec feared that this grain was on its way to émigrés; at Lorient, Gérard had been suspected of shipping arms to the émigrés; the September Massacres rested upon a particular perception of non-juror priests.[58] The ability of the crowd to adduce and act upon such motives constituted a significant extension of its behaviour. Similarly, the electrifying effect of the war crises of 1792 and 1793 was profoundly different from the superficially similar defensive reflex in July 1789. Even if we consider only the theme of justice and regulation, it is evident that the definition of what sort of behaviour constituted infringement of the norms had undergone a dramatic extension. It was these kinds of transformations in the perceptions of the spontaneous crowd that gave elaboration to the traditional reflex that we have defined and moved beyond it. They laid the foundation for the crowd's availability to section organisers in the set pieces of 1793, for, as we have said, the crowd was not easily manipulated by outsiders whose exhortations did not coincide with its own canons.

Nonetheless, these transformations were not as clear-cut as they might appear. Significant though it must be that the crowd could articulate a condemnation of general categories of enemies, it is not evident that it acted in consequence. We have already used examples from the Revolution to show the personalized nature of reproach. The September Massacres provide another case in point.[59] Although the mobilizing factors and the definitions of enemy were of the evolved type, the crowd clearly took pains—and in some cases, lengthy pains—to distinguish between individuals, liberating some and killing others. Certainly, the fact that the only sentence was death distinguishes this event from the very varied structure of punishment available to the Ancien Régime crowd (and visible in the much more traditional events of the White Terror of 1795 in the south) and this serves to emphasise how much the crowd had come to see counter-revolution as a heinous crime against the community. Yet, at the same time, a substantial number of those killed were ordinary criminals. This was not the accidental product of the blind mob. The element of deliberate selection applied in these cases too. Moreover, this happened elsewhere—for example, the crowd which murdered counter-revolutionaries at Aix-en-Provence in early 1793 also strung up a couple of thieves and a rapist, while in 1797 at Lyon, a byword for political massacre, the crowd murdered three thieves deemed inadequately sentenced and shortly after drowned a *chauf-feur* in the Saône.[60] The fact is that the crowd did not clearly distinguish between counter-revolutionary crime and crime *tout court* in a scale of values still anchored in the pre-revolutionary mentality. Even if some of the Suisses captured at the Tuileries on August 10, 1792 were massacred on the spot, the crowd also dragged many of them the not inconsiderable distance to the Place de Grève to execute them there.[61]

However, the most important of all the transformations in the action of the crowd was the emergence of a clear sense that, in order to obtain redress of griev-ance, it had to go beyond agents of authority to put pressure on the seat of power. As we have seen, this sense was present in only the most confused form in July 1789. In October 1789, it was already very much more visible.[62] Whatever the indefinable role of agitators, this was certainly a spontaneous crowd event. It was a traditional crowd movement in its preoccupation with bread, in the prominence of women in a disturbance over bread, in its perception of the King's role as the provider of bread, and in the crowd's forcing Maillard to lead it to do what it wanted to do. But it was new in its specific invasion of both seats of the source of government—the royal palace and the Assembly—rather than merely the seat of municipal government. It was new in its deliberate securing of the person of the King as a permanent, political solution to a perennial problem rather than the temporary solution provided by a *taxation populaire* and by the punishment of some delinquent local agent of authority. In these terms, it is October rather than July which appears the more significant event in shaping the revolutionary crowd.

Of course, October did not achieve an immediate and complete transformation in crowd habits. It still resorted to *taxations* and attacks on traditional objects of fury; even in 1793, it still put pressure more readily on the city government than on the Convention. Nonetheless, the lesson of October prepared and was reinforced by that of August 10, 1792. August 10 was the first really organised *journée*. It was promoted by radical politicians and the politicised *fédérés* from outside Paris played a prominent part. As such, the intentions of the Parisian "peuple" around this event are not perhaps entirely easy to read. It was once again the firing of the troops on the crowd that provoked it to storm the palace. It is remarkable that the crowd in the September Massacres made no serious attempt to go near the Temple; nor was there any crowd intervention in the Convention's debates on the King; the crowd watched the King's execution in absolute silence, only breaking into cheers when his head was held aloft. The King's death, arguably one of the most revolutionary acts of the whole period, was accomplished without the intervention of the crowd (even as the "crowd assembled" its behaviour was ambiguous and its approval *post hoc*): rather, it was the last episode in the struggle between the power of the elites and monarchical power.

The problem of assessing the true relationship between the crowd and organised political action even in 1793, its most potent year, is well illustrated by the Parisian disturbances of March 9–10, 1793 which saw both the breaking of the Girondin presses and what is usually presented as an attempted insurrection against the Convention under the aegis of a number of clubs. In fact, quite distinct elements were involved. On the one hand, the previous days saw substantial popular agi-tation when workers from different trades prepared to gather in considerable

numbers in order to demand a reduction in the price of foodstuffs as well as talk
that "à n'en point douter . . ., vendredi prochain, on devrait se porter à la halle."
On the other hand, it was volunteer soldiers (possibly no more than fifty of them)
who broke the presses and it was again volunteer soldiers and *fédérés* who paraded
menacingly through the Convention. The talk about the sovereign people and the
need to act was all in some section assemblies and clubs and it was aimed at the
fédérés and volunteers.[63] Nonetheless, there were great demonstrations around
the Convention in 1793.[64] Despite their organised quality, these were entirely
within the logic of the action developed by the spontaneous crowd. The crowd
may not have followed the ramifications of sovereignty involved when one of its
spokesmen said (to pick up a phrase from June 1792) "le peuple est là; il attend
dans le silence une réponse digne de sa souveraineté."[65] It may not have understood
in detail Enragé and militant sans-culotte ideas about the regeneration of society,
permanent economic regulation and direct democracy. But it surely did understand
at least that the seat of government could be invaded and that the holders of
state power could be pressured into adopting measures that ensured more than
temporary solutions to popular problems. To this degree, the Parisian crowd was
by now revolutionary.

The proof of this is to be found not so much in the organised crowd of 1793, as
in the spontaneous crowd, deprived of its leaders, in Germinal and Prairial Year
III.[66] In the face of appalling hardship, it resorted not to the traditional methods of
taxation and attacks on suspected hoarders, nor even to pressurising the municipal
authorities; it turned directly to invading the Convention and its cry of "Du pain
et la Constitution de 93" explicitly linked a whole permanent organisation of
power to the resolution of its problem. Yet, at the same time, the Germinal and
Prairial Days also demonstrate the limits on the crowd's capacity for revolutionary
action. In practice, once it had invaded the Convention, it did not really know
what to do with the power it had gained. It depended entirely upon the rump of
radical deputies taking charge and providing it with detailed measures to enforce.
It had no real concept of revolutionary substitution; it had no sense that its own
power could somehow be permanent, only that the Convention could be forced
to enact favourable measures whose permanence was guaranteed mostly by a naive
view of the binding character of a constitution. In this respect, the crowd had
not moved far beyond July 1789. Although temporarily overawed in 1795, the
Convention was no longer constrained by the double jeopardy of invasion and
provincial insurrection as it had been in 1793.

IV

In order to complete our discussion of the crowd in the political culture of the
Revolution, we need finally to examine briefly the attitude of the revolutionary
elites to it. During the arduous transition from the Ancien Régime to the Revolution, the crowd and the elites coexisted uneasily in the public space of power
vacated by the monarchical state. At moments, groups committed to the revolution
of the National Assembly were prepared to call upon the street. Thus, for example,
when news of the *séance royale* arrived at Lyon, members of the *Cercle des Terreaux* on the balcony of their club incited a riot among "le peuple et une partie

des jeunes gens de la bourgeoisie" in the street below who, after forcing illumi-
nations and maltreating the *prévôt des marchands*, ended up by destroying the
barrières.[67] In fact, such a direct appeal was extremely rare and the *Cercle des
Terreaux* had probably not measured the likely consequence of its enthusiasm.
Certainly, the good bourgeoisie of Lyon quickly brought out the *milice bourgeoise*
to control the disturbances and several weeks later marched out to repress quite
brutally the rural disturbances of the region.[68] Indeed, one of the principal "revolutionary" consequences of crowd action in mid-1789 was to stimulate the crystallis-
ation of bourgeois revolutionary authority with the creation of new municipal
governments and national guards with the purpose of controlling the crowd. Even
in Paris, it is quite clear that the prime motive of the electors was the question of
public order more than Necker and the royal troops. As early as July 11, they were
petitioning the National Assembly for a *garde bourgeoise* on the grounds that the
presence of the troops was provoking "émotions populaires"; as we have seen,
they authorised the taking of arms in large part because of the armed crowds
already in the streets and they instructed electors to go "aux postes des citoyens
armés, pour les prier de superséder, au nom de la patrie, à toute espèce d'attroupe-
ment et voie de fait"; the first act of the permanent committee was to organise the
milice and to forbid crowds. For Bailly, there were no two ways about it—"les
électeurs, par leur courage et leur activité, ont sauvé la ville de Paris," and he did
not mean from royal counter-revolution.[69]

For a short while, the crowd and the revolutionaries stood side by side in the
arena vacated by the royal state. What better illustration than an incident on July
15 described by Bailly?[70] A long procession wound from the Tuileries towards the
Hôtel-de-Ville, comprising the *guet*, the *gardes françaises*, officials of the *prévôté*,
electors, members of the National Assembly, the *milice parisienne*, under the gaze
of a large, cheering crowd—in other words, it was both a demonstration in quite
traditional form of the fusion of old and new agents of authority under the control
of the new revolutionary power and also a claim for recognition and endorsement
by the crowd assembled. Suddenly, the procession encountered "une espèce de
pompe triomphale" in which a *garde-français* crowned with laurel was being
escorted in a cart by another large cheering crowd. The first procession joined in
the plaudits of the second without ever quite knowing who the man was. By
later 1789, however, the revolutionary authorities had largely completed their
occupation of the public space of politics and they had inherited the functions of
the Ancien Régime state. The enactment of Martial Law in the aftermath of the
October Days enshrined the contradiction between the legal revolution of the elites
and the crowd.

Inheriting the functions of state power, it is hardly surprising that the new
authorities should also have inherited much of the Ancien Régime's relationship
with the crowd. Yet, here too, there were significant transformations. Of course,
eighteenth-century men of property feared both the crowd and monarchical
power; they tended to fear the latter more than the former until the last decade of
the century when fear of the crowd came to dominate. In France, the crowd's
behaviour in 1789 appalled the more conservative even among moderate
reformers—Mallet du Pan exclaimed in the *Mercure de France* "Les Huns, les
Hérules, les Vandales, et les Goths ne viendront ni du nord, ni de la mer Noire, ils

sont au milieu de nous"; the abbé Morellet confessed that "dès ce moment (le 14 juillet) je fus saisi de crainte à la vue de cette grande puissance jusque-là désarmée . . . puissance aveugle et sans freins."[71] By 1792, such attitudes had spread to less obviously conservative figures: Thomas Lindet wrote in March 1792 from Normandy under the impact of *taxation* riots "Nous voilà en état de guerre. . . . Verneuil a ouvert ses portes à l'ennemi."[72] This eighteenth-century vision of the crowd as ignorant, dangerous, uncontrollable, actuated by murderous passions, had by 1795 overwhelmed any more sophisticated perceptions in the minds of the propertied advocates of the legal revolution.

Before then, however, such simplifications were by no means the rule. However much propertied revolutionaries would have liked to expel the crowd from the public space of politics, this was really not possible, even in the Ancien Régime mode of limiting it to spasmodic appearances. It was not just that the course of the Revolution gave it repeated opportunities and stimulants to act. It was more that, on the one hand, even moderate revolutionaries had to accommodate the fact that in 1789 the crowd had been instrumental in preserving the Revolution and, on the other, radical revolutionaries in particular understood that it could play that role again. Beyond that, their own discourse on sovereignty prevented the revolutionaries from having precisely the same relationship with the crowd as had had the old monarchical state. The word "peuple" was extraordinarily ambiguous because of its double meaning: Thouret pointed this out at the very beginning in the debate of June 15, 1789 on what to call the Third Estate when he rejected Mirabeau's suggestion of "représentans du peuple français" on the grounds that despite "l'acception noble et générale du mot *peuple*, cette expression, si on la prenait dans le sens qui la limite à une classe infinie, blessait la dignité, et alors, ainsi restreinte, elle aurait pu en désigner non le tiers-état entier, mais la partie non éclairée."[73] The difficulties in maintaining the distinction were immediately apparent: on July 16, whilst Mirabeau was rebutting Mounier's opposition to a call to dismiss the ministry with the phrase "vous oubliez que ce peuple, à qui vous opposez les limites des trois pouvoirs, est la source de tous les pouvoirs," Moreau de Saint-Méry (president of the electors) was pointing to the enormous cheering crowd witnessing the King's visit to Paris, saying "Et voilà, Sire, ce peuple qu'on a osé calomnier."[74] Even if the exercise of political functions was reserved to active citizens until 1792, all individuals by virtue of their rights were participants in sovereignty. There was always the nagging point that the crowd did somehow claim a legitimacy and those who increasingly came to organise this crowd certainly made that claim. It was no casual shift of language that transformed Gonchon, who first appeared before the National Assembly as "l'orateur du Faubourg Saint-Antoine," into "l'orateur du peuple."[75]

Various strategies beyond simple physical containment were available. One early example was the regulation of the right of petition by the decree of May 10, 1791 which, confining it to individual signed petitions, sought to atomise the crowd. Another strategy was the National Guard. Although until the Fall of the Monarchy it was reserved to active citizens, it overlapped in its lower ranks with the social stratum out of which much of the crowd came. When all adult males entered in 1792, it was recruited from the same population as the crowd. Like the crowd, the Guard took its members out of their daily context and gave them a collective identity. But, it also organised them in a hierarchy dominated, even past 1792 by men of some substance, and put them in the service of public authority. It was, then, the antithesis of the crowd; it was in a sense the crowd organised to control the crowd. Yet, the ambivalence of its nature was demonstrated time and again by its refusal to repress the crowd and by its involvement in Parisian *journées*.

The most elaborate strategy was to develop the Ancien Régime device of the "crowd assembled." Mona Ozouf has demonstrated the richness, diversity and pervasiveness of the revolutionary festival which flowered from the great Fête de la Fédération of 1790 on.[76] The revolutionaries developed the notion of "crowd assembled" far beyond anything that the Ancien Régime had envisaged. The *fête* incorporated the crowd into the revolutionary political process whilst sterilising it. The popular collective instinct was harnessed: the crowd was assigned a function; it was instructed in the meaning which the revolutionaries gave to the Revolution; it was taught revolutionary good behaviour, so to speak. Nonetheless, the "crowd assembled" still retained in one important respect the function it had had under the Ancien Régime. The "passion de l'espace ouvert"[77] that characterised the revolutionary *fête* was not simply an echo of popular habits; it was a deliberate assertion of the state's occupation of the double physical and political public space. The crowd was still being called upon to endorse the power of the state. The crowd could, therefore, still withhold acquiescence as it had done in the past: the inhabitants of the Faubourg Saint-Marcel, for example, simply refused to turn up to the festival in memory of Simoneau, the murdered mayor of Etampes, in 1792.[78] The revolutionaries needed this endorsement even more urgently than did the monarchy. Public executions also were still a statement of power and a demand for acquiescence as they had been before the Revolution. Indeed, the revolutionaries sought to make this even more explicit and to educate the crowd out of the confusion between ordinary criminality and counter-revolution, which reduced the significance of endorsement, by separating the two types of execution: executions of criminals remained on the Place de Grève and political executions hovered between the Place du Carousel and the Place de la Révolution until they were moved to the Barrière du Trône Renversée in Prairial Year II.[79] The government still paid close attention to the reactions of the crowd at executions: one can positively hear the sigh of relief in the police reports on the execution of Hébert and the acclamations at the death of Robespierre were widely commented upon.[80] Indeed, the removal of the guillotine to a remoter corner of Paris in face of the growing lassitude of the public was a sure sign that the Montagnard government was losing endorsement, or, as Saint-Just put it, "la Révolution est glacée." It was a significant symbol of the Thermidorians' desire to criminalise the radical Revolution that the guillotine returned to the Place de Grève from Thermidor Year II to Prairial Year III.[81]

These examples from the Montagnard period demonstrate that the jacobins had no less of a problem in relating to the crowd than did their revolutionary predecessors. Whatever their plans for the "peuple" and its place in revolutionary politics, the spontaneous crowd did not figure among them. The Jacobin Club reaction to the sugar riots of January 1792 was to call to order the "citoyennes de Paris, qui pour du sucre, (violent) les droits les plus sacrés de la propriété."[82] In this respect, radicals shared the basic premise of more moderate revolutionaries;

their manner of accommodating the crowd was but an elaboration of the perspective of the moderates. Since one could not avoid either the presence of the crowd or the contribution it made to the Revolution, the solution to the problem was to distinguish between crowd actions, to appropriate some of them to the revolutionaries' cause by defining them as good, and relegating the rest as misguided, criminal, the product of manipulation by enemies of the good cause, or merely infantile. In this way, the revolutionaries were able to carry forward the definition favoured by the Ancien Régime that violent crowds were the product of ill-intentioned leaders; they were thus able to accept their own fear of the crowd, whilst at the same time rationalising the inescapable fact of crowd violence by lauding it whenever it appeared to operate in the sense of the Revolution as it was defined by any particular revolutionary group. One early example of this process was the invention of the *Vainqueurs de la Bastille*. We have noted the ambivalent attitude of the revolutionary elites to the July crowd. By instituting the *Vainqueurs de la Bastille* with its formal designation of individual heroes after an enquiry, its pensions and its medals, the National Assembly appropriated the act, disassembled the crowd into heroic individuals, sanctified their action, and thus rendered it safe.

Robespierre's commentary on the insurrection of August 10 shows how radicals could develop this approach. Robespierre made the classic distinction between the crowd as the majestic instrument of sovereignty and the crowd as an irresponsible unruly destroyer:

> En 1789, le peuple de Paris se leva tumultuairement pour repousser les attaques de la cour, pour s'affranchir de l'ancien despotisme, plutôt que pour conquérir la liberté, dont l'idée étoit encore confuse, et les principes inconnus. Toutes les passions concoururent alors à l'insurrection. . . . En 1792, il s'est levé, avec un sang-froid imposant, pour venger les lois fondamentales de sa liberté violée, pour faire rentrer dans le devoir tous les tyrans qui conspiroient contre lui. . . . Il a exercé sa souveraineté reconnue et déployé sa puissance et sa justice, pour assurer son salut et son bonheur. . . . La manière solennelle, dont il a procédé à ce grand acte, fut aussi sublime, que ses motifs et que son objet. . . . Ce n'étoit point une émeute sans objet, excitée par quelques brouillons, ce n'étoit point une conjuration ensevelie dans les ténèbres; on délibéroit au grand jour, en présence de la nation; le jour et le plan de l'insurrection furent indiqués par des affiches. C'étoit le peuple entier qui usoit de ses droits.[82]

The message is clear: this was an orderly, open, mature political act without 1789's frightening qualities and absolutely without relation to the riotous crowd as commonly defined. It was therefore a safe, welcome, legitimate act, an act of justice. This text provides an indispensable commentary upon Robespierre's oft-quoted private notes from mid-1793, where he wrote "les dangers intérieurs viennent des bourgeois; pour vaincre les bourgeois, il faut rallier le peuple. . . . Il faut que l'insurrection actuelle continue . . . il faut que le peuple s'allie à la Convention et que la Convention se serve du peuple."[84] For Robespierre, the only good crowd was an organised crowd, directed towards specific revolutionary goals under the leadership of the radical elites in the Convention. However, the experience of 1793 revealed how unreliable even the organised crowd was. The inception of the Terror was the final appropriation of the crowd, the substitution of state violence for crowd violence. As Danton said, "soyons terribles pour dispenser le peuple de l'être."[85]

The Germinal and Prairial Days proved to the Thermidorians and the propertied inheritors of the Ancien Régime state power whom they represented that the legal revolution could not coexist with the crowd. Further, they proved that there was no need to accommodate the crowd. Despite the transformations we have tried to analyse, the crowd had failed as an instrument of popular intervention in and regulation of the elites' exercise of power. The era of the property owners' unadulterated fear of the "classes dangereuses" and their complete exclusion from politics by a repressive state had begun. The experience of the crowd in the Revolution had provoked the final defection of the bourgeoisie from a culture based in notions of community. In this domain, the rupture with the eighteenth century began in 1795, not in 1789. As for the crowd, it fell back immediately into the highly traditional forms of market riot, the protection of community norms, the itemised reproach of individual infringements, and resistance to the innovating state that litter the provincial history of the Directory. This was the prelude to the long drawn-out agony of traditional popular protest, lit only by the brief flares of the early 1830s and the turn of the mid-century.

Notes

1. R.C. Cobb, *The Police and the People* (Oxford, 1970), p. 92.
2. Mark Harrison, "The Ordering of the Urban Environment: Time, Work and the Occurrence of Crowds, 1790–1835" *Past and Present* 110 (1986), pp. 134–168, rightly cautions against confusing "the crowd" and "riot."
3. Y-M. Bercé, *Revolt and Revolution in Early Modern Europe* (Manchester, 1987), pp. 64–81.
4. See P. Slack (ed.), *Rebellion, Popular Protest and the Social Order in Early Modern England* (Cambridge, 1894); N.Z. Davis, *Society and Culture in Early Modern France* (London, 1975); J. LeGoff and J-C. Schmitt, *Le Charivari* (Paris 1981).
5. G. Rudé, *The Crowd in History* (London 1964), p. 4.
6. *Ibid.*, pp. 19–32, 47–50.
7. A. Mathiez, *Le Club des Cordeliers pendant la Crise de Varennes* (Paris 1910), p. 140.
8. A. Soboul, *Les Sans-Culottes Parisiens en l'An II* (La Roche-sur-Yon, 1958).
9. G. Rudé, *The Crowd in the French Revolution* (Oxford, 1959), p. 207.
10. G. Lefebvre, "Foules Révolutionnaires' in *Etudes sur la Révolution Française* (Paris, 1963), pp. 371–392.
11. *Ibid.*, p. 373; J. Beauchard, *La Puissance des Foules* (Paris, 1985), pp. 89–103.
12. S. Kaplan, *Bread, Politics and Political Economy in the Reign of Louis XV*, 2 vols. (The Hague, 1976), 1:191–8.
13. J. Flammermont (ed.), *La Journée du 14 Juillet 1789: Fragment des Mémoires inédits de L-G Pitra* (Paris, 1892), pp. 13 & 22.
14. Y. Castan, *Honnêteté et Relations Sociales en Languedoc 1715–1780* (Paris, 1974) provides an excellent introduction to these themes in collective behaviour.
15. A good example may be seen in the enquiry into the 1792 disturbances in the southern Drôme (Arch. Dép. Drôme L 196).
16. See C. Lucas, 'Résistances populaires à la Révolution dans le sud-est' in ed. J. Nicolas, *Mouvements populaires et Conscience sociale* (Paris, 1985), pp. 473–485.
17. D. Roche, *The People of Paris* (Leamington Spa, 1987), especially pp. 55 & 69.
18. D. Garrioch, *Neighbourhood and Community in Paris 1740–1790* (Cambridge, 1986).
19. E.J.F. Barbier, *Journal historique et anecdotique du règne de Louis XV* (Paris, 1851–7), 3:124–155. Cf. A.P. Herlaut, "Les enlèvements d'enfants à Paris en 1720 et en 1750," *Revue Historique* 139 (1922), pp. 43–61, 202–223; A. Farge & J. Revel, "Les règles de l'émeute: l'affaire des enlèvements d'enfants" in ed. Nicolas, *op cit*, pp. 635–646.
20. (Joseph) Charron, *Lettre ou Mémoire historique sur les troubles populaires de Paris en août et septembre 1788* (Londres 1788).
21. Rudé, *Crowd in Revolution*, p. 38.
22. R. Monnier, *Le Faubourg Saint-Antoine, 1789–1815* (Paris, 1981), p. 122.
23. Flammermont (ed.), *op cit*, p. 13.
24. *Ibid.*, pp. 3–4.
25. Mathiez, *Cordeliers*, pp. 125–6; L-S. Mercier, *Le Nouveau Paris*, ed. P. Bessand-Massenet (Paris, 1962), pp. 20–22.

26. Garrioch, *op cit*, pp. 205–256, reviews the changing nature of the Parisian neighbourhood community in the eighteenth century.

27. Garrioch, *op cit*; A. Farge, *Le Vie Fragile* (Paris, 1986). Cf. R. Philips, *Family Breakdown in late Eighteenth-Century France* (Oxford, 1980), pp. 180–195.

28. Roche, *op cit*, p. 46.

29. Kaplan, *op cit*, 1:196.

30. Cf. D. Sutherland, *The Chouans* (Oxford, 1982), pp. 167–194.

31. Cf Farge, *Vie Fragile*, pp. 314–318.

32. *Mémoires de Bailly*, 3 vols. (Paris, 1821–2), 1:373–4.

33. Charron, *op cit*. Cf. J. Kaplow, *The Names of Kings* (New York, 1972), p. 158. Roche, *op cit*, pp. 36–63, provides an interesting discussion of other attempts at classification.

34. The murder of the police agent Labbé during the kidnapping riots of 1750 is a good illustration (Farge, pp. 312–317). Farge's description of the role of the landlord's agent, who controlled the crowd by urging it to take Labbé outside, is another example of how a person can lead a crowd only by speaking to its own assumptions and patterns of behaviour.

35. C. Lucas, "Violence thermidorienne et Société traditionnelle," *Cahiers d'Histoire* 1979, pp. 3–43.

36. There are many similarities between the situation described here and eighteenth-century England as presented by E.P. Thompson in 'Patrician Society, Popular Culture" *Journal of Social History* 7 (1974), pp. 381–405, and "Eighteenth-Century English Society: Class Struggle without Class?" *Social History* 3 (1978), pp. 133–165, although Mr Thompson's preoccupation (especially in the second article) is rather different from the one here.

37. E.P. Thompson, "The Moral Economy of the English Crowd in the Eighteenth Century" *Past and Present* 50 (1971), pp. 76–136.

38. Castan, *Honnêteté*, pp. 69–105.

39. Bailly, 1:84.

40. Cf. Kaplan (*op cit* 1:191) notes the measured quality of market violence.

41. P. Vaillandet, "Le premier complot du Marquis de Bésignan," *Mémoires de l'Académie de Vaucluse*, 2 sér, 35 (1935), pp. 1–40; "Notice sur Guillin du Montet" in *Revue du Lyonnais* 3 (1836), pp. 476–497; Arc. Dép. Rhône 9 C 13; C. Lucas, "Themes in southern violence after 9 Thermidor" in eds. G. Lewis & C. Lucas, *Beyond the Terror* (Cambridge, 1983), pp. 152–194.

42. See R. Koselleck, *Le Règne de la Critique* (Paris, 1979).

43. Thus, e.g., the rioter at the Parisian *barrières* who stopped a thief (Rudé, *Crowd in Revolution*, p. 49); the crowd ransacking the Hôtel de la Police on July 13 scrupulously kept away from the first floor appartment where the wife of the *lieutenant de police* was; every item of value on Berthier's body was handed in; in October, the women police the Hôtel-de-Ville to keep out thieves who only got in once they had left for Versailles (Bailly, 1:356 & 2:124). The same feature is visible at the time of the September Massacres when a person caught stealing a handkerchief from a corpse was immediately killed (J.M. Thompson, *English Witnesses of the French Revolution* (Oxford, 1938), p. 194).

44. See, e.g., Hardy's account of the aftermath of the May 3, 1775 riots in Paris printed from his manuscript *Mes Loisirs* in V.S. Ljublinski, *La Guerre des Farines* (Grenoble, 1979), pp. 305–350.

45. J. Godechot, *La prise de la Bastille* (Paris, 1965), pp. 78–79.

46. A. Young, *Travels in France*, ed. C. Maxwell (Cambridge, 1950).

47. Farge, *op cit*, pp. 201–258.

48. Kaplow, *op cit*, p. 153; Kaplan, *op cit*, 1:194.

49. G. Rudé, *Ideology and Popular Protest* (London, 1980), esp. pp. 27–37, 104–116.

50. Kaplan, 1:395–6.

51. W.H. Sewell, *Work and Revolution in France* (Cambridge, 1980), pp. 92–113. Lynn Hunt and George Sheridan have argued that the lack of popular defence of the corporations under the Revolution and the deviation of popular attention towards revolutionary politics contradict Sewell's thesis ("Corporatism, Association and the Language of Labour in France, 1750–1850" *Journal of Modern History* 58 (1986), p. 822). This is less surprising if one sees both corporations and popular revolutionary politics as expressing the same basic value system.

52. The analysis of the events of July 1789 in the following pages is based on the account given by Bailly (vols 1 & 2). Although this account was drawn up around February 1792, it is extensively based on the *Procès-Verbal des Electeurs* to which it adds other material.

53. A. Mathiez, *La Vie Chère et le Mouvement Social sous la Terreur* (Paris, 1927), pp. 35–48, 146 ff.; J. Godechot, "Fragments de Mémoires de Charles-Alexis Alexandre sur les journées révolutionnaires de 1791 et 1792," *Ann. hist. de la Rév. fr.* 1952, pp. 148–161.

54. R.M. Andrews, "L'Assassinat de Gérard, négociant lorientais," *Ann. hist. de la Rév. fr.* 1967, pp. 309–338.

55. M. Vovelle, *La Mentalité Révolutionnaire* (Paris, 1985), pp. 70–75.

56. Cf. Cobb, *Police and People*, p. 86.
57. Mathiez, *Vie Chère*, p. 103.
58. *Ibid.*, p. 6–2; Andrews, *loc cit.*
59. P. Caron, *Les Massacres de Septembre* (Paris, 1935), pp. 27–54; 413–445.
60. Arch. Dép. Bouches-du-Rhône L 3043; Buchez et Roux, *Histoire Parlementaire de la Révolution Française*, 40 vols. (Paris 1834–38), 37:289.
61. M. Reinhard, *La Chute de la Royauté* (Paris, 1969), p. 584.
62. A. Mathiez, "Etude critique sur les journées des 5 et 6 octobre 1789," *Revue Historique* 67 (1898), pp. 241–281; 68 (1899), pp. 258–294; 69 (1899), 41–66.
63. A-M. Boursier, "L'Emeute Parisienne du 10 Mars 1793" *Ann. hist. de la Rév. fr.* 1972, pp. 204–230.
64. See M. Slavin, *The Making of an Insurrection* (Harvard, 1986).
65. Reinhard, *op cit*, p. 323.
66. See the account of 1 Prairial in Buchez et Roux, *op cit*, 36:314–370.
67. A. Brette, "Journal de l'émotion de Lyon (29 Juin–5 Juillet 1789)," *La Révolution Française* 33 (1897), pp. 556–563.
68. *Rapport de l'expédition des Citoyens de Lyon dans la province du Dauphiné* (n.p., 1789).
69. Bailly, especially 1:348.
70. *Ibid.*, 2:18–19.
71. *Mercure de France*, August 8, 1789; *Mémoires de l'abbé Morellet sur le dix-huitième siècle et la Révolution*, 2 vols. (Paris, 1821), 2:4.
72. A. Montier (ed), *Correspondance de Thomas Lindet pendant la Constituante et la Législative* (Paris, 1899), p. 337.
73. Quoted by Bailly, 1:148.
74. *Ibid.*, 2:37; *Discours de M. Moreau du Saint-Méry, président de MM. les Electeurs, au Roi* (n.d.)
75. V. Fournel, *Le patriote Palloy; L'Orateur du peuple, Gonchon* (Paris, 1892).
76. M. Ozouf, *La Fête Révolutionnaire 1789–1799*; see also, L. Hunt, *Politics, Culture, and Class in the French Revolution* (London, 1986), pp. 52–86.
77. Ozouf, *op cit*, p. 151.
78. Godechot, "Alexandre," pp. 164–7.
79. G. Lenôtre, *La Guillotine pendant la Révolution* (Paris, 1893), pp. 249–276.
80. On Hébert, A. Schmidt, *Tableaux de la Révolution Française*, 3 vols. (Paris, 1867–70), 2:186.
81. Lenôtre, *op cit*, p. 276.
82. Mathiez, *Vie Chère*, pp. 46–8.
83. *Le Défenseur de la Constitution*, number 12.
84. *Papiers inédits trouvés chez Robespierre . . . supprimés ou omis par Courtois*, 3 vols. (Paris, 1828), 2:13–16.
85. Buchez et Roux, *op cit*, 25:56.

Part V

Political Forms of Revolutionary Democracy – 2

Presentation

GWYNNE LEWIS

In his paper Bronislaw Baczko employs the words *veillissement* and *décrépitude* when referring to aspects of the Revolution after Thermidor. One can appreciate their full meaning after four days of intellectual debate, particularly when one is asked to comment upon five detailed and original contributions to this colloquium. I shall not draw upon my reservoir of adjectives to praise our five authors: each has made a unique contribution to our proceedings. What I propose to do is to relate, where appropriate, certain themes in these papers to those which have emerged so far in our discussions and to introduce one new line of enquiry concerning the meaning of the Revolution after Thermidor.

Direct and Representative Democracy is one of those themes that has run, often in subterranean currents, through much of our discussion. It is most evident in the contributions of François Furet, Kåre Tønnesson, and Bronislaw Baczko, but, since I shall be dealing with the last paper towards the end of this commentary, I shall confine my remarks at this point to the fundamental disagreement which emerges from a reading of the other two papers. François Furet traces the origins of the Jacobin Club from the first meetings of the *club Breton*, emphasizing that, in its early days, it was a club which attracted wide measure of support, from Mirabeau to Robespierre in fact, and that it soon assumed national significance with hundreds of affiliated societies scattered throughout France. We are asked to pay particular attention to the summer of 1791, to the Flight to Varennes and the Massacre of the Champ de Mars which precipitated the split in the club between "Feuillants" and "Jacobins," the majority of provincial clubs supporting the latter. François Furet insists that these events mark a very significant turning-point in the history of the Revolution. The Jacobin Club becomes the "siège de la Révolution" after the split, throwing open its doors to an increasingly politicised audience; it becomes, in fact, a counter-assembly to the National Assembly itself. Albert Soboul may well have gone on to make a direct parallel with events in Russia in 1917, with the clash between the *soviets* and the Constituent Assembly. It is also at this time that one Maximilien Robespierre emerges from relative obscurity, soon to become the dominant figure in the Revolution, the "dispenser of orthodoxy." If Louis XIV was able to say "L'Etat, c'est moi," Robespierre might now have claimed that "La Révolution, c'est moi." The motor of the Revolution is

289

no longer, therefore, class struggle or, *pace* Donald Sutherland, a popular counter-revolution, but the Jacobin Club with Maximilien Robespierre firmly in the driving-seat. The main force of François Furet's argument then is the shift of power from the Convention, not to the Sections, but to the Jacobin Club. It is the latter which determines the dialogue (or should I say "discourse") and the direction of the Revolution.

It is equally important to note that the domination of the Jacobins involves the ultimate death of "popular democracy" in the Sections. The Jacobins, not the sans-culottes, become the sentinels of "direct democracy," thus reducing the importance of the clash between the Paris Commune and the Convention and, within the Popular Movement, between the Commune and the Sections. This thesis has the undoubted appeal of being a linear one: there is little "dialectic" between war, counter-revolution and the course of the Terror. Presumably Isser Woloch could not go along with this line of argument, given his conviction that the failure of "Republican Institutions" to take root in the late 1790s was related, at least in part, to the forces of counter-revolution and war. One may also wonder whether the heavy burden of Furet's thesis may not be too heavy for the narrow shoulders of the little lawyer from Arras.

For Kåre Tønnesson, "direct democracy" is alive and well, but living in the *assemblées générales* of the Sections, proud of their independence vis-à-vis the Municipality, conscious of their "popular sovereignty." As is the case with François Furet's paper, however, the focus of attention is placed on the beginning of the Revolution with an emphasis on the debt which the early *sectionnaires* owed to the eighteenth-century tradition of popular participation in village assemblies. The recent work of Hilton Root, *Peasants and King in Burgundy*, might be taken to strengthen this point. In his contribution, which acknowledged an equal debt to Genty and to Soboul, Kåre Tønnesson stresses the importance of the *assemblées générales* before the municipal law of 1790, the value of concerted political action through those twin devices—*permanence* and *correspondance*. He detects no obvious conflict between the theory and practice of the assemblies in their early days: the influence of that Enlightened sans-culotte, Jean-Jacques Rousseau, is clear. Contrasting with the conclusions of François Furet, Tønnesson suggests that "direct democracy" develops in the Sections *after* 1792. In the second part of his paper, Kåre Tønnesson highlights the impact of the Constitution of 1793 upon the development of theories of direct democracy, strengthening, for example, the idea of "fractions of sovereignty": article 35 refers to "l'insurrection pour le peuple et pour chaque portion du peuple." We are also reminded of the importance of direct democracy after Thermidor, playing a part in the *journées* of Germinal and Prairial. These last *journées*, therefore, assume a greater political and theoretical significance than is often suggested. Kåre Tønnesson admits that the militants of the Sections may have been few in number, but he concludes that their concept of popular sovereignty was a revolutionary, not a blunt instrument, one that was reinforced, moreover, by the armed power of the Sections. I very much hope that colleagues will concentrate some of their attention upon this debate relating to the importance of the Jacobin Club and the organs of the Popular Movement. How true is it that the former, under the guidance of l'Incorruptible, had made a *success-*

ful take-over bid for notions of "popular sovereignty" and "direct democracy" before the Terror?

Centralisation versus "Localism" is the second major theme to emerge from my reading of these papers. Under this heading Alan Forrest's paper provides the most convenient *point de départ*.

We are reminded, first of all, of several features of the Federalist Revolt:

(a) that it never developed into a "mass movement." Forty-nine departments were affected, but only thirteen of them in any serious fashion, whilst not one department was completely won over to the Federalist cause.

(b) that the worrying feature for the National Convention was the degree of *armed power* in the hands of the Federalists.

(c) that, for the majority of Federalists, it was the realisation that the Revolution was in the hands of the sanguinary Jacobins which propelled them into their abortive revolt.

But who precisely were the *bêtes noires* of assorted counter-revolutionaries, Federalists and fellow-travellers? Were they not the Marats and the Héberts whom Robespierre and the Jacobins failed to control, at least until the "Great Terror" of the spring of 1794? Viewed from a provincial angle of vision it often appeared that it was the Parisian Sections, not the Jacobins, who were driving the Revolution off its bourgeois tracks. We need to bear this in mind when discussing François Furet's thesis.

We should note, however, that, according to Alan Forrest, Federalists were not simply reacting to events in Paris: "Federalism was a local movement, born of local circumstances." It was a movement which owed its origins to divisions within (also between?) the cities and towns caught up in this brief revolutionary encounter; a matter, above all, of clans, families, and personalities. I dimly espy the ghost of Richard Cobb, which seems to haunt most colloquia these days, holding up a copy of *People and Places*! We are also asked to accept that the origins of Federalism were political, rather than socio-economic. One wonders about this, given that in so many commercial and industrial cities of the South, like Nîmes, there had been a long history of bitter conflict between *négociants* and *marchands-fabricants*, on the one hand, and *maîtres-ouvriers*, on the other, over what might be termed in a different colloque, "the mode of production." Certainly, in Nîmes, the division from 1791 to 1793 between the Federalist *société des Amis de la Constitution* and the Jacobin *société populaire des Amis de la Constitution* mirrored this conflict. It would also be revealing to examine the policies and attitudes (or should I say *mentalité*) of the surviving Federalists who returned to office after Thermidor. But to return, briefly, to the issue of "localism," it would obviously be quite wrong to underestimate the central point which Alan Forrest is making, and to disregard its relevance to the situation in France after Thermidor. Bronislaw Baczko stresses that the very act of opening up the debate on the meaning of the Revolution after the fall of Robespierre was bound to unleash personal and local feelings of revenge, disillusionment and defeat.

A final point on this theme—the vexed issue of the supposed "royalist" sympathies of the Federalists. Alan Forrest suggests that all that the supporters of the Revolt of 1793 were seeking was a return to the decent compromise of 1790. We should note here that this compromise was a *monarchist* one, unless, of course, we bring one of François Furet's rabbits out of the hat and agree that the Revolution was nothing more than "une République manquée" after the fall of the Bastille.

The "Degeneration" of the Revolution is the third theme of these contributions. In his paper, Bronislaw Baczko describes how 9 Thermidor launches a debate concerned with the "winding-down" of the Revolution—"Terminer la Révolution." Some of the principal actors in the revolutionary drama felt that they had already lived six centuries in six years. Albert Soboul, in his magisterial work *Les Sansculottes parisiens de l'An II*, also suggests that the end of the Popular Movement was not unrelated to the "biological" fatigue of the militants. The debate was, however, a confused and contentious one. We learn, in the first place, how dangerous it is to take petitions and addresses to the National Convention at face-value. Many of those congratulating the deputies on ridding France of the scourge of dictatorship should be viewed with some scepticism, couched, as they were, in the pro forma language of official rhetoric: "le style thermidorien" was borrowed, in large measure, from Jacobin models. It was necessary, above all, to survive. Many of the Jacobins who did survive fell back—in some disarray—upon the Constitution of the Year II. This desperate tactic was doomed to fail. Taking the Constitution out of its cedarwood box would have unleashed many a debate on "popular sovereignty" and "fractions of sovereignty," not quite what the Thermidoreans had in mind. The Constitution of the Year II was linked indissolubly to the Jacobin Terror.

It was the *journées* of 1795 which finally broke the deadlock, unleashing that cycle of revenge which rested, in part, upon those local and personal factors discussed earlier on. What struck me most forcibly, returning briefly to this theme of "Centralisation versus Localism," is the determination on the part of the more politically gifted Thermidoreans to retain some semblance of national unity. For these *modérés*, "counter-terror" was as destructive as the Jacobin Terror: *il faut la Révolution une et indivisible—quand même*. Looming over all the internecine feuds of the Revolution was the shadow of the French State. The King had been obliged to accept *la nation*; the Jacobins had tried, fairly successfully, to harness the energies of the entire country to defend *la patrie en danger*; the Thermidoreans, in turn, also endeavoured to create some kind of national consensus which was vital given the determination to continue the war.

The Constitution of the Year II represented an attempt to "terminer la Révolution" by handing power to a new revolutionary elite; there was to be no more loose talk of popular sovereignty. Was the Constitution of the Year III an attempt to save France for the wealthy by sacrificing "le peuple?" Whatever the answer, it failed. Isser Woloch examines this failure, more particularly, the way in which pluralism was sacrificed to national unity after Fructidor.

Giddy from the violent swings to Left and Right during the early years of the Directory, its leading figures eventually concluded—foreshadowing Napoleon Bonaparte—that there was to be no place for "party politics" in the reborn Republic. The Second Directory, in the words of Isser Woloch, witnessed "an evisceration of political life." To distract what little interest remained at grass roots level from political affairs, the Directors decided to drum up support for "Republican Institutions." What were these *institutions républicaines*? How seriously were they taken by the Directors? Were they the necessary fig-leaves to cover the bankruptcy of political life during the late 1790s? The promotion of a system of "national education" and encouragement to take the republican calendar more seriously reminds the more cynical of the way in which anti-clericalism was used a century later to mask the refusal to tackle mounting social and economic problems. Much of the originality of Isser Woloch's paper rests upon his efforts to dispel a completely cynical interpretation of the Directors' actions. But if the latter were serious, the "man in the boulevard" was suspicious. In the final analysis, it was popular resistance to this minimalist programme which led to its defeat. The failure to impose the *repos décadaire* was related as much to the *sociabilité* of the French as to their love of traditional religious practice. Exhausted and exasperated local officials remonstrated with ministers, pointing out that "Demanding conformity to the array of new requirements in daily behavior merely widened the range of possible disobedience . . . In this fundamental calculus of governing, the Directory was severely deficient."

One final thought. Both Bronislaw Baczko and François Furet look to the future in their papers, to the significance of "Thermidor" for regimes in the nineteenth and twentieth centuries. Trotskyites used the historical analogy of "Thermidor" against Stalinists in order to underline the "degeneration" of the Revolution at the hands of centralisers and bureaucrats and at the cost of "popular sovereignty." François Furet refers to nineteenth-century "Jacobinism," which appears to have taken under its ideological wing a great deal of what occurred during the 1790s, above all, the defence of *la patrie*. But then Clemenceau, Thorez, de Gaulle, Mitterand, Chirac might all be described as "Jacobin" defenders of the French State and its *mission civilisatrice* in Europe and the wider world, excluding, perhaps, the South Pacific. Perhaps we should place more emphasis in this colloque on Jacobinism as the saviour, not of the Revolution, but of the French State. There was an astonishing report in the press a few days ago revealing that, in 1956, Guy Mollet offered Anthony Eden the prospect of France joining the Commonwealth. At this distance in time I can still hear Feuillants, Jacobins, sans-culottes, Thermidoreans, all turning together in their revolutionary graves!

CHAPTER 15

La démocratie directe sous la Révolution française—le cas des districts et sections de Paris

KÅRE TØNNESSON

PAR "démocratie," mot savant, on entendit, jusqu'à l'époque de la Révolution française, le gouvernement direct. Il semble que le premier emploi connu de "démocratie représentative" se trouve dans une lettre de 1777 où Alexander Hamilton explique à Gouverneur Morris sous quelles conditions "representative democracy . . . will, in my opinion, be most likely to be happy, regular and durable." Thomas Paine, dans *Rights of Man*, en 1791, distinguait par contre entre ces deux formes de gouvernement quand il caractérisa la constitution américaine comme "representation ingrafted upon democracy." Au XIXe siècle au contraire, "démocratie," se référant à un régime politique, désignait le système représentatif à suffrage universel masculin.[1]

A cette victoire terminologique de la "représentation" sur la démocratie directe, correspondent les progrès réels en Europe des idées de représentation légitimée par le principe de la souveraineté populaire, comme candidat à la succession de l'absolutisme monarchique. Celui-ci, dans beaucoup de pays, s'était bien accommodé avec la démocratie directe au niveau des relations locales entre les sujets du roi. Les institutions représentatives remplaceront et l'absolutisme et la démocratie directe.

La démocratie de la science politique tira sa source et ses exemples de l'antiquité grecque et romaine, avec les cantons suisses comme référence moderne. En fait, en France comme presque partout dans le monde, on aurait pu observer bien plus près la pratique de la démocratie directe des chefs de familles, à savoir dans les assemblées générales des communautés rurales.[2] Car, si les assemblées d'habitants de la plupart des villes disparurent ou furent supprimées sous Louis XIV, les villages, dans une grande mesure, avaient gardé les leurs. Si ces institutions attiraient peu d'attention, c'est sans doute qu'elles exerçaient des pouvoirs strictement locaux, sous l'autorité supérieure du seigneur, de l'agent du roi ou des deux.

En France, l'affirmation de l'administration royale avait, dans un premier temps, favorisé l'indépendance de la communauté en la renforçant par rapport au seigneur: c'est ainsi que le droit de convoquer l'assemblée passa du seigneur et de son juge au syndic. Dans des milliers d'actes, la démocratie directe patriarcale des communautés rurales se présentait, selon la vieille formule, comme "la plus grande et saine partye" du village. Mais puisqu'il s'agit d'institutions traditionnelles dont l'origine se perd dans les temps, il n'y eut pas de règle uniforme pour la composition de cette saine partie. Dans les communautés les plus égalitaires, tous "les chefs de feux" avaient voix dans l'assemblée. En défaut de chef masculin, la maîtresse de maison pouvait en faire partie. Ailleurs, seuls les chefs de feux inscrits sur les rôles de la taille avaient de droit de voter, règle favorisée par l'administration royale.

L'assemblée générale avait des attributions importantes, puisqu'elle gérait les intérêts communs, votait les dépenses et les répartissait, par les préposés qu'elle nommait, sur les membres de la communauté. C'est en assemblée générale en effet que se fit l'élection des officiers de la communauté, comme le syndic, le maître d'école, le sergent et les gardes messiers.

Les votes s'y faisaient à haute voix, sans formalités le plus souvent, mais avec plus de soin quand l'assemblée était divisée. Il arriva aussi, comme le signale la correspondance des intendants, que les divisions déclenchèrent des violences et des tumultes. Le désordre des assemblées générales, qui avait été une raison de—ou servi de prétexte à—leur suppression dans les villes, fut encore allégué lorsque, à partir des années 1770, certains intendants firent établir des conseils représentatifs dans les villages. Par cela ils anticipèrent le règlement du 25 juin 1787, qui institua partout dans les pays d'Elections des assemblées paroissiales, restreintes aux villageois payant au moins 10 livres d'imposition, lesquelles nommeraient un conseil municipal dont le seigneur et le curé feraient d'ailleurs partie d'office. Les assemblées anciennes, à attributions très réduites, devaient pourtant se réunir dans certaines circonstances. En avril 1789 elles seront appelées à participer comme assemblées primaires aux élections des députés du Tiers aux Etats généraux, et à rédiger les cahiers de doléances des paroisses rurales.

Par les réformes de 1787 la monarchie, avant sa chute, essayait d'adoucir l'absolutisme bureaucratique par l'institution d'assemblées provinciales; en même temps, elle remplaçait la démocratie directe villageoise par le système représentatif censitaire. Ceux qui en profitaient seront sans doute aussi les plus influents dans les assemblées primaires de 1789. Ainsi s'expliquerait que peu d'opposition contre la réforme apparaît dans les cahiers des villages. C'est dans les villes, où la bourgeoisie en général se trouvait exclue des droits politiques au profit de corps oligarchiques, que les cahiers réclament des réformes dans le sens du droit des citoyens à la participation.

L'oeuvre de la Révolution allait consacrer l'abolition de la démocratie directe dans les villages ainsi que celle des oligarchies dans les villes, pour affirmer la position des notables en ville et à la campagne. Mais dans les grandes villes, la démocratie directe se manifesta, pendant quelques années, avec une vigueur impressionnante—ou même effrayante. Pour les penseurs et acteurs politiques qui façonneront les idées et la pratique du système représentatif bourgeois libéral du XIXe siècle, l'expérience de la démocratie directe révolutionnaire démontra en effet les dangers de la démocratie tout court, de tout système qui attribuerait des droits politiques actifs aux classes inférieures.

Un aspect essentiel de la démocratie directe révolutionnaire est effectivement d'avoir établi les cadres institutionnels qui permirent l'éclosion d'une des originalités de la Révolution française: la participation des gens du peuple à la vie politique, non seulement comme force physique des grandes et petites *journées*, mais comme membres actifs d'assemblées et de comités délibérant sur les affaires du quartier, de la commune et de la nation.

II

Cette communication se limitera à la démocratie directe à Paris. Et nous ne traiterons que des organes publics: des districts et sections, à l'exclusion des sociétés populaires privées. Il est vrai que la distinction est de forme plutôt que de substance, dans la mesure où les clubs s'arrogeaient des pouvoirs publics. C'est surtout dans le cadre des recherches dans l'histoire du movement populaire qu'a été étudiée la démocratie directe sous la Révolution. Dans *Les sans-culottes parisiens en l'An II*, l'ouvrage principal dans ce domaine, Albert Soboul analyse la démocratie directe dans ses chapitres sur les tendances, la pratique et l'organisation politiques de la sans-culotterie.[3] Cette perspective a pourtant l'inconvénient de conduire facilement à exagérer la spécificité de la démocratie directe. "Déduisant," écrit Soboul des sans-culottes, "de la souveraineté populaire conçue au sens total du terme, l'autonomie et la permanence des sections comme le droit à la sanction des lois, au contrôle et à la révocabilité des élus, ils tendaient vers la pratique d'un gouvernement direct et l'instauration d'une démocratie populaire," en opposition avec les conceptions bourgeoises de la démocratie représentative.[4] On peut objecter que les sans-culottes de l'an II n'ont eu besoin de rien déduire eux-mêmes du principe de la souveraineté populaire, puisqu'ils ont hérité les idées et la pratique des assemblées générales déjà établies dans les districts et sections à dominance bourgeoise. C'est en effet ce qu'a montré Maurice Genty dans sa thèse de 1982, ainsi que dans deux articles publiés en 1972 et 1985.[5]

"Usurpations de pouvoir" commises par l'Assemblée des représentants de la Commune de Paris sur les 60 districts de la ville, "usurpations sur les droits de la Commune," commises par ces mêmes districts, écrit Genty respectivement dans l'article de 1972 et 1985. Cela ne signifie pas qu'il y eut entre les rivaux une ligne de démarcation de pouvoir qui pouvait logiquement être dépassée des deux côtés. Bien plutôt, il s'agit de deux points de vue de Genty sur la même réalité: un conflit dans le vide légal laissé par l'effondrement au 14 juillet de la monarchie absolue et de son ancienne administration de Paris.

Les autorités parisiennes nées dans la crise de juillet avaient pour origine les assemblées convoquées en avril pendant les élections des députés du Tiers aux Etats généraux: assemblées des votants au premier degré et assemblée des électeurs. Dès l'abord s'était manifesté le trait caractéristique et essentiel de la Révolution française: l'initiative et l'activité politiques spontanées des citoyens. Ainsi, sans demander autorisation à personne, les votants réunis dans les églises des 60 districts le 21 avril, dépassèrent le rôle que le gouvernement leur avait attribué: à savoir de procéder, sous la présidence d'officiers de la municipalité, à la nomination des électeurs. La plupart des assemblées refusèrent cette présidence, élirent leur propres bureaux, se transformèrent en assemblées délibérantes et communiquèrent directement entre elles. De même, l'idée se fit jour qu'il ne fallait pas simplement se retirer les élections faites: il faudrait des communications suivies avec les députés à Versailles afin d'exercer une influence et un contrôle. Certains districts autorisèrent dans cette vue les électeurs à s'assembler autant que dureraient les Etats Généraux.

Les électeurs se réunirent en effet: renforcés de membres de la noblesse et du clergé, ils siégeront à partir du 26 juin à l'Hôtel de Ville où ils nommeront, le 12 juillet, un comité permanent, première forme de la Commune révolutionnaire, qui choisit Bailly pour maire et nomma La Fayette chef de la Garde nationale. A la base, à la faveur du 14 juillet partout les assemblées de districts deviendront "permanentes," c'est à dire qu'elles siégeront quand elles le voudraient et nommeront des comités permanents.

Il existait donc dans les quartiers de Paris, une connaissance des formes et des procédures des assemblées délibérantes dont il faut sans doute chercher l'origine dans la pratique des organisations corporatives de l'Ancien régime. Mais il faut dire aussi que les connaissances et expériences de la technique des réunions sont moins surprenantes quand on considère la composition des assemblées. Le droit de vote aux élections était en effet particulièrement limité à Paris, et des ayants droit il semble qu'environ un quart prit part au vote dans les 60 assemblées. Aussi, l'*Ami du Roi* pouvait-il écrire qui "On n'y vit guère que l'élite du Tiers Etat."[6] Sans doute la composition était sensiblement pareille quand les districts se réunirent en assemblées générales en juillet.

Dans ces assemblées, ouvertes désormais aux trois ordres, se réunit en principe le peuple souverain de Paris. Y reconnaissant la source de l'autorité légale, Bailly et La Fayette s'adressèrent aux districts pour se faire confirmer dans leurs fonctions, et le 18 juillet, l'Assemblée des électeurs les invita à désigner chacun deux députés pour assurer l'administration de Paris. Bailly, le 23, s'y joignit en attribuant aussi aux députés la tâche de dresser un plan d'administration municipale.

L'assemblée des 120, se réunissant à l'Hôtel de Ville le 25 juillet, sera élargie par 60 nouveaux députés, puis remplacée en septembre par une nouvelle assemblée des 300, élue par les districts, qui nommeront aussi parmi eux 60 administrateurs municipaux, formant le Conseil. Ainsi étaient entrés en scène les combattants du premier acte des conflits parisiens entre la démocratie directe et le système représentatif.

Les députés des districts avaient été élus sans mandats uniformes: quelques-uns avaient reçu des pleins pouvoirs, d'autres n'avaient aucun pouvoir précis, d'autres encore un mandat correspondant aux tâches formulées par les Electeurs et par Bailly. Mais le choix des districts dans ces diverses élections tomba sur des hommes peu faits pour se contenter du rôle modeste de porte-parole obéissants de leurs mandants. Les députés étaient en effet des notables bourgeois, des lettrés et des savants comme Brissot, Beaumarchais et Condorcet, Jussieu le botaniste et Lavoisier le chimiste. C'est de leur propre chef que les 120 députés prirent le titre d'"Assemblée des représentants de la Commune de Paris," montrant dès le début la prétention d'agir comme investie de la volonté générale de Paris. L'assemblée des 240, après nomination par les districts des 60 administrateurs, devait se limiter à dresser le plan municipal. En fait, multipliant ses initiatives dans différents domaines, elle adopta, le 15 octobre, une adresse aux habitants de Paris, proposée par Brissot: "Telle est la démarche des peuples libres. Lorsqu'ils ont déposé leurs pouvoirs entre les mains de leurs Représentans, ils ne savent plus qu'obéir."[7]

Mais à Paris, après la chute de la Bastille, le peuple souverain n'était plus une abstraction qui se matérialisait seulement en assemblées primaires à l'appel des autorités. Le souverain dans sa forme concrète se manifestait de façon permanente dans chacune des 60 assemblées générales, où se réunissait la minorité militante des ayants droit de vote du district. Des séances fréquentes, une participation limitée et une composition relativement stable, rendirent ces assemblées capables d'agir avec assez de suite pour s'affirmer en face des corps représentatifs. Encore avaient-elles sur ces corps l'avantage d'être à même de se prévaloir d'une légitimité non déléguée, "le pouvoir des districts ayant sa source dans leur qualité de membres du souverain, comme faisant partie de la Nation," selon les termes du district des Petits-Augustins.[8]

La *permanence* des districts était le "droit imprescriptible de s'assembler librement, soit pour leur régime intérieur, soit pour s'opposer aux entreprises de la municipalité, soit pour toutes causes justes et raisonnables."[9] L'assemblée générale, donc, gérait les affaires intérieures du district, directement ou par un comité exécutif nommé par elle. "Une section," écrira Marat en mars 1793, "est souveraine dans ses murs."[10] La gestion de quartier, déjà, occasionna des conflits. Provoquée par l'autorisation donnée par un district à un boulanger de se saisir de six sacs de farine sur la première voiture qui se présenterait, l'Assemblée des représentants proclama, le 29 septembre 1789, sa volonté, également provocatrice, d'"exercer seule au nom de tous, les pouvoirs qu'elle a reçus de tous."[11]

Il n'entrait pourtant pas dans les vues des districts de morceler Paris en petites républiques. A leurs yeux, an contraire, la vraie Commune de Paris consistait en la réunion des 60 districts, ce qui permettait d'établir une opposition conceptionnelle entre la *Commune* et la *municipalité*, c'est à dire l'administration centrale et l'Assemblée des représentants. Pour dégager la volonté générale de la Commune, les districts coopéraient—ou se querellaient—entre eux, développant à cette fin des moyens de communication et de coordination. Dès les opérations électorales d'avril, fut inaugurée la pratique de se communiquer mutuellement des arrêtés et adresses par délégations ou par imprimés, procédés qui resteront jusqu'à la suppression des sections de Paris en 1796 les moyens essentiels de se concerter afin d'exercer une influence politique.

A la fin de juillet 1789, les districts avaient jeté les bases d'un Comité central de correspondance, qui plus tard servira à organiser des assemblées de commissaires *ad hoc*; la première rédigea une adresse commune à la Constituante en février 1790 pour protester contre le *marc d'argent* comme condition d'éligibilité. Par la suite, une assemblée de deux commissaires par district, réunie à l'Archévêché sur l'initiative du district des Cordeliers, rédigea le 16 mars une "Adresse de la Commune de Paris dans ses 60 sections" pour réclamer le maintien de la permanence pour les sections futures. Elle présenta à la Constituante un projet de règlement général pour la Commune de Paris, en opposition avec celui qui, favorisant le système représentatif, avait été élaboré par l'Assemblée des représentants et que la Constituante regarda avec sympathie.[12] Il est à remarquer que la délégation qui porta l'adresse à l'Assemblée nationale, fut présidée par le maire de Paris. Dans ses interminables conflits avec le "corps intermédiaire" des représentants, Bailly en effet favorisa les districts, et s'en servit.

Par leurs relations horizontales et leurs commissaires *ad hoc*, les districts court-circuitèrent donc les députés qu'ils avaient élus et auxquels, d'autre part, ils entendaient parler en maîtres. Entre les assemblées générales comme *fractions* du souverain et l'assemblée de l'Hôtel de Ville comme *représentant* du même souverain, la querelle se concentra sur les questions du mandat impératif et du droit de rappel. Le district des Cordeliers, dont l'activisme et le radicalisme sont connus, invita en novembre 1789 ses députés à prêter serment de se "conformer scrupuleusement à tous les mandats particuliers" et de se reconnaître "révocables à la volonté de leur district." Quand trois des quatre députés refusèrent, ils furent aussitôt remplacés. L'Assemblée des représentants, de son côté, répliqua en refusant de recevoir les nouveaux membres, alléguant que les députés une fois élus "n'appartiennent plus à leur district en particulier, mais à la Commune toute entière."[13] Cette bataille se termina par le triomphe des Cordeliers fortifiés par l'adhésion d'autres districts. Au printemps de 1790, un grand nombre de révocations suivirent.

Le conflit des districts et des représentants ne fut terminé que lorsque, par le décret du 21 mai 1790, la Constituante appliqua à Paris la loi sur les municipalités de décembre 1789. Durant ces dix mois, les deux parties s'étaient efforcées de justifier leurs positions opposées dans une discussion publique par le moyen d'arrêtés et d'adresses, en grande partie imprimés. Maurice Genty, dans son article de 1985, se démarque implicitement de Soboul, qui avait présumé un lien de cause à effet entre les principes de la théorie politique et le comportement politique des militants sectionnaires. Pour Genty c'est "leur pratique même qui avait inspiré aux districts le plan de l'Archévêché et qu'ils avaient érigé en théorie. Cette expérience de gouvernement direct, en effet, s'était faite spontanément et non comme application d'un système *a priori*. Cependant, très vite, il parut nécessaire d'en légitimer le pratique contre ceux qui le combattaient. Il fallut donc faire appel soit à des principes, soit à des précédents historiques. Les références, semble-t-il, ne manquaient pas."[14]

Il semble difficile de soutenir cette opposition entre pratique et justification. D'abord, ces deux aspects sont contemporains, la justification théorique accompagnant dès le début la pratique politique des districts. Puis, si on peut constater qu'il y avait chez les dirigeants des districts assez d'idées et de connaissances théoriques pour que les "références ne manquaient pas" quand il s'agissait de justifier la pratique politique, on voit mal pourquoi il faut postuler que ces idées et connaissances n'aient pas contribué aussi à déterminer les prétentions et la pratique des districts.

Les précédents historiques, d'après l'analyse de Genty, sont tirés surtout de l'histoire ancienne et biblique. Il y a aussi des références aux communes urbaines françaises, mais, semble-t-il, pas aux villages. Quant aux principes avancés comme légitimation, il est bien connu que Rousseau fut le grand maître à penser. Les arguments des districts, comme des sections plus tard, étaient pour une grande partie puisés, quelquefois presque mot à mot, dans le Contrat Social.[15] Citons parmi les exemples saillants le principe essentiel selon lequel la souveraineté, "indélégable," ne peut être représentée, ainsi que la référence—fort utile contre les soi-disant représentants—à la liberté des Anglais qui ne dure que le temps de l'élection. Référence à Rousseau également quand on craignait que l'assemblée élective ne devienne "une nouvelle aristocratie." Signalons aussi que ce fut à l'époque des districts que l'emploi conscient et polémique de "mandataires" au lieu de "représentants" fut adopté, avec le même contenu que Rousseau avait donné au terme de "commissaire." A remarquer enfin que la partie opposée se battait également avec des citations de Rousseau, qui avait bien écrit que le gouvernement direct était impossible dans les grands Etats.

III

Avec les décrèts du 21 mai–27 juin 1790, par lesquels l'Assemblée constituante statua enfin sur l'organisation de la municipalité de Paris, le premier acte de la démocratie directe à Paris fut clos. La permanence fut en effet supprimée pour les 48 sections qui remplacèrent les 60 districts; comme les districts à l'origine, les sections devaient servir comme circonscriptions électorales. Elles gardèrent pourtant le droit de se réunir comme assemblées générales sous certaines conditions, ce qui se laissait interpréter dans un sens large. C'est pourquoi les sections ont pu constituer un des cadres importants du mouvement révolutionnaire parisien, quand celui-ci s'affirma de plus en plus fortement après la fuite du roi une année plus tard. En mai 1792, après la déclaration de guerre et les premiers revers militaires, plusieurs sections réclamèrent la permanence: "état de surveillance si nécessaire dans les circonstances." Par la suite, dans un nombre toujours croissant de sections, l'assemblée générale siégeait journellement. Le 25 juillet, l'Assemblée législative se résigna à décréter la permanence. Un an plus tard, la permanence sera de nouveau supprimée lorsque, le 9 septembre 1793, la Convention limita les réunions des assemblées générales à chaque cinquième jour; après le 9 thermidor, elles n'auront droit à se réunir que les *décadis*.

Dès 1789–90, nous l'avons vu, une idéologie des droits et fonctions des districts en tant que "fractions" ou "portions" du souverain avait été formulée; elle est naturellement adoptée par les sections et passe aux militants des couches sociales populaires quand, pendant l'été 1792, les assemblées générales s'ouvrent aux citoyens *passifs*.

Sous la Constituante et la Législative, les districts et les sections se trouvaient en face de représentations nationales qui n'acceptaient pas la démocratie directe et qui essayaient en vain de cantonner les organes municipaux dans les affaires communales en leur interdisant de s'occuper des affaires de l'Etat. Les rapports des sections avec la Convention étaient plus équivoques, puisque la Convention elle-même fit de la souveraineté populaire *non délégable* la base de sa première oeuvre constitutionnelle. Condorcet, l'auteur du projet *girondin*, avait, en tant que membre de l'Assemblée des représentants de la Commune en 1789–90, été en conflit avec les prétentions au pouvoir direct des districts. Mais il s'était d'autre part fait remarquer par son opposition au système censitaire et le *marc d'argent*; on sait qu'il était aussi le porte-parole le plus connu des droits politiques de la femme. Le projet girondin adoptait le suffrage universel masculin direct et faisait intervenir le peuple souverain directement dans la législation en soumettant les lois votées par l'Assemblée nationale au referendum populaire. Mais le projet essayait de bloquer le pouvoir direct des fractions du souverain par un système compliqué de coupage des communes afin de briser les grandes municipalités. Traduit en termes du conflit Girondins-Montagnards et provinces-Paris, cela signifiait que les Girondins en appelaient aux départements contre la trop puissante Commune de Paris et ses sections. Après que celles-ci eurent fait tomber les Girondins, les Montagnards, dans la constitution de 1793, rayèrent les mesures anti-parisiennes, tout en conservant le suffrage universel et le référendum, dans certains cas, par la réunion des assemblées primaires de toutes les communes et sections du pays. Ainsi la constitution fut elle-même soumise à l'acceptation populaire, avant d'être suspendue pour la durée de la guerre.

La constitution de 1793 n'entrera jamais en vigueur. Mais il ne faut pas moins lui attribuer une influence et sur la propagation et sur le contenu de la théorie de la démocratie directe. La nouvelle déclaration des droits, qui fut joliment gravée et diffusée par les imprimeurs, accentua les droits des fractions du souverain. Si la souveraineté était indélégable, elle n'était certainement pas "indécoupable." L'individu, considéré comme détenteur d'une parcelle de la souveraineté, y vit garanti son "droit d'exprimer sa volonté avec une entière liberté." Plus significatif encore l'article 35: "Quand le gouvernement viole les droits du peuple, l'insurrection est pour le peuple, *et pour chaque portion du peuple*, le plus sacré des droits et le plus indispensable des devoirs."[16] Lorsque, le 14 juillet 1793, les délégués de nombreuses sections vinrent à la Convention signifier leur acceptation de la constitution, l'Assemblée, sur leur demande, précisa par décret que "ce n'est pas comme pétitionnaires qu'ils se présentent, mais comme membres du souverain."[17] Au grand poids réel qu'avaient pris les sections de Paris dans la politique de la République au printemps et à l'été 1793, les décrets de principe de la Convention ajoutèrent une confirmation formelle.

IV

Afin d'analyser brièvement les sections de Paris comme un cas de la démocratie directe en fonction, nous allons distinguer entre trois aspects: les assemblées générales comme "représentation" de la population de la section, la section agissant dans la grande politique comme fraction du peuple souverain, et enfin le gouvernement direct de la section.

La documentation pour une étude générale et systématique des assemblées de district et de section s'est trouvée très appauvrie par l'incendie de l'Hôtel de Ville de Paris en 1871, où disparut la majeure partie de leurs archives: des procès-verbaux d'assemblées générales ne subsistent qu'une petite minorité. En plus, les rédacteurs des procès-verbaux se contentaient souvent d'une vague estimation du nombre des présents.[18] Néanmoins, l'analyse qu'a faite Soboul de la fréquentation des assemblées générales de 1790 à 1795 donne des résultats assez significatifs pour montrer que les assemblées générales ne réunissaient qu'une minorité de ceux qui avaient le droit de vote. Si l'on peut parler de grandes minorités en période de crise de politique générale, autour des grandes *journées* et à l'occasion d'une élection importante (24% en juin 1793 dans la section de la Montagne), le plus souvent le pourcentage était inférieur à 10.[19] Mais comment faut-il comprendre ces pourcentages, et par rapport à quelle base de comparaison?

D'abord, on ne peut mettre dans la même catégorie la participation populaire aux séances des assemblées délibérantes et la participation aux insurrections et manifestations de rue. Une chose est de se noyer dans la foule ou du bataillon de la garde nationale contre la Bastille en 89 ou la Convention en l'an III, ou encore de jouir de l'ambiance de la Fête de la Fédération. Autre chose de prendre part aux travaux souvent fastidieux des assemblées politiques à procédure formalisée, moins immédiatement à portée de tous. On ne saurait donc constater une baisse ou une hausse de la participation populaire à la Révolution en passant de l'une à l'autre de ces catégories d'action essentiellement différentes.

Il faut bien convenir qu'en tout régime, en temps paisible comme en révolution, ceux qui acceptent et sont capables d'une activité politique continue, ne composent que des minorités. Aussi, de l'Antiquité grecque et romaine aux assemblées estudiantines et universitaires des années 1970, on sait que la participation est presque toujours minoritaire en démocratie directe. Les exceptions sont essentiellement le fait de petits groupes avec un fort sentiment de communauté. Encore l'exemple des communautés paysannes d'Ancien régime montre que souvent ce ne fut qu'en joignant la menace des amendes aux sanctions morales qu'on pouvait espérer obtenir la présence aux assemblées de tous les ayant droit.

La démocratie représentative moderne est adaptée à cet état des choses: aux citoyens et citoyennes en général, elle ne demande que de prendre part à de longs intervalles à l'élection de représentants. Moyennant une longue éducation collective et tous les moyens de communication modernes, on obtient le plus souvent des taux de participation largement majoritaires au vote. Il va sans dire que ce serait fausser les perspectives de mesurer les expériences démocratiques pionnières de la Révolution française à l'aune des démocraties représentatives actuelles.

Par contre il est légitime et important de comparer la participation aux institutions de la démocratie directe sous la Révolution à la participation aux élections des institutions représentatives à la même époque. Or les deux sont du même ordre de grandeur: les assemblées primaires parisiennes qui désignèrent les électeurs en 1790 et 1791, réunirent entre 6% et 14% des citoyens "actifs." L'élection de maire de Paris au suffrage universel en 1792 se fit avec moins de 10% de votants. A la base des deux systèmes était la "sélection" de la minorité des participants.

La démocratie directe repose *en général*, tout comme le système représentatif, sur une sélection, faite par d'autres moyens et mécanismes. Sous d'autres aspects pourtant, il est évident que les districts et sections de Paris, produits et *instruments* révolutionnaires, ne sauraient avoir valeur d'exemple de la démocratie en général. Plus précisément les assemblées générales sectionnaires fonctionnent à certains moments essentiellement comme administration locale, s'occupant de questions assez terre-à-terre, de bienfaisance pourrait-on dire, plutôt que de terreur, pour devenir à d'autres moments la scène de violentes passions patriotes, révolutionnaires et fratricides. Pour le bien et pour le mal un trait distinctif de la démocratie directe dans de telles situations, par rapport aux assemblées représentatives, est la flexibilité de composition des assemblées générales, comme le montre l'oscillation précitée du nombre des participants.

En temps d'effervescence, la "sélection" des participants aux assemblées générales donnait sans aucun doute une surreprésentation des individus les plus énergiques et violents, ce qui dans l'immédiat devait accentuer la polarisation politique à l'intérieur de l'assemblée. A plus longue échéance le résultat était au contraire l'uniformisation politique de l'assemblée, par le retrait ou par l'éviction du "parti" le moins fort. C'est ainsi que Soboul, comparant la fréquentation des assemblées générales dans la période censitaire 1790–juillet 1792, et sous le suffrage universel masculin, trouve une assistance grossie avec l'admission des citoyens jusqu'alors passifs, intervenant au moment du *danger de la patrie*. Mais: "Devant l'afflux des sans-culottes, nombre de citoyens ci-devant actifs s'abstiennent dorénavant de toute activité politique. Parmi les citoyens ci-devant passifs, seule une minorité persiste à s'occuper de la chose publique, une fois le danger écarté, les assemblées étaient simplement passées entre d'autres mains: . . . l'entrée des sans-culottes dans la vie politique n'a pas modifié sensiblement les effectifs des assemblées."[20]

Nous parlerons du retrait d'un "parti" quand il abandonne l'assemblée parce qu'il s'y sent impuissant, ou qu'il répugne à l'atmosphère dominante, d'éviction quand il y a emploi de force. Il est sans doute vrai que l'impression de désordre, de violence verbale et physique dans les assemblées sectionnaires est exagérée parce qu'à défaut de procès-verbaux, l'historien doit se servir de sources où les violences sont systématiquement surreprésentés, comme fut probablement aussi le cas des rapports des intendants sur les assemblées de village sous l'Ancien régime.

Mais cela n'empêche que dans les périodes de grands conflits, l'intimidation et la violence ne jouent un rôle fort important; ainsi dans la mobilisation sectionnaire contre les Girondins. L'issue des luttes politiques était aussi déterminée par l'intervention de forces extérieures à la section—par l'envoi de délégations nombreuses d'une section à l'assemblée générale d'une autre.

Rappelons en dernier lieu le parallélisme important des sociétés populaires et des assemblées générales. En février 1790, déjà, Marat avait préconisé le moyen d'agir que les sociétés pratiqueront avec grand succès en 1793: dans les sociétés les patriotes des diverses sections discuteront les arrêtés soumis aux assemblées générales: "ainsi les membres des clubs porteront dans leurs assemblées respectives de section un jugement réfléchi . . ."[21] En septembre 1793, la création de 28 nouveaux clubs sectionnaires permit de tourner la suppression par la Convention de la permanence des assemblées de section; les patriotes se réunirent tous les soirs dans le club pour dominer l'assemblée le cinquième jour.

C'est dire que la démocratie directe des assemblées générales devenait une sorte de représentation non élue d'un "parti."

Quels que soient leurs effectifs et la manière dont s'était dégagée leur majorité, les assemblées générales parlaient, aux mandataires du peuple et au public en général, comme fractions du peuple souverain. L'exemple donné par les districts en 1789 fut par la suite soutenu et élargi, surtout à des moments de crise politique. Très significatif fut l'arrêté par lequel la section de Mauconseil, le 31 juillet 1792, déclara reprendre ses droits et ne plus reconnaître Louis XVI comme roi. La Législative annula cet arrêté en alléguant que la souveraineté ne pouvait appartenir à une section du peuple. L'insurrection du 10 août en décida et, comme nous l'avons vu, la Convention, par la Constitution de 1793, entérina le droit à l'insurrection des "portions."

Il est normal alors que dans des moments de grande effervescence il arriva aux sectionnaires d'oublier la "fraction" pour parler en souverain, ou de la part du souverain, comme s'ils appliquaient la vieille notion de représentation, *pars pro toto*, contre la représentation formalisée du système d'élection.

Le 31 mai 1793, la section des Sans-culottes, dans une adresse impérieuse, expliqua aux "manddataires du peuple" pourquoi, bien qu'étant en insurrection, elle daignait venir leur parler: "Si dans le moment même où le peuple se lève notre section vient encore s'adresser à vous, c'est dans l'espoir qu'en vous déposant de nouveau ses armes, et en vous rendant l'exercice de sa souveraineté, vous allez en faire usage pour le bonheur du peuple; écoutez donc sa voix . . ."[22] Le ton superbe et impérieux dans lequel les orateurs des sections adressent la Convention, indique combien le système de pensée de la démocratie directe et de la souveraineté des "fractions" et "portions" était propre à libérer du respect de la hiérarchie sociale et politique, mais aussi combien les militants sectionnaires étaient conscients de la puissance réelle que leur donna le gouvernement direct local.

Le pouvoir autonome des sections s'affirma par la révolution parisienne du 10 août, à laquelle plusieurs entre elles prirent une part active. C'est alors que les assemblées générales, avec l'aide de la Commune insurrectionnelle qu'elles avaient élue, se mirent en tête d'un appareil d'exécution électif créé déjà par la Constituante—comité civil, commissaire de police et juge de paix—ou, dans le cas des comités de bienfaisance, par les sections elles-mêmes. A la suite du 10 août, le système de commissaires d'exécution élus par les assemblées générales fut complété, notamment par les comités de surveillance révolutionnaire institués spontanément par les sections et légalisés par la Convention le 21 mars 1793.

D'importance essentielle pour la force des organes de la démocratie directe parisienne, fut enfin le rétablissement de la concordance entre l'organisation de la garde nationale et les sections. En 1789 la garde nationale s'était formée en 60 bataillons correspondants aux districts. Après la création des 48 sections, la Constituante s'était bien gardée de remodeler l'organisation militaire sur celles-ci. Mais dès le 13 août, le Conseil général de la Commune autorisa les sections à former des compagnies, ouvertes désormais à tous les citoyens, qui éliront leurs officiers et sous-officiers. C'est encore les sections réunies qui nommaient le commandant général de la garde nationale parisienne. Ainsi le gouvernement direct sectionnaire disposait de sa propre force militaire.

Soboul a montré en détail comment cet appareil sectionnaire, qui aida les Montagnards à vaincre la Gironde, fut en l'an II mis au pas par le gouvernement révolutionnaire. Par des moyens tant de séduction que de contrainte, il amena les commissaires des sections à l'obéissance aux comités de gouvernement, et se servit des moyens de la Terreur contre les militants des sections et des sociétés populaires qui avaient la témérité de lui opposer les droits de souveraineté des assemblées générales.

Robespierre, le 17 pluviôse an II, portant jugement sur la souveraineté des fractions du peuple, éleva, selon son habitude, sa polémique au niveau des vérités générales. C'est pourquoi ce passage de son célèbre discours sur les principes de morale politique a une place dans l'histoire du terme *démocratie*: "La démocratie n'est pas un Etat où le peuple, continuellement assemblé, régle par lui-même toutes les affaires publiques, encore moins celui où cent mille fractions du peuple, par des mesures isolées, précipitées et contradictoires, décideraient du sort de la société entière. . . . La démocratie est un Etat où le peuple fait par lui-même tout ce qu'il peut bien faire, et par des délégués tout ce qu'il ne peut pas faire lui-même."[23]

L'époque où les sections étaient réduites au rôle de rouages de l'appareil politique des comités de gouvernement et du club des Jacobins, prit fin au 9 thermidor. Il s'ensuivit une renaissance de la vie politique et de la pratique de la démocratie directe dans les assemblées générales des décadis. Mais loin de récupérer leur rôle ancien de "gouvernement local," les militants sectionnaires devaient voir ce qui en restait progressivement éliminé. Avec la disparition de la Commune en thermidor, l'administration de la capitale avait en effet été prise en main par les comités de gouvernement qui s'en chargeaient par l'entremise des commissions d'exécution. Par la loi du 7 fructidor an II (24 août 1794) la Convention supprima les 48 comités révolutionnaires, pour les remplacer par 12 comités d'arrondissement, inaugurant ainsi le remplacement des sections par les arrondissements de quatre sections voisines. Ce qui sollicita l'attention des assemblées générales fut donc surtout les questions de politique générale et le renouveau des conflits des "partis" de 1793. Dans un premier temps il s'agit d'une lutte triangulaire entre Jacobins, sans-culottes "hébertistes" et modérés "girondins"; par la suite les deux premiers se dressent contre les derniers.

A cette époque la Convention, reprenant son travail constitutionnel, abandonnait la démocratie directe pour établir une représentation nationale exerçant la souveraineté déléguée par les citoyens actifs, puisque le suffrage universel, lui aussi, fut abandonné. Sous le mot d'ordre *Du pain et la constitution de 1793* l'insurrection de la faim de prairial s'éleva aussi contre cette évolution politique. Si la défaite des insurgés marque la fin du mouvement sans-culotte, certaines sections agiront encore une fois comme "portions" du souverain avant de disparaître. L'insurrection de droite le 13 vendémiaire fut en effet la culmination d'une vague de protestations sectionnaires contre le décret des Deux-Tiers, entorse flagrante faite par les représentants aux droits des votants. Le 17 vendémiaire (9 octobre 1795) la Convention supprima les assemblées de sections.

Comment cerner en peu de mots l'apport de la pratique de la démocratie directe à la culture politique de la Révolution française? L'essentiel nous semble être que par les assemblées des districts et sections—et aussi par les sociétés populaires— tant à Paris que dans les départements, "une énorme masse de gens s'est mise en état de *délibérer* sur ses affaires propres et sur celles de l'Etat." "Une énorme masse de gens"—n'est-ce pas contredire les faibles pourcentages précités? Non, c'est le point de référence qui est différent. La politisation et l'initiation aux procédures des assemblées délibérantes touchèrent effectivement "une masse énorme" par rapport aux antécédents français et aux pratiques politiques contemporaines dans les autres pays de l'Europe. Si bien que la pratique de la démocratie directe reste une des grandes innovations de la Révolution française.

Notes

1. Arne Naess, *Democracy, Ideology and Objectivity* (Oslo/Oxford, 1956); R. R. Palmer, "Notes on the Use of the Word 'Democracy,'" *Political Science Quarterly*, 68, 1953.
2. Pour ce qui suit, voir A. Babeau, *Le village sous L'Ancien Régime* (Paris, 1882).
3. Albert Soboul, *Les Sans-culottes en l'An II* (La Roche-sur-Yon, 1958); cf. son "Classes populaires et rousseauisme," *AHRF* 1964, réimprimé *in* Soboul, *Paysans, sans-culottes et jacobins* (Paris, 1966).

4. Soboul, *Sans-culottes*, p. 505. J'ai fait la même identification dans mon *La défaite des sans-culottes* (Oslo/Paris, 1959).

5. Maurice Genty, "Mandataires et représentants: un problème de la démocratie municipale à Paris en 1789–1790," *AHRF* 207 (1972); "Pratique et théorie de la démocratie directe: l'exemple des districts parisiens (1789–1790)," *AHRF* 259 (1985). Je n'ai pas vu sa thèse non publiée, *Le mouvement démocratique dans les sections parisiennes, (printemps 1790–printemps 1792)*. Genty a encore repris le sujet dans son *Paris 1789–1795. L'apprentissage de la citoyenneté* (Paris, 1987), ouvrage qui malheureusement ne comporte pas de références aux sources. Cf. le compte rendu de Claude Mazauric in *AHRF* 267 (1987).

6. Genty, *L'apprentissage*, p. 21.

7. Genty, "Mandataires," p. 5.

8. *Ibid.*, p. 2, adresse du 11 décembre 1789.

9. Jean Jaurès, *Histoire socialiste de la Révolution française* (Paris, 1969), 1:671, note 36.

10. A. Soboul, *La Civilisation et la Révolution française* (Paris, 1982), 2:274.

11. Genty, "Mandataires," p. 5.

12. Genty, "Pratique," p. 15.

13. Genty, "Mandataires," p. 11.

14. Genty, "Pratique," p. 17.

15. *Ibid.*, pp. 17–24, et Genty, "Mandataires," pp. 15–27.

16. C'est moi qui souligne.

17. Soboul, *Civilisation*, p. 266.

18. A. Soboul, *Les papiers des sections de Paris, Répertoire sommaire* (Paris, 1950).

19. Soboul, *Sans-culottes*, pp. 585–591 et tableaux pp. 1095–1104.

20. *Ibid.*, pp. 587–588.

21. *Ibid.*, p. 615.

22. Walter Markow und Albert Soboul, *Die Sansculotten von Paris* (Berlin, 1957), pp. 64–66.

23. *Moniteur*, 7 février 1794.

24. L'expression est de Mazauric, *op. cit.*, p. 99.

CHAPTER 16

Federalism

ALAN FORREST

FEDERALISM was less a coherent ideology than a polemical device, the creation of a bitter and concerted campaign of political denigration. In the summer of 1793, when the word first entered the everyday vocabulary of the French Revolution, there were few who were ready to lay claim to it. It was used almost entirely as a term of abuse by those who wished to belittle their opponents or to cast doubt upon their political credentials. To the critics of federalism, its central characteristic was a willingness to sacrifice national unity for selfish gain, to break up the political integrity of France in the interests of individual cities or regions. It was depicted as the obvious antithesis of nationalism, and the Jacobins who most enthusiastically embraced the ideology of the nation were quick to exploit the opportunity which this provided. By 1793 Revolutionary nationalism had become increasingly intolerant of local initiative, increasingly determined to impose national unity from the centre, increasingly insistent that French alone could be the language of liberty and that others—Bretons, Basques, Flemings, Corsicans—must recognise the cultural and political superiority of France.[1] In this context it was tempting to see federalism as yet another manifestation of localism, as yet another bid by the regions to throw off the control of the centre. The fact that France was embroiled in foreign war only seemed to make these criticisms more pertinent and more damning.

Given the widespread tendency to equate the national interest with that of the Revolution, it was perhaps inevitable that Jacobin political discourse should have developed in this way. Yet in 1789 and 1790 local liberties had been fiercely upheld, with the municipal revolution offering encouragement to enterprise and initiative from city councillors and regional pressure-groups. Michael Sydenham is right to emphasise the quite dramatic change in outlook which had taken place. "The fact is," he writes, "that in the late summer of 1792, probably in mid-September, the word 'federal,' which had hitherto signified patriotic unity, became a term of political opprobrium and proscription."[2] The local federations which had been so prominent in the French provinces in 1790 had disappeared, and with them much of the spontaneity of that first glad morning of Revolution in provincial cities. In 1790, for example, Bordeaux and Toulouse could celebrate together their patriotic foresight in putting down royalism in Montauban; two years later any such celebration would have been regarded with intense suspicion as a symbolic assertion of local difference.[3] The *fête de la fédération* had changed in nature, to become a public and symbolic reassertion of the importance of the nation—and, by implication, of political centralism. And already in 1792 the sections of Paris were warning of the threat which right-wing opinion in the departments could pose to republican unity:

> Des directoires de départements coalisés osent se constituer arbitres entre l'Assemblée Nationale et le roi. Ils forment une espèce de Chambre haute éparse au sein de l'Empire: quelques-uns même usurpent l'autorité législatrice; et, par l'effet d'une ignorance profonde, en déclamant contre les républicains, ils semblent vouloir organiser la France en république fédérative. C'est au nom du roi qu'ils allument les divisions intestines.[4]

Nor was this suspicion restricted to the capital. In the Gard, where Rabaut Saint-Etienne proposed the creation of a "fédération armée des départements méridionaux" to defend themselves against the threat of foreign invasion, his initiative was vitriolically denounced by those who felt that it was damagingly divisive.[5] In September 1792 Danton went so far as to deny the validity of any local attachments or departmental loyalties in Revolutionary politics. He was not himself a Parisian, he told the Convention; he had been born in a department and returned there from time to time with the greatest of pleasure. But, he warned, "aucun de nous n'appartient à tel ou tel département, il appartient à la France entière."[6] Already the identification was being drawn between departmental politics and the destruction of national unity, an identification which would make deadly propaganda against the federalist authorities during the following summer.

The full impact of that propaganda was not lost on contemporaries. A number of departments teetered on the brink of federalism, wooed by their neighbours to support their acts of rebellion, deterred only by the knowledge that their support would be misconstrued, their political deviation crucified. The case of the Drôme is particularly instructive, a department whose geographic position in the Rhône valley left it exposed to the siren-like appeals of Marseille and Lyon. There can be little doubt that the anger expressed in Valence at the spread of "anarchy" in the capital was politically potent. It was exactly the sort of sentiment which pushed other localities into open rebellion. But the authorities in the Drôme, with what turned out to be great foresight, allowed themselves to be persuaded by their Jacobin *procureur*, Payan, who warned against hasty and impolitic action. Payan, it is clear, believed devoutly in the essential rightness of his cause; he was in fact fighting a desperate and successful rearguard battle against pro-Girondin and anti-Parisian forces which threatened to engulf the department. His tactics, however, had less to do with ideology than with simple self-preservation. It would, he suggested, be unwise to appear to slander the people of Paris by accusing them of reducing the government to a state of anarchy. An address too critical of Paris could lead to damaging repercussions and even to reprisals. For "sous des dehors patriotiques cette adresse pouvait donner lieu à des interprétations perfides qui compromettroient l'esprit républicain . . . qu'il était aussi injuste qu'impolitique de présenter comme une faction dangereuse à la liberté les Représentants du peuple et les autorités constituées de Paris . . . qu'il ne fallait pas surtout sembler vouloir désigner comme anarchistes les plus énergiques deffenseurs de la liberté . . . qu'il était encore impolitique d'appeler par des sarcasmes contre Paris la division entre cette cité célèbre et les départements de la République."[7] He went so far as to suggest that the people of Paris might themselves be the best judges of the political troubles that beset the capital, a proposition which the Valentinois, unlike their counterparts in many other provincial cities, seemed prepared to accept. They were wise to do so, since within a few weeks their reaction to events in the capital would have become the touchstone of political reliability, the yardstick by which their loyalty to the Revolutionary state would come to be judged. The least suspicion of deviationism, of wishing to unite local opinion behind a provincial city or a regional club, might lead to denunciation, and denunciation to punishment. Nor was it an issue that can be understood in terms of Left and Right, of extremists and moderates. When the *hébertiste* club in Lille wanted to rally support from surrounding societies in the early months of Year II, it was deterred by the fear that such action might be construed as "federalism."[8]

In other words, by the end of 1793 the Jacobin image of federalism had gained a wide constituency; and it has tended, in a somewhat diluted form, to enjoy widespread credence among historians. In part this can be ascribed to the vigorous Jacobin propaganda offensive which followed the spate of revolts in the summer months; in part to the active involvement of the club network in local towns and villages; but principally to the savagery of the repression that rained down on those who were in any way implicated in so-called federalist activity. Accusations of federalism were not confined to the major provincial cities like Marseille or Bordeaux or Caen, nor to the ringleaders of the revolts against the Convention. In departments like the Gard and the Vaucluse small towns and villages were heavily implicated, and the repressive energies of the *Commission Populaire d'Orange* were focused on the eradication of the heresy from south-eastern society. Repression could have an educative as well as a purely policing aspect.[9] This does not mean, of course, that those towns and cities which rebelled against Paris during the summer of 1793 were necessarily dedicated to achieving clear federalist goals, or that the local judges and councillors who took part in the movement would recognise the aims which the courts and the government ascribed to them. Indeed, practically to a man, they rejected any charge of federalism as being totally without foundation. They might be in revolt against the abuses and extravagances of Parisian politics, but they were not, they insisted, trying to break up the unity of the country or to establish separate regional administrations. In all the major centres of revolt, the leaders would seem to have been unanimous in rejecting any federal form of government for France. They continually emphasised the scrupulous legality of their demands. As the *Comité Général des 32 Sections de Marseille* phrased it in May 1783, Marseille had no quarrel with the law of the land. 'On y prêche l'amour de la Patrie et de la Liberté, le respect des Lois, la nécessité de l'ordre, le besoin de s'unir et de s'aimer . . .'[10] There was nothing, they felt, in their language or their actions that could be interpreted as destructive of national unity. The case was put even more pressingly by two advocates of rebellion, Hallot and Fonvielle, in their address to the Department of the Drôme. They urged general insurrection as the only answer to France's woes, but not a "federalist" insurrection. It was a distinction, they insisted, which could be clearly drawn:

Ils vous parlent de fédéralisme; ils vous disent que nos démarches ne tendent qu'à établir le fédéralisme dans la République; citoyens, il n'est pas un seul d'entre vous dont les lumières ne soient
suffisantes pour juger l'imposture de cette accusation ou le vide de son application.

Que vous proposons-nous? est-ce de morceler la République, de vous aggréger à une section du
peuple français, pour vous isoler de l'intérêt commun et procurer dans l'état plusieurs centres de
puissance, d'action, de mouvement? A ces traits seulement reconnoissons le fédéralisme.

Au contraire, nous voulons que tous les Français, soumis aux mêmes lois, animés des mêmes
principes, unis d'un même lien, dirigés vers un même but, fondent par leur toute-puissance, par
l'exercice indivisible de leur souveraineté, un gouvernement libre nécessairement un, nécessairement
homogène, la république une et indivisible.[11]

There is no reason to question the sincerity of Hallot and Fonvielle or to quibble
with their admirably lucid reasoning. Like most of the other federalist leaders they
considered themselves to be loyal republicans and were horrified by the charges
of counter-revolution which were laid against them. They were also committed
constitutionalists who saw in the Constitution the guarantee of liberty and of
equality before the law which was the birthright of every citizen. And there is little
or nothing to suggest that they preferred an American style of constitution, with
its federal structure and intense suspicion of centralised power, to that with which
France had been endowed. Indeed, as good provincial bourgeois, they often
seemed quite obsessed by constitutional niceties, arguing that the status quo must
be preserved and casting a critical eye on the more extreme revolutionary initiatives
emanating from Paris. They could with some justice claim that it was not they,
but the Paris Jacobins, who were in breach of the Revolution's laws, and they
rejected any claim that they were putting national unity at risk. In the same address
to the people of the Drôme the case for federalism was persuasively laid out.
Resistance to oppression, claimed Hallot and Fonvielle, made common action
indispensable, and if that action was to be classed as federalism, then it was the
citizen's constitutional right to stand up to an oppressor which provided its justification. "Fédérons-nous, citoyens de la Drôme," they pleaded, "fédérez-vous avec
tous les Français, et voyons ce que diront les factieux lorsque la France entière
n'aura qu'un centre d'unité, et se sera fédérée pour ne former qu'un tout indivisible."[12] Their declared aim, and that of federalist municipalities throughout France,
was that of saving and defending the Republic, not of putting the national interest
at risk.

If that is true, it may legitimately be asked why the federalist revolt aroused such
heated passions among the Jacobins and in the population at large. In ideological
terms the threat which it posed might seem to have been slight. Few, even at the
time, took seriously the possibility of a splintered sovereignty, with the federalist
cities acting as the focal points for regionalist movements. Of the leading Girondins
only Buzot and Barbaroux toyed briefly with idea of political regionalism and
sought to restore part of their lost power to the French provinces. If Madame
Roland is to be believed, for instance, Barbaroux was attracted by the idea of an
independent "République du Midi," of a federal structure whereby Marseille and
the south might break away from Paris and from the unacceptable face of sans-
culotte politics.[13] But the evidence for the existence of a significant secessionist
movement is unconvincing. Of the cities which raised the standard of revolt in the
summer of 1793, only Marseille could muster much backing from the small towns
and villages of its hinterland. Lyon lacked any significant level of support among

the countrymen of the Forez and the Bresse, where the very name of Lyon still conjured up images of royalism and counter-revolution.[14] Bordeaux, which might have seemed well placed economically to exploit its ties with the rural communities of the south-west, achieved only mediocre results: of 559 communes in the Gironde, some 130 accepted to follow the *Commission Populaire* down the road to rebellion.[15] Only Marseille was in the happy position of being able to command respect and loyalty from the people of Provence, among whom it enjoyed an enviable reputation for revolutionary integrity. The Marseillais had worked hard to build up their following. In 1791 and 1792 they had sent out *pèlerinages* to villages throughout the region, winning them over to support of the city's initiatives; they had intervened against the Chiffonistes in Arles and against moderate factions in Avignon; above all, they had marched to Paris in response to Barbaroux's call and had penned the battle song of the Republic, the Marseillaise.[16] But, significantly, few of the communes which accepted to follow Marseille's lead—and they were many in the Var, Vaucluse and Bouches-du-Rhône—were won over by Barbaroux's federalist dream. The fear of succession, of the gradual break-up of the Republic, was wholly unreal, the result of Jacobin scaremongering and of the political paranoia which characterised that precarious summer.

In contrast, the political threat posed by the federalist revolt was real enough. No government could with equanimity stand by and allow the major cities of France to withdraw their recognition and reclaim their share of national sovereignty. More particularly, no government could be expected to tolerate a series of urban revolts at a time when the frontiers were under threat from foreign armies and when internal communication was so vital to provision French forces. The civil war in the west could only increase the sense of national malaise, and the fear was always present that the federalist cities would join forces with the Vendeans against Paris. Toulon's treason in handing over the navy and the port installations to the English and the Spanish fleets merely served to underline the scale of the danger which threatened. The rebel cities were, of course, keenly aware of the degree to which their actions could be represented as assaults on French interests, as deliberate acts of sabotage to undermine the security of the *patrie*. They knew how their revolts would be interpreted in Paris, yet they had little choice about timing, since, even if the links between federalism and the Girondins are somewhat tenuous, the original impetus to revolt often followed closely on the revolution of May 31 and the arrest of the Girondin leadership in the Convention.[17] And though they took great care not to identify their cause with those of royalists or counter-revolutionaries, their efforts were doomed to failure. Refractory priests and *émigré* nobles were attracted by the existence of political havens where the writ of revolutionary government did not run. The presence of General Précy at the head of the Lyonnais army, and the involvement of a sizeable number of *ci-devants* among the officer corps, could not but add to Lyon's uncertain reputation in republican circles.[18] Nor did the federalist cities win much favour by distancing themselves from the Vendean rebels. The Bordelais, it is true, kept their troops in the Vendée, fighting in the Republican armies against the *Blancs*.[19] But Lyon refused to provide supplies for troops passing down the Rhône valley on their way to join the *Armée d'Italie*; and violence frequently flared between government soldiers and the partisans of the federalist cities.[20] As a result, federalism was already cursed with an unpatriotic image, even before the propaganda disaster that was Toulon. With the French armies still struggling on the frontiers, it was unavoidable that the federalist cities would be tainted by accusations of counter-revolution and of treason.

These charges were the more difficult to refute in that the essence of federalism was so very elusive. If it was not a coherent ideology, why did it have such widespread appeal in the French provinces? How widespread, indeed, was the threat which it posed? Who was and who was not "federalist" during the summer of 1793? The answers to such questions are perhaps less clearcut than might be expected. If the figures published by the federalist centres themselves could be believed, then the movement was deeply implanted throughout the *hexagone*. Pamphlets and handbills printed in Bordeaux, Marseille and Caen all spoke of sixty, or sixty-six or sixty-nine departments ready to take up arms against the "usurpateurs" in the capital. The principal Girondin politicians also believed in the validity of these figures and earnestly repeated them in their memoirs. And a generation of historians, in the mould of Henri Wallon, took up the cry.[21] But in reality these claims amounted to very little. All the principal centres of the revolt, desperately anxious to justify themselves in the eyes of others and to gain some semblance of support that would lessen their isolation and feelings of vulnerability, sent out *commissaires* to convert others to their cause. From Caen they went to the major centres of Normandy and Brittany; from Lyon to Burgundy and the Rhône valley; from Bordeaux to the Charentes and to the departments of the south-west; from Marseille to the towns and villages of Provence. They were often warmly received by their neighbours, whom they regaled with their fears of Jacobin oppression and their optimistic declarations of intent; in many cases they came away blessed with the good wishes of their hosts and with greetings that conveyed encouragement.[22] But they should have treated such greetings with circumspection. The fact that a department or municipality pronounced a few encouraging words to two men obviously devout in their political protestations was not a promise of practical assistance, and the same departments whose support was so gratefully reported in the federalist cities would rarely agree to tolerate the passage of a federalist army across their territory or to provide any of its own men as reinforcements for the cause. As the Bordelais discovered to their cost, others— like the administrations of the Haute-Vienne and the Corrèze—were less interested in the dream of insurrection than they were concerned to guarantee their own safety, with the result that fraternal greetings could soon turn to disclaimers and recrimination.[23] The number of departments which actively involved themselves in the movement, as Paul Hanson has revealed in his thesis, was strictly limited. At most forty-nine were moved to protest about the proscription of the Girondins in the days following June 2, as against the thirty-two which rushed to approve the Jacobins' action. And of these forty-nine, only thirteen continued to resist after a few days. Seven were in the north-west of the country, in Brittany and Normandy (the Calvados, Côtes-du-Nord, Eure, Finistère, Ille-et-Vilaine, Mayenne and Morbihan); the Rhône-et-Loire was followed by the Ain and the Jura; the south-east was represented by the Bouches-du-Rhône and the Gard; to be followed shortly afterwards by the Var; and the Gironde stood alone against the national government in the south-west.[24] Elsewhere opposition did not pose any serious threat to the Convention's authority, consisting of little more than short-lived protests about the arrest of their deputies and self-righteous squawks about the dangers of anarchy in the capital.

But in those areas where the revolt took root, the political threat to Paris was clear enough. Propagandist missions sought to destroy the confidence of the people in their own government. The Lyonnais, for example, rushed to offer protection to any town or district which might feel threatened by the Jacobin menace. "Si les brigands vous menacent, vous nous verrez accourir à votre secours avec un zèle égal à votre énergie. Nous avons tous le même intérêt; tous le même besoin: l'intérêt de nous unir, le besoin de l'ordre."[25] The various popular commissions usually went rather further, denying the writ of the national government in the territories over which they had control. Some went so far as to propose that government be withdrawn from Paris altogether, given the threat to public order which the Parisian sections were deemed to constitute. On June 19, for instance, the *Commission Populaire* in the Gironde took up an idea that already enjoyed a certain mode in the federalist cities and invited all those of like mind to send a delegation to a new central assembly at Bourges "pour y concerter les moyens d'exécuter avec accord, et d'une manière uniforme, les mesures adoptées par les départements."[26] What they were proposing was nothing less than the establishment of an alternative national government at a central spot which would be removed from the political intemperance of Paris. Even more alarming was the fact that the federalist authorities generally backed up their threat with force, raising departmental battalions, ostensibly to defend themselves against attack, but also with the declared intention of marching on Paris to restore the integrity—and the authority—of the Convention. In practice such military ambitions were thwarted by poor organisation, fear, and public indifference. Recruitment, coming so soon after the *levée des 300,000,* proved sluggish, and the battalions were seriously undersubscribed. Desertion was as serious a problem for the federalist leaders as it was for government generals, and it took threats of draconian punishment to bully soldiers into their units.[27] Their effectiveness in the field was, in the event, very limited: Bordeaux's *force départementale,* for example, got no further than Langon on its long march to Paris before dispersing in drunken disorder.[28] But the symbolic threat for the Convention and for national unity should not be underplayed. Lyon did raise an armed force of 6400 men, a force which could be used for offensive as well as defensive purposes.[29] Troops from Marseille and Nîmes did plan a joint military operation in the corridor of the Rhône valley before being dispersed at Pont Saint-Esprit.[30] A federalist army from the north-west did engage Republican soldiers in battle at Brécourt.[31] Both for French Republicans and for their enemies abroad, the federalist revolt was a serious blow to the image of 'la République une et indivisible."

Yet the federalist leaders insisted that they were not counter-revolutionaries, that their commitment was to the Republic and to the constitution. If allegations of "federalism" must be dismissed as the language of factionalism, then so must the charge that they were closet royalists, providing behind their constitutional facade an opportunity for the agents of the King to build a bridgehead on French soil. Despite the hope which the revolts aroused in *émigré* communities in Turin and Coblentz, there is no evidence to suggest that the federalist leaders had monarchist leanings. Many of them, indeed, had had long political careers in revolutionary politics in their respective cities, their involvement on the municipal councils dating back to 1789 or 1790. They might be conservative revolutionaries—in the Orne some of them had regarded the Tenth of August as a serious lapse into unconstitutional behaviour[32]—but their commitment to the Revolution cannot be called into doubt. In most instances the revolt centres on the popular sections; in one case—Caen—it was the Jacobin Club itself which took the first steps toward insurrection.[33] Even in Lyon, where Précy and his royalist associates held so much military authority, political power did not pass out of the hands of the republican politicians who controlled the sectional movement and the *Commission Populaire* of the Rhône-et-Loire. And Précy himself was a liberal monarchist who cannot be seen as a mere agent of the émigrés and who had no formal correspondence with the princes during the period of the siege.[34] What is more, in the voluminous declarations of faith produced by the rebels, there is no hint of an appeal to monarchical reaction. On June 2 the sections of Lyon proclaimed their loyalty to the Republic to anyone who would listen: "Toutes les sections de la Cité vous jurent, et à la République entière, de défendre jusqu'à la mort, l'unité, l'indivisibilité de la République, le respect des personnes et des propriétés, la soumission entière à la loi, aux autorités constituées, aux décrets émanés des représentants du peuple . . ."[35] A speech printed and circulated by one of the leading federalist sections in Toulon made the point even more strongly: they were dreaming of a more perfect form of republicanism. "Le gouvernement républicain est sans contredit le meilleur, dit J.J. Rousseau, mais, pour en jouir, il faudroit être des anges. Hé bien, citoyens, devenons vertueux et nous en jouirons, car dans ce sens ange et homme vertueux sont synonimes."[36] Despite their clear differences with the government in Paris, they remained committed to the principles underpinning republican government. In the vast majority of cases they even allowed a vote to be taken on the new Constitution.[37]

If the federalist cities refrained from criticising republican institutions, they were relatively free with their criticisms of Paris and its citizens. Indeed, it is tempting to see anti-Parisian sentiment as a major element in their politics, given the violence of their language toward the capital. The Lyonnais, in common with other federalist cities, bitterly resented the prominent role which Paris was able to play in national politics, and quickly concluded that the Parisians had abused that role. They should follow Lyon's example by showing respect for the laws; they should cease to oppress those around them; they should liberate the Convention from the pernicious influence of their popular movement. In short, Paris was "cette cité orgueilleuse qui a trop longtemps abusé de son pouvoir et de son influence dangereuse."[38] It was a popular image. Even the radicals in Toulon had denounced Parisian influence and Parisian ambition in January 1793, when they had—somewhat ironically—proposed that a battalion be raised to march on Paris to liberate the Convention.[39] From time to time the resentment which Paris evoked in the provinces became politicised, and that resentment could lead to extreme and injudicious threats from provincial politicians. Isnard achieved instant notoriety, and did much to undermine the Girondin cause, by his rash declaration, "au nom de la France entière," that "Paris serait anéanti."[40] But he was not alone. In Toulouse, where federalism proved a short-lived phenomenon, Arbanière urged open rebellion, in his rather picturesque phrase, "afin que les eaux de la Garonne, du Gers, de l'Aude, du Tarn, du Lot, de la Corrèze, de l'Ariège, de l'Hérault, de la Durance et du Rhône forment un torrent pour engloutir cette monstrueuse ville de Paris."[41] The anger of provincial leaders was sometimes fuelled by economic grievance, by the feeling that the national government had abandoned their local industries to their fate or had destroyed a local source of wealth or trade. Jealousies were increased by the contrast between the subsidised bread in the capital and the inflated prices which local people were forced to pay. In the Calvados, for instance, there was widespread suspicion that the Parisians had manipulated the Maximum for their own selfish purposes: here, in Mathiez's phrase, "le fédéralisme des subsistances doubla le fédéralisme politique."[42] But in this respect the Calvados may be something of an exception. More generally, economic grievances added weight to federalist propaganda, but were rarely central to the revolts themselves. At root, it was not Paris that was under attack, but the kind of politics which Paris represented.

Indeed, the extent of anti-Parisian feeling in provincial towns can easily be exaggerated. It is true that federalist spokesmen often talked of the need for political decisions to be taken locally and gloried in a sense of their own identity. In the south especially, the language of the parish pump had an instant and powerful appeal.[43] But localism was not a guarantee that a community would turn against Paris or reject the national revolution. In Toulouse, where local chauvinism ran high, the federalist revolt was marked by a predictably particularist mentality, but this expressed itself in the rejection of links with all outsiders, including the federalist centres of Bordeaux and Marseille, and arguably had the effect of reducing the city's insurrection to utter impotence.[44] For many French communities the rivalries which rankled most deeply were the local ones, between towns and cities which saw one another as competitors for the same spoils and the same trade, rather than between provincial opinion and that of a distant capital. Traditional rivalries died hard, and they had in many cases been exacerbated by the administrative lottery of 1790 when departmental and district responsibilities had been fought over and the allocation of tribunals and justices of the peace determined. Mutual ill-feeling was greatest between local rivals, like Albi and Castres, Bordeaux and Libourne, Saint-Flour and Aurillac.[45] This lack of local unity became very obvious during the federalist revolts themselves, for it was rare to find an entire department united behind its *chef-lieu*. The Jacobins could usually play on such animosities to find a counterweight to the main city, a town that would be eager to distance itself from the revolt and act as a launching-pad for government retaliation. Thus in the Bouches-du-Rhône they found ready support in Aubagne, in the Gironde in La Réole. In the Jura they could play off Dôle against Lons-le-Saunier, in the Orne Domfront against Alençon. More locally still, Salon and Martigues, near-neighbours who had fought bitterly over the award of a district in 1790, continued to fight on opposite sides during the federalist upheavals in the south-east.[46] As Donald Sutherland has emphasized, "it is only partly correct to describe the federalist movement as "provincial" since Paris did retain large islands of loyalty throughout the Republic which were later used as bases for repression."[47]

A close examination of the attacks made against Paris shows that the target was seldom the city or its inhabitants *en bloc*, but rather the extremists whom it was believed to harbour. Everywhere the charges were the same, that the Revolution was being distorted and would eventually be destroyed by the "malveillants," the "anarchists," the "gens sans aveu" of the Paris popular movement. These anarchists are seldom defined. But repeatedly, even monotonously, they are accused of taking over the sectional movement in the capital and of seeking to control the Montagnard "faction" in the Convention. The Jacobin deputies were reduced in their propaganda to the rather unflattering role of mouthpieces for the anarchists in the streets and the popular *faubourgs*. Deputies sent on missions to the provinces were similarly stripped of any opinions of their own, becoming in their turn the creatures of the most bloodthirsty Parisian *sans-culottes*. All were condemned as "hommes de sang," symbolised by Robespierre and more particularly by the hated figure of Marat. The Montagne, indeed, was increasingly seen as a helpless puppet in the hands of the Paris Commune, and no advice or news emanating from the Convention or from the Jacobin Club was awarded any credence. When Paris informed the federalist cities that the Convention could debate freely, this was dismissed as the predictable "sophismes" of the "anarchistes."[48] The assessment of the Section de la Grande Côte, on the Croix Rousse in Lyon, was in this regard highly typical. The Convention, said the Section, could not be free, for the simple reason that it was engulfed by Parisian anarchy:

> La section n'a pu s'empêcher de voir que la Convention Nationale est opprimée par les tribunes qui par des huées, des cris, des hurlements, forcent au silence les députés patriotes . . . qu'elle est opprimée par la Commune de Paris plus puissante qu'elle et qui s'est permis l'infraction de plusieurs décrets, notamment de ceux relatifs à la liberté de la presse.[49]

The departments of the north-west—the Calvados, Ille-et-Vilaine and Eure—attempted to rally their neighbours to the anti-jacobin cause by stirring up fury against what they termed the "usurpateurs" of the capital. The Parisians, they declared, must be punished for their crimes, "pour avoir commis les vols et les assassinats de septembre; pour avoir, à cette époque à jamais exécrable, demandé l'établissement d'un Triumvirat; forcé l'élection d'un Marat et de ses vils complices; et dès les premiers jours de l'Assemblée Conventionnelle, préparé son avilissement et provoqué sa dissolution."[50] All the federalist departments attacked Paris in these terms, seeing the Paris popular movement as the natural enemy of the political stability which they craved, and accusing the Commune of denying them their most basic constitutional rights. It was this perception which explained their insistence on the need for departmental armies and which lay behind their desire to move the Convention to the safety of a provincial town. It was this view, too, which pushed them to make their most dangerously immoderate demands. The Breton departments, for instance, wanted the Commune to be immediately purged and all state subsidy to the *sans-culottes* to be ended; they further asked that there be established in Paris as many communal authorities as there were judicial divisions. They wanted nothing less than the total destruction of the *sans-culottes'* power base.[51]

This concern to root out the worst abuses of Parisian radicalism meant that the federalist cities could appear very negative in their attitude to others and highly tentative in the reforms which they proposed. They rushed to express their outrage at the harm being done by "malveillants"; they dreamed somewhat nostalgically of a return to constitutionalism; they spoke of a world where the Convention would be freed from illegitimate pressures and where all eighty-three departments could enjoy a measure of real equality without fear of domination from the capital. They never tired of denouncing extremism in others, and stressed the importance of increased vigilance to defend the interests of "public safety." To this end, federalism was an intensely confrontational movement, concerned less with the definition of political principle than with the eradication of abuse. All Lyonnais, claimed the sections on June 2, had become brothers together, in that they united in combatting their common enemies—"l'anarchie, le royalisme, la féodalité, le despotisme, tous les monstres, enfin, qui voudroient soulever leurs têtes hideuses et qu'ils ont juré d'écraser."[52] It might seem a formidable enterprise, but it was a task of policing, of *épuration,* rather than of pursuing a positive political programme. Where the political ideals were taken up or incorporated into anti-jacobin propaganda, they generally emanated from Girondin politicians whose manifestos and appeals had made some impact. Buzot, for instance, won considerable favour with his emphasis on the importance of constitutional propriety and his insistence that the 1791 constitution had provided an admirable political balance; for him, the political schism dated from the September Massacres in Paris and the Jacobins' refusal to condemn the *septembriseurs.*[53] In particular, departmental and municipal authorities clutched at the words of their own deputies who had raised their voices in alarm at supposed Jacobin plots and outrages. Vergniaud had alarmed his Bordeaux constituents when he had written, "sous le couteau," on May 5, that persecution awaited them all: "Si vous demeurez dans l'apathie, tendez vos bras; les fers sont préparés et le crime règne."[54] Barbaroux made a very similar impact in the urban centres of the Midi.[55] And a highly polemical pamphlet published by Birotteau, the deputy from the Pyrénées-orientales, enjoyed considerable vogue in federalist cities. They responded to his bloodcurdling images of Jacobin anarchy, warmed to their assigned role as the champions of liberty, and saw justification for their rebellion in his chilling description of the tyranny that was being prepared: "Les poignards étaient prêts, les rôles des bourreaux distribués, le prix du crime payé d'avance."[56]

But if the federalist leaders quoted the words of Girondin politicians and took comfort from their support, it would be wrong to see federalism as a "Girondin" movement. The overthrow of the Girondins in the Convention on May 31-June 2 is too often taken as the starting-point for any analysis of federalism, and it is too easily assumed that the series of provincial revolts which took place in the ensuing days must necessarily be directly related to political events in the capital. The picture looks beguilingly simple. A large provincial city with moderate representation in the Convention revolts against Jacobin tyranny on hearing in the early days of June that their parliamentary institutions had been defiled and their members arrested. The bonds of personal loyalty to their deputies lie at the root of the revolt, combined with a class solidarity between the Girondins in Paris and the moderate bourgeoisie of the French provinces. This is the image of federalism classically described at the end of last century by Henri Wallon, a historian for whom the federalists were heroes to be lionised and the Girondins the doyens among Revolutionary democrats:

Défenseurs résolus de l'inviolabilité de la représentation nationale, ce sont eux que l'on accusera d'avoir voulu diviser la France; et le mot qui exprime l'union de leurs efforts dans la pensée patri-otique de maintenir intacts les droits du peuple souverain sera le titre de leur condamnation.[57]

Though a substantial literature now exists to belie this image, it is still to be found in even the most recent general discussions of federalism.[58] Of course there was some link between events in the capital and the defiant mood in the provinces during the summer of 1793; it would be foolish to suggest otherwise. News of the Jacobin *coup* was met with incomprehension and anger in many towns and cities. But, except perhaps in Bordeaux, from where such a large part of the Girondin delegation hailed, the personal ties should not be exaggerated or the impact of national politics overstated.[59] In some of the most notable instances of insurrec-tion, the federalist revolt had, as we have seen, actually preceded the Jacobin seizure of power in Paris. The events of May 31 must therefore be put more clearly in their true context, as a spur to revolt in communities where there was already a grievance against Jacobins, as confirmation to those who had already risen against their local Jacobin town bosses that their initiatives had been timely and necessary. In Lyon, for instance, the *Commission Populaire* protested in the most explicit terms against the violation of the Convention, "victime d'une faction scélérate."[60] It hardened their attitudes and strengthened their resolve. But it can-not explain the initial impulse to federalism.

Federalism was a local movement born out of local circumstance. That is the message which is made resoundingly clear in the increasing number of studies devoted to the individual rebellions of the summer of 1793. The revolts generally began as movements of the towns' sections, often linked to the elites of the munici-pal councils, and they had their roots in the politics and the social climate of the communities themselves. They might be impatient for a new constitution; they might be outraged by reports of the extravagant and threatening behaviour of the Parisian sections; they might be kept abreast of Paris politics by their local deput-ies. But again and again we find that the insurrection was less against Parisian enemies than against local ones, that the revolts were aimed at Jacobin excesses at home rather than at the Club in Paris. Thus Albert Goodwin identifies political events in and around Caen as holding the key to the insurrection in Normandy;[61] in Lyon the sectional revolt was aimed at Chalier and his municipal administration, not at national figures like Robespierre or Marat;[62] and in Toulon, as Malcolm Crook makes clear, federalism had its roots in years of acrimonious faction-fight-ing. The withdrawal of recognition from the Convention, he writes, "was the consequence rather than the cause of a municipal revolution at Toulon which replaced one local faction with its bitter enemy." If this is true—and it seems to be corroborated by virtually every local study so far produced—then federalism can be understood only in terms of local issues and local power struggles. The national situation was never more than tangential, despite the propaganda of the federalist authorities, who increasingly borrowed the language and imagery of the Girondin-Montagnard struggle to justify their defiance.[64] In a country where regional differences remained paramount and where the nation-state was a recent creation, politics retained its distinct local dimension. Clubs and sections in Lyon and Marseille were in no sense carbon copies of their Parisian namesakes.[65] By emphasising what was different in each local situation the historian can hope to offer some explanation of what may appear the most puzzling aspect of federalism—the divergence and autonomy of the responses which were evoked. Why, for instance, was the movement so weak in Toulouse when Bordeaux and Marseille were engulfed by anti-jacobin sentiment? Why were major commercial cities like Nantes and Dijon apparently exempt from their influence? Why did the movement sweep some departments but not others? Why, finally, within a single region, were there such startling differences between the reactions of individual towns and villages? These are questions which cannot be adequately answered in terms of a single, national political discourse.

Economic interests may go some way to provide an explanation, but again they do not tell the whole story. In trading ports and industrial cities the Revolution often did seem to place economic well-being in jeopardy, and the ravages of war and emigration made themselves felt. A feeling that their local economy was being made to suffer for Paris's political goals could help to focus opposition and could serve to unite very different social groups behind the federalist banner. This helps explain, for instance, the militancy of many Lyon silkworkers in the anti-jacobin cause, or the support of the Bordeaux sections for a movement led by the merchant and professional interests of the City. Bordeaux, it is true, is one city where it is tempting to see federalism as a bourgeois movement, since representatives of the legal and commercial fraternities did hold many of the leading positions on the departmental and municipal councils, on the *Commission Populaire,* in the more conservative sections, and in the command of the *force départementale.* The leaders of the sectional movement, like Section Simoneau, represented the commercial interest of the Bordeaux waterfront and urged action to defend the values of trade and enterprise.[66] So in Nîmes the leading activists, and those who served as presidents, secretaries and *commissaires* of the sections, represented a clear commercial and professional interest.[67] In Marseille, where the sections contained a strong representation of the city's commercial elite, the Central Committee of the sections defended trade and capitalism in the most explicit terms. In a printed address to the people of Toulon in May 1793 it angrily rejected criticisms of egotism and cupidity:

> On accuse le commerce. Et qui nourrit aujourd'hui Marseille et les Départemens, si ce n'est le Comité de subsistance? Qui fournit annuellement à la France l'immense quantité de bled nécessaire à sa consommation? qui garnit vos arsénaux, vous donne des matelots et des ouvriers, anime et fait mouvoir six millions de bras, si ce n'est le commerce?[68]

Even if the richest merchants in these cities were rarely present in person on the federalist bodies, their interests were consistently represented by the lesser merchants, by younger brothers, by their clerks and *commis.* Federalism and economic interest were both in specific local contexts interwoven, and an economic interpretation of the movement can never be entirely dismissed. But it would be rash to try to build a simple class model of the revolts on such impressionistic observations. In most of the larger cities federalism was essentially a movement of the sections, and the sections were in no sense committed to the maintenance of narrow trading or professional interests. In Lyon, for instance, it may be true that the militant Section de la Croisette contained some of the most coherent spokesmen of the rich merchant elites of the city; but others of the federalist sections were dominated by artisans and silkworkers.[69] It is difficult to find any coherent social explanation for their enthusiastic espousal of the revolt.

The conclusion is inescapable that federalism was a political movement, not a social one, and a political movement that evolved from revolutionary rather than counter-revolutionary traditions. If the federalist authorities were unanimous in their "anti-jacobinism," the focus of their anger was less the Jacobin government in Paris than local Jacobin militants who were adjudged to have abused power in their towns and cities or to have posed an intolerable threat to the security of life and property. Their language might be the language of Robespierre and Marat; but their bloodcurdling threats and their cannibalistic promises were particular to the Midi or to the valley of the Rhône.[70] Federalism was in the vast majority of cases a movement of republicans, of men fearful for the gains they had made, angry that their Revolution was being deformed and undermined by their political opponents. It had its roots in local schisms and conflicts which could be just as acrimonious as any in the capital. In Lyon and Marseille the revolt took the form of risings by the sectional assemblies against Jacobin municipalities which had had a chance to demonstrate their intolerance of opposition during several months of contentious city administration. In Toulon, where federalism was in no way blunted by being delayed, it was again the conduct of the local Jacobins which inspired insurrection. By the summer of 1793 they might have seemed moderate and reasonable to the extent that it was they who tried to cool the enthusiasms of their allies in the clubs; but it was not forgotten that they had during the previous year been merciless in rooting out all political opposition in the city, nor that, the previous October, they had closed down the eight sections of Toulon rather than accept the fact of political pluralism.[71] And even where Jacobins were not actually in power, their opponents lived in constant fear of their violence and their intrigues. Their widespread hatred of Marat—and it is interesting that it was Marat rather than Robespierre who was the constant butt of their abuse—stemmed from the violence of his verbal outbursts and from the fear that local Jacobin militants were being encouraged by his example to forgo constitutional methods and turn instead to anarchy. In the eyes of many local republicans the Jacobin clubs had become the principal source of political dissension in their local communities. This in turn caused widespread bitterness, a bitterness which was to prove a fruitful breeding-ground for insurrection.

Federalism, in other words, can be seen as a response to the excesses and provocations of others. It is to be found in communities where there were intense political divisions and rivalries, where the initial unanimity about the aims and methods to be followed had been shattered, where the political innocence of the early months of the Revolution had been destroyed. Where harmonious relations continued to exist among Republicans, on the other hand, in communes without internecine strife between clubs and sections, there was rarely any suggestion of support for insurrection. To understand the nature of federalism, therefore it is necessary to study the development of political behaviour in the community since the beginning of the Revolution, as it is here that the seeds of later turbulence were sown. Did a town enjoy a substantial period of relative harmony, with all the major interest groups devoted to the cause of reform? Were issues like religion and recruitment already causing deep political dissension in 1791 and 1792? Was consensus sacrificed in the early months with the appearance of royalist lobbies or through the terror tactics of individual *patriotes*? In the Midi, especially, moderation was difficult to maintain in a climate where the level of politicisation was high and where violence, both of deed and of language, was widespread. In Nîmes such divisions go back to the *Bagarre* in 1790 and to the deep hatreds between Catholics and Protestants which vitiated any idea of a peaceful revolution in the town.[72] In Avignon and the Comtat the destructive excesses of Jourdan Coupe-Têtes ensured that local politics would remain permanently riddled with factionalism.[73] Everywhere in the south the strong penetration of clubs and societies guaranteed that even the most mundane of local initiatives risked becoming politicised, with a consequent increase in denunciation and mutual intolerance. Violence, too, has its dialectic, and federalism, stripped of its ideological pretensions, can be seen as an essential part of that dialectic within the local community.[74]

In the larger cities the federalist revolt always managed to retain a certain veneer of ideology. The world of pamphlets and political newspapers, of petitions and counter-petitions from clubs, municipalities, societies and sections, ensured that it was enshrined in a political vocabulary which gave it a degree of respectability. Like their mentors in the Convention, Barbaroux and Isnard, Boyer-Fonfrède and Vergniaud, the leaders of the major urban revolts were highly literate and well-versed in the art of propaganda. But federalism was not confined to the greater urban centres. In the south-east, where the club movement was most deeply rooted and where even moderately-sized villages might expect to have their own society affiliated to the Jacobins,[75] federalism spread rapidly out from the main towns of Marseille and Aix to engulf a considerable part of the rural hinterland. And here, in the villages of Provence and the former Comtat, the character of the movement appears in all its stark simplicity.[76] Here there is little pretence to an understanding of national issues, beyond a crude renunciation of "anarchie" or of "maratisme." Villagers accustomed to follow and to respect the Revolution as it was practised in Marseille—and the Marseillais were always solicitous in informing them of their latest initiatives—turned to support of the federalist revolt less out of ideological conviction than out of loyalty to the men who had educated them in revolution over the previous months. Marseille was now instructing them to help destroy Parisian anarchy, and the leaders of villages like Vénasque had no hesitation in accepting that they were the true revolutionaries, engaged in the noble task of destroying "un complot horrible" hatched in the Paris *faubourgs*. Without further question they closed their club and formed a section, assured that this was the most appropriate action to prevent the destruction of their revolution.[77] In the words of Jean-Andéol Coste, accused of urging other young men in his village of Camaret to join the federalist force to march on the Convention, he was only doing what he believed to be right, since "la fière cité de Marseille doit être toujours notre modèle et notre boussole."[78] Political philosophies were the concern of people more sophisticated than themselves. In the confused world of Revolutionary politics the best that villagers could do was to follow those whom they presumed to understand things best.

In this climate political divisions merged easily into personal conflicts, principle into a desire for revenge. Pleas to the Marseille army to help restore "le bon ordre" were often accompanied by more precise demands—that they free the village from an egalitarian mayor, or from the influence of extreme Jacobins, or from the terror exercised by local patriots. Just as the Lyonnais were far more interested in purging their municipal politics and executing Chalier than in any national issues, so at village level the needs of the federalist leaders were often brutally simple. At Malaucène, for instance, the sectional leaders openly rejoiced at the murder of several village patriots, the men by whom they had been thwarted and threatened over a period of years.[79] At Mormoiron the arrival of the Marseillais was greeted with rapture by villagers who were looking forward to a bloodbath. Joseph Saurel, one of the leading opponents of the local club, gloated publicly that "les Marseillais allaient arriver avec une guillotine et que les patriotes y passeraient."[80] The desire for vengeance was never far from the village agenda. Family and clan loyalties helped cement political divisions as sons and wives used the excuse of the federalist revolt to avenge past wrongs to their relatives. And there were plenty of wrongs, real or imaginary, to enflame opinion. French troops at the time of the annexation, National Guards in the years since, patriot armies under Jourdan, all had been callous, brutal, or merely insensitive in their dealings with the village people. Religion had been insulted, carts requisitioned, livestock stolen, besides the arrests and persecutions which family honour demanded should be avenged.[81] All these figure among the reasons given for their anti-jacobin involvement by the men and women arrested in 1793 in the villages of the Vaucluse. What was lacking was any clear awareness of what federalism was, other than the opportunity to express their deeply held dislike for the patriot faction in their midst. In some places it would seem that former royalists and those who had opposed the annexation of the Comtat back in 1790 now hitched their star to the federalist cause.[82] Elsewhere it was a sort of catch-all of measures symbolic of their rejection of Jacobinism. At Grillon, for instance, a village with longstanding factional divisions, the declared aims of the federalists were "de fermer la sociéte populaire, de brûler la tribune, d'établir des sections, d'arracher l'arbre de la liberté, de destituer la municipalité et le juge de paix."[83] But in virtually every case where violence of this sort was perpetrated, there is clear evidence that federalism was in no sense an independent and free-standing political movement. It was merely the latest in a long series of factional feuds within the village.

That is not to imply that federalism should be written off as a political nullity, as an irrelevance in any study of the essential character of Revolutionary France. It might even be said to have represented very accurately the nature and the aspirations of the Revolution in the French provinces, where questions of honour and family and village tradition counted for far more than abstract concepts like liberty and equality. It was for this very reason, indeed, that the Jacobins saw it as presenting a unique challenge to their maintenance of office and to their centralist vision of the Revolutionary state. Federalism was, it is true, ideologically rather feeble, lacking the political or sociological rigour which the political scientist is entitled to demand of a serious political movement. But it made a strong appeal to local loyalties and played on a widely-held gut resentment of the bully-boy tactics which so often characterised Jacobin militants in towns and villages. Where factionalism already ran deep, where local politics had lost any pretence at unanimity or at a spirit of co-operation, there federalism would find ready support.[84] Hence, perhaps, the contrast between those towns and cities which became deeply embroiled in revolt during the summer of 1793 and those—like Rouen, or Dijon, or Nantes—where that turbulent period elicited only the most muted of responses. By the same reasoning it might be assumed that to local people the conduct of their elected representatives during the Federalist revolt would hardly have constituted a crime, as the Jacobins and their tribunals insisted, far less a conscious act of counter-revolution. In the short term, of course, they were excluded from office and forced into exile, if they were lucky enough to escape appearing before one of the terrorist courts or revolutionary commissions. But in the longer term many of them were to return to positions of influence under the Thermidoreans and the Directory. At national level Sieyès, and with him the Convention, were to repudiate the Revolution of May 31 and restore those who had participated in acts of opposition to it to their rightful place in the body politic.[85] Locally many of the former federalists returned to high office, apparently undeterred by their experiences during the Terror.[86] This should occasion little surprise. These men were, after all, literate, politically aware, socially respected—the kind of representatives to whom provincial Frenchmen would naturally turn for leadership in municipal affairs. They were the natural spokesmen of that political class which had been created in the provinces by the municipal revolution of 1790. And they were seen to be what they in fact were, good republicans intent on making their corner of the Republic more efficient and prosperous, men of moderation who resented, as did so many of their fellow citizens, the increasingly harsh and divisive invective emanating from Paris. After 1795 the charge of "federalism" left no stain on their reputations. It had always been a smear, a term of political abuse beloved of their opponents, and now these opponents were in their turn discredited. Indeed, by 1795 it retained little of its meaning, and none of its political force. Those who had been tarred with the federalist brush two years earlier were now restored to their functions; federalism had given way quite effortlessly to respectable, often rather conservative, provincial republicanism.

Notes

1. M. Lyons, "Politics and patois—the linguistic policy of the French Revolution," *Australian Journal of French Studies* 18 (1981), pp. 264 ff.
2. M.J. Sydenham, "The Republican revolt of 1793—a plea for less localised local studies," *French Historical Studies* 12 (1981), p. 124.
3. P. Bécamps, "Le peuple souverain," in ed. F.G. Pariset, *Bordeaux au dix-huitième siècle* (Bordeaux, 1968), pp. 391-392.
4. J.M. Roberts and R.C. Cobb (ed.), *French Revolution Documents* (Oxford, 1966), 1:509.
5. A.M. Duport, "Le fédéralisme gardois: de la théorie à la pratique," in *Actes du 110e Congrès National des Sociétés Savantes* (Montpellier, 1985), 2:173.
6. H. Morse Stephens, *Orators of the French Revolution* (Oxford, 1892), 2:177.
7. Arch. Dép. Drôme, L44, Directoire du Département de la Drôme, minute of May 27, 1793.
8. Arch. Mun. Lille, 18326, Société Populaire et Révolutionnaire de Lille, minute of 17 *frimaire* II.
9. S. Bonnel, *Les 332 victimes de la Commission Populaire d'Orange*, 2 vols. (Orange, 1888).
10. Arch. Mun. Toulon, L2-I-5, Comité-Général des 32 Sections de Marseille, "Adresse aux citoyens de Toulon," May 1793.
11. Arch. Nat. AF[II] 43, "Adresse des citoyens Hallot, député de la Gironde, et Fonvielle, député des Bouches-du-Rhône, à leurs frères du Département de la Drôme," pp. 8–9.
12. *Ibid.*, p. 9.
13. Madame Roland, *Mémoires*, p. 249, quoted by E. Bire, *La légende des Girondins* (Paris, 1881), p. 353n.
14. R.C. Cobb, *Reactions to the French Revolution* (Oxford, 1972), pp. 51 ff.

15. P. Bécamps, "Girondins et Montagnards bordelais," in ed. F.G. Pariset, *Bordeaux au dix-huitième siècle,* p. 413.
16. J.B. Cameron jnr., "The revolution of the sections of Marseille—federalism in the department of the Bouches-du-Rhône in 1793" (Chapel Hill Ph.D. 1971), pp. 29–37
17. But there are significant exceptions to this—notably in Lyon (which revolted on May 29) and in Marseille (where the sections' offensive against the Club took place some weeks before the Girondins fell). See W. Edmonds, "The rebellion in Lyon in 1793" (Oxford D.Phil, 1979), and W. Scott, *Terror and repression in Revolutionary Marseilles* (London, 1973).
18. For details of the officers in Lyon's *armée départementale* see Salomon de la Chapelle, *Histoire des Tribunaux Révolutionnaires de Lyon et de Feurs* (Lyon. 1879).
19. A. Forrest, *Society and politics in Revolutionary Bordeaux* (Oxford. 1975), p. 143.
20. W. Edmonds, "Federalism and urban revolt in France in 1793," *Journal of Modern History* 55 (1983), p. 26.
21. H. Wallon, *La Révolution du 31 mai et le fédéralisme en 1793,* 2 vols. (Paris, 1886). Wallon supplies a region-by-region analysis of support for federalism, which he tends to equate with constitutionalism.
22. Arch. Dép. Drôme, L44, Directoire du Département de la Drôme, minute of June 8, 1973, on receipt of *commissaires* from the Jura.
23. Forrest, *op. cit.,* p. 141.
24. P. Hanson, "The federalist revolt of 1793: a comparative study of Caen and Limoges" (Berkeley Ph.D. 1981), p. 14.
25. Arch. Dép. Rhône, 1L375, "Adresse de 32 sections de la ville de Lyon aux habitants des campagnes," adopted by the Lyon sections in June 1793.
26. Arch. Dép. Gironde, 12L36, Commission Populaire de la Gironde, minute of June 19, 1793.
27. Arch. Dép. Rhône, 31L5, letter from commander of the Second Battalion of the *force armée* of the Department to the section de la Croisette, September 30, 1793.
28. Arch. Mun. Langon, journal of Jean Lafargue, 1793.
29. Arch Dép. Rhône, 1L375, proclamation of the Commission Populaire of the Rhône-et-Loire, May 14, 1793.
30. G. Lewis, *The second Vendée* (Oxford. 1978), p. 66.
31. P. Nicolle, 'Le mouvement fédéraliste dans l'Orne en 1793," *Annales historiques de la Révolution Française* 13–15 (1936–38), p. 486.
32. *Ibid.,* p. 481.
33. Edmonds, 'Federalism and urban revolt" p. 31.
34. Arch. Dép. Rhône, 42L44, "Documents relatifs à l'Etat-major de l'armée lyonnaise et aux correspondants de Précy"; D. Sutherland, *France, 1789-1815: revolution and counter-revolution,* p. 176.
35. Arch. Dép. Rhône, 1L375, "Les sections de la ville de Lyon aux habitants du Département et de toutes les municipalités voisines."
36. Arch. Mun. Toulon, L 2–I–4, "Discours prononcé dans la Section no. 8 par le Citoyen Badeigts-Laborde, membre de ladite Section."
37. Edmonds, "Federalism and urban revolt," p. 26.
38. Arch. Dép. Rhône, 1L375, "Adresse des autorités constituées du District et de la ville de Barcelonnette," 25 June, 1793.
39. M.H. Crook, "Federalism and the French Revolution: the revolt in Toulon in 1793," *History* 65 (1980), p. 389.
40. J.M. Roberts and J. Hardman (ed.), *French Revolution Documents* (Oxford. 1973), vol. 2, p. 67.
41. M. Lyons, *Révolution et Terreur à Toulouse* (Toulouse. 1980), p. 67.
42. H. Calvet, "Subsistances et fédéralisme,," *Annales historiques de la Révolution Française* 8 (1931), p. 230.
43. C. Lucas, "The problem of the Midi in the French Revolution," *Transactions of the Royal Historical Society* 28 (1978), pp. 5–6.
44. M. Lyons, *"The comités de surveillance révolutionnaire* in Toulouse, 1793–95" (Oxford D. Phil. 1971), pp. 90 ff.
45. See the evidence of the petitions sent to the *Comité de Division* in 1789 and 1790 (Arch. Nat., series D).
46. H. Gay, 'Le district de Martigues-Salon: luttes politiques et luttes de clocher sous la Révolution," *Provence Historique* 14 (1964).
47. Sutherland, *op. cit.,* pp. 175-76.
48. Arch. Nat. AF[II]43, "Adresse des citoyens Hallot et Fonvielle à leurs frères du Departement de la Drôme," p. 10.
49. Arch. Dép. Rhône, 1L375, minute of Section de la Grande Côte, June 9, 1793.

50. Arch. Mun. Toulon, L2–I–6, "Assemblée centrale de résistance à l'oppression—déclaration à la France entière" (1793).

51. A. Goodwin, "The federalist movement in Caen during the French Revolution," *Bulletin of John Rylands Library* 42 (1960), p. 340.

52. Arch. Dép. Rhône, 1L375, "Les sections de la ville de Lyon aux habitants du Département et de touts les municipalités voisines," June 2, 1793.

53. M. Gaudet, "Vie de Buzot," in F. Buzot, *Mémoires sur la Révolution Française* (Paris, 1823), p. 12.

54. P. Bernadau, *Histoire de Bordeaux* (Bordeaux, 1839), pp. 428–29.

55. Cameron, *op. cit.,* pp. 44 ff.

56. Arch. Dép. Rhône, 1L375, "J.B. Birotteau, député à la Convention par le Département des Pyrénées-orientales, aux François."

57. Wallon, *op. cit.,* 1:ii.

58. See, for instance, R. Laurent and G. Gavignaud, *La Révolution Française dans le Languedoc méditerranéen* (Toulouse. 1987), p. 164.

59. Forrest, *op. cit.,* pp. 89–90.

60. Arch. Dép. Rhône, IL375, adresse des Lyonnais à la Convention Nationale "et au peuple français."

61. Goodwin, *op. cit.,* pp. 313–15.

62. Arch. Dép. Rhône, 31L1, "Les sections de la ville de Lyon aux habitants du Département et de toutes municipalités voisines" (June 2, 1793); Arch. Dép. Rhône, 42L56, the dossier assembled against Chalier, June 13, 1793.

63. Crook, *op. cit.,* p. 384.

64. J. Guilhaumou, "Fédéralisme sectionnaire et fédéralisme jacobin à Marseille en 1793: analyse de discours,' *Provence historique* 148 (1987), pp. 193–203.

65. See, for instance, M. Kennedy, *The Jacobin Club of Marseilles, 1790-94* (Ithaca. 1973).

66. Forrest, *op. cit.,* pp. 109–35.

67. Duport, *op. cit.,* pp. 181–85.

68. Arch. Mun. Toulon, L2–I–5, "Comité-Général des 32 sections de Marseille, aux citoyens de Toulon," May 1793.

69. Arch. Dép. Rhône, 31L5, correspondence of the Section de la Croisette. This would seem to corroborate the view that interest in the section was focused on political rather than economic issues.

70. Lucas, *op. cit.,* p. 23.

71. M.H. Crook, "Le mouvement sectionnaire à Toulon en juillet-août 1793," in F. Lebrun and R. Dupuy (eds.), *Les résistances à la Révolution* (Paris. 1987), pp. 151–52.

72. Lewis, *The second Vendée,* chapter 1: J. Hood, "Protestant-Catholic relations and the roots of the first popular counter-revolutionary movement in France," *Journal of Modern History* 43 (1971), pp. 245–75.

73. Arch. Dép. Vaucluse, 8L27, individual testimonies from the village of Caromb, provides good evidence of this.

74. H. Johnson, *The Midi in Revolution: a study of regional political diversity* (Princeton. 1986), esp. chapter 7.

75. L. de Cardénal, *La province pendant la Révolution: histoire des clubs jacobins, 1789–1795* (Paris. 1929), pp. 36 ff.

76. I should like to thank Jonathon Skinner, who is currently working on village politics in the Vaucluse, for invaluable guidance on the subject of village federalism.

77. Arch. Dép. Vaucluse, 6L47, registre des délibérations de la société populaire de Vénasque, May–June, 1793.

78. Arch. Dép. Vaucluse, 8L26, commune de Camaret, dossier Jean-Andéol Coste.

79. Arch. Dép. Vaucluse, 8L36, commune de Malaucène, interrogations.

80. Arch. Dép. Vaucluse, 8L39, commune de Mormoiron, dossier Joseph Saurel.

81. Arch. Dép. Vaucluse, 6L46, denunciation of the *comité de surveillance* of the commune of Grillon.

82. Arch. Dép. Vaucluse, 8L36, commune de Malemort, interrogations.

83. Arch. Dép. Vaucluse, 8L25, commune de Grillon, interrogations.

84. For a discussion of the different types of village politics to be found in the Vaucluse during the Revolution, see J. Skinner, "L'héritage de la Révolution sous la Seconde République dans le Vaucluse," *Provence historique* 148 (1987), pp. 327–336.

85. M.J. Sydenham, *The First French Republic, 1792-1804* (London. 1974), pp. 37–38.

86. G. Caudrillier, "Bordeaux sous le Directoire," *Révolution Française* 70 (1917), pp. 24–25; M. L. Héritier, "L'administration municipale de Bordeaux sous le Consulat," *Revue philomatique de Bordeaux* (1916), pp. 6–7.

CHAPTER 17

Révolution française et tradition jacobine

FRANÇOIS FURET

AVANT d'être un concept, ou une tradition, ou un état d'esprit politiques, le mot de jacobinisme évoque l'histoire d'un club dont l'action, essentielle dès le début de la Révolution, est si dominante entre 1792 et 1794 que l'adjectif "jacobin" en vient à signifier, à cette époque et pour l'avenir, les partisans de la dictature de salut public. Cette histoire tient en trois périodes, que Michelet a caractérisées à travers les hommes: "Il y a eu le jacobinisme primitif, parlementaire et nobiliaire, de Duport, Barnave et Lameth, celui qui tua Mirabeau. Il y a eu le jacobinisme mixte, des journalistes républicains, orléanistes, Brissot, Laclos, etc., où Robespierre a prévalu. Enfin, cette seconde légion ayant comme fondu en 92, passé dans les places, l'administration, les missions diverses, commence le jacobinisme de 93, celui de Couthon, Saint-Just, Dumas, etc., lequel doit user Robespierre, s'user avec lui."[1] De fait, le club s'étiole après thermidor, objet de la méfiance de l'opinion et des pouvoirs; il est fermé en novembre 1794.

Il a eu comme objet originel, dès les mois de mai–juin 1789, la réunion privée d'un certain nombre de députés du Tiers-Etat—d'abord des bretons, puis d'autres "patriotes," sans origine géographique particulière—décidés à se concerter sur la conduite à tenir avant les séances de l'Assemblée:[2] pratique anglo-saxonne qui contribua à la cohésion et à la victoire des Communes sur les deux ordres privilégiés. De Versailles, ce "club breton" s'installe à Paris en même temps que le roi et l'Assemblée, après le 6 octobre; il siège désormais à deux pas dans la bibliothèque de couvent des Jacobins de la rue Saint-Honoré. De là ce nom de "Jacobins," qui passera à l'histoire, alors qu'il s'intitule d'abord et pendant toute la durée de la monarchie constituante, "Société des Amis de la Constitution."

La cotisation est relativement élevée, les membres de la Société sont à l'origine presque tous des parlementaires, l'objet est de préparer et de défendre l'ensemble des dispositions législatives qui constituent la Constitution de 1791: autant de traits qui définissent un corps recruté par cooptation, fait de bourgeois patriotes et de nobles libéraux, prêts à défendre sans réserve l'ordre nouveau, contre le côté aristocratique, mais aussi contre la surenchère révolutionnaire. On y trouve tout le gratin du parti patriote, de Mirabeau à Robespierre, de La Fayette à Pétion, en

329

passant par le triumvirat, Duport, Barnave, Alexandre de Lameth. L'activité est avant tout parlementaire, consacrée à la pré-discussion des textes qui doivent être débattus à la Constituante bien qu'un nombre croissant de non députés—qui sont souvent, comme Brissot et tant d'autres, de futurs députés—aient été admis comme membres. Mais le club de la rue Saint-Honoré constitue très vite une caisse de résonance nationale, unique en son genre, de la politique révolutionnaire, dans le mesure où il s'est entouré en province de sociétés filiales, prévues dans son Règlement: "Une Société établie auprès de l'Assemblée nationale et renfermant un grand nombre de députés de différentes provinces peut seule offrir un centre commun à celles qui s'établiront dans tout le royaume; elle recevra leurs instructions et leur transmettra les vues qui résulteront du rapprochement des Lumières et des intérêts; elle leur transmettra, surtout, l'esprit des décrets de l'Assemblée nationale, à l'exécution desquels toutes ces sociétés seront particulièrement vouées."[3]

Ainsi le club de Paris a-t-il vocation de société-mère. Il délivre des investitures, pour lesquelles plusieurs clubs d'une même ville—à Bordeaux, à Marseille—se battent à l'occasion. Cette prérogative lui donne un droit de légitimation, qui est le début d'un contrôle; pourtant, la rue Saint-Honoré n'exerce pas à cette époque d'hégémonie politique sur les sociétés provinciales, où les mots d'ordre parisien circulent mal. Elle n'aura cette hégémonie qu'à partir de la défaite des Girondins, au 31 mai 1793.

Toujours est-il qu'elle s'en donne la possibilité très tôt: dès la fin de 1790, elle a donné l'investiture à près de cent cinquante filiales,[4] inégalement réparties dans le pays, mais assez nombreuses pour constituer un réseau national, doté d'un Journal des Amis de la Constitution publié par Choderlos de Laclos et chargé du courrier Paris-province et province-Paris. D'ailleurs un Comité de Correspondance, le plus important du club, veille aux relations entre la société-mère et les filiales; Barnave et ses amis en ont acquis le contrôle. Tout le monde sait déjà que la conquête du pouvoir se joue à Paris, mais que Paris doit avoir aussi des relais d'opinion avec la province. Aucun des leaders patriotes de la Constituante ne néglige de fréquenter le club: ni Mirabeau, ni La Fayette, ni Barnave, ni Robespierre. C'est aux Jacobins, le 28 février, 1791, qu'Alexandre de Lameth détruit l'influence de Mirabeau en laissant planer sur lui l'accusation de collusion avec les "aristocrates."[5] C'est par les Jacobins que dans la première moitié de cette année-là, le "triumvirat"—Lameth, Barnave, Duport—asseoit son pouvoir provisoire sur Paris et sur la Révolution.

Mais la fuite du roi transforme les données de la situation. Varennes ouvre la crise du régime, qui divise les Jacobins. Non que personne, même Robespierre, y réclame la République; mais sous l'impulsion du club des Cordeliers se développe un mouvement parisien pour la déchéance du roi, durement réprimé par la Garde nationale le 17 juillet. C'est que, l'avant-veille, l'Assemblée Constituante a officiellement restauré Louis XVI dans ses fonctions, en effaçant sa fuite par la fiction de son enlèvement. En obtenant ce vote, sans lequel toute la construction constitutionnelle élaborée depuis 89 est par terre, Barnave reprend à son compte la politique de Mirabeau, qu'il a tant combattue. Mais du coup il doit affronter l'aile gauche des Jacobins, qui est aussi la gauche de la Constituante, Robespierre et Pétion; et le lendemain du vote, le 16 juillet, qui est aussi la veille de la fusillade du Champ de Mars, devant le risque d'un désaveu de l'Assemblée par le club, il quitte la réunion des Jacobins avec la plupart des membres parlementaires. C'est la scission. Les partants s'en vont fonder, tout à côté, la "Société des Amis de la Constitution séante aux Feuillants," autre couvent pour une autre politique, plus bourgeoise, plus modérée: il s'agit de finir la Révolution par la loi. Les restants, Robespierre en tête, ont le champ libre pour infléchir le club dépeuplé vers l'alliance avec le mouvement populaire parisien, s'ils parviennent à en conserver le réseau provincial.

Or ils y parviennent pendant l'été, en capitalisant sur l'ancienneté de la maison-mère, en jouant habilement du thème de l'union, et en reprenant contre le cens électoral le thème du suffrage universel qui n'avait pas été, jusque-là, dans leurs mots d'ordre. C'est un épisode peu connu, et pourtant décisif, que ce passage de l'appareil jacobin des mains du triumvirat à celles de la gauche, députés et activistes mêlés, Robespierre, Pétion, Condorcet, Brissot. Dans les premières semaines qui suivent la scission, les sociétés de province attendent, plutôt feuillantes, mais regrettant la scission; et Barnave déplore, dans ses notes un peu postérieures, que la nouvelle société n'ait pas été capable de consolider ce succès, faute d'esprit de suite, de publicité et d'activité dans ce qu'il appelle "la correspondance des feuillants." Par contraste, "le club des jacobins était demeuré composé d'un grand nombre d'esprits ardents, pour la plupart journalistes ou libellistes, qui mettaient toute leur gloire et toute leur existence à conserver le crédit de leur club et à lui assurer la victoire."[6] Militants contre parlementaires: ainsi s'explique que dans le courant de l'été le rapport de forces s'inverse au profit de la vieille société, qui a reconquis son audience. Cinq cents clubs provinciaux sont rentrés dans son orbite, contre moins de cent aux Feuillants. Ce renversement constitue un des tournants essentiels de la Révolution française, un an avant le 10 Août, qui en est la consécration.

Non que les Jacobins soient déjà tout-puissants. Ils n'ont aucun poids sur la Constituante, qui retouche une dernière fois son oeuvre dans un sens conservateur. Ils n'obtiennent qu'un succès relatif aux élections législatives de septembre 1791; leurs candidats sont écrasés à Paris, et s'ils connaissent en province un sort meilleur, il n'y a pas plus de cent cinquante députés dans leur obédience à la nouvelle Assemblée (les Feuillants peuvent en revendiquer plus). Mais la société parisienne a changé de leaders et plus encore de rôle. De club de discussion, elle est devenue une machine politique au service d'une deuxième révolution; la référence à la loi constitutionnelle est abandonnée dès août 91, avec le débat sur les Conventions nationales.

Je ne veux pas dire par là que dès cette époque les Jacobins règnent sur la Révolution, ou—moins encore—qu'ils sont devenus un club unanime sous l'autorité d'un homme. La société demeure le siège de discussion et de conflits, mais elle ne se situe plus à l'intérieur de la Constitution. Elle est partie prenante de la surenchère politique qui devient la nature de la Révolution. La cotisation annuelle reste relativement élevée (24 livres), le recrutement renouvelé, quoique restant intellectuel et bourgeois, mais désormais le club tient ses séances en public, soumis par conséquent, comme l'Assemblée, aux harangues et aux invectives des activistes parisiens dans les tribunes; il consolide son réseau national, sous le drapeau du suffrage universel, en cherchant à étendre son magistère d'opinion aux sociétés populaires ici et là écloses; il se donne une organisation interne plus forte en ajoutant aux comités déjà existants un "comité des rapports" et un "comité de surveillance"; mais le principal d'entre eux reste celui de correspondance, le coeur de l'appareil jacobin, où siègent désormais, entre autres, Robespierre, Brissot, Carra, Desmoulins, Clavière, Collot d'Herbois, Billaud-Varenne, les futurs Montagnards et les futurs Girondins, les futurs exagérés et les futurs indulgents, sans parler du robespierrisme, bref tout l'avenir de la Révolution unifié pour un temps. Le club n'est plus essentiellement destiné à préparer les débats de l'Assemblée, il a une vocation générale: une autre Assemblée qui peut être aussi une contre-Assemblée. La logique révolutionnaire fait progressivement disparaître celle des "Amis de la Constitution."

Dès lors, en effet, les Jacobins sont le siège de la Révolution autant que la nouvelle Assemblée, entièrement peuplée d'hommes neufs. C'est dans leur vieux couvent, autant que dans la salle du Manège, où siègent les députés, qu'ont lieu les grands débats politiques, et d'abord la paix ou la guerre. Brissot y mobilise autour de l'idée d'une croisade émancipatrice ce qui va devenir le groupe girondin, et Robespierre y prononce, à l'heure de sa plus grande solitude, contre la guerre et contre son rival, les trois grands discours de décembre et janvier 1792. Et quand la guerre, après des débuts désastreux, radicalise la Révolution, c'est encore le club des Jacobins qui se trouve en position d'unifier et d'orchestrer le mouvement des sections parisiennes et des Fédérés provinciaux pour la déchéance du roi. La ligne légaliste est définitivement abandonnée en juillet au profit de l'élection d'une nouvelle Assemblée constituante, c'est-à-dire d'une Convention, donc d'une seconde Révolution.

Il n'y a pas de traces écrites d'une participation directe du club à l'insurrection du 10 août, bien que cette participation soit vraisemblable, par l'intermédiaire d'un directoire clandestin; la journée est trop marquée par les-militants jacobins pour qu'il n'y ait eu aucune concertation. Et les Jacobins se retrouvent aux postes de commande après la chute des Tuileries. Mais la contribution essentielle de la société est d'avoir été le creuset où s'est formé l'esprit du 10 août, mélange de mépris des lois et d'idéalisme républicain, mixte de suspicion généralisée et d'utopie égalitaire où on retrouve le trait propre à la pédagogie robespierriste. Ce qui fait des Jacobins une puissance dominante, au moment où s'efface la Législative, c'est qu'ils ont trouvé une voix, devenue par eux une voix nationale, celle de l'avocat d'Arras, pédagogue plus qu'insurgé, mais pédagogue de l'insurrection. L'esprit de la seconde révolution, c'est le leur. La députation parisienne élue à la Convention, ce sont eux qui la désignent. Quand elle est élue en septembre, la nouvelle Assemblée constituante inaugure la période jacobine de la Révolution française.

Jusqu'au 31 mai 1793, le club est le siège du conflit entre Girondins et Montagnards, et les filiales de province, dans la plupart des zones de la future révolte fédéraliste, sont encore entre les mains des amis de Brissot. Mais la rue Saint-Honoré est toute à Robespierre dès septembre–octobre 1792, préfigurant ce que seront les Jacobins de l'an II: non plus simplement une société politique, mais une milice qui s'est trouvée un chef, et qui sert la Révolution à travers lui. Rebaptisés "Société des Amis de la Liberté et de l'Egalité," contrôlant un réseau de plusieurs milliers de clubs provinciaux, ils constituent une armée de cent à deux cent mille militants, instrument fondamental de la centralisation retrouvée du pouvoir révolutionnaire, dont ils ont investi depuis la fin de 1791 les institutions. La France de l'an II n'a plus de constitution, et l'absence de lois fixes fait bien voir où est la force réelle, le fait substitué au droit: dans ce qui a pu être organisé, et presque enregimenté, de l'élan national de 1789.

En 1793, Michelet l'a bien vu, la Révolution populaire est morte depuis long-temps: le peuple, comme il l'écrit, "est rentré chez lui,"[8] à la ville comme à la campagne. C'est l'heure par excellence des petites oligarchies de l'activisme, der-nières figures de l'immense vague, prospérant sur la crainte de la guillotine, la lassitude du désordre et le conservatisme des nouveaux intérêts. De ces oligarchies, les Jacobins sont la plus bourgeoise, la plus nationale, la plus organisée, la plus disciplinée—infiniment plus forte que toutes celles qui se développent à un moment on à un autre sur sa gauche, au nom de la surenchère égalitaire ou anti-religieuse. C'est à travers eux, largement, et par leur action, que s'opère la sélection des équipes dirigeantes de la dictature révolutionnaire, de la liquidation des Girondins, au printemps 1793, jusqu'à celle des Hébertistes et des Dantonistes, au printemps 1794. Les "scrutins épuratoires" des Jacobins désignent d'avance les vaincus, en les dénonçant à l'opinion: les Girondins par exemple sont sur la sellette dupuis le printemps 1792, quand ils sont entrés au Ministère, dangereusement vulnérables aux attaques de Robespierre. Cette "préparation" paye dès l'automne, donc plus de six mois avant l'expulsion des Girondins de la Convention (31 mai–2 juin 93), puisque Brissot est solennellement exclu des Jacobins, en octobre, vote assorti d'un avis envoyé à toutes les sociétés affiliées, où toute l'activité passée de l'intéressé est reconstruite à partir du rôle de comploteur et d'ennemi du peuple.[9] "Jamais la fureur de l'esprit de corps," écrit Michelet à propos de cette pièce, "le fanatisme monastique, l'ivresse de confrérie s'animant à huis clos, et le degré, marchant sans contradiction dans la calomnie jusqu'aux limites de l'absurde, n'ont trouvé chose semblable."[10]

L'exclusion de Brissot est en effet une bonne illustration, parmi cent autres, des procédures qui caractérisent le club à cette période de son histoire et dont Augustin Cochin a été sans doute, et après Michelet, le plus profond analyste. En effet, à cette période de la Révolution où le peuple perd ses droits constitutionnels, le club devient une machine à produire de l'unanimité, occupant par procuration l'espace entier de la volonté populaire. Son magistère d'orthodoxie s'installe tantôt comme substitué aux suffrages normalement exprimés par le peuple souverain, tantôt comme un redoublement de l'élection démocratique. Tantôt, en effet, comme au 10 août 1792, comme au 31 mai 1793, les Jacobins provoquent et célèbrent l'inter-vention du "peuple" contre sa représentation; ils se voient alors en sentinelles de la démocratie directe et de l'inaliénabilité de la volonté populaire. Tantôt, au contraire, comme entre la chute des Girondins et le 9 thermidor, ils sont les gar-diens intransigeants de la majorité robespierriste à la Convention et de l'indivisible souveraineté de la représentation nationale. Mais dans les deux cas la fonction épuratoire du club est centrale: "Le peuple a perdu le droit d'élire ses magistrats aux dates et dans les formes légales," dit Cochin; "les sociétés prennent celui de les épurer sans règle et sans cesse."[11] Ainsi se met en place une démocratie directe inédite où les Jacobins figurent in vivo la fiction révolutionnaire du peuple: c'est-à-dire un peuple unanime, donc en état d'auto-épuration permanente, puisque l'exclusion a pour fin de purger le souverain de ses ennemis cachés et de rétablir ainsi l'unité menacée. On vote à main levée, par définition: le secret ne convient qu'aux complots. La décision, du coup, doit être prise avant la réunion du club, dans les conciliabules des chefs, et ratifiée par le fanatisme ou le suivisme des troupes. Et la province suit la maison mère.

En ce sens, les Jacobins sont une corporation infiniment plus puissante que la Montagne. Il est vrai que celle-ci, qui désigne la gauche parlementaire à la Convention, aux contours d'ailleurs un peu flous, les déborde aussi, puisqu'un certain nombre de députés montagnards ne sont pas inscrits rue Saint-Honoré; ils partagent avec les Jacobins l'obsession du salut public, et le souci de l'alliance entre la bourgeoisie et le peuple, mais restent souvent à l'écart du fanatisme partisan. Le club, lui, n'est pas seulement l'armée civile de la Révolution, son bras séculier. Il est aussi son tribunal, le gardien de l'orthodoxie; distribuant l'excommunication, qui à son tour fonde la Terreur. Sous tous ces rapports, son identification avec Robespierre a été comme écrite d'avance: l'avocat d'Arras a un génie à la fois soupçonneux et abstrait, manoeuvrier et idéologique; sans goût pour l'action directe, il est sans rival dans les manoeuvres d'appareil et dans le magistère des idées. Aux Jacobins, il est donc comme un poisson dans l'eau. Il touche, en 1793, les dividendes de son long travail d'investissement de la société, et de sa reconstruction patiente de l'été 1791; il y investit sans peine tout ce qu'il est, puisqu'il existe entre les Jacobins et lui un rapport d'identité.

L'histoire des Jacobins, des débuts de la Convention au 9 thermidor, pourrait ainsi s'écrire sur deux registres, distincts et pourtant liés. Le premier serait celui du rôle joué par la société et ses militants dans la politique civile et militaire du salut public, à Paris, dans les départements et aux armées: rôle essentiel, qui redonne vie, par la dictature de Paris sur le pays, à une centralisation caractéristique de l'absolutisme, et renouvelée par la Révolution de l'an II. Le second comporterait l'étude du magistère d'orthodoxie exercé par la société sur la Convention d'une part, et sur l'ensemble de l'opinion révolutionnaire de l'autre: c'est aux Jacobins que se fait d'abord le procès du roi, puis celui de la Gironde, celui des Enragés, celui des Hébertistes, enfin celui des Dantonistes; les institutions du "gouvernement révolutionnaire" ne font que traduire quelques mois après par des sentences de mort les excommunications du club. La souveraineté du peuple, qui a oscillé si longtemps entre la Convention, les sections parisiennes, la Commune, les Jacobins, finit par trouver aux Jacobins son asile le plus sûr, puisqu'après l'exécution des dantonistes, en avril 1794, et pour quelques mois, jusqu'en juillet, elle trouve son incarnation dans la dictature personnelle du premier d'entre eux.

La chute de Robespierre, au 9 thermidor, n'entraîne pas immédiatement la fin de la société. Les "thermidoriens" vainqueurs, s'ils détestent a posteriori Robespierre, l'ont pour la plupart servi, et demeurent souvent après lui de fermes républicains, hostiles à tout excès de "modérantisme." Mais la pression de l'opinion contre la Terreur et ses responsables détermine pourtant la Convention le 12 novembre 1794, à ordonner la fermeture du club de Paris. Un décret de 1795 ordonne de transformer "l'immeuble des Jacobins-Saint Honoré" en marché public sous le nom de "Marché du 9 thermidor."

II

Après l'histoire des Jacobins vint celle du jacobinisme. Elle commença tout de suite comme celle d'un grand souvenir agissant, célébré ou détesté, incarnation pour le meilleur et pour le pire de la Révolution elle-même. Dès 1796, Babeuf tente de mobiliser les nostalgiques de l'an II dans son complot à la fois communiste et néo-jacobin; et c'est l'année où Joseph de Maistre sort ses *Considérations sur la France,* qui font des Jacobins, à l'intérieur de cette histoire miraculeusement mauvaise qu'est la Révolution française, les instruments par excellence du châtiment de Dieu, sauveurs intrinsèquement pervers, mais néanmoins sauveurs d'une France prête après eux à la regénération. Par sa capacité à incarner ce qu'il y a eu de plus radical dans la Révolution française, et par conséquent la Révolution elle-même, le jacobinisme passe aux deux siècles qui suivent à la fois comme légende, histoire, tradition, héritage, théorie, et pratique.

L'élasticité sémantique du terme, dans la politique française de cette fin du XXe siècle, témoigne de ce travail du temps. Jacobinisme ou jacobin peuvent y désigner, selon les cas, des prédilections très diverses: l'indivisibilité de la souveraineté nationale, la vocation de l'Etat à transformer la société, la centralisation gouvernementale et administrative, l'égalité des citoyens garantie par l'uniformité de la législation, la régénération des hommes par l'école républicaine, ou simplement le goût sourcilleux de l'indépendance nationale. Dans cette nébuleuse de sens domine toujours la figure centrale de l'autorité publique souveraine et indivisible, dominant la société civile; ce qui est après tout un paradoxe, s'il est vrai que l'histoire du club des Jacobins est celle d'une incessante usurpation sur la Convention, régulièrement investie de la souveraineté du peuple par l'élection de septembre 1792. Mais ce paradoxe—outre qu'il en dit peut-être long sur la faiblesse de la tradition juridique en France, et la tyrannie vague des souvenirs historiques—exprime aussi au bout de deux siècles une espèce d'embourgeoisement du jacobinisme, passé de l'état de patrimoine révolutionnaire au statut de propriété nationale. Parvenu à ce stade éminent de dignité historique, le concept a perdu tout caractère subversif, et aussi, comme on l'a vu, tout sens précis; mais en évoquant dans les mentalités les vertus d'un Etat fort, porteur du progrès et figure imprescriptible de la nation, il permet de joindre sa tradition à celle qui l'a précédée et à celle qui l'a suivie, et de recoudre ce que la Révolution avait déchiré: formant un pont entre l'ancienne monarchie et l'Etat napoléonien, la tradition jacobine retrouve un air de famille. Si bien qu'elle peut aussi faire une place à la droite, et diviser la gauche; plaire aux gaullistes comme aux communistes, et tracer une ligne de démarcation à l'intérieur du Parti socialiste.

Mais avant de devenir cette référence confuse, le jacobinisme a été au XIXe siècle le centre de conflits politiques et intellectuels très vifs. De la Restauration à la fondation de la IIIe République, il fait partie des bagages du parti républicain, à des titres et à des degrés divers; il y constitue un héritage indivis, où on trouve à la fois la souveraineté du peuple une et indivisible, l'Assemblée toute puissante élue au suffrage universel, la nation française en figure de proue de l'émancipation des peuples, l'hostilité à l'Eglise catholique, la religion de l'égalité, enfin la société secrète ou publique, selon les cas, d'activistes professionnels de la politique révolutionnaire. Mais il y apporte aussi la Terreur, inséparable de la première République et de la dictature sanglante exercée au nom de la vertu. En cristallisant une tradition politique, il fabrique aussi un pôle de répulsion, notamment dans la bourgeoisie et dans la paysannerie: si la République parisienne c'est aussi la Terreur, alors la liberté doit chercher asile ailleurs. Sentiment qui explique pour une bonne part la confiscation des journées de juillet 1830 par l'orléanisme, avant que 1848 ne révèle aux classes propriétaires un rejeton encore plus dangereux du jacobinisme: le socialisme.

En effet l'idée socialiste, ou communiste, qu'on trouve ici et là depuis la Renaissance, a reçu de la Révolution française, avec Babeuf, une sorte de confirmation de l'histoire. Il n'est que d'étendre l'idée d'égalité au domaine économique et social, en repassant du citoyen à l'homme, pour tomber sur la critique de la propriété privée. Parcours que les Jacobins n'avaient pas parcouru jusqu'au bout, en se bornant à préconiser une limitation des richesses, timidité où justement Babeuf voit la marque de leur échec. Mais il reste fidèle à leur inspiration centrale en imaginant son complot sous la forme d'un groupe de partisans très organisé se saisissant comme dans un putsch militaire de la machinerie centralisée de l'Etat: la croyance jacobine en la toute-puissance du politique débouche sur l'idée du parti révolutionnaire. L'échec de 1796 n'empêche pas le legs babouviste de passer aux sociétés secrètes de la Restauration, qui constituent le terreau du développement de l'idée socialiste. Dans sa reconnaissance explicite de sa filiation jacobine, celle-ci s'orne d'ailleurs d'un trait d'interprétation nouveau par rapport à la Révolution française: la critique radicale de 1789. A lire par exemple Buchez, socialiste catholique dissident du saint-simonisme, auteur de la monumentale "Histoire parlementaire de la Révolution française" (1834–38) qui sera, avant Michelet, la Bible des spécialistes, des amateurs et des militants, les Jacobins ont préfiguré la communauté socialiste de demain, alors que 1789 et la Déclaration des Droits n'ont fondé que l'individualisme bourgeois, tout juste bon à définir un marché, non une société.[12]

Dès lors, c'est l'unité de la Révolution elle-même que fait éclater ce jacobinisme tardif, simple annonciation d'une autre émancipation à venir: 1789 est rejeté au passé, les Jacobins figurent l'avenir. Un peu plus tard,[13] Louis Blanc écrira que la première révolution française appartient à Voltaire et à la bourgeoisie; la seconde à Rousseau et au peuple: version post-jacobine de la Révolution, qui, après celle de Buchez, s'oppose trait pour trait au "quatre vingt neuvisme" des historiens libéraux de la Restauration, qui sont aussi, tels Guizot ou Thiers, les hommes politiques du régime de Juillet. Cette tradition autoritaire et étatiste du socialisme français n'est pas la seule, puisque Proudhon, par exemple, prend le contre-pied du jacobinisme en liant au contraire la réalisation de l'égalité à la destruction de l'Etat et à l'auto-gestion;[14] mais elle est dominante, et c'est elle surtout, elle d'abord, que 1848 manifeste à gauche, avec les grands souvenirs de 1793, fantômes d'autant plus redoutables qu'ils menacent non seulement la liberté, mais la propriété. La répression de juin met fin à la pression de ce socialisme néo-jacobin, mais non à son emprise sur les classes populaires urbaines, notamment à Paris, et sur la grande peur qu'il inspire, dans les classes possédantes et dans la paysannerie. Peur qui survit après juin à son objet, et qui explique dans une large part l'élection du neveu Bonaparte comme Président le 10 décembre, préambule au coup d'Etat du Deux décembre 1851.

Sous le Second Empire, une partie du camp républicain, tirant les leçons de l'échec de la IIe République, cherchera à exorciser dans le pays ce spectre de la République dictatoriale et partageuse: c'est le sens politique du livre d'Edgar Quinet consacré à la Révolution. Et le soutien qu'apporte à l'exilé du lac de Genève le jeune avocat républicain Jules Ferry[15] est tout à fait sans équivoque: la critique du jacobinisme et de la Terreur constitue aux yeux de ce futur père fondateur de la Troisième la condition d'un consensus national autour de la République. En 1871, l'humiliation nationale née de la défaite exhumera une dernière fois, avec la Commune de Paris, et mêlé à bien d'autres courants, ce néo-jacobinisme socialiste; et c'est sur ses ruines que Jules Ferry et les républicains "opportunistes" fonderont avec la complicité des orléanistes une République héritière de 1789 plus que de 1793.

Ce n'est pas à dire, pourtant, que rien de l'héritage jacobin ne passe dans le patrimoine de la Troisième. Si les républicains doivent accepter une Chambre haute, un Sénat, ils conservent l'idée d'une souveraineté du peuple toute puissante, incarnée dans la représentation. S'ils cèdent aussi beaucoup à une philosophie orléaniste des intérêts, ils gardent des grands ancêtres de la rue Saint-Honoré la précédence du citoyen sur l'homme privé, et le rôle pédagogique de l'Etat, donc de l'école, dans la formation de ce citoyen.[16] Bref, la République s'installe, durablement cette fois, sur une version oecuménique de la Révolution française, où le legs jacobin est débarrassé du sang et de la violence, mais non pas oublié, moins encore déshonoré. D'ailleurs, la Révolution française, enfin apprivoisée, entre à la Sorbonne: Aulard, son premier professeur en titre, sera l'homme de ce point d'orgue.

Si on quitte maintenant le XIXe siècle français et son théâtre, répertoire inégalé de la dramaturgie politique moderne, le XXe siècle montre l'emprise d'un legs plus universel du jacobinisme sur notre temps: c'est celle du parti révolutionnaire, dont la matrice est la société du couvent Saint-Honoré. Cette filiation n'a cessé d'obséder les bolcheviks russes, depuis l'origine même de leur scission dans le parti ouvrier social-démocrate (1903); si bien que leur histoire, et leur type de parti, figure le principal relais par quoi le précédent jacobin a fait école dans le monde des révolutions communistes ou communisantes—arc-en-ciel très divers sous bien des rapports, mais qui peut aussi, sous l'angle de la conception et du rôle du parti, être rapporté à une source unique.

Cette source se trouve au club des Jacobins de la belle époque, au moment du salut public, du triomphe de la Montagne et du règne de Robespierre. Pour le comprendre, il faut partir de Michelet: car c'est l'historien le plus français, quelquefois même le plus étroitement national de la Révolution, qui a analysé avec le plus de profondeur ce qui allait devenir le plus universel dans la démocratie jacobine. Michelet n'aime pas ce qu'il appelle la "secte" jacobine, son fanatisme, son esprit d'inquisition, sa dévotion pour l'aigre Robespierre; mais il n'aime pas non plus qu'on la sépare de la Révolution. Car elle est à ses yeux ce qui s'est substitué au peuple sublime de 89, version instrumentale, et par conséquent nécessaire, de la Révolution dans un pays peu à peu décomposé, démoralisé, et menacé: "Au défaut d'une association naturelle qui donnât à la Révolution l'unité vivante, il fallait une association artificielle, une ligne, une conjuration qui lui donnât du moins une sorte d'unité mécanique. Une machine politique était nécessaire, d'une grande force d'action, un puissant levier d'énergie."[17] Les Jacobins furent cette machine et cette énergie.

Machine qui domine tout le procès politique, et notamment la Convention. Car non seulement le club a veillé de près à l'élection des députés—jusqu'à les faire élire, comme à Paris, au lieu même où il se réunit—mais il se prononce sur leur conduite et décide par avance des exclusions: dans l'amputation forcée, par la Convention, le 2 juin, de la fraction girondine, les canons d'Hanriot n'ont été que son bras séculier. Il dit le vrai, le juste, ce qu'il faut croire, tout comme une Eglise, et il convoque les hérétiques en confession publique, avant de les condamner au néant, en les livrant à la guillotine. S'il change d'avis, et se contredit, c'est encore lui qu'il faut croire, puisqu'il réclame la foi, non la raison: "Quelques changements qu'opérât la situation, quelque déviation qu'elle imposât à leurs doctrines, ils [les Jacobins] affirmaient l'unité."[18] Cette foi, supérieure à toutes les circonstances, et supposée nécessaire et suffisante pour les surmonter, repose sur l'identité des Jacobins et de la volonté du peuple, la nécessité d'une vigilance politique de tous les instants pour démasquer les déguisements successifs du complot aristocratique; le club est l'avant-garde de ce que sera demain la République, une fois purgée de ses ennemis, une fois constituée de citoyens égaux et vertueux, régénérés par l'éducation et le service de la patrie.

Michelet avance ainsi deux idées essentielles. Dans les Jacobins, il voit d'abord une oligarchie militante substituée au peuple et parlant en son nom, dans une ligne d'analyse qui sera systématiquement approfondie un demi-siècle après lui par un historien d'un autre bord, Augustin Cochin. Et cette oligarchie, dont le recrutement n'obéit qu'à l'assentiment de ses propres membres, est elle-même soumise aux sollicitations de son appareil et de son ou ses leaders, les professionnels de la politique, les initiés, les tireurs de ficelles de l'organisation: dialectique de la manipulation des partis par le petit nombre derrière la façade de la démocratie, explorée aussi, à l'époque de Cochin, par Ostrogorski et R. Michels.[19] Mais les Jacobins de la grande période constituent l'amorce d'un type de parti particulier, dans la mesure où ils sont, plus que le terrain d'une discussion, le temple d'une orthodoxie; de là l'obligation d'unanimité, la maladie du soupçon, les scrutins épuratoires; de là aussi l'obsession d'être le peuple, la mise en demeure de ses représentants élus, l'usurpation de la souveraineté nationale. Michelet, qui n'aime pas la capitulation de la Convention au 2 juin, où sombre ouvertement ce qui reste d'un droit public révolutionnaire, voit dans cette réincarnation rue Saint-Honoré du fanatisme clérical une tragédie de la Révolution française. Tragédie nécessaire, mais tragédie.

Pourtant, le club des Jacobins aura beaucoup d'imitateurs. Il fait partie, au XIXe siècle, non seulement de la légende de la Révolution, mais de ses leçons: les sociétés révolutionnaires de militants convaincus que la transformation de l'homme et du monde est au bout de leur action sont un patrimoine néo-jacobin commun à toute l'Europe continentale du XIXe siècle. L'époque qui s'est ouverte en 1814, sur la défaite de la Révolution française, a déjà transformé sur deux points le caractère de cet héritage: car désormais ces sociétés sont des sociétés clandestines, travaillant au grand soir dans l'ombre de la clandestinité; et surtout, leur nécessité s'inscrit dans un autre ordre de considérations que les justifications de la fin du XVIIIe siècle. La Révolution avait peu à peu transformé la pratique jacobine en celle d'un parti fanatisé et dominant, mais cette évolution allait à rebours de ses principes, qui excluaient la notion même de parti comme un agrégat d'intérêts particuliers faisant écran entre la volonté du citoyen et la souveraineté publique. Les Jacobins avaient été un produit imprévu du cours de la Révolution, avant d'être, par la force des choses, son avant-garde. Au contraire, le XIXe siècle européen tend à faire du parti révolutionnaire une condition préalable de la révolution, en étendant vers l'amont la magistrature d'idées et de volonté que les Jacobins n'avaient exercé qu'en aval. Paradoxalement—puisque les deux conceptions sont contradictoires— il joint à cette croyance au pouvoir démiurgique de l'action politique l'idée d'un cours inévitable de l'histoire, que cette action est supposée réaliser. La volonté, par là, s'adjoint bientôt le concours de la science: univers intellectuel et politique très différent de celui de la Révolution française, mais qui y puise pourtant, à travers le club des Jacobins, son inspiration et son modèle.

De cet itinéraire encore mal exploré, c'est d'abord Marx, et puis Lénine, l'inventeur de la variante subjectiviste du marxisme, qui sont les principales étapes. Et par l'intermédiaire du bolchevisme, le parti jacobin a eu un beau XXe siècle.

Notes

1. J. Michelet, *Histoire de la Révolution française*, 9:4.
2. Le livre le plus récent sur le question est celui de M. Kennedy, *The Jacobin Clubs in the French Revolution: the first years* (Princeton, 1982). Mais l'ouvrage de C. Brinton, *The Jacobins* (New York, 1930) n'a pas été remplacé.
3. F-A. Aulard, *La société des Jacobins* (Paris, 1889), 1:xxix.
4. Kennedy, *op. cit.*
5. Aulard, *op. cit.*, 2:102–113.
6. J. Barnave, *Oeuvres*, ed. Bérenger de la Drôme (Paris, 1843), 1:138.
7. Aulard, *op. cit*, 3:80.
8. Michelet, *op. cit.*, 9:1.
9. Aulard, *op. cit.*, 4:394–9.
10. Michelet, *op. cit.*, 9:3.
11. A. Cochin, *Les sociétés de pensée et la démocratie moderne* (Paris, 1921), p. 149.
12. F.A. Isambert, *De la charbonnerie au saint-simonisme: étude sur le jeunesse de Buchez* (Paris, 1966).
13. En 1849, dans le premier volume de son *Histoire de la Révolution française.*
14. P-J. Proudhon, *De la Justice dans le Révolution et dans l'Eglise*, 3 vols. (Paris, 1858).
15. Sur ce débat, je me permets de renvoyer à mon livre *La gauche et la Révolution française au XIXème siècle: Edgar Quinet et la question du jacobinisme* (Paris, 1986).
16. C. Nicolet, *L'idée républicaine en France* (Paris, 1982).
17. Michelet, *op. cit.*, 9:3.
18. *Ibid.*
19. M.J. Ostrogorski, *La démocratie et l'organisation des partis politiques*, 2 vols. (Paris, 1903); R. Michels, *Les partis politiques: essai sur les tendances oligarchiques des démocraties* (Paris, 1971).

CHAPTER 18

L'expérience thermidorienne

BRONISLAW BACZKO

Thermidor, thermidorien, autant de mots à significations multiples. *Thermidor*, c'est, certes, d'abord le nom d'un mois selon le calendrier révolutionnaire; dans les annales de la Révolution ce nom est devenu synonyme du 9 thermidor, jour de la chute de Robespierre et de ses acolytes. Cette date prend, parfois, la valeur d'un symbole: elle couperait l'histoire de la Révolution en deux parties, voire marquerait la fin même de la Révolution, proprement dite (ainsi, par exemple, Michelet arrête son *Histoire de la Révolution* au 9 thermidor, et pourtant il ne portait pas Robespierre dans son coeur). *Thermidor*, ou *période thermidorienne*, sont aussi utilisés dans un sens plus large, pour désigner l'époque qui va du 9 thermidor an II jusqu'au 4 brumaire an IV, date à laquelle la Convention achève son existence. On parle souvent de *Convention thermidorienne*, pour distinguer cette période de l'activité de l'Assemblée de son oeuvre antérieure (remarquons pourtant que même à la fin du XIXème siècle, lorsque les historiens se passionnaient tellement à rechercher des "origines" et des "précurseurs," personne n'a songé à accoler un *pré*-à la période à laquelle a succédé Thermidor, et à appeler la Convention entre le 22 septembre 1792 et le 9 thermidor an II, *préthermidorienne . . .*). Du coup, on appelle *thermidoriens* les conventionnels qui faisaient partie de la conjuration qui a fait tomber Robespierre, mais aussi tous ceux qui, après coup, ont donné leur aval à la "chute du tyran." Cependant, puisque les artisans et les partisans du 9 thermidor se sont ensuite, et cela pendant la période thermidorienne elle-même, divisés et farouchement opposés les uns aux autres, on a donc cherché parfois à distinguer les *thermidoriens de gauche* des *thermidoriens de droite*. Toute cette période de quinze mois (ou au moins sa dernière partie) est assez souvent assimilée à celle d'une *réaction*; d'où l'expression consacrée de *réaction thermidorienne*.[1]

L'histoire de ces termes, de leur apparition ainsi que de leur évolution confuse reste à faire; une étude lexicologique précise serait particulièrement utile pour servir de point de départ à une histoire de la *perception de thermidor* dans les sens multiples du terme (et nous n'avons même pas mentionné le *style thermidor*, à la mode entre le 9 thermidor et les débuts du Directoire . . .) Confusion de mots, phénomènes confus. Pendant la période thermidorienne et sous le Directoire, le jour anniversaire du 9 thermidor est solennellement célébré comme celui de "*l'heu-*

reuse révolution," ensuite il ne sera plus jamais question de commémorer l'événement. Par contre, *Thermidor* était destiné à devenir autrement mémorable; comme certains autres termes issus de la période révolutionnaire, par exemple le *jacobinisme*, le *bonapartisme*, etc, il servira, pour ainsi dire, de "phénomène matriciel" aux idéologies révolutionnaires qui utilisent la Révolution française comme référence et modèle d'explication historique. Ainsi, après la mort de Lénine, les trotskystes ont recouru à *thermidor* et à ses dérivés, pour nommer, voire expliquer, l'ascension de Staline au pouvoir. La Révolution d'octobre connaîtrait ainsi son *thermidor*; les staliniens seraient des *thermidoriens*, c'est-à-dire des anciens révolutionnaires qui ont "dégénéré" en profiteurs de la Révolution et qui, partant, sont devenus ses fossoyeurs (ces caractéristiques les distingueraient d'ailleurs des *contre-révolutionnaires* tout court, les "ennemis de classe" de toujours). A leur tour, Trotsky et les trotskystes ont été denoncés comme *bonapartistes*; ce n'est que plus tard qu'ils seront honnis comme agents à la solde du Japon et de la Pologne, de la Gestapo et de l'Intelligence Service. Le discours trotskyste sur *thermidor* est le plus connu; mais dans chaque révolution du XIXème et du XXème siècles, revenait le spectre de son propre *thermidor*, de ce moment où se brise l'élan de la révolution car ce sont les révolutionnaires eux-mêmes qui la trahissent et se retournent contre elle. Remarquons enfin que le terme *thermidorianisme* n'a pas réussi à s'imposer; thermidor n'était pas perçu comme une *doctrine*; il n'était assimilé qu'à une *étape* et à une *pratique* politiques.

Notre interrogation porte précisément sur l'*expérience politique thermidorienne* qui assure à cette période de 15 mois, au *moment thermidorien*, son unité et son originalité. L'importance de cette expérience pour la culture politique révolutionnaire ne réside guère dans un projet politique ou idéologique initial; son intérêt consiste surtout dans les *problèmes* politiques auxquels les thermidoriens ont été confrontés et auxquels ils ont dû apporter des *réponses*. Autant celles-ci étaient particulièrement hésitantes et contradictoires, ne s'élaborant que par à coup, autant les problèmes eux-mêmes présentent dans leur enchaînement une cohérence assez remarquable et font partie intégrante de l'expérience politique globale de la Révolution.[2] Par le même occasion, nous espérons aussi amorcer une réflexion sur *thermidor* comme "phénomène matriciel," symbole et mythe, dans la tradition révolutionnaire. Avec le temps qui court, celui de la commémoration du bicentenaire, il convient pourtant d'annoncer d'emblée qu'il n'est point de notre intention de "réhabiliter" Thermidor, de le présenter comme un lieu où pourrait prendre racine un discours commémoratif. Au contraire, thermidor pourrait servir d'exemple par excellence d'un lieu et d'un phénomène de *non*-commémoration et de *non*-identité. Jusqu'à nos jours il arrive que l'on s'enflamme encore pour les girondins, les jacobins, les vendéens, etc., et partant que l'on se réclame de leur tradition. Par contre, personne ne revendique la tradition thermidorienne, et les candidats à l'héritage pour l'instant, ne se pressent pas au portillon. Il serait donc opportun, tout au plus, de s'interroger sur les *conditions de cette impossibilité de commémorer Thermidor*.

Démanteler le "système de la Terreur"

Le 10 thermidor, la France s'est réveillée anti-robespierriste. La chute de Robespierre et, partant, la fin de la Terreur ont été accueillies avec approbation et soulagement, voire avec joie et enthousiasme, dans le pays tout entier; tel est le cliché qui revient très souvent dans l'historiographie. Une première lecture de quelques huit cents adresses de félicitation qui ont afflué vers la Convention après le 9 thermidor, ne fait que confirmer ce cliché. Elles expriment toutes l'adhésion unanime qui parvient à la Convention, "seul centre de ralliement," du pays tout entier: des autorités constituées, des sociétés populaires, des habitants des villes et des villages, des officiers et des soldats combattant sur les fronts. Les textes sont souvent soigneusement caligraphiés sur du bon papier, réservé, de toute évidence, aux occasions exceptionnelles. La lecture de ces adresses est particulièrement instructive, malgré leur grandiloquence, répétitive et assoupissante, ou plutôt en raison de celle-ci. Prenons, à titre d'exemple, l'adresse de la société populaire de Granville-la-Victoire qui écrit à la Convention le 15 thermidor (texte lu à la barre le 22 thermidor).

> Un nouveau Cromwell veut s'élever sur les débris de la Convention nationale; la surveillance active pénètre ses projets; la prudence les déconcerte; une fermeté digne de premiers Romains fait arrêter l'audacieux conspirateur et ses lâches complices; leurs têtes vouées à l'infamie tombent ignominieusement sous le glaive vengeur de la loi qui frappe sans rémission les coupables; la République est sauvée. Grâces te soient rendues, Etre Suprême qui veille sur les destinées de la France; et vous, vertueux représentants d'un peuple souverain et libre, quels que soient vos pénibles travaux, que l'amour de la patrie vous retienne au poste où la confiance vous a placés et que vous remplissez si dignement.

La société populaire de Lorquin, département de la Meurthe, partage à peu près les mêmes sentiments dans son adresse, parvenue à la Convention le 28 thermidor:

> Oui Pères de Peuple, autant nous admirons vos vertus et votre énergique constance dans vos travaux salutaires, autant nous sommes pénétrés d'horreur et d'indignation contre les hommes perfides qui voulaient en trompant le peuple, substituer un trône à la Liberté, des chaînes à la Patrie. Périssent à jamais les successeurs des Catilina et des Cromwell, et tous les hommes hypocrites et ambitieux.

La société populaire de Montpellier (adresse parvenue le 26 thermidor) se félicite de l'heureux événement et rend hommage aux libérateurs de la République:

> Voilà donc Robespierre, ce tigre altéré de sang, de celui surtout qui circule pour la liberté, le voilà disparu en un clin d'oeil de ce lieu où le scélérat venait se repaître. Il est disparu pour porter sa tête sous le glaive vengeur de la République. Les républicains n'auront donc plus l'amertume d'entendre les accents machiavéliques désigner partout, dans les groupes les plus purs, des conspirateurs, des intrigants, des traîtres. Ah! grâces soient rendues à ceux qui ont en effet conspiré, intrigué contre lui et ses coupables conspirateurs. Ceux-là ne trahissaient pas la République, qui avaient ourdi la trame qui l'a démasqué; ceux-là . . . ont porté à leur comble la reconnaissance publique.

Les adresses se surpassent dans la dénonciation de Robespierre. Aux épithètes: "nouveau Catilina," "nouveau Cromwell," "scélérat," qui reviennent au long de centaines de pages, s'ajoutent d'autres: "monstres vomis par le crime," "l'hypocryte, l'infâme," "pygmée téméraire," "rejeton de la race hermaphrodite (sic!) de nouveau Cromwell." Les adresses se surpassent également dans l'exaltation de la Convention, des "pères de la Patrie" qu'elles appellent à "rester à leur poste," dans la description des sentiments d'horreur et de soulagement qui, tour à tour, se sont emparés de l'audience à la lecture des nouvelles provenant de Paris. "Au récit de l'atroce conspiration de Robespierre, tous les membres de la Société ont été saisis d'horreur et d'indignation; mais donc quelle joie, quel calme consolant s'est emparé de toutes les âmes, lorsque la suite des nouvelles a annoncé que les traîtres avaient déjà subi le sort si bien dû à leurs forfaits" (Société agricole et révolution-naire des sans-culottes des 22 communes d'Aurillac; adresse parvenue le 29 thermi-dor).

Ce n'est que dans un second temps, quand on se penche un peu plus attentive-ment sur les cartons d'archives, que cette belle unanimité devient assez troublante et que la transparence de ces témoignages s'avère assez opaque. Remarquons qu'aucune hésitation, aucun doute ou presque, ne troublent l'enthousiasme que suggèrent des centaines d'adresses dont plusieurs sont munies de dizaines, voire de centaines de signatures. On y distingue facilement celles dont le graphisme, incertain et maladroit, témoigne du fait que les signataires ne savaient pas trop bien manier la plume. Parfois, on trouve des signes de croix à la place des signatures; à la fin d'autres adresses on découvre de longues listes des noms des citoyens qui, comme l'explique le secrétaire, "étant illettrés ont demandé que les signataires signassent pour eux." La présence de ces analphabètes et semi-analphabètes aux assemblées témoigne, certes, de l'accès de nouvelles couches sociales à la politique pendant la Révolution et, notamment, pendant l'an II. Cependant tous ces citoyens étaient-ils tellement versés dans l'histoire ancienne que pour flétrir Robespierre le "nouveau Catilina" s'impose à eux comme une évidence? La "légende noire" de Cromwell a-t-elle vraiment connu une telle diffusion dans des hameaux et bourga-des que le nom de celui-ci vienne spontanément à l'esprit des analphabètes pour condamner le "tyran" démasqué à Paris? Les clichés et les stéréotypes font penser à un modèle commun que toutes ces adresses reprennent et répètent. Il est d'ailleurs assez facilement repérable: en effet, ce sont les appels de la Convention ainsi que les compte-rendus de ses séances qui lancent tous ces clichés et qui en constituent, de toute évidence, la première source d'inspiration. Ainsi, les adresses, comme une caisse de résonance, ne font que renvoyer à la Convention sa propre parole. La lecture devient encore plus troublante quand on s'aperçoit que dans les dossiers les *premières* adresses de la série de félicitation pour la Convention à l'occasion de son triomphe sur le tyran sont classées à côté des celles, parvenues le même jour, vers fin thermidor, et qui sont les *dernières* d'une autre série, dont les auteurs expriment leur indignation et leur joie après avoir appris que . . . l'attentat contre la "personne sacrée" de Robespierre, ourdi par la "main scélérate" de Cécile Rénault, a été déjoué et que la "scélérate" a été exécutée. Elles sont, certes, parve-nues à Paris avec un trop grand retard pour être lues à la barre, mais la bureaucratie infaillible a pris soin de les conserver et classer. Les clichés employés pour exprimer toujours le même enthousiasme étaient cependant largement réutilisables pour abhorrer le "nouveau Cromwell."[3]

Ne nous demandons donc pas où chercher, au lendemain du 9 thermidor, les voix des "terroristes," de fervents partisans de Robespierre de la veille. Aucune raison de supposer qu'ils se sont tus. Leurs voix se confondent avec d'autres dans la clameur unanime des sociétés populaires et des administrations locales, de tout ce personnel politique de la Terreur qui convoque les réunions, rédige et fait accep-ter les adresses félicitant la Convention et le "peuple de Paris" pour leur victoire sur le tyran et la "commune rebelle." S'indigner de leur opportunisme politique serait trop facile (d'ailleurs, peu après l'envoi de ces adresses des dénonciateurs ne tarderont pas à se manifester sur place, dans leurs propres communes). Les adresses demandent une autre lecture que celle qui n'y rechercherait que l'expression des sentiments spontanés de leurs auteurs et signataires. Leur langage même renvoie aux *conditions* de possibilité de la belle unanimité qu'elles affichent. Les adresses parlent, en effet, la *langue de bois* de l'an II, la même, à quelques épithètes près, qui a été employée pour condamner les "conspirations" antérieures, les Danton, les Hébert, la même qui a été utilisée pour féliciter la "personne sacrée" de Robespierre. Quelle que fût la part du réel soulagement provoqué par l'annonce de la "chute du tyran," les adresses témoignent de l'uniformisation du langage et du comportement politiques qui s'est opérée pendant la Terreur, de l'unanimité commandée, du conformisme adopté et assimilé comme norme et comme modèle de comportement politique. Ceux qui signent ces adresses ont bien appris que face aux "conjurations" démasquées à Paris, on ne manifeste pas de doutes mais on clame l'enthousiasme. Les adresses mettent ainsi en évidence une des particularités de la période qui s'ouvre avec le 9 thermidor: celle-ci s'amorce avec un langage, des comportements politiques et des imaginaires sociaux moulés par la Terreur et légués par elle.

Paradoxalement donc rien de plus ambiguë que cette unanimité. Elle est un héritage du la Terreur et en quelque sorte la prolonge: personne n'ose se réclamer de Robespierre, défendre sa mémoire, émettre des doutes sur son "horrible conspiration." Ce n'est qu'au détour d'une phrase, en évoquant l'énorme surprise qu'avait suscitée les nouvelles de celle-ci, que certaines adresses témoignent, involontairement, de l'énorme prestige dont jouissait Robespierre. Cependant, du fait même que Robespierre était dénoncé précisément comme un *tyran* et que sa condamnation était celle d'une *tyrannie*, cette unanimité, qu'elle fût spontanée ou de commande, marquait pourtant l'impossibilité, politique et symbolique, de revenir en arrière. Elle désavouait la Terreur telle qu'elle était conçue et pratiquée avant la "chute du tyran."

Les adresses reproduisaient ainsi l'ambiguïté fondamentale dont était frappé l'événement référentiel lui-même. La "chute du tyran" marquait, d'une part, un *point de non retour* à la Terreur; d'autre part, c'était un événement à la recherche de sa propre signification. Le 9 thermidor, cette "révolution faite par la Convention," était-ce un épisode qui se refermait sur lui-même en *mettant* fin à la "tyrannie" ou bien n'était-ce qu'un *début, un acte initial* qui, nécessairement, appelait d'autres qui le prolongeraient et en tireraient des conséquences?[4] *A bas le tyran!*, cette clameur unanime de la Convention le 9 thermidor, c'était à la fois un slogan et un objectif précis qui permettait d'aller au plus pressé, de la manière la plus efficace, en escamotant les divergences politiques entre ceux qui ne savaient pas encore qu'ils étaient en train de devenir des "thermidoriens." Le 9 thermidor identifia Robespierre au tyran et son "règne" à la tyrannie. Très rapidement s'élèvent pourtant des voix qui dénoncent la Terreur comme un phénomènne multiforme qui dépasse largement la personne et le pouvoir de Robespierre lui-même. Le terme de *système*, utilisé d'abord épisodiquement, commence à s'associer durablement à celui de *Terreur*. La Terreur, ce n'est pas seulement une équipe au pouvoir, celle de Robespierre et des ses acolytes; elle est dénoncée comme un *système de pouvoir*. "Le système de la terreur suppose l'exercice d'un pouvoir arbitraire dans ceux qui se chargent de la répandre. Le gouvernement de la terreur ... ne se contente pas de surveiller les mauvaises actions; il consiste à menacer les personnes, à les menacer toujours et pour tout ... Sous le système de la terreur le pays a été divisé en deux classes: celle qui fait peur et celle qui a peur, en persécuteurs et persécutés."[5] Tallien parlait ainsi du "système de la terreur" en connaissance de cause; il était au fait des rouages et des effets de la Terreur, l'ayant lui-même pratiquée pendant ses missions dans le Midi et à Bordeaux. Il est aussi un des premiers transfuges politiques (et cela parmi les plus fervents et les plus zélés), ceux que l'on appelle à l'époque des "caméléons en politique." Ancien terroriste, révoqué de sa mission avec l'accord de Robespierre (sinon sur son initiative), devenu un des artisans du 9 thermidor, il retourne sa veste; un mois après la "chute du tyran," il ne se contente pas de condamner la Terreur en général mais s'en prend, de plus en plus violemment, aux "terroristes." Or, en cette fin de fructidor an II, définir la Terreur comme un système de pouvoir, s'interroger sur ses origines, en rechercher des responsables, n'a rien d'un exercice historique ni théorique. C'est un *discours par excellence politique*. Un "système," cela veut dire un ensemble de lois et d'institutions, une doctrine et une pratique politiques, un personnel, la "queue de Robespierre." Du coup, le démantèlement de la Terreur n'est pas à envisager comme le résultat d'un seul *acte* mais comme un *processus* que la "révolution du 9 thermidor," aussi importante qu'elle soit, n'a fait qu'amorcer. Définir la Terreur comme système et exiger son démantelement, c'était, certes, ouvrir un *débat* politique, passionnant et passionné, sur le passé et l'avenir de la Révolution. Du fait même de l'installation d'un tel débat, c'était aussi élargir l'espace de la liberté, décharger les protagonistes politiques de l'héritage étouffant de la Terreur, de ce "système" qui ne tolérait pas les divergences politiques. Mais c'était, surtout, engager un conflit et une lutte politiques dont les enjeux étaient multiples: jusqu'à quelles limites poursuivre le démantèlement de la Terreur et la réparation de ses conséquences? ce démantèlement, comment devrait-il se faire? contre qui et sous quelle direction? Autant de questions inséparables de l'enjeu central: à qui le pouvoir après le 9 thermidor?

Plus l'espace de liberté s'étendait, plus l'opinion publique commençait à s'exprimer, en sortant de la stupeur terroriste, plus le jeu politique se débloquait, et plus tous ces problèmes devenaient *publics et brûlants*. Autrement dit, avec le recul de la Terreur l'unanimité d'hier s'efface et les clivages, les divisions et les conflits augmentent. Avec le démantèlement progressif de la Terreur, le 9 thermidor gagnait en signification et devenait source et facteur de division. La "chute du tyran" restait cependant pour tous les protagonistes du jeu politique une référence incontournable, incontestée et incontestable: remettre en question l'opportunité de la "chute du tyran" n'était-ce pas le défendre implicitement, d'emblée se condamner à l'élimination du jeu politique, voire à l'élimination tout court? L'espace politique ouvert par le 9 thermidor est nécessairement celui de la condamnation de la Terreur, de la surenchère anti-robespierriste et anti-terroriste. On dirait que les déchirements politiques thermidoriens ne pouvaient se faire sans référence permanente à une unanimité perdue, que la sortie de la Terreur ne pouvait être engagée qu'en faisant surgir de nouvelles sources de violence.

Ces contradictions et paradoxes propres au démantèlement du "système de la

Terreur" se profilent déjà très nettement 50 jours après le 9 thermidor, quand s'achève l'an II, date combien symbolique. Les institutions héritées de la Terreur ont été raccommodées, tant bien que mal (décret du 7 fructidor): le "gouvernement révolutionnaire" est maintenu, mais les Comités et leurs compétences sont reorganisés, en limitant notamment les pouvoirs du Comité de Salut Public au profit du Comité de Sûreté Générale et de celui de Législation; la rotation du personnel de ces comités et, partant, le changement de l'équipe héritée du 9 thermidor sont assurés. Le gain en liberté dont jouit la presse est énorme: de nouveaux journaux, de dizaines de brochures dénonçant de plus en plus violemment la "queue de Robespierre" connaissent un énorme succès. Liberté acquise de fait; personne n'osait contester son principe mais la Convention ne se décida pas à franchir le pas et à la proclamer "illimitée" comme l'avait demandé Fréron qui, à côté de Tallien, devient le symbole du "caméléon politique." Le phénomène même de transfuge politique n'est certes pas nouveau et la Révolution en a connu d'autres; le fait qu'après le 9 thermidor une telle manoeuvre devient de nouveau possible témoignait du déblocage des mécanismes politiques, de l'apparition, en plein jour, des divisions et des conflits politiques, chose impensable à peine quelques semaines auparavant. Le virage a pourtant été pris si brutalement qu'il surprend et provoque des méfiances; ces "transfuges de l'échafaud" respirent trop leur passé quand ils dénoncent la Terreur, chassent les "terroristes," les "buveurs de sang." Le 12 fructidor, deux jours après le discours de Tallien attaquant le "système de la Terreur," Lecointre dénonce Barère, Collot d'Herbois, Billaud-Varenne et Vadier, membres des Comités de gouvernement, comme complices de Robespierre: après un débat houleux, la Convention condamne cette dénonciation comme calomnieuse.

Néanmoins le problème de la *responsabilité personnelle* lors de la Terreur a été posé et le débat ouvert. Premier débat historique sur l'avènement et le fonctionnement de la Terreur, certes; mais surtout une attaque politique qui élargit les responsabilités de la Terreur au-delà des limites initialement circonscrites aux quelques dizaines de "conjurés," mis hors la loi et exécutés dans les quelques jours qui suivirent le 9 thermidor. Une fois posé, le problème ne pouvait plus disparaître de l'ordre du jour; il ne pouvait non plus se limiter à quelques membres du gouvernement désignés dans une première dénonciation. Il se posait nécessairement partout où la Terreur a sévi, c'est à dire à l'échelle du pays tout entier, au niveau de pouvoir central comme à celui de chaque comité révolutionnaire. Problème d'autant plus dramatique et aigu que les prisons ont été largement entrouvertes et les victimes, une fois libérées, criaient vengeance contre leurs dénonciateurs et oppresseurs. La Convention ne se décida pas à proclamer une amnistie pour n'être pas accusée d'"indulgence" (ce mot reste toujours proscrit). Néanmoins la loi du 22 prairial a été abolie (par contre, celle du 17 septembre 1793, sur les suspects, base légale de la Terreur, est pourtant maintenue). L'élargissement des prisonniers détenus arbitrairement se fait d'une manière très chaotique, à coup d'interventions personnelles auprès des Comités mais assez massivement (en cinq jours, du 18 au 23 thermidor, le Comité de Sûreté Générale fait élargir à Paris 478 prisonniers). Dans les départements, la politique de libération varie en fonction des circonstances locales et, notamment, de l'ampleur de la Terreur ainsi que des attitudes politiques des représentants en mission qui sont progressivement renouvelés: plus encore que la Terreur elle-même, son démantèlement est une politique qui se réalise en *termes locaux*.

Cet élargissement des prisonniers provoque de plus en plus d'inquiétudes aux Jacobins, dans les sociétes populaires, parmi le personnel politique de la Terreur: non seulement les "aristocrates," les "suspects" sont relâchés mais les "patriotes" eux-mêmes sont attaqués, persécutés. On les dénonce comme "robespierristes," "buveurs de sang," "terroristes," tout un nouveau langage accusateur se met rapidement en place; le pouvoir "énergique" qu'ils avaient exercé au nom de la vigilance et de la justice révolutionnaires est maintenant décrié comme arbitraire et leurs actes flétris comme autant d'abus. Vers fin fructidor, la Convention est saisie par des dizaines d'adresses l'appelant à mettre fin à la "persécution des patriotes," à s'opposer "énergiquement" à l'aristocratie et au modérantisme qui "lèvent la tête"; la Société des Jacobins devient le lieu où ces alarmes affluent et, à son tour, elle les fait communiquer aux sociétés affiliées. Cependant cette vague provoque, par contrecoup, une autre, à savoir des adresses appelant la Convention à continuer de "mettre la justice à l'ordre du jour," de liquider les séquelles de la Terreur, de punir les terroristes. Aucune de ses adresses, quelle qu'en soit la tendance, ne remet en question la "révolution du 9 thermidor"; personne, même parmi les "patriotes persécutés" n'ose se réclamer de l'héritage de Robespierre. Dans ce sens, Thermidor constitue toujours le point de non-retour. C'en est pourtant fini de la belle unanimité des adresses félicitant la Convention de son triomphe sur le "tyran." La "guerre aux adresses" qui marque la fin de l'an II est un indice significatif du chemin parcouru pendant cinq décades. Si les divergences politiques osent s'affronter publiquement et la Convention elle-même se déchire de plus en plus, c'est indiscutablement un signe de la libéralisation de l'espace politique; affranchi de la chappe écrasante de la Terreur il s'ouvre à ses propres clivages et à ses conflits politiques. D'autre part, les problèmes sur lesquels se fixent ces divergences, les passions qu'elles soulèvent la volonté de revanche qui s'affirme, tout cela présage l'affrontement politique qu'implique le démantèlement de la Terreur.

Terminer la Révolution

L'avènement de la Terreur a fait l'objet des débats historiographiques passionnés: était-elle nécessaire ou évitable? était-elle imposée par des "circonstances" ou traduisait-elle des tendances inhérentes à l'idéologie et à la politique révolutionnaires? consistait-elle dans un train de mesures provisoires, installé sous la pression des événements, ou formait-elle un "système?"[6] Par contre, les problèmes politiques posés par la *sortie de la Terreur*, les choix politiques possibles ainsi que leurs conditions de possibilité, ont été plutôt négligés, tout comme si les jeux avaient été joués d'avance, comme si dans la journée du 9 thermidor était déjà inscrite la suite des événements, comme si la Révolution, une fois lancée sur sa "pente descendante," ne pouvait ensuite que "dégénérer."

Démanteler la Terreur, c'était pourtant affronter un problème inédit, amorcer une expérience politique inédite. Comme nous l'avons observé, le 9 thermidor, tout en marquant le point de non-retour, laissait pourtant un espace relativement ouvert aux divers projets politiques. Il ne nous appartient pas d'analyser ici tous les projets politiques qui commencent à s'esquisser dans les semaines qui succédent au 9 thermidor; propositions, certes, diverses mais qui cherchaient à répondre aux problèmes incontournables, nécessairement les mêmes, ceux que posaient l'héritage de la Terreur et la nécessité politique de s'en débarasser.[7] N'en retenons qu'un seul projet, énoncé précisément à la fin de l'an II; il se distingue par sa cohérence et, pour un moment, semble même s'imposer à la Convention. Nous pensons au programme formulé par Robert Lindet dans son rapport, présenté au nom du Comité de Salut Public, le jour de la 4ème sans-culottide an II, pour achever solennellement l'an II, en dresser le bilan et formuler une politique pour l'avenir. Il constitue, en quelque sorte, un *rapport sur l'état de la Nation*, dont nous ne retenons que quelques lignes directrices.

La tâche primordiale, c'est *liquider l'héritage de la Terreur*, lourd et néfaste, écrasant tous les domaines de la vie collective. Il faut "mettre la justice à l'ordre du jour," continuer donc la politique engagée au lendemain du 9 thermidor: ouvrir les prisons et libérer les innocents; rétablir la confiance publique et mettre fin aux soupçons; garantir la liberté d'opinion et de la presse. Il faut réparer les dommages subis par les lettres et les arts (Lindet reprend à son compte de discours contre le vandalisme et, notamment, contre "Robespierre, vandale," lancé par Grégoire) ainsi que le commerce qui "est en ruine." Rétablir la liberté, la confiance et la justice autant de problèmes essentiellement politiques auxquels il faut apporter des solutions elles aussi politiques. L'avenir ne peut donc être envisagé que comme prolongement des mesures prises après le 9 thermidor. Lindet semble même réussir une pirouette impossible: présenter la politique, combien sinueuse et hésitante, de la Convention comme la réalisation d'un projet politique cohérent. En n'éludant pas les difficultés que présente le démantèlement de la Terreur, Lindet se veut être rassurant: l'oeuvre à accomplir pourrait réusir à condition d'écarter les *extrémismes* de tout bord, le plus grand danger qui guette la République sortant de la Terreur. Il faut d'abord *éviter la revanche*. Il ne faut pas confondre les *erreurs et les abus*, inévitables pendant une révolution, avec des *crimes*. Il faut donc rassurer les membres des comités révolutionnaires dissous qui rentrent dans leurs emplois et leurs professions même s'ils ont commis des erreurs: la nation va les protéger contre les vengeances; elle ne veut pas que ceux qui ont "dirigé et lancé la foudre contre les ennemis" en soient atteints et consumés. Par contre, les *criminels* doivent être punis; la nation saura "écraser ceux qui avaient usurpé le titre et la réputation des patriotes" et qui excitent maintenant les passions en raison de l'élargissement des prisonniers innocents et, du coup, fomentent de nouveux troubles. Il faut surtout *oublier le passé*: "il ne nous appartient pas, il appartient à la postérité."

La seule stratégie politique valable pour assurer l'avenir de la République consiste dans le plus grand *rassemblement* des Français; dans son rapport, Lindet insiste sur les facteurs qui sont autant de symboles de l'unité nationale. C'est, surtout, l'armée victorieuse et, ensuite, le peuple; peuple souverain et libre, certes, mais avant tout, le peuple au travail, qui ne ménage aucun sacrifice pour la patrie. Le peuple sous les drapeaux et le peuple au travail assurent, tous ensemble, la *grandeur nationale*: "la France est devenue la plus grande puissance grâce à son unité." Celle-ci ne se veut guère exclusive: celui qui travaille pour le pays ne peut être considéré comme "suspect" et la patrie généreuse accueillera tous ceux qui se sont égarés sur les chemins, difficiles et sinueuses, de la Révolution. Pour Lindet, avec le 9 thermidor la Révolution a parachevé une sorte de cercle; elle est, en quelque sorte, revenue à son point de départ. Lindet est parfaitement conscient que l'époque de l'après-Terreur ne pourrait, en aucun cas, constituer un retour à une situation antérieure: ni à celle de la monarchie, ni à celle d'avant le 31 mai (cette date constitue toujours une référence et le retour des Girondins n'est pas encore envisagé à ce moment). Retour donc aux *origines*, aux principes de quatre-vingt-neuf, tout en conservant les acquis de l'an II, son esprit et son élan révolutionnaires, les pratiques terroristes en moins. Conscient des obstacles à surmonter, il croit ce programme réalisable: comme s'il n'y avait aucune contradiction entre les principes de quatre-vingt-neuf, et les valeurs et institutions de quatre-vingt-treize; comme si les valeurs mêmes de quatre-vingt-neuf demeuraient intactes, pures et vierges, après les expériences de l'an II; comme si le pouvoir disposait des critères infaillibles et communément partagés séparer les "abus" des "crimes," les "égarés" des "scélérats."[8]

Le rapport de Lindet est un document remarquable à la fois par sa lucidité et par ses illusions. Il se distingue par l'ampleur des problèmes soulevés, par le refus de toute démagogie, par son sens des responsabilités envers l'Etat, par sa volonté de calmer et maîtriser les passions. L'unanimité avec laquelle il a été adopté a semblé, l'espace d'un moment, réaliser l'impossible unité de la Convention thermidorienne. Le jour symbolique où il fut énoncé, la fin de l'an II, favorisa l'adoption unanime de ce rapport, comme bilan et comme programme. Les moments symboliques secrètent pourtant leurs propres illusions: l'instantané est vécu comme durable, les espoirs comme autant de certitudes, le mouvant comme l'immobile. Lindet espère et croit que les expériences douloureuses de la Terreur devraient mettre en branle une dynamique unitaire, favorisant un grand rassemblement républicain. En adoptant son rapport, la Convention semble lui donner raison et décider de terminer la Terreur en "décrétant l'oubli," pour reprendre l'expression de Quinet.[9]

Cependant le rapport de Lindet ne marque pas une étape mais, tout au plus, une pause, un temps d'arrêt; il représente un *point de vue* et non pas une *force politique*. L'unanimité à laquelle il a été accepté constituait, contrairement aux apparences, sa faiblesse et non pas sa force.

Lindet se référait à l'unité perdue, celle du 9 thermidor contre le "tyran," comme s'il avait oublié quel était l'envers de cette unité, à quel prix et par quel mécanisme elle avait été réalisée. D'une étape à l'autre, la Révolution se transmettait le langage et le mythe de son unité fondamentale; dans le même temps elle reproduisait le mécanisme régulateur de son fonctionnement politique consistant dans l'*exclusion des adversaires politiques* assimilés aux "factions," aux ennemis de l'unité de la Nation, du Peuple, de la République, etc. Le 9 thermidor n'innova guère dans ce domaine et n'ouvrit point une période nouvelle. Lindet proposait de *sortir de la Terreur sans revanche* et de *mettre fin aux soupçons*: tel est, certainement, le point central et le plus original de son projet politique. C'était aussi sa plus grande faiblesse qui le condamnait à l'échec. En effet, le projet politique qui répondait le mieux aux passions qui commandaient ce moment de la vie collective était précisément la *revanche*, de même qu'elle s'accordait le mieux avec les mécanismes d'exclusion mis en place par le jeu politique révolutionnaire.

Comme nous l'avons observé, amorcer la sortie de la Terreur c'était élargir l'espace de la liberté mais aussi, et du même coup, livrer le champ politique ainsi libéré à ses clivages et à ses déchirements. Les appels à l'unité n'y changaient rien ne serait-ce pour cette raison que la représentation et le symbolisme de l'*unité* étaient utilisés, sans cesse et tout au long de la Révolution, comme arme de combat politique, comme principe qui rendait légitime *l'exclusion* de l'adversaire. Le glissement vers la dictature montagnarde et, partant, vers la Terreur s'est opéré par l'exclusion de l'opposition, d'abord royaliste, ensuite girondine, et cela chaque fois au nom de la souveraineté illimitée du peuple, *un et indivisible*. De même, la sortie de la Terreur va s'effectuer par l'exclusion des "terroristes," "buveurs de sang," "Jacobins," etc. La répression sera justifiée par des valeurs et principes unitaires, unité à réaliser contre les "factieux," les "successeurs de Robespierre." La Convention thermidorienne retournait ainsi contre les Jacobins toute une rhétorique et toute une idéologie qu'ils ont élaborées et qu'elle a réussi à s'approprier. "Il faut mettre fin aux soupçons pour rétablir la France," appelait Lindet. Cependant les expériences et les souvenirs de la Terreur ne rassemblent pas mais alimentent les conflits et les méfiances. C'est le langage du soupçon qui exprime le mieux les haines et les peurs léguées par la Terreur. D'une part, l'élargissement des prisonniers, le brusque revirement de la conjoncture politique, les premières "persécutions des patriotes," tout cela crée un climat d'insécurité et de peur chez les Jacobins et les minorités militantes, parmi tout ce personnel qui avait été propulsé sur l'avant-scène politique et auquel on demande maintenant des comptes. De l'autre côté, c'est la haine contre les "terroristes," contre tous ces hommes reconnus comme *coupables* et cela du seul fait d'avoir exercé un pouvoir *infâme*. C'est aussi, sinon surtout, la peur du retour de la Terreur, de nouveaux massacres, peur attisée par la presse, les brochures anti-jacobines, les innombrables rumeurs, etc. Ces peurs et ces soupçons se conjuguent et se confondent dans la volonté de revanche, personnelle et collective, sociale, politique et culturelle, envers tous ces "scélérats" et "égorgeurs," pilleurs et voleurs, ignorants et insolents, qui ont accaparé tous les emplois et qui ne rêvent que d'avoir le dessus, encore une fois, sur les "honnêtes gens."

Le rapport de Lindet cherchait vainement à exorciser les passions, à arrêter cet engrenage des conflits et violences. A peine vingt jours après avoir adopté le rapport de Lindet, la Convention lance une adresse solennelle aux Français et cela au nom des "principes autour desquels doivent se réunir les amis de la liberté."

> Vos ennemis les plus dangereux ne sont pas les satellites du despotisme que vous êtes accoutumés à vaincre . . . Les héritiers de Robespierre et de tous les conspirateurs que vous avez terrassés s'agitent en tout sens pour ébranler la république et, couverts de masques différents, cherchent à vous conduire à la contre-révolution à travers le désordre et l'anarchie . . . Français, instruits par l'expérience, vous ne pouvez plus être trompés. Le mal vous a conseillé le remède . . . Aucune autorité particulière, aucune réunion n'est le peuple; aucune ne doit parler, agir en son nom . . . Tous les actes du gouvernement porteront le caractère de la justice; mais cette justice ne sera plus présentée à la France, sortant des cachots, toute couverte de sang, comme l'avaient figurée de vils et hypocrites conspirateurs . . . Français, fuyez ceux qui parlent sans cesse de sang et d'échafauds, ces patriotes exclusifs, ces hommes outrés, ces hommes enrichis par la révolution, qui redoutent l'action de la justice et qui comptent trouver leur salut dans la confusion et dans l'anarchie.

C'était un véritable appel à la revanche, politique dans laquelle va s'engouffrer le pouvoir thermidorien. Revanche conçue d'abord comme légale, contenue dans les limites fixées par la justice. La violence verbale de ces appels laissait présager la fragilité de ces restrictions.[10]

La politique de la revanche répondait aux exigences passionnelles du moment (et encore, car elle n'assouvissait point les passions vengeresses déchaînées mais, au contraire, les attisait, en ouvrant ainsi un nouveau cycle de violence). Par contre, elle n'apportait pas de réponse au problème politique central qui découlait de la condamnation du "système de la Terreur": quel espace politique et institutionnel pour l'après la Terreur? La réponse ne pouvait être formulée qu'en *termes constitutionnels*; du coup, la question: *comment démanteler la Terreur?* entraînait nécessairement une autre: *comment terminer la Révolution?*

Théoriquement, la République avait une constitution. Elle avait été élaborée en juin 1793, après la chute des Girondins et elle n'avait jamais ête appliquée. Sans entrer dans le détail de son histoire, rappelons seulement qu'elle avait été rédigée très rapidement, en l'espace d'une semaine, par Hérault de Séchelles, et aussi rapidement adoptée, presque sans débat, par la Convention. Cette procédure expéditive traduisait une volonté politique. Le pouvoir, jacobin et montagnard, cherchait à démontrer ainsi qu'il était apte à résoudre "énergiquement" les problèmes que les girondins ont fait traîner (le projet de constitution élaboré par Condorcet était particulièrement visé; on lui reprochait d'être trop complexe et trop libéral). Le pouvoir voulait surtout transformer par un référendum l'adoption de son projet en un plébiscite en faveur de la dictature montagnarde et contre les girondins, sanctionnant donc le coup de force du 31 mai. Le vote (public et oral, marqué par de nombreuses irrégularités) se déroula sous la pression des autorités et des comités révolutionnaires. Ses résultats ne pouvaient pas surprendre: 1,801,918 pour; 11,600 électeurs osèrent voter non; au moins 4,300,000 électeurs n'ont pas pris part au vote. L'adoption de la Constitution a été solennellement célébrée pendant la fête du 10 août 1793; au soir de la fête, le texte a été, aussi solennellement, enfermé dans un "arche en bois de cèdre" et déposé dans la salle de la Convention. L'application de la constitution a été repoussée jusqu'à la paix.

Dans l'historiographie révolutionnaire on a souvent insisté sur le caractère démocratique de cette constitution (notamment en raison de l'introduction du suffrage universel et de la proclamation des "droits sociaux" dans la Déclaration des droits de l'homme); on s'est aussi interrogé sur les difficultés posées par son application éventuelle, "en temps de paix" (référendums et élections très fréquents; pouvoirs très étendus de l'Assemblée, etc). Quoi qu'il en soit, le texte était bâclé; la désinvolture avec laquelle il a été préparé contrastait singulièrement avec le sérieux du débat sur la Constitution de 1791. On peut donc s'interroger sur les intentions mêmes de ses auteurs; dès le début de son élaboration pensaient-ils à autre chose qu'une opération de propagande? songeaient-ils sincèrement à faire appliquer un jour ce texte pour lequel on fabriquait par avance un "arche?" espéraient-ils plutôt le reprendre avant son application éventuelle, au moment de la paix? La Convention montagnarde n'a d'ailleurs jamais commencé le travail sur les lois organiques; les jacobins étaient les premiers à dénoncer toute allusion à l'application de la constitution et, notamment, à la convocation des assemblées primaires, comme une idée contre-révolutionnaire (c'était aussi le cas après le 9 thermidor, face à des initiatives du Club Electoral, d'inspiration néo-hèbértiste; sur ce point, en fructidor an II, la Convention, pourtant déjà déchirée, retrouvait facilement son unanimité). Quoi qu'il en soit des intentions de ses auteurs et des possibilités de sa future application, la Constitution de 1793 était particulièrement mal adaptée aux problèmes de la redéfinition du champ politique qu'imposait le démantèlement de la Terreur. Il suffit, en effet, rappeler les incertitudes qu'elle laissait planer sur les rapports entre deux légitimités, celle du pouvoir issu de système représentatif et celle qui incomberait à un pouvoir rival, se réclamant du droit de "chaque section du peuple" à la résistance, prétendant être le "peuple debout" et exercer directement sa souveraineté illimitée, par la violence et au cours des "journées."[11]

La Constitution de 1793 était donc doublement contestable; en raison des conditions de son élaboration et de son acceptation ainsi qu'en raison de son contenu lui-même. Dans les premiers mois après le 9 thermidor elle ne gênait pourtant personne et on la laissait reposer tranquillement dans son "arche." Ce n'est qu'au cours de l'hiver-printemps an III qu'elle devient un obstacle incontournable au démantèlement de la Terreur ainsi qu'à la redéfinition des mécanismes politiques pour l'avenir, pour l'après la Terreur.

L'initiative de faire de l'application de 1793 un problème d'actualité est revenu, paradoxalement, aux députés jacobins qui en ont fait un prétexte à une manoeuvre politique. Le 24 brumaire, ils surprennent la Convention en manifestant soudainement leur intérêt pour l'application de la constitution. Du coup, proposaient-ils d'entamer le travail sur les lois organiques et, partant, de préparer la suppression du gouvernement révolutionnaire et le rétablissement du gouvernement constitutionnel. L'époque de la paix s'approchant, le moment est venu de terminer la révolution en faisant appliquer la constitution de quatre-vingt-treize: "Que la Convention nationale invite chacun de ses membres à s'occuper des lois organiques de la Constitution, que le peuple français embrassera avec transport après avoir traversé le torrent révolutionnaire et dicté aux ennemis de son indépendance une paix honorable." Barère, en secondant Audoin, donna à cette proposition, embrouillée par une rhétorique sur les principes de la République et son avenir radieux, sa signification politique immédiate: elle devrait rassurer le peuple au sujet du "vrai sens de la révolution du 9 thermidor"; arrêter les agissements du "comité secret du parti de l'étranger" qui, sans aucun doute, se cache derrière les "derniers événements" et, par une habile distribution des rôles, fait "tourmenter l'opinion du peuple, avarier l'esprit public, calomnier les patriotes énergiques . . . faire accuser la liberté de tous les abus qui n'appartiennent qu'aux circonstances de la guerre." Autant d'allusions trop facilement déchiffrables aux événements les plus récents et dont le contexte expliquait également le brusque réveil de l'intérêt jacobin pour la constitution. En effet, leur proposition de l'appliquer est lancée *deux jours après la fermeture des Jacobins*. Rappeler à ce moment précis la constitution et demander son application, c'était contester indirectement la légalité de cette décision (en effet, la constitution garantissait les droits des sociétés populaires) et, partant, mettre en cause, comme abusive et arbitraire, toute la politique anti-jacobine des Comités qui exerçaient leur pouvoir en vertu des lois sur le gouvernement révolutionnaire.

La manoeuvre était pourtant trop grossière. Plusieurs députés, Tallien en tête, eurent beau jeu de rappeler que ce sont précisément ceux qui s'opposaient le plus au gouvernement constitutionnel et qui faisaient un crime à leurs collègues d'oser en parler, qui aujourd'hui "se précipitent dans l'arène et la (la constitution) demandent à grands cris." On retourne contre les Jacobins leur propre argumentation dont ils se sont largement servis: ils proposent de faire des lois organiques au moment même où les armées luttent contre l'ennemi tandis que toutes les réflexions doivent se porter sur les mesures à prendre pour assurer la victoire; leur démarche rappelle trop celle de la "faction d'Hébert." Au combat sur les frontières s'ajoute celui que les Comités et "vingt-cinq millions de Français" mènent à l'intérieur. "Les hommes qui ont abattu le tyran le 9 thermidor, les hommes qui ont détruit une autorité rivale de la représentation nationale, forment, à la vérité, une faction redoutable, c'est celle des vingt-cinq millions de Français contre les fripons et les scélérats." Le 9 thermidor, une "révolution salutaire a abattu le *tyran*," le 21 brumaire, avec la décision de fermer les Jacobins, la "même foudre a frappé la *tyrannie*." Cette lutte doit être poursuivie, et ce n'est que pour l'affaiblir que ceux qui demandaient hier la Terreur prônent aujourd'hui l'indulgence et demande l'application de la constitution. C'est donc contre *l'indulgence* des Jacobins, en ne remettant pas en cause la légalité de la constitution elle-même, que les "hommes du 9 thermidor" s'opposaient, dans un premier temps, à l'élaboration des lois organiques.[12]

Cet imbroglio politique ne pouvait pourtant durer. Au cours du débat sur le rappel des girondins (le 18 ventôse, 8 mars), Sieyès laissa pressentir à la Convention qu'il ne sera plus possible d'esquiver les problèmes constitutionnels et de se contenter de prolonger indéfiniment le régime provisoire de "gouvernement révolutionnaire" même si celui-ci est actuellement retourné contre les "terroristes." Rappeler les députés girondins c'etait pour Sieyès à la fois un acte de justice et une conséquence logique de la politique inaugurée le 9 thermidor. En effet, avec le coup de force du 31 mai, "ouvrage de la tyrannie," débuta cette "fatale époque . . . *où il n'y avait plus de Convention*: la minorité régnait, et ce renversement de tout ordre social fut l'effet de l'apparence d'une portion du peuple qu'on disait en insurrection"; ce n'est qu'après le 10 thermidor que la majorité est rentrée dans l'exercice de sa procuration législative." Ces deux dates délimitaient donc l'intervalle auquel s'appliquaient "les principes qui sont de tout le monde: qu'une assemblée délibérante dont la violence éloigne une partie de ceux qui ont droit d'y voter est blessée dans son existence même, qu'elle *cesse de délibérer dans l'objet de sa mission* . . . que la loi qui émane d'un corps législatif cesse d'avoir ce véritable caractère si quelqu'un de ses membres, dont l'opinion et le suffrage auraient pu changer l'issu de ses délibérations, ne peut y faire entendre sa voix lorsqu'il le juge nécessaire." Sieyès n'évoquait pas explicitement la Constitution de 1793; personne ne s'en doutait pas pourtant qu'il pensait à elle; autorité reconnue en matière constitutionnelle, il avançait une argumentation juridique qui la frappait de nullité en raison même de ses origines terroristes. Problèmes juridiques mais aussi, sinon surtout, problèmes politiques. Les députés jacobins et montagnards ainsi que les militants sans-culottes, l'ancien personnel politique de la Terreur, ne cessaient de brandir comme un slogan politique l'exigence d'appliquer la constitution, d'en faire un moyen de pression sur les Comités et la majorité de la Convention. *Appliquer la Constitution* devenait ainsi un symbole politique global, une manière détournée de contester la politique anti-terroriste, d'exiger la libération des "patriotes persécutés" et le rétablissement des activités des sociétés jacobines, de condamner les purges ainsi que le dénigrement de l'héritage symbolique de l'an II. La fixation sur la constitution traduisait d'ailleurs la faiblesse politique de toute cette campagne. Le discours jacobin est, en effet, piégé par sa référence à l'événement fondateur de toute cette période, la "révolution du 9 thermidor." Ses auteurs et partisans ne pouvaient pas, et, peut-être, ne voulaient même pas, remettre en cause cette date symbolique car cela reviendrait à proclamer le retour, pur et simple, de la Terreur, à réhabiliter le "tyran" etc. Paradoxalement donc, c'est au nom du "vrai sens du 9 thermidor" qu'ils refusent les conséquences de cet événement incontournable et demande la "constitution démocratique de quatre-vingt-treize."

Toute cette campagne entraîna, par contrecoup, des attaques directes contre la Constitution de 1793. Cette fois-ci, elle était dénoncée non pas seulement en raison de ses origines "suspectes" mais surtout en raison de son contenu: tout essai de son application ne pouvait signifier que le retour de la Terreur. Le 1 germinal, un débat particulièrement houleux est révélateur de l'importance de plus en plus grande que prenait la constitution comme enjeu politique et symbolique. La pétition de la députation de la section Quinze-Vingt provoqua une tempête: en termes à peine voilés elle exigeait, comme remède à tous les maux, "l'organisation dès aujourd'hui de la constitution populaire de 1793" qui "est le palladium du peuple et l'effroi de ses ennemis." Du "côté gauche" elle trouve un appui des plus chaleureux; Chasles propose de décréter immédiatement, comme premier acte symbolique, l'exposition de la Déclaration des Droits de l'Homme et du Citoyen dans "toutes les places publiques," les soins d'exécuter cette mesure devant être "confiés au peuple lui-même." Tallien répliqua immédiatement par ses arguments "antiterroristes" déjà bien rodés: les hommes qui réclament maintenant si fort la constitution, sont les mêmes qui "l'ont enfermée dans une boîte" (sic! ce n'est plus "l'arche solennel" . . .); ils l'ont fait suivre non pas des lois organiques mais du gouvernement révolutionnaire. Tallien n'osa pas pourtant contester la constitution elle-même; pour reprendre l'initiative, il propose, emporté par sa démagogie habituelle, d'élaborer, en quinze jours, les lois organiques. Le pas sera franchi par Thibaudeau, présidant la séance, qui lance une attaque frontale. La majorité de ceux qui réclament aujourd'hui l'exposition de la constitution, "sa publicité," ne la connaissent même pas. Or, elle n'est point "démocratique," comme on l'appelle, mais terroriste et derrière l'exigence de son application se cachent les manoeuvres des terroristes. "Je ne connais qu'une constitution démocratique, c'est celle qui offrirait au peuple la liberté, l'égalité et la jouissance des ses droits. Dans ce sens la constitution actuellement existante n'est point démocratique, car la représentation nationale serait encore au pouvoir d'une commune conspiratrice, qui plusieurs fois a tenté de l'anéantir et de tuer la liberté." Thibaudeau brandit le spectre du retour de la Terreur: remettre la constitution en activité, c'est donner une municipalité à Paris; c'est voir, dans trois mois, les Jacobins rétablis et la représentation dissoute; c'est laisser aux factions le droit "d'insurrection partielle"; c'est accorder aux "scélérats" l'initiative de l'insurrection; c'est annuler la "révolution du 9 thermidor." En conclusion, la Convention passa outre sur la demande de faire exposer "la table des lois" et nomma une commission chargée de travailler à l'élaboration des lois organiques, sans pourtant fixer aucun délai.[14]

La conflit se durcissant de jour en jour, les problèmes ne pouvaient en rester là; les "journées" qui se sont succédées, celle du 12 germinal et surtout celles du 1–2 prairial, n'ont pas seulement accéléré le dénouement de la crise mais ont amené sa solution particulièrement brutale voire extrêmiste. La foule en révolte, violentant la Convention aux cris *Du pain et la Constitution de 1793!*, apportait à l'Assemblée la preuve, si besoin était encore, que le démantèlement de la Terreur et l'abolition de la Constitution de 1793 n'étaient que deux faces du même problème. La révolte se solda par un échec et une répression brutale. Elle n'a pas fondamentalement changé les *problèmes politiques* à résoudre mais elle entraîna des conséquences, multiples et graves, pour la suite de l'expérience politique thermidorienne: nouvelle flambée de la peur du retour possible de la Terreur; règlement de comptes brutal entre les conventionnels (notamment avec ce qui restait encore de la ci-devant Montagne); intensification dramatique de la vengeance exercée contre les "terroristes," poussée jusqu'au paroxysme pendant les massacres des prisonniers à Lyon et dans le Midi; condamnation définitive, en bloc et sans appel, de la Constitution de 1793 jugée tout à la fois illégale et terroriste.[15]

Réaction et utopie

Au lendemain du 9 thermidor pas d'hésitation sur le terme à appliquer à l'événement qui venait de s'accomplir: la *chute du tyran* et le *triomphe de la liberté* étaient, nécessairement, une *révolution*. "Le 31 mai le peuple fit sa révolution, le 9 thermidor la Convention nationale a fait le sienne: la liberté a applaudi également à toutes les deux," constata la Convention dans sa proclamation solennelle adressée au peuple français le 10 thermidor. Comme nous l'avons observé, les innombrables adresses qui parviennent à la Convention reprennent à leur compte la même terminologie: elles la félicitent d'avoir inscrit dans les annales de la liberté une nouvelle date mémorable, cette révolution dans la Révolution, dans la suite d'autres grandes "journées," le 14 juillet, le 10 août, etc. Le mot *réaction* ne commence sa véritable carrière politique qu'à la fin de la période thermidorienne. Comme si, à ce moment seulement, le besoin se manifeste de trouver un terme spécifique qui permettrait d'identifier les événements qui se sont succédés et d'en dégager un sens.

Comme le mot *thermidorien*, le terme *réaction* (ainsi que ses dérivés: *réacteurs, réactionnaire*) attendent leur histoire, complexe et riche en péripéties.[15] Sans aucune prétention de la faire, rappelons, tout au plus, quelques textes qui attestent ce besoin et, partant, le sentiment des contemporains d'avoir vécu des phénomènes inédits en Révolution, qu'il fallait d'abord *nommer* pour les *reconnaître* ensuite. De même que *révolution, progrès*, le vocabulaire politique emprunte le terme *réaction* à la mécanique en élargissant au domaine moral son sens propre: mouvement contraire provoqué par un mouvement antécédent, un simple *contrecoup*. Rousseau, par exemple, l'utilisait ainsi: "Tout l'art humain ne saurait empêcher l'action brusque du fort contre le faible, mais il peut se ménager des ressorts pour la *réaction*."[16] Avant la période thermidorienne, c'est pourtant un terme rare qui n'assigne d'ailleurs aucune caractéristique spécifique, aucune "couleur" politique ni à l'*action* ni à la *réaction*; celle-ci, mouvement "contraire" des idées et des sentiments n'est que le répercussion du choc subi. Dans ce sens-là, *réaction* n'est pas d'ailleurs opposée à *révolution*; les deux termes seraient plutôt complémentaires. C'est ainsi que le terme *réaction* a été pour la première fois, semble-t-il, associé aux conséquences du 9 thermidor. Ce n'est que parce que cette journée fut précisément une *révolution*, une puissante action libératrice, qu'elle a eu comme effet un *contrecoup*, un *desserrement* des sentiments comprimés pendant la Terreur, sentiments de justice et de sympathie à l'égard des victimes innocentes. "De grands événements se sont passés à Paris depuis quelques jours; une grande révolution s'est opérée; le tyran n'est plus, la patrie respire, la liberté triomphe . . . Après une aussi longue *compression*, il faut s'attendre à une *réaction puissante et proportionnée* aux malheurs que nous avons eu à déplorer; il faut donner à la sensibilité tout ce que l'humanité commande."[17]

Peu fréquent à la fin de l'an II, le terme *réaction* devient assez courant un an plus tard, notamment après l'écrasement de la révolte du 13 vendémiaire. Il s'installe alors durablement dans le discours politique, fait notamment partie du vocabulaire officiel, tout en s'enrichissant de sens multiples. Ainsi pour Marie-Joseph Chénier, dont les rapports sur les massacres des prisonniers à Lyon et dans le Midi ont joué un rôle important dans la diffusion du terme *réaction*, il n'était pas question de confondre le projet politique *thermidorien* avec la *réaction*; du coup, parler de réaction thermidorienne serait un contresens. Dans son rapport du 29 vendémiaire an IV, (donc deux semaines après l'écrasement de la révolte du 13 vendémiaire) Chénier insiste sur l'opposition entre l'*époque* thermidorienne et la *réaction* qui lui succéda, certes, dans le temps mais qui représentait un mouvement pervers, contraire à l'oeuvre et à l'esprit de celle-ci. Chénier propose même une sorte de périodisation de l'histoire de la République depuis le 9 thermidor. Cette date mémorable annonça la fin de la Terreur, avec son cortège de tribunaux et de comités révolutionnaires, d'échafauds et de prisons, de ruines et de brigandages "en honneur." A cette époque sanglante, succéda l'*époque thermidorienne*, "mémorable, immortelle époque, où la Convention nationale seule, reprenant des forces qu'on ne lui croyait plus, reconquit la liberté publique; alors furent à la fois terrassé la dictature et le décemvirat, alors les pleurs furent séchés, les cachots ouverts, les échafauds renversés." La Convention fut assez généreuse pour "oublier des torts, des délits mêmes," elle a cru au repentir de ceux qui longtemps furent des ennemis de la liberté et de la Révolution. Or, "ces *nouveaux républicains* entrèrent dans les rangs éclaircis des *vieux patriotes*, mais c'était pour les égorger; ils proclamaient des louanges de la représentation, mais c'était pour l'anéantir. Le système d'*indulgence et de générosité*, suivi si courageusement par la Convention . . . n'a fait qu'aigrir leur ressentiment et les encourager au crime. A peine mis en liberté, ces fidèles amis de l'esclavage ont couvert de sang leurs robes d'affranchis; c'est toujours en abusant des principes qu'ils ont conduit la république au bord de l'abîme." Ainsi est née la *réaction* dont Chénier dénonce le perfidie, les méfaits et les crimes. Il dresse même une sorte d'inventaire des actes et phénomènes propres à la *réaction*: persécution des patriotes sous prétextes qu'ils étaient des "terroristes"; bandes de "jeunes gens," arrogants et provocateurs, envahissant les lieux publics, proscrivant même la *Marseillaise*: les mystérieuses "compagnies de Jésus" et "compagnies de Soleil" qui ont effectué de véritables massacres, notamment dans le Midi. Or, c'est au nom de l'humanité, de la justice, de la Convention nationale elle-même, en se disant des "vengeurs de leurs pères et des patriotes immolés" que ces "scélérats" se sont attaqués à la République même et qu'ils ont même trouvé des complices parmi les autorités constituées. Autant de phénomènes politiques qui se ressemblent et se complètent et que Chénier réunit sous le nom de *réaction*. Sous l'impression immédiate de l'émeute du 13 vendèmiaire contre la Convention il n'a aucun doute sur la couleur politique de celle-ci: elle est royaliste.

Par contre, Chénier semble hésiter entre deux interprétations de ses origines: parfois il se contente de réutiliser le schéma classique, pour ainsi dire, de "complot" ourdi par l'étranger, les émigrés, les prêtres réfractaires, etc.; il lui arrive cependant d'expliquer la *réaction* par une sorte de perversion du "système de générosité" issu du 9 thermidor en "machine" de vengeance et de proscription. Ces deux versions ne s'excluent pas d'ailleurs et Chénier ne pousse pas trop loin son interrogation sur les raisons de cette "perversion"; face à la *réaction*, il exprime surtout sa surprise et son indignation.[18]

Quelques mois plus tard, Mailhe nuance à la fois le sens du terme réaction et des phénomènes en question. "Le 9 thermidor qui devait être simplement pour le trône de l'anarchie ce qu'avait été le 10 août pour le trône de la royauté fut insensiblement detourné de son objet réparateur et présenté comme le principe d'une sanglante et arbitraire *réaction*." Celle-ci n'est pas simplement un contrecoup; le phénomène politique est plus complexe. Il faut le distinguer des attaques et des intrigues tout simplement contre-révolutionnaires, lancées par des ennemis aussi jurés qu'anciens de la Révolution au nom des valeurs et principes qui lui étaient toujours hostiles. Par contre, la *réaction* et, partant, les *réacteurs* se sont emparés des principes inhérents à Révolution et les ont pervertis; ils ont retourné sa marche et ses progrès. Sous cet aspect les réacteurs ressemblent curieusement aux terroristes contre lesquels ils crient pourtant vengeance: ceux-ci avaient installé la Terreur "sous le nom de la liberte"; ceux-là ont perverti la justice, principe sacré du 9 thermidor et s'en sont servis de prétexte à leurs violences et vengeances arbitraires. Les uns et les autres (et rien d'étonnant que ce sont parfois les mêmes hommes . . .) suivent "le même plan de désorganisation, d'envahissement de l'autorité légitime, de discorde, de guerre civile."[19]

Il nous convient, finalement, d'évoquer, ne serait-ce qui très succinctement, la brochure de Benjamin Constant, *Des réactions politiques*. Elle constitue à la fois le point d'aboutissement du discours thermidorien sur la *réaction* et le point de rupture avec lui. Constant, au début de sa carrière et de sa réflexion politiques, accepte l'ordre républicain défini par la Constitution de l'an III mais il se refuse à partager avec les thermidoriens leur passé et, partant, leurs responsabilités pour les *réactions politiques*. Le fait même que la *réaction* devient, pour la première fois, l'objet d'une réflexion systématique est révélateur du succès que connaît ce terme dans le discours politique ainsi que de l'importance que prend la problématique qu'il désigne dans la réflexion sur l'expérience révolutionnaire dans son ensemble. Pour Constant, les *réactions politiques* s'expliquent par le phénomène révolutionnaire, elles sont consécutives aux révolutions qui n'ont pas réussi du premier coup et, partant, se sont trop prolongées. "Lorsque l'accord entre les institutions et les idées (d'un peuple) se trouve détruit, les révolutions sont inévitables. Elles tendent à rétablir cet accord . . . Lorsqu'une révolution remplit cet objet du premier coup et s'arrête à ce terme, sans aller au delà, elle ne produit point de réaction parce qu'elle n'est qu'un passage, et que le moment d'arrivée est aussi celui de repos." Lorsqu'une révolution dépasse ces bornes, elle se transforme, en quelque sorte, en un balancier déréglé et en folie, entraîné dans un mouvement incontrôlé et incontrôlable, qui passe d'un extrême à l'autre.

Lorsqu'une révolution, portée hors de ses bornes, s'arrête, on la remet d'abord dans ses bornes. L'on *rétrograde* d'autant plus que l'on avait trop avancé. La modération finit, et les réactions commencent . . . Il y a deux sortes de réactions: celles qui s'exercent sur les hommes, et celles qui ont pour objet les idées. Je n'appelle pas réaction la juste punition des coupables, ni le retour aux idées saines. Ces choses appartiennent, l'une à la loi, l'autre à la raison. Ce qui, au contraire, distingue essentiellement les réactions, c'est l'arbitraire à la place de la loi, la passion à la place du raisonnement: au lieu de juger les hommes, on les proscrit; au lieu d'examiner les idées on les rejette.

Nous n'avons pas à suivre les développements de ces définitions qui se prolongent par une réflexion politique originale. N'en retenons qu'un seul point. Constant est particulièrement sensible au phénomène de *transfuges politiques* inséparable de la réaction. Il dénonce "ces hommes atroces et lâches, avides d'acheter par le sang le pardon du sang qu'ils ont répandu, (qui) ne mettent point de bornes à leurs excès," les "assassins convertis, proconsuls, repentants." L'allusion est par trop transparente aux anciens terroristes qui "cédant à l'entraînement de la réaction, laissait [la Convention] remplacer les maux qu'elle avait fait par des maux qu'elle aurait dû prévenir," notamment pendant la "réaction qui suivit le 1 prairial." Les *réactions* ne font donc que changer d'arbitraire, "le grand ennemi de toute liberté, le vice corrupteur de toute institution." Elles recourent à l'arbitraire pour rétablir la justice et la liberté bafouées, mais le fait même d'employer l'arbitraire fait que la "réparation devient réaction, c'est à dire une vengeance et une fureur." D'autre part, Constant s'en prend aux "transfuges de la philosophie" qui, comme La Harpe, se sont convertis en bigots et veulent rétablir "les préjugés et le fanatisme." Virant brusquement de bord, tous ces transfuges politiques et idéologiques risquent d'entraîner le pays tout entier dans une *réaction* violente qui, nécessairement, en entraînera une autre, de direction inverse, et de perpétuer ainsi la Révolution. Or, l'essentiel, c'est de la terminer, de la faire rentrer dans les bornes, et, du coup, de "revenir aux principes." La Constitution de l'an III offre, pour la première fois, la chance d'arrêter le mouvement de pendule qui remplace un arbitraire par un autre, de mettre fin aux "réactions politiques," de substituer la loi à l'arbitraire.

Ainsi, Constant partage partiellement le discours thermidorien sur la réaction tout en marquant ses distances. On dirait qu'il veut détacher la Constitution de l'an III, l'oeuvre couronnant la période thermidorienne, de ses mauvais antécédents, de la sauver de l'héritage troublant des extrêmismes de tous bords légués par cette même époque qui fut celle de son élaboration. "Si les réactions sont une chose terrible et funeste, évitez l'arbitraire, car il traîne nécessairement les réactions à sa suite; si l'arbitraire est un fléau destructeur, évitez les réactions, car elles assurent l'empire de l'arbitraire . . . Le système de principes offre seul un repos durable. Seul il présente aux agitations politiques un inexpugnable rempart." Pour Constant il existe donc des réactions de "gauche" et de "droite," tant que l'on maintient la métaphore de mouvement de pendule, l'une entraînant l'autre. Ce n'est que le retour au *centre*, aux principes de 89, de la liberté et de la loi, qui peut assurer la stabilité politique.[20]

Présence donc, de plus en plus affirmée, d'un mot qui cherche pourtant sa signification. Comme nous l'avons observé, cette présence traduit le besoin, ressenti vivement par les acteurs politiques, d'inventer un terme pour indentifier des faits, événements et tendances politiques qui formaient ensemble un phénomene inédit et désarçonnant, aux contours flous et aux frontières incertaines. Hésitations sur le sens à donner à ce terme qui traduisent un malaise et une situation elle-même confuse. Le discours officiel réserve le terme réaction aux seuls *dérapages* du projet politique thermidorien initial, à sa perversion voire à son détournement par des forces hostiles à la République. Le caractère apologétique de ce discours est évident: il visait à disculper la Convention de sa responsabilité dans la montée de la "réaction." Il était facile de l'accuser d'avoir trop longtemps toléré, voire encouragé, tous ces phénomènes dont Chénier avait dressé l'inventaire après le 13 vendémiaire: persécution du personnel politique de l'an II, assimilé globalement aux "terroristes," arbitraire et sauvage: tolérance, voire bienveillance, à l'égard de la "jeunesse dorée" s'appropriant l'espace publique, la rue, les places, les théâtres, etc; dénigrement systématique du symbolisme et du rituel issus de l'an II, etc. Adopter la *revanche légale* comme réponse politique aux problèmes posés par le démantèlement de la Terreur, était un choix piégé qui impliquait un risque d'escalade dans la répression. Certes, la Convention et ses Comités de gouvernement n'ont pas organisé eux-mêmes des massacres; les débordements de la politique de répression légale et systématique contre les "buveurs de sang" étaient pourtant prévisibles et inévitables; en outre dans certains cas, notamment à Marseille, les représentants en mission sont devenus ouvertement des complices des massacreurs. Après la révolte du 1–2 prairial la Convention se livra à une sorte d'exorcisme collectif de son propre passé terroriste pendant des séances où affluaient par dizaines des dénonciations contre les députés, en offrant ainsi au pays tout entier un spectacle qui réduisait la politique, sans vergogne, à un simple règlement de comptes. De là à accuser les "thermidoriens" d'être des "réacteurs," voire des contre-révolutionnaires à peine déguisés, il n'y avait qu'un pas. Les anciens militants jacobins et sans-culottes, persécutés, arrêtés, assignés à résidence, etc, n'hésiteront pas à le franchir. La réaction se présentait à leurs yeux non pas comme un épisode mais comme un *système global de pouvoir* résumant en lui toute l'évolution politique entamée le 9 thermidor.[21]

La *réaction* ne résumait pas pourtant l'expérience politique thermidorienne. Les paroxysmes de la violence, les horreurs des massacres, sont restés épisodiques et n'ont pas trouvé leur prolongement dans *un système de pouvoir*, contrairement à la violence érigé en systéme pendant la Terreur. La crise de printemps an III a entraîné, comme effet immédiat, la montée de la "réaction." Cependant, comme nous l'avons observé, elle a aussi accéléré la recherche des *réponses positives et institutionnelles* aux problèmes qui les premiers mois de l'expérience politique thermidorienne ont déjà fait surgir. A la fois la force et la faiblesse de la politique thermidorienne a résidé dans le fait qu'elle était définie, d'abord et surtout, négativement: ni Terreur ni monarchie. Formule assez vague, qui répondait bien, le 9 thermidor, au besoin du moment: rallier tous ceux qui voulaient la "chute du tyran" sans pourtant compromettre la république. Formule pourtant trop vague pour suffire à définir un project politique plus durable et cohérent. Au début de l'an III, la politique de la Convention, hésitante et contradictoire, s'enlisant de plus en plus dans le provisoire, le besoin d'un tel projet devenait urgent. Une *nouvelle constitution* devait répondre à ce double besoin: *tirer les leçons du passé et formuler un projet pour l'avenir*. Elle ne devait pas seulement couronner l'expérience politique de la période thermidorienne mais, plus largement, l'histoire combien complexe et douloureuse de six ans de révolution.

L'expérience thermidorienne, comme toute expérience politique, est entourée de son horizon de souvenirs et d'attentes, de craintes et d'espérances. Le débat constitutionnel de l'an III ainsi que la constitution elle-même offrent la possibilité de scruter l'horizon qui entoure l'expérience politique de la Convention finissante, son imaginaire politique, le jeu complexe qui s'installe entre la mémoire et les espoirs des acteurs politiques.[22]

Les auteurs de la constitution étaient conscients de la nouveauté et de l'orginalité de l'entreprise qui leur revenait. La nouvelle constitution devait définir les principes et les institutions d'une *république constitutionnelle* et, du coup, *terminer la Révolution*. Elle ne pouvait reprendre ni les bases ni les institutions de la Constitution de 1791: d'abord, celle-ci était monarchique et, ensuite, elle avait rendu le pays ingouvernable. Elle ne pouvait non plus s'inspirer de la Constitution de 1793 et cela pour des raisons que nous avons déjà évoquées: constitution bâclée et impraticable, confondant démocratie directe et système représentatif, respirant la Terreur et la démagogie. Il existait, certes, le projet légué par Condorcet, abandonné, sous la pression de la Montagne et de la rue, avant même d'avoir été discuté. Il souffrait pourtant au moins d'un défaut capital: pour des raisons évidentes il ne pouvait pas tenir compte de l'experience de la Terreur. Or, la nouvelle constitution devait répondre à une double attente de la Convention thermidorienne: *préserver la République* et la *protéger efficacement* contre tout risque de retour de la Terreur; ce n'est qu'ainsi qu'elle pouvait, enfin, terminer la Révolution. Elle devait donc s'inspirer des principes fondateurs de 1789 mais en tirant les leçons qui s'imposaient de l'expérience de la Terreur; c'est ainsi qu'elle pouvait donner au 9 thermidor son véritable sens. *Terminer la Révolution*, certes ni le projet ni le slogan n'étaient nouveaux. Comme on le sait, la promesse de faire parvenir la Révolution à son terme a maintes fois servi d'occasion, voire de prétexte, à affirmer la volonté de la radicaliser. Cette fois-ci, en 1795, on veut le contraire: la Révolution ne peut pas se terminer par la réalisation de tous les espoirs et de toutes les promesses, aussi indéfinis que démagogiques, qu'elle a engendrés. La désillusion ou, si l'on veut, le réalisme amer préside à l'élaboration de la constitution. *Terminer la Révolution*, c'est installer la République comme état de droit, sur des bases solides et durables et, du coup, la protéger contre le retour de son propre passé, contre la Terreur et la démagogie se réclamant à la fois de la promesse révolutionnaire indefinie et de la souveraineté illimitée du peuple.

En 1795, la conscience de se trouver devant une tâche inédite rappelle curieusement l'esprit qui animait, en l'été-automne 1789, le premier grand débat constitutionnel qui a vu, notamment, le "parti patriote" se scinder en une "gauche" et une "droite." Cependant, en six ans les termes dans lesquels se posait le problème d'élaborer une constitution pour la France ont radicalement changé et ce changement peut, en quelque sorte, servir de mesure de l'évolution de la culture et des mentalités politiques. N'en retenons, très succinctement, que quelques éléments.

En 1789, l'accent est mis sur le refus radical du passé; élaborer une constitution, c'est redéfinir le contrat social des Français et celui-ci ne peut être qu'un contrat de fondation. Les Français forment, certes, une nation ancienne; la Révolution l'a pourtant régénérée et, du coup, elle peut agir comme si l'Histoire ne venait que commencer pour elle. La Nation régénérée, assumant dorénavant pleinement sa souveraineté, tout ouverte sur l'avenir; elle fonde son identité non pas sur son passé, marqué par la tyrannie et les préjugés, mais sur *le projet politique et moral à réaliser*. En an III, la nouvelle constitution se propose aussi de cimenter la Nation en s'ouvrant sur l'avenir et en formulant un projet de société (nous aurons à en reparler). Cependant, l'identité collective est imaginée et pensée aussi, sinon surtout, en fonction du *passé que la Nation et, partant, la République doivent assumer*. La Révolution a derrière soi un passé incontournable dont elle ne peut se débarasser; son présent succède à un passé immédiat, celui de la Terreur, et il est hanté par cette mémoire.

> Ah! c'est une grande entreprise que d'obtenir par la sagesse un ouvrage que souvent on n'obtient que du temps; mais puisque nous voulons devancer l'avenir, enrichissons-nous du passé. Nous avons devant nous l'histoire de plusieurs peuples; nous avons la nôtre: parcourons le vaste champ de notre révolution, déjà couvert de tant de ruines qu'il semble partout nous offrir les traces et les ravages du temps; ce champ de gloire et de douleur, où la mort a moissonné tant de victimes, où la liberté a remporté tant de victoires. Nous *avons consommé six siècles en six années. Que cette expérience coûteuse ne soit pas perdue pour vous.*[23]

Contrairement à ses symboles et représentations, la révolution n'est pas une fontaine de jouvence. Elle vieillit et fait vieillir. Le sentiment de vivre un temps qui use et ravage revient sans cesse dans le débat constitutionnel.

Tenir compte de ses propres expériences mais aussi de celles d'autres nations, cette volonté est aussi très manifeste. En 1789, on avait surtout insisté dans les débats sur *l'originalité absolue* du projet de société à inventer pour la France: une nation régénérée, repartant de zéro, a tout à imaginer et rien à imiter. Elle n'imitera pas l'Angleterre, peuple corrompu, dont les institutions sont marquées par les préjugés et par l'esprit aristocratique; elle n'imitera non plus les Etats de l'Amérique, pays neuf et libre certes, mais qui vit dans un environnement sauvage et non pas au centre de la vieille Europe. Par contre, dans les débats de l'an III, l'exemple des Etats-Unis est souvent évoqué; leur expérience constitue, notamment, l'argument majeur en faveur du bicaméralisme. Expérience positive d'autant plus appréciée qu'elle concordait avec les leçons à tirer des erreurs commises pendant la Révolution: une Assemblée unique, dotée des pouvoirs exorbitants, se laisse trop facilement dominer par des démagogues et apprentis tyrans, tel est l'enseignement, à n'oublier jamais, de la Terreur et de la dictature des "décemvirs." En se penchant sur le passé de la Révolution on relativise cette dernière par rapport à son temps et à l'histoire. Ainsi un débat s'engage sur la question de savoir si les vicissitudes de la République ne viennent pas du fait que les Français représentaient une nation trop corrompue et pas assez civilisée pour savoir vivre en démocratie.[24] Dernier point de comparaison à retenir: en 1789, la représentation de la rupture radicale avec le passé ainsi que la volonté de faire oeuvre entièrement neuve et originale, allaient de paire avec l'affirmation de la souveraineté illimitée de la Nation. Sa volonté n'étant en rien limitée quand elle statue sur elle-même, la nation peut et doit exercer son *pouvoir constituant* dans toute sa plénitude, sans aucune entrave. Certes, en l'an III la souveraineté de la nation ne cesse d'être reconnue comme fondement même de la république; on admet pourtant qu'elle doit être pensée comme nécessairement limitée. Le dogme de la souveraineté illimitée du peuple a servi à légitimer la Terreur, ses ravages, la tyrannie exercée au nom du "peuple debout" par une canaille ignare se réclamant de la démocratie directe. La sagesse et les leçons tirées du passé demandent donc d'imposer des termes institutionnels, légaux et moraux, à la souveraineté du peuple.

L'exemple de Sieyès est très révélateur de cette évolution des idées. L'auteur de *Qu'est-ce le Tiers-Etat?*, qui, en 89, démontrait le caractère illimité du pouvoir constituant incarnant la volonté générale de la Nation souveraine, n'hésitait pas, en l'an III, à combattre ce "dogme" dont ont tellement abusé les "fanatiques" et les "démagogues."

> Les pouvoirs illimités sont un monstre en politique, et une grande erreur de la part du peuple français . . . Lorsqu'une association politique se forme, on ne met point en commun tout le droit que chaque individu apporte dans la société, toute la puissance de la masse entière des individus . . . On ne met en commun sous le nom de pouvoir public ou politique que le moins possible, et seulement ce qui est nécessaire pour maintenir chacun dans ses droits et dans ses devoirs. Il s'en faut bien que cette portion de puissance ressemble aux idées exagérées dont on s'est plu à revêtir ce qu'on appelle la *souveraineté* et remarquez que c'est bien de la souveraineté du peuple que je parle, car s'il en est une, c'est celle-là.[25]

Le système représentatif limite donc la souveraineté populaire; il protége les libertés individuelles inaliénables contre les risques et les dangers de leur annulation par une volonté dite générale et, partant, contre un pouvoir illimité qui s'en réclamerait. Le systéme représentatif est basé sur le principe rationnel de division de travail qui, appliqué à la politique, exige à considérer celle-ci comme une activité spécialisée, confiée aux personnes éclairées et compétentes, disposant du temps et des moyens pour s'y consacrer. Ce n'est qu'ainsi que peut être dégagé l'intérêt commun et ce n'est qu'aux représentants, et non pas aux représentés, qu'il revient de formuler la volonté générale. La version spécifique du libéralisme français qui cherche à concilier l'inégalité de fait avec l'égalité de droit, la souveraineté du peuple avec le pouvoir exercé par les élites éclairées, s'élabore ainsi comme réaction à la Terreur. L'installation d'une *démocratie des capacités* répondrait ainsi, en termes constitutionnels, à une double préoccupation: verrouiller le système politique par un dispositif institutionnel qui empêcherait la révolution de prendre un nouveau départ; formuler un projet pour l'avenir qui rassemblerait tous les citoyens en reconnaissant leur égalité civile mais qui, dans le même temps, garantirait "le gouvernement de la Nation par les meilleurs." Autrement dit, comment à la fois terminer la Révolution et offrir un espoir, voire une utopie, pour l'après la Révolution?

Il ne nous appartient pas à analyser la Constitution de l'an III; il convient, par contre, dans la perspective qui est la nôtre d'insister sur deux promesses, autant d'espoirs, sur lesquels débouche l'invention d'un nouvel espace politique et institutionnel: l'ordre dans la stabilité et le progrès par l'instruction. Paradoxalement, après les années où le bouleversement permanent est devenu la règle, le rêve d'une *réalité autre*, en rupture avec les expériences récentes, est celui d'assurer à la vie collective des cadres stables et durables. La Convention finissante produit *l'utopie de l'ordre républicain* qui résisterait aux bouleversements grâce à ses mécanismes d'auto-conservation. Ce n'est pas un hasard que Sieyès, dans ses projets de l'an III, propose la création d'un "jury *conservateur*," d'une instance représentative chargée de veiller sur la permanence des institutions et d'empêcher tout leur changement précipité. La Constitution de l'an III n'a pas retenu la proposition de Sieyès mais on y retrouve la même préoccupation de conserver les institutions. La

procédure prévue pour toute éventuelle révision de la constitution en témoigne
bien: particulièrement lourde, elle imposait comme condition préalable de tout
changement, une proposition du Conseil des Anciens, réitérée trois fois, "faite à
trois époques éloignées l'une de l'autre de trois années au moins," ratifiée par le
Conseil des Cinq-Cents, etc. Toute ombre de recours à une forme quelconque de
démocratie directe est rigoureusement écartée; des précautions innombrables sont
prises pour protéger une assemblée de révision de la pression de la rue ou du
pouvoir exécutif.[26]

Rétrospectivement il est, bien entendu, très et même trop facile à démontrer
combien ces espoirs de stabilisation étaient illusoires et à quel point la Convention
thermidorienne s'est trompée dans ses projets institutionnels. Les deux bornes
qu'elle avait fixées: "ni tyrannie, ni anarchie," lui semblaient tracer une voie magi-
strale aux progrès de la République. En réalité, elles ne définissaient qu'une marge
de manoeuvre politique très étroite. La Constitution échafaudait des institutions
qui devaient se maintenir en équilibre par le jeu complexe de limitation réciproque
de leurs pouvoirs. Les historiens ont souvent reproché à ces mécanismes institutionnels leur trop grande complexité ce qui provoqua leur paralysie avec les conséquences que l'on connaît.

Cela dit, le phénomène politique fondamental se trouve ailleurs: malgré toute
cette sophistication institutionnelle et juridique c'était pourtant une *démocratie à
un stade assez rudimentaire de son élaboration historique.* Sur ce point, la Constitution de l'an III est particulièrement significative des limites de l'imagination
politique et sociale de toute la période révolutionnaire, et cela précisément en
raison de toutes les précautions accumulées. Elle pense l'espace politique, tout au
plus, en termes d'équilibre des pouvoirs et d'exercice de la souveraineté; elle n'arrive pas à le penser ni à l'imaginer comme *nécessairement divisé en tendances
politiques opposées, donc nécessairement conflictuel et contradictoire.* Dans ce
sens-là, la constitution de l'an III restait prisonnière de la mythologie révolutionnaire de la *Nation une* et de la vie politique comme l'expression de son unité. La
Convention thermidorienne n'admet pas le pluralisme politique même pas comme
un mal nécessaire; du coup, elle ne cherche même pas à inventer des mécanismes
de son fonctionnement. Les ajustements entre l'opinion publique nécessairement
variable d'une élection à l'autre et l'équipe au pouvoir, ce réglage se fera donc par
des coups d'Etat, avec la finale que l'on connaît.

Quelques observations seulement sur l'autre rêve, celui *du progrès civilisateur
par l'instruction.* Pour l'illustrer prenons l'exemple, à première vue paradoxal, de
l'adoption d'un cens culturel. Rappelons que la constitution prévoyait que "les
jeunes gens ne peuvent être inscrits sur le registre civique, s'ils ne prouvent qu'ils
savent lire et écrire, et exercer une profession mécanique . . . Cet article n'aura
exécution qu'à compter de l'an XII de la République."[27] On a trop souvent inter-
preté cet article comme tout simplement corollaire à l'abandon du suffrage universel; rappelons que, selon la constitution, seuls sont citoyens, ceux qui paient une
contribution directe. On y voyait également l'intention d'éliminer du "peuple souverain" les groupes sociaux les plus défavorisés et, partant, la confirmation du
caractère "bourgeois" de la constitution. Les problèmes sont pourtant infiniment
plus complexes que ces clichés. Tout ce train de mesures est très révélateur à la
fois des peurs et des espoirs qui travaillent l'imaginaire et la pensée politique des

élites républicaines de l'époque. Certes, la volonté de sortir de la Terreur ainsi que les nouveaux choix politiques imposaient nécessairement la redéfinition des alliances sociales. Dans ce sens-là, les "thermidoriens" se tournent, tout naturellement vers les "propriétaires," les groupes sociaux plus aisés, les acheteurs des biens nationaux (leur acquisition est d'ailleurs garantie par la constitution) et, surtout, vers les notables; stratégie sociale qui allait de pair avec la volonté de raviver les manufactures et le commerce ruinés par la Terreur. Mais aussi, voire surtout, retour aux origines, aux idées et principes des Lumières, repensés et ajustés en fonction des expériences révolutionnaires. D'où le modèle de "démocratie des capacités," d'une république gouvernée par "les meilleurs."

> Nous devons être gouvernés par les meilleurs; les meilleurs sont les plus instruits et les plus intéressés au maintien des lois; or, à bien peu d'exceptions près, vous ne trouverez de pareils hommes que parmi ceux qui, possédant une propriété, sont attachés au pays qui la contient, aux lois qui la protègent, à la tranquillité qui la conserve, et qui doivent à cette propriété et à l'aisance qu'elle donne l'éducation qui les a rendus propres à discuter avec sagacité et justesse les avantages et les inconvénients des lois qui fixent le sort de leur patrie. L'homme sans propriété, au contraire, a besoin d'un effort constant de vertu pour s'intéresser à l'ordre qui ne lui conserve rien, et pour s'opposer aux mouvements qui lui donnent qulques espérances. Il lui faut supposer des combinaisons bien fines et bien profondes pour qu'il préfère le bien réel au bien apparent, l'intérêt de l'avenir à celui du jour.[28]

Choix social incontestable aux conséquences politiques pourtant fort limitées. Il convient de relever, en effet, que le rétablissement du régime censitaire n'a pas suscité d'opposition notable; il a été accepté à la quasi-unanimité par la Convention ainsi que par les assemblées primaires malgré le fait que selon ce régime il ne devait y avoir que 6 millions d'électeurs sur environ sept millions et demi de Français en état de vote. Pour comprendre cette absense d'intérêt il ne faut pas oublier que tout au long de la Révolution, quelle que soit le régime électoral, universel ou censitaire, persiste une énorme masse d'abstentions, allant jusqu'à 90%. Cet abstentionnisme de masse ne fait que confirmer la carcatéristique générale de la culture politique révolutionnaire que nous avons déjà évoquée: l'apprentissage de la démocratie est lent et difficile; il se fait dans la situation spécifique où un *espace politique moderne* est installé dans un *environnement culturel et mental largement traditionnel.*

Le projet d'installer un *régime censitaire culturel* démontre l'incidence des raisons et des choix spécifiquement culturels sur le rétablissement du régime censitaire. D'une part, ce projet respire encore la peur de voir revenir au pouvoir la "canaille," les "vandales," ces gens ignares qui voulaient gouverner en ne sachant ni lire ni écrire. Ce n'est que par l'instruction, en faisant de l'acquisition d'un minimum de culture la condition préalable à la jouissance des droits civiques, que la République peut protéger le peuple contre lui-même, contre tout retour possible au "vandalisme." D'autre part, ce même projet prolonge un autre espoir et lui donne corps. Les Lumières et la Révolution se répondent nécessairement; les épreuves par lesquelles est passée la Nation ne resteront pas inutiles. Au bout de son chemin, la France sera un pays d'hommes éclairés autant que de citoyens, ou, si l'on veut, autant de citoyens *car* hommes éclairés. Les Lumières étaient à l'origine de la Révolution, c'est aux Lumières qu'il revient de la terminer. Du coup, le pouvoir s'accordait une mission pédagogique à accomplir, celle d'aider efficacement les arts, l'instruction et, tout particulièrement, la formation de nouvelles élites. La Constitution de l'an III fut complétée par le décret sur l'organisation de l'instruction publique, un des derniers actes de la Convention. Daunou, dans son rapport, résume le mieux peut-être les rêves et les symboles pédagogiques thermidoriens: une République éclairée qui retourne aux sources mêmes de la Révolution, et les Lumières victorieuses qui mettent définitivement fin à l'épreuve révolutionnaire:

> Les lettres ont suivi, depuis trois années, la destinée de la Convention nationale. Elles ont gémi avec nous sous la tyrannie de Robespierre; elles montaient sur les échafauds avec vos collègues; et dans ce temps de calamités, le patriotisme et les sciences, confondant leurs regrets et leurs larmes, redemandaient aux mêmes tombeaux des victimes également chères. Après le 9 thermidor, en reprenant le pouvoir et la liberté, vous en avez consacré le premier usage à la consolation, à l'encouragement des arts ... Représentants du peuple, après tant de secousses violentes tant de soupçons inquiets, tant de guerres nécessaires, tant de défiances vertueuses; après cinq années si pleines de tourments, d'efforts et de sacrifices, de la bienveillance, du rapprochement, de la réunion, du repos dans le sein des passions douces et des sentiments paisibles. Or, qui mieux que l'instruction publique exercera ce ministère de réconciliation générale? Oui, c'est aux lettres qu'il est reservé de finir la révolution qu'elles ont commencée, d'éteindre tous les dissentiments, de rétablir la concorde entre tous ceux qui les cultivent; et l'on ne peut se dissimuler qu'en France, au dix-huitième siècle, et sous l'empire des lumières, la paix entre les hommes éclairés ne soit le signal de la paix du monde."[28]

C'était à la fois un appel et une promesse: la Révolution et la République étaient ainsi réunis dans un même imaginaire comme deux figures symboliques aussi complémentaires qu'opposées. Du coup, l'Etat républicain se vit durablement investi d'une mission éducative qui reproduit et incarne l'opposition entre un *pouvoir civilisateur et un peuple à civiliser.* Opposition héritée des Lumières, certes, mais réactivée et ajustée afin de tirer de la Révolution, et tout particulièrement de la Terreur, les conséquences qui s'imposaient à la fois pour le pouvoir et pour le peuple. Pas de pouvoir légitime sans la souveraineté qui réside dans l'universalité des citoyens, mais pas de citoyens sans un Etat qui leur ouvre l'accès à la fois aux Lumières et à la politique et qui, le cas échéant, saurait protéger le peuple contre le réveil de ses propres démons.[29]

Nous pouvons reprendre notre interrogation initiale sur Thermidor, "événement matriciel," et essayer d'esquisser une réponse. Si pour les mythologies révolutionnaires du XIXème et du XXème siècles Thermidor est devenu une telle figure "matricielle," si toute révolution est hantée par le spectre de "son" Thermidor, ce n'est pas parce que la Révolution aurait été trahie, assassinée, brisée, etc le 9 thermidor an II. Le débat qui cherche à établir qui étaient les "vrais" fossoyeurs de la Révolution: les girondins ou les dantonistes, les jacobins ou les thermidoriens, les Directeurs corrompus ou le Premier consul, etc., est aussi interminable que stérile; il participe lui-même au mythe révolutionnaire et ne fait que le reproduire. Comme tout mythe, celui de la *Révolution assassinée* à la fois occulte et livre sa propre vérité. Celle-ci consiste dans la représentation même qu'il véhicule: la Révolution a été étranglée, trahie, tuée, etc *toute jeune,* avant qu'elle eût le temps de tenir ses promesses. Autrement dit, c'est une des versions du *mythe de l'éternelle jeunesse de la Révolution.* Or, le moment thermidorien compromet et détruit cette imagerie. Dans le discours thermidorien revient sans cesse la métaphore qui traduit la fatigue, l'usure de la mythologie révolutionnaire par le temps: chaque année de la

Révolution compte pour un siècle. Qu'est-ce qui a plus fait vieillir la Révolution, les 16 mois de la Terreur ou le 15 mois de la période thermidorienne? les noyades de Nantes ou la vérité sur ces massacres étalée en plein jour pendant le procès de Carrier? les réquisitoires de Fouquier-Tinville pendant la Terreur ou sa défense pendant son procès où il rejettait toute la responsabilité sur la Convention? La Terreur produisait et refoulait en même temps la vérité sur elle-même ainsi que son propre imaginaire noir; en Thermidor, tous les deux remontent en force à la surface. Le moment thermidorien se distingue par la mise en évidence de la fatigue et du vieillissement de la Révolution. C'est le moment où elle doit assumer le poids de son passé, avouer qu'elle ne tiendra pas toutes ses promesses initiales. C'est surtout le moment où ses acteurs proclament qu'ils ne veulent plus ni recommencer son histoire ni refaire son expérience.

Les révolutions vieillissent relativement vite. Elles vieillissent mal, ne serait-ce que pour cette raison qu'elle ne s'acceptent et ne sont pas acceptées, qu'au travers de leur symbolisme, celui d'un nouveau départ de l'Histoire, d'une rupture radicale dans le temps, d'une oeuvre à peine commencée, bref, d'une jeunesse qui dure sans cesse. La Révolution française n'a pas, certainement, plus mal vieillie que toutes celles qui lui ont succédé et s'en sont inspirées. Aucune pourtant n'a voulu se reconnaitre dans Thermidor et à juste titre: à l'instar d'un miroir magique, le moment thermidorien renvoyait à chaque révolution naissante l'image de l'usure et de la décrépitude qui la guettent.

Notes

1. Cf. les ouvrages classiques: F. Brunot, *Histoire de la langue française* (Paris, 1967) 9:837 et seq.; M. Frey, *Les transformations du vocabulaire français à l'époque de la Révolution* (Paris, 1925), pp. 215 et seq.
2. Cf. I. Woloch, *Jacobin Legacy. The Democratic Movement under the Directory*, (Princeton, 1970); F. Brunel, "Sur l'historiographie de la réaction thermidorienne," *Annales historiques de la Révolution française* 1979, pp. 455–477.
3. Cf. Arch. nat. C 314, C 315, C 316; les adresses affluent à la Convention jusqu'à la fin fructidor. Gabriel Monod a le premier attiré l'attention sur l'intérêt présenté par ces documents: G. Monod, "Adresses envoyées à la Convention après le 9 thermidor," *Revue historique* 33, p. 121 et seq.
4. J'ai analysé plus largement les ambiguïtés de la journée du 9 thermidor dans l'essai "Robespierre-roi où comment sortir de la Terreur" *Le Débat* n° 39, mars-mai 1986.
5. Tallien, discours du 11 fructidor an II (*Réimpression de l'Ancien Moniteur*, 21: 612–615).
6. Ce débat remonte d'ailleurs à l'époque thermidorienne et nous nous promettons d'y revenir au cours de notre prochain colloque.
7. Cf. les observations stimulantes de Brunel, *art. cit.*, sur la voie jacobine et les raisons de son échec.
8. Cf. le texte du rapport dans *Réimpression de l'Ancien Moniteur*, 23:19–27.
9. Cf. E. Quinet, *La Révolution*, ed. C. Lefort, (Paris, 1987), p. 604. Dans un essai lumineux, Mona Ozouf a analysé cet "oubli" qui ne se laisse pas décréter et dont le travail contradictoire traverse l'histoire de la Convention thermidorienne. Cf. "Thermidor ou le travail de l'oubli" in M. Ozouf, *L'école de la France* (Paris, 1984).
10. *Moniteur*, 22:201–2, adresse du 18 vendémaire: : *La Convention nationale au peuple français*. Le revirement à travers lequel s'affirme la politique de revanche s'explique par les effets conjugués de plusieurs événements que nous ne pouvons que signaler: l'émeute jacobine à Marseille, le 5 vendémiaire an III, étouffée dans l'oeuf par les représentants en mission, mais qui a provoqué les plus vives inquiétudes à Paris et une vague de rumeurs sur des "mouvements" préparés dans d'autres villes; un nouveau rapport des forces au sein du gouvernement: le 15 vendémiaire, Lindet et Carnot sortirent à l'ancienneté du Comité de salut public, et, du coup, à l'élaboration de l'adresse a été associé le Comité de législation, partisan prononcé d'une politique de revanche; offensive contre les Jacobins et les sociétés populaires à la Convention; remous après le procès de quatre-vingt-quatorze Nantais et préparation du procès du Comité révolutionnaire de Nantes, impliquant

Carrier. Il serait difficile de surestimer l'incidence de ce procès sur la désagrégation de l'imaginaire révolutionnaire issu de l'an II, le déclin et la fin des Jacobins, la répression accrue contre le personnel politique de la Terreur, etc. Une telle analyse dépasserait pourtant largement le cadre de ce travail.

11. Cf., par exemple, les articles 26, 76, 91. J. Godechot, *Les constitutions de la France depuis 1789* (Paris, 1979). Sur l'élaboration de la Constitution de 1793, son vote et le problème de son application possible, cf. J. Godechot, *Les institutions de la France sous la Révolution et l'Empire* (Paris, 1968).

12. *Moniteur*, vol. 22, séance du 24 brumaire an III. Sur ce débat et "l'impossible république constitutionnelle," cf. F. Diaz, *Dal movimento dei lumi al movimento dei popoli* (Bologna, 1986), pp. 618 et seq.

13. Cf. l'intervention de Sieyès, dans la séance du 18 ventôse an III, *Moniteur*, 23:640. Boissy d'Anglas dans son *Discours préliminaire au projet de constitution pour la République française du 5 messidor an III* (Paris, an III), sur lequel nous aurons à revenir, reprend l'argumentation de Sieyès pour démontrer la nullité de la Constitution de 1793 "méditée par des intrigants, dictée par la tyrannie et acceptée par la terreur . . . Jetons dans un éternel oubli cet ouvrage de nos oppresseurs, qu'il ne serve plus de prétexte aux factieux. La France entière, en avouant qu'elle a été tyrannisée, a suffisamment frappé de nullité cette acceptation prétendue qu'on allègue aujord'hui, et l'adhésion de tous les Français à la proscription de nos tyrans condamne au mépris leur système, leurs plans et leurs odieuses lois." A la nullité des délibérations de la Convention s'ajoute ainsi la nullité du référendum lui-même; démanteler le "système de la Terreur," c'est donc reprendre la tâche originelle de la Convention, élaborer et mettre en oeuvre une constitution et, du coup, terminer la révolution.

14. *Moniteur*, 24:31–2. Dans le même temps, pour faire face à l'agitation grandissante dans les sections, la Convention vota, sur le rapport de Sieyès, *La loi de grande police pour assurer la garantie de la sûreté générale, du gouvernement républicain et de la représentation nationale*, accordant des pouvoirs accrus aux Comités contre le "attroupements séditieux."

15. Cette "journée" *fait partie* de l'expérience et de la dynamique politiques de la période thermidorienne, elle ne se résume pas pourtant en ses conséquences proprement politiques. En effet, elle présente un exemple particulièrement remarquable d'*enchevêtrement inextricable de l'archaïque et du moderne*, phénomène plus général, propre aux mentalités et à la culture politique révolutionnaires. Il en est ainsi du contexte socio-culturel dans lequel s'inscrivent les "journées" de prairial. Comme on le sait, à leurs origines se trouve une crise économique, elle-même à double face. D'une part, c'est une crise de subsistance "classique," propre à l'économie de l'Ancien régime (dûe, notamment, à un hiver particulièrement rigoureux). D'autre part, elle est déclenchée par la dépréciation des assignats et la suppression du *maximum* (le pouvoir voyait dans l'application d'un libéralisme doctrinaire le seul moyen de faire ranimer l'économie). La flambée des prix et la pénurie découlaient ainsi de l'action conjuguée de ces deux facteurs. Du coup, dans les queues devant les boulangeries commence à circuler une *nouvelle* version de l'*ancienne* rumeur de "complot de famine": cette fois-ci ce n'est pas le pouvoir royal mais la Convention qui est accusée de cacher le blé pour affamer le peuple et notamment frapper sa substance vitale, les enfants. Les femmes, souvent avec les enfants, étaient d'ailleurs très nombreuse dans la foule qui a envahi la Convention le 1 prairial, présence qui constitue un trait caractéristique des révoltes et des violences traditionnelles. Le plan de l'émeute, les trajets des sections, les mots d'ordre, les révendications, etc ont été préparés probablement par les militants sans-culottes emprisonnés (notamment par les détenus du Plessis, selon l'affirmation de Buonarotti) et la minutie de ces dispositions traduit toute une expérience, politique et technique, accumulée par un personnel entrainé et rodé par sa participation aux "journées" antérieures. Le slogan *Du pain et la constitution de 1793!* traduit un projet qui s'inscrit dans la logique politique de l'affrontement sur le démantelement de la Terreur que nous avons évoquée. Cependant, une fois la salle de la Convention envahie, la foule échappe à cette logique; elle se donne à elle-même en spectacle en exerçant sa violence déchaînée. La tête de Ferraud, tranchée et ensuite empalée sur une pique, promenée de main en main dans la salle, plantée enfin, sous des rires et applaudissements, devant Boissy d'Anglas, président de la séance, autant d'images bien connues qui évoquent et reprennent tout un rituel traditionnel de la violence collective. La foule semble se comporter sur un mode presque carnavalesque: elle déloge les députés, les injurie, s'empare de leurs places, parodie leurs comportements lors des débats et les tourne en dérision. Mais du coup, la "journée révolutionnaire" préméditée est à la fois débordée et vidée de sa substance politique; la foule l'intègre dans son propre rituel de révolte, la réduit à un simple fragment d'un "monde en envers" que son comportement met en représentation. Cette foule affamée qui consomme sa volonté d'agir dans les actes de violence gratuite se laisse assez facilement dissiper, sous l'effet de quelques promesses, par des forces fidèles au gouvernement. Son comportement a mis en évidence la fragilité ainsi que le caractère conjoncturel et limité du phénomène sans-culotte: celui-ci se voit de plus en plus réduit à l'ancien personnel politique de la Terreur, traqué

partout, essayant d'échapper à la "revanche légale," répression aussi brutale que systématique. Le comportement de la foule a laissé une trace pénible et durable dans la mémoire collective ("Le peuple parut plus effrayant qu'à aucune autre époque de la Révolution. Il fit peur à ses amis. Ce moment [l'épisode avec la tête coupée de Feraud] fut le plus atroce," E. Quinet, *La Révolution*, pp. 613–615) Ces quelques observations sur les journées de prairial demanderaient, certes, de plus larges développements; elles se proposent, tout au plus, de relancer le débat. Comme on le sait, les interprétations des journées de germinal et de prairial divergent; certains travaux mettent l'accent surtout sur leurs caractéristiques sociales, celles d'un mouvement plébéien et sans-culotte; d'autres insistent sur le contexte et les conséquences politiques de ces "journées." Ne présenteraient-elles pas pourtant et surtout des "journées révolutionnaires" en quelque sorte "à l'envers," annonçant le déclin, voire la fin, de l'imagerie, héroïque et militante, de l'an II, celle du "peuple debout," et partant du modèle de démocratie directe dont cette figure était le symbole? Sur la crise de printemps an III cf. R. Cobb, G. Rudé, "Le dernier mouvement populaire de la Révolution française: les journées de germinal et prairial an III," *Revue historique* 1955, pp. 250–288; K.D. Tonnessön, *La défaite des sans-culottes: mouvement populaire et réaction bourgeoise de l'an III* (Oslo-Paris, 1959). Sur les conséquences politiques de la crise, cf. Diaz, *op. cit.*, pp. 626 et seq.

15. Jean Starobinski nous promet d'en faire l'histoire. On trouve quelques renseignements de base dans Brunot, *op. cit.*, p. 843; Frey, *op. cit.*, p. 103 et seq.

16. J.J. Rousseau, "Considérations sur le gouvernement de Pologne," *Oeuvres complètes* (éd. de la Pléiade), 3:1018.

17. La Société des amis de la Liberté et de l'Egalité séante aux Jacobins de Paris à toutes les sociétés populaires de la République, le 18 thermidor, an II in F.A. Aulard, *La Société des Jacobins* (Paris, 1897), 6:323–5. Dans la suite, l'adresse insiste pourtant sur les risques de cette *réaction*, "noble et naturelle" qu'elle soit: "il faut arrêter cette révolution là où la malveillance voudrait s'en saisir comme d'une arme contre la liberté publique . . . Ce n'est point pour eux [les ennemis de la liberté] que la Convention a opéré cette *étonnante révolution*." Six semaines plus tard, le terme *réaction* revient mais cette fois-ci il évoque un contexte inquiétant et il est accompagné de l'adjectif *cruelle*. Ainsi, les Jacobins dressent un bilan positif de la reprise de leurs activités après la "chute du tyran," de l'épuration de leurs membres, de la réparation des abus qui "se sont glissés au milieu des efforts du patriotisme dans la marche révolutionnaire"; mais ils constatent que "cependant une *réaction cruelle s'est fait sentir"*; de tous les points de la République des Sociétés affiliées signalent: "l'aristocratie et le fédéralisme relevant la tête, l'élargissement d'hommes regardés jusqu'alors comme suspects, leur mouvement pour se venger des patriotes." *Rapport fait à la Société des Jacobins par son Comité de correspondance,* 5 vendémiaire, an III (Aulard, *op. cit.*, 6:517–8).

18. Chénier avance même une date à partir de laquelle la *réaction* a perverti la "mémorable époque thermidorienne": six mois après le 9 thermidor, donc en hiver an III. Le discours de Chénier mériterait, certes, un commentaire plus ample qui insisterait, notamment, sur sa part de démagogie ainsi que sur son caractère apologétique. L'étalement des horreurs accomplies par les "réacteurs" dans le Midi, notamment pendant le massacre au Fort St. Jean, à Marseille, vise à compromettre l'émeute du 13 vendémiaire et ses auteurs; Chénier ne souffle mot de la part des responsabilités qui revenait à la Convention elle-même qui avait pourtant *toléré* les massacres (en réagissant, tout au plus, assez mollement, comme l'avait fait Chénier lui-même dans son rapport du 6 messidor sur les massacres à Lyon, dans lequel il n'utilise pas d'ailleurs le terme *réaction*.) Chénier trouve des notes pathétiques pour exalter l'oeuvre de la Convention et le destin de conventionnels: "Un jour, quand les années auront mûri la République, les membres de cette Convention calomniée, attaquée, assassinée par toutes les factions, resteront debout comme ces chênes épars dans une forêt dépeuplée où l'on a porté l'incendie." Cette évocation aurait été encore plus éloquente si elle ne justifiait pas le décret de deux-tiers . . .

19. Cf. Mailhe, *Rapport du 8 germinal an IV, au Conseil des Cinq-cents, sur les sociétés populaires, in Moniteur,* 28:89.

20. Benjamin Constant, *Des réactions politiques* (an V) in B. Constant, *Ecrits et discours politiques,* O. Pozzo di Borgo (Paris, 1964), vol. 1.

21. Sur la répression du personnel politique de la Terreur par le pouvoir thermidorien cf. l'ouvrage fondamental de R. Cobb, *The Police and the People* (Oxford, 1970). Cobb observe d'ailleurs que la répression contre les "terroristes" jouissait d'un assez large soutien de toute une partie de la population qui prenait leur revanche sur ceux qui avaient dominé leur bourg pendant la Terreur. D'autre part, à Lyon où les massacres étaient l'oeuvre de petites bandes organisées, sorte de commandos, le lynchage jouissait parfois d'une réelle adhésion populaire: l'assistance atteignait jusqu'à 40,0000 personnes manifestant leur approbation au "châtiment" des "mathevons." Cf. R. Fuoc, La réaction thermidorienne à Lyon (Lyon, 1957).

22. Cf. B. Baczko, *Les imaginaires sociaux. Mémoires et espoirs collectifs* (Paris, 1984), pp. 34 et seq.

23. Boissy d'Anglas, *Discours préliminaire au projet de constitution pour la République française . . .* (*Moniteur,* 25:81 et seq).

24. La polémique sur la Terreur entre Lezay-Marnésia (*Des causes de la Révolution et de ses résultats*) et Benjamin Constant (*Des effets de la Terreur*) est particulièrement révélatrice de la réflexion thermidorienne sur l'histoire de la Révolution. Cf. la remarquable étude de F. Furet, "Une polémique thermidorienne sur la Terreur: autour de Benjamin Constant," *Passé Présent* n° 2, 1983.

25. Sieyès, *Discours du 2 thermidor an III* in P. Bastid, *Les discours de Sieyès dans les débats constitutionnels de l'an III* (Paris, 1939), pp. 17–18, 32 et seq. J'ai analysé plus largement le débat constitutionnel de quatre-vingt-neuf dans ma communication au colloque de Chicago.

26. Cf. Le titre XIII in J. Godechot, *Les constitutions . . .,* pp. 138–139. Le contraste est frappant avec le projet de Condorcet qui voulait assurer la *révision périodique de la constitution* et cela par voie de référendum, afin que la "volonté générale" d'une génération n'entrave en rien celle de la génération suivante. Exemple frappant, qui mériterait un long commentaire, de l'incidence de l'expérience de la Terreur sur l'évolution du libéralisme français.

27. *Ibid.,* titre II, art. 16, p. 105.

28. Boissy d'Anglas, opt. cit., p. 92.

29. Daunou, *Rapport sur l'instruction publique du 23 vendémiaire an IV, in B. Baczko, Une éducation pour la démocratie* (Paris, 1982), p. 504 et seq. Le jeune Constant conclut ses réflexions sur les "réactions politiques" par une profession de foi dans le progrès qui assurera le triomphe du "système des principes" sur les "convulsions du moment." "L'harmonie dans l'ensemble, la fixité dans les détails, une théorie lumineuse, une pratique préservatrice, tels sont les caractères du système des principes. Il est la réunion du bonheur public et particulier . . . Il appartient aux siècles, et les convulsions du moment ne peuvent rien contre lui. En lui résistant on peut sans doute causer encore des secousses désastreuses. Mais depuis que l'esprit de l'homme marche en avant et que l'imprimerie enregistre ses progrès, il n'est plus d'invasion de barbares, plus de coalition d'oppresseur, plus d'evocation de préjugés, qui puissent le faire rétrograder." *op. cit.,* pp. 84–85.

CHAPTER 19

"Republican Institutions,"
1797–1799

ISSER WOLOCH

It was self-evident to its architects in 1795 that the Directorial Republic must steer a course between the extremes of royalist reaction and Jacobin anarchy. After the elections of 1797, however, the Republic arguably began to drift piecemeal toward a restoration of some kind. The coup d'état of 18 Fructidor precluded that possibility. It also defined more decisively the boundaries of the hypothetical center on which the directorials hoped to stand: émigrés and refractory priests would not be permitted to return; deputies, local officials, and journalists deemed to be enemies of the republican settlement would not be tolerated. After establishing a new degree of political and administrative control from above, what then? Beyond the removal from office of presumed opponents and the deportation of subversives, what would be the content of this invigorated republicanism? To what positive ends would this new political will be addressed?

In theory electoral politics was a distinguishing feature of republicanism. Would citizens now be permitted to participate freely in politics by joining political clubs, publishing newspapers, and voting in the primary assemblies? The directorials clearly found the constitutional mandate for the partial renewal of legislative deputies and local officials to be a burden. Annual elections caused too much commotion and were too unpredictable. Amidst the massive apathy that was the regime's veritable problem, politics seemed to favor activist minorities with pronounced views rather than ostensibly disinterested citizens—i.e., those who followed the government's lead. Faced with a resurgence of Neo-Jacobinism in 1798 that it could not master through open competition, the Directory resorted to selective acts of intimidation and repression. Overreacting to the limited success of the Neo-Jacobins in certain departments, it then initiated a post-election purge, turning the tactics of Fructidor upon those who had been most elated and encouraged by that coup. As one directorial newspaper put it, referring to the government's final electoral proclamation that year: "Le Directoire exécutif par un arrêté vigoureux annonce qu'il tiendra en bride les deux partis. Qu'il n'y ait plus de partis, que le Directoire gouverne et que les Conseils fassent les lois."[1] The government was prepared to rein in organized opposition again and again if necessary.

371

Republicanism, then, did not necessarily mean free electoral activity or vigorous local political life. A serious if inefficient parliamentary system did indeed survive these amputations. But—though they remained possible until Brumaire—independent political mobilization and local organization were severely circumscribed. As another newspaper commented during the elections of 1799, the "ennemis de la tranquilité" who had won in some local voting would not prevail for long: "Le Directoire exécutif, qui n'aime pas plus les royalistes que les anarchistes, saura y mettre ordre."[2] The Directory would always be watching, and when all else failed could simply annul electoral results that it could not abide.

While this evisceration of political life at the grass roots was occurring, however, governmental discourse resounded with talk about *institutions républicaines*. In the monthly reports of the Directory's commissioners to the departments and cantons, "republican institutions" was often the premier rubric, taking up more space and accounting for more energy than most other political, administrative, or economic concerns. Debates in the Legislature and proceedings of departmental administrations likewise suggest that the regime was mounting a serious crusade to implant "republican institutions" in post-Fructidor France.

What exactly was meant by "republican institutions"? Aside from two interesting but minor elements of this campaign—to promote wearing of the *cocarde nationale* and use of the term "Citoyen" in place of "Monsieur" and "Madame"[3]—"republican institutions" referred to two matters. Appropriately, the first component was *instruction publique*—republican primary schooling. This subject deserves a careful consideration which is not possible to give here. But it is easy enough to conclude that little was accomplished. True, the regime was now less tolerant of the constitutionally-protected private sector. Catholic-oriented schools were scrutinized more closely, obliged to conform to new civic guidelines, and occasionally closed down by zealous officials when they did not. Such negative achievement, however, was not matched by any positive advance in public primary education. Public schools (something of a misnomer) were in fact paid for by makeshift arrangements of local subsidies and tuition payments. The regime established few new elementary schools of republican coloration, induced few new families to use the existing schools, and did nothing to improve the status or security of the teachers. Primary education was certainly the right issue, but the Republic's strategy was empty.[4]

The model for a potentially effective policy, it should be emphatically noted, *was* available. The Lakanal Law of November 1794 (a Jacobin law in spirit if not in date) provided that in every commune above 1,000 population the Republic would establish a primary school for boys and girls, employing *instituteurs* and *institutrices* in proportion to the population, paid respectively 1,200 and 1,000 livres by the state. Neither local taxpayers nor parents would be obliged to pay for primary schooling directly. The teachers would be recruited, examined, and appointed by *juris d'instruction* in each district.[5]

It is true that months before the Lakanal Law was scrapped—along with the Constitution of 1793 which had proclaimed the right to free primary education—it encountered mortal difficulties. The runaway inflation that began shortly after its passage rendered what would have been an acceptable salary virtually worthless. The whole plan soon became untenable. And even under the best of circumstances it would have been impossible to find a full complement of apt teachers, especially of *institutrices*. Yet there is evidence that a considerable number of potential teachers were initially attracted by a situation where their livelihood would not depend on the vagaries of enrollment or of parental generosity. A modest but stable salary would doubtless have worked as an inducement for future recruits. Another difficulty that immediately arose actually suggests the appeal of the basic concept. Small villages lobbied vigorously for schools of their own, on the argument that topography made it difficult and dangerous for their children to travel to neighboring communes that happened to have the requisite population. The documentation on this matter (which I hope to deal with in another place) shows a substantial desire for *instruction publique* at the grass roots as long as it was free and accessible.

Proposals to reinvigorate *instruction publique* proliferated on the legislature's agenda in 1798–99 but none were enacted. The Directory's campaign for *instruction publique*, therefore, amounted to little more than the harassment of *écoles privées*, a hollow shell of rhetoric, and vain exertions by local officials.

II

While *instruction publique* was a logical if ill-fated component of the Directory's campaign for *institutions républicaines*, the second one might come as a surprise. For "republican institutions" after 1797 seems to have meant above all imposing the republican calendar on the French people. Nominally in force since its introduction in 1793, the *annuaire républicain* by the Year IV seemed little more than an administrative oddity whose nomenclature was used in official documents and correspondence. Instead of accepting this equivocal state of affairs, the government decided to compel citizens to discard the traditional calendar and organize their daily lives around the ten-day week.[6] Under "republican institutions," the departmental administration of Lot et Garonne told citizens of the department,

Le citoyen français est libre de suivre, dans l'exercice de son culte, tels usages qu'il croira convenables, en se conformant aux lois. Mais sa conduite civile, mais la poursuite de ses affaires, mais le choix de ses plaisirs doivent être réglés désormais sur un calendrier qui n'appartienne à aucune religion; car autrement il cesserait d'être libre dans le choix même d'une religion . . . Pensez-vous qu'il importe à votre religion que vos foires, vos marchés, vos danses, vos plaisirs soient déterminés par vos prêtres, plutôt que par vos magistrats?[7]

This campaign unfolded in an executive decree and three parliamentary laws between April and September 1798, and comprised five features.[8]

(1) The republican calendar was to be used exclusively not only on all official documents but on private contracts and notarized acts as well as in published matter such as *affiches*, newspapers, and almanacs.[9] While a document referring to a date in the past might do so in Gregorian nomenclature, any future date must be noted solely in republican form. Nor could newspapers any longer bracket a reference to the date *vieux style* alongside the republican date.

(2) Local markets and regional fairs were to be rescheduled by the cantonal administrations and departments respectively so as to occur on a ten-day rather than seven-day cycle. Sunday would be treated like any other day on the new schedule; a local market would fall on a *ci-devant dimanche* from time to time, as

it had not in the past. Conversely markets and fairs were not to be held on the *décadi*.

(3) Organized recreation was to be scheduled on a ten-day cycle as well. Balls, spectacles, plays, dances and the like could no longer be held on Sundays, except when the scheduled day of the ten-day cycle fell on a *ci-devant dimanche*. Thus, Sunday was to be an ordinary weekday on which a local market might occur, while the traditional coupling of Sunday with organized recreation was to be severed.

(4) The *décadi* was to be the official and obligatory day of rest, along with the second half of each *quintidi*. *Repos décadaire*—initially demanded of public officials and employees—was extended to the citizenry in general. No work could take place in public view in either town or country. "Boutiques, magasins et ateliers" had to be closed on the *décadi*. Public and private schools alike were to shut down on the *décadi* and *quintidi*, but only on those days; a school that did not hold sessions on the *ci-devant dimanche* could be closed permanently.

(5) The civic focal point of the *décadi* was to be a *fête décadaire* in each town and cantonal *chef-lieu*. Public officials, and schoolmasters and their flocks were enjoined to attend. Officials were to read new laws and decrees to the citizens and announce local births and deaths. Another feature made it hard for people so inclined to ignore these occasions completely: the obligatory civil marriage rite (heretofore performed by the *agent municipal* in each commune) was to be administered exclusively by the cantonal president during the *fête décadaire*. Ideally, these fêtes would feature uplifting orations, music, and symbolism to entertain and edify the audience.

Long ago Albert Mathiez explored what he somewhat confusingly called the *culte décadaire* of the Directory, with particular emphasis on the *fêtes décadaires*. He did not consider this a civil religion. Unlike the private cult of theophilanthropy, which arose at that time, the *fêtes décadaires* were to be entirely civic rather than spiritual—basically "adult schools of republicanism." A great partisan of the Revolution, Mathiez had the demoralizing task of describing the rare successes and widespread failure of the republican *fêtes*. He concluded that the Directory had erred in putting its commitment into the *culte décadaire* while allowing theophilanthropy to wither on the vine. Rather than fostering a long-term competition of rival spiritual systems, the government instead opted for an indirect but highly confrontational and fruitless struggle with Catholicism.[10]

Recently Mona Ozouf has examined the mind of the Directory's commissioners as they attempted to explain popular resistance to the republican calendar. She thoughtfully dissects their tendentious hypotheses, self-deceptions, and occasional insights, which often involved an image of a benighted, alien countryside reminiscent of metropolitan descriptions of the hinterland in the mid-nineteenth century evoked by Eugen Weber. The underlying issue in her paper is the concept of time—not so much the seven-day versus the ten-day cycle, but time before the Revolution and since: an old time to be eclipsed, a present time of struggle, a future time of promise. The most comforting observation a commissioner could make about resistance to the republican calendar was that popular insistence on doing things the accustomed way was simply vestigial and would gradually wane, thus leaving intact the belief that the Revolution had effectively broken with the past. That it was a reasoned choice could scarcely be admitted, except as a sign of opposition to the regime or, worse, to the Revolution itself. "Mieux vaut donc traiter le passé non comme l'historique mais comme l'intemporel et adresser à Paris des rapports où se lit, non pas l'histoire des administrés, mais leur ethnologie."[11]

On the level of the official *mentalité* this is a most revealing analysis. But one must also see these reports and related material as the more mundane records of governmental action on the most prominent feature in the political culture of directorial republicanism. These officials had to find what leverage they could to make the policy work, or report their inability to do so. In the process they conveyed a great deal of information about their constituents which Paris ignored at its peril. The following discussion therefore complements the perspectives of Mathiez and Ozouf, focusing on the implementation of policy and its implications.

III

The rescheduling of *foires et marchés* was the entering wedge in the battle for the republican calendar. Because it reached deeply into the fabric of custom and routine it would of course be a burden on local officials. Many *agents municipaux* no doubt groaned to themselves as their colleague in Neuilly-Saint-Front did publicly: "Nous n'entreprendrons pas de déranger ce marché [de chaque Samedi], de la transporter à un autre jour, sans attirer sur nous l'anathème, sans qu'on nous accusât d'attentat à la fortune et à l'existence des citoyens." But departmental administrators were ordered to make the rescheduling of local *marchés* a top priority, and they prodded their subordinates accordingly. Not without difficulty the cantonal municipalities promulgated the new schedules.[12] Peasants and traders learned that they must bring their goods to the bourgs or towns on the newly authorized days—even when they coincided with Sunday—and that they were forbidden to do so on days that were not scheduled.

The predictable resistance immediately flared up as peasants "apportent leurs denrées les jours d'anciens marchés." But this was one policy that could be enforced through ordinary urban police power. Municipal authorities clearly had the right and duty to assure an orderly schedule of market days, and to keep the public streets and places clear except on days when stalls and displays were authorized. The *force armée* could send unknowing or recalcitrant traders back home with their goods, or cite them before the *tribunal de police* where they were likely to be fined three *journées de travail* and perhaps even spend three days in jail.[13] Within less than a year the new schedule of *foires et marchés* seems to have taken root. The Directory was reassured that in the Cher the new schedule was easily established; in the Ardennes "les anciens jours de marchés sont oubliés"; in the Eure-et-Loir the new schedule "reçoit son entière exécution dans toute l'étendue du département. Les anciens jours de marchés sont absolument oubliés et les nouveaux sont exactement suivis." As the commissioner to the Vosges reported, the law on the *foires et marchés* was generally observed. "C'est peut-être de toutes les institutions républicaines celle qui a pris le plus de faveur."[14]

This success resulted from the leverage that officials could exert by using police power against the play of material self-interest.[15] Encounters with the *force armée*, trudging back with one's goods unsold, wasting time in police court and paying fines impeded the marketing of produce and commodities that could not remain unsold indefinitely. For the same reason boycotts of the new schedule generally did not last very long. Such leverage was lacking, however, when it came to other demands being made in connection with the republican calendar. Well might the commissioner to Pas-de-Calais wonder whether "si on se soumet à ce que la force commande [sur les marchés] on s'en dédommage bien dans tout ce qui ne dépend que de la volonté."[16]

Local officials had three or four months to reschedule the *foires et marchés* before they were ordered to enforce the policy of *repos décadaire* (law of 17 thermidor VI). This was an entirely different matter. It was in everyone's interest to have an orderly schedule of local markets. Once it was clear that markets would be scheduled on a ten-day cycle, police and judicial authorities evidently did their duty, while most traders conformed. On *repos décadaire*, however, there was (with exceptions) little self-interest to play upon. And the day was long since gone when representatives-on-mission had briefly imposed *repos décadaire* through terror in the Year II. Under the orders of such conventionnels as Monestier, Mallarmé, Carpentier, Boisset, Lebon, and Dumont, people who refused to observe the *décadi* or who persisted in observing Sunday as their day of rest could simply be branded as *suspects*, subject to harassment, incarceration, or worse.[17] The Directory could not use such methods, at least against the laity. *Repos décadaire* was a matter of law, not fiat. It would depend on a protracted campaign of persuasion and enforcement rather than a draconian assault of intimidation.

Yet the law itself provided gaping loopholes for those eager to evade it. In the towns shops had to be closed but work *per se* was banned (quite reasonably) only when done in public or within public view. In Haute-Marne, reported the commissioner, "les ouvriers dont les travaux peuvent s'exécuter à huis clos conservent la liberté de travailler et ils en usent," while in the Nord "on se renferme dans l'intérieur des maisons et on y travaille." Artisans closed their workshops to the public on the *décadi* in the Gironde and the Basses-Pyrénées, but "s'y renferment pour gagner, en s'y dérobant aux regards des magistrats, leur subsistance pour les jours de fêtes romaines qui font encore l'objet de leurs scrupules." The commissioner to the Aisne conveyed a resonant image, calling to mind *Das Rheingold*, of *maréchaux, taillandiers, forgerons*, and *charrons* banging away at their anvils behind the walls of their courtyards for all the world to hear. Cited by a dutiful official even so, they were acquitted in court because they were not working "en vue du public."[18]

In the countryside *repos décadaire* was even more difficult to impose. If cultivators could not manage to work out of sight of the *voie publique*, the law itself made exceptions for the periods of *semailles et récoltes*, which provided an elastic excuse for non-compliance. "Sous prétexte que l'ouvrage est urgent," complained a cantonal commissioner in the Nord, "on travaille publiquement les décadis. (Et) on prolonge pendant toute une année le temps des semailles et des récoltes, afin de ne solenniser aucune fête nationale." In Haut-Rhin cultivators "prétendent être successivement occupés de ces deux objets depuis la fin de germinal jusqu' à celle de fructidor" (that is, from April through September). Yet commissioners observed that the alleged urgency of such work in the fields on the *décadi* did not prevent cultivators from taking Sundays off at the same time.[19]

Enforcement in rural communes depended on the *agent municipal* (the directorial equivalent of the former mayors) and the *garde champêtre*. The *agent*—elected, unpaid, without much responsibility, and largely free of scrutiny by the Directory's commissioners in the cantonal seats—was unlikely to cross his constituents on what was to most of them a gratuitous policy. Along with the locally-elected JPs they were, as one commissioner observed, "plus portés à caresser les préjugés qu'à les heurter de front." The *gardes champêtres* were even more feeble reeds for applying the state's police power. Despite a law of 1795 requiring every commune to hire a *garde champêtre*, countless communes did not employ them, and the *gardes* they did hire were generally of dubious character, underpaid, and poorly motivated.[20] Though they might deter incursions by vagrants and outsiders, they were the last persons to look for trouble with the village community itself. And even when a zealous *agent* or *garde champêtre* did cite violators of *repos décadaire*, the justices of the peace and *tribunaux de police* were demonstrably lax in punishing the culprits. If a fine was levied at all it was only a *journée de travail* or one franc, 25 centimes, claimed the commissioner in Seine-et-Marne, where the high price of rural labor made it less than a third of what a laborer could earn in a day. Police tribunals were quick to acquit altogether in the Côte-d'Or, "prétendent que les exceptions portées en faveur des semailles comprenaient les labours qui préparent les semailles."[21] Citations followed by acquittal were the worst possible situation, since such "condescendance vraiment déplorable" by the *tribunal de police* "ne tend à rien moins qu'à rendre odieux tous les commissaires du Directoire fidèles à leur devoir."[22]

IV

Even when the law was nominally observed the battle for "republican institutions" was far from being won. Sullen compliance with *repos décadaire* did not mean that Sunday was abandoned as a day of rest. Even in reporting the success of the new schedule for local *marchés* some officials added a note of caution. "Les marchés sont tous aussi courus qu'auparavant," noted the commissioner to Haut-Rhin, "si ce n'est quand ils tombent sur un jour du ci-devant dimanche." In the Lot a newly-appointed commissioner indicated in the Year VII that "on fréquente les foires et marchés aux jours indiqués par le calendrier républicain, autres que ceux qui répondent aux dimanches."[23]

More to the point, many citizens who grudgingly complied with *repos décadaire* continued to abstain from work on Sunday as well—a most disturbing pattern from the official point of view. "Les travaux agricoles et manufacturiers sont singulièrement interrompus par le repos cumulé des décadis et jours ci-devant fériés," observed the commissioner to the Oise, who believed that only two out of every three days were given over to work. In areas like the Seine-et-Marne that depended on scarce agricultural or artisanal labor the problem was particularly acute. Employers were at odds with workers "dont la paresse trouve son compte à chômer également le décadi et tous les jours fériés du culte catholique, en sorte qu'au grand détriment de l'industrie et de l'agriculture ils se reposeraient près de la moitié de l'année."[24] A cantonal president in Allier explained why such workers were obdurate:

> Ils calculent que les institutions républicaines diminueraient leurs jours de repos plus de moitié. En vain leur dit-on que par la suite ils gagneront davantage. Ils ont porté leurs gages à un prix si haut que les faibles facultés du cultivateur ne leur permettent pas d'aller plus loin. D'après cela—lorsqu'on leur propose de chômer le décadi, ils y consentent volontiers; mais quand le dimanche ou quelqu'autre jour ci-devant férié arrive, ils refusent impitoyablement de se livrer à aucun travail. Ils se retranchent avec force dans les motifs religieux qui les rendent inattaquables.[25]

Especially if they were paid on a seasonal basis, the interests of such laborers posed a real dilemma. If they observed the *décadi* and not Sunday they would be working more days for the same pay; if they took the opportunity to rest on both days, they would work much less for the same pay, burdening their employers.

In fact such workers were not the sole or even primary group who threatened the imbrication of the *annuaire républicain* by resting on Sunday as well as on the *décadi*. Nominally compliant urban citizens of all strata carried on a systematic protest against the new order. Their method was simple. On the *décadi* they wore their everyday clothes and remained indoors, waiting until Sunday to dress up and promenade. In the Seine-et-Marne "ils n'y paraissent qu'en guenilles [au décadi], tandis qu'ils affectent de se parer de leurs plus beaux vêtements les jours de ci-devant dimanche." Likewise in Haut-Rhin, where "le jour de la décade on le voit constamment vêtu en habit de travail, tandis qu'aux jours de ci-devant fêtes et dimanches, son habillement est vraiment en dimanche."[26]

This superb resistance tactic cropped up even in the obligatory civil marriage celebrations, where it must have had a disheartening impact on official morale. In the Oise, "s'il se présente quelque mariage, la plupart des individus qui en forment le cortège sont dans le costume le plus negligé, tandis que le lendemain ou le dimanche suivant on fait le mariage devant le prêtre avec toute la pompe possible." An *agent municipal* in the Rhône lamented the boisterous disrespect and lack of decorum at the civil marriages of his canton. Thus, when Gabriel Guy—who showed up with a "costume inconvenant et mal propre"—was asked "s'il voulait la citoyenne Marie Forest pour sa légitime épouze, a répondu ironiquement et avec insolence que s'il ne l'avait voulu il ne se présenterait pas icy"—a response which provoked "rires immodérés et scandaleux."[27]

Officials could not force people to enjoy themselves on the *décadi*, but they did make it harder to do so on Sundays. The ban on spectacles, dances, and organized amusements on Sunday made the battle for the republican calendar even more confrontational. As in the case of *foires et marchés*, the most formal types of recreation such as theater troupes could be readily policed and made to conform to a ten-day cycle of scheduling.[28] But it was harder to stop more informal activities such as local dances, and the efforts to do so inflamed tempers considerably. "C'est surtout pour la suppression des danses et autres divertissemens publics les jours de ci-devant dimanches et fêtes patronales que l'observation du calendrier républicain éprouve le plus de difficultés," reported the commissioner to Seine-et-Marne. "Il n'est pas de ruses que l'on n'invente pour se soustraire à cette prohibition." Some sponsors of these dances (*aubergistes* and the like) purportedly held them every day now. At least one cantonal president was suspended for acquiescing in this practice and stating openly "qu'aucune loi n'empêchait de danser tous les jours si on le voulait." The department disagreed and insisted that dances be held only on *quintidi* and *décadi*. In Laon (Aisne) there was a minor riot when local magistrates tried to enforce the ban, and word came from the Pas-de-Calais that local authorities were unable to stop the numerous infractions of dances held on Sundays. In the Oise the commissioner believed that Sunday celebration "a même gagné pour prosélites ceux qui, avant la Révolution, le méprisaient."[29]

The Directory's agents were most disturbed by the resistance of local urban elites. Wealthy and influential citizens in the cities were accused of aggressively flaunting their finery on Sundays and thereby setting a tone in the community that ridiculed the *décadi*. "La classe aisée," reported the commissioner to Isère, "affectera de ne point paraître en public les jours de fêtes (décadaires) mais elle se montrera avec tout l'étalage du luxe les jours de ci-devant dimanche, de manière que les jours de repos du nouveau calendrier ne présenteront qu'un phisionomie terne." An official in Marseilles saw in such behavior an insolent luxury "insulant à la misère publique"; in the Indre it seemed "une espèce d'aristocratie." Worse yet, that official maintained, "ces hommes corrompent par leur exemple la classe laborieuse des citoyens. Ils affectent un repos scandaleux les jours fériés de l'ancien calendrier, renvoyant leurs ouvriers ces jours-là, se présentant sur les promenades en habits de parure." The commissioner to the Cher likewise claimed that such citizens "affecte ces jours-là d'étaler leur luxe, et le peuple ignorant n'est que trop porté à les imiter." No commissioner used exactly the same term to describe these contentious elites: *la classe aisée* (Isère); *ennemis de la République* (Cher); *royalistes* (Marseille), *ci-devant bourgeois* (Indre); *quelques familles avec influence* (Pas-de-Calais). But all felt that the general population took its lead from such prominent citizens, either because the common people were credulous or because they depended on them for employment or business.[30]

In any case this weekly street theater was played out with demoralizing consequences for partisans of "republican institutions." It made a mockery of *repos décadaire*, while the pattern of idleness on both Sunday and the *décadi* threatened to undermine economic productivity as well. Frustrated by this passive resistance, some headstrong officials fulminated about compelling people to work on Sunday. But even if they could require shops to be open on Sunday by virtue of police power over provisioning,[31] there was no lawful way to force unwilling citizens either to work on Sunday or to honor the tenth day of rest fittingly.

Except for the new schedules of *foires et marchés*, which doubtless encouraged the government, the laws were not working. In no time opponents hit upon effective techniques of resistance. But beyond the sanction of laws there was one more lever that the directorials hoped to use. Perhaps the constitutional clergy could help.

V

Under the Directory's concept of "republican institutions" the distinctive identity of Sunday had to be obliterated. Its prescription for the new division of time thus brought the regime up against the physical tempos of working people, ingrained social habit, and religious practice—any one of which would have been obstacle enough. It is impossible to determine the relative weight of each factor in hostility to the republican calendar. Officials often cited habit or spoke of traditional sociability rather than religious conviction as the source of difficulty. Even churchgoing could be seen as a matter of sociability rather than piety—in the Corrèze, where there were few constitutional priests, on Sundays most cultivators still "se rendent ordinairement, quoique sans objet déterminé, au chef lieu des ci-devant paroisses."[33] On the other hand one could hardly ignore the role of the Catholic faith or the clergy. Faced with the nexus of habit and religion, some officials acknowledged the likelihood that "le peuple ne peut concevoir qu'il peut y avoir un jour consacré au repos qui ne soit pas celui que son culte reconnait."[34] If so, logic seemed to dictate that Catholic observance must itself be aligned with the *décadi*. Improbable as it may sound, the government proposed to induce constitutional priests to shift their services to the *décadi*.

The idea of linking civic ritual with Catholicism on the latter's terms would of course have been a very different matter. Such practice held sway in the first year or two of the Revolution, and the idea can be found from time to time under the Directory before the law of 17 thermidor foreclosed the option. Some *agents municipaux* in the Orne, for example, "obligés de céder à l'esprit général du canton, remettent la célébration des fêtes nationales au jour de fête Catholique ou dimanche le plus voisin, pour y obtenir des assistans."[35] But this strategy was ruled out once the government made its commitment to the *décadi* the linchpin of "republican institutions." If linkage was to occur, it would have to be on the government's terms. Suddenly, as Henri Grégoire acidly observed, the republic's officials became learned theologians.

Grégoire later recapitulated why the issue of Sunday was not negotiable to most Catholics. The Catholic Sunday, he explained, combined "un jour périodique de repos corporel aux exercices spirituels." *Repos septénaire* was based on the prescriptions of nature and subsequently became the object of religious precept. The resurrection of Jesus on Sunday led Christians to switch their observance from the Jewish sabbath to Sunday, after which "le dimanche d'institution apostolique est un usage constant et invariable de l'Eglise universelle." It was no mere whim of Constantine's. Catholics were not strict sabbatarians, he observed, but Sunday rest was "une suite de l'incompatibilité du travail manuel avec l'obligation de vaquer aux offices divins."[36]

Heedless of such considerations, the Minister of Interior wrote to departmental and cantonal officials that "il serait à désirer que les ministres de tous les cultes s'accordassent à transporter aux décadis leurs fêtes, leurs cérémonies religieuses les plus importantes." How they carried this out would vary according to local circumstances. "Ici l'invitation suffira, là il faudra plus que des conseils, et vous ferez parler l'autorité de la loi."[37] For almost two years this studiously ambiguous policy of linkage remained in place. For just what were the curés being invited to do? And how obligatory was this invitation meant to be?

At a minimum the departments asked curés to hold a high mass on the *décadi* so that churchgoers could attend their accustomed religious service on the official day of rest. But were they to desist from holding mass on the *ci-devant dimanche* as well? If they did not, and citizens were merely offered a choice of mass on Sunday or the *décadi*, what would have been accomplished? Presumably most would opt for the former. The departmental administrations duly invited the constitutional clergy "à coordonner leurs cérémonies aux fêtes républicains, à transporter leurs dimanches aux décadis." Some priests responded by celebrating mass on both days, "de sorte que les sectaires n'assistent point à celles de la décadi et se portent en foule aux autres." Priests in the Aisne held services during the entire *décade* and claimed that they could not help it if their flocks turned out only on *les anciens jours fériés*.[38] In the Doubs and elsewhere, on the other hand, priests declined the invitation with the plausible argument "qu'ils perdraient la confiance de leurs sectaires" if they made the switch. In some areas there were apparently so few constitutional priests remaining that it scarcely mattered.[39]

Non-compliance, evasion, and ruses of various sorts discouraged certain officials, but others stepped up their demands and insisted that Catholic services be held only on the *décadi*. The exclusivist option—that religious services be held on the *décadi* "à l'exclusion de tous les autres jours"—was always implicit in the government's thinking though it was never openly sanctioned. In the legislative debate on the law of 17 thermidor certain deputies argued that such a policy would not be inconsistent with the constitutionally-guaranteed *liberté des cultes*. Church buildings, after all, belonged to the Republic and it was within the prerogative of public officials to restrict their use to the *décade*.[40] This specious reasoning was rejected, but departmental administrators were still free to try it on their own, never knowing whether they would be praised or rebuked for their zeal by Paris. Minister of Interior François de Neufchâteau ostensibly stood where the legislature did. When such acts were protested, he was obliged to rule that the closing of churches on Sunday by local officials was contrary to the constitution. Yet he seemed to draw no line on what officials might do to pressure or threaten the clergy into "voluntarily" conducting services exclusively on the *décadi*.[41] Officials found themselves on an uncertain border between two conflicting imperatives: *liberté des cultes* and *institutions républicaines*.

Vacillation and inconsistency persisted after the "Prairial coup" and during the war crisis of 1799. The coup initially encouraged legislative partisans of the constitutional clergy who were prominent in the anti-incumbent coalition alongside the surviving Neo-Jacobins. Briefly, *liberté des cultes* was in fashion again. Yet the legislature did not wish to spark a Catholic revival or abandon its commitment to "republican institutions." For the time being the deputies endorsed existing policies in this area. In effect the clash between *liberté des cultes* and *institutions républicaines* remained one more unresolved issue accumulating on the agenda of an extremely indecisive parliament. Quinette, the new Minister of Interior, therefore advised local officials that while priests could not be forced to conduct services exclusively on the *décadi,* they should be exhorted to do so. "S'ils sont patriotes," he wistfully claimed, "ils déféreront à cette invitation."[42] As the war crisis intensified and counter-revolutionary insurgency erupted, some departmental administrators turned to more urgent matters. But in other places officials found that they could close down the churches of uncooperative curés with a degree of impunity. Long-standing Voltarians, they doubtless wished to run the enfeebled constitutional church into the ground. The policy of linkage was a good way of forcing the issue, more decisive than the laws against public manifestations of religious worship or bell ringing. A categorical order to hold services exclusively on the *décadi* or not at all was likely to be answered by the priest's withdrawal.[43]

Overall the campaign to transfer religious services to the *décadi* did not produce satisfactory results. And even if the beleaguered curés had gone along with it, would this have truly helped to implant "republican institutions?" The commissioner to Seine-et-Marne suggested how little the Republic would have gained if the *décadi* became the day of Catholic worship. When the *décadi* coincided with a *ci-devant dimanche,* he reported, the result was mortifying. "Les citoyens se trouvent en foule aux offices qui précèdent ou suivent la réunion décadaire et affectent de sortir du Temple dès qu'elle commence."[44] The succession of religious service and civic fête in the same church building on the same day would surely underscore the unpopularity of the *fête décadaire.*

If one kind of republican logic dictated linkage, another more rigorous kind opposed it. The commissioner to the Vosges, who disapproved of coercing the clergy, argued that the obligatory transfer of Catholic services to the *décadi* would not only violate the constitution but would effectively nationalize religion.[45] Linkage would anchor republican institutions in Catholicism, undermining the ultimate secularizing purpose of the whole project. The commissioner to the Seine-et-Marne recognized the conundrum posed by linkage. Even if the curés were won over to the policy

> je craindrais que la coincidence de solennités religieuses avec l'annuaire républicain ne produisit à peu près le même effet que la Constitution Civile du Clergé; celui d'incorporer en quelque sorte le culte religieux au système politique et de propager éternellement des idées superstitieuses, qui seront toujour nuisibles aux développemens de la raison et aux progrès de l'esprit. Je voudrais donc qu'on laissât les ministres du culte absolument libres sur cet article.[45]

If the purpose of the *annuaire républicain* was to free the rhythms of private and public life from religious coloration, leaving citizens free to organize work, leisure, recreation, and public life according to the dictates of reason or civic morality, then linkage could be the wrong tactic.

What, for example, were republican officials to do when confronted with the local *fêtes patronales,* which not only challenged the nomenclature of the republican calender but embodied the traditional symbiosis of habit, sociability, and religion? Following the logic of linkage, some departmental administrations wanted to absorb these local festivals. In the Ardennes and the Charente the departments ordered that such fêtes be transferred to the nearest *décadi.*[47] But in Lot et Garonne the department—second to none in its zeal—did not tamper with the dates. Rather it insisted that celebrations be strictly limited to religious services within church buildings. It sought to confine religion to an ever-narrowing sphere:

> Tous les rassemblemens qui avaient lieu à des jours ci-devant fériés, sous la dénomination vulgaire de *fêtes votives, bazoches* etc. ne peuvent avoir pour but que des actes religieux exercés dans l'intérieur des édifices destinés aux cérémonies du culte. En conséquence, les administration municipales feront ensorte de dépouiller ces rassemblemens de tout caractère de solennité civile, par la prohibition des spectacles, des danses publiques, des étalages de marchandises et des expositions d'objets offerts à la curiosité des citoyens.[48]

This rigorous view was admirably consistent ideologically. What it entirely lacked was common sense. In its way it was even more imperious and meddlesome than the policy of linkage.

With or without linkage, the *fête décadaire*—the centrepiece of "republican institutions"—was in most places a recurrent exercise in futility. The positive focus for the republican calender, it was supposed to bring citizens into contact with the laws and magistrates, to adorn *repos décadaire* with patriotism, edification, and entertainment. Mathiez did find cities such as Strasbourg, Sens, Besançon, Moulins, and Chalon where the *fête décadaire* drew a respectable turnout, and doubtless there were others as well. But reports from most towns and cantons glumly spoke of popular ridicule and aversion.[49] "Tout s'exécute sans zèle, sans gaieté, par contrainte et avec un sort de répugnance." "On ne répand pas assez de variété, ni d'intérêt, de chants patriotiques; on manque partout de fonds pour décorer le local et le disposer de manière que tous les citoyens y soient à leur aise." The marriage ceremonies brought people to the *fête* on occasion (with mixed results, as we have seen), but in their absence the hall was likely to be conspicuously empty. As the commissioner to the Vosges put it, the officials who were obliged to turn out for the fêtes "parlent aux murs."[50]

Like the Directory's commitment to *instruction publique* this was republicanism on the cheap. No funds were made available to add novelty or liveliness to the proceedings. Decorations, music, comfortable appointments, heat in the winter were usually lacking. Since the law seemed to prohibit sessions of public administrations being held on the *décadi*, even the *agents municipaux* were reluctant to trudge to the cantonal *chef lieu* for the *fête décadaire*. Some cantons ignored this impractical ban but were liable to be reminded by their department.[51] And even if the *fête décadaire* did attract residents of the *chef lieu*, other rural communities were left out. The widely distributed parish churches would remain the social center of most villages regardless of religious considerations.[52] Finally, the relentless demands of the *fête décadaire* enveloped and diluted the annual cycle of twelve *fêtes nationales*—in themselves a challenge for local administrators to organize effectively.[53]

VI

To an extent that ought to astonish us, the Directory made the republican calendar a touchstone of its political ideology and administrative practice. In regard to ideology Mona Ozouf is surely correct to emphasize that the republican calendar was a symbol of the revolutionaries' mythic belief in a complete break with the past. Perhaps too one might see it as a decayed residue of the universalism whose troubled coexistence with liberal individualism Patrice Higonnet has analyzed.[54] For the Directory the Revolution no doubt continued to be something more than liberty, civil equality, or reform. The Republic would draw the French people together in a collective adventure as they reorganized their daily lives and abandoned the archaic, religiously-colored seven-day week in favor of the simple ten-day cycle.[55] The sheer anti-Catholicism of the campaign for the republican calendar, though veiled in circumlocutions, was its essence. Indeed the renewed thrust against a weakened but resilient Catholism no doubt attracted whatever enthusiasm there was for the republican calendar. Though deputies and officials tried to deny it, however, *repos décadaire* and linkage clashed dramatically with *liberté des cultes*. Deprived of even the tepid religious toleration promised in the Declaration of the Rights of Man, ordinary citizens and constitutional priests alike were once again "disturbed" for their religious opinions.

With breathtaking recklessness the Directory's commitment to the republican calendar created a new series of demands on its own cadres and on the French people. The campaign immediately obliged local officials to confront and coerce their constituents week after week. As far as I know no departmental administration resigned over this issue, and scarcely any commissioners dared argue explicitly that the republican calendar should be abandoned. But many made it clear that this imprudent policy was exasperating their constituents. Demanding conformity to the array of new requirements in daily behavior merely widened the range of possible disobedience and undercut the regime's authority in yet one more way. In this most fundamental calculus of governing, the Directory was severely deficient.

The regime could scarcely afford such ill will, since its other innovations were decidedly burdensome and unpopular.[56] Recently it had revived two indirect taxes reminiscent of the old regime: the *droit de passe* (internal tolls meant to pay for highway maintenance) and the municipal *octroi* (local consumer taxes to underwrite municipal expenses). Then in late 1798 it imposed military conscription, in effect turning the one-time *levée en masse* into a permanent feature of the civic order. This was the context in which citizens were being told to alter the rhythms of their work, recreation, and religious practice. Unlike the Third Republic— where "the fatherland was a source of funds for [local] road repairs, subsidies, school scholarships, and police protection"[57]—the Directorial Republic was adept at extraction without much capacity to deliver services in return. Its "republican institutions" transparently cost no money at all.

Mathiez observed that as an "enterprise gouvernementale, le culte décadaire eut tout juste la popularité du gouvernement." But perhaps this should be put the other way around. Rooted in contradictions—"a mirage of the moderates," in R. R. Palmer's words—the Directorial Republic was incontestably a weak and unpopular regime, overwhelmed by the forces of localism and buffeted by the prolonged settling of accounts from earlier turmoil. But in some respects it was the gratuitous agency of its own difficulties. The Republic may have needed new sources of revenue, a military draft, and "republican institutions." It did not need the republican calendar.

Notes

1. *Journal de Poitiers*, 20 germinal VI.
2. *Observateur de l'Yonne*, 27 germinal VII.
3. See, e.g., *Compte de gestion de l'Administration Centrale de la Marne, vendémiaire VI-floréal VII* (an VII), 27–31; Arch. nat. Flc III Indre 4: "Résumé des opérations de l'admin. cent. de l'Indre sur les institutions républicaines (an VI)." Also Conseil des Cinq Cents: *Rapport fait par Gerla, sur la proposition d'abolir l'usage des mots sieur et monsieur dans les lettres de change* (27 germinal VI) and *Deuxième Rapport . . .* (4 thermidor VI); *Opinion de J.F. Eude relatif à la cocarde nationale* (12 floréal VII) and *Opinion de Pollart . . .* (13 floréal VII). But cf. *Opinion d'Andrieux . . .* (12 floréal VII), who argued that concern over the cocarde is "une méprise du signe à la chose . . . Nous avons surtout les finances à rétablir, et l'on nous fait discuter un projet sur la cocarde!" Historians will, incidentally, find the debate on the *cocarde* an interesting source on the position of women, the question being whether women should be required or even permitted to wear it. For the hard times that befell these "institutions républicaines" after Brumaire, see *Observateur de l'Yonne*, 15 floréal VIII.
4. See, e.g., the gloomy surveys by the departmental administration of Lot et Garonne: *Bulletin de la situation de l'instruction publique dans le département* (placards: 15 fructidor VI and 15 nivôse VII) in Flc III Lot et Garonne 7.

5. In Maurice Gontard's invaluable and encyclopedic survey, *L'Enseignement primairé en France de la Révolution à la loi Guizot* (Paris, 1959), there is a lack of modulation and emphasis which makes it easy to miss the significance of the Lakanal Law. In my view it was *the* initiative against which the history of primary education during that whole period should be measured. For an excellent discussion of all levels of education see Robert R. Palmer, *The Improvement of Humanity: Education and the French Revolution* (Princeton, 1985).

6. For an introductory overview see James Friguglietti, "The Social and Religious Consequences of the French Revolutionary Calendar" (Unpublished Ph.D. dissertation, Havard University, 1966). Eviatar Zerubavel, *The Seven Day Circle: The History and Meaning of the Week* (New York, 1985) calls attention to a similar episode often unremarked by French historians: the Soviet attempt to introduce a five and then a six-day week, which was finally abandoned in 1940 (pp. 35-45).

7. Arch. nat. Flc III Lot et Garonne 7: *Arrêté de l'Admin. Centrale sur les moyens d'assurer les progrès des Institutions Républicaines* (placard: 9 prairial VI).

8. An executive *arrêté* of 14 germinal VI was followed by the laws of 17 thermidor, 13 fructidor, and 23 fructidor VI. For a recapitulation—as local officials would have seen it—see *Manuel des Agens Municipaux* (an VIII), 107, 127. A complete agenda for imposing the republican calendar was set forth in a petition from "Les Citoyens de Versailles, Au Corps Législatif," Arch. nat. AF III 109 (d. 503). 27 frimaire VI.

9. In the departmental almanachs for the Year VIII (published late in Year VII) that I have been able to sample, no two editors approached the problem of the calendar in exactly the same way. Those in the Ardennes, Bas Rhin, Sarthe, and Vaucluse used the barest concordance, with no reference to the *ci-devant* days of the week or Saint's days. But those in the Indre, Jura, and Meurthe published fuller concordances with Saint's days.

10. Albert Mathiez, *La Théophilanthropie et le culte décadaire, 1796-1801* (Paris, 1904).

11. Mona Ozouf, "Passé, présent, avenir à travers les textes administratifs de l'époque révolution-naire," in *L'Ecole de la France: essais sur la Révolution, l'utopie, et l'enseignement* (Paris, 1984). The idea that the revolutionaries were captives of a self-created myth of a complete rupture with the past in 1789 was first developed by François Furet in his pathbreaking essay "Le Catéchisme révolutionnaire," reprinted in *Interpreting the French Revolution* (Cambridge, 1981). Mona Ozouf (in the essay cited and in her contribution to the present volume), as well as Bronislaw Baczko (in his introduction to *Une Education pour la démocratie* [Paris, 1982], a collection of revolutionary texts and projects on education) have rounded out the concept of "rupture" with the concept of "regeneration" and the need to create "new men." All three authors are at bottom interested in the attempt by the revolutionaries to impose a new political and institutional order on a complex, traditional, and largely refractory society. Though the basic idea is an old one, their sensitive and probing interpretations together constitute a new perspective on the Revolution.

At the outset Furet warned us against taking too literally the claims and rhetoric of "patriots" such as Siéyès in early 1789 lest we misunderstand the *origins* and the *outbreak* of the Revolution. His persuasive argument was congruent with two decades of accumulating research on the old regime. (This material has been synthesized by William Doyle, *Origins of the French Revolution* [Oxford, 1980].) But when it comes to the *course* of the Revolution between 1789 and 1799 this sceptical, critical stance seems to weaken. Here these authors appear to take revolutionary rhetoric literally and at face value, with little allowance for formulaic invocations, rhetorical flourishes, and above all the rationalizations of actions already taken or contemplated that actually fall far short of their utopian or apocalyptic language.

Even so they may well be correct that the myth of rupture and regeneration is the keystone of the revolutionary arch. But to do justice to this notion they should also consider the living people in corners of the society that had actually been "regenerated": *sans-culotte* activists in the neighbor-hoods of Paris; officers of the republic's armies who had risen rapidly through the ranks; or (my own contribution to this subject) the wounded soldiers who "left their limbs on the battlefield" and were mustered out of these armies as *lieutenants honoraires* with commensurate pensions. These, I would argue, were indeed "new men" created by the Revolution.

12. Arch. nat. AF III 109 (d. 503): Président de l'admin. municipale de Neuilly St Front, n.d. [an VI]. The difficulties in establishing the new schedules are alluded to in Marcel Reinhard, *Le Départe-ment de la Sarthe sous le régime directorial* (St Brieuc, 1935), p. 353, and P. Clémendot, *Le Département de la Meurthe à l'époque du Directoire* (1966), p. 294.

13. Arch. nat. Flc III Oise 6: messidor VI; Flc III Gers 7: thermidor VI; Flc III H. Pyrénées 6: prairial VI; Flc III Isère 6: thermidor VI and vendémiaire VII; Flc III H. Garonne 8: messidor VI and vendémiaire VII; Flc III Eure 8: priarial VII; Flc III Seine 20: floréal VII. The commissioner to the Aude believed that in addition to fines and jail, the authorities needed the power to confiscate the merchandise (Flc III Aude: thermidor VI). Unless otherwise noted, these citations refer to reports

by the Directory's commissioners to the departmental administrations addressed to the Minister of the Interior. There is a good discussion of such *comptes* in Ozouf, 56–61.

14. Arch. nat. Flc III H. Rhin 6: vendémiaire VII; Flc III Ardennes 5: thermidor VI; Flc III Cher 6: messidor VI; Flc III Vosges 7: frimaire-prairial VII; Flc III Eure et Loire 7: messidor VI; Flc III Côtes du Nord 10: messidor VI and vendémiaire VII; Flc III Moselle 8: fructidor VI; Flc III Aude 5: vendémiaire VII. In the Somme there was initially "une résistance générale" to the new schedules—which made it difficult for officials in the neighboring Oise department to institute their own. But within a year the new schedules were said to be in operation (Flc III Somme 7: messidor VI, floréal VII; Flc III Oise 6: messidor VI, brumaire VII).

15. Arch. nat. Flc III Orne 8: 6 frimaire VII; Flc III Loiret 5: canton de Poilly, thermidor VI.

16. Arch. nat. Flc III Pas de Calais 8: messidor VI.

17. H. Grégoire, *Histoire des sectes religieuses,* (Paris, 1828), 1: 241–45.

18. Arch. nat. Flc III B. Pyrénées 7: 28 nivôse VII; Flc III H. Marne 5: vendémiaire VII; Flc III Gironde 5: thermidor VI; Flc III Nord 7: pluviôse VII; Flc III Aisne 9: 15 nivôse VII; Reinhard, *Sarthe,* pp. 351–2.

19. Arch. nat. Flc III Landes 5: brumaire VII; Flc III Nord 7: commissioner to Haubourdin, 14 thermidor VII; Flc III H. Rhin 6: vendémiaire VII; Flc III Marne 6: *arrête* de 25 brumaire VII; Flc III Isère 6: 7 vendémiaire VII; Flc III Seine Inf. 8: pluviôse VII; Flc III Aisne 9: 15 nivôse VII.

20. On the *gardes champêtres* see Octave Festy, *Les Délits ruraux et leur répression sous la Révolution et le Consulat* (Paris, 1956).

21. Arch. nat. Flc III Seine et Marne 6: fructidor VI, messidor VII; Flc III Charente 7: brumaire VII; Flc III Oise 6: Tableau, vendémiaire VII; F³ II Côte d'Or 1: Minister of Justice to Minister of Interior, 5 j.c. an VII.

22. Arch. nat. Flc III Seine et Marne 6: vendémiaire VII.

23. Arch. nat. Flc III H. Rhin 6: undated; Flc III Lot 7: prairial VII. In contrast, the commissioner to the Vosges claimed that the new *marchés* "sont aussi fréquentés lorsqu' ils coincident avec des jours de fête de l'ancien calendrier, que s'ils tombaient à un autre jour non-consacré au repos par les *christicoles.*" But he added the interesting observation that "Les juifs sont les seuls insoumis; lorsqu'une foire ou un marché touche un jour de *sabbat,* ils s'abstiennent de toute espèce de trafic et de commerce." Flc III Vosges 7: frimaire-prairial VII.

24. Arch. nat. Flc III Oise 6: 29 thermidor VII; Flc III Indre 4: pluviôse VII; Flc III Nord 7: thermidor VI; Flc III Seine et Marne 6: frimaire VII; Flc III Seine 20: brumaire VII.

25. Arch. nat. AF III 109 (d. 503): Le Président de l'Admin. Municipale de V— au députés de l'Allier au Corps Législatif, 17 brumaire VII.

26. Arch. nat. Flc III Seine et Marne 6: fructidor VI; Flc III Nord 7: vendémiaire VII; Flc III H. Rhin 6: vendémiaire VII; Flc III Isère 6: 16 nivôse VII.

27. Arch. nat. Flc III Oise 6: tableau, vendémiaire VII; Flc III Seine et Marne 6: frimaire VII; Reinhard, *Sarthe,* p. 363; AF III 109 (d. 503): Le Président de l'Admin. Municipale de Condrieu (Rhône) au Conseil des Cinq Cents, 7 pluviôse VII. But compare a report on Grenoble, where the marriage ceremonies "y amene beaucoup de femmes, mais presque toutes de la classe des ouvriers; les autres ont une aversion." Flc III Isère 6: 16 nivôse VII.

28. Compare Arch. nat. Flc III Charente 7: Le Commissaire [du Consulat] au Min. de l'Intérieur, 12 nivôse VIII, on whether or not the Angoulême theater troupe should now be free to perform whenever it wished.

29. Arch. nat. Flc III Seine et Marne 6: thermidor VI and brumaire VII on LaFerté; Flc III Aisne 9: 12 messidor VI; Flc III Pas de Calais 8: messidor VI; Flc III Oise 6: messidor VI.

30. Flc III Isère 6: 5 fructidor VI; Flc III Cher 6: pluviôse VII; Flc III Bouches de Rhône 7: commissaire près l'admin. municipale du Centre (Marseille), 16 floréal VII; Flc III Pas de Calais 8: messidor VI; Flc III Indre 4: pluviôse VII.

31. Arch. nat. Flc III Seine 20: germinal VII; Flc III Eure et Loire 7: priarial VI; Flc III Isère 6: 5 fructidor VI; Grégoire, pp. 307–08.

32. For all its roots, however, the seven day week was still a social convention unlike the day or the year, which both involve natural rhythms. (See Zerubavel, *The Seven Day Circle,* pp. 139–41.)

33. Arch. nat. Flc III Corrèze 2: 1 thermidor VI; Flc III Lot et Garonne 7: nivôse VII.

34. Arch. nat. Flc III Indre 4: commissioner to M. of Police, 28 messidor VII.

35. Arch. nat. Flc III Orne 8: 8 messidor VI.

36. Grégoire, *Histoire des Sectes,* pp. 219, 226–39. But compare Zerubavel, pp. 20–23, 27.

37. Grégoire, 286–87.

38. Arch. nat. Flc III Aude 5: fructidor VI; Flc III Eure et Loire 7: floréal VII; Flc III Aisne 9: 15 nivôse VII; Friguglietti on the Nord, 126–28; Reinhard, *Sarthe,* pp. 354–58; Grégoire, chs. X–XI, *passim*; Clémendot, *Meurthe,* p. 295.

39. Arch. nat. Flc III Doubs 6: messidor VI; Flc III Charente 7: Frimaire VII; Flc III Pas de Calais 8: messidor VI.
40. Mathiez, pp. 421–24.
41. *Ibid.*, pp. 455–57, 487–91, 515n. See also Arch. nat. AF III 109: Mongeot, instituteur, to Conseil des Cinq Cents, fructidor VI; Flc III Aisne 9: 12 messidor VI; Flc III Indre 4: L'Admin. départementale aux admins. municipales, and "Résumé des opérations de l'Admin. Centrale . . . An VI"; Flc III Loiret 5: compte général, ventôse VII.
42. Mathiez, pp. 564–71.
43. *Ibid.*, pp. 487–91, 578–82. Cf. Arch. nat. Flc III Aisne 9: 27 vendémiaire VIII; Grégoire, pp. 271, 282.
44. Arch. nat. Flc III Seine et Marne 6: vendémiaire VII.
45. Arch. nat. Flc III Vosges 7: frimaire VII.
46. Arch. nat. Flc III Seine et Marne 6: fructidor VI. In a circular letter after Brumaire, the new Minister of Interior wrote the following, though he crossed it out in the final draft: "L'union en quelque sorte des fêtes religieuses aux solennités décadaires aurait en définitif un résultat directement contraire à celui que le gouvernement républicain doit atteindre." (Mathiez, pp. 589–90n).
47. Arch. nat. Flc III Ardennes 5: messidor VII; Flc III Somme 7: messidor VI; Flc III Charente 7: *Compte-Rendu par l'Admin. Centrale* (an VIII), p. 17.
48. Arch. nat. Flc III Lot et Garonne 7: *Arrête . . . 9 prairial VI.*
49. Mathiez, chs. VI-VII, *passim.* See also B. Bois, *Les Fêtes révolutionnaires à Angers* (Paris, 1929) and Mona Ozouf, *La Fête révolutionnaire* (Paris, 1976).
50. For the gloomy litany see, e.g., Arch. nat. Flc III Saône et Loire 8: frimaire VII; Flc III Jura 7: messidor VII; Flc III Seine et Marne 6: messidor VII; Flc III H. Rhin 6: nivôse VII; Flc III Moselle 8: *Compte-Rendu de l'Admin. Centrale* (floréal VII), p. 27; Flc III Vosges 7: frimaire-prairial VII.
51. Arch. nat. Flc III Pas de Calais 8: Arrêté, 11 vendémiaire VIII. But compare Flc III Lot et Garonne 7: nivôse VII: "La séance des administrations rurales tenue les décadi contribuait beaucoup au succès de la réunion décadaire."
52. The fact that "la loi n'ait établi de célébration des fêtes décadaires qu'aux chef-lieux de canton" was deplored by a few zealous officials: Arch. nat. Flc III Yonne 7: nivôse VII and Flc III Somme 7: messidor VI.
53. Reinhard, pp. 364-67; Arch. nat. Flc III Var 6: *Compte-Rendu par l'Admin. Centrale* (an VI), p. 34; Flc III H. Rhin 6 [an VII]; Flc III Aude 5: messidor VI and an VII *passim.*
54. Patrice Higonnet, *Class, Ideology, and the Rights of Nobles during the French Revolution* (Cambridge Mass., 1981).
55. Historians of the Revolution habituated to coping with two dating systems and concordances might forget that in and of itself the revolutionary calendar was symmetrical and simple. See Zerubavel, pp. 77–8.
56. Arch. nat. Flc III Jura 7: vendémiaire VII, indicating the "principaux textes des détracteurs du gouvernement." Also Flc III Seine et Marne 6: messidor VI; Flc III Indre 4: departmental administration to M. of Interior, 7 fructidor VI; Flc III Oise 6: brumaire VII.
57. Eugen Weber, *Peasants into Frenchmen: the modernization of rural France, 1870–1914* (Stanford, 1976), p. 332—paraphrasing a widely-used schoolbook of the 1880s.

Part VI

The Revolution and the State

Presentation

DAVID D. BIEN

NEITHER logic nor what historians (most of them) have actually written connects automatically the history of the state with the history of the French Revolution. One has only to look around, in Europe and elsewhere, to know that a revolution like the French was not a requirement for developing the modern state. And those interested in France alone commonly probe deeper into the past than the Revolution when seeking the origins of that state. More important in diverting such historians from the Revolution, however, is that the years immediately after 1789 make up too short a period to measure significant change in a state whose construction was quite literally a millenial process. For de Tocqueville, after all, it took no less than six generations (from Richelieu to 1789) for his increasingly intrusive state to reshape society and culture. Even the more conventional students of government and bureaucracy are more likely to deal in chronological units of half-centuries rather than a few years. It is not surprising, therefore, that most who wanted to study the state in itself have been medievalists, early modernists, and, for the modern era, political scientists. The Revolution, if not irrelevant, is not central to their preoccupations.

Specialists in the history of the Revolution, on the other hand, have been fully aware of the state, but ordinarily in a different and more limited way. For them, the problem has been not the slowly incremental, almost glacial change in government and institutions, but the abrupt break in law, political arrangements, and life generally that 1789 brought. To identify the meaning of that break, it was the state's suddenly transformed interaction with individuals and society that mattered. Students of the Revolution, therefore, worked intensely on its immediate background and within it, on the persons, events, and forces that drove it. As they did, they of course pondered the significance of the events and inevitably embedded them in some long-term development in state-society relations. But it is probably fair to say that their ideas about the *longue durée* were frequently more assumed than examined, chosen unconsciously to bracket the specialists' better and more detailed knowledge of the Revolution itself. Not surprisingly, the ideas about the state and its lengthy interaction with society have been highly diverse. In the nineteenth century Liberals, finding in the Revolution (or part of it) the source of the individual rights and representative government they admired, necessarily imagined the older state despotic and arbitrary. Later, conservative corporatists inverted the historical sequence—since the Revolution had stripped individuals of protection and left them to confront the modern Leviathan in isolation, the prior monarchical regime of state-sponsored corps and privileges must have fostered liberty. Others holding a view of the state as instrumental, acting in the interest of some social group or class and often the object of its plunder, could emphasize the polarity between a sometimes ill-defined aristocratic state and the new bourgeois or universalist democratic one that they knew better. Other interpretations could be added. In most cases, however, the historians who have known the Revolution best created the state and the *longue durée* that they needed.

Historians of administration and the state and historians of the Revolution, then, have usually gone their separate ways, the one group studying continuity or very slow development, the other examining closely the dramatic short-term social, political, and legal changes against the background of assumed long-term change. Perhaps de Tocqueville joined the two histories, though before canonizing him it is worth noting that he inclined toward the administrative side and paid less attention to the Revolution itself. In any event, the problem of the Revolution and its meaning in the longer sweep of history remains. How should one distinguish discontinuity from continuity, rupture from process? It is the merit of the state as a topic generally, and of this session in particular, that it raises again these very broad questions. In varying ways each of the four interesting papers presented here evokes those questions and contributes something important toward the answers, sometimes explicitly and sometimes by implication.

Two of the papers—those by Michel Bruguière and Louis Bergeron—bear directly on the problem of long-term change. Bruguière treats the emergence of modern bureaucracy in the context of state finance, and finds the Revolution less important than might have been thought. The machinery of the modern administrative state—technocratic, employing a salaried and removable personnel, extracting resources and directing the economy—had already grown up and was in place by the end of 1788. Concealed in part by the residues of the older *état de justice*, working in the tradition of Colbert and at war for a century or more with the *cours* and venal office holders, the experts who ran the king's finances from bases in the *Conseil d'Etat* and elsewhere, especially the *contrôle général*, were thinking and acting in ways that we would recognize today. Before 1789 some of them operated within institutional forms unfamiliar to us (the General Farms, for example), but their mentality and direction were uniform and modern. At the Revolution the National Assembly, responding to the cahiers, thought to dismantle the old *état de finance* (with its *régies* and *fermes*, unequal taxation, and the rest), and to subordinate the new and simpler institutions to the elected representatives of the people. The effort was a failure, and Bruguière shows us a financial bureaucracy undiminished in size even at the height of the Revolution, and fully reconstituted in its structures in 1800. By then the *premiers commis* and *commis* of Louis XVI had recovered all their powers, and it was no accident that two of them became ministers under Bonaparte. The line of thinking and organization in the financial affairs of governments, then, went straight from the Old Regime to today, and the Revolution was no more than an interlude, if that.

Probably the argument for straight-line development is appropriate for anyone seeking the origins of something. It is found also in de Tocqueville who drew his line from Richelieu to Louis Napoleon, and similarly played down the significance of the Revolution. Bruguière of course differs from de Tocqueville in several ways: one senses that he does not share de Tocqueville's detestation of the state and he does not take as his problem the ways in which the expanding state may have shaped culture and the social-political attitudes of those on whom bureaucracy acts. Nevertheless, the approaches have formal similarities which show again that everything in historical studies depends on how the questions are asked. Within the terms of his question—when did the modern state begin?—Michel Bruguière is surely correct in his answer. I would merely add that there is another way to pose the question that might preserve the importance of 1789 and the Revolution. Agreed, the personnel, ideas, and some of the practices of the modern state were well established by the end of the Old Regime. But how broad was, or could have been, their effect before the Revolution? Consider Necker and Calonne whose ideas Bruguière refers to as evidence of the precocious modernizing tendency. Locked into a desperate financial situation (more or less chronic under the Old Regime), they could not implement their ideas, or not much. It was not merely that the better known obstacles, like the parlements and other corporate bodies, blocked them and their subordinates in their work. More important was that the almost daily search for funds forced these royal officials to use whatever was at hand, to sell and borrow against venal offices and privileges of all kinds, even in the 1780s, and generally to draw on the whole paraphernalia of the old order. To the end one of the great, and still understudied, institutions of the Old Regime was the *parties casuelles*, but the ministers used also, indeed had to use, the provincial estates, clergy, guilds, and other "traditional" bodies for the quite modern purpose of financing the state. But each time they did it, the effect was to reinforce those bodies and the privileges they enclosed. 1789 changed all that, and more recognizable bureaucratic institutions and practices then grew. In short, although convinced that the desires and tendencies that Michel Bruguière sees within the pre-1789 structures of government were really there, I am less convinced that practical realities would ever have permitted those tendencies to be expressed in now familiar ways without a Revolution. Asking about constraints, then, may lead to somewhat different conclusions than asking about origins. Perhaps Bruguière would not disagree.

Although his paper is centered almost exclusively on Bonaparte's state, Louis Bergeron is similarly interested in continuity of development, with the difference from Bruguière that he would remove not the Revolution but the Napoleonic experience from it. The Napoleonic state was an aberration, he tells us, an interruption in a longer evolution. It was no more than an "état de circonstance." True, it administered the territory, resources, and population; it guaranteed the functioning of society and legislated; it stressed national power, unified, centralized, and was an apparatus of rational direction. In all these features it linked the France of Louis XIV to the Third Republic. By the standards of Bruguière or de Tocqueville, no doubt that would be enough to identify it as a state fully within the mainstream of change. But by Bergeron's broader definition of the state, which comes close to what is ordinarily meant by regime, the Napoleonic state is out. It was a void, an episode only. Unlike the Old Regime, the Revolution, and the succession of post-1789 regimes, this one had no roots, no ideology, no basis for legitimacy. More important, by seeking only the passive confidence of the masses, and by rejecting serious representation and political participation by wider segments of the population, it eliminated politics and showed itself *only* an administrative state. Plebiscites cannot found a state. Reading between the lines in Louis Bergeron's paper, one senses that his particular teleology—perhaps we all have one—supposes the final appearance of the political order and democracy that we are living with. In any event, the modern administrative state toward which Bruguière's paper looks is clearly less interesting to Bergeron here.

Within his framework Louis Bergeron is surely not wrong in eliminating Bonaparte, and given his different definition of what makes a state, his paper is not necessarily inconsistent with Bruguière's where the Napoleonic state is obviously important. His remark on the absence of ideology, however, makes me wonder a bit. Perhaps ideological, like physical, nature abhors a vacuum, and perhaps imagining a different line of development could permit us to find a filiation of ideas within which Bonaparte and his state had their place. To find that other line it is useful to conceive the end product of long-term change not as the arrival at consensus or some general set of institutions and practices, but as the more or less durable if evolving thought and behavior of a single segment of the society. The segment that Bergeron's paper evokes is the army and like-thinking persons from roughly the mid-eighteenth century almost to today. From the chevalier d'Arc through Guibert, the anti-Dreyfusards, Pétain, de Gaulle in some moods, there can be detected a continuous thread of ideas about the state. In it was a mixture of growing professionalization, moralism, distrust of civilians, rejection of the conflict model for understanding society, a hatred of politics and eventually a pronounced anti-parliamentary bias. Running through the ideas was a real ambivalence toward the state, friendly and admiring toward it if the state was fully military in inspiration (which it almost never was), hostile when it was directed by civilians—whether the men at Court, revolutionaries, or, later, politicians did not matter—and intruded on the military sphere without comprehending its needs and practices. For persons raised in this tradition the state should be either controlled by the military spirit, or failing that, resisted by sealing off the army from outside influence. Nothing in between. Under the Old Regime and Revolution, and through much of the period after 1815, resistance was the theme. Bonaparte's state was the exception. In it were realized all the military ideals in which the young Napoleon had himself been raised. Louis Bergeron's own sociological description of the regime shows what made it attractive to military types. It was both aristocratic and meritocratic (each within limits), rested on a landed elite, stressed family and genealogy, was distrustful of businessmen and professors. Above all, it was military at the top and unconstrained by politics or the need for discussion or negotiation of decisions with persons who could not comprehend them. Trained in the military schools before 1789 and an artillery officer, Napoleon embodied all these hopes and ideals perfectly. In short, the very characteristics of the Napoleonic state that eliminate it from the line of development toward democracy place it in fact at the center of another evolution that continued long. And whether one likes Bonaparte's state and regime or not, they rested on ideas with positive content, were rooted in at least one tradition, and had a number of sequels.

The papers of Jean-Paul Bertaud and Alison Patrick fall into another category, that of specialists on the Revolution. Long-term change does not concern them directly. Bertaud's story of the state stays within the Revolution and involves control, the struggle from 1789 to Bonaparte to dominate the army which was the central institution of state power. The paper shows well the three stages in that struggle. In the early years the problem was to define how much and what kind of directing power to permit the executive and what limits to impose on it. The National Assembly legislated on organization, but left selection of personnel to the king. Later, especially from January 1793, the distrust of independent executive authority rose further and the main issue was how to subordinate the army totally to the sovereignty of the people. Representatives on mission kept a close eye on generals and military units, and the Convention eliminated the separate position of minister of war altogether in April 1794. Under the Directory the tide of civilian and democratic control began to ebb, and once more the generals took over, threatening civil authority and paving the way for the arrival of Bonaparte. Into that administrative story are woven several others. One, mentioned briefly, relates the practical work to logistics (always the most sensitive area for control), tactics, and organization that finally produced an effective army in 1794. Another, more important to the paper, shows how the narrower and technical matters were charged with heavy political meaning. Revolutionists embedded the administrative issue of executive authority in others involving despotism, counter-revolution, Caesarism, and in various practical reforms they thought to establish a school for democratic training through the army. They gave ordinary soldiers representation in the *conseils* placed in units, and the new system of military justice provided soldiers judgment by civilians and the same guarantees as ordinary citizens. With the Directory the generals ended all that, but they used ceremonies and *fêtes*, flags and monuments, to diffuse a cult of personality and a different message about patrie. Politicization was everywhere.

Bertaud's theme for the decade of revolution—the rise and fall of civilian control of the army, and democracy with it—joins naturally with Bergeron's subject for which it provides a background. In his paper Bertaud is quite clear on the concerns and ideas of the civilians and democrats. He is less so, however, for the army and its ideas. What moved the army? Social fear? Counter-revolutionary sentiments? The group of generals whom Bertaud mentions, purged as it had been, was surely not dreaming of a return to the Old Regime in the late 1790s (nor does Bertaud say it was). The generals' very support for Bonaparte suggests that they accepted much of the new order in law and institutions. But when it came to civilian meddling in their affairs, no matter that it was done in the name of the people, military leaders were evidently no happier than had been their predecessors before 1789. They had little patience with politics and the democracy that permitted Jacobins or other outsiders to tell them how to run an army. If this is so, the story may have something important and broader to say to us about the new nature of conflict engendered by the modern state, and not only in the Revolution. Increasingly, since the eighteenth century, the state has generated various institutions to serve it, institutions staffed by experts and insiders invoking a lore and experience to defend their corporate professional identities. But the state simultaneously fostered broadened political participation by citizens whose financial investment and acquiescence in taxation it had to have. And so, a new dialectic and set of tensions—technocrat vs. democrat—has arisen. One might even speculate whether the proper sequence for understanding the evolution of conflict is less the consecrated one (from orders to classes) than the reverse. In any event, it could be argued that Jean-Paul Bertaud's paper, perhaps extended beyond what he means it to say, supplies a precocious and striking example of a more general and evolving relation, sometimes one of hostility, between the modern state and society, between professionalization and democracy.

Finally, there is Alison Patrick's paper, one de Tocqueville would surely have applauded. Not that the paper treats either him or change over an extended period, but its method is his at its best. In the sources for the routine functioning of government at the local level, sources some would find dull, Alison Patrick finds direction and meaning. With a sharp eye she extracts telling illustrations and applies an ethnographic empathy to writing administrative history in social and political context. The paper describes the differences in function, experience, and outlook (social differences were less significant) in men at the three levels of local administration. Those active in the departments, commonly lawyers and ex-judges, and districts, frequently notaries, had the vast task of overseeing the radical reorganization of institutions. Unpracticed in administration, they were nonetheless the transmission belt for orders from the center to the thousands of tiny communes. Although more aware of local needs and variety than the men in Paris, the departmental officials in those new and artificial bodies tended to share the central bureaucracy's vision and fears—general laws should be applied uniformly and failure to do so implied incipient counter-revolution. At the bottom there were men who knew better. There, in the small communities with real histories and political life, social reality was very visible and immediate. At that level the problem was how to improvise, to adapt, to use common sense in applying universal regulations without any practical advice from above. Inevitably the men elected by communities, while wanting to please higher authorities and to do what was expected of them, had to make compromises and come to terms with varying circumstances and the neighbors with whom they lived. Alison Patrick shows their efforts in rich detail, the remarkable achievements of quite ordinary people in collecting taxes, in making lists of all kinds relative to voting and mendicity and emigration, and in much else, and all without precedents to go by or trained administrative personnel to help. Troubles arose, however, when the more doctrinaire and literal-minded authorities at the departmental and national levels intruded, overruling pragmatic and sensible accommodations worked out within communities. Where that happened, the delicate local balance and compromises were sometimes broken, and the outcome was alienation, rioting, even counter-revolution. Such was the case with the Civil Constitution of the Clergy and its application.

Alison Patrick shows, then, a system that worked better than many have thought in those early years of the Revolution, and shows also the tensions that could cause it to break down. But what does her research imply for long-term change? Could it be used to re-think or to qualify some parts of de Tocqueville? Possibly so. In the Patrick account, it is true, the persons at the center and those running departments are quite recognizable as the types conditioned within de Tocqueville's framework for the old state and society. There were revolutionary bureaucrats deciding, for example, that all communities should have exactly two *gardes champêtres*, whether they needed zero or twenty. It is not at the upper bureaucratic levels where surprises appear. But at the lowest level, in the communities where most of the French lived, there was clearly more activity, more initiative, more creative adaptation than de Tocqueville's work would have led us to predict. Perhaps de Tocqueville's own use of the records of intendants and subdelegates, rather than the records for communes, led him to exaggerate the extent to which activity and even politics had been drained from local life by the state. Although it is too much to expect her to do, it would be interesting if Alison Patrick could study in her way a century or more, from 1750 to Tocqueville's day or even to 1900, perhaps 1950, to see how long that most local life and activity continued. It may be that the agricultural revolution and rapid urbanization in our own lifetimes have had more to do with transforming life at the grassroots than did the state. In any event, Alison Patrick's paper is highly suggestive for a comparative analysis of the ways in which the state affected habits at different social levels.

Here, then, are four papers of considerable interest. Organized around the state, they do not converge on a single problem, but each makes a clear argument. And collectively they raise issues about both the Revolution and a longer history that gives it meaning.

CHAPTER 20

French Revolutionary Local Government, 1789–1792

ALISON PATRICK

IN French revolutionary historiography, the local government system created in 1789–90 has been a legendary example of "extreme decentralisation" in which the provinces all but escaped from the central control which had to be re-established in 1793. Among English-speaking historians, it has also had a reputation for ineffectiveness. Forty-five years ago Cobban condemned the whole structure as overmanned, under-funded, and crippled by internal social divisions between conservative bourgeois at departmental level, slightly more radical district officials, and communes more likely to represent a popular element in both the social and the political sense.[1] Far more recently, Church's book on the emergence of a modern central bureaucracy sweeps aside the local structure inherited by the men of the Terror.

> Local authorities remained as recalcitrant as ever, mountain areas remained as difficult of access and as unaware of the wishes of Paris as ever, and the play of individualism amongst the members of the various authorities was as provoking as ever . . .[2]

What was "as ever" about the Parisian grasp of local problems does not appear, nor is there any mention of the local foundation on which the "more effective" government of the Terror was to be built.[3]

Godechot is a little kinder than this, in fact he says that until the fall of the monarchy, the system worked *convenablement*, but this is hardly the most enthusiastic of adjectives, and he seems to share Cobban's view about the limitations of bourgeois departmental administrators, who (he says) could not attune themselves to the changed political atmosphere in the 1793 Convention.[4] It may thus be something of a shock to encounter Sutherland's recent generalisation that

> on the whole, and except for many rural communes whose members were often illiterate and which were short on talent, the new system of government worked remarkably well.[5]

He goes on to explain why, by pointing out that men of education and experience

399

(he says that those who were not formerly bureaucrats had got their experience in the assemblies and elections of 1787–99) were actually needed to do the work, and it was lucky that the electoral system guaranteed that such men would get office.[6] More he does not say. It seems worth asking what kind of organisation it was which worked "remarkably well," and why, if this was the case, it came to be rejected in 1793, more especially since the officials who were unable to co-operate with the Convention had been chosen by the same electoral apparatus as the *conventionnels*. The general structure of local government, with its three levels of commune, district and department, of which the latter two were chosen by a departmental assembly of electors, is well enough known. We may begin by looking at what may be some significant differences in character, as well as function, between the levels of government, and then consider what the officials of 1789–1792 actually had to do, the possible impact of their experience on their outlook, and the background for the crisis of 1793 which was provided by three years of revolutionary local government.

I

It is often assumed that the workings of local government were distorted from the outset by the 1789 franchise, which imposed graduated property qualifications on electors and ensured that high office would be dominated by the wealthy.[7] (Admittedly those eligible for departmental office were not *very* wealthy—about half the adult males in France paid enough taxes to qualify.[8]) It seems undoubted that at district and departmental level, the officials of 1790–92 were nearly all from comfortably-off levels of the third estate, with occasional infusions of nobles and clergy.[9] For their *administrés* (a revealing term, dating from 1790) this was lucky, and also inevitable. All those in office at this level, without exception, would need to be able to spend up to six weeks of the year in the district or departmental *chief-lieu*, doing essential business; those in executive posts, even in the districts, would need to go several times a week to the *chef-lieu*, and departmental directors were warned by the Constituent that they could expect to work virtually full-time for some time to come.[10] At the time of the first elections, no decision on their pay had been made. When, two months later, the Constituent got round to a decree on this, the levels were modest enough for more than a dozen departments to send angry protests. Local government office was a substantial interruption to an existing career, not a career in itself, and inadequate funding would ensure the ultimate domination of *les riches* who would be the only people able to afford it.[11] (Revealingly, it had been argued in the Constituent that no pay at all was really needed, because there would be plenty of people willing to serve for nothing.) The complaint may relate to friction between sections of the middle class. It does not suggest propertied complacency, especially in conjunction with a real fear that the frequent turnover of officials might be too great a strain on a necessarily limited pool of talent. The effect of the decision was, among other things, to devalue the highly responsible position of the departmental *procureur-général-syndic*, who on average was paid less than 60% of the salary of a deputy to the legislature.[12]

The demands on departmental officials related to more than the amount of time they had to spare. Although the experience of bureaucrats was clearly useful, and there could well in 1790 have been many more of them in executive posts, Sutherland's comment on the "experience" of those elected to office is a little optimistic. Lawyers and budding politicians knew nothing of bureaucratic administration, and no one, bureaucrat or otherwise, had any experience of trying to combine the normal business of local government, dislocated by revolutionary changes and disorders, with the radical reconstruction of every existing piece of institutional apparatus, plus the supervision of a hopeful, volatile and suspicious populace; all this without administrative routines of any kind and at a time when no one knew how even the postage-bills were to be paid. Over the next two years, some routines did emerge, but so did many other unforseeable demands. The ex-*sub-délégué* of Bourg-en-Bresse, chosen in 1790 as a departmental elector, and trying to guess what his new department's obligations might be, found himself writing a 37-page pamphlet which he knew must be incomplete.[14] It seems unlikely that others were better-informed, or that many knew as much. (His grateful colleagues immediately made him their first *procureur-général-syndic*). Riboud could find no precedents because there were none, but had to extrapolate from the relevant decrees as best he could. It was at least plain that departmental office would be strenuous, and that the officials would need to be literate. Some capacity for clear thinking, plus willingness to face unexpected obligations no matter how preposterous, also turned out to be useful. Perhaps what the administrators needed most, to sustain other admirable qualities such as commonsense, was courage and a sense of duty. Failing any administrative experience, which seems to have been rare, a conception of office-routine was an asset. Ability to appreciate the importance of accurate and accessible records, and to keep track of the money, should have been (but were not) prerequisite qualities for any departmental *procureur*.[14]

If one turns to the foot of the departmental hierarchy, the communal officials in one sense had an easier time because they were told exactly what they had to do, and might be supervised in their doing of it, but their considerable pile of everyday duties was enormously increased by an endless procession of one-off revolutionary obligations, and the elected officers were not paid at all. They were very frequently asked for masses of information—and again the need for (someone's) literacy was clear. Somehow they struggled through, pushed, prodded and occasionally helped from above. It was possible for the *maire* or the *procureur* to be illiterate, and yet for essential returns to be filled in;[15] presumably whoever could write then read what he had written to those who had to take responsibility for it, much as petitions and memoirs were read to some of those supporting them. The burdens carried by communes were fantastic, but none of local government was easy.

Although there is an obvious social contrast between the miller or the innkeeper likely to get office at the rural communal level, the notary or doctor likely to get it in the districts, and the ex-judge, *avocat* or (if the department were very lucky) ex-bureaucrat more likely to be available in the departmental *chef-lieu*,[16] this was not the most significant difference between the top and the bottom of the pyramid. In one respect, the communes were unique. Unlike those above them, they had a recognised past, and a positive functioning relationship with their own citizens. The departments did have a geographical relationship with the old provinces, and for purposes of taxation and record-keeping convenience there was a coincidence of boundaries, but they had been planned as structures which cast no shadows.

They had no links with provincial tradition and had been created precisely for the purpose of making this irrelevant to the functioning of the new régime. The districts were designed to give some leeway to local *amour propre*, but this in itself had no administrative significance either. As the officials at both upper levels were firmly told, they were not representatives and had no representative function of any kind. They existed only as links in a chain of communication which was to inform the public of the law and ensure that the law was obeyed.[17]

The communes were different. They had emerged from the chaos of 1789 as active entities, protecting their citizens from anarchy, and the Constituent's first concern in local government had been to regularise their position by proper elections under the new rules—elections held four months before the upper level of the administration took shape at all. The elections were vigorously fought out, and the flood of subsequent complaints to the Constituent is evidence enough that in many places they were the venue for trials of strength between competing cliques, the rules being manipulated *ad lib*, by either side, and the victory going to the strongest: institutions, it might be said, being brought into accordance with some kind of social reality. The losers did not always accept defeat, but loudly pointed out the more flagrant illegalities. In Arbigny, one of the 5 new *échevins* was the *procureur*'s nephew, among the 12 *notables* were three more nephews, a brother and 6 cousins, and the *maire* was another cousin.

> It is too much to be feared (says an undated petition) that the commune's business will be embarked on, pursued and carried out only with strong feeling, or under the influence of his relatives . . .[18]

Another striking breach of the law allegedly occurred in the Castelsagrat elections, interminably protracted and several times interrupted by violent disputes, which ended with the choice as *notable* of Jean-André Gayral, a man of no property whatever who paid no taxes direct or indirect and was the *procureur*'s brother.[19] And so on. The new arrangements had released a variety of factional struggles, for whose purposes the law existed only as a weapon. The Constituent set a dangerous precedent when, after rehearsing a range of possible irregularities, it told the departmental authorities to overlook, this first time, all but the grossest; which in practice meant that there would be no official recriminations at all. The *next* elections, said the Constituent, should be more decorous;[20] but by the next elections, the motives for any outside interference might be misinterpreted.

At this lowest administrative level, therefore, the political style of the early Revolution was undisciplined and effervescent, not necessarily taking rules about citizenship too seriously, and difficult for superior authorities to control. Accompanying it, for the community as a whole, was a very old tradition of community action in the community interest, which the departments and districts had had no time to develop. Whereas it was beyond the right of the upper officials to "represent" those who had elected them, the commune was a collectivity whose interests had to be represented in many directions and whose hopes, stimulated by the drawing up of the *cahiers*, had been greatly broadened by the events of 1789. Masses of petitions, memoirs and letters, often with a page of scrawled signatures, indicate that something about the right to communicate had been very quickly learned. Towns expanded their ambitions. Apt briskly demolishing the pretensions of its rival Pertuis,[21] Montauban bitterly trying to salvage at least a teachers' institute from the wreckage of its pre-1789 status,[22] eleven towns each maintaining its undoubted right to be *chef-lieu* of the Seine-et-Marne[23]—all of these were trying to capitalise on the sudden opportunities opened up by revolution. The impulse reached down into the villages; to be a cantonal *chef-lieu* was better than nothing.[24] 1789 had shown too that there would be chances for settling old scores. In the reaction after the summer's excesses, citizens who felt that they had gone too far (for example those who had attacked the property of the Nantua priory) might hasten to humble themselves to avoid prosecution;[25] but the impulse remained.

What in fact produced grave administrative problems was the combination in the communes of traditional pressures with disregard of the law; a betrayal of the principle that the law was a constraint on all citizens. It did not make things easier that the higher authorities might themselves be unsure of what the law's limits might be. For example, consider the issue of seigneurial church *bancs*. In September 1790 the Yonne department accepted that these were no longer legal, but ruled that communal authorities forcibly removing them had gone about things in the wrong way.[26] In the Lot-et-Garonne, where they were not only removed but ceremonially burned, popular methods were certainly unacceptable, but in addition the authorities were not at all sure that the pews were not legitimate property, in which case it was wrong to attack them at all, much less to do it with the co-operation of communal officials wearing the sashes which were their badges of office.[27] Revolutionary symbols must be used only on appropriate occasions. The Vendée department saw attacks on pews as part of an attack on bourgeois revolution—which in their area it very likely was.[28] Thus popular action had to be carefully interpreted and both the legal and moral position had to be established. Please tell us about weathercocks, wrote the Cantal department anxiously after June 19, 1790: does revolutionary equality mean that anyone can have one, or that no one can? Advise quickly, we are afraid of rioting.[29]

The reading of symbolic action, then, was not automatic, nor necessarily confident, nor automatically deducible from the social background of those doing the interpretation. The Lot-et-Garonne departmental officials were uninterested in preserving seigneurial emblems, in that they accepted the abolition of nobility and had no time for the pretensions of the chevalier de Beaumont.[30] What they wished to be sure of was that in the Saint-Avit riot, the issue *was* seigneurial arrogance and nothing else, and furthermore that objection to *bancs* was in principle (method apart) perfectly legal. Similarly, the Cantal authorities wanted to know what a weathercock could be taken as symbolising. The Lot authorities thought they knew what the planting of maypoles meant, which was an approaching *jacquerie*. They may have been right, but removing the maypoles helped precipitate the *jacquerie*.[31]

The responsibility of district and department was with order and police, and it was important to read symbols carefully. In March 1792, a very nasty riot at Villeneuve-sur-Lot could easily have been seen as the outcome of counter-revolutionary conspiracy (it began with the actions of half-a-dozen boatmen, first sighted sharpening their axes by the well in the market-place), but the authorities kept their heads, and decided it was urgent to do something about the grain supply rather than hunt for conspirators.[32] This kind of insight suggests that in cases of friction between departments and communes the obvious social fracture was not as significant as a disjunction of value and outlook, inherent in a basic difference of origin and function. The commune's affairs were its own, but rioting could not be overlooked. The problem was complicated by the fact that the National Guard was a municipal organisation, whose loyalties might become divided. A National Guard co-operating with rioters, as was seen in Villeneuve-sur-Lot, laid itself open to severe discipline; on the other hand, Guardsmen sallying out unbidden and unchecked to "revolutionise" a reticent countryside compromised those above them by becoming symbols of a hostile alien power.[33] "They are going for the uniform rather than the man," wrote the Cholet *procureur-syndic* to his departmental superiors, after Guardsmen had been hurt in a brawl. He was right, but the angry peasantry also rejected what the uniform symbolised.[34] Popular effervescence allegedly on the side of the law was as dangerous, and as hard to control, as any other kind.

Above the communes were the districts, awkwardly poised between upper and lower levels, with no tradition and no right to their own opinions, being mechanisms merely, without direct access to interpretation of the law. All their queries were supposed to go forward via the departments, and they were not supposed to develop views on policy. The Yonne archivists vividly report an unfortunate incident in October 1790, when Auxerre district had the audacity to print and circulate its reply to a rebuke from the department. Districts were not supposed to argue publicly with their betters.[35] Their business was to implement the law as they were told it stood. The administrations might take colour from the character of the *chef-lieu* from which they operated, but the district collectively had nothing of its own to administer; all its duties were delegated. Yet those duties were important. The districts supervised almost every aspect of the Civil Constitution of the Clergy, they allocated taxes among the communes, they supervised the election of justices of the peace and sent *commissaires* to riotous communities and watched over disputed communal elections.[36] The ordinary courts were district courts, installed by district officials and sitting in district *chef-lieux*, to which potential jurors had come to enrol;[37] only the criminal court was departmental. If the departments were the hinge between Paris and the periphery, the districts were the hinge between department and populace.[38] That they were not entitled to have opinions or to take initiatives did not make them passive, nor was their political attitude necessarily conditioned by a social origin basically similar to that of their superiors. Some districts were highly conservative and some were highly radical, and both kinds gave trouble to their departmental officials.[39]

II

In 1790–92, French local government was "decentralised" only in a rather special sense. The departments did control such things as roadmaking programs and the supervision of charitable institutions, but then the *intendant* had done that, and they had inherited his duties. They had very little power to raise money, and in theory their sphere of activity was strictly defined. Their main duty was to see to tax-collection. Beyond this, they were to see to a collection of general social needs, to keep the countryside policed, to communicate the law to the public and to see that it was observed, plus anything else that might be required of them by the executive.[40] They were not told anything very specific about their particular local duties or how these were to be carried out, on the ground that on this subject, they would know best, and could be advised by the Minister if necessary.[41] The Constituent was not much concerned with ordinary administrative routine. What the deputies spent much of their time expounding in their various messages to the new officials, was the supreme need of seeing that all the new authorities were properly elected and properly installed, and that all the formalities were fully observed.[42] (This reads oddly alongside their willingness to ignore numberless irregularities in the first communal elections, but they were not necessarily consistent.) What concerned them most was security, and their brooding preoccupation was the wish to provide every possible reinforcement for a system of government which was still felt to be all too fragile. Districts might cause trouble; the populace might cause trouble; municipalities were all too likely to cause trouble; departments themselves might cause trouble if not kept firmly in their place. None of this could be permitted, because—the assumption was spelled out—there was no more need for irregular action. There were proper channels for protest and a legislature to deal with any need for further change. Hence the obsessive stress on routine and subordination. Rising like a mist from the pages of their instructions is the fear that making rules might not be enough. But the law was the only defence against anarchy, and the deputies' theme was the supremacy of the law over all citizens.[43] Many of these views came as a welcome support for the authority of the departmental officials vis-à-vis their own citizens. But it was stressed too that the department was itself subordinate. It lacked the police-powers possessed by the smallest commune, and could only act through the courts, or by way of emergency action approved in Paris.[44] This laid a very heavy burden on the structure of law being created, and on the officials' ability to secure general acceptance of it. Beneath all else was the assumption that the law would be easily understood and universally applicable, and that all parts of the machinery—legislative, judiciary, and royal-directed executive—would be agreed about how it was to be applied.

Whence, then, the "decentralisation?" This arose because as to *how* all this was to be done, the administrators were left to their own devices, to find their own accommodation, recruit their own staff, devise their own administrative routine, find their own copies of past legislation, recover their own archives from the old-régime authorities, discover (for the time being) their own maps of their new territory . . . the list was endless.[45] Through an administrative muddle arising from imperfect instructions, what could have been useful advice from the minister did not reach them until they had been at work for some weeks, but in any case the minister had no advice to offer on anything not relating directly to business as he had known it under the old régime; the administration of national property, for example, was not his affair and he had no right to interfere.[46] Nor was the organisation of the new hierarchy his affair either. So the new officials had to grope for themselves, with little wish for independence, but difficulty in avoiding it. Ironically, even at the opening of their careers (June 1790) the Constituent itself had contributed. Nothing had been done to collect the old-régime papers which should have given the departmental assemblies the material for their policy-discussions, and belatedly realising this, the Constituent ordered the assemblies to cut their sessions short, elect their directories and disband to await the routine meeting due in the autumn. This order was made at a time when some assemblies had finished their debates, others were fully launched and yet others were about to begin. It was ill-informed, for lacking background information, the new executives needed more, not less, access to advice (hence the importance of Riboud's widely-circulated pamphlet). The order did not make sense, and was widely disregarded.[47] The administrators had been pushed into setting their own priorities, and into foreshadowing the "federalism" of 1793, for in default of help from any other source, they did the obvious: they consulted each other.[48]

It would be hard to exaggerate the desperate administrative improvisation of 1790, surely the greatest in French history, astonishingly effective overall although with great variation from department to department. Departmental offices had to be set up without knowledge of what would be needed. The number of clerks had to be guessed at: Thomas Riboud in the Ain at first estimated a dozen, the Hérault ended 1790 with seven, all crazily overworked, other places had more than twenty.[49] How to select them . . . in the Lot-et-Garonne, the ex-soldier *procureur* Lacuée recognised his ignorance of office routine, and the directors set and marked an examination in spelling, writing and arithmetic—a procedure producing admirably useable registers;[50] at the other extreme, the Maine-et-Loire clerks produced records chaotic enough to justify serious thought about the importance of this fact for the genesis of civil war.[51] A revolutionary administration above all needed to be able to find its papers and refer back to its own decisions, and in the Maine-et-Loire, this would have been very difficult indeed.[51] The archival *inventaires* tell the story. Where the twentieth-century archivist had been able to note from a register dates and subject-matter, he has been dealing with a properly kept record which the 1790–92 officials too would have found useful. If all that the *inventaire* can provide is the name of a file, this bodes ill for the character of the revolutionary administration, and perhaps for its relationship with its citizens.[52]

In view of the amount of work to be done, it may be an error to argue that there were too many officials, or even too many districts; subdividing large tasks made them easier, though it added to the burden of collation. As against the communes' need for more help, it was argued at the time that those able to provide it were already fully employed;[53] but this is perhaps a self-serving district excuse; one of the Ain communes, for example, got valuable assistance with its tax-rolls from two soldiers on leave.[54] Help to the communes was limited largely because of the short-sighted stinginess of the legislature, as for example in 1792 when Gauthier, the then Ain *procureur*, found to his rage that he would not be permitted to approve the appointment of *commissaires* to help the communes with the listing of *émigré* property.[55] In general at the early high-point of revolutionary enthusiasm, there could be much to be said for involving as many people as possible in the arduous foundation-work of the new régime.

Gauthier was refused the permission he sought because, presumably, it was not recognised in Paris how urgent his problem was (he had charge of a frontier department) and how locally sensible his solution. In departmental administration, the tension was always between the uniform observance of the law, which was seen as the foundation of revolutionary equality, and the recognition that France was a very various country in which uniformity and equality were not necessarily synonymous. For example, in 1790 the municipal elections were set down for early

December: how did this serve any purpose in mountain communes in which most of the male population migrated annually in mid-November to spend the winter flax-combing in Alsace? The answer from Paris was that the date was immovable.[56] The aim of revolution after all had been to eliminate differences amongst the French, and there was strong resistance to allowing any chance that the system might founder in a morass of special cases. As Dupont de Nemours said angrily to Merlin, If we take note of all this detail, it will be impossible ever to draft a *code rural*.[57] In principle he was right; but Merlin was right too, for the *code rural* contained a proviso obliging every commune in France to employ two *gardes champêtres*, whether the commune needed two, thirty or none . . . .[58] In 1790–92, the pressure of commonsense caused the departments to bend the law, if a precise enforcement of it would cause the manufacture of new inequality in the name of equality. This was a dangerous thing to do, for it left the officials to determine the intention of the law (which was not proveable) as against its text (which was). But their behaviour was understandable for more reasons than one. The decrees were supposed to speak for themselves. In practice, the deputies were inexperienced draftsmen and there were many holes,[59] so that improvisation could not always be avoided and arose over all kinds of issues. It took time to get rulings from Paris.

Most of the extreme difficulty of 1790–92 was created not by the burden of routine administration, which Riboud had thought his 12 clerks could handle,[60] but the extraordinary amount of extra work caused first by the setting up of new institutions, and then by the approach of the war. The second of these has always aroused some kind of comment, the first is rarely noticed at all. It is as if the massive amount of paper generated by revolutionary legislators working seven days a week for nearly three years *before* the outbreak of war was effortlessly absorbed by the citizens and then almost automatically became part of the fabric of their lives. It is salutary to realise that in 1791 the department of the Ardèche was trying to conduct its business without any direct communication with Paris (all mail had to come down the Rhône and be conveyed cross-country) and without main roads to at least five of its district capitals,[61] and that nevertheless it was managing, by modestly successful methods, to contain the activities of what it saw as a surly, uncivilised, remote peasantry not much in the habit of behaving itself, which sympathised with non-jurors and might engage in *jacquerie*.[62] When Boissy d'Anglas arrived in September to take up his post as the second Ardèche *procureur*, he did discover that his new department had still not made the effort needed to recover its archives from Montpellier, but on the other hand, the officials had had a certain number of other things to think about: the Jalès camps, for instance.[63]

III

The total time between the emergence of the departments and the beginning of a return to overt centralisation of the administration was about three years. During this time, in the face of frightening obstacles, the officials achieved a very great deal.

Before Church property could be sold, it had to be identified, listed, valued and advertised. This was done. Movable property, such as plate, vestments, images and books, had to be collected from monastic institutions and passed on to the designated authorities. This was done.[64] To permit the allocation of the Constitution's new deputies between the different departments, lists of the numbers of all active citizens were needed; the original method suggested for this was rather haphazard, the lists themselves when produced represented many hours of work in copying and re-copying. For the same purpose, as well as for background use in the preparation of new taxes, lists had to be made of every tax (direct and indirect) payable by every community in France; the packets of these, in the committee files in Paris, boggle the imagination.[65]

The *mendicité* inquiry was a very large enterprise of its own.[66] The *lettre de cachet* committee officially required every department to inquire not only of forts and prisons, but of every *dépot de mendicité*, monastic house and other possible place of detention, how many people were held under executive order, with full details; many departments abbreviated the work on this, but enough complied to allow the compilation of a list of thousands of names. (Outside Paris, these were mostly the mentally ill.)[67] Lists of jurors had to be compiled, after the eligible had been forced to enrol. The agriculture and commerce committee wanted a complete description of weights and measures, with models, for every commune in France. (This they did *not* get, though there were some replies.)[68] Judges had to be elected, and court-rooms and judges' chambers organised, furnished and heated (again without advance provision, so that chairs and bookcases might have to be borrowed). Justices of the Peace had to be elected.[69] Departmental criminal courts had to be established. In and around all this work was the constant task of keeping up the unending flow of decrees to those affected by them; not only were the printing bills enormous, the local printers might not be able to cope at all—the Ardèche exhausted the resources of Privas, was going as far afield as Montpellier, and was still in difficulties[70]—and once the decrees were printed, there might be trouble about their distribution; the Landes complained about their weight, too much they said for one man on a horse, they had to go to the expense of carriage-hire. And none of this touches the very large amount of work unexpectedly engendered by the Civil Constitution of the Clergy. Nor the installation of an entirely new tax system.

The level of some of the accomplishment may be gauged by the fact that historians take it for granted: the courts were set up, the property of the church was sold. The Civil Constitution created problems; the officials' responsibility here will be separately examined. The universally accepted failure is said to be that of tax collection. If this is carefully looked at, some interesting points emerge.

The first and most obvious of these is that the extraordinary optimism of the deputies of 1789–91 seems to have been shared by historians—as if, by a change of régime, a new tax structure could be installed which would *instantly* function at optimum efficiency. This did not happen, but why should it have happened? By the time the new local administration was fully installed, that is to say, by the late summer of 1790, the system of tax assessment was already nearly a year behind. Work which should have been done in September 1789 had in many places not yet been started, so that a year's formal arrears already existed, not counting any arrears to be carried over from the difficult period just before the Revolution. (It must be remembered that at this time, taxes were calculated entirely in terms of the government's needs, without regard to the taxpayer's resources; allowance could be made for an individual disaster such as a fire or the loss of all one's livestock, but a *regional* disaster such as a drought or an appalling frost could not be allowed for, and the arrears would simply accumulate.) It had been old-régime custom to allow a period of three years for the paying-off of arrears. The harried Constituent suddenly demanded the paying-off of 1788 arrears by January 1, 1790, 1789 arrears by March 1, 1790 and 1790 arrears by July 1, 1791, from which date each year's current levy was to be in hand within six months.[71] Even twentieth-century tax gatherers may not be tied to so tight a schedule, whose exacting demands were not eased by the requirement that the communes complete, within two years, *six* entirely new tax-rolls: one for the *ci-devant privilégiés*, for the last six months of 1789, one common roll (for the pre-revolutionary taxes) for 1790, a roll for the *contribution patriotique*, and finally the rolls for the *contribution foncière*, the *contribution mobilière* and the *patente*, which were to be the basic taxes of the new régime. Of these last it may be remarked that Marion rightly describes the *foncière* as "very complicated," that the *mobilière*, also complex, was not decreed until January 13, 1791, and that departments could not begin making allocations among districts until a decree of May 27 gave them their quotas; nor were they told exactly what principles to use, so that they had to decide as best they could.[72] The districts and the communes could not start work until they had instructions from higher up the hierarchy. The taxpayers, initially annoyed at the prolongation of past taxes, now found that the Constituent had abandoned any effort to iron out the inequalities of 1789, so that old injustices were perpetuated,[73] and when the communes finally got down to work, they found parts of it tedious, parts difficult and parts incomprehensible. (The *patente*, whose small product disappointed the authorities, was especially unpopular, sometimes for understandable reasons; for example, it appeared that the *vigneron* selling off a few annual barrels to his neighbours was supposed to take out a *cabaret* licence.)[74] It all took time, there was little enthusiasm, and meanwhile the deficit mounted.

"The treasury remained empty" says Soboul.[75] It is a surprise to work out what had actually happened by November 1792 in three very different departments. In the Ain, by this time, nearly all the 1791 *foncière* rolls and three-quarters of the *mobilière* were finished, and about 70% of the 1791 taxes had been paid. The *patente* was less good, but 80% of the rolls were complete and collection was proceeding, and 30% of the 1792 tax had come in. Self-evidently, the department was overall still more than a year behind, but what appears is not a taxpayers' strike, it is a new system gradually getting into gear as the essential work is done. The department had encouraged the communes to use extra paid help to get the rolls under way, and could look at a modestly satisfying result.[76] By way of contrast, the Lot-et-Garonne officials felt desperate, having tried everything—exhortation, coaxing, pleading, bullying—to be left in what they saw as an appalling position, with 1791–92 accumulated arrears of 4,919,161 *livres* 4 *sous* 5 *deniers*. In addition, there was still more than 28% owing on the 1,670,799 *livres* of the *contribution patriotique*, which should have been cleared by April 1792, there was half a million owing from 1790 and 78,883 *livres* from 1789. A sorry tale. But when one inquires how much the taxpayers had in fact *produced* during the two and a half years spent consolidating the new régime, the picture is different.

In late 1790, there had still been "considerable sums" unpaid for 1788; only half the 1789 taxes had come in and barely 1/15 of what was due for 1790. By 1792, they had paid off all the 1788 arrears, and as has been seen, virtually all those for 1789, plus 5/6 of the 1790 tax, plus more than 70% of the *contribution patriotique*, which was a special additional levy. If one adds up all that had been paid over to the government it totals about two years' taxes.[77] They were still behind, but proportionately no further than in 1790—and as the 1791 *procureur* had wistfully said, the deficit would have looked "much less enormous" if they had been given the traditional leeway to meet their obligations.[78]

A third example is of interest, since in the Maine-et-Loire the department said, and believed, that in three of its eight districts taxpaying was being effectively discouraged by non-jurors, and in addition the whole department thought itself heavily overtaxed. At the end of 1792 the figures were not magnificent, in that 51% of the *contribution patriotique* and half the 1791 *foncière*, plus nearly all the *mobilière*, was still owing. On the other hand, in the allegedly counter-revolutionary districts of the Mauges, 66% of the *contribution patriotique* and 53% of the *foncière* had been *paid*, and over the whole department, the rolls were at last coming in. It was not good, but it was not at all hopeless, and even the acute religious discord was not a demonstrable obstacle to tax collection, for the Mauges record was better than that of the "patriotic" Saumur or Angers districts.[79]

These three instances illustrate the great local variations possible in taxpaying statistics, but may also suggest that overall, Godechot's figure of an 80% return for the taxes of the constitutional monarchy may have been about right.[80] Lefebvre concluded that without the war, the Nord probably could have got rid of its deficit—perhaps in 1789 the worst in France—in four or five years.[81] The municipalities everywhere were certainly unenthusiastic, to say no more; the *total* costs of the new régime, local government included, were unexpectedly high; but what produced a feeling of emergency was the lack of any running-in period for the new régime. The Constituent had inherited from the old régime an *immediate* need for money, and what had happened in 1789 was an administrative collapse which had postponed effective tax collection for a further year. This was part of the cost of revolution, and in the ensuing two years the new administrators were making a creditable effort to pick up the pieces.

Tax collection was a routine duty, for which new rules were painfully being learned. Other tasks had to be done which involved partly new routine, and partly, again, considerable improvisation.

Care for the movement of soldiers, which had caught Lacuée by surprise in 1790, was a continuing need, especially in frontier areas, and by 1791 was complicated by movements of volunteers. Some towns had barracks and some did not; horses needed stabling and fodder; heating might be required, straw for mattresses certainly would be. All these things had to be arranged at some immediate cost to the inhabitants, for Paris was in no hurry to pay the bills.[82] With the coming of war, the Ain took an anxious look across the Rhône at what the officials believed to be 12,000 Savoyards armed to the teeth, and put a ban on the export of food, fodder and other military supplies, only to have the order cancelled by the Legislative on the ground that it would prejudice relations with Spain! An indignant protest that the Alps were not the Pyrenees got the decree reversed, not without continuing damage to confidence in the good sense of the legislature.[83] But no one in Paris seemed to care very much about military effort. When in late 1791 the Ain had a full battalion of volunteers awaiting official establishment, it took months of correspondence, and a final threat of illegal action, before a *commissaire des guerres* arrived to give the new body an official existence.[84] How much revolutionary France owed to local patriotic initiative will never be calculable, and is something historians tend to forget amongst all the—verifiable—stories of "volunteers" pushed into the army by their fellow townsmen, troops deserting on the way to the front, 1792 battalions asking to go home at the end of a three months' enlistment—the stories are very numerous and there is no reason to suppose them untrue. What seems harder to recreate in the imagination is the continuing 1789–92 confidence in a revolutionary pride in revolution, of the kind exemplified when in February 1792 the department of the Lot-et-Garonne, east of the Gironde in the south-western corner of France, sent off a batch of 80 volunteers to Metz, under escort from an ex-soldier from the departmental *bureau*. The contingent was supplied with journey-money, plus a departmental circular addressed to any departmental, district or municipal official it might encounter on its way and asking for billets, plus a little help with the baggage if necessary—"these young men, most of whom have not yet met with hardship, have need of a little kindness." Of the 80, one fell ill and one deserted in Paris; the remainder all arrived in Metz in good order—accompanied by a further 202 who had joined them en route. They had been fêted all the way, and were welcomed in Metz when they arrived. This story reflects something of the co-operation without which the achievements of 1789–92 would have been impossible.[85]

By the time the war came, some things were easier, but not many. Departmental *bureaux* had settled down, after the first hand-to-mouth months when the secretary might be providing ink, wax and candles from his own pocket and paying the *commis'* salaries as well.[86] The secretary was in fact emerging as the linchpin of the department staff; he might stay, through one régime and another, for ten years. A regular flow of correspondence was going to and from the communes, so that letters could pass from commune to district to department, and back again each way to appoint a surveyor and get his report, and then finally back from department to district to commune so that the commune could build a watering-trough six feet by four feet by fifteen inches deep; communal expenditure had to be controlled.[87] The grain trade was giving only an ordinary amount of trouble. Large amounts of church property had been disposed of. Some new needs were not easy to deal with. Prisons had to be made secure, and this was expensive; and after the Ain directory had fixed the pay of its new executioner (600 *livres* retainer, piece rates for individual cases, executions in effigy half-price), he resigned after one day's experience, and had to be replaced. Such practical difficulties could be resolved over time.[88]

There were two problems which raised novel constitutional questions, and these the officials had to grapple with, though they had no means of solving them. One, the question of the church, was general. The other, the question of the *émigrés*, was highly specific to frontier departments, yet illustrates very well a pervasive department problem.

The legislation on emigration, such as it was by mid-1792, looks reasonably straightforward, and in general was not too hard to administer. The revolutionary officials, in the Ain at least, were, by and large, far less guillible than those under suspicion seemed to expect; they analysed the evidence and proceeded accordingly. Their difficulty was not in deciding whether X or Y was a probable *émigré*, a question resolved with moderate ease. It was rather, for a specific case, deciding whether or not X was French. A Frenchman was the son of a French citizen; but where families lived on both sides of the border and owned property in both places, who was French and who was not? It was a subject the Legislative had never thought of, and to watch the Ain officials grappling with it is to witness an impressive exercise in political pragmatism; for in the end they decided that Clermont de Mont-Saint-Jean, having sat in the Constituent, was a French citizen whereas his brother, of virtually identical background but no political service, was not.[89] This must be an extreme case of the use of decentralised authority. They took it in their stride. They had to do too many other things without reference to Paris. Revealingly, eighteen months later the Convention appointed a special *commissaire* to investigate the very various local policies towards *émigrés*, which it took him a year to do.

The other question, that of the Church, was much bigger, and deeply concerned the relationship of both departments and communes with the revolutionary régime. To understand the implications it is necessary to step back and view the situation into which this problem intruded itself.

IV

As the process of revolutionary reform proceeded, a new political culture had begun to emerge.

In some ways, the new revolutionary community was tied together, as the legislators had assumed would be the case. The written word assumed an unparallelled importance. Posters were ubiquitous. (There was a ruling that in Paris, white paper was to be reserved for official posters only, so that they could be readily distinguished;[90] in smaller places, one wonders where space could be found to put them all before, in July 1791, there was a more realistic limitation on the number of decrees actually needed to be printed.)[91] But posters were communication as it were from above to below, whereas the flood of memoirs, letters and petitions inwards to Paris and to departmental *chef-lieux* shows the diffusion of the notion that communication upwards was also the citizen's right. The role of communes in public activity was novel and significant. Tax collection was an old story, but the *mendicité* returns, which often suggest an agonising effort at honest evaluation, are evidence of communities trying to estimate their own needs and to consider solutions for universal problems, ranging from "fewer cabarets" to the near-universal requests for road-building projects and the organisation of more spinning and weaving. One remote community, pathetically precise about its situation, answered the question *What do you think might be done?* with the comment "not much. But could we pay fewer taxes?" The officials had been asked to think about their community, and had made the best response they could.[92] They did not expect much change, nor did they get much sympathy. From the point of view of those above them, communal organisations existed to supply information, and co-operation as it was needed. From the communal point of view, the demands for co-operation took new forms, provided a few new opportunities, and for the most part did not intrude on traditional local culture. But there were significant exceptions, which produced in many communities a new kind of self-consciousness.

The election of office-bearers in the communes created an unprecedented possible fluidity in political life. Tilly has argued that the electoral arrangements worked to shift the balance of communal power away from the traditional élites to a new group dependent for authority on its economic importance and its connections with a wider commercial world beyond communal limits.[93] It certainly appears that in the towns, there was a consolidation of bourgeois authority, and in large towns, a shift in the power-dominating élites.[94] Whether this resulted from the new franchise or from the obvious demands of office, or from other factors, is another matter. (What would one say of Bayeux, where the bishop was finally persuaded that it was his social duty to become the first revolutionary mayor?)[95] If we look at Tilly's southern Anjou, the process by which his bourgeois gained their control, such as it was, reveals a rather different aspect of the problem, for this did not happen until the old élites withdrew, and this in turn did not happen until the controversy over the clerical oath had twisted the secular politics of the commune completely out of shape.[96] Infractions of the electoral law had in February 1790 been overlooked. In some parts of France, the electoral law was rigorously enforced for the first time just as religious dissension began to cause trouble over the oath. Elections were cancelled,[97] and as a result the politics of the commune were no longer self-contained, but were significantly affected by an external intervention which changed the balance of power. (Interestingly, this seems more characteristic of the West than the South. It does not seem to have happened, for example, in the Gard until the coming of the Jacobin régime.[98]) Regular interference with communal affairs was an unwelcome novelty, intrusion into daily affairs a potential outrage. On these grounds alone, the Civil Constitution could introduce a totally divisive element into the local hierarchy, as well as significantly influencing the relationship of the departments with Paris.

Obviously the departments, and even more the districts, were closely involved with the enforcement of the Civil Constitution, but their responsibility was of a different order from that of the communes. For La Revellière-Lépaux to tell the officials of La Poitevinière that they should keep religion and politics separate was absurd as well as insulting; it was the revolutionary government he represented which had knotted them together.[99] It was the *municipal* officers who had to administer the clerical oath, to the bishop as well as to the *curé*, and the municipal officers who were officially required to instal the *curé* in office. This was their *civic* duty.[100] But supposing they had reached some accommodation with their priest over the oath, as could happen, they had no right to have the arrangement accepted, since their decision could be overruled at higher levels.[101] At this point the authority forced on the commune became pointless. External power intruded into the centre of communal life, as was symbolised in a different way by outside officials who removed pilgrim-attracting relics from monastic churches, or who closed and demolished shrines.[102] Tackett has noted that over most of France, it was only administrative caution which prevented the departmental authorities from putting in jeopardy the very existence of the village church, as the legislation on parishes might have required them to do.[103] There was in fact in existence, by September 1792, parish legislation covering most or all of half a dozen departments, plus a small scatter of other places and two-thirds of the cathedral towns,[104] but in country areas most of this does not seem to have been enforced; the Ardèche, which had a plan but put it on one side, argued that there was no sense in driving the peasantry into the hands of the non-jurors.[105] A precarious balance was thus preserved. But if, for the officials, religious belief and conspiracy were indissolubly linked, and the existence of an empty church was seen as dangerous because it might be used by non-jurors, there was a split between commune and higher authority which produced desperate, hopeless, angry rioting more serious than the rioting over the priests.

Something fundamental had been outraged, of which the taking down and smashing of the bells was a sufficient symbol.[106] This insistence on the unitary character of revolutionary institutions was not demanded from Paris, but was a departmental policy, specially marked in the Maine-et-Loire. The Maine-et-Loire officials saw the changes they were implementing as administrative, and objections to them as necessarily political counter-revolution. Those affected could see such changes as an attack on their community's conception of itself. (*This community has built a chapel and paid a priest, it wishes to keep them.*[107]) What followed was alienation of the victimised part from the alleged greater whole: our new church will be sold, and for whose benefit? The *Nation's*.[108] The Nation becomes a hostile external force, with reluctant citizens denied rights either within it or against it; in the Maine-et-Loire, whence these examples are taken, it was by mid-1792 illegal both to circulate petitions in favour of non-juring priests and to print any objection whatever to the new organisation of parishes.[109] Those objecting to the department's use of revolutionary authority were "outside the sovereign," and their struggle to make their feelings known could be seen only as conspiratorial.

In 1792 those objecting to an extreme anti-clericalism could find no legal remedy, because in their fear that conspiracy would undermine the law the officials had themselves moved beyond the limits of the law.

Officials had no right to question the law, which was there to be obeyed. There was, however, major friction between some departments and the districts which allowed non-jurors the protection of their civil rights,[110] and anger at the district judges who, with an old-fashioned respect for evidence, refused to convict such priests of the subversion which it was so difficult to prove.[111] (One is reminded of Danton's gloomy comment in October 1792 that "nearly all the judges are of a revolting aristocracy"[112]—he was thinking of their politics rather than their ancestry.) From the Ministry in Paris came instructions that the letter of the law must be obeyed. What then was to be done to control the rioting which seemed to relate, almost always to the continued residence of non-jurors in their old parishes? The departmental answer was to disregard the law as inadequate to its purpose, and to remove the priests as trouble-makers.[113] A Ministerial circular of March 1792 told fourteen departments (there were more than this involved) that this was illegal, and must cease.[114] The Ain angrily obeyed this order, though other departments might not.[115]

We have here something which goes much further than mere adjustment of election dates, for what was in question was the doctrine imposed by the Constituent as the uniting force of the new régime—obedience to the *principle* of revolutionary law, as the foundation of national security. Rebellion against the executive authority, bad enough in itself, could find tenuous justification by appealing to the law's higher authority over all executive agents no matter how prestigious; but in March 1792 the Minister was not flouting the law, he was inconveniently pointing out what it was. Rebelling against the law itself—and this was the effect of departmental disregard of the non-jurors' civil rights—was revolution against the revolution. The foundations of the new order were in dispute, by officials who by nature of their office were not supposed to take up political positions at all.

Over the Civil Constitution, almost all departments found themselves in difficulties, but only a minority found themselves driven to extreme action. Then came the crises of June 20 and August 10, and a different irony, whereby those who had most scrupulously accepted the obligations of their office found themselves branded as counter-revolutionary. The revolutionary logic by which Buzot in the Eure accused most of the officials, from department down to commune, of being counter-revolutionary because they had failed to oppose the royal government, carried with it the implication that part of the duty of local officials was to sit perpetually in judgment on those who gave them their orders.[116] The agonies which followed in June 1793 are not hard to understand, though it is hard to see how they would have been possible had the habit of obedience been more firmly established. Such a right to disobedience was not viable. No government, much less the Jacobin government of mid-1793, could tolerate widespread administrative rebellion; yet in 1792, officials had been censured for their failure to rebel. By 1793 there were no right answers.

As an administrative footnote, observe that in July 1793 all but two of the departments considered to be "in a state of rebellion" were still dutifully forwarding to the *caisse de l'extraordinaire* their returns of sales of national property.[117] Whatever else was going on at the political level, a bureaucratic machinery was in being, and was continuing to turn over.

After three years of administrative reconstruction, was the achievement as negative as Church's judgment suggests? At the minimum, many routine tasks were being discharged in a routine way, which in a revolutionary context is not nothing. The departmental engineer still had his usual function, the department still needed to spend, and did spend, a large proportion of whatever money it had on roads, rivers, bridges and canals, and if the coming of the *assignat* had discouraged contractors and made road maintenance a nightmare, that was not the fault of the administrative system.[118] Clerks worked on as always, and possibly many of them were the same clerks. The communes' revenue from timber-cutting dues did not now have to be sent to the *Eaux et Forêts*, whose horror at suddenly being asked in 1790 for an accumulated treasure is an engaging spectacle—but the communes did not get it directly either, they were still not trusted with it; the districts minded it for them.[119] Taxes still had to be paid and the allocations had not even much changed. For the mass of the people the uses of power, and those who wielded it, were little altered.

Training in public life had affected mostly the middle classes, as might have been expected. It had been arduous, and could be dangerous. In March 1792, the municipal officers of Agen were penned up in the *hôtel de ville* by a market-place mob, and Lozère departmental administrators fled from Mende while leaving behind them the triumphant counter-revolutionaries who had drummed out of town, within 24 hours, a battalion of regular troops sent there to discipline them.[120] Whatever the level at which the officials had functioned, they had had to contend with tensions and conflicts: in the Landes and Cantal, for example, conservative districts in revolt against their departmental directories, in the Ariège radicals resisting a conservative directory, in almost any department conservative and rural communes and radical urban communes battling with the department, the districts and each other.[121]

Amidst all this, the achievement in such a short time seems very considerable, and one wonders how the Terror could have operated *as a government* without foundations from below. Brangier remained secretary in the Ain throughout the Terror, but it was not the Terror which had established his routine. The work that went on in the unpaid, overstrained communes will never be adequately recorded. (Here too there was constant pressure to pick and choose amongst orders which were sometimes reasonable and sometimes absurd: until late in 1791, for example, the secretary—the only paid officer, lucky to get 60 *livres* a year—was supposed to recopy into a register every decree as it arrived.[122]) Within the hierarchy, it is hard to see conflicts as merely, or even very significantly, rooted in social differences. Whatever the social character of the officials, no government could permit rioting, or countenance popular interference with the flow of food supplies. There was an element of bourgeois versus peasantry, town versus country, but over the Church especially, which was the most important source of conflict, what emerges most sharply is the conflict between an "enlightened," urban middle class, the agent of a national revolution, and inward-looking rural communities: a conflict of ideologies rather than of social groups, as Tackett has pictured it for western France, though clearly within this broad picture there were other, finer shades. At all levels in the hierarchy, some experience of revolutionary government operated to suggest the need at times to sit loosely to the law which it was the officials' duty to enforce, if the law were to work at all. This does not seem to have been a matter of politics as such; Riboud was a much more conservative man than Gauthier; it was a matter of contact with administrative reality. In 1793, it seems probable that conservatism, as well as regional prejudice, influenced attitudes to "Paris," but here one should remember both the kind of information about Paris being disseminated in the provinces, and the willingness to accept the Constitution as a guarantee for the future—a turning back to the security of the law, which the Constituents would have appreciated.[124]

In 1793 the Jacobin government inherited a bureaucratic machine in fair working order, but with inbuilt strains deriving from the lack of any machinery for automatically controlling administrative rebellion, which in 1789–90 had not been foreseen. To rely on central control in order to enforce national policy was to admit that for part of the citizens at least, consensus had failed. The whole moral basis of local government was thus eroded. Nevertheless, the nature and limits of Jacobin centralisation are significant.

The *de facto* right of adjusting decrees to actual situations was firmly withdrawn; "il est expressément défendu à toute autorité . . . de prendre des arrêtés extensifs, limitatifs ou contraires au sens littéral de la loi, sous prétexte de l'interpréter ou d'y suppléer. . . . "[125] Revolutionary legislation (so described) was to be enforced directly by the districts, under tight central control. BUT on the other hand, routine administration of the ordinary kind—allocating taxes, seeing to social welfare and public works, the normal operation of justice—was left undisturbed, as if the Committee of Public Safety presumed that over these, public acceptance of public authority could still be taken for granted, and only the extraordinary disciplines arising from the war would need extraordinary mechanisms: an assumption that some of the earlier consensus still survived. Even the local purges could be unexpectedly pragmatic, as for example in the Grenade district (Haute-Garonne), where the stress in the purge records is consistently on the need for competent appointees with enough time to do the work. Political outlook counted for less than willingness to accept responsibility.[126]

The early revolutionary enthusiasm, well on the ebb before 1793, did not survive the Terror, and the story of the Directory's struggles with the local citizenry must be read with the practical consequences of this in mind. In the first years of revolution, however, the enthusiasm had been very important indeed, for without it, there would have been nothing for the Jacobins to inherit. Untidy and disorderly the early administrations may have been, but they functioned with a revealing devotion at a time when administrative obedience could be hoped for, but never routinely compelled. Among the *mendicité* returns of 1791 is one from a remote and impoverished canton in the Ain. The officials gathered to fill in their forms, carefully, and with pleas that they be not penalised for their honesty. One form was blank, returned by an absent *curé-maire* who said brusquely that his commune had neither beggars nor vagabonds. The other officials considered. Then they estimated the number of *feux*, calculated the approximate population, and filled in two columns at least. It was the best they could do, and they did not wish to do nothing.[127]

Notes

Much of the material for this article derives from a study of the three departments of the Ain, the Lot-et-Garonne and the Maine-et-Loire, chosen for their apparent diversity.

1. A. Cobban. "Local Government during the French Revolution," *Aspects of the French Revolution* (London, 1968), pp. 113–31.
2. Clive H. Church, *Revolution and Red Tape: The French Ministerial Bureaucracy 1770–1850* (Oxford, 1981), p. 86.
3. *Ibid* and cf. pp. 85–6.
4. J. Godechot, *Les Institutions de la France sous la Revolution et l'Empire* (Paris, 1951), p. 101.
5. D.M.G. Sutherland. *France 1789–1815 Revolution and Counterrevolution* (London, 1985), p. 91.
6. *Ibid*, pp. 91–92.
7. cf. e.g. G. Lefebvre, *The French Revolution from its origins to 1793* (London, 1962), p. 155.
8. R.R. Palmer, *The Age of the Democratic Revolution*, vol. 1 (Princeton, 1959), Appendix V.
9. Lynn Hunt, "Committees and communes: local politics and national revolution in 1789," *Comparative Studies in Society and History*, 18 (1976), p. 343.
10. AP XVIII pp. 7–24, *Instruction . . . sur les assemblées administratives* (August 12, 1789).
11. Arch. Dép. Ain L 204 for letters from 16 departments, 13 of which supported the Ain (circularised) protest; the others raised doubts only about expense.
12. Arch. Dép. Ain L 204, arguments about talent (related to numbers of districts); AP XVIII, p. 428 (August 31, 1790) for pay-rates.

13. T. Riboud, *Mémoire sur les principaux objects d'Administration dans le Département de l'Ain* (Bourg 1790).
14. Arch. Dép. Oise 6373 has some truly remarkable accounts.
15. In Arch. Dép. Tarn L 356, the poverty returns commonly have one shaky signature only.
16. *Avis aux citoyens français, sur le choix des officiers ... par l'auteur de l'adresse au peuple breton* (Paris, n.d.) which appeared in at least 6 editions, strongly warned the public against all *subalternes des Intendans.*
17. In the *Instruction* (note 10, *supra*), this emphasis is firm.
18. Arch. nat. D IV 14:243 (1), letter, people of Arbigny to *Assemblée nationale.*
19. Arch. nat. F 1ᶜ III Lot-et-Garonne 1, letter, Dubard to president, *Assemblée nationale.*
20. Compare Section VII of the *Instruction* (note 10, *supra*) with Section V.
21. *Mémoire pour la ville d'Apt* (Aix, 1790).
22. L. Levy-Schneider, *Le conventionnel Jeanbon Saint-André* (Paris, 1901), pp. 47–50, 61–63.
23. J. Barthoumeau, *La formation du département de Seine-et-Marne (1789–1790)*, (Dijon, 1914), pp. 95–119.
24. C. Uzureau, *Les divisions administratives de la province d'Anjou et du département de Maine-et-Loire* (Angers, 1917), pp. 22–4.
25. Arch. nat. D IV 14:250, *Extrait des registres de la ville de Nantua*, 2–3 February 1790.
26. M. Molard, E. Duponteil and E. Drot (eds.), *Procès-verbaux de l'Administration départementale de l'Yonne*, 7 vols. (Auxerre, 1889–1913), 2:46 (one of a series of such events).
27. Arch. Dép. Lot-et-Garonne L 39, October 26, 1790.
28. AP XVIII 378 (July 16, 1791), Goupilleau on *événements facheux* in his department.
29. The Constituent later dispelled worries over weathercocks, but only as an afterthought, and belatedly (AP XXIII, p. 524, February 26, 1791).
30. Arch. Dép. Lot-el-Garonne L 38, July 28, 1790.
31. J. Viguier, "Les émeutes populaires dans le Quercy en 1789 et 1790" *La Révolution française* 21 (1891).
32. cf. poster, Arch. Dép. Lot-et-Garonne L 292, *Les députés du département ... aux citoyens du département ... 20 mars 1792* (Agen, 1792).
33. R. Dupuy, *La garde nationale et les débuts de la Révolution en Ille-et-Vilaine (1789-mars 1793)* (Paris, 1972).
34. Arch. Dép. Maine-et-Loire L 745, letter, Beauvau to department, June 26, 1792.
35. Molard, Duponteil and Drot, *op.cit.* 1:473 (October 5, 1790).
36. e.g. Arch. Dép. Maine-et-Loire L 272, November 16, 1791, Saint-Florent elections.
37. Arch. Dép. Maine-et-Loire IL 946 *bis*, letter, Baugé district *procureur* to department, November 12, 1791. Chevré (Baugé) thought the order a stupid one in the middle of the winter, and rightly warned it would not be obeyed.
38. The Maine-et-Loire contrast between Chevré, a good revolutionary but with a feel for local realities, and Beauvau in Cholet, a rabid anti-clerical, is significant. Chevré survived, Beauvau was murdered by the Vendéans.
39. *Extrait des registres du directoire ... des Landes, 18 janvier 1792* (Arch. nat. F 1ᵃ 434) for a department in constant difficulty with *conservative* districts; Tartas was flatly disobedient.
40. *Decree establishing Electoral and Administrative Assemblies* (December 22, 1789), AP XI 191–5, reprinted in J.H. Stewart (ed), *A Documentary Survey of the French Revolution* (New York, 1951), pp. 127–37 (in translation), without either of the *Instructions* which followed.
41. This was spelled out in the August 12 *Instruction*, note 10, *supra.*
42. A constant theme in all decrees and both *Instructions.*
43. The law itself was of course infinitely flexible (cf. F. Furet, *Interpreting the French Revolution* (London, 1981) p. 130), but naturally this was not stressed.
44. Note here the difference between departmental and municipal powers; it was only on *delegated* matters that the communes were bound to departmental obedience. Cf. Stewart, *op.cit.*, pp. 125–6.
45. Arch. Dép. Ain L71 (July 27, 1790) shows a routine picture of directors groping through routine business while trying to organise office staff and discover how to collect papers from Dijon.
46. Arch. nat. F 1ᶜ III Lot-et-Garonne 5, *Instruction addressée par ordre du roi ...* (September 16, 1790).
47. Arch. Dép. Pyrénées-Orientales L 35 (minutes of this meeting) is one of many records which do not mention the decree.
48. Arch. Dép. Lot-et-Garonne L 38, August 13, 1790, records 5 departments sending addresses replying to its own circular, plus circulars from 4 others. Cf. August 12.
49. Arch. nat. F 1ᶜ III Hérault 5, departmental report of November 1790; Arch. Dép. Ain L 148* Molard, Duponteil and Drot, *op.cit.*, I p. 446. Yonne had 24 clerks.

50. Arch. Dép. Lot-et-Garonne L 38, July 21, 1790.
51. Unnumbered, unheaded, only occasionally dated, the folded foolscap sheets of the Maine-et-Loire department *procès-verbaux* would have been a nightmare to refer to.
52. The department *inventaires* of the Lot-et-Garonne and the Ain are informative. The slim equivalent from the Maine-et-Loire has little informative content.
53. Arch. Dép. Maine-et-Loire 1 L 970, letter, Cholet district to department, May 31, 1791.
54. Arch. Dép. Ain L 82, July 9, 1792.
55. Arch. Dép. Ain 150*, *compte de la gestion du directoire* . . . (1792).
56. The Legislative Assembly insisted on this; Arch. Dép. Ain L 78 November 2, 1791 (Aranc commune).
57. AP XXIX 236 (August 7, 1791).
58. Arch. nat. F² I 1209, *passim*. The problem was still there under Napoleon.
59. The electoral law demanded *scrutateurs d'age* but said nothing about literacy. Brain commune had 111 active citizens in 1790; only one of the 13 literates was over 58. Arch. Dép. Maine-et-Loire 1 L 444.
60. Arch. Dép. Lot-et-Garonne L 38, July 26, 1790.
61. Arch. Dép. Ardèche L 122 1472–4, October 1791.
62. *Ibid.* 1444, October 12, 1791.
63. Cf. C. Jolivet, *La Révolution dans l'Ardèche 1789–1795.* (Largentière, 1930), Ch. IX.
64. Successive decrees on Church *mobilier* demanded close attention: cf. AP XLVI pp. 6 13–4 (May 30, 1792) as a successor to AP XLIX pp. 347–8 (September 3, 1791)—and these are only samples.
65. Arch. Dép. Lot-et-Garonne L 153 for helpful circulars to communes.
66. For poverty returns, compare Arch. Dép. Maine-et-Loire 1 L 402; Arch. Dép. Lot-et-Garonne L 543; Arch. Dép Ain L 238, 2L 172, 6L 142.
67. The massive files of the *comité des lettres de cachet* begin in Arch. nat. D IV 1.
68. The commune of Montfaucon plunged into history to explain its measures; no models, of course. (Arch. Dép. Maine-et-Loire 1 L 543, *extrait de la délibération* . . . November 21, 1790). Without any standard of comparison, the effort foundered.
69. Paris had a long file about their numbers: Arch. nat. D IV *bis* 35.
70. Arch. Dép. Ardèche L 122 1308–10 (September 30, 1791).
71. Arch. Dép. F 1ᶜ III Lot-et-Garonne 5, council *procès-verbal*, November 21, 1790.
72. M. Marion, *Histoire financière de la France depuis 1715*, 6 vols. (Paris, 1927–31), 2:185.
73. *Ibid.*, 2:205–6.
74. Circular *à messieurs les officiers municipaux* (1791), Arch. Dép. Lot-et-Garonne L 345.
75. A. Soboul, *The French Revolution* (London, 1973), p. 204.
76. Arch. Dép. Ain L 150*, *Compete de la qestion du directoire* . . . (1792).
77. Arch. Dép. Lot-et-Garonne L 328, *Compte rendu . . . au conseil du département* . . . (1792).
78. Arch. nat. F 1ᶜ III Lot-et-Garonne 5, *procès-verbal du conseil* . . . (November 21, 1791).
79. Arch. Dép. Maine-et-Loire 1 L 453 for details.
80. Godechot, *op. cit.*, p. 143.
81. G. Lefebvre, *Les paysans du Nord pendant la Révolution française* (Paris, 1972), p. 577.
82. Arch. Dép. Ain L 82, July 6, 1792, departmental rebuke to Ministry for delay in payments.
83. Arch. Dép. Ain L 80, April 27; L 81, May 29 and June 14, 1792.
84. Arch. Dép. Ain L 78, December 15, 1791.
85. M. Labouche, "L'état militaire dans le Lot-et-Garonne de 1789 à 1792" *Revue de l'Agenais* 47 (1920).
86. The Ain secretary, Brangier, was repaid at the end of October (Arch. Dép. Ain L 71, October 29, 1790).
87. Arch. Dép. Ain L 77, August 9, 1791. On prisons, cf. Arch. Dép. Maine-et-Loire 1 L 1007. The Ain prisons were in very bad repair.
88. Arch. Dép. Ain L 81, June 14, 1792.
89. Arch. Dép. Ain L 81, May 9, 1792.
90. AP XVIII pp. 508–9 (July 22, 1791).
91. *Ibid.* p. 40 (July 8, 1791).
92. Arch. Dép. Ain 6L 142, Gex district (NB Volognat commune).
93. C. Tilly, *The Vendée* (London, 1960), e.g. pp. 298–303, to see this operating.
94. Hunt, *op. cit.*, p. 343.
95. O. Hufton, *Bayeux in the late eighteenth century* (Oxford, 1967), p. 156.
96. The evidence cited in note 93, *supra*, indicates this. Cf. L. Wylie, (ed.), *Chanzeaux* (Cambridge, Mass. 1966), ch. 1.
97. e.g. Arch. Dép. Maine-et-Loire 1 1 72, December 17, 1791 (La Jaille Yvon).

98. G. Lewis, *The Second Vendée* (Oxford, 1978) ch. 2, where despite repeated uproars, *routine* intervention in communal affairs to enforce the letter of the law does not seem to occur.

99. Arch. Dép. Maine-et-Loire 1 L 976, *Procès-verbal des commissaires . . . dans les districts de Saint-Florent, Cholet et Vihiers . . .*, February 6, 1792.

100. Cf. Title II, clauses 21 and 38 of the Civil Constitution of the Clergy, in Stewart, *op. cit.*, pp. 176, 178.

101. Arch. Dép. Maine-et-Loire 1 L 963, letter, Saugé l'Hôpital commune to department, June 5, 1791. Minute: *inutile*.

102. e.g. Arch. Dép. Maine-et-Loire 1 L 968, letters, Cleremont commune to department, January 1, 1791, and 3 L 125, (undated) letter, the same to the same, about Saint-André relics from the Chaloché abbey.

103. Cf. Civil Constitution of the Clergy, Title I, clause 17, and the assumptions expressed in e.g. the decree on the Vannes parishes (Morbihan), AP XXIV 52 (May 12, 1791).

104. This derives from an analysis of the legislation relating to parishes, from November 1790 to September 1792.

105. Jolivet, *op. cit.*, pp. 294–5.

106. Cf. material in note 99, *supra*.

107. Arch. Dép. Maine-et-Loire 1 L 967, letter (undated) La Possonnière commune to department.

108. Arch. Dép. Maine-et-Loire 1 L 971, letter Saint-Martin de Beaupréau commune to department, November 15, 1791.

109. Arch. Dép. Maine-et-Loire 1 L 73, February 14 and March 14.

110. Cf. footnote 40, above. The Cantal situation was similar, and the Ariège was chaos.

111. Arch. nat. F 1^c III Cantal 2, *procès-verbal . . . du conseil-général . . .* December 22, 1792.

112. *Moniteur*, 14:14 (Convention debate of September 22, 1792).

113. For a lucid argument of the case, cf. Arch. nat. XXIX *bis* 21, memoir, Montpellier citizens to *comité ecclésiastique*, March 25, 1791.

114. Arch. nat. F 1^a 122 for the text (March 23, 1792).

115. Arch. nat. F 1^c III Ain 4, two letters, department to Minister, March 16 and June 29, 1792.

116. *Adresse de L'Assemblée électorale de département de l'Eure à l'asssmblée nationale* (Evreux, 1792).

117. Arch. nat. F 1^a 557, letter, Amelot to Minister, July 31, 1792.

118. Arch. Dép. Ain L 148*, *Rapport de la qestion du directoire*; they expected to spend about 60% of their income on roads and bridges.

119. Cf Arch. Dép. Ain L 81, June 28, 1792, Rélignat commune getting traditional permit to cut timber.

120. Arch. nat. F^{19} 444, Lozère, for long, blotted, unsigned, indignant MS (March 1792?), also AP XL pp. 83 (March 17), 484–6 (March 26) and 631–6 (March 29); the Legislative moved the *chef-lieu* to Marvejols.

121. Arch. nat. D IV 39 1045:8, Lot-et-Garonne department to *Assemblée nationale* (letter), December 21, 1790, lays out some initial problems; Arch. Dép. Lot-et-Garonne L 42 for August 1791, and L 47 (February 2, 1792) for later ones.

122. Arch. Dép. Lot-et-Garonne L 35, August 14, 1790, for an early but vain protest.

123. T. Tackett, "The West in France in 1789: the Religious Factor in the Origins of Counterrevolution," *Journal of Modern History* 54 (1982).

124. *Adresse des citoyens administrateurs [du départment de la Côte d'Or] . . . à la Convention . . .* (Paris, le 18 juin 1793). For different views, *Adresse et discours des citoyens de Bordeaux à la Convention nationale* (Paris s.d.) [1793] (distributed to the departments by decree of May 14, 1793).

125. *Procès-verbaux de la Convention nationale* (Paris, an II), 26:362 and 360–78. Also Arch. nat. F^{1a} 22 for relevant circulars.

126. Arch. Dép. Haute-Garonne 1 L 206 (Grenade), *Liste des citoyens composant l'administration*.

127. Arch. Dép. Ain 6L 142, Billiat canton.

CHAPTER 21

L'administration de la guerre sous la Révolution

JEAN-PAUL BERTAUD

L'ADMINISTRATION de la Guerre est plus qu'un des rouages de toute machine institutionnelle. Elles est l'espace par excellence du Pouvoir, la marque essentielle du Souverain en qui réside le droit de déclarer la guerre ou de faire la paix, de commander au dedans et au dehors aux hommes en armes qui peuvent être les porteurs des chaînes du despotisme, comme le remarquait Marat. Les tenants de l'Ancien Régime, comme ceux attachés à stabiliser la Révolution ou bien encore à la radicaliser, en furent conscients. Les débats des assemblées et ceux animés par la presse de tous bords en font foi.

Pour l'Assemblée Constituante comme pour la Législative, le Souverain, donc le chef de l'armée, c'est le peuple qui exerce sa souveraineté par l'entremise des ses représentants. Mais comment réserver aux députés la conduite de l'armée et de la guerre alors qu'on faisait du roi la cheville ouvrière de la nouvelle constitution? C'est lui qui promulguait les lois et les faisait exécuter. C'est lui qui devait veiller au maintien de l'ordre et à la tranquillité publique ainsi qu'à la sécurité extérieure. Représentant de la Nation, à l'égard des puissances étrangères, le roi, chef du pouvoir exécutif, avait, par ses attributions politiques, à commander l'armée. Et puis, l'utilisation de la force militaire exigeait la célérité dans les ordres, l'ensemble dans les mouvements, l'unité dans l'action. Dans ce domaine, plus que dans tous les autres, le partage du pouvoir ou la décentralisation étaient impossibles. Donner, cependant, à la puissance "exécutrice," ce levier militaire, c'était pour les députés courir un danger: les contre-révolutionnaires qui peuplaient les cadres de l'armée ou la Cour ne s'en serviraient-ils pas pour s'opposer aux réformes? On proclamait la paix au monde, mais on savait les menaces de guerre, la presse "amie du roi" ne promettait-elle pas, dès 1790, une croisade des princes et des émigrés? Le roi, se servant de l'armée ne serait-il pas un arbitre entre l'adversaire et le peuple, reprenant ainsi tout son pouvoir? Les députés confièrent la direction militaire au roi mais s'entourèrent de précautions pour lui en interdire la manipulation totale.

Avec la chute de la Monarchie, le pouvoir exécutif est vacant. Comment le remplir et quelle place donner, dans la nouvelle répartition des pouvoirs, à l'administation militaire? Cette partie des institutions a pris d'autant plus d'importance

421

que la guerre existe désormais et qu'avec elle grandit et ne cessera de croître, de Lafayette à Dumouriez et à Custine, la peur de la dictature militaire, du "général-at" comme l'on disait alors. Le débat sur cette question eut lieu en janvier 1793 à la Convention, au moment, ce n'est pas un hasard, où, avec le procès du roi, était posé de manière aigue le problème de la détermination du pouvoir. L'administration de la Guerre fut extraite de la puissance "exécutrice," selon le voeu de Saint Just, et confiée à un Comité de Défense générale devenu bientôt Comité de Salut public, émanation de la Convention et contrôlé par elle.

Le Directoire conserva, en grande partie, l'organigramme de l'administration militaire de la Convention mais l'affaiblit sur deux points: la cheville ouvrière qu'avait été le représentant en mission fut remplacée par des Commissaires aux armées qui n'eurent jamais le pouvoir et l'ascendant requis sur les généraux. Le droit, certes, limité, d'intervention dans l'administration qu'avait eu la troupe sur l'administration fut annihilé et passa aux généraux. Enfin le Directoire ne parvint pas à régler le problème auquel s'était heurtée la Convention montagnarde sans le résoudre totalement: celui de ce que nous appelons la logistique. Faute d'un approvisionnement continu, l'armée tomba sous l'emprise des généraux qui employèrent bien d'autres moyens pour être les seuls chefs de l'instrument de guerre. La République directoriale que certains présentent comme moribonde, d'autres comme apte à la survie, en mourut . . . ce qu'avaient craint Desmoulins, Robespierre mais aussi en 1793 Sieyès, le révisionniste qui permit pourtant l'intervention de l'armée dans la vie politique en 1799.

L'étude de la direction de la Guerre est ainsi tout aussi bien une question qui intéresse la chose politique que celle, militaire.

Les Constituants, les Législateurs et la force des baïonnettes

L'Assemblée Constituante conféra au roi un pouvoir que la nature des choses semblait devoir lui donner. Elle établit autour de lui plus d'une barrière. Et d'abord dans la mission et le commandement: la guerre ou la paix n'étaient déclarées qu'avec l'accord du législateur. Si le roi et le ministère conservaient la nomination des généraux, le corps des officiers dont ils pouvaient être extraits fut réglementé par des lois sur le recrutement et la promotion des cadres basées, non sur l'arbitraire et la naissance, mais sur le talent et le mérite. Intervention aussi sur les moyens: le décret du 28 février et du 21 mars 1790 stipula qu'à chaque législature appartenait le droit de statuer sur les sommes à voter annuellement pour l'entretien de l'armée, sur le nombre d'hommes, sur la solde de chaque grade, sur l'introduction de troupes étrangères au service du royaume. Sur le recrutement et la discipline des troupes enfin: le roi fut "supplié" en 1790 de faire incessamment présenter à l'assemblée un plan d'organisation de l'armée pour mettre les députés en état de délibérer et de statuer sans retard.

Un comité militaire fut créé dans l'Assemblée. Il devait sans cesse intervenir auprès du ministre et empiéter sur ses attributions. De là sortirent des lois sur le recrutement des troupes (contrôle par le pouvoir civil local du "volontariat" des hommes s'engageant dans l'armée royale), sur la discipline des troupes (rapprochement de la condition du militaire de celle du citoyen) sur le contrôle financier et judiciaire de l'armée par l'entremise de commissaires aux armées. Ceux-ci, en partie les héritiers des anciens commissaires du roi, virent leur nombre et leurs aires de responsabilités modifiés pour les mettre en harmonie avec le nouveau découpage en divisions militaires qui se calquaient sur la nouvelle carte des départements. Mais ces commissaires échappèrent en partie au pouvoir exécutif: leur carrière dépendait non plus d'une vénalité déjà attaquée ou de l'arbitraire ministériel mais de leurs capacités. Les commissaires ordonnateurs, administrateurs auprès des troupes, étaient aussi des grands juges inamovibles et indépendants du pouvoir militaire dans le ressort de leur cour martiale.

Au moment de la fuite du roi, d'autres commissaires nommés et émanant de la Constituante furent envoyés aux armées pour s'assurer de leur fidélité et de celle de leurs chefs. Des hommes comme Barnave, Pétion ou Latour-Maubourg reçurent le droit de commander, au besoin, les armées auprès desquelles ils étaient placés. La levée des Volontaires Nationaux, réglée par la loi du 22 juillet 1791, créa un nouvel outil militaire dont les "partis" cherchèrent à se rendre maîtres. Cette nouvelle armée dépendait bien du Ministre de la Guerre mais une fois seulement qu'elle était levée. Son recrutement, son organisation, sa discipline nouvelle, ses cadres élus sous la surveillance—pour ne pas dire plus—des autorités départementales lui échappaient. Cette levée qui dépendait du Ministre de l'Intérieur le fut en fait des administrations locales qui conservèrent, au sein de bataillons de citoyens soldats engagés pour "le coup de main" d'une campagne, un pouvoir de surveillance grâce aux chefs de bataillons, souvent des notables, ou par l'intermédiaire des quartiers maîtres trésoriers, ou encore des aumôniers.

Le Comité militaire de l'Assemblée Législative s'immisca lui aussi dans les affaires d'un ministère qui, avec la réorganisation de Narbonne, avait acquis plus d'efficacité. Si l'appareil était bon, comme le reconnaissent la plupart des historiens, le personnel, tant à l'échelon central qu'à l'échelon local (les commissaires), était insuffisant sinon en qualité du moins en nombre pour faire face à l'énorme afflux de combattants que déclenchèrent la guerre et l'appel de la patrie en danger. Aux 50.0000 volontaires versés dans l'armée régulière, aux 100.000 volontaires de 1791, s'ajoutèrent les centaines de milliers d'hommes levés dans les bataillons de 1792—certains ne furent organisés qu'à l'hiver de 1792—dans les bataillons de Fédérés, dans les compagnies franches et dans les Légions tant françaises qu'étrangères. Ils devaient tous remplir des "rôles" pour l'inspection des commissaires et le contrôle du ministère qui tenait à cet effet des registres. Un grand nombre ne le firent pas ou attendirent jusqu'à l'été de 1793 pour les rédiger. Quand cette vague de papiers administratifs parvint au ministère, les fonctionnaires en furent submergés, à tel point que ni la Législative, ni la Convention, à ses débuts, ne savaient exactement le nombre de combattants et de bataillons existants. Certains, d'ailleurs, comme nous l'ont révélé les chercheurs qui travaillent dans notre séminaire, traversèrent toute la Révolution sans que le Ministère ne les connut!

Il y avait donc une nécessité technique à réorganiser, à étoffer le ministère d'un personnel compétent. Dès janvier 1793, sous le ministère de Pache, on se plaignait de voir les bureaux envahis par des sans-culottes incapables. Nécessité technique, nécessité politique plus encore: comment, par qui le ministère serait-il organisé, de qui dépendrait-il? Entre les Girondins et les Montagnards, ce fut là aussi une pomme de discorde, l'enjeu étant de taille.

Faut-il créer un "ministère représentatif ambulant," faut-il le détacher de "la puissance exécutrice"?

Le Comité de Défense générale, qui venait d'être créé en janvier 1793 pour être l'intermédiaire entre le conseil exécutif et la Convention, chargea Sieyès d'être son rapporteur devant l'assemblée sur la question de l'administration de la Guerre. Les députés espéraient discuter de la répartition des fonctions entre le Ministère de l'Intérieur et le Ministère de la Guerre et certains en outre de la place de celui-ci dans l'édifice institutionnel. Sieyès, le 25 janvier, prévint, tout aussitôt que cette attente ne serait pas comblée. Il ne traiterait que du seul département de la Guerre. Deux idées directrices animaient le rapport: donner au ministère une meilleure prise sur une réalité mouvante pour connaître avec le nombre de soldats, leurs besoins; assurer au ministre un contrôle des généraux qui, à la tête d'armées mais aussi de pays occupés, avaient "une autorité effrayante, voisine de la dictature." Pour permettre au ministre d'avoir une certaine latitude sans échapper toutefois à tout contrôle, Sieyès présenta à la Convention un plan compliqué d'où il ressortait que le ministre ferait partie du conseil exécutif avec les autres ministres mais serait flanqué de deux administrateurs nommés par la Convention. Rôle ambigu que celui de ces hommes à la fois les subordonnés du ministre et pouvant exercer sur lui une surveillance. Entre le *pouvoir militaire* et *l'exécution militaire* confié aux généraux, Sieyès envisageait la création d'adjudants généraux nommés par le ministre et qui seraient auprès de chaque armée "un ministère representatif ambulant" capable de prendre dans l'immédiat les mesures qui s'imposaient, quitte à en référer au ministre. *Missi dominici* du ministre, ils seraient pour lui l'oeil et l'oreille indispensables pour capter l'éventuelle traîtrise des généraux. Ils veilleraient avec les commissaires au bon approvisionnement des troupes. Car c'était là une pièce essentielle du système, le comité d'achat serait réorganisé en *économat national* s'enquérant des fournitures nécessaires à l'armée et procédant, sous le contrôle des municipalités, à des achats. Ainsi, pensait-on, on éviterait que les généraux, commandant avec les hommes, les choses, ne procèdent à des réquisitions et à des contributions sur des pays dont ils deviendraient les proconsuls.

Le 28 janvier, Saint-Just prit la parole. Il constata, avec Sieyès, que le ministère de la Guerre était devenu "un tronc d'arbre séparé de ses branches," sa réorganisation était indispensable. Il rejeta presqu'entièrement le plan proposé. Son vice? Le ministère de la Guerre était un organe essentiel de la souveraineté du peuple exercée par la Convention, vouloir en traiter, sans s'interroger sur les autres institutions et sur la répartition des pouvoirs entre le législatif et l'exécutif, conduirait immanquablement à enlever au peuple un de ses droits les plus importants. Le projet de Sieyès visait à empêcher la dictature des ou d'un général, il permettrait celle du ministre qui, au sein du conseil, était par trop coupé de la représentation nationale et de son contrôle. Il fallait réorganiser et le conseil exécutif et le ministère de la Guerre pour éviter, à tout prix, que le pouvoir militaire fût, de quelque manière, indépendant de la Convention. "La guerre, souligna-t-il, n'est-elle pas un état violent et l'administration de la guerre doit-elle faire partie du gouvernement intérieur permanent? Je ne le crois pas . . . Le peuple n'a pas d'intérêt à faire la guerre, la puissance exécutrice trouve dans la guerre l'accroissement de son crédit, elle lui fournit mille moyens d'usurper. C'est pourquoi mon dessein serait de vous proposer que le ministère militaire, détaché de la puissance exécutrice, ne dépendit que de vous seuls, et vous fût immédiatement soumis."

Saint-Just concluait en demandant que le Ministère de la Guerre fût subordonné au Comité de Défense générale. On sait comment, après la trahison de Dumouriez, ce Comité fut transformé en Comité de Salut public et comment ce dernier prit la maîtrise de la Guerre jusqu'à supprimer, en avril 1794, le ministère confié à Bouchotte.

Si Carnot, entouré de bons techniciens, joua dans la section de la Guerre, un rôle de tout premier plan, les autres membres du Comité qui prirent avec lui les décisions doivent lui être associés dans l'organisation de la victoire. L'attention a été tout particulièrement attirée, ces dernières années, sur Saint-Just en mission. Des historiens comme Gross on Vinot soulignent, avec les conflits qui opposèrent Carnot à Saint-Just, toute l'importance de l'action sociale, politique et militaire de ce dernier. De l'action conjointe du Comité, des représentants en mission, successeurs des commissaires envoyés aux armées en septembre 1792, et de celle des sociétés populaires, résulta une armée nouvelle: la réquisition, malgré les réticences et parfois les révoltes, finit par rassembler un contingent de 400.000 hommes l'amalgame retardé et qui commença à s'opérer au moment des premières victoires donna l'instrument de bataille attendu des généraux en même temps qu'il fut une école de civisme. La quête et la promotion des talents lancées par le gouvernement révolutionnaire à l'été de 1794 procurèrent peu à peu des cadres beaucoup plus capables que "les sabreurs patriotes" de la fin de 1793 et permirent—l'historien John Lynn et le spécialiste du combat qu'est le colonel Reichel en témoignent— d'avoir une armée douée d'une bonne technicité, appliquant le combat interarme, le combat divisionnaire, la tactique de la colonne aussi bien que celle de la ligne et du carré, passant de l'une à l'autre, souvent, avec aisance.

Si l'administration de la Guerre fut centralisée par le gouvernement révolutionnaire qui répercutait ses ordres par les Représentants, véritables ministres ambulants dont avait rêvé le Comité de Défense, la voix du soldat citoyen put se faire entendre dans les conseils d'administration des bataillons ou des demi-brigades, véritables petites municipalités militaires, où il était représenté. La justice militaire, aux mains de juges civils assistés d'un jury où, là encore, le soldat avait place, offrit des garanties à la troupe.

On a reproché certains vices à cette administration de la Guerre en l'an II. Et d'abord, à l'échelon central, elle aurait été composée d'un personnel pléthorique d'hommes plus militants jacobins ou sans-culottes que fonctionnaires bien éduqués. Il y a une grande part de vérité dans cette dénonciation mais la "bureaucratie" tentaculaire qui s'abattit sur l'armée apparaît comme nécessaire à ceux qui interrogent les registres de contrôle des troupes, leurs états et situations comme les dossiers d'administration des bataillons, ceux de la correspondance générale et de la Justice militaire. Après bien des tâtonnements, les fonctionnaires de la Guerre permirent aux responsables politiques de connaître l'armée et de conduire la guerre.

Le vice qui semble le plus certain à des historiens comme John Lynn et Peter Wetzler concerne ce que nous appellerions la logistique. En dépit des efforts du gouvernement révolutionnaire et des armées révolutionnaires étudiées par Richard Cobb, l'approvisionnement régulier en nourriture pour les hommes, en fourrage pour les bêtes fit souvent défaut. Cela transforma, comme l'avaient craint Sieyès et le Comité de Défense générale, les généraux en des chefs qui appliquèrent vis-à-vis des populations "occupés" ou "libérés" les méthodes anciennes de rançonnement, de contributions et de réquisitions. Plus ou moins bien surveillés par des commissaires ordonnateurs et par leurs assesseurs insuffisants en nombre et en qualité, ces généraux purent ainsi dépasser les limites que le gouvernement révolutionnaire voulait leur imposer. Pour se rendre maîtres d'un approvisionnement indispensable à leurs mouvements, ils se disputèrent parfois entre eux les zones de subsistances, se gênant, se freinant les uns les autres. Malgré les mesures prises, le service des hôpitaux—Alan Forrest l'a montré—laissa lui aussi beaucoup à désirer. Encore faut-il ajouter ici tout l'effort, parfois couronné de succès, des jacobins pour venir en aide aux blessés ou aux familles des soldats décédés. Isser Woloch l'a démontré dans son livre sur les Vétérans comme dans ses articles sur la politique sociale à l'égard des veuves et des orphelins.

L'indépendance des généraux et les menaces de césarisme

Ce problème de l'approvisionnement de l'armée mal maîtrisé en l'an II s'accrût encore sous la Convention thermidorienne et sous le Directoire. Le pouvoir pouvait-il attendre obéissance de troupes qui, peu à peu, ne furent payées et nourries que par leurs généraux?

Le Directoire s'efforça, certes, de conserver, avec la direction de la guerre, celle de l'armée. Deux des membres du "Premier Directoire," Carnot et Le Tourneur, s'occupèrent des questions militaires. Ils disposèrent d'un bureau topographique qui fut un organe de tout premier ordre pour le rassemblement des cartes et des documents nécessaires à la préparation des campagnes. Ils régentèrent un ministère renouvelé et disposèrent d'agents d'exécution et de surveillance en la personne des Commissaires aux armées nommés par le Directoire. Certains comme Joubert ou Rudler surent s'imposer à l'armée de Sambre-et-Meuse et dans les pays conquis sur la rive gauche du Rhin. D'autres, comme Saliceti et Garreau, l'un à l'armée d'Italie, l'autre à celle de Rhin-et-Moselle, se heurtèrent violemment à Bonaparte et à Moreau. Le doyen Godechot, dans sa thèse, a montré comment les généraux réussirent une première fois, en 1797, à se débarrasser de ceux qu'ils regardaient comme des "gêneurs" et qui étaient indispensables pour la tutelle du pouvoir civil. Rétablis en 1798, ces Commissaires qui ne disposaient pas de la même autorité que les Représentants en mission, députés de la Convention, furent à nouveau écartés, à la veille du coup d'état du 18 brumaire par des assemblées, en partie manipulées par "le parti des généraux." La suppression de ces commissaires, c'était l'indépendance des généraux et l'abandon du pouvoir d'une grande partie de l'administration de la guerre. Sur celle-ci, les généraux n'avaient cessé, depuis 1796, d'asseoir leur autorité.

Profitant de l'éloignement de l'armée et de la coupure de celle-ci avec la Nation, ces généraux par des fêtes, des cérémonies militaires accompagnées de discours, par l'érection de monuments militaires et de distribution de drapeaux transportèrent sur leur tête le culte de la Patrie enseigné par les jacobins en l'an II. Dans toutes les armées, un véritable culte de la personnalité révélée par les archives, se déploya.

Disposant de l'or des pays conquis, les généraux devinrent les directeurs de l'appareil financier de l'armée. Ils le furent aussi de l'administration réglant la promotion des cadres. Certes, la loi voulait que les officiers subalternes comme les généraux fussent nommés par le Directoire sur les critères de l'ancienneté et du talent—le droit à l'élection ayant été enlevé. En pratique, c'étaient les conseils d'administration qui indiquaient les tours à l'ancienneté. De 1796 à 1799 où Bernadotte, ministre de la Guerre, opéra une réorganisation, ces conseils tombèrent sous l'autorité exclusive des chefs. C'étaient eux aussi qui proposaient les avancements au choix et le ministère les entérinait. Des clientèles se formèrent ainsi autour des généraux.

L'appareil judiciaire de l'armée fut lui aussi un instrument entre les mains des généraux. Déjà, en septembre 1795, la Convention avait promulgué une loi sur la justice militaire, premier abandon de l'Etat quant à l'autorité qu'il se devait d'exercer sur l'armée. Aux tribunaux militaires présidés par des juges civils assistés d'un jury comprenant des civils et des militaires de tous les grades, elle substitua des conseils qui ne comprenaient plus que des militaires auxquels n'était réclamée aucune compétence juridique. Toutefois les chefs ne subjuguaient pas entièrement ces conseils: aux côtés des officiers et des sous-officiers, des soldats siégeaient. En novembre 1796, les généraux obtinrent le retrait de ces derniers, les conseils n'étaient plus formés que d'officiers et d'un sous-officier nommé par le général de division. Celui-ci, dans l'intérêt du service, pouvait modifier à sa guise la composition du conseil. Un nouveau code militaire fut élaboré, il allait dans le sens, désiré par les généraux, d'un renforcement de la discipline militaire appliquée par les chefs seuls. Quelques soldats dénoncèrent une administration qui était devenue, dirent-ils, la chose des généraux. "Rigueur excessive dans les peines," écrivait l'un d'entre eux, "arbitraire dans les formes, trop de pouvoir dans les mains des généraux, le soldat a presque autant à craindre de la justice que du fer de l'ennemi."

Régentant leurs soldats, finançant le Directoire, lui prêtant leurs forces contre ses ennemis du dedans comme en Fructidor an V, intervenant dans les assemblées politiques comme en prairial an VII, dictant parfois la politique extérieure du pays, "le parti des généraux"—pour reprendre l'expression employée par le doyen Godechot—devint une menace pour le pouvoir civil.

La chance des politiques, des révisionnistes, ne fut pas seulement de rencontrer sur leur route un Bonaparte, "le plus civil des généraux," ce fut aussi pour eux, comme pour le futur Premier Consul, d'être affrontés à "un parti" traversé de haine, de jalousie et de conflits.

Sous la dictature impériale, l'administration de la Guerre, aux ordres directs de Napoléon, retrouva son efficacité pour s'imposer aux généraux et pour mener à bien, un temps durant, les opérations de guerre. Toutefois, là encore, les services d'intendance furent défectueux. Un autre fait caractérisa aussi cette administration: elle servit, comme Jacques Godechot et Jean Vidalenc l'ont montré, de modèle aux autres administrations. Elle leur fournit un personnel plus nombreux qu'on ne l'a dit. Des méthodes, un esprit militaire imprégna ainsi l'administration tout entière.

Notes

On trouvera dans J. Godechot, *Les Institutions de la France sous la Révolution et l'Empire* (Paris, 1951), la mise au point bibliographique. Nous nous permettons d'attirer l'attention sur:

J.P. Bertaud, *La Révolution armée* (Paris, 1979).

J.P. Bertaud, *Bonaparte prend le pouvoir* (Paris, 1987) qui utilise, en partie, les résultats de J. Godechot, *Les Commissaires aux armées sous le Directoire* (Paris, 1940).

J.P. Bertaud, "Napoleon's officers," *Past and Present* 112 (1986) pp. 91–111.

A. Forrest, *The French Revolution and the Poor* (Oxford, 1981) (pour les hôpitaux notamment). Sur les problèmes de recrutement, la communication de cet auteur dans *Mouvements populaires et conscience sociale, XVIe–XIXe siècles,* ed. J. Nicholas (Paris, 1985).

John A. Lynn, *The Bayonnets of the Republic* (Chicago, 1984).

Sam F. Scott, *The response of the royal army to the French Revolution, the role and development of the Line Army, 1787–1973* (Oxford, 1978).

J. Vidalenc, "Histoire militaire et histoire de l'administration" dans *Histoire de l'administration française, problèmes et méthodes* (Genève, 1975).

P. Wetzler, *War and subsistence, The Sambre and Meuse Army in 1794* (New York, 1985).

I. Woloch, *The French Veteran from the Revolution to the Restoration* (Chapel Hill, 1979).

I. Woloch, "War-widows pensions: social policy in Revolutionary and Napoleonic France," *Societas* 6 (1976), p. 235 et seq. Pour les problèmes de la conscription du Directoire à l'Empire: "Napoleonic conscription: State power and civil society," *Past and Present* (1986), pp. 101-129.

Sur Saint-Just: J.P. Gross, *Saint-Just, sa politique et ses missions* (Paris, 1976).

B. Vinot, *Saint-Just* (Paris, 1986).

On trouve le rapport de Sieyès dans les *Archives parlementaires* à la date du 25 janvier p. 644 et suivantes et l'intervention de Saint-Just au 28 janvier 1793 pp. 738 et suivantes du tome 58.

CHAPTER 22

Les finances et l'état

MICHEL BRUGUIÈRE

CURIEUSEMENT, ce sujet fondamental reste assez neuf. La légende administrative française et l'Histoire Sainte de la Révolution se confondent en plus d'un point, car elles reposent sur les mêmes carences de la recherche scientifique et de la mémoire collective. L'une et l'autre sont donc fondées sur le génial concept d'"Ancien Régime," qui présuppose un "avant" gothique et condamné, et un "après" moderne: faute de connaître ou de comprendre les systèmes complexes de la monarchie, il est commode de faire remonter les structures financières de l'Etat à ce qui en subsiste vivant sous nos yeux, depuis le Consulat (Banque de France) et l'Empire (Cour des Comptes). Ainsi l'état d'amnésie où les dix années révolutionnaires ont réduit les Français a-t-il avant tout facilité le succès de la propagande martelée de 1800 à 1814 par Bonaparte, relayée de 1830 à 1848 par ses anciens serviteurs bien placés, reprise et renforcée de 1850 à 1870 par Napoléon le neveu. Et l'un des pays fondateurs de la civilisation européenne se trouve aussi dépourvu, face aux vraies questions, qu'un ouvrier déraciné dont la généalogie s'arrête au grand-père . . . Là comme ailleurs, il importe donc de se placer résolument sous le patronage d'Alfred Cobban, qui a été assez audacieux et lucide pour écrire en 1949:

> To interpret the Revolution, we must look back as well as forward, and forget if possible that 1789 has ever seemed a date from which to begin.[1]

Il importe aussi, réciproquement, d'admettre une certaine aptitude à la résurrection, de la part des vieilles habitudes et des grands intérêts. Ainsi, John Bosher a-t-il eu parfaitement raison de caractériser l'évolution des *French Finances* par le raccourci: *From Business to Bureaucracy*.[2] Mais il a bien pris soin de définir les limites chronologiques de cette évolution: 1770–1795. Et précisément, à partir de 1795, si la Bureaucratie est toujours présente et désormais indestructible, les Affaires reparaissent, et demandent avec une insistance croissante à participer, comme autrefois, aux profits de la gestion publique. L'histoire du XIXème siècle français sera ainsi celle d'un compromis, entre un *Business* aux formes changeantes, et une *Bureaucracy* qui ne répugne pas toujours aux profits: ni plus ni moins, en tout cas, qu'avant la Révolution . . .

Les fonctions financières d'un Etat sont permanentes, et au nombre de cinq:

1. procurer des ressources, soit par la gestion du Domaine public, soit par la fiscalité directe ou indirecte, soit par l'emprunt, générateur de la Dette;

2. vérifier la régularité des comptes publics, en recettes et en dépenses, trancher les divers contentieux;

3. assurer, par un système de trésorerie, la possibilité de pourvoir aux dépenses, même exceptionnelles, et même si les recettes correspondantes n'ont pu encore être perçues;

4. exercer, s'il y a lieu, une incitation économique;

5. régler le système monétaire, référence essentielle à l'exercice des autres fonctions.

Ces cinq grandes spécialités accompagnent nécessairement tout Etat digne de ce nom. Mais, si les fonctions sont constantes, leurs formes sont susceptibles d'une extrême variété: l'Etat peut choisir de les exercer directement par des agents rémunérés, éventuellement intéressés, ou de les faire assumer par des magistrats indépendants, ou encore de les concéder soit à des fermiers, soit à des régisseurs, soit à des collectivités sociales (le Clergé) ou territoriales (les Etats). A cet égard, les dernières années du règne de Louis XVI offrent un échantillonnage complet des solutions possibles, dont les unes étaient d'origine médiévale, d'autres introduites fort récemment.

Le vieil Etat de Justice, lié aux origines même de la Monarchie, exerce encore en 1789 la fonction comptable, par les Chambres des Comptes, une bonne partie de la fonction contentieuse, par les Cours des Aides, et la fonction monétaire, par la Cour des Monnaies. Quelques siècles de pratique ont donné aux magistrats certains traits caractéristiques: avec l'inamovibilité, le goût de l'indépendance, même si l'on affirme "appartenir au Roi et à la Nation"; la certitude d'incarner une tradition d'Etat supérieure aux contingences, jointe à un relatif mépris des nécessités administratives de la gestion quotidienne (les perpétuelles querelles et remontrances autour de l'enregistrement des textes nouveaux en sont l'illustration); enfin, l'esprit de corps, accru encore par le recrutement héréditaire et le privilège de noblesse. Ces divers traits ont suscité une floraison de textes où la vanité s'exprime à découvert, tantôt arrogante, tantôt naïve. Ils ne disparaîtront aucunement de la "haute fonction publique" avec la suppression des Cours souveraines: simplement, ils relèveront désormais du non-dit, de l'implicite.

Intermédiaire entre l'Etat de justice et l'Etat de Finance, un second groupe rivalise avec les juges: celui des membres du Conseil d'Etat, en guerre avec les Cours depuis un siècle: en 1789, ils continuent d'évoquer au Conseil du Roi un abondant contentieux fiscal, malgré les récriminations de la Cour des Aides:[3] la création (1777) d'un Comité contentieux des Finances près le Conseil du Roi, composé de Conseillers d'Etat, et dont les quatre rapporteurs sont maîtres des requêtes, a même fini par consacrer l'existence d'une justice "administrative";[4] ce sont également des spécialistes choisis par Calonne qui ont réalisé en 1785 la réforme monétaire, sans consulter la Cour des Monnaies;[5] enfin la Chambre des Comptes se voit supplanter, en 1787, par une Commission de membres du Conseil d'Etat et d'agents du Trésor, lorsqu'il s'agit de vérifier les comptes des Trésoriers faillis.[6] Ainsi la "compétence," au double sens du terme, technique et administratif, se voit-elle retirée à l'Etat de Justice dès avant la Révolution: sa décadence est un fait acquis sous Louis XVI, dont le règne offre d'autres marques de succès des commissaires sur les officiers.

L'Etat de Finance proprement dit, face à l'Etat de Justice vermoulu, a dès longtemps son personnel et ses traditions. Depuis Colbert, il a son siège au Contrôle général, dont les compétences ne cessent de s'élargir, et qui, par les intendants des généralités, assure pleinement la fonction d'incitation économique. A partir de 1787, ce grand Ministère est dirigé par quatre Intendants des Finances, tous anciens maîtres des requêtes, salariés et révocables: leurs prédécesseurs, supprimés dix ans plus tôt, avaient possédé un office, parmi les plus coûteux.[7] L'évolution est semblable au Trésor: en 1788, les anciens "Gardes," propriétaires d'une charge vénale d'un million, sont remplacés par des Administrateurs salariés, à cinquante mille livres par an. On peut donc considérer que dès la fin du ministère de Loménie de Brienne, le principal est accompli: la réforme technocratique dont Bosher a le premier souligné l'ampleur pose les fondements de l'Etat contemporain, où l'exécutif a en mains des instruments bien à lui. C'est en somme à la fin de 1788 que la Monarchie dispose, pour la première fois, des outils de ce "despotisme ministériel" que les Cours souveraines avaient condamné avant même qu'il n'existât: des techniciens (Intendants, Administrateurs du Trésor, premiers commis et commis), dont la compétence repose sur une véritable spécialité. Gaudin et Mollien, premiers commis en 1789 et futurs ministres de Napoléon, ont très explicitement souligné ce fait dans leur *Mémoires*.[8]

Reste la fonction fiscale, exercée selon des principes tout à fait différents: il existe certes des noyaux d'administrations spécialisées, pour la taille et le vingtième. Mais l'essentiel des recettes fiscales est concédé à la Ferme et à la Régie, ou aux receveurs généraux, s'agissant des contributions directes. La structure est ici la suivante: au sommet, de puissants personnages, "intéressés aux affaires du Roi," propriétaires d'un charge coûteuse, mais qui n'en continuent pas moins de pousser activement les affaires qui leur sont personnelles: les 40 Fermiers généraux, les 25 Régisseurs généraux des Aides et droits réunis, les 25 Administrateurs généraux des Domaines, les 48 receveurs généraux alternatifs des généralités, les 4 receveurs généraux des Pays d'Etats. Sous eux, des pyramides de salariés généralement intéressés aux affaires, dont la base couvre le territoire jusque dans les moindres bourgs. Au total, environ quarante mille agents, percevant les divers droits par de vastes machines fort impopulaires, mais dont la qualité technique, d'après leurs archives, était assez remarquable. Il le fallait bien, pour rentabiliser les fruits de ce partage original entre la puissance publique et les principales notabilités financières du pays: entre le moment où ces personnages font matériellement entrer dans leurs caisses le produit des impôts ou des taxes, et le moment où, à échéances fixes et contractuelles, ils s'en acquittent au Trésor, ils ont disposé de ces capitaux considérables pour leurs propres affaires. Réciproquement, le caractère officieux de leurs fonctions, et l'abondance des fonds qu'ils manient, attirent vers leurs caisses une bonne part des capitaux à la recherche d'une rémunération. Chaque caisse de Fermier général, comme en province chaque recette générale, est ainsi le siège d'une véritable banque privée, dont le capital initial est prêté gratuitement par les contribuables, et renouvelé par eux.

Ainsi l'Etat financier de 1788 repose-t-il sur une extrême variété de formes institutionnelles, que les contribuables rassemblés aux Etats Généraux rêvaient de modifier de fond en comble. C'est donc à une redistribution totale des fonctions de l'Etat financier que la Constituante a procédé, selon ses lumières propres, mais non sans subir aussi certaines influences technocratiques: Anson et d'Ailly, influents rapporteurs de la Commission des Finances, n'étaient-ils pas d'anciens premiers commis du Contrôle général?[9]

II

Pour une modest part, à savoir la suppression définitive des Cours souveraines, le changement souhaité se trouvait coïncider avec les vues technocratiques de la monarchie finissante. Mais pour le reste, les Constituants avaient leurs idées propres: un peuple de contribuables juridiquement égaux, répartissant démocratiquement, jusqu'à la plus petite commune, des "contributions" rendues exigibles par le consentement de représentants élus; un contact avec le fisc réduit au minimum, grâce à des contributions directes assises sur des réalités évidentes et incontestables; plus d'impôts indirects; plus de rentes de situation consenties à quelques privilégiés de la fortune. Ces "principes de 1789" s'accommodaient d'un démantèlement du Contrôle général, et de la création de quelques Agences techniques étroitement soumises au vrai Souverain, c'est-à-dire à des Comités parlementaires composés de législateurs spécialisés.

Lorsqu'elle se sépara, en septembre 1791, la Constituante pouvait croire avoir établi ces principes: tout le secteur économique (mines, ponts et chaussées, balance du commerce) avait été récupéré par le nouveau Ministère de l'Intérieur; un Bureau de Comptabilité, dépendant directement de l'Assemblée, remplaçait les Chambres des Comptes; Ferme et Régie étaient supprimées, ainsi que les impôts qui avaient justifié leur existence; la Trésorerie Nationale, constituée à partir de l'ancien Trésor royal, mais prudemment soustraite à l'autorité directe de l'exécutif, était théoriquement contrôlée par l'Assemblée elle-même; elle recevait ses fonds de 544 receveurs de district élus, tout comme la fiscalité directe était désormais assise et répartie par les élus locaux, sans intervention technique ou hiérarchique du pouvoir. Dès lors, un modeste "Ministère des contributions et revenus publics" pouvait se borner à une double tâche: harmoniser la doctrine, à coup de circulaires interprétatives, entre les divers directoires départementaux, (la Trésorerie en faisait autant auprès des nouveaux receveurs); et vérifier les activités des deux Régies nouvelles auxquelles avaient été confiés d'une part l'enregistrement et les domaines, d'autre part les douanes. Au moins sur le papier, l'Etat financier était ainsi considérablement réduit et simplifié, conformément à ce que l'on ne nommait pas encore le mythe "libéral." C'est la victoire des contribuables révoltés, que la bourgeoisie française ne cessera d'évoquer jusqu'à nos jours de manière aussi nostalgique qu'infructueuse, y compris dans sa longue lutte, à l'orée du XXème siècle, contre l'impôt sur le revenu

Il est à remarquer que dans leur souci d'écarter les fortunes privées du circuit des finances publiques, les Constituants se sont refusés à créer une Banque d'Etat privilégiée, sur le modèle britannique. C'est selon eux la Nation tout entière, désormais riche de sa vertu citoyenne, de ses institutions rénovées, et aussi des biens "nationaux" sur lesquels elle a mis la main, qui doit concourir à la bonne marche du système. Ainsi doit s'achever l'influence politique que quelques centaines de familles tiraient de leur proximité du pouvoir; ainsi surtout le Roi est-il privé du concours des capitalistes, à la différence de Guillaume d'Orange en 1694, installé et consolidé par la City de Londres et sa Banque.

Comment l'Etat détruit par la Constituante a-t-il ressuscité? Comment les formes bâties par elle ont-elles périclité? Pourquoi les acquits de la "Révolution" ont-ils été volatilisés en un ou deux ans à peine? C'est ce qu'il faut examiner maintenant, en constatant un premier et presque immédiat échec: celui de l'illusoire déflation des effectifs salariés. Dans le même temps en effet qu'elle abolissait certains emplois, la Constituante avait dû créer des institutions nouvelles: Caisse de l'Extraordinaire, Direction générale de la Liquidation. Certes, il s'agissait en principe d'établissements provisoires, appelés à disparaître quand tous les biens nationaux seraient vendus, ou quand tous les anciens offices seraient remboursés. Mais dans l'immédiat, ces créations restauraient une bureaucratie centrale. De même, et bien que les hésitations à cet égard se soient poursuivies quelques années, l'importance accordée à la contribution foncière rendait nécessaire de la fonder sur des bases objectives, donc de créer un service du cadastre, également générateur d'emplois nouveaux. Autant de difficultés prévisibles quant au "moins d'Etat!"

C'est dans le domaine fiscal, c'est-à-dire au coeur même de la Révolution, que l'échec fut le plus rapide. Incapables d'asseoir et de percevoir la contribution foncière, les directoires departementaux durent être flanqués, dès 1791, de visiteurs, d'inspecteurs, chargés de vérifier le travail des municipalités. En 1797, fut donc créée l'Agence des contributions directes, par laquelle 418 "préposés aux recettes" recevaient mission d'"aider les communes" à préparer les rôles, à percevoir les impôts, à régler sur place le petit contentieux. Enfin, quelques semaines seulement après le coup d'Etat de Brumaire, Bonaparte et Gaudin créaient une Direction des contributions directes, relevant exclusivement du Ministère des Finances, et dont le personnel devrait rédiger les matrices et expédier les rôles: un directeur et un inspecteur par département, assistés de 840 contrôleurs. Les commissions locales d'élus étaient maintenues: elles voyaient leur mission limitée au petit jeu du classement des terres et de la répartition de l'impôt communal, en fonction des règles subtiles des influences, des amitiés et des haines autour du clocher. Mais l'Etat central avait fermement repris en mains, plus et mieux que sous Louis XVI, l'essentiel de l'impôt direct. L'évolution fut plus lente, mais tout à fait parallèle, dans le domaine des contributions indirectes. Leur réapparition progressive fut justifiée quant aux octrois municipaux, sous le Directoire, par la misère des hôpitaux des villes; il n'y eut guère de justifications idéologiques ou politiques en 1804, lorsque fut créée la Régie des Droits réunis, destinée à percevoir les droits sur les cartes à jouer, les voitures publiques, les métaux précieux, et surtout les droits nouvellement rétablis sur les boissons: selon le mot du Premier Consul, c'était là "un centre autour duquel viendront se ranger toutes les contributions indirectes, une machine qui en sera comme le noyau" . . . L'essentiel des procédés administratifs, et même le libellé des imprimés, procédaient directement des usages en vigueur à la Ferme Générale, entre 1720 et 1790.

Les principes de 1789 n'ont pas eu plus de chance dans la gestion de la trésorerie. Son désordre, dès 1792, n'était que le reflet du désordre des contributions. Dès 1796, le Directoire supprima donc les receveurs de district, et les remplaça par des receveurs départementaux nommés par l'exécutif, tandis que les payeurs départementaux restaient nommés par la Trésorerie. Comme il fallait dans ces fonctions des hommes à la fois riches et dévoués au pouvoir, les receveurs départementaux ressemblèrent assez vite aux receveurs généraux de l'Ancien Régime, dont ils prirent le titre vers 1798 sans qu'aucun texte officiel ait consacré cette résurrection. Dès 1801, comme leurs prédécesseurs sous Louis XV ou Louis XVI, ils étaient en mesure de constituer un syndicat, de traiter directement par son intermédiaire avec le Trésor, et de reconstituer dans les principales villes de province le réseau discret par lequel les capitalistes locaux faisaient circuler leur papier commercial.[10] Expulsée en 1791 du circuit des finances publiques, la finance privée y faisait ainsi, en une dizaine d'années, un retour remarquable, au prix d'un simple changement dans les familles et individus bénéficiaires. Et de même était rétabli, de moins en moins justifiable théoriquement, le système des primes discrètes, proportionnelles au montant des sommes gérées, qui fait encore de nos jours le bonheur des Trésoriers-payeurs généraux, nommés par l'Etat.

C'est enfin dès 1796 que l'on envisagea, contrairement à ce qu'avaient voulu les Constituants, de créer une Banque privilégiée, pratiquant l'escompte commercial et émettant son propre papier. Il fallut attendre, là aussi, le Consulat pour voir naître une Banque de France, par laquelle l'Etat reconnaissait qu'il ne pouvait entièrement se passer de la collaboration des riches, qu'ils soient anciens ou nouveaux.[11]

Quant à la Trésorerie nationale, constituée en 1791 dans l'indépendance par rapport à l'exécutif, elle en profita de 1795 à 1797 pour conquérir également une certaine autonomie envers les Assemblées législatives. Fermement reprise en main après le coup d'état de fructidor, la Trésorerie ne survécut pas au coup d'état de brumaire. C'est désormais, comme sous Louis XVI, un Trésor public, étroitement soumis au pouvoir exécutif, qui aura la charge de centraliser les recettes et de pourvoir aux dépenses.

Il est à peine besoin, enfin, d'insister sur le fait que de 1792 à 1814, aucune Assemblée élue n'a eu véritablement à étudier un budget, à s'interroger sur le montant prévisionnel des dépenses et à en contrôler l'exécution. C'est seulement après 1814, sous le règne des frères de Louis XVI, que la France s'est familiarisée avec les disciplines et les transparences dont avaient rêvé les rédacteurs des cahiers de doléances en 1789.

C'est que la fonction de vérification comptable, peut-être la fonction essentielle de l'Etat, avait été terriblement négligée par les pouvoirs révolutionnaires. Le Bureau de Comptabilité, établi en 1791, se laissa engloutir aussitôt sous les archives des Chambres des Comptes défuntes, et entreprit même une vérification générale remontant aux débuts du règne de Louis XV. Or , dès l'année suivante, s'abattirent en pluie les pièces comptables engendrées par la guerre: il fallut donc improviser. La Trésorerie créa en son sein une section comptable, dont l'existence lui permettait de bloquer, pour le temps qui lui convenait, toutes les archives et pièces justificatives. En l'an II, une mystérieuse Agence de comptabilité générale, sous le patronage de la Commission des Approvisionnements, géra les innombrables pièces engendrées par la nationalisation du commerce. En 1794, la Caisse des acquits fut créée à la Trésorerie, pour vérifier les pièces comptables, d'origine essentiellement militaire. En 1798, une Commission de la Comptabilité intermédiaire reçut mission de liquider toutes les comptabilités arriérées entre 1791 et

1795. Tous ces organismes ont eu une existence fort discrète, et l'ensemble de leurs archives ont disparu. Ce n'est qu'en 1807 que l'on se résolut à confier à nouveau, comme sous la Monarchie, la vérification comptable à des magistrats inamovibles. Encore la nouvelle Cour des Comptes mit-elle une vingtaine d'années à définir ses pouvoirs et ses méthodes: c'est seulement sous Charles X qu'elle a commencé à travailler avec efficacité, dans une relative indépendance.[12]

La guerre européenne, et le constant recours à l'"extraordinaire" qu'elle engendrait, suffirait évidemment à expliquer cet échec d'institutions comptables conçues idéalement, dans une époque de paix intérieure et extérieure. C'est aussi à la guerre qu'il faut imputer le dernier échec des Constituants, celui de leurs efforts pour imposer l'amaigrissement de l'ancien Contrôle général, et la restriction de ses pouvoirs. Dès 1793, le jour même de l'exécution de Louis XVI, le ministre des Contributions, Clavière, se plaignait dans un rapport à la Convention du "démembrement peu réfléchi" dont ses services et lui-même se trouvaient victimes: dépourvu désormais de tout pouvoir sur la trésorerie, de toute information valable sur la production, l'économie, les échanges internationaux et la balance du commerce, le ministre n'a plus aucun moyen d'apprécier "la manière dont les diverses contributions sont assises et perçues."[13] On y pallia en 1794 par la multiplication des agences et commissions spécialisées, compensée par la centralisation du pouvoir politique au nom du Salut public. Mais dès 1795 on dut se résoudre à reconstituer un vrai Ministère "des Finances," dont le Secrétariat général ne devait pas tarder à accaparer toutes les affaires importantes: une section comptable en 1796, une section surveillant les opérations de change et les papiers commerciaux, en 1797, une section de contentieux et de rapports avec la Trésorerie en 1798. Le mythe du petit ministère des Contributions, se bornant à encourager et à coordonner l'action de contribuables responsables et d'autorités locales majeures, avait fait long feu. Les premiers commis et commis de Louis XVI avaient recouvré dès 1800 l'essentiel de leurs pouvoirs antérieurs. L'accession aux fonctions ministérielles, sous l'Empire, de deux d'entre eux, Gaudin et Mollien, en est le plus éclatant symbole.

III

En 1789, deux éléments essentiels pouvaient nourrir, explicitement ou non, la culture politique des futurs "citoyens actifs":

D'une part, l'exemple plus ou moins idéalisé des institutions anglaises, et plus récemment américaines. Il supposait l'introduction dans le système politique français d'institutions élues, aptes à prendre en charge, au nom de la Nation, les principales fonctions de l'Etat financier. Il supposait aussi la fin des privilèges que fondait une logique différente, et qu'avait établis une autre Histoire. Tout cela a été abondamment décrit et proposé par d'innombrables auteurs, mis en forme aux cahiers de doléances, et finalement réalisé en un peu plus de deux ans, par les Constituants. D'autre part, l'exemple des monarchies européennes, qui évoluaient toutes, depuis le début du siècle, sous l'effet du "despotisme éclairé" ou plus simplement par la force des choses, vers une rationalisation et une simplification des institutions financières traditionnelles, une modernisation technocratique de l'appareil d'Etat, visant principalement à le renforcer. C'est cette évolution qui avait la faveur de

Louis XVI, de ses ministres, y compris Necker, et de leurs commis. Elle n'a pas été explicitement décrite dans des ouvrages spéciaux, et elle n'avait assurément pas les faveurs du public cultivé. C'est elle, cependant, qui l'a emporté en définitive.

Dix ou douze ans après la convocation des Etats généraux, c'est en effet sur des principes fort différents de ceux de la Constituante que s'est mis à fonctionner, en France, l'Etat financier moderne. Un seul et unique acquis, incontestable, résulte de 1789: l'égalité des citoyens devant l'impôt, résultant de l'abolition des Ordres et privilèges, voeu commun des bureaucrates et des anglomanes. Tout le reste se résume soit en un durcissement des pratiques d'Ancien Régime: primauté de la bureaucratie, centralisation des décisions, unification du dispositif administratif; soit en une aggravation de ces pratiques: tout contentieux fiscal est désormais réglé par des juges "administratifs," et le circuit de l'argent public reste générateur de profits privés, aussi bien pour le plus petit commis des droits réunis que pour le plus opulent receveur général. Il faudra attendre 1815 pour que se mettent en place, non sans difficultés, un véritable contrôle des élus nationaux sur le budget, un véritable contrôle de magistrats indépendants sur la comptabilité, une définition précise des pièces et des procédures exigibles pour chaque dépense publique.

Politiquement et techniquement, la fin du XVIIIème siècle a donc assuré, en guise de "révolution," le succès définitif des technocrates. Tout au plus ont-ils dû, et devront-ils à nouveau, lors de chacune des crises du XIXème siècle, consentir à pactiser avec les puissances financières, essentiellement bancaires. Si l'Etat rationalisé peut en effet parvenir à équilibrer et à gérer seul ses finances "ordinaires," il lui faut d'autres concours pour assumer ce que l'ancienne Monarchie nommait, si heureusement, l'"extraordinaire des guerres." La Législative n'en avait guère conscience, lorsqu'elle a ouvert un conflit qui allait durer vingt-trois ans.

Notes

1. Alfred Cobban, *Aspects of the French Revolution* (New-York, 1968), p. 108.
2. John F. Bosher, *French Finances 1770–1795, From Business to Bureaucracy* (Cambridge, 1970).
3. Le malaise des Cours des Aides est notamment décrit dans les thèses de droit (non imprimées) de Denise Bège (Bordeaux) et Françoise Hébert (Paris).
4. Michel Antoine, *Le Conseil du Roi sous le règne de Louis XV* (Paris-Genève, 1970); Aline Logette, *Le Comité contentieux des Finances près le Conseil du Roi, 1777–1791* (Nancy, s.d.), à compléter par le compte-rendu critique donné par J. Bosher dans *Annali della Fondazione italiana per la storia amministrativa*, 4, 1967.
5. Guy Thuillier, *La Monnaie en France au début du XIX° siècle* (Paris-Genève, 1983), pp. 11–34.
6. Denise Ozanam, *Claude Baudard de Sainte-James, Trésorier général de la Marine et brasseur d'affaires* (Paris, 1969).
7. Françoise Mosser, *Les Intendants des Finances au XVIII° siècle: les Lefèvre d'Ormesson et le "département des impositions," 1715–1777* (Paris-Genève, 1978).
8. *Mémoires, souvenirs, opinions et écrits du duc de Gaëte* (1826, réédité par Armand Colin, Paris) 1:8; Comte Mollien, *Mémoires d'un Ministre du Trésor public* (réédité par Guillaumin, Paris, 1898) 1:3.
9. Sur d'Ailly, cf. Mosser, *op. cit.*, p. 218–220; sur Anson, *ibid.* p. 220–221.
10. On attend la publication de la thèse de Pierre-François Pinaud sur *Les Receveurs généraux, 1796–1865.*
11. Louis Bergeron, *Banquiers, négociants et manufacturiers parisiens du Directoire à l'Empire* (Paris-La Haye, 1978), pp. 88–143.
12. Michel Bruguière, *Gestionnaires et Profiteurs de la Révolution: l'administration des finances françaises de Louis XVI à Bonaparte* (Paris, 1986), pp. 159 et 181.
13. *Rapport à la Convention*, 21 janvier 1793.

CHAPTER 23

Napoléon ou l'état post-révolutionnaire

LOUIS BERGERON

On paraît généralement admettre que la France a connu, de la fin de l'Ancien Régime au Premier Empire, une sorte d'accélération dans la continuité de sa modernisation institutionnelle et administrative.

On peut se demander si, inversement, la maturation politique du pays n'a pas connu, au cours de la quinzaine d'années du Consulat et de l'Empire, une remarquable interruption d'un processus pourtant bien engagé depuis les années de la pré-Révolution. Faut-il parler de pause, de reflux, de régression? Répondre à la question suppose, inévitablement, un réexamen sommaire de différents aspects d'un régime aussi déroutant dans le choix de ses formes et de ses moyens.

La fin du régime des Assemblées

Le trait le plus saisissant est le rejet, par le nouveau pouvoir qui précise progressivement son visage sur les ruines du Directoire et le succès des 18 et 19 Brumaire, du système représentatif, dont il importe peu à vrai dire qu'il s'agisse de sa version censitaire ou de sa version démocratique. Rejet de la délégation de la souveraineté du peuple à des élus, un système qui s'est discrédité par son mauvais fonctionnement et que certains de ses agents ont eux-mêmes appelé Bonaparte à liquider.[1]

Rejet camouflé, certes, par le maintien d'une façade constitutionnelle complexe, autorisant le fonctionnement du suffrage, le travail de plusieurs assemblées. Mais il ne s'agit que de ménager des transitions, de calmer les inquiétudes de quelques complices, bref de garder des apparences. Les deux seules instances effectivement impliquées dans la marche de l'État sont des assemblées nommées: Conseil d'Etat et Sénat; le premier, réunion de grands commis appelés à faire bénéficier de leurs compétences un chef de l'Etat qui, de fait, légifère personnellement; le second, instrument de légitimation, pseudo-gardien de principes définis non par une tradition, une philosophie ou une autorité morale extérieure au pouvoir, mais par le détenteur du pouvoir lui-même.

A quel type de régime cette mise à l'écart profite-t-elle? En aucun cas, bien sûr, à une forme de démocratie plus directe: tout contrôle de l'Etat par l'opinion, par la rue, par des clubs ou sociétés fait partie des excès et des désordres dont Bonaparte personnifie au contraire les espoirs d'extirpation. Pas davantage à la Contre-Révolution et à la monarchie, auxquelles précisément la seule présence de Bonaparte barre la route irrémédiablement: une situation de fait qui justifie la conservation à terme de l'étiquette républicaine du régime issu du coup d'Etat.

L'origine et les circonstances de ce dernier invitent à la définition d'un pouvoir entièrement original, capable de combler le vide créé par l'exclusion des solutions antagonistes, y compris celle de la monarchie constitutionnelle condamnée dès 1792.

La solution de la dictature, consulaire puis impériale, vient donc interrompre de la façon la plus brutale à la fois la délicate expérimentation du régime parlementaire, et l'apprentissage non moins difficile de la responsabilité civique et de la pratique démocratique. Les années napoléoniennes constituent bien un "blanc" absolu dans l'histoire de l'éducation et de la "participation" politiques des Français, l'expression d'une exigence d'abdication civique ne laissant d'autres options à la manifestation de la conscience politique que celles de la dévotion ou, à l'inverse, de la résistance passive ou du complot. Exercice de la conscience politique que Napoléon Bonaparte interdit aux élites éclairées aussi bien qu'aux "poissardes," ainsi qu'en témoigne l'affaire des conseils généraux de département,[2] dont il a veillé de près à ce qu'ils ne puissent en aucun cas se muer en de "mini-parlements" locaux, "servant d'organes et d'interprètes aux citoyens," selon l'expression d'Adrien Duquesnoy.

La nature de l'Etat napoléonien

On pourrait dire de cet Etat qu'il est un état de fait, résultat de la connivence objective qui s'est établie entre le dépérissement des idéologies, l'impuissance de l'opinion et le projet d'une ambition individuelle.

Riche de signes et de moyens, l'Etat napoléonien est au départ dépourvu de racines, de principes et de légitimation. S'il est vrai qu'il a fondé une tradition politique dans la France contemporaine, il ne peut apparaître à ses origines que comme un "dérapage": aussi stupéfiant, et davantage encore, que celui décrit naguère par François Furet et Denis Richet à propos de la dérive belliqueuse de la Révolution. Certes, le maître du pouvoir s'est cherché les références les plus diverses. Celles à la République romaine ou à l'Empire carolingien sont purement livresques et imaginaires, agréables tintements pour les oreilles érudites ou jeu sur les mots. La volonté de réconciliation, d'unanimité, l'affirmation de la continuité rétablie par-delà les conquêtes sociales de la Révolution peuvent bien déboucher sur l'endossement des signes extérieurs de la monarchie, qui serait aussi de nature à faciliter l'intégration au concert des Etats européens: mais la continuité est fictive, et le trône napoléonien n'occupe qu'une place laissée vacante par le régicide même.

Toutefois ceux qui parlent d'usurpation n'ont pas les moyens autres que militaires (or la victoire leur échappe) de chasser l'usurpateur. Ils n'ont à proposer qu'une philosophie de l'Etat et de la société négative et rétrograde; or le projet de retour au *statu quo ante* est inacceptable par tous les bénéficiaires de la Révolution. Quant à l'idéologie révolutionnaire, sa vigueur est redoutablement affaiblie par plusieurs facteurs:

1. une impossibilité symétrique de se faire admettre telle quelle par ses adversaires, et l'obligation de compter sur l'armée pour sa survie;

2. une difficulté insurmontable à remobiliser ceux qu'elle a déçus, à reconstituer l'unité qui avait pu exister à quelques moments privilégiés entre les différents courants révolutionnaires;

3. un appauvrissement irrémédiable de l'idéologie elle-même, imputable autant à la disparition des derniers prophètes des Lumières qu'à la confiscation, par l'égoïsme et la peur d'une élite de bourgeois propriétaires résolus à se battre sur deux fronts, de son humanisme, de sa générosité;

4. son identification à une guerre dont personne ne sait plus si elle est libératrice, ou nationaliste, voire chauvine, conquérante et prédatrice.

Quel véritable ressort de l'Etat retrouver, au milieu d'une telle déroute des repères et de tels déchirements du corps social? C'est en tout cas celui des dictatures qui s'est imposé: les dictatures dans lesquelles l'homme au pouvoir entend obtenir sans intermédiaire la confiance passive des masses, s'exprimant par le plébiscite. Bonaparte prend appui au départ sur un quasi-monopole de cette confiance, sur le capital de popularité que lui a valu son génie militaire. La victoire, suivie de la paix extérieure, le mettent en position d'imposer à l'intérieur n'importe quelle constitution, dans le silence des opinions et des opposants. Un tel lien ne fonde pas un Etat, il ne peut être qu'épisodique (cf. le titre de mon propre ouvrage: *L'Episode napoléonien*, titre que me valut il y a quinze ans tant d'objections, parfois indignées!). D'autant plus qu'au cours des années 1799–1815, suivant sa propre inspiration ou subissant la pression de l'adversaire, Napoléon Bonaparte n'a jamais pu parvenir durablement à cette stabilisation extérieure qui aurait peut-être autorisé, dans la perspective d'une histoire-fiction (ou dans celle des *Mémoires* de Sainte-Hélène), le déploiement d'une grande oeuvre intérieure.

La dictature napoléonienne fut-elle un despotisme militaire? Il y a longtemps que Georges Lefebvre, après lequel on hésite toujours à écrire quelquechose sur Napoléon Ier, a dénoncé l'ambiguïté de la question, et tout récemment J. P. Bertaud[3] s'est encore attaqué au problème. On dira de préférence que le despotisme napoléonien est clairement d'après les Lumières, autant que post-révolutionnaire. S'il prétend s'exercer sans partage des pouvoirs, ni débat avec des instances représentatives, il se situe pourtant aux antipodes de l'arbitraire et de l'aventure, quel qu'ait pu être le rôle joué par la faveur personnelle aux plus hauts échelons de l'Etat, et par l'emprise individuelle dans le domaine de la guerre ou celui de la construction continentale. S'il est une idéologie qui soutienne le gouvernement d'un homme dont, par ailleurs, les traités de philosophie politique n'encombrent pas les rayons des bibliothèques—il semble bien que ce soit celle d'un despotisme rationnel et même franchement scientifique, d'un Etat spécialiste de la gestion du territoire, des ressources, des populations, et garant du fonctionnement d'une société.[4] L'Etat napoléonien: un Etat qui légifère et administre, prenant en charge les conquêtes de 1789, l'assainissement structurel qu'elles ont garanti à la nation—et rien de plus. Sans doute la célèbre formule, qui date du Consulat: "La Révolution est terminée aux principes qui l'ont commencée," est-elle la clé la plus sûre de l'interprétation de l'oeuvre intérieure de Napoléon Bonaparte. Réserve faite de l'accomplissement d'un projet personnel, les formes politiques nouvelles, dans tout leur artifice, n'ont eu sans doute d'autre objet que de verrouiller une situation. En revanche, si l'on fait la part du talent de Bonaparte pour la grande cuisine politique (l'art de tirer le meilleur parti des restes après le carnage), on est tenté d'éprouver une plus franche admiration pour l'officier ingénieur devenu chef d'Etat et appliquant à sa nouvelle tâche ses aptitudes à l'analyse factorielle, son goût pour les informations sûres.

On ne saurait trop insister, à cet égard, sur deux des aspects de la formation et de l'expérience de Bonaparte antérieurement à son accession au pouvoir, aspects du reste étroitement liés. D'une part, la tournure mathématique de son esprit, sur laquelle les travaux de Jean et Nicole Dhombres ont ramené l'attention.[5] D'autre part, l'expédition d'Egypte, vue sous l'angle d'une opération d'inventaire avant reconstruction d'un pays de vieille civilisation. De la carrière manquée de savant à celle de général et d'homme d'Etat, un transfert de talents n'explique-t-il pas l'aptitude à l'appréhension et à la mise en ordre d'un "espace étatique?"

Sociologie de l'Etat napoléonien

A défaut des interlocuteurs ou des partenaires qu'il récusait, Napoléon Bonaparte a dû, bien évidemment, recourir, pour gérer le champ unifié de la France départementalisée, à un corps de serviteurs de l'Etat, liés à sa personne par des liens de fidélité personnelle ou collective. Leur fonction est d'assurer à double sens la circulation de l'autorité et de la confiance, de l'information à fournir au gouvernement et des ordres à faire exécuter. Cette armature médiatrice est elle-même constituée à partir du corps des notables.[6] Notion relativement complexe que celle de notabilité, dont Napoléon Bonaparte et ses ministres ont défini les contours, par l'entremise des préfets, en associant le critère du ralliement politique ou de l'appartenance aux hiérarchies honorifiques du nouvel Etat, à une analyse conforme aux résultats de la Révolution comme aux conditions objectives de la société du temps. Le notable est, tout à la fois, l'homme qui a su par le passé et reste susceptible de se rendre utile à l'Etat par ses capacités et son dévouement, et celui qui présente tous les signes extérieurs de la notoriété, auxquels son environnement social peut le reconnaître comme un guide naturel.

Dans la définition du notable napoléonien, la propriété terrienne comme forme déterminante de la fortune intervient en tant que critère le plus général; la possession d'un patrimoine, en effet, est le gage le plus assuré de l'attachement à l'ordre établi. Mais le lien n'est pas moins étroit entre notabilité et famille: avant d'être un individu remarquable, le notable est d'abord un rameau d'un arbre généalogique. La famille à son tour vaut certes en elle-même comme cellule constitutive de toute la pyramide sociale, mais tout autant par sa capacité d'entrer dans des combinaisons d'alliances et dans des réseaux. Mari et père de famille, le notable préside à des stratégies éducatives et matrimoniales auxquelles il est arrivé à l'Etat de s'intéresser de près dans sa "statistique personnelle et morale" de 1809–1810, évidemment préoccupée des mécanismes de reproduction de la classe des notables.

La propriété, la parenté, la clientèle reconstituent ainsi à un autre niveau et conformément à des valeurs différentes le monde du privilège et de la naissance (encore cette dernière se lit-elle en transparence derrière la référence aux "bonnes" et "anciennes" familles). La cohésion et la force de rayonnement des réseaux de la notabilité offrent à la fois un modèle et assurent une emprise, un contrôle.

Le passé politique et administratif entre aussi en compte dans la définition du notable. Les fonctionnaires capables des anciennes administrations de la monarchie comme de la Révolution sont recherchés, pourvu qu'ils aient eu un comportement modéré et soient bien acceptés par les populations qui les connus en exercice. On reste frappé, inversement, par le peu d'intérêt du nouvel Etat pour le mérite acquis dans les carrières économiques ou par le moyen des diplômes, dans la mesure où ils existent.

Indépendamment même de l'issue militaire et politique qu'a connue l'Etat napoléonien, où ce système socio-politique devait-il trouver nécessairement ses limites? Tout d'abord, dans la pression exercée sur lui par les exclus: familles d'ancienne noblesse jugées peu sûres, petite bourgeoisie "à talents." La Révolution n'a pas anéanti les anciennes élites; elle a donné de grands espoirs à d'autres; enfin ce n'est qu'en apparence et d'une façon toute provisoire qu'elle a perdu son dynamisme historique: de Benjamin Constant, l'une des "bêtes noires" de Napoléon, aux historiens à la fois critiques et enthousiastes de la Révolution, cette dernière, devenue tradition et référence, ne va cesser de nourrir le libéralisme et le républicanisme du siècle commençant.[7] Ainsi se profile une décantation de l'image et de l'héritage de l'Etat napoléonien: comme création politique, il n'a pu être qu'un Etat de circonstance, d'un caractère aberrant; comme appareil de gestion rationnel, unifié, centralisé, il transmet à ses successeurs un instrument dont ils ne songeront nullement à se priver, tant il est adapté à un idéal de rassemblement territorial, d'unanimité politique, de puissance nationale qui est le bien commun de la Troisième République et de la monarchie louis-quatorzienne.

Notes

1. Récemment (1st Annual Meeting of the Society for the Study of French History, Liverpool, 1–3 April 1987), Irene Collins a défendu le point de vue selon lequel les assemblées créées en l'an VIII auraient eu plus de pouvoir qu'on ne le croit généralement, et n'auraient pas su en faire tout l'usage possible (communication intitulée: "Napoleon's Parliaments—do they matter?").
   Rappelons qu'en France une thèse de doctorat en droit de l'Université de Nice, soutenue en 1972, a détaillé le fonctionnement largement fictif du suffrage (Jean-Yves Coppolani, *Les élections en France à l'époque napoléonienne* (Paris, 1980).
2. Il faut renvoyer sur ce sujet à l'article de Stuart J. Woolf, "Les bases sociales du Consulat. Un mémoire d'Adrien Duquesnoy," *Revue d'Histoire moderne et contemporaine* 1984, pp. 597–618.
3. Jean-Paul Bertaud, "L'Empire, une dictature militaire?," *L'Evènement du Jeudi*, 6–12 août 1987, pp. 40–42.
4. Sur les rapports entre le régime napoléonien et la statistique, rappelons la richesse des travaux de Jean-Claude Perrot, Stuart J. Woolf, Marie-Noëlle Bourguet.
5. Cf. notamment Nicole Dhombres, *Quelques aspects des relations sciences-pouvoirs dans l'Etat napoléonien* (thèse de doctorat de 3e cycle, E.H.E.S.S., 1982).
6. Cf. Louis Bergeron et Guy Chaussinand-Nogaret, *Les masses de granit. Cent mille notables du Premier Empire* (Paris, 1979).
7. On renvoie ici à la démonstration de François Furet dans *La gauche et la révolution au milieu du XIXe siècle* (Paris, 1986), particulièrement chap. I: "La question de la Révolution française sous le régime de Juillet," pp. 11–27.

Abstracts

The Birth of the "Ancien Régime"

Diego Venturino

Until 1791, the revolutionaries did not articulate a direct rupture between a "new regime" and an "old regime" in which the latter identified a complete past characterized as chaos. Until the Revolution, the word "regime" connoted an "order of things" or "the ordering" of something. It was always used in conjunction with a specifying term: thus "the ordering of the grain supply" (*régime des grains*) or "feudal regime" or "constitutional regime." At most, it could designate a political practice, the totality of rules through which sovereignty was exercised, but never the legitimacy of that sovereignty.

The early revolutionaries maintained this usage: thus, "the old judicial regime" designated the abuses which had now been reformed. Abuses were deemed to be the product of the corruption of the order of things which the new regime regenerated. By 1790, the generality of abuse to be reformed began to give "ancien régime" a more general application. But it designated a particular system of government corrupted by ministers and courtiers. Thus, the revolutionaries could accept the continuation of the monarch not implicated in this *régime* or ordering of things; and second, they could reject the immediate past (a corrupted order of things) and still legitimize their acts by reference to a distant, uncorrupted past.

All this began to change after Varennes and, with August 10, "ancien régime" came to designate the rupture between the Republic and the Monarchy (including the Constitutional Monarchy), in which all that came before the Republic was chaos and corruption. "Ancien Régime" became an ideological description, an antinomy which menaced the Republic. The modern definition of the term only appeared at the end of the 1790s where it began to designate the situation immediately prior to 1789. It is only in the twentieth century that the term has been stretched to designate the period from the Valois to 1789.

"Révolution"

Keith Michael Baker

Dès la fin du XVIIème siècle, l'acception de "révolution" comme changement extraordinaire et subite dans les affaires publiques est bien établie. Faisant contraste à la stabilité de l'absolutisme, révolution (ou plutôt "révolutions" car les instabilités sont conçues comme multiples) est perçue comme une rupture abrupte, accomplie dans un moment, sans l'intervention de la volonté humaine, non vécue comme acte mais subie comme événement.

Ce sont les Lumières qui commencent à penser "révolution" comme un acte, comme un processus dynamique de transformation profonde et irréversible dans la société, comme expérience vécue sur une période de temps, comme produit de l'action humaine et surtout du progrès de l'esprit humain. C'est que les Lumières sont perçues comme une révolution. Pourtant, Linguet formule une autre vision, celle de la révolution comme apocalypse, produit de l'immisération de la masse. La lecture des *Révolutions de Paris* permet de saisir la fusion de ces thèmes au fur et à mesure que les français en 1789 et 1790 saisissent leur révolution comme une actualité prolongée, comme une expérience vécue, comme produit à la fois des Lumières et de la misère.

The Spirit of the Constitution, 1789–91

Denis Richet

The heart of the debate around the 1791 Constitution is not the question of electoral qualifications but rather that of the composition of the legislature and the relationship of the king to the decisions of this body. This article examines the positions elaborated in the debates on these issues. The resolution of the problem and the immediate failure of the constitution lead to the question of why France, unlike Great Britain and the United States, was henceforth quite unable to stay with any constitution.

The Constituent Revolution: The Political Ambiguities

Ran Halévi

The Constituent Revolution is here defined as the resolution of June 17, 1789 whereby the Third Estate declared itself to be the National Assembly. Although it was the product of the irreconcilable positions on representation held by the Second and Third Estates, this outcome was wholly unpredicted. Yet, by no means did it resolve the issue of representation: if it introduced modern forms, the content was much more ambiguous. This is revealed in the contradictory senses accorded to the outcome of 17 June in the debates over mandates and the veto, which are analyzed in detail in this article. The practice of sovereignty was a matter of considerable confusion. Indeed, the resolution of June 17 itself was achieved at the cost of rejecting the system which had given political legitimacy to the deputies. The relationship between the deputies and the sovereign people was henceforth uncertain, open to re-invention, and the legitimacy of political factions became a matter of appropriating the "will of the people."

La souveraineté de la nation

Maurice Cranston

En matière de souveraineté, trois familles de pensée s'opposent au dix-huitième siècle: le courant de l'absolutisme éclairé, celui du constitutionnalisme libéral, et celui du républicanisme. Par ailleurs, ce sont surtout ces deux derniers qui élaborent des concepts de nation. Cet article analyse les positions adoptées par ces trois courants (représentés par Voltaire, Montesquieu et Rousseau), insistant à la fois sur les contrastes et sur la connexité entre leurs thèses. Enfin, pour conclure, si l'on peut dire que les diverses étapes de la Révolution s'inspirent de l'une ou de l'autre de ces thèses, l'on doit également reconnaître qu'aucune période de la Révolution n'en voit la mise en oeuvre intégrale d'aucune d'entre elles.

Le citoyen/la citoyenne: activité, passivité, et le concept révolutionnaire de la citoyenneté

William H. Sewell, Jr

Doué d'une puissance symbolique énorme, le terme "citoyen" véhicula des ambiguités profondes dans son usage révolutionnaire, ambiguités qui témoignent des contradictions dans les perceptions des révolutionnaires. Cet article explore deux questions: celle de la division entre citoyens actifs et citoyens passifs, et celle de "la citoyenne" comme appellation démocratique à partir de 1792.

C'est Sieyes qui invente le concept de "citoyens actifs"; mais cette distinction, qui leur réserve les droits politiques, cache bien des ambiguités dans le choix ou de revenus ou de capacités comme critère d'accès aux responsabilités politiques. Quant à "la citoyenne," pendant de l'appellation "citoyen," elle met en jeu tout le problème des responsabilitiés civiques de la femme (politiques ou domestiques?) et suscite enfin un discours montagnard très net sur la complémentarité nécessaire des vertus républicaines mâles et des vertus domestiques féminines.

La patrie

Norman Hampson

"La patrie" est une expression bien établie dans le vocabulaire politique français du XVIIIème siècle. Assez peu présente chez Montesquieu et Rousseau, son usage relève peut-être davantage du monde antique. Elle véhicule deux connotations: le pays dont on est natif; une communauté régie par la vertu ou le sens civique de ses membres. Bien que "la patrie" est un des mots d'ordre de la droite en 1788–89 tandis que "patriote" est une appellation de la gauche, "patrie" est une expression peu courante avant 1792 alors que "nation" fait fortune. Les deux acceptions de "patrie" se rencontrent ainsi que beaucoup d'usages mal définis. C'est la crise de 1792 que fusionne les deux acceptions et l'on peut suivre dans les discours de Robespierre et de Saint-Just la transformation du terme en un impératif moral et idéologique défini par le gouvernement du jour. Enfin, après le 9 thermidor, il ne reste qu'un sens tout-à-fait moderne où le patriotisme devient synonyme de fidelité nationale.

The Declaration of the Rights of Man

Philippe Raynaud

The Declaration articulated principles which were by now classic, but gave them a new, openly anti-traditionalist foundation. The Declaration's relationship with the Constitution contained considerable ambiguities, arising particularly from the revolutionaries' elimination of limits placed on the power of the legislators by earlier authors, especially Rousseau. The revolutionaries placed entire confidence in the law as the protector of rights, but allowed the legislative to define its own sphere of action. By rejecting tradition and status in favour of will (expressed in law), the revolutionaries were raising the modern problem of the synthesis between "freedom from" and "freedom to."

Louis XVI, roi des français

Peter R. Campbell

Pourquoi les français se sont-ils dotés d'une monarchie constitutionnelle? Et pourquoi la constitution a-t-elle pris la forme précise qu'elle eut? C'est soulever toute la question des rapports entre les idées et la pratique. Cet article passe en revue les composantes d'une théorie politique du dix-huitième siècle. Il souligne combien est exagérée l'importance que l'on accorde aux Lumières et il attire l'attention sur l'influence d'autres courants (surtout le jansénisme) qui véhiculent des traditions plus anciennes et authentiquement françaises sur le despotisme et la souveraineté du peuple. De même, dans une société corporatiste, la représentation est une réalité courante tout comme l'est le consentement dans les pays d'états.

En somme, il existe tout un jeu d'influences possibles en 1789, faites à la fois d'idées neuves, d'idées anciennes rénovées, et de la pratique. Mais, l'auteur souligne que l'influence des idées est complexe et le plus souvent intangible. Il s'agit surtout d'analyser comment les contraintes de l'action journalière de la Révolution amènent les révolutionnaires à solliciter les justifications plutôt que l'inspiration auprès des idées.

Le procès du roi et la culture politique de la Révolution

Michael Walzer

Robespierre et Saint-Just ont présenté le procès du roi comme un exercice hypocrite de formalisme légal. Ils en ont convaincu les générations suivantes. Pourtant, si l'on evalue toutes les avenues ouvertes aux conventionnels, le procès paraît préférable à la mise hors-la-loi préconisée par Robespierre et Saint-Just. Justice politique, certes, et donc justice imparfaite; mais justice tout de même à l'encontre de la politique pure de l'action que prêchent Robespierre et Saint-Just. Pour l'avenir, tout dépend de la part de la politique et de la part de la justice: le procès du roi annonce moins les procès staliniens que Nuremberg. C'est entre les mains des jacobins que la justice révolutionnaire outrepasse les limites de la loi.

The King of the Counter-Revolution

Roger Dupuy

This article reviews the metamorphoses in counter-revolutionary discourse on the monarch and restoration between 1789 and 1814. Four principal phases may be identified. First, between 1789 and 1792, Louis XVI himself is increasingly seen as cowardly and the émigré princes come to incarnate an integral monarchical position of return to a (reformed) pre-revolutionary monarchy. Valmy denies the expectations of this repressive, revengeful theme; but the death of Louis and the outbreak of popular anti-revolution at once provide a double renewal. For classic counter-revolutionaries, they introduce above all a theme of Providence whereby the ills of France are so great that they can only be the work of Providence presaging an eventual restoration. In the third place, the Napoleon years see the marginalization of the counter-revolutionary monarchy, still wedded to providentialism but offering major concessions. Finally, the "divine surprise" of 1814 owed more to a basic alliance between conspiracy and renewed popular anti-revolution, but it confirmed counter-revolution in its providentialism.

The French Revolution and the Idea of the New Man

Mona Ozouf

The "New Man": a dream central to the Revolution which sought to realize it. For all revolutionaries, it involved a complete rupture with the past and with other models. Yet, two quite distinct views can be identified. On the one hand, some saw the Revolution itself as the act of regeneration which produced the new man: the Revolution created him, he did not need to be formed; it was an instantaneous happening, a release of energy, not necessarily immediately complete but irreversible, demanding little prescription from the revolutionary legislators. On the other hand, there were those for whom the remnants of the old regime meant that the revolutionary surge was not free from obstacles. Men, by the very fact of their past, were inclined to resist regeneration. Therefore, man had to be remade and this meant combating the partisans of the old man, especially priests. Whereas the partisans of the first view were essentially confident of the outcome, the latter feared failure or regression. They needed, thus, to create a whole environment to train, protect and sustain new man. Hence, they were intrusive, dirigiste, and intolerant of discord.

It is not possible to associate each of these views with any particular political group or, beyond a certain colouring, a particular phase of the Revolution. What all the revolutionaries encountered in this question was the problem of time: the problem of the right time to act, the problem of the time it took, the problem of the distractions that occupied the time that ought to have been devoted to the new man.

Assemblies and Representation

Patrice Gueniffey

The defeat of the Monarchiens' bicameral proposal marks the victory of a view that sovereignty, recognized as indivisible, can only be exercised by representation. This was based on the argument that in a modern atomized society men could not possibly will in common. Therefore, there was no real will as distinct from a representative will; the assembly (as indivisible as sovereignty) was in effect the people willing in common. Thus, the assembly was independent of the people who had in theory no means of making it accountable.

In practice, the assembly was always subordinated to constraints, whether the fragility of majorities or the compromises that presided over legislation. Above all, political groups inside the assembly always needed outside support, especially among the counter-politics of the clubs.

Against this vision of the independence and unity of sovereignty in the representative assembly, there rapidly grew the radical view that constituent power resided and remained in the people and that this limited the representative power, subordinated to a real single will among the people. The second part of this paper explores the crisis of 1792 and the attempts of both the Girondin and Jacobin constitutions to come to grips with representative democracy.

La foule et la politique

Colin Lucas

Cette communication s'ouvre par une analyse des travaux de George Rudé et de Georges Lefebvre sur la question pour conclure à la nature restrictive de leurs définitions de la foule dans la Révolution. L'auteur souligne la qualité "politique" de l'action de la foule sous l'Ancien Régime et fournit une longue analyse des diverses façons dont la foule représente la communauté dans ses rapports avec les pouvoirs publics. L'auteur développe une thèse selon laquelle cette action représentative avec ses aspects de reproche et de réglementation se prolonge sous la Révolution en ligne continue depuis l'Ancien Régime. Il essaie de définir, à travers l'étude de journées révolutionnaires, la nature et le degré de transformation qu'a subie l'action de la foule au cours des années fortes de la Révolution. Enfin, il livre quelques réflexions sur l'attitude des révolutionnaires eux-mêmes face à cette foule. Il place le point de rupture entre la culture politique ancienne et moderne dans ce domaine en 1795 plutôt qu'en 1789.

Direct Democracy during the French Revolution: The Districts and Sections of Paris

Kåre Tønnesson

The paper begins by examining the districts and the Assembly of Electors in Paris during 1789–90. It is argued that these instruments inherit practices of direct democracy from the bourgeois institutions of the very early phase of the Revolution. In the tensions between the districts and the Assembly of Representatives these practices evolve sharply. One may question whether the formulation of democratic claims is rooted purely in practice or whether it is not equally derived from theory (especially Rousseau) and precedent. In any case, the period 1789–90 sees the construction of an ideology of the rights and functions of the districts as holding fractions or portions of sovereignty.

Suppressed in June 1790, the instruments are renewed in the aftermath of the flight of the King and above all with the growing war crisis in 1792. The second part of the paper deals with the issues raised in 1792–93 by the claim of sections to possess portions of sovereignty and the attitude to these claims in the Convention. The paper discusses the whole problem of the level of participation in sectional assemblies and its relevance for the question of the reality of direct democracy.

Le Fédéralisme

Alan Forrest

Qu'est-ce que le fédéralisme au juste? Terme de polémique aux connotations anti-nationales et contre-révolutionnaires, il exprime la vision jacobine de leurs adversaires provinciaux de 1793 et il informe l'historiographie de cette période. Pourtant, le mouvement fédéraliste n'est dans son fond ni anti-national ni contre-révolutionnaire. Il reste profondément constitutionnel, faisant grief aux jacobins d'avoir rompu l'équilibre constitutionnel auquel il aspire. Le fédéralisme est un mouvement de confrontation politique; il s'occupe peu d'idéologie. S'il tire souvent ses conceptions les plus élevées du discours girondin, il n'est pas pour cela girondin. S'il exprime un sentiment anti-parisien, c'est en réalité un sentiment anti-radical qui perçoit la capitale comme chef-lieu du radicalisme. Le fédéralisme est avant tout un mouvement local qui ne peut se comprendre hors de ce contexte. C'est l'histoire des localités qui explique la géographie peu logique du fédéralisme ainsi que les variations d'intensité, l'engagement de tel ou tel individu. Ce phénomène n'est guère susceptible d'une analyse générale qui aboutirait à une explication unidimensionnelle, telle la lutte des classes.

The French Revolution and the Jacobin Tradition

François Furet

There are two histories of jacobinism. The first is the history of the Jacobin Club. What begins as a discussion forum preparing debates in the Constituent Assembly is transformed by the ruptures of 1791–92 into a machine for producing unanimity. A second transformation in 1792–93 changes it from being the sentinel of direct democracy into being the guardian of Montagnard supremacy, the purveyor of agents of centralization and the voice of orthodoxy.

The second history of jacobinism is what it is made to mean subsequent to the

Revolution. In the first place, jacobinism is equated with 1793–94; the unity of the Revolution is broken and jacobinism is seen as the forerunner of a brighter, socialist future. After 1848, this tradition is progressively transformed to permit the Third Republic's synthesis. In the second place, jacobinism's belief in the supremacy of politics (and the perceived model of the Club itself) stimulate the notion of the necessity for a revolutionary party—and the jacobin model is not unrelated to the emergence of bolshevism.

The Thermidorian Experience

Bronislaw Baczko

In the rapid transition from the attack on Robespierre as tyrant to that on the Terror as political system, the burgeoning Thermidorian period liberated a large political space and hence permitted the emergence of division. Lindet, speaking on the last day of the Year II, wanted to distinguish between crimes and errors and to call yet again upon the Revolution's dream of unanimity. This was to ignore the fact that the Revolution had proceeded in practice by a series of exclusions. The Thermidorian period was no exception.

Yet, the Reaction did not sum up the Thermidorian experience. The Thermidorian task was to try to end the Revolution. Hence, the heart of its experience is to be found in its constitution-making. This paper considers how the problems of constitution-making had changed since 1789. The reference is now to its revolutionary past. The Thermidorian moment is in many senses the recognition of decay, disillusion, and decrepitude.

Les "institutions républicaines," 1797–1799

Isser Woloch

Sous le Second Directoire, il est évident que la liberté de l'action électorale et la vie politique locale sont limitées par le gouvernement. Par contre, le discours du gouvernement et de ses agents souligne constamment les "institutions républicaines." Ce terme désigne l'instruction publique et le calendrier républicain. Si l'on peut constater rapidement à la fois le peu d'efforts et l'échec du gouvernement dans le domaine de l'instruction, le cas du calendrier républicain mérite d'être étudié de près. Cette communication démontre une politique bien arrêtée de la part du Directoire pour obliger la population à se conformer au calendrier républicain non seulement dans ses activités économiques mais aussi dans ses loisirs. Il y a même des tentatives de faire transférer le culte catholique du dimanche au décadi. Cette communication analyse les initiatives sur le plan local et démontre toute la résistance passive qu'elles recontrent à tous les niveaux sociaux. L'auteur en conclut à un élément majeur de la faillite politique du Second Directoire devant l'opinion.

L'administration locale sous la Révolution de 1789 à 1792

Alison Patrick

D'ordinaire, les historiens émettent un jugement plutôt critique à l'égard de l'effort des administrateurs locaux pendant les premières années de la Révolution. Pourtant, si l'on tient compte à la fois du manque de directives précises sur les modalités de l'administration et de la quantité stupéfiante de tâches imposées aux administrations comme conséquence de la régénération de la France, il faut avouer que les réussites sont remarquables. Cette communication étudie en détail la mise en oeuvre de l'administration sur le terrain et elle analyse certaines de ses activités dans le domaine des impôts, des émigrés et de l'Eglise. Ce n'est pas dire qu'il n'y eut aucune confusion ni heurt, mais le problème fondamental fut la tension entre, d'une part, l'obligation de n'être qu'exécutive et ainsi obéissante à la loi et, de l'autre, l'impérieuse nécessité du pragmatisme dans le context local.

The Running of the War during the Revolution

Jean-Paul Bertaud

The control of the war was one of the more thorny problems of the Revolution both from the point of view of sovereignty and from that of practical efficiency. Under the constitutional monarch and even more so under the Republic, the question turned on how far the war was to be left in the hands of the executive and the generals. Fear of the executive and suspicion of generals dominated the attitudes of revolutionary politicians. This paper traces the evolution of an often complex situation throughout the Revolution. The military committees of the Constituent and the Legislative constantly intervened and limited the freedom of action of the ministry. The jacobin republic created a system of civil control by the legislature and its organs, successful in all but logistics. However, attempts by the Directory to continue the system through other mechanisms eventually lost out to the power of the generals, whose rivalries alone allowed the politicians to hand power to the most civilian of them.

Finance and the State

Michel Bruguière

At the very end of the Ancien Régime, the monarchical state had almost entirely taken financial matters away from the competence and review of judicial instruments; there remained only the fiscal functions to be brought back into the bureaucracy. The Revolution had two options: either it could follow the Anglo-American model by introducing elected institutions capable of assuming the financial functions of the state; or else it could develop the eighteenth-century monarchical drive towards a modernization and simplification of traditional institutions in the hands of a centralized state. This paper discovers how the Constituent Assembly's choice of the former option collapsed, in many respects within two years, and how the institutions, often the practices and sometimes the personnel of the Ancien Régime reappeared, ready to be systematized by Napoleon.

Napoleon or the Post-Revolutionary State

Louis Bergeron

Was the Napoleonic period part of the institutional and administrative modernization that marks the transition from the Ancien Régime to modern political culture? Or did it interrupt the developing experiment in parliamentary government and civic responsibility? Certainly, the latter. The essence of the Napoleonic state was to have been a rational, even scientific despotism, a specialist state which sorted out and ran the post-revolutionary society. Rooted in a socio-economically defined group of notables, issued from the Revolution, it could only be an interlude rather than a lasting form.

Name Index

d'Alembert, Jean-le-Rond, 41, 51, 213
d'Allarde, Pierre Leroy, 18
Amar, J-B, 117–120 (rights of women)
Angoulême, duc d', 202
Antraigues, comte'd', 70
Arendt, Hannah, 6, 54, 220
Argenson, marquis d', 166
Aristotle, 101, 102
Artois, comte d', 194, 195, 196, 197, 198, 200, 202
Aulard, A. (historian), 77, 78, 82, 337

Babeuf, F. N., 335, 336
Bacon, Francis, 97, 98, 99
Baczko, B. (historian), xiv, xvi, 289, 291, 292, 293
Bailly, J-S, 274, 275, 279, 298, 299
Baker, K. M. (historian), xi, xvi, 3, 4, 6, 89, 92
Barbaroux, C-J-M, 312, 313, 319, 323
Barère, B., 66, 77, 215, 223, 226, 251, 347, 353
Barnave, A., 22, 65, 74, 130, 180, 234, 238, 239, 242, 329, 330, 423
Beccaria, C., 91, 141, 142, 145
Bergasse, N., 64, 246
Bergeron, L. (historian), xvi, 392, 393, 394, 395
Bernadotte, Marshal, 427
Bertaud, J. P. (historian), xvi, 157, 391, 395, 439
Besignan, marquis de, 269
Billaud-Varenne, J. N., 128, 223, 224, 245, 251, 252, 332, 347
Bodin, Jean, 97, 168
Boissy d'Anglas, F-A, 19, 24, 220, 221, 227, 234, 407
Bosher, J. (historian), 429, 431
Bossuet, J-B, 44, 99, 172
Bouchotte, J-B-N, 136, 157, 425
Bourbon, duc de, 194
Bourchon, L., 217
Brienne, E-C Loménie de, 15, 52, 431
Brissot, J. P., 126, 127, 130, 178, 234, 298, 329, 331, 332, 333

Bruguière, M. (historian), xvi, 393, 394
Burke, Edmund, 8, 95, 145, 148, 164, 207, 214, 218, 219, 236
Buzot, J., 312, 319, 415

Calonne, C-A de, 15, 211, 393, 430
Campbell, D. (historian), xvi, 155, 156, 157
Camus, Albert, 189, 191
Carcassone, E. (historian), 63, 169
Carnot, L., 425, 426
Carrier, J., 367
Cazalès, 130, 245
Chabot, F., 246, 247, 249
Chalier, 324
Charlemagne, 13, 46
Charlier, 114
Charron, J., 266, 271, 272
Chateaubriand, 27
Chénier, M-J, 216, 222, 224, 357, 358, 360
Clermont-Tonnerre, S. de, xvi, 64, 217
Cloots, A., 221
Cobb, R. C. (historian), 259, 291, 425
Cobban, A. (historian), 165, 399, 429
Cochin, A. (historian), 333, 338
Collot d'Herbois, J-M, 332, 347
Condé, prince de, 194
Condorcet, A. C. marquis de, 51, 52, 141, 142, 188, 191, 217, 219, 221, 225, 233, 246, 247, 248, 250, 253, 298, 301, 331, 352
Constant, B., 27, 358, 359, 441
Couthon, G., 329
Cranston, M. (historian), 90, 94
Crook, M. (historian), 320

Danton, G., 282, 414
Daunou, P. C. F., 221, 366
Desmoulins, C., 228, 251, 422
Diderot, D., 213
Ducos, J-F, 225, 249, 253
Dumont, E., 72
Dumouriez, C-F, 422, 425
Dupont de Nemours, 11, 15, 241, 407
Duport, A., 177, 178, 330

Dupuy, R. (historian), xv, 153, 154, 155, 157
Duquesnoy, E-D-F, 65, 72, 438

Enghien, *duc d'*, 136
d'Eprémesnil, J. D., 128, 177
Erasmus, 219
Espinchal, *comte d'*, 194, 195

Fabre d'Eglantine, P-F-N, 133
Farge, A. (historian), 265, 268, 270
Favras, *marquis de*, 196
Feher, F. (historian), 183, 186, 188, 191
Fénélon, F., 173
Fonvielle, 311, 312
Forrest, A. (historian), xiii, 291, 426
Foulon, 273, 274, 275
Frederick II, 215
Fréron, L. M. S., 347
Furet, F. (historian), xiii, 191, 192, 289, 291, 293, 438
Furetière, A., 42, 43

Garrioch, D. (historian), 263, 265, 268
Genty, M. (historian), 290, 297, 300
George III (King), 5
Godechot, J. (historian), 158, 399, 410, 426, 427
Godwin, W., 94, 148
Goethe, 126
Gonchon, 264, 280
Goodwin, A. (historian), 320
Goubert, P. (historian), 28
Goulemot, J-M (historian), 41, 43, 45
Grégoire, *abbé* H., 72, 222, 225, 349, 380
Gueniffey, P. (historian), xii, 156, 208, 209, 210

Halévi, R. (historian), xii, xv, 3, 4, 6, 8, 156
Hallot, 311, 312
Hamilton, Alexander, 295
Hampson, N. (historian), xiv, xv, 90, 94, 157
Hanriot, F., 338
Hébert, J-R, 281, 354
Hegel, G. W. F., 148
Henri IV (King), 19, 196, 199, 200, 202
Hérault-Séchelles, M-J, 229, 352
Hobbes, Thomas, 99, 100, 142, 143, 146, 168
Holbach, P. H. D. *baron d'*, 213

Isnard, M., 316, 323

James II (King), 43

Jaurès, Jean, 215
Johnson, Samuel, 126
Joubert, B-C, 426
Jourdan Coupe-Têtes, 323

Kant, Immanuel, 188, 227
Kaplan, S. (historian), 262, 268, 272

Lacombe, C., 116
Lafayette, *marquis de*, 20, 234, 242, 274, 298, 329, 422
Lally-Tollendal, 12, 17, 22, 64, 69, 71, 72, 234, 239
Lameth, A. de, 81, 329, 330
Lamoignon, C-F de, 127
Lanjuinais, P., xiv, 105, 106
La Révelliere-Lépaux, 413
Lavoisier, A-L, 298
Launay, de, 273
Le Chapelier, 64, 129, 240, 241, 242
Lefebvre, G. (historian), 167, 261, 262, 267, 410, 439, 451
Lenin, V. I., xiii, 339, 342
Léon, P., 116
Léopold II (Emperor), 196, 197
Le Paige, L. A., 173, 175
Lepeletier, M., 134, 214, 222, 226
Levy, D. (historian), 53
Liancourt, 54, 55
Lindet, R., 349, 350, 351, 453
Lindet, T., 279
Linguet, S. N. H., 53, 54, 57, 59, 446
Locke, John, 98, 102, 106, 168, 175
Louis XII (King), 13, 19
Louis XIV (King), 13, 23, 55, 166, 172, 173, 174, 289, 295, 393
Louis XV (King), 162, 195, 434
Louis XVI (King), 13, 16, 17, 19, 20, 21, 25, 26, 54, 67, 153, 161, 162, 180, 187, 189, 190, 196, 198, 218, 236, 238, 251, 304, 330, 392, 430, 433, 434, 435, 449
Louis XVII (King), 198, 199, 201
Louis XVIII (King), 68, 200, 201, 202
Loustalot, E., 56, 57, 245
Lucas, C. (historian), xiv, xvi, 209, 210

Mably, *abbé* G. B. de, 13, 45, 46, 47, 48, 49, 57, 58, 166, 174, 176
Mailhos, G., 50
Maistre, J. de, 200, 201, 335
Malberg, H. Carré de, 73, 74, 146, 239
Mallet du Pan, J., 242, 279
Malouet, M., 65, 66, 72, 129, 216, 235, 253
Marat, J. P., 20, 21, 23, 25, 131, 245, 251, 299, 304, 317, 320, 322, 421
Marie-Antoinette (Queen), 196, 218
Marion, M. (historian), 409
Massiac, G. de, 44

Mathiez, A. (historian), 317, 374, 375, 383, 384
Maultrot, G. N., 171, 175
Maupeou, R-N de, 48, 174
Maury, *abbé*, 245
Mercier, L-S, 52, 126, 136
Merlin de Douai, 407
Mey, C., 171, 175
Michelet, J. (historian), 17, 329, 333, 336, 337, 338, 341
Mirabeau, H. G. de Riquetti, *comte de*, xii, 13, 15, 18, 21, 22, 24, 72, 75, 82, 98, 106, 127, 129, 179, 180, 214, 218, 222, 229, 236, 237, 280, 329, 330
Mitchell, L. (historian), 157
Montesquieu, C-L, 14, 77, 90, 92, 97, 98, 99, 100, 101, 102, 103, 104, 125, 126, 128, 130, 131, 134, 135, 145, 156, 168, 169, 170, 176, 233, 447, 448
Montet, C. de, 269
Mounier, J. J., 5, 8, 12, 20, 64, 65, 66, 68, 71, 129, 178, 179, 217, 234, 235, 237, 238, 242, 246, 280
Mousnier, R. (historian), 171

Napoléon I (General, 1st Consul, Emperor), xv, xvi, 68, 98, 104, 136, 190, 201, 292, 392, 393, 394, 395, 426, 427, 429, 431, 433, 437, 438, 439, 440, 449, 455
Necker, J., 17, 71, 72, 176, 180, 194, 271, 273, 279, 393
Neufchâteau, F. de, 381

Orléans, *duc d'*, 270
Orléans, Joseph d', 44
Ozouf, M. (historian), xiv, 3, 92, 207, 209, 211, 281, 374, 375, 383

Pache, J. N., 423
Paine, Thomas, 5, 145, 185, 219, 295
Palmer, R. R. (historian), 158, 384
Patrick A. (historian), xvii, 210, 395, 396
Pétion, J., xiii, 8, 75, 78, 79, 80, 81, 128, 243, 244, 246, 329, 330, 331, 423
Peuchet, J., 52, 53
Plato, 101
Portalis, A., 128
Précy, General, 313, 316
Prudhomme, 4, 55, 58, 336

Quinet, Edgar, 190, 214, 336, 350

Rabaut, Saint-Etienne, 18, 19, 26, 216, 217, 310
Raynal, *abbé*, 52, 237

Raynaud, P. (historian), xii, 90, 91, 94
Reddy, W. (historian), 268
Reinhard, C. F., 26, 186
Rémusat, C. de, 238
Rétat, P. (historian), 55, 58
Richet, D. (historian), xii, 3, 4, 5, 8, 438
Robespierre, M. I., xiii, xiv, 15, 23, 25, 27, 67, 90, 94, 103, 112–113 (citizenship), 128, 129, 130, 131, 132, 133, 134, 135, 136, 186, 187, 188, 191, 209, 210, 214, 244, 245, 247, 249, 250, 251, 252, 282, 289, 291, 305, 317, 320, 322, 329, 331, 332, 333, 334, 337, 341, 343, 344, 345, 347, 348, 349, 351, 422, 448, 449, 453
Roche, D. (historian), 263, 265
Roland, Mme, 178, 312
Root, H. (historian), 290
Rousseau, Jean Jacques, 5, 14, 22, 79, 90, 91, 93, 97, 98, 99, 100, 101, 102, 103, 104, 105, 106, 125, 126, 130, 132, 135, 139, 141, 143, 144, 145, 146, 147, 156, 168, 169, 170, 171, 176, 179, 207, 213, 214, 219, 229, 246, 290, 300, 301, 316, 336, 356, 447, 448, 451
Rudé, G. (historian), 260, 261, 262, 265, 271, 451

Saint-Just, L. A., xiv, 94, 103, 128, 130, 131, 132, 133, 134, 135, 185, 187, 188, 191, 192, 249, 251, 281, 329, 422, 424, 425, 448, 449
Saint-Simon, L. de Rouvroy, *duc de*, 173
Sewell, W. (historian), xii, xiii, 90, 93, 156, 272
Sieyès, *abbé* E. J., xii, xiii, xv, 12, 15, 21, 24, 64, 65, 66, 70, 71, 72, 75, 78, 79, 80, 81, 90, 93, 94, 106, 107–112 (citizenship), 121, 146, 147, 179, 235, 236, 237, 238, 240, 241, 244, 325, 354, 363, 422, 424, 426, 447
Soboul, A. (historian), 261, 289, 290, 292, 297, 300, 302, 303, 409
Staël, Mme de, 172
Sutherland, D. (historian), 290, 317, 399
Sydenham, M. (historian), 309

Tackett, T. (historian), 413, 416
Talleyrand, C-M, 64, 76, 79, 202, 222
Tallien, J. L., 346, 347, 353, 355
Target, G. J-P, 175
Thibaudeau, A., 220, 221, 226, 355
Thierry, A., 164
Tierney, B. (historian), 174
Thompson, E. P. (historian), 268
Thouret, xii, 73, 280
Thuriot, 228, 250
Tilly, C. (historian), 413
Tocqueville, A. de, 12, 18, 82, 97, 98, 99, 104, 106, 164, 243, 391, 392, 393, 396, 397

Tønneson, K. (historian), xiv, 289
Trotsky, Leon, 342
Turgot, A. R. J., 141, 142, 172

Vadier, M-G-A, 347
Van Kley, D. (historian), 174
Venturino, D. (historian), xvi, 3, 4, 6
Vergniaud, P-V, 319, 323
Vertot, *abbé* R. A. de, 44
Voltaire, 14, 41, 50, 51, 97, 98, 101, 104,
    141, 336, 447
Vovelle, M. (historian), 275

Walzer, M. (historian), 153
Weber, E. (historian), 374
William III (King), 43, 432
Woloch, I. (historian), xv, 290, 292, 293

Young, Arthur, 4, 82, 270

Zapperi, R. (historian), 109

Subject Index

'active' citizens—see citizenship
American Revolution, 52, 63, 177, 207
L'Ami des hommes (political journal), 15
L'Ami des patriotes (political journal), 130
L'Ami du peuple (political journal), 25, 131
L'Ami du Roi (political journal), 298
Amiens (Peace Treaty of 1803), 136
Ancien Régime, xi, xii, xiv, 3, 4, 6, 11–28
 (changing meanings of term), 156
 (see also nation, royal power,
  constitution, sovereignty)
Annales politiques (political journal), 53–54
aristocracy, 18, 127
 (see also nobility, royal power)
'aristocratic revolution', 127
armées révolutionnaires, 425
army (French), 395, 421–422, 424–426
 (relationship with the state), 427–428
army *commissaires*, 422, 425, 426
Army of Italy, 313
Army of Sambre-et-Meuse, 426
assemblées générales (of Paris), 298, 299,
 301, 302, 303, 304, 305

Babeuf conspiracy (1796), 335
Banque de France, 433
Bastille insurrection—see revolutionary
 journées
bicameralism—see representation
biens nationaux, 433
bourgeoisie, 164, 165, 168, 170, 195, 279,
 334, 439
 (see also Estates-General [Third Estate])
Brunswick manifesto, 197

cahiers de doléances, 11, 16, 74, 75, 77, 83,
 155, 199, 392, 402, 434, 435
Catholicism, 374, 377–383 (and republican
 division of time)
 (see also clergy [non-juring])
chouannerie, 200–201, 202, 261, 265
citizenship, xiii, 74, 81, 90, 93, 94, 103,
 105–106 (definitions of 'citizen'),
 106–111 (Sieyès' criteria), 132, 245,
 251, 435–436 (and taxation)
 distinction between 'active' and 'passive'

citizens, xii, xiv, 64, 93, 112, 113,
 121, 126, 208, 236, 280, 301, 302,
 304, 447
women's rights of citizenship, 94, 107,
 113–120, 301, 447
Civil Constitution of the Clergy (1790), 170,
 382, 396, 404, 408, 413, 415
clergy (non-juring), 155, 157, 276, 313,
 358, 371, 414, 415
code rural, 407
Committee of General Defence (January
 1793), 424, 425, 426
Committee of General Security (October
 1792), 117, 347
Committee of Public Safety (April 1793),
 133, 135, 209, 347, 349, 417, 425
committees of surveillance, 305
Considérations sur la France (de Maistre),
 200, 335
Considérations sur le gouvernement de
 Pologne (Rousseau), 93, 103
constitutions
 American Constitution, 65
 Condorcet's Constitution, 247–248, 253,
  301
 Constitution of 1791, xiii, 6, 25, 68, 106,
  111–112, 154, 163, 185, 236, 239,
  246, 329, 352, 446
 Constitution of 1793 (Year II), xiii, 8,
  105, 139, 209, 249, 253, 290, 292,
  302, 304, 352, 353–356 (during the
  Thermidorian Reaction), 360, 372
 Constitution of 1795 (Year III), 241, 352,
  358–360, 363, 364, 366
 constitutional debates and ideas, 5, 20,
  21, 63–68 (major issue, 1789–1791),
  71, 73, 75, 81, 90, 140, 163, 175,
  177, 199, 312, 352
 (see also nation, sovereignty,
  representation, citizenship)
Consulate (1799–1804), v, 27, 429, 437,
 439
Contrat social, Du (Rousseau), 90, 93, 98,
 100, 101, 105, 125, 135, 139, 143,
 144, 147, 169, 176, 300
contribution patriotique (tax), 409, 410

461

Cordeliers Club, 133, 264, 300, 330
counter-revolution, 13, 22, 23, 24, 25, 26,
      154, 155, 193–202 (changing
      discourse and perceptions,
      1789–1814), 242, 260, 275, 279,
      290, 312–316 (distinguished from
      federalism), 358, 395, 403, 410, 414,
      421, 437, 449
coups d'état
   18 Fructidor Year V (1797), 201, 292,
      371
   Prairial Year VII (1799), 381
   18 Brumaire Year VIII (1799), 426, 433
crowds, 84, 209, 210, 259–262
      (definitions), 263–264 (local
      representative and legitimising
      character), 265–267 (cultural
      dimensions), 267–271 (relationship
      with public power), 271–275 (in
      popular disturbances, 1788–1798),
      275–282 (organised crowds),
      278–283 (relationship with
      revolutionary élites)

Dantonists, 333, 334
Declaration of Pillnitz (27 August 1791),
      197
Declaration of the Rights of Man and
      Citizen (26 August 1789), 5, 91, 92,
      94, 106, 112, 139–141 (paradoxes),
      142, 143, 145, 146, 147, 148, 208,
      216, 217, 218, 336, 355, 383, 448
   (see also citizenship, General Will,
      sovereignty)
democracy, xii, xiii, 100, 120, 125, 135,
      145, 177, 180, 207, 234, 235, 244,
      246, 249, 251–252, 364–365, 394,
      396, 451
   direct democracy, 79–81 (Sieyès'
      objections), 82, 93, 94, 208, 209,
      210, 227, 247, 278, 289, 290–291,
      295, 296–297 (in local assemblies of
      Ancien Régime), 297–306 (in
      revolutionary Paris sections), 333,
      362, 364, 437
   (see also citizenship, General Will,
      sovereignty)
Des droits et des devoirs du citoyen (Mably),
      46, 47, 48, 49
despotism—see royal power, constitutions
dictionnaire de l'academie française, 42, 43
dictionnaire de Trévoux, 42, 43
Directory (1795–1799), xv, 27, 155, 292,
      325, 341, 371, 372, 373, 375, 376,
      377, 379, 383, 384, 395, 417, 422,
      426, 427, 433, 453, 454
Discours sur l'originé de l'inégalité
      (Rousseau), 169

elections—see representation
electoral regulations—see representation
Emile (Rousseau), 125, 130

Emigrés, 201, 276, 313, 316, 358, 371, 406,
      411, 412, 421
Encyclopedia, The, xiii, 60
English Revolution, 43, 44, 48
Enlightenment, xi, 4, 49, 50–53 (influence
      on the term 'Revolution'), 57, 89, 92,
      97, 98, 126, 163, 170
enragés, 334
l'Esprit des lois, De (Montesquieu), 63, 77,
      125, 126, 128, 169
Essai sur les moeurs (Voltaire), 50
Estates-General, xi, xvi, 4, 7, 12, 18, 27, 47,
      49, 56, 63, 67, 69, 70, 71, 74, 81,
      82, 127, 128, 129, 156, 173, 176,
      177, 194, 236, 296, 297, 298, 431,
      435
   First Estate (clergy), 69, 70, 71, 72, 298
   Second Estate (nobility), 69, 70, 71, 72,
      298
   Third Estate, xii, xvi, 4, 7, 69, 70, 71, 72,
      75, 129, 280, 297, 298, 329
equality, 90, 108–110, 111
Esprit de la Révolution (Saint-Just), 131

Federalist Revolt (1793), 291, 312, 317,
      322, 325
federalism, xiii, 176, 290, 309–310,
      311–315 (depicted by jacobin
      propaganda), 315–316 (distinguished
      from counter-revolution), 316–319
      (anti-radical, anti-Paris character),
      320–322 (local character), 322–325
      (political character), 406, 452
fédérés, 278, 332, 423
fête décadaire, 382, 383
fête de la Fédération (1790), xiii, 264, 281,
      302, 310
fêtes nationales, 380
Feuillants, 242, 289
finances (French), 429–430 (role of the
      state), 430–432 (system under Ancien
      Régime), 432–435 (system under
      revolutionary state), 455
First Empire (1804–1814), 98, 335, 429,
      437
'fundamental laws'—see Laws

Gazette de Paris (political journal), 195, 196
General Will, xii, 70, 74, 76, 78, 83, 91, 94,
      100, 101, 102, 104, 125, 129, 140,
      143, 144, 145–148 (as a basis of
      representation), 169, 233, 235, 237,
      240, 246, 333, 363
   (see also citizenship, constitutions, laws,
      nation, representation, sovereignty)
Germinal (and Prairial) riots—see
      revolutionary journées
Girondins, 68, 115, 133, 136, 188, 242,
      250, 251, 301, 304, 314, 316, 319,
      320, 332, 334, 350, 354
Grand Peur (1789), 195

Hébertistes, 333, 334

insurrection (as a political right), 143, 248, 250, 290, 302, 320, 322

Jacobin Club, xiii, 242, 281, 289, 290, 305, 313, 318, 320, 329, 334–336 (evolution), 348, 353–354 (closure)
jacobins, 67, 90, 104, 117, 118, 120, 121, 191, 195, 196, 210, 250, 252, 292, 306, 309, 312, 315, 317, 318, 322, 354, 355, 417, 426
jacobinism, xiv, 83, 90, 121, 188, 293, 309, 311–313 (influence on perceptions of federalist revolt), 329–333 (development of principles), 334–339 (tenets and legacy), 452–453
(see also nation, General Will, Republic)
Jansenists, 155, 156, 173, 175
Jesuits, 174
Journal des Amis de la Constitution, 330

King's Trial, 183–190, 251, 449
(see also political justice)

laws
'fundamental laws', 139, 143, 145, 172, 175, 234, 250
Lakanal law (primary schooling, 1794), 372
law on *levée* of 300,000 men (February 1793), 198, 315
law of Municipality (1789, 1790), 290, 300, 301
law on national volunteers (22 July 1791), 423
law on *répos décadaire* (17 Thermidor Year VI/1798), 376
law of Suspects (17 September 1793), 347
law of Tolerance (May 1791), 240
law of 22 Prairial Year II (1794), 347
rule of law, 140, 142, 144, 145, 154, 188, 190
legislature (structure and process), 64, 65, 66, 67, 90, 91, 140
lettre du cachet, 23, 66
local government (1789–1792), 399–400 (definitions), 400–402 (background), 402–404 (responsibilities), 404–407 (decentralisation), 408–412 (revenue and tax collection), 412–415 (relationship with Church)

marc d'argent, xiii, 64, 112, 245, 299, 301
(see also representation, constitutions)
Ministry of War, 424, 425
Monarchiens, 5, 22, 234, 235, 238, 242
Montagnards, xiv, 133, 209, 301, 302, 332
municipal revolution (1789), 309

Napoleonic state, 393, 437–441, 455

(see also First Empire)
nation, 18, 21–23 (relationship with royal power), 47, 48, 57, 65, 67, 73, 79, 90, 94, 101–102 (Montesquieu's ideas), 102–103 (Rousseau's ideas), 126, 129, 140, 143, 185, 198, 235, 245, 292, 320, 349, 426, 432
National Assemblies and Convention
National Assembly (1789), 23, 24, 25, 63, 75, 179, 194, 208, 233, 236, 273, 278, 279, 330, 392, 395
National Constituent Assembly (1789–1791), v, xii, xiii, 6, 7, 8, 13, 20, 21, 22, 24, 25, 26, 28, 63, 64, 65, 67, 73, 81, 82, 107, 111, 112, 113, 121, 129, 131, 143, 156, 210, 217, 227, 233, 234, 235, 236, 237, 241, 245, 253, 289, 299, 300, 305, 330, 400, 402, 405, 409, 421, 422, 432, 433, 435
National Legislative Assembly (1791–1792), xiii, 25, 111, 112, 185, 186, 227, 241, 242, 247, 253, 332, 421, 423
National Convention (1792–1795), 23, 27, 90, 113, 114, 131, 133, 134, 140, 143, 154, 185, 186, 187, 191, 198, 226, 246, 247, 250, 252, 253, 261, 277, 278, 290, 291, 292, 301, 302, 305, 310, 314, 315, 318, 319, 320, 325, 332, 333, 334, 335, 337, 341, 343, 345, 348, 349, 351, 360, 363, 366, 367, 400, 422, 423, 424, 426, 427, 435, 452
(see also constitutions, representation, sovereignty)
National Guards, 279, 280, 302, 324
'New Man', 20, 26, 92, 207, 208, 210, 213–214 (in eighteenth century thought), 215–216, 219, 222, 224, 225, 226, 230, 450
(see also regeneration of society, Republic)
nobility, 165, 166, 180, 194, 195, 196, 197, 400
Nouvelle Héloïse, La (Rousseau), 102–103

Observations sur l'histoire de la France (Mably), 45, 48, 49

Paris
Commune (1789–1795), 290, 297, 298, 299, 302, 305, 318, 334
Districts, 299, 301
sections, 290, 299, 301, 302, 303, 304, 305
parlements, 7, 25, 48, 98, 126, 127, 128, 155, 173, 174
patrie, 94, 118, 125–137 (changing definitions), 201, 251, 280, 313, 448
(see also nation, sovereignty)

'patrie en danger' (decree, 11 July 1792), 129, 246, 423
Patriot party, 67, 72, 121, 329
patriotisme, 103, 127, 130, 177, 178
physiocrates, 15, 20
political justice, 183–190, 275
   (see also King's Trial)
'pre-revolution' (1787–1788), 15, 17, 25, 194, 195, 197
primary republican schooling, 293, 372–373
   (see also Republic)
public good, 64, 100, 120, 143, 247, 329, 334
   (see also jacobinism, republicanism)

Qu'est-ce que le Tiers Etat? (Sieyès), xvii, 70, 107, 109, 256, 363
   (see also constitutions)

Reconnaissance et exposition raisonnée des Droits de l'Homme et du Citoyen (Sieyès), 106, 108, 110
regeneration of society, xiv, 71, 208, 218–225, 226, 227, 228, 252, 278, 335, 450, 454
   (see also jacobinism, 'New Man', Republic)
representation, xii, xiv, 7, 8, 21, 47, 73–75, 78, 79, 90, 93, 95, 100, 112, 144, 145–148 (General Will), 156, 176, 177, 179, 208, 209, 210, 211, 233, 234–235, 236, 238, 240, 241, 243, 244–246 (and sovereignty), 247, 252, 295, 437–440 (under the Napoleonic state), 446
   bicameralism, xiv, 65, 238, 239, 362, 437, 450
   elections, 7, 64, 112, 113, 298, 299
   electoral regulation, 69, 73, 74, 75, 112, 233, 247, 331, 437
   mandates, xiii, 8, 64, 66, 69, 73–77 (abolition of binding mandates), 78, 79, 81, 82, 208, 210, 233, 247, 300, 446
   separation of powers, 5, 20, 99, 104, 140, 238, 252
   suffrage (universal male), 154, 249, 295, 301, 303, 306, 331, 364
   unicameralism, xiv, 180, 238
   veto, royal absolute, xii, xvi, 5, 20, 21, 22, 64, 65, 66, 67, 77, 78, 146, 180, 237, 446
   veto, royal suspensive, 22, 66, 67, 180, 237, 239
Republic
   calendar, 131, 293, 373–384 (under the Directory)
   First Republic (1792–1799), xvi, 132, 154, 251, 454
   republican state, 391, 392, 394
   republicanism (ideology), xv, 13, 25, 26, 68, 99, 103, 128, 130, 132, 134,

135, 146, 147, 178, 179, 187, 191–192, 235, 251–252, 316, 331–333 (jacobin republicanism), 371–384 (under the Directory), 441, 447
   Third Republic (1871–1940), 135, 146, 335, 337, 384, 393
   (see also nation, jacobinism, sovereignty, constitutions)
Restoration (1814), 155, 200, 335, 336
Réveillon riot (1789)—see revolutionary *journées*
Révolution de Paris (political journal), 55–58, 245
Revolution, 41–62 (changing term and concept), 41–44 (background), 44–54 (literature), 54–59 ('Revolution' as interpreted in 1789), 445–446
revolutionary government, 133, 252, 253, 305, 334, 353, 426
revolutionary *journées*
   Bastille insurrection (July 1789), 4, 54, 55, 263, 264, 267, 268, 273–274 (crowd's rôle), 297, 299
   Germinal and Prairial riots (April-May 1795), 278, 282–283 (crowds), 290, 292, 355
   insurrection of 31 May–2 June 1793 (expulsion of the Girondins), 115, 313, 319, 330, 333, 338, 352, 354
   insurrection of 10 August 1792, 64, 113, 208, 277, 282, 304, 331, 332
   insurrection of 13 Vendémiaire Year IV (October 1795), 261, 357, 360
   Réveillon riot (April 1789), 264, 272
   September massacres (September 1792), 267, 275, 276, 277, 319
   soap riots (1793), 275, 277
   sugar riots (January 1792), 275, 281
   9 Thermidor Year II (July 1794), 333, 334, 341, 348, 350, 355
royal power
   absolute monarchical power, xi, 6, 13, 22, 26, 27, 44, 45, 91, 92, 97, 98, 99, 100, 101, 156, 162, 163, 166, 170, 173, 174, 177, 180, 193, 196, 234, 236–239 (and legislative process), 295, 421, 438
   constitutional monarchy, xv, 163–179 (origins), 445, 448, 454
   divine right theory, xii, 98, 99, 156, 163, 193, 202
   fall of the monarchy, 25, 106, 158, 280
   (see also Ancient Régime, constitutions, General Will, nation, representation, sovereignty)

sans-culottes, 272, 278, 290, 304, 306, 312, 318
sans-culottisme, xiv, 261, 297
   (see also crowds, revolutionary *journées*)